ANNUAIRE EUROPEEN
EUROPEAN YEARBOOK
1979

L'Annuaire européen vise à encourager l'étude méthodique des organisations européennes et de leurs activités. Il est publié sous la responsabilité d'un Comité de rédaction, organe officieux et apolitique auquel il n'appartient pas d'exprimer une opinion sur un aspect quelconque des affaires internationales.

Par décision du Comité de rédaction, l'Annuaire ne publie que des informations relatives aux organisations à vocation spécifiquement européenne, à l'exclusion des organes européens des Nations Unies et des Institutions spécialisées qui donnent tous renseignements à leur sujet dans leurs propres publications.

Les organisations européennes sont répertoriées dans l'ordre chronologique de leur création. Dans les cas où une organisation a succédé à une autre (par example, transformation de l'OECE en OCDE, ou de l'Organisation du Traité de Bruxelles en Union de l'Europe Occidentale), c'est la date de création de la première organisation qui est retenue.

The aim of the European Yearbook is to promote the scientific study of European organisations and their work. It is published under the responsibility of an Editorial Committee, which is an unofficial and nonpolitical body precluded from expressing an opinion on any aspect of international affairs.

By decision of the Editorial Committee, the Yearbook is limited to publishing information about specifically European organisations, to the exclusion of the European organs or commissions of the United Nations and the Specialised Agencies, information about which is readily available in their own publications.

The European organisations are listed in the chronological order of their creation. In cases where one organisation has been transformed into another (e.g. OEEC into OECD, the Brussels Treaty Organisation into Western European Union), the date of creation of the original organisation has been followed.

ANNUAIRE EUROPEEN

VOL. XXVII

EUROPEAN YEARBOOK

PUBLIE SOUS LES AUSPICES DU
CONSEIL DE L'EUROPE

PUBLISHED UNDER THE AUSPICES OF
THE COUNCIL OF EUROPE

LA HAYE/THE HAGUE–BOSTON–LONDON
MARTINUS NIJHOFF PUBLISHERS
1981

Distributors:

for the United States and Canada

Kluwer Boston, Inc.
190 Old Derby Street
Hingham, MA 02043
USA

for all other countries

Kluwer Academic Publishers Group
Distribution Center
P.O. Box 322
3300 AH Dordrecht
The Netherlands

Library of Congress Cataloging in Publication Data **CIP**

The Library of Congress cataloged the first issue as follows:

Annuaire européen. European yearbook. v.1–
La Haye, Nijhoff, 1955–
v. 25 cm.

"Publié sous le auspices du Conseil de l'Europe."
Editors: v. 1– B. Landheer, A. H. Robertson.
English or French.

1. European federation—Yearbooks. I. Landheer, Bartholomeus, 1904– ed.

JN3.A5

ISBN 978-94-015-1194-0 ISBN 978-94-015-1192-6 (eBook)
DOI 10.1007/978-94-015-1192-6

Pour toutes communications
relatives à la rédaction de cet Annuaire
écrire à l'adresse suivante:
Editorial communications should be addressed to:

The General Editor
European Yearbook
Council of Europe
67006 Strasbourg Cedex
France

TABLE DES MATIERES

ARTICLES

SECTION DOCUMENTAIRE

TABLE OF CONTENTS

ARTICLES

DOCUMENTARY SECTION

SECTION BIBLIOGRAPHIQUE

ARTICLES

A YEAR OF ACHIEVEMENT

by

Roy Jenkins*

It is fitting that I should have the opportunity, in this, the thirtieth anniversary of the historic declaration by Robert Schuman on 9 May 1950, which led to the establishment of the European Coal and Steel Community, and subsequently the European Economic Community and Euratom, to make a brief assessment of how the dreams of Schuman, and of Jean Monnet, have been converted into reality.

Theirs was a bold new idea, an idea that reflected the grief of the past and faith in the future, an idea that evoked not just the hopes of Europeans as they emerged from a decade of conflict but also a capacity for realism that has enabled Europe through the centuries to play a leading role on the world stage.

We are now thirty years on but the Schuman Declaration is still fresh and relevant to our work. Of course, there has been change. Coal and steel are no longer the potent talismen that they were in 1950 and the Community is now faced with other problems, other issues. But who doubts that the contribution of an "organised and dynamic Europe" is now, even more than thirty years ago, "indispensable to continued peaceful relations". The establishment of "common bases for economic development" is and remains the principal objective of the Community. The idea of giving these tasks to institutions whose decisions would bind France, Germany and the other countries who joined is the very essence of our Community system.

Perhaps only the idea and hope that such proposals might represent the first concrete steps towards a federal Europe has faltered. We have made much progress in thirty years but not towards a federal structure. Jean Monnet himself came to recognise this. In his last years he came to encourage developments

* President of the European Commission.

Annuaire Européen/European Yearbook, volume XXVII, 1979.

which were not federal but which allowed continuing progress towards that "larger and greater Community" which the declaration of 9 May first brought into being. Since those pioneer days, the Community and its institutions have seen changes, crises, political and economic reverses. But how does today's reality compare with the design of the Community's founding fathers?

In many ways, it would be easier for me to dwell on the developments of the last three decades to show what spectacular progress has been made towards European unity since the seeds were first sown by Schuman and Monnet. However, two factors deter me from such an indulgence. Firstly, limitations of space. Secondly, and of more importance, the world in which we try to reap the harvest from seeds sown thirty years ago is now so different that the Founding Fathers of the Community would not forgive me for dwelling overlong on the past.

Instead, I would like to confine myself to an analysis of how I believe the Community performed in 1979 and then pass to an assessment of what I see as the challenges which lie ahead of us and how I think the Community should prepare to meet them.

1979 AND ITS ACHIEVEMENTS

Although 1979 ended with its difficulties it should in many ways be seen as a year of major Community advance. We saw substantial success on a number of major fronts. First, we put in place the European Monetary System after less than a year of discussion, and have seen it establish itself gradually and unspectacularly. We will need to do more to strengthen and support the EMS but its creation is, in my view, an important landmark in our development. Second, we concluded the accord with a new European partner, Greece, and began the process of welcoming her into the Community. This accession – and the other two which are likely to follow – emphasises the underlying vitality of the Community and the attraction which it holds for the reborn democracies of Europe. Third, we concluded after many years of difficult and largely unglamorous negotiation, the Tokyo Round. This MTN achievement offers us the reasonable prospect for a

further development of the free-world trading system on mutually beneficial lines, despite the new and more difficult circumstances in the economic and employment fields which face us. Fourth, we reached agreement at Lomé on a renewed convention enhancing and strengthening our relationship with the now 60 ACP countries. Fifth, at the Strasbourg European Council last summer and subsequently at the Economic Summit in Tokyo we led the way towards establishing a new apparatus of co-operation in the energy field. Above all, we saw the European Parliament elected – in my view perhaps the biggest harbinger of hope for the future – bringing a new and powerful democratic dimension to our Community affairs.

I make these points because the essential vitality of the Community can sometimes be too obscured by the dust of pressing short-term problems and difficulties. Within the framework of our common institutions there remains a deep reserve of invention, imagination and sustained cohesion which can be brought to bear in the common interests of Europe. It is well to remember what we have already achieved *together* when we contemplate the problems that we have to resolve *together* in the future.

THE CRISIS AHEAD

Looking ahead, we face no less than the break-up of the established economic and social order on which post-war Europe was built. The warning bells have been sounding for a decade. Bit by bit we have seen the collapse of that long period of monetary stability founded on the Bretton Woods agreements; that process began even before the rise in oil prices in 1973. Energy price increases may not have been the only cause of our present misfortunes but they have been the main catalyst. We have built our industrial society on the consumption of fossil fuels, in particular oil, and it is now certain that if we do not change our ways while there is still time – and 1980 could be almost the last opportunity – our society will risk dislocation and eventual collapse.

Most of the economic indicators are bad. Whereas in 1979 growth of the European economy amounted to about 3.3%, in 1980 it could fall substantially below even the 2% which we were

forecasting in a somewhat dispirited fashion at the end of last year. Unemployment rates, which in the early 1970s averaged under 3% for the Community as a whole, rose to 5.6% in 1979 and are forecast to rise to well above 6.0% in 1980. Average inflation can be expected to increase from 9% last year to nearly 11.5% in 1980. The current-account deficit on external trade is estimated to rise from almost 8 billion dollars in 1979 to more than 20 billion dollars in 1980 under the impact of last year's 65% increase in oil prices. We may once have hoped that the waves of our recent discontents would quietly recede and that the easier world of the 1960s would re-emerge from beneath the waters. Such facile optimism is not totally untenable. The signs of irreversible change are now visible beyond mistake in the accelerating decline of some of our older industries; in the impact of new technologies in many areas of our daily lives; in the changing and more difficult pattern of our trade.

The essential question for the years ahead is therefore how do we adapt our society to the new economic realities?

ENERGY

I turn first to the question of energy which was a central issue for the meeting of the European Council in Strasbourg in the summer of 1979 and subsequently for the Economic Summit in Tokyo. It was the first time the Community had fixed and defended a global target figure for our oil consumption and imports. Yet since then progress has faltered.

In the short term, energy conservation must be the cornerstone of our policy since it forms the quickest and the cheapest way of contributing to a restoration of the balance between supply and demand. I say "in the short term" because we can and must move quickly. But conservation is not, of course, a stopgap which we can then abandon. It is short term in the sense of being urgent, and not in the sense of being temporary. Some progress has already been made. Thus the total energy consumption of the Nine fell by about 8% between 1974 and 1977. But the potential for further savings is immense: recent studies have shown that over the next two decades there could be savings of 20–35% in

the transport sector; 15–35% in industry and agriculture; and up to 50% in the housing and service sector on the basis of currently available technology. It is the Commission's view that with wider use of best practice in energy-saving equipment and in design, energy savings by 1990 could be as much as 100 million tonnes oil equivalent in excess of Member States' forecasts: in other words a 20% reduction of our import needs.

Second, we believe that throughout the Community we should rapidly raise the levels of our investment in new ways of saving energy, in exploiting our native resources, and in developing new sources. This cannot be left entirely to the market place. Of course industry must make the investments it thinks profitable and contribute to the common effort; but a big responsibility inevitably rests with each Member State and with the Community as a whole in giving a lead to investment in areas of high risk or high technology, particularly where there are big initial costs and long pay-back times.

There are three obvious areas to which I draw brief attention. First, we must reverse the downward trend, experienced through the 1970s – perversely in view of our experience during this decade – in the consumption and production of coal. Investment is needed for new production capacity; for the construction, modernisation and conversion of power stations using coal; and for demonstration projects in coal liquefaction and gasification. Second, the Commission believes that the delays which have occurred in the development of nuclear energy in different parts of the Community should be made up as soon as possible. Third, we need to devote far more time and attention to the development of other sources of energy, those sometimes called new and exotic, but in fact often old and well tried. What we get out of such sources will be in direct proportion to what we put into them. We must not fall into the error of supposing that because a source is apparently cheap, simple, and small scale it cannot be as good as that which is expensive, complicated, and large scale.

Fourth, we need to put greater efforts into our research and development programme. At present only 2 to 3% of the Community budget is devoted to energy, and only about 4% of energy investment, within the Community, is provided from Community sources. There is much that we can do to concentrate national

efforts, to stimulate planning, to avoid unnecessary duplication and give the direction of advance.

In all these areas we have to reckon with the need to protect the environment, to limit and assess the consequences of pollution of land, sea and atmosphere, and to make what we do as safe as we humanly can. Concern about the consequences of developing new and existing sources of energy has been somewhat unfairly focused on the nuclear aspect. There are hazards connected with the greater exploitation of coal, in particular in its effects on the atmosphere; there are hazards in our continued high consumption of hydrocarbons; there are hazards in the development of nuclear energy, among which nuclear waste disposal is conspicuous; but, as is sometimes forgotten, there are also hazards in the use of wind power, wave power, and solar power in its many forms. In working out our programme we must see the hazards as a whole and deal with them honestly and openly.

I think that we have made some progress towards fuller appreciation of these problems. But it is now six years since the first severe warning and I fear we have missed many more opportunities than we have created. The lesson of recent developments in the Middle East is that we shall not have another such period of grace.

Our efforts to overcome these problems will require time, money, and determination. The most tangible is money. Here the Commission is looking at possibilities which include the idea of some form of energy tax or levy. Such a tax or levy would of course need to be consistent with our international obligations and should have regard to macro-economic as well as energy economy considerations. In Washington I have found similar ideas under examination.

The effect of any Community initiative would be all the greater if it were undertaken in co-operation with our major industrial partners.

NEW ADVANCED TECHNOLOGY

Energy problems may well be the catalyst in quickening the pace of economic change. But I am convinced that the major,

perhaps the ultimate test of success or failure in the next decade will be the attitude we adopt to the challenge of the new electronic technologies. The developments now rapidly unfolding herald a new industrial revolution. The first effects of these developments can already be seen reflected most starkly in the loss of jobs in traditional industries. The results can be sudden, sharp and devastating. For example in the traditional watch industry in the Federal Republic of Germany there was a drop in employment of some 40% in the mid-1970s. In printing and publishing, where composition direct from the keyboard has cut out traditional skills, we are now witnessing the prospect of a fall in established employment which could amount to 70%.

But these dramatic effects tend to hide the gains to be had from the same technologies. Such gains come from the demand for the new products available, either wholly new products or from the spin-off effects of increased demand for the products of existing technology. They also arise because of the more efficient use of resources leading to lower costs and the release of resources for investment elsewhere. The introduction of new data-processing techniques in accountancy, for example, has coincided with a substantial growth in employment, an increase of some 300 000 jobs in France in this sector alone in the past seven years. These are real gains. But because they do not always arise in the same regions or industries as those affected by unemployment, they often go unnoticed. We need not only to exploit these new developments but to contain their social effects and provide far more information than has hitherto been available about them. What is certain is that our major competitors will not hold back. Already they have worked out more consistent and wider scale strategies than we, and the technological gap between the United States and Japan on one hand, and Western Europe on the other is if anything increasing.

In November 1979, the European Council was informed of our ideas for the development of a Community strategy in this field. We proposed that the Community should develop a social policy to prepare the way for innovation, should create a homogeneous European market for telematic equipment and services, should foster the growth of a European information industry, should promote industrial and user collaboration,

should enhance existing national and European programmes for satellite communication, and above all should apply the new technologies to the Community itself on the continental scale open to us. At that European Council we were invited to develop more fully the main lines of the strategy we had proposed "in order that we may act in 1980". I regard such action as vital to the health of our economies, the adaptation of our society and the economic vigour of the Community over the next decade.

TRANSPORT

Before I leave this perspective of the future, I want to mention one other point of great importance for the Community. This is the need to improve the organisation of transport within the Community both on its own merits and to serve the Community as well as purely national needs. There are few areas of more importance for the cohesion of the Community and the convergence of the economies of its Member States. The Commission has already proposed a draft financial regulation for transport infrastructure, whereby transport projects of Community interest could receive assistance from special Community funds, and it has published a Green Paper on the subject outlining ideas on the Community's role in the development of such an infrastructure.

EXTERNAL POLICIES

I now turn to the increasing interdependence within the industrial world in which these changes are embedded. Our Western economies and societies are rooted in the twin concepts of competition and co-operation. Without competition, there is a prospect of a widening gap between our achievements and those of our major partners and rivals. Without co-operation, we risk damaging each other and losing sight of the vital interests we hold in common. It is on the basis of realistic but humane policies within the Community that our competitive position can be safeguarded; and on the attitudes we adopt towards inter-

national co-operation that the essential interests of the Western world can be advanced. It has been a Community interest to play an active role in the series of Economic Summits, the most recent in Venice in June. The way in which the Summit countries are working increasingly together is one of the more encouraging developments of our time.

But the industrialised countries account for only a small proportion of mankind; and the Community more than any other industrial group is linked by history, culture, interest and trade with the rest of the world. The recovery of our economies cannot be dissociated from the development of the poorer countries and the growth in world-wide demand. There is an essential interdependence in the modern world which the energy crisis has illuminated and reinforced. We are currently engaged in a further round of discussions in the North/South Dialogue. In these discussions the Community must be able to speak with a single voice not just – as is sometimes suggested – at the technical level, but at the top. Our political and economic interest in establishing consensus and co-operation is clear. Three themes will run through the negotiations and form the basis for greater stability in international economic relations which we all seek. First the need to ensure a better balance between energy supply and demand; second the steady growth of the economies of the poorer countries, which is in our interest as much as theirs, and third the provision of special help for those in most need. Within the Community and among the other industrialised countries, progress in this area is a high priority.

EMPLOYMENT

Concern for the rest of the world should not obscure concern for what is happening within the Community. I refer in particular to the disfigurement which present rates of unemployment represent not only for the functioning of our economies but for the equilibrium of our society. We must adopt new attitudes.

Here I make three points. First our people must be closely informed about the changes that are occurring. They must be able to see beyond their immediate horizon to the totality of the

changes that affect them. Otherwise we can expect little but defensive and restrictive attitudes to changes from workers who see only that their own industry is contracting, or that their own firm is closing. Second if we are to make the necessary but difficult changes in our society required by developing technology, our policies must encourage greater mobility and willingness to change jobs. In that process temporary unemployment may sometimes be part of the price of progress, but people must be given the means to adapt to new opportunities and to learn new skills. Third we must reduce to the minimum the average period of unemployment. That requires that we must put more effort into training and retraining; that we ensure a better match between available skills and job opportunities in different sectors and regions; and that we pursue further our discussions on the different aspects of time-sharing.

The Commission has proposed the maintenance of a relatively high level of public spending to sustain growth. Next we have come forward with specific ideas about how to cushion the social effects of the telematic revolution to which I have already referred. In our paper we suggest 10 areas for action. We look forward to discussion about them with the social partners. Next we shall try to extend Community action to help in the reorganisation of industrial sectors in particular difficulty. I have shipbuilding, steel and textiles particularly in mind. Finally we are looking again at our policies for young people and for women. Young people of working age under 25 make up less than 25% of the whole population, but nearly 40% of the registered unemployed. There is no more serious problem for our society as a whole.

Last year the Social Fund committed some 800 million ECU for training and job creation. The total should be more this year. But we still have to find up to 800 000 new jobs a year until 1985 when the demographic pattern – the number of young people coming in the labour market – is likely to change dramatically. Community institutions and Community funds alone cannot deal with issues of this order of magnitude. But they should have a catalytic effect on the policies followed by the Member States.

EUROPEAN MONETARY SYSTEM

We need to get the balance right. The Community provides the framework within which national economies have the major role but within which Community funds have nevertheless a significant function. Last year the Community framework was greatly strengthened by the introduction of the European Monetary System. If I had foreseen a year ago the stormy waters onto which this frail craft would be launched and have to make its early voyages – a year in which the yen depreciated by 30% against the dollar; the dollar by 10% against the ECU; and gold set off on its wild and unpredictable course. Had I foreseen all these storms for the first year of the life of the EMS I would not, perhaps, have been confident of its survival. Not only has the system survived, it has worked well, involving only two small adjustments to central rates and providing a valuable buttress of greater monetary stability in Europe at a difficult time of international turbulence. I much regret the continued absence (at the time of writing) of the United Kingdom from full participation in the system. I hope the experience we have gained in the EMS will encourage our ninth Member State to come in, and make its contribution to the good health and fortune of the system. Without sterling, the system is frankly incomplete. Without participation, the United Kingdom is not playing its full part in Europe.

The European Council meeting in Dublin last December confirmed the timetable already laid down for progress in the System, in particular towards the creation of a European Monetary Fund; it should not be allowed to persist for long. The Commission is playing an active role, notably in the discussions with the Monetary Committee and the Central Bank Governors. I should like to see a steady extension of the work of the EMS, for example through closer internal co-ordination and the working out of common policies with regard to third countries and other currencies. In saying this I in no way wish to detract from the role of the dollar which is and will remain for the foreseeable future the principal medium of international exchange. Rather our efforts should be seen as part of a common effort with our major trading partners to rebuild a framework within which the mone-

tary turbulence we have experienced in recent years can be effectively contained. In that process, the EMS has a major role to play.

BUDGETARY AND CONVERGENCE ISSUES

I turn briefly to internal issues relating to the budget. These issues have dominated Community discussion for many months. I in no way complain. Budgetary matters are of importance and need to be approached in orderly fashion. But let us keep them in perspective. They are essentially part of the process of putting our house in order. Now that a solution has been found for the immediate future, we have the opportunity to get down to a fundamental reappraisal of the balance of Community policies.

A vital element in our budgetary problems is clearly the issue of agricultural prices and the mounting agricultural surpluses of recent years. Fundamental change cannot be achieved overnight, but we must contain expenditure and put our agricultural policy into a better relationship with our other Community policies. Failure to act could, in my view, have consequences for the continued existence of the common agricultural policy in its present form.

INSTITUTIONS

My final points are about our institutions. These have been under scrutiny in the report of the Three Wise Men on the Community as a whole and in the report of the Spierenburg Group on the Commission.

There was remarkable similarity of view in both reports about the role and responsibilities of the Commission. While both pointed to external factors and internal weaknesses, developing over a decade or more, which had led to some dilution of its effectiveness, there was no dispute that the Commission should continue to exercise its political powers of initiative in full independence. That is indeed our prime responsibility. The Commission is neither the servant of the Council nor the secretariat of

the Parliament. The institutional framework of the Treaties depends on a creative partnership, perhaps I should say creative and constructive tension, between independent bodies each respecting the other, and each with its own defined responsibilities. Within those responsibilities the Commission must be allowed to get on with the job, and to fulfil its role as the executive of policies as well as the proposer of them.

Like all organisations the Commission needs to adapt and renew its own response to changing circumstances. For this reason we took the initiative in 1978 to appoint the Spierenburg Independent Review Body to examine how the Commission's organisation and staff resources could best be adjusted to meet future needs. This report is being acted upon. We regard it as our responsibility to hand over to our successors the best possible administrative structure. We have already taken decisions upon a range of proposals designed to secure streamlining of our administrative services, improvement and strengthening of our internal co-ordination and planning, and better control over the use of staff.

CONCLUSION

Following the events in Afghanistan and Iran, tension in the world is perhaps closer to danger point than at any time over the past two decades. These events come on top of the difficult economic and social problems which already are exercising pressure on the Community system.

We can achieve nothing unless we act in the spirit of solidarity. That solidarity depends on respect for the rule of law, not only in our own society but in the world as a whole. Our Community institutions – the symmetry of Parliament, Commission, Council and Court each operating within a common framework – are our foundation. We depart from it at our peril. There can be no bargaining with the law. If we flout our own rules for whatever reason, we can hardly expect to command authority or influence elsewhere. No consideration of temporary advantage or national self-interest can transcend our common interest in an orderly world in which rules are respected until there is agreement to

change them. The Court interprets the law on the basis of the Treaties of which the Commission is the guardian. There is no duty to which the Commission attaches more importance. It is the rock on which the Community stands.

Despite the problems and difficulties before us, I am not pessimistic or gloomy about the future. The basic structure and foundations of the Community are sound. They have stood up to storm and arguments in the past; they can and will do so again. We have the mechanism at our disposal; we have the institutional framework; we have all the necessary apparatus to reach decisions and to react positively and imaginatively to the challenges ahead.

The challenges, which I have already outlined, are formidable. And there is little time left in which to act. The Community mechanisms and basic framework already exist; there is an institutional vitality which must give cause for hope; the policy options are there. What we have to find now is the will and determination to act. It is now, at the start of the 1980s, that we shall determine whether or not the objectives of those who established the Community in the 1950s can be brought to reality. It is not enough to sit back to defend what has been achieved; the Community must move with the times, assimilating changes, growing and developing; it must be a process of continuous creation. If we are to survive in the world of the 1980s we dare not falter.

RESUME EN FRANÇAIS

Il n'est pas inutile, 30 ans après la déclaration de Robert Schuman du 9 mai 1950, d'examiner brièvement dans quelle mesure les rêves de Schuman et Monnet sont passés dans la réalité.

Beaucoup a changé depuis cette date. Le charbon et l'acier n'ont plus l'importance qu'ils revêtaient alors. Mais "l'établissement de bases communes de développement économique" reste le principal objectif de la Communauté. Confier cette tâche à des institutions dont les décisions s'imposent aux Etats membres constitue le fondement du système communautaire.

Certes, l'espoir de voir ce système aboutir à la mise en place d'institutions fédérales a été déçu. Beaucoup de progrès ont été accomplis en 30 ans, mais non dans le sens d'une structure fédérale. Je ne puis, dans un court article, m'étendre sur l'histoire de cette période. Je me bornerai donc à analyser les réalisations de

la Communauté en 1979 pour passer ensuite à l'évaluation des tâches qui l'attendent et des moyens dont elle dispose pour s'en acquitter.

1979 ET SES REALISATIONS

Il est bon de jeter tout d'abord un bref regard rétrospectif sur les réalisations de la Communauté en 1979. Bien que la fin de l'année ait été marquée par des difficultés, je pense que 1979 a été, de bien des façons, une année de progrès majeur pour la Communauté. Nous avons enregistré des succès substantiels sur plusieurs fronts importants.

En premier lieu, nous avons mis en place le système monétaire européen après moins d'un an de discussions et nous l'avons vu s'imposer petit à petit sans effets spectaculaires. Nous devrons encore accomplir des efforts pour consolider et soutenir le SME, mais sa création représente, selon moi, un jalon important dans notre développement. En second lieu, nous nous sommes mis d'accord avec un nouveau partenaire européen, la Grèce, que nous avons commencé à accueillir dans la Communauté. Cette adhésion – et les deux autres qui devraient suivre – souligne la vitalité sous-jacente de la Communauté et l'attraction qu'elle exerce sur les démocraties renaissantes en Europe. En troisième lieu, nous avons mené le Tokyo Round à son terme après de nombreuses années de négociations difficiles et, le plus souvent, laborieuses. La conclusion de ces négociations commerciales multilatérales nous ouvre des perspectives raisonnables pour un nouveau développement des échanges dans le monde libre sur la base de profits réciproques, en dépit de la situation plus difficile à laquelle nous devons faire face dans le domaine économique et celui de l'emploi. En quatrième lieu, nous sommes parvenus à un accord à Lomé sur une convention renouvelée qui renforce nos relations avec les pays ACP qui sont aujourd'hui au nombre de 60. En cinquième lieu, nous avons ouvert la voie, lors du Conseil européen de Strasbourg en 1979, et du sommet économique de Tokyo, à l'établissement d'un nouveau mécanisme de coopération dans le domaine de l'énergie. Et, surtout – ce qui constitue peut-être, selon moi, la principale lueur d'espoir pour l'avenir – nous avons assisté à l'élection du Parlement européen, laquelle a conféré à nos affaires communautaires une dimension démocratique nouvelle et puissante.

LA CRISE

La plupart des indicateurs économiques sont mauvais. Alors qu'en 1979, la croissance de l'économie européenne a été de 3,3% environ, elle pourrait bien, en 1980, tomber nettement au-dessous des 2% que nous avions avancés comme prévision, sans grand enthousiasme, à la fin de l'année dernière. Le taux du chômage qui, au début des années 70, était inférieur à 3% en moyenne pour l'ensemble de la Communauté, a atteint 5,6% en 1979 et devrait, selon les prévisions, dépasser largement 6% cette année. Il faut s'attendre à une aggravation du taux moyen d'inflation, qui risque de passer de 9% en 1979 à près de 11,5% en 1980. Le déficit du commerce extérieur passera, selon les estimations,

de près de 8 milliards de dollars en 1979 à plus de 20 milliards de dollars cette année, par suite de l'augmentation de 65% des prix du pétrole survenue l'an dernier. Nous avons pu espérer, à un certain moment, que la vague de nos revers refluerait petit à petit, et que la vie plus facile des années 60 resurgirait de sous les eaux. Mais cet optimisme facile n'est plus du tout de mise aujourd'hui.

La question essentielle pour les années à venir est donc de savoir comment nous allons adapter notre société aux nouvelles réalités économiques.

ENERGIE

J'examinerai en premier lieu la question de l'énergie, qui a figuré au centre des discussions lors du Conseil européen de Strasbourg, en été 1979, et du sommet économique de Tokyo. C'était la première fois, permettez-moi de la rappeler, que la Communauté avait fixé et défendu un objectif global pour notre consommation et nos importations de pétrole. Mais, depuis lors, les progrès ont faibli.

A court terme, la conservation de l'énergie doit être la pierre angulaire de notre politique, étant donné qu'elle constitue la manière la plus rapide et la plus économique de contribuer au rétablissement de l'équilibre entre l'offre et la demande. Je dis "à court terme", car nous pouvons et devons agir vite. Il va de soi que la conservation de l'énergie n'est pas un expédient que nous pourrons abandonner par la suite. Par "à court terme", je pense à des mesures d'urgence, et non pas à des mesures temporaires. Des progrès ont déjà été réalisés. La consommation totale d'énergie des Neuf a diminué de quelque 8% entre 1974 et 1977. Mais les possibilités de réaliser des économies supplémentaires sont immenses: de récentes études ont montré qu'au cours des deux prochaines décennies, il devrait être possible d'économiser de 20 à 35% dans le secteur des transports, de 15 à 35% dans l'industrie et l'agriculture et jusqu'à 50% dans le secteur du logement et des services sur la base des technologies actuellement disponibles. La Commission estime qu'en recourant plus largement aux techniques les plus avancées en matière d'équipement visant à économiser l'énergie et de conception des produits, les économies réalisées d'ici à 1990 pourraient être supérieures de quelque 100 millions de tonnes équivalent pétrole aux prévisions des Etats membres; autrement dit, nos besoins en matière d'importations pourraient être réduits de 20%.

En second lieu, nous pensons que, dans la Communauté, nous devrions relever rapidement le niveau de nos investissements visant à trouver de nouvelles façons d'économiser l'énergie, à exploiter les ressources locales et à développer des sources nouvelles.

C'est évident pour trois secteurs sur lesquels j'attirerai brièvement l'attention. En premier lieu, nous devons renverser la regrettable tendance à la baisse qui s'observe depuis les années 70 dans la consommation et la production de charbon. En second lieu, la Commission pense que les retards qui sont survenus dans le développement de l'énergie nucléaire dans plusieurs Etats membres de la Communauté doivent être rattrapés le plus vite possible. En troisième lieu, nous devons consacrer beaucoup plus de temps et d'attention au développement d'autres sources d'énergie, qui passent parfois pour nouvelles et rares, mais qui

sont bien souvent anciennes et éprouvées. Ce que nous retirerons de ces sources d'énergie sera directement proportionnel à ce que nous y aurons investi.

En quatrième lieu, nous devons accomplir des efforts accrus pour notre programme de recherche et développement. A l'heure actuelle, 2 à 3% seulement du budget communautaire sont consacrés à l'énergie, et 4% seulement des investissements énergétiques dans la Communauté proviennent de sources communautaires. Nous pouvons faire beaucoup pour concentrer les efforts nationaux, stimuler la planification, éviter la duplication des travaux et orienter les progrès dans la bonne direction.

Dans tous ces domaines, nous devons tenir compte de la nécessité de protéger l'environnement, de limiter et d'évaluer les conséquences de la pollution du sol, de l'eau et de l'air, et d'assurer des conditions de sécurité optimales.

Je pense qu'au cours des derniers mois, nous avons accompli des progrès vers une meilleure appréciation de ces problèmes. Mais la première mise en garde sérieuse remonte déjà à six ans, et je crains que nous n'ayons manqué davantage d'occasions que nous n'en avons créées. La leçon à tirer des récents événements du Moyen-Orient est que nous n'aurons pas un autre délai de grâce.

NOUVELLE TECHNOLOGIE AVANCEE

Les problèmes énergétiques servent peut-être de catalyseur dans l'accélération du rythme de la mutation économique. Mais j'ai la conviction que le véritable test du succès ou de l'échec au cours de la prochaine décennie sera l'attitude que nous adopterons face au défi des nouvelles technologies électroniques. Les développements rapides qui se produisent actuellement annoncent une nouvelle révolution industrielle. Les premiers effets de ces développements se reflètent déjà avec une extrême vigueur dans les pertes d'emplois des industries traditionnelles. Les résultats peuvent être soudains, profonds et désastreux. Dans l'industrie horlogère traditionnelle de la République fédérale d'Allemagne, par exemple, on a observé une perte d'emplois de quelque 40% au milieu des années 70. Dans l'imprimerie et l'édition, où la photocomposition a porté un coup brutal aux techniques traditionnelles, nous sommes aujourd'hui confrontés à la perspective d'une perte d'emplois de l'ordre de 70%.

Mais ces conséquences dramatiques tendent à masquer les avantages que nous pouvons retirer de ces mêmes technologies. Ces avantages découlent de la demande pour les nouveaux produits disponibles, qu'il s'agisse de produits entièrement nouveaux ou des retombées d'une demande accrue pour les produits des technologies existantes. Ils découlent également de l'utilisation plus efficace des ressources, qui se traduit par une diminution des coûts et la possibilité d'investir dans d'autres secteurs les crédits ainsi dégagés. L'introduction de nouvelles techniques informatiques en comptabilité, par exemple, a coïncidé avec un accroissement substantiel de l'emploi dans ce secteur, de l'ordre de 300 000 emplois nouveaux au cours des sept dernières années rien qu'en France. Il s'agit là d'avantages bien réels. Mais ils passent souvent inaperçus parce qu'ils ne sont pas toujours sensibles dans les régions ou les industries qui sont affectées par le chômage.

En novembre dernier, le Conseil européen a pris connaissance de nos idées

concernant le développement d'une stratégie communautaire dans ce domaine. Nous avons proposé que la Communauté développe une politique sociale en vue de préparer la voie à l'innovation, de créer un marché européen homogène pour l'équipement et les services de télématique, d'encourager le développement d'une industrie européenne de l'information, de promouvoir la collaboration entre les fabricants et les utilisateurs, d'améliorer les programmes nationaux et européens existant dans le domaine des communications par satellite et, surtout, d'appliquer les technologies nouvelles à la Communauté elle-même sur l'échelle continentale qui s'offre à nous.

TRANSPORTS

Je tiens encore à évoquer un autre point qui revêt une grande importance pour la Communauté: la nécessité d'améliorer l'organisation des transports dans la Communauté, tant pour leur valeur intrinsèque que pour répondre aux besoins communautaires et nationaux. Rares sont les secteurs qui ont plus d'importance pour la cohésion de la Communauté et la convergence des économies de ses Etats membres. Un projet de règlement financier pour les infrastructures de transport a déjà été élaboré par la Commission.

POLITIQUES EXTERIEURES

J'en arrive à l'interdépendance croissante au sein du monde industriel dans lequel ces changements se produisent. Nos économies et nos sociétés occidentales reposent sur les deux principes de la concurrence et de la coopération. Sans concurrence, nous courons le risque de voir s'élargir le fossé entre nos réalisations et celles de nos principaux partenaires et rivaux. Sans coopération, nous risquons de nous nuire mutuellement et de perdre de vue les intérêts vitaux que nous défendons en commun. C'est sur la base de politiques réalistes, mais humaines, à l'intérieur de la Communauté que notre compétitivité peut être sauvegardée; et c'est sur la base des attitudes que nous adopterons à l'égard de la coopération internationale que la défense des intérêts essentiels du monde occidental pourra progresser.

Mais les pays industrialisés ne représentent qu'une faible proportion de l'humanité; la Communauté, plus que tout autre groupement industriel, est liée au reste du monde par l'histoire, la culture et le commerce. Le redressement de nos économies ne peut pas être dissocié du développement des pays plus pauvres et de l'augmentation de la demande mondiale. Il existe dans le monde moderne une inderdépendance fondamentale que la crise de l'énergie a mise en lumière et renforcée. Nous entamerons prochainement une nouvelle série de discussions dans le cadre du dialogue Nord-Sud. Dans ces discussions, la Communauté doit être en mesure de s'exprimer d'une seule voix, non seulement – comme on le suggère parfois – au niveau technique, mais également au sommet. Notre intérêt politique et économique dans l'établissement d'un consensus et le renforcement de la coopération est évident.

EMPLOI

Notre intérêt pour ce qui se passe dans le reste du monde ne doit pas nous faire perdre de vue ce qui se passe ici dans la Communauté. Je fais notamment allusion au péril que les taux actuels de chômage représentent non seulement pour le fonctionnement de nos économies, mais aussi pour l'équilibre de notre société. Nous devons adopter des attitudes nouvelles.

J'insisterai sur trois points. En premier lieu, les citoyens doivent être étroitement informés des changements qui se produisent. Ils doivent être en mesure de voir au-delà de leur horizon immédiat pour embrasser la totalité des changements qui les concernent. Dans le cas contraire, nous ne pourrons attendre des travailleurs qu'une attitude défensive et restrictive face aux changements, car ils ne verront rien d'autre que le déclin de leur secteur d'activité ou la fermeture de leur entreprise. En second lieu, si nous voulons procéder aux changements nécessaires, mais délicats, que le développement de la technologie rend indispensables dans notre société, nos politiques doivent encourager la mobilité et inciter les travailleurs à changer d'emploi. Dans ce processus, le chômage temporaire peut parfois faire partie du tribut à payer au progrès, mais il convient de donner aux travailleurs les moyens de s'adapter à des emplois nouveaux et d'acquérir des qualifications nouvelles. En troisième lieu, nous devons ramener à un minimum la durée moyenne du chômage.

Nous nous efforcerons d'élargir l'action communautaire en vue de faciliter la réorganisation des secteurs industriels qui connaissent des difficultés particulières. Je pense notamment à la construction navale, à la sidérurgie et à l'industrie textile. Enfin, nous sommes en train de réexaminer nos politiques en faveur des jeunes et des femmes. Les jeunes de moins de 25 ans en âge de travailler représentent moins de 25% de la population totale, mais près de 40% des chômeurs recensés. Il n'y a pas de problème plus sérieux pour l'ensemble de notre société.

L'an dernier, le Fonds social a engagé quelque 800 millions d'Ecus pour la formation et la création d'emplois. Cette somme devrait être dépassée cette année. Mais nous devons encore trouver quelque 800 000 emplois nouveaux chaque année jusqu'en 1985, époque à laquelle la structure démographique – le nombre de jeunes arrivant sur le marché de l'emploi – devrait changer de façon spectaculaire. Les institutions et les fonds communautaires ne peuvent pas résoudre seuls des problèmes de cet ordre de grandeur. Mais il peuvent jouer un rôle de catalyseur pour les politiques suivies par les Etats membres.

SYSTEME MONETAIRE EUROPEEN

Nous devons trouver un juste équilibre. La Communauté fournit le cadre dans lequel les économies nationales jouent le rôle principal, mais dans lequel les fonds communautaires ont néanmoins un rôle significatif. L'an dernier, le cadre communautaire a été grandement renforcé par l'introduction du système monétaire européen. Si j'avais pu prévoir, il y a un an, que ce frêle esquif serait lancé et devrait faire ses premiers voyages sur une mer aussi tumultueuse – le

yen ayant perdu 30% de sa valeur par rapport au dollar, le dollar 10% par rapport à l'Ecu, et le cours de l'or ayant suivi une courbe totalement imprévisible – si j'avais pu prévoir toutes ces tempêtes pour la première année d'existence du SME, je n'aurais peut-être pas donné cher de ses chances de survie. Or, non seulement le système a survécu, mais il a même bien fonctionné; il n'a connu que deux petits ajustements par rapport aux taux centraux, et il a assuré à l'Europe un degré de stabilité monétaire appréciable en cette époque difficile de perturbations internationales. Je déplore vivement que le Royaume-Uni ne participe toujours pas pleinement au système. J'espère que l'expérience que nous avons acquise dans le SME encouragera notre neuvième Etat membre à y adhérer et à apporter sa contribution au bon fonctionnement et à la prospérité du système. Sans la livre sterling, le système est vraiment incomplet. Aussi longtemps qu'il ne participe pas au SME, le Royaume-Uni ne joue pas pleinement son rôle en Europe.

BUDGET ET CONVERGENCE

J'évoquerai brièvement les problèmes internes en rapport avec le budget. Ces problèmes ont dominé le débat communautaire pendant des mois. Je ne le déplore nullement. Ce sont des questions importantes qui doivent être abordées de façon appropriée. Mais il convient de les placer dans une juste perspective. Elles font partie intégrante du processus par lequel nous mettons de l'ordre dans nos affaires. Maintenant que ces problèmes sont réglés, nous pouvons passer aux questions plus importantes qui ont trait au développement ultérieur de la Communauté.

Un élément essentiel est évidemment le problème des prix agricoles. Il faut les envisager en fonction des excédents agricoles qui n'ont cessé d'augmenter au cours des dernières années et de la structure du budget. Il est impossible de réaliser des changements fondamentaux du jour au lendemain. Mais les propositions que nous avons formulées pourraient marquer une étape significative vers la limitation des dépenses et, par conséquent, vers l'instauration d'un meilleur équilibre entre la politique agricole et les autres politiques communautaires.

INSTITUTIONS

Mes dernières remarques ont trait à nos institutions. Ces institutions ont été examinées dans le rapport des Trois sages sur la Communauté dans son ensemble et dans le rapport du Groupe Spierenburg sur la Commission. Je ferai trois constatations.

Il y a une remarquable identité de vues entre les deux rapports au sujet du rôle et des responsabilités de la Commission. S'ils ont tous deux attiré l'attention sur des facteurs externes et des faiblesses internes qui se sont développés depuis plus de dix ans et ont entraîné une certaine diminution de son efficacité, ils n'ont ni l'un ni l'autre contesté que la Commission devait continuer d'exercer ses pouvoirs d'initiative politique en toute indépendance. En fait, c'est notre responsabilité première. La Commission n'est ni le serviteur du Conseil, ni le secrétariat du

Parlement. Le cadre institutionnel des traités dépend d'une relation créatrice entre partenaires, peut-être même devrais-je dire d'une tension créatrice et constructive entre des organes indépendants qui se respectent mutuellement et ont chacun des responsabilités bien définies. Dans le cadre de ces responsabilités, la Commission doit être à même de poursuivre ses travaux et de remplir son double rôle dans la conception et dans l'exécution des politiques.

Comme toutes les organisations, la Commission doit adapter et modifier sa façon de réagir à des situations changeantes. C'est pourquoi nous avons pris, en 1978, l'initiative d'instituer le Groupe Spierenburg, un groupe de personnalités indépendantes chargé d'examiner comment l'organisation et les effectifs de la Commission pourraient être adaptés en vue de répondre aux besoins futurs. Le rapport de ce groupe sera suivi d'effets. Nous estimons que nous avons la responsabilité de transmettre à nos successeurs la meilleure structure administrative possible. Nous avons déjà adopté une série de propositions visant à rationaliser nos services administratifs, à améliorer et renforcer notre coordination et notre planification internes et à mieux contrôler l'utilisation de notre personnel.

CONCLUSION

A la suite des événements d'Afghanistan et d'Iran, la tension dans le monde est peut-être plus proche du point de rupture qu'elle ne l'a jamais été au cours des deux dernières décennies. Ces événements viennent s'ajouter aux problèmes économiques et sociaux délicats qui exercent déjà une pression sur le système communautaire.

Nous ne parviendrons à rien si nous n'agissons pas dans un esprit de solidarité. Cette solidarité dépend du respect de la légalité, non seulement dans notre propre société, mais dans le monde entier. Les institutions communautaires – la symétrie du Parlement, de la Commission, du Conseil et de la Cour de Justice opérant dans un cadre commun – constituent notre fondement. Quand nous nous en écartons, c'est à nos propres risques. On ne saurait marchander avec la loi. Si nous bafouons nos propres règles pour quelque raison que ce soit, nous pouvons difficilement prétendre exercer une autorité ou une influence ailleurs. Aucune considération d'avantage temporaire ou d'intérêt national ne saurait transcender notre intérêt commun pour un monde ordonné dans lequel les règles sont respectées jusqu'à ce que l'accord se soit fait pour les modifier. La Cour de Justice interprète la loi sur la base des traités dont la Commission est la gardienne. Il n'y a aucune tâche à laquelle la Commission attache une importance plus grande. C'est le roc sur lequel repose la Communauté.

Malgré les problèmes et les difficultés qui nous attendent, je ne suis pas pessimiste. Les fondations de la Communauté sont saines. Elles ont résisté aux tempêtes et aux controverses du passé; elles peuvent, elles sauront supporter les épreuves à venir.

Le défi est de taille. C'est aujourd'hui, à l'aube d'une nouvelle décennie, que se décide le sort des objectifs fixés par ceux qui ont jeté les bases de la Communauté. La Communauté doit évoluer avec son temps. Il nous faudra tenir fermement le cap si nous voulons survivre dans le monde auquel nous devrons faire face.

POUVOIRS LIMITES MAIS INFLUENCE REELLE D'UN ORGANE CONSULTATIF: L'ASSEMBLEE PARLEMENTAIRE DU CONSEIL DE L'EUROPE

par

GAETANO ADINOLFI*

AVANT PROPOS: LE CONTEXTE HISTORIQUE

Lorsqu'historiens et exégètes se pencheront sur l'étude de l'unité de l'Europe ainsi que des organisations qui y ont contribué, ils s'apercevront aisément que le rôle des institutions parlementaires aura été bien plus important que celui prévu par les traités. C'est ce que l'on constate depuis trente années au sein de l'Europe des Vingt-et-Un. Le but de cet article est d'en fournir la preuve. C'est une évolution similaire qui se dessine au sein de la Communauté des Neuf et les élections du Parlement Européen au suffrage direct ne peuvent qu'accélérer cette impulsion.

Dans un article écrit en 1979 avant ces élections[1] je disais "les rapports entre le Parlement et le Conseil des Ministres pourraient être redéfinis compte tenu du nouveau caractère de l'organe parlementaire. En effet, alors que les gouvernements des Neuf ont décidé d'inviter près de 200 millions d'électeurs à se rendre aux urnes en mobilisant pendant des mois l'opinion publique et en dépensant des sommes considérables pour la campagne électorale, il me paraît inconcevable de prétendre que cela soit sans conséquences et que rien ne puisse ni ne doive en être changé. A première vue, une redistribution des rôles au sein des Communautés, dans le respect des traités, apparaît comme une solution réaliste et raisonnable et un compromis dans ce sens doit être pris en considération."

Trente ans auparavant l'Assemblée du Conseil de l'Europe

* Secrétaire Général Adjoint du Conseil de l'Europe.
[1] Revue "Affari sociali internazionali", No. 3, 1979.

Annuaire Européen/European Yearbook, volume XXVII, 1979.

avait été confrontée à la même nécessité d'affirmer son rôle et sa personnalité vis-à-vis d'un Comité des Ministres tout puissant. Elle a trouvé progressivement les moyens, sans contrevenir aux textes statutaires, d'accomplir une oeuvre indispensable au sein d'une Organisation aux ambitions certes plus modestes que celles des Communautés mais à l'utilité tout aussi évidente.

Le Chancelier de la République Fédérale d'Allemagne, M. Schmidt, l'a reconnu lors de son discours du 27 avril 1978 devant l'Assemblée parlementaire: "Le Conseil de l'Europe a fait politiquement oeuvre de pionnier en accordant à un Parlement international le droit de participer à la définition des relations entre les Etats".

Pour bien préciser ma pensée sur les "pouvoirs limités" mais "l'influence réelle" de l'Assemblée parlementaire du Conseil de l'Europe, il me semble indispensable de placer mes réflexions dans un contexte historique, car c'est au fil des années que cette évolution s'est réalisée. Il est également évident que l'analyse du rôle de l'Assemblée parlementaire doit tenir compte du contexte politique actuel et en particulier du fait que

- elle représente une communauté de pays européens qui est passée pendant les trente dernières années de dix à vingt-et-un membres, c'est-à-dire, à une exception près, la totalité de l'Europe démocratique;
- le Parlement Européen, directement élu, s'efforcera avant tout de remplir entièrement son rôle d'organe parlementaire des institutions de la Communauté Européenne et d'obtenir une nouvelle répartition des pouvoirs de décisions entre ces institutions.

Mon analyse omettra toute comparaison directe avec le rôle des parlements nationaux. Vouloir juger les "pouvoirs" d'une assemblée internationale par rapport aux fonctions classiques d'un parlement national dans un système de démocratie parlementaire pluraliste (pouvoir budgétaire, pouvoir législatif et pouvoir de contrôle politique) me semble d'un intérêt fort théorique. La réponse serait brève et concluante. Aucune des Assemblées internationales existantes n'en dispose vraiment. Mais étant donné qu'il s'agit d'une nouvelle catégorie d'institutions agissant dans le cadre des organismes de coopération internationale, d'autres critères doivent êtres pris en considération.

Le Statut du Conseil de l'Europe, qui est entré en vigueur le 3 août 1949, marquait dans les relations internationales une étape jamais atteinte jusqu'alors. Il contenait, en effet, une disposition essentielle et sans précédent aux termes de laquelle chaque Etat membre devait envoyer un certain nombre de représentants à une assemblée délibérante, assemblée qui avait en fait tout d'un parlement bien que le mot ne fût employé nulle part.

Dans un rapport sur "les Relations entre les Parlements nationaux et les Assemblées parlementaires internationales" préparé récemment pour l'Association des Secrétaires Généraux des Parlements par J. D. Priestman, Greffier de l'Assemblée du Conseil de l'Europe, l'auteur conclut ". . . que l'on considère l'Union interparlementaire, qui est le plus ancien des organismes parlementaires internationaux ou l'Assemblée parlementaire du Conseil de l'Europe, créée en 1949, ou toute autre assemblée ou association parlementaire internationale il apparaît – votre Rapporteur en est convaincu – que leur influence indirecte est sans doute beaucoup plus considérable que leur impact immédiatement visible. Les contacts personnels amicaux établis entre parlementaires lors des réunions et dans les inter-sessions, les échanges de vues dans les hôtels ou les restaurants et l'intérêt commun de tous les membres à faire avancer régulièrement les activités en cours peuvent constituer au cours des années une force positive de nature à entraîner la métamorphose progressive des attitudes de la "classe politique" dans divers Etats membres et à contribuer directement à la compréhension et à la paix entre les nations". Cette réflexion qui s'applique certainement au vaste forum de l'Union interparlementaire, organisation à vocation mondiale, vaut particulièrement pour l'Assemblée parlementaire du Conseil de l'Europe dont les membres font partie d'un groupe de pays liés par des principes fondamentaux qu'ils entendent défendre en commun.

De son côté, le Comité des Ministres du Conseil de l'Europe a reconnu dès 1953 l'intérêt des débats de l'Assemblée sur des questions politiques majeures (Résolution (53) 34). L'Assemblée a constamment développé ce rôle depuis lors. Avant d'entrer dans les détails de cette évolution je crois utile de rappeler la dernière prise de position de l'Assemblée à cet égard quand elle a discuté de son rôle futur lors de la session de mai 1979. Elle résume ses

fonctions au paragraphe 6 de la Résolution 693 (1979) comme suit:
6. Constatant que, outre ses attributions strictement statutaires qui consistent notamment à orienter l'action du Comité des Ministres et des gouvernements des vingt et un Etats membres, l'Assemblée parlementaire continuera à accomplir une fonction indispensable:

a. en demeurant l'enceinte parlementaire européenne géographiquement la plus vaste,

b. en réunissant la quasi-totalité des pays démocratiques de l'Europe qui représentent les deux tiers des démocraties parlementaires du monde,

c. en contribuant à la définition de la position et des responsabilités de l'Europe démocratique dans les domaines fondamentaux de la défense des droits de l'homme et des institutions démocratiques ainsi que de la garantie d'une plus grande justice economique et sociale,

d. en fournissant un forum utile pour le dialogue Nord-Sud en Europe visant à corriger les déséquilibres économiques et sociaux entre les différentes régions européennes et à garantir ainsi la stabilité politique et le maintien de la démocratie,

e. en organisant des débats sur la responsabilité européenne dans le dialogue Nord-Sud à l'échelle mondiale,

f. en analysant les répercussions sur l'ensemble de l'Europe démocratique des principaux événements politiques et économiques mondiaux,

g. en servant de forum pour les débats parlementaires sur les activités d'autres organisations intergouvernementales.

h. en offrant un lieu de rencontre aux représentants parlementaires des démocraties pluralistes du monde entier voulant discuter de sujets d'intérêt commun:

Une telle prise de position aurait été jugée utopique, voire même incompréhensible, il y a trente ans.

I. UNE ASSEMBLEE POLITIQUE, EMANATION DES PARLEMENTS NATIONAUX

Par sa composition, l'Assemblée est un organe politique véritablement parlementaire. Les Représentants à l'Assemblée sont

des élus nationaux, membres des parlements de leur pays d'origine. En effet, élus ou désignés par les parlements nationaux ils ne peuvent être choisis que parmi les membres en exercice de ces parlements. Si à la suite d'élections générales dans un Etat membre un représentant ne fait plus partie d'un parlement national, celui-ci désigne, dans un délai raisonnable, qui ne doit pas dépasser six mois, un nouveau membre de sa délégation. Les membres de l'Assemblée sont ainsi des représentants directs des peuples des pays membres et l'Assemblée est le forum parlementaire le plus large de l'Europe démocratique.

Mais il n'en a pas toujours été ainsi et l'Assemblée a dû se battre pour affirmer son caractère parlementaire dont découle l'essentiel de son prestige et de son autorité. A l'origine, le Statut prévoyait que les représentants à l'Assemblée devaient être désignés par les gouvernements des Etats membres. Il a été amendé en 1951, à l'initiative de l'Assemblée, pour donner aux parlements nationaux le droit d'élire leurs Représentants ou de fixer la procédure relative à leur désignation. Etant donné toutefois que cette dernière disposition a été interprétée par certains Etats membres comme permettant la désignation de Représentants qui ne faisaient pas nécessairement partie de leur parlement national, le Statut a été à nouveau modifié en 1970, toujours à l'initiative de l'Assemblée, pour empêcher cette pratique et garantir ainsi la représentativité de l'Assemblée.

Pour l'Assemblée ce lien direct avec les Parlements nationaux est d'une importance primordiale. Par leur double fonction, européenne et nationale, ses membres assurent un contact permanent entre l'organisation européenne et le pouvoir législatif national. Les décisions prises au plan européen trouvent ainsi une répercussion directe dans les Parlements des pays membres. Les représentants à l'Assemblée peuvent par des questions écrites et orales ou même par des initiatives législatives exercer une influence sur les gouvernements nationaux. La mise en oeuvre des recommandations de l'Assemblée peut ainsi être indirectement facilitée par le truchement des Parlements nationaux. Pour une Assemblée internationale qui ne dispose que d'un rôle de proposition et de consultation auprès de l'organe de coopération intergouvernementale, le double mandat de ses membres est un moyen d'influence politique précieux.

C'est pour pallier la faiblesse de ses pouvoirs et pour accroître son influence que l'Assemblée a décidé de créer en 1956 un groupe de travail chargé des relations avec les parlements nationaux, transformé en 1961 en Commission générale.

Grâce à l'action de cette Commission, véritable groupe de pression politique agissant au sein des parlements nationaux, l'Assemblée essaie d'obtenir qu'une suite favorable soit donnée par le Comité des Ministres à ses recommandations. Ses membres utilisent tous les moyens procéduraux dont ils disposent dans leur propre parlement (motions, questions, débats etc.) pour inciter le Ministre compétent à soutenir, dans le cadre du Comité des Ministres du Conseil de l'Europe, les propositions votées à Strasbourg. D'autre part, il y a de nombreux cas où les rapports et recommandations de l'Assemblée ont inspiré le dépôt de propositions de loi sur des sujets similaires dans les parlements des pays membres.

L'Assemblée représente aussi pour le parlementaire qui tient à son mandat national et à sa participation à la vie politique de son pays, une enceinte privilégiée où il peut se familiariser avec les questions européennes et nouer des contacts personnels avec des collègues d'autres pays. Ainsi l'Assemblée a été pour des générations de parlementaires nationaux le lieu où ils pouvaient acquérir une expérience européenne et internationale profitable au niveau national. L'Assemblée peut faire état d'une liste impressionnante de ses membres qui ont occupé les fonctions de Chef d'Etat ou de Gouvernement ainsi que de Président du Parlement national ou de Ministre.

Un autre signe de la politisation de l'Assemblée réside dans le fait que les parlementaires s'y regroupent en formations politiques. L'Assemblée n'entend pas former un "club" au sein duquel les membres échangent leurs vues sur des questions européennes et internationales; elle veut avant tout exprimer, analyser et répercuter les grands courants de pensée politique qui agitent notre époque. C'est pourquoi, répondant à un besoin qui s'était fait sentir dès les premières sessions, l'Assemblée a consacré officiellement l'existence de groupes politiques dans son Règlement en 1964. Aujourd'hui, tout le monde reconnaît leur importance et depuis 1978 le Comité des Ministres inscrit des crédits au budget pour faciliter leur fonctionnement. Le renforcement

progressif des groupes politiques est un des développements qui, ayant un effet positif sur l'action de l'Assemblée, doit être encouragé. Certes, l'influence des groupes politiques ne se fait pas sentir avec autant de vigueur qu'au Parlement Européen mais l'Assemblée des Vingt-et-Un n'a pas les mêmes structures, ni les mêmes problèmes à résoudre. Son objectif est d'exprimer avec mesure, mais en toute indépendance, les différentes nuances de l'opinion européenne sur des questions politiques quelles que soient les positions des gouvernements des Etats membres. Ainsi l'Assemblée en utilisant le double mandat de ses membres et en soulignant son aspect véritablement parlementaire et politique est parvenue à élargir son action et son rayonnement, malgré les limites que lui impose le Statut.

Nous verrons par la suite que l'Assemblée dans le cadre de ses attributions statutaires (partie II), mais également en trouvant de nouvelles voies non prévues par le Statut (partie III), a renforcé son rôle en faisant preuve de pragmatisme et en s'adaptant aux circonstances dictées par l'actualité.

II. LE ROLE DE L'ASSEMBLEE DANS LE CADRE DU STATUT

Dès la première session de l'Assemblée, ses membres étaient déçus de la faiblesse des pouvoirs accordés au Conseil de l'Europe et de la position de l'Assemblée que le Statut, dans sa rédaction initiale, en la qualifiant de "consultative" avait placée dans une position de complète subordination à l'égard du Comité des Ministres. Aussi se sont-ils efforcés depuis 1949 de:

- modifier les structures de l'Organisation (réforme du Statut);
- mieux définir le rôle et les tâches aussi bien du Conseil de l'Europe que de son Assemblée;
- améliorer les méthodes de travail des deux organes, et
- renforcer leur dialogue.[2]

Il n'est certainement pas exagéré de dire qu'il n'y a aucune comparaison entre la situation *de jure* de l'Assemblée en 1949 et sa situation *de facto* en 1980. Avant d'aborder l'examen des activités de l'Assemblée non prévues par le Statut, j'examinerai

[2] Voir: le rapport de M. STOFFELEN sur "les suites données aux recommandations de l'Assemblée et sur les relations avec le Comité des Ministres". Doc. 4366.

d'abord les fonctions qu'elle exerce à l'intérieur du cadre statutaire du Conseil de l'Europe.

1. *Organe d'élection*

La nomination du Secrétaire Général et du Secretaire Général adjoint du Conseil de l'Europe ainsi que celle du Greffier de l'Assemblée parlementaire s'effectue par vote au scrutin secret de l'Assemblée. C'est le Comité des Ministres qui dresse la liste des candidats et, après l'avoir examinée, procède à une consultation avec l'Assemblée au cours de laquelle aura lieu la nomination. Du côté de l'Assemblée, les propositions du Comité des Ministres sont alors examinées par le Bureau qui communique ensuite la liste des candidats aux membres de l'Assemblée. Des propositions de candidatures au poste de Greffier peuvent également être soumises par au moins cinq et au maximum dix représentants à l'Assemblée.

La consultation de l'Assemblée n'était pas prévue par le Statut en 1949. Elle a été introduite après une recommandation au Comité des Ministres (Recommandation 49, 1953) par laquelle l'Assemblée préconisait d'adopter pour les nominations une procédure selon laquelle, avant de formuler des recommandations relatives à la désignation du Secrétaire Général, du Secrétaire Général adjoint ou du Greffier de l'Assemblée, le Comité des Ministres se concerterait avec les représentants de l'Assemblée au sein du Comité Mixte.

Depuis lors, l'élection du Secrétaire Général revêt un caractère beaucoup plus politique. Alors que les deux premiers Secrétaires Généraux (élus respectivement en 1949 et 1953) étaient des membres du Service diplomatique d'un pays membre, leurs successeurs furent tous des hommes politiques, anciens membres du gouvernement de leur pays d'origine, et/ou représentants à l'Assemblée parlementaire.

Il appartient également à l'Assemblée d'élire les juges de la Cour européenne des Droits de l'Homme. La Cour se compose d'un nombre de juges égal à celui des Etats membres du Conseil de l'Europe; chaque Etat a le droit de présenter trois candidats dont deux au moins de sa nationalité. Les règles concernant le scrutin ont été arrêtées par l'Assemblée, sur proposition de sa

Commission des questions juridiques. Les membres de la Commission européenne des Droits de l'Homme sont élus par le Comité des Ministres sur une liste de noms dressée par le Bureau de l'Assemblée sur la base de propositions émanant de la délégation parlementaire nationale concernée. Le Bureau peut classer les candidats par ordre de préférence.

Par son pouvoir d'élection, l'Assemblée a renforcé considérablement son influence à l'intérieur de l'Organisation. Les trois fonctionnaires "hors-cadres", et le Secrétaire Général en particulier, sont en règle générale des hommes qu'elle connaît bien et qui jouissent de sa confiance. Les liens créés par ces élections profitent à l'Assemblée qui acquiert de ce fait une certaine emprise sur les Secrétaires Généraux d'autant plus qu'aucun d'entre eux ne peut négliger, faute de se couper des milieux parlementaires dont il est l'émanation, le soutien politique qu'elle peut lui prodiguer pendant son mandat.

2. *Relations avec le Comité des Ministres*

Les relations entre l'Assemblée et le Comité des Ministres ont évolué elles aussi depuis 1949. Le Comité des Ministres pour sa part contribue aux travaux de l'Assemblée dans les formes suivantes:

- communications du Président en exercice du Comité des Ministres à l'Assemblée au cours de chacune des parties de session de l'Assemblée (rapport statutaire), qui font l'objet d'un débat et sont suivies de questions et de réponses; lorsque le Comité des Ministres le juge utile, il peut adresser d'autres communications à l'Assemblée à divers moments de l'année;
- accès à l'Assemblée des membres du Comité des Ministres ou d'autres Ministres des Etats membres avec droit de parole;
- demandes d'avis adressées à l'Assemblée;
- résolutions invitant l'Assemblée à exprimer son opinion sur le projet de programme de travail intergouvernemental du Conseil de l'Europe;
- demandes adressées à l'Assemblée proposant d'appliquer à une question la procédure d'urgence.

A l'Assemblée reviennent les initiatives suivantes:

- recommandations et avis adressés au Comité des Ministres;

- questions adressées par les membres de l'Assemblée au Comité des Ministres pour réponse orale ou écrite;
- invitation de Ministres appelés à prendre la parole devant l'Assemblée sur un sujet particulier;
- accès du Président de l'Assemblée au Comité des Ministres en qualité de porte-parole de l'Assemblée;
- auditions de rapporteurs de l'Assemblée par les Délégués des Ministres sur des sujets spécifiques;
- présentation d'observations par ses membres siégeant avec les membres du Comité des Ministres au Comité Mixte (d'habitude au niveau des Délégués) ou au Colloque (avec les Ministres des Affaires Etrangères)

Les réunions du Comité Mixte et du Colloque sont par excellence les moyens d'un dialogue approfondi et à huis-clos sur des questions d'intérêt commun pour les deux Organes du Conseil de l'Europe.

3. *Contribution au programme de travail*

L'Assemblée est également saisie de l'examen du programme intergouvernemental de travail établi par le Comité des Ministres qui lui communique son projet pour avis. La Commission du budget et du programme de travail intergouvernemental, qui joue le rôle de coordinateur de l'Assemblée en cette matière, reçoit des différentes Commissions concernées des contributions pour les parties du programme de leur compétence. Son rapporteur présente les commentaires et les suggestions de l'Assemblée au sujet du projet de programme qui lui a été soumis.

4. *Quelques prérogatives acquises par l'Assemblée*

Au cours des deux premières années de son existence l'Assemblée avait formulé certaines recommandations tendant à amender les dispositions du Statut ayant trait à sa procédure interne. Ainsi en 1951, l'article 23 a été amendé pour rendre l'Assemblée maîtresse de son ordre du jour, l'article 25 pour autoriser l'élection de ses membres par leurs parlements nationaux, l'article 34 pour habiliter le Président de l'Assemblée,

au même titre que le Comité des Ministres, à prendre l'initiative de convoquer l'Assemblée en session extraordinaire.

Dès l'origine, les pouvoirs, ou plus exactement l'absence de pouvoirs de l'Assemblée en matière budgétaire furent un sujet permanent de récriminations. Ses revendications visaient à obtenir un droit de regard plus affirmé sur les finances du Conseil ainsi que sur ses propres dépenses de fonctionnement.

En ce qui concerne ses crédits de fonctionnement, l'Assemblée formule à présent ses propositions dans un Avis qu'elle soumet directement au Comité des Ministres. En élaborant le projet de budget général de l'Organisation qu'il soumet au Comité des Ministres, le Secrétaire Général y incorpore un crédit global pour l'ensemble des dépenses de fonctionnement de l'Assemblée. Si le Secrétaire Général ne s'estime pas en mesure de retenir toutes les propositions de l'Assemblée il en avise et consulte le Président de l'Assemblée, qui en informe le Bureau et la Commission du budget. Ainsi l'Assemblée a pu renforcer sensiblement son influence dans le domaine de la coopération budgétaire.

Outre ses propositions quant à ses propres dépenses de fonctionnement, l'Assemblée donne aussi son avis sur l'ensemble du budget du Conseil de l'Europe, à la fois sur le budget de l'année en cours et sur les prévisions pour l'année suivante.

5. *Quelques effets visibles et concrets des travaux de l'Assemblée*

Dans son rapport précité (Doc. 4366) M. Stoffelen essaie de dresser un bilan des activités de l'Assemblée en tant qu'organe statutaire du Conseil de l'Europe, que je résumerai comme suit:

- depuis 1949, l'Assemblée a adopté près d'un millier de recommandations (1004 au 2 octobre 1980)
- 39 des 106 conventions conclues dans le cadre du Conseil de l'Europe (dont les plus importantes: Droits de l'Homme, Charte sociale, répression du terrorisme), environ 85 des 305 recommandations adressées par le Comité des Ministres aux gouvernements des Etats membres et environ 70 des 200 résolutions du Comité des Ministres concernant la coopération européenne s'inspirent de propositions de l'Assemblée;

- au 2 octobre 1980, l'Assemblée avait répondu à 103 demandes d'avis du Comité des Ministres;[3]
- le programme de travail intergouvernemental du Conseil de l'Europe se fonde dans une large mesure (environ 30%) sur les recommandations et avis de l'Assemblée.
- l'Assemblée a été à l'origine de la création de plusieurs institutions ou comités dépendant du Conseil de l'Europe (Cour et Commission européennes des Droits de l'Homme; Conférence des pouvoirs locaux et régionaux de l'Europe, comités d'experts etc.) ainsi que de Conférences de Ministres spécialisés.

Il ressort de ces indications que la contribution directe ou indirecte de l'Assemblée aux activités intergouvernementales du Conseil de l'Europe est beaucoup plus importante qu'on ne le pense généralement. Il faut signaler aussi que les recommandations de l'Assemblée sont parfois incluses dans les dossiers des Conférences de Ministres spécialisés du Conseil de l'Europe.

Quant à la mise en oeuvre des textes de l'Assemblée, il faut rappeler que le Comité des Ministres n'est pas habilité à prendre des décisions ayant force exécutoire dans les Etats membres. C'est également vrai pour les recommandations du Comité des Ministres auxquelles les gouvernements ne sont pas tenus nécessairement de se conformer. Quant aux Conventions, elles nécessitent un acte de transformation (ratifications, loi ou décret d'application) pour être applicables au niveau national.

Même si des actes de transformation interviennent, seuls les experts sauront, en fin de compte, qu'un texte de l'Assemblée est à la base de la loi, de la réglementation ou de la pratique nationale. On peut dire en substance que la mise en oeuvre des recommandations de l'Assemblée se heurte au triple écran du Comité des Ministres, des gouvernements nationaux et finalement des organes d'exécution nationaux. D'autre part les textes législatifs nationaux qui s'inspirent des travaux du Conseil de l'Europe en font rarement mention, surtout s'il s'agit de propositions de l'Assemblée parlementaire.

Le Conseil de l'Europe n'est qu'insuffisamment informé des

[3] Ce chiffre ne concerne que les avis officiels reproduits dans la série des textes adoptés de l'Assemblée; dans le passé, une dizaine d'avis ont revêtu la forme de recommandations; dans de nombreux cas, le Comité des Ministres a demandé à l'Assemblée ou à ses commissions des avis ou des commentaires officieux.

suites données au niveau national à ses initiatives, alors que ces suites sont plus nombreuses que l'on ne le croit généralement. Il existe également des cas où des recommandations de l'Assemblée, faute de consensus au Comité des Ministres, sont restées sans suite sur le plan multilatéral, mais ont trouvé une application au niveau de certains Etats pris individuellement. Il en est ainsi par exemple de la Recommandation 779 (1976) de l'Assemblée relative aux droits des malades et des mourants que trois gouvernements, à la suite d'interventions au sein des Parlements nationaux, ont accepté de mettre en oeuvre.

Il est également intéressant de comparer le nombre et le caractère des textes adoptés par l'Assemblée au fil des années. Près de deux tiers des textes adoptés entre 1949 et 1960 ont été des recommandations et un tiers des résolutions. Ce rapport s'est lentement modifié et, pendant les années 1975 à 1980, l'Assemblée a adopté 146 recommandations contre 149 résolutions. Depuis 1969 on observe donc une réduction du nombre des recommandations. Ainsi, pendant les dix à vingt premières années de son existence, l'Assemblée s'est concentrée sur des changements statutaires ainsi que sur des propositions concernant l'accomplissement de la mission du Conseil de l'Europe et le développement de son programme de travail. L'instrument adapté était la recommandation adressée au Comité des Ministres. Mais parallèlement et au-delà de sa mission strictement statutaire, l'Assemblée a progressivement affirmé sa vocation de plateforme parlementaire de l'Europe démocratique. Ces prises de position qui dépassent souvent ses attributions statutaires et qui traitent de sujets dépassant les frontières géographiques de l'Europe, trouvent leur expression dans des résolutions.

6. *Développement d'un parlementarisme européen*

Dans l'avant-propos de cet article, j'ai tenu à souligner qu'il n'était pas approprié de comparer les pouvoirs et le fonctionnement d'une assemblée internationale avec ceux d'un parlement national de type classique. On constatera cependant, après avoir observé le développement de ses travaux, au cours de ses trente années d'existence, que l'Assemblée a bien réussi, sur le plan européen, la synthèse de différentes traditions parlementaires

nationales. Cette synthèse s'est concrétisée dans le règlement intérieur dont elle s'est dotée et qui lui permet d'organiser ses travaux: la création de treize commissions permanentes, indépendamment de commisions ou de sous-commissions *ad hoc*, le rôle de la présidence, les modes de votation, la formation de groupes politiques et les droits du parlementaire individuel; les questions écrites ou orales (dans le cadre du "question time"); les auditions publiques ou à huis-clos. Voici une multitude de normes procédurales qui ont fait de cette Assemblée le pionnier d'un parlementarisme européen qui se développe de jour en jour en concert avec les autres institutions européennes.

Ce développement d'un parlementarisme européen est un résultat concret et original. Il appartient surtout au Parlement Européen, après les élections directes, de développer à présent la fonction du parlementaire européen.

III. LA PLATEFORME PARLEMENTAIRE DE LA DEMOCRATIE PLURALISTE

L'Assemblée parlementaire du Conseil de l'Europe, en tant que forum parlementaire européen le plus large, est aujourd'hui l'endroit idéal pour faire entendre la voix de l'Europe démocratique et pour servir de caisse de résonance à l'opinion publique. Ayant peu de pouvoirs réels, donc de responsabilités, elle est un organe qui se sent libre de prendre clairement position sur des questions politiques délicates vis-à-vis desquelles le Comité des Ministres, bloqué par la nécessité du consensus et par des considérations de politique nationale, ne peut se prononcer. Ainsi l'Assemblée a fait de sa faiblesse sa force et est devenue un forum de discussions et de suggestions surtout dans le domaine délicat de la politique étrangère. Le présent chapitre fait état du pragmatisme politique de l'Assemblée qui a developpé certaines activités qui n'étaient guère prévues ou prévisibles par les signataires du Statut de 1949.

1. *Définition d'une politique européenne*

Dès le début l'Assemblée a offert aux responsables des gouvernements membres sa tribune pour lui permettre d'exposer

leur politique européenne. C'est devant elle que, depuis les années cinquante, ont été lancées et discutées les idées et initiatives d'une coopération renforcée, voire même d'une intégration européenne. Ainsi Robert Schuman, Ministre des Affaires étrangères de France, y a présenté son plan, devenu "Plan Schuman (Communauté Européenne du Charbon et de l'Acier) en août 1950 et son plan d'une défense européenne en novembre 1950. Konrad Adenauer, Chancelier et Ministre des affaires étrangères de la République Fédérale d'Allemagne, et M. de Gasperi, Président du Conseil des Ministres d'Italie, y ont commenté les buts et perspectives de la politique européenne en décembre 1951. Sir Anthony Eden, Secrétaire d'Etat britannique aux affaires étrangères, et de nouveau M. de Gasperi, se sont prononcés sur l'organisation politique de l'Europe en septembre 1952. Paul-Henri Spaak, Ministre des affaires étrangères de Belgique, a exposé le Traité de Paris, tout en définissant la politique du Conseil de l'Europe à la lumière des récents développements de la situation mondiale, en septembre 1954.

Il ne m'appartient pas d'évaluer la contribution politique du Conseil de l'Europe à l'oeuvre européenne dans le passé. En plus de ce rappel historique, je me dois cependant de signaler que les cinq dernières années ont été également riches en événements qui illustrent la position centrale de l'Assemblée parlementaire dans toute phase cruciale de la politique européenne. Je me limiterai de nouveau à quelques exemples. Léo Tindemans, Premier Ministre de Belgique a présenté son rapport sur l'union européenne et a participé à la discussion sur les activités du Conseil de l'Europe en septembre 1976; les Chanceliers Bruno Kreisky d'Autriche en mai 1976, et Helmut Schmidt de la République Fédérale d'Allemagne, en avril 1978, ont exposé leurs réflexions sur le rôle de l'Europe dans un monde de plus en plus interdépendant. Des Chefs d'Etat, tels que Valéry Giscard d'Estaing, Président de la République Française, en janvier 1977, Rudolf Kirschläger, Président de la République d'Autriche, en janvier 1979, et S. M. Juan Carlos 1er, Roi d'Espagne, en octobre 1979, se sont exprimés devant l'Assemblée et ont fait connaître leurs vues sur la mission de l'Europe démocratique. L'Assemblée a vécu des moments émouvants lors du retour de la Grèce dans la famille des démocraties, avec la participation à ses débats du Ministre des affaires

étrangères, Evangelos Averoff, en septembre 1974, lors de la victoire du mouvement démocratique au Portugal avec la venue de Mario Soares, Ministre portugais des affaires étrangères, en septembre 1974 également, et lors de l'accueil d'une première délégation parlementaire représentant tous les partis de la nouvelle Espagne démocratique dès octobre 1977.

L'élargissement géographique du Conseil de l'Europe vers le Sud lui a donné une nouvelle dimension politique. L'appel à la solidarité européenne et à la recherche d'un nouvel équilibre économique et social, qui doit suivre et conforter le nouvel et encore fragile équilibre politique, a été lancé par plusieurs hommes d'Etat de l'Europe du Sud: Mario Soares, Premier Ministre du Portugal, en avril 1977, Dom Mintoff, Premier Ministre et Ministre des affaires étrangères de Malte, en septembre 1978, Adolfo Suarez, Président du Gouvernement d'Espagne, en janvier 1979, Bülent Ecevit, Premier Ministre de Turquie, en mai 1979, Francisco Sa Carneiro, Premier Ministre du Portugal en avril 1980.

Il ressort de ce qui précède que l'actualité politique dans l'ensemble de l'Europe démocratique, a toujours suscité de grands débats parlementaires. En agissant ainsi l'Assemblée oeuvre d'une façon indépendante vis-à-vis du Comité des Ministres car, comme je viens de le dire, ces débats ont très rarement des suites au niveau intergouvernemental. Dans ce sens on peut affirmer que l'Assemblée reste en marge du Statut pour assumer progressivement le rôle de porte parole de l'Europe démocratique et parlementaire et remplit ainsi une fonction indispensable, dans le cadre des institutions européennes. L'Assemblée s'est constamment adaptée à cette politique et s'est efforcée de définir le rôle de l'Europe non seulement à l'intérieur de ses frontières mais aussi dans le monde. J'y reviendrai plus en détail plus loin.

2. *Tribune parlementaire pour d'autres organisations internationales*

Plusieurs organisations et conférences intergouvernementales ainsi que la plupart des institutions spécialisées des Nations Unies dont l'action s'exerce en Europe tirent profit des possibi-

lités offertes par l'Assemblée parlementaire. La plus large assemblée européenne offre une tribune parlementaire à ces organismes qui en sont dépourvus et reçoit d'eux des rapports ou des mémoires sur leurs activités. Le nombre de ces organismes est considérable.[4]

L'Assemblée remplit ainsi une fonction qui n'était pas prévue par le Statut mais qu'aujourd'hui tout le monde lui reconnaît et qui élargit sa sphère de compétence bien au-delà des frontières du Conseil de l'Europe. Les Gouvernements eux-mêmes semblent avoir accueilli favorablement ce développement, ne serait-ce que parce qu'il évite la prolifération coûteuse d'autres assemblées parlementaires qui seraient inévitablement confrontées à des chevauchements d'activités.

Ce sont souvent les Secrétaires ou Directeurs Généraux des organisations concernées qui ouvrent le débat en présentant leurs rapports devant l'Assemblée et en répondant aux questions des parlementaires.

La pratique d'utiliser l'Assemblée en tant que forum parlementaire pour d'autres organismes internationaux permet:

- de passer en revue et de contrôler, à intervalles réguliers, les activités européennes des organisations mondiales en leur donnant une impulsion politique;
- de tenir l'Assemblée au courant des activités internationales et des problèmes mondiaux;
- aux institutions spécialisées qui dépendent dans une large mesure du soutien parlementaire et des crédits votés par les parlements nationaux de porter leurs activités et préoccupations à la connaissance des parlementaires.

Dans ce contexte le débat annuel sur les activités de l'OCDE en présence du Secrétaire Général de cette organisation tient une place particulière. A cette occasion l'Assemblée devient le plus vaste forum parlementaire du monde démocratique puisqu'elle invite à ses débats des délégations parlementaires des

[4] L'Organisation Internationale du Travail (OIT), l'Organisation pour l'Alimentation et l'Agriculture (OAA/FAO), le Haut-Commissariat des Nations Unies pour les Réfugiés (HCNUR), l'UNESCO, l'Organisation Mondiale pour la Santé (OMS), la Conférence des Nations Unies sur le Commerce et le Développement (CNUCED), le GATT, l'OCDE, l'AELE) le Comité intergouvernemental pour les Migrations européennes (CIME), l'Agence Spatiale européenne, la Conférence européenne des Ministres des Transports (CEMT) etc.

pays membres de l'OCDE qui n'appartiennent pas au Conseil de l'Europe (Finlande, Canada, Etats-Unis, Australie, Nouvelle Zélande et Japon).

L'approvisionnement en énergie, l'inflation et le chômage sont les problèmes les plus ardus avec lesquels se trouve confronté le monde actuel. Il s'agit de sujets prioritaires qui sont traités dans le cadre de l'OCDE. L'Assemblée du Conseil de l'Europe remplit la fonction originale d'interlocuteur parlementaire et d'Assemblée "de facto" pour la discussion des activités générales de l'OCDE. Elle pourrait en tirer davantage profit en approfondissant les questions spécifiques d'actualité.

Le Président en exercice du Conseil Ministériel ou le Secrétaire Général de l'Association européenne de Libre Echange (AELE/EFTA) présente lui aussi régulièrement un rapport d'activité à l'Assemblée.

Dans un autre domaine, celui des suites données aux accords d'Helsinki conclus à l'issue de la Conférence sur la sécurité et la coopération en Europe (CSCE), l'Assemblée invite également aux débats, qu'elle tient périodiquement sur ce sujet, des délégations parlementaires de Finlande, du Canada et des Etats-Unis.

Ainsi l'Assemblée encourage le dialogue entre parlementaires venant de 28 pays démocratiques, y inclus Israël qui dispose du statut d'observateur permanent. Elle réunit alors la quasi-totalité des démocraties pluralistes, dont elle devient le lieu de rencontre privilégié et régulier. L'interdépendance économique et politique du globe amène l'Assemblée à s'exprimer et à agir en cette qualité spécifique de forum parlementaire le plus vaste, face aux dangers qui menacent la paix et les institutions démocratiques ainsi qu'aux grands défis économiques. Dans ce contexte l'Assemblée est amenée à débattre et à adopter des résolutions au sujet du respect des droits de l'homme dans le monde, de l'avenir des institutions démocratiques, du rôle de l'état, ou encore au sujet de l'ordre économique mondial, ou du dialogue Nord-Sud. Ce développement démontre l'adaptabilité et la souplesse de l'Assemblée qui, sans pour autant enfreindre ses obligations statutaires, peut faire face aux situations les plus variées. Elle reste le forum des Vingt-et-Un pays pour toutes les questions qui concernent la promotion et la défense de la qualité de la vie de leurs citoyens mais sait assumer, lorsqu'il le faut, une nouvelle dimension.

3. *Le soutien de la lutte contre la dictature*

Le Conseil d l'Europe trouvant sa raison d'être dans le fait qu'il représente, à une exception près, tous les pays européens qui ont une même conception de la société et des institutions qui doivent la régir, il est primordial qu'il s'attache à promouvoir, au sein de ses Etats membres ainsi que de par le monde, les idéaux sur lesquels se base son action.

L'existence ou la menace de régimes autoritaires ou dictatoriaux, ici ou là, en Europe, représente naturellement une des préoccupations majeures et permanentes de l'Assemblée, la voix parlementaire de l'Europe démocratique. Elle réagit à ces situations avec les moyens dont elle dispose: enquêtes, auditions au sein des Commissions concernées, débat public en séance plénière, vote de résolutions à l'intention des pays concernés, des gouvernements, organismes ou groupes susceptibles d'avoir une certaine influence sur le développement de la situation en question. C'est pourquoi l'Assemblée s'est particulièrement réjouie du retour de la Grèce dans la communauté des pays démocratiques et de la chute des régimes dictatoriaux au Portugal et en Espagne. Elle avait par le passé, au cours de multiples débats, condamné la situation dans ces pays et participé de ce fait, en exerçant une pression politique et morale, à la victoire des forces véritablement démocratiques.

Dans le cas précis de la Grèce où était intervenu le 21 avril 1967 un coup d'Etat militaire, l'Assemblée avait, dès l'ouverture de sa session suivante, le 24 avril 1967, dénoncé avec force ce renversement de régime et son action devait aboutir au retrait de la Grèce du Conseil de l'Europe. Dans ses recommandations 547 et 569 de janvier et septembre 1969, l'Assemblée avait estimé que la Grèce devait se retirer du Conseil de l'Europe et avait demandé au Comité des Ministres de prendre les mesures prévues à l'Article 8 du Statut, visant à suspendre le gouvernement hélléni-que de son droit de représentation ou à l'inviter à se retirer du Conseil. Le 12 décembre 1969, au cours de la réunion du Comité des Ministres, qui se trouvait saisi de ces deux recommandations ainsi que d'une proposition, présentée par onze ministres, tendant à suspendre la participation du gouvernement hélIénique, le

Ministre grec des affaires étrangères annonçait que son pays se retirait du Conseil de l'Europe.

Lorsque les représentants des nouvelles structures politiques libres et démocratiques de Grèce, du Portugal et d'Espagne ont fait leur entrée à l'Assemblée parlementaire et dans les organes intergouvernementaux du Conseil de l'Europe, ils étaient unanimes pour déclarer que la condamnation par l'Assemblée des régimes dictatoriaux les a encouragés et soutenus, et a été une importante contribution à leur succès.

L'Assemblée s'efforce aujourd'hui de contribuer à la consolidation et à la défense de la démocratie pluraliste dans ses pays membres pour sauvegarder cet "espace démocratique" qui n'a jamais été aussi large en Europe. Le soutien et le renforcement des institutions démocratiques comptent parmi ses activités prioritaires, y compris la lutte contre le terrorisme politique et toute autre forme de subversion de la société démocratique. Pour renforcer la base de cet "espace démocratique", elle a lancé un appel à la solidarité, afin que soient redressés les déséquilibres économiques et sociaux entre les différentes régions européennes, le Sud et le Nord en particulier. Selon elle, il s'agit là d'une interprétation d'une grande actualité de l'article premier du Statut du Conseil de l'Europe qui fixe comme objectif au Conseil de l'Europe "une plus grande unité entre ses pays membres".

4. *Vers une coopération élargie à l'ensemble du continent européen*

L'Assemblée suit toujours le développement de la situation dans les pays de l'Europe orientale et l'évolution des régimes communistes de l'Union soviétique et de ses alliés. Elle s'est toujours efforcée de souligner que les atteintes à la démocratie et au respect des droits de l'homme sont aussi condamnables dans une dictature de gauche que dans une dictature de droite.

Mais la lutte idéologique ne doit pas nuire au processus de détente. C'este pourquoi l'Assemblée s'est exprimée en faveur d'un élargissement de la coopération à l'ensemble du continent européen malgré les différences de régimes. L'idée européenne, telle qu'elle s'est affirmée après la deuxième guerre mondiale, ne prônait pas une Europe divisée mais la réconciliation entre les

peuples et la coopération entre les Etats. C'est pourquoi l'Assemblée souhaiterait jouer un rôle plus actif et constructif lors des discussions sur les relations entre l'Ouest et l'Est. Elle a suivi dès le début les négociations préliminaires de la Conférence sur la Sécurité et la Coopération en Europe et a accueilli les Accords d'Helsinki comme un nouvel espoir pour les peuples de l'Europe. L'Assemblée a également établi, par le truchement de sa Commission des questions politiques, des relations suivies sur la mise en oeuvre de la CSCE avec des représentants de l'Assemblée Fédérale de la Yougoslavie. Quant aux pays de l'Est signataires de la CSCE l'Assemblée a pris diverses initiatives depuis 1975, tendant à établir des relations de travail sur des bases *ad hoc*. Elle estime que des conférences ou tables rondes sur des sujets d'un intérêt commun, organisées sur un pied d'égalité avec des représentants de ces pays, s'avéreraient très souhaitables en raison des échanges de vues qui pourraient en résulter et contribueraient à une meilleure compréhension mutuelle ainsi qu'à la création d'un climat de confiance. Ces démarches n'ont obtenu à ce jour de réponse précise de la part de ces pays. Mais il est à souhaiter qu'une évolution de la situation intervienne lorsque le climat international le permettra et lorsque les avantages d'une politique plus réaliste vis-à-vis du Conseil de l'Europe auront été mieux appréciés à Moscou.

L'Assemblée a exprimé à plusieurs reprises l'avis que les Accords d'Helsinki confirment la nécessité de trouver des moyens de coopération surtout dans les domaines de la vie de tous les jours des citoyens européens. La pollution de l'eau et de l'air, par exemple, ne connaît pas de frontières. L'Assemblée poursuivra ses efforts afin que le Conseil de l'Europe puisse apporter sa contribution à une évolution constructive dans l'Europe toute entière.

Quant aux retombées politiques des activités de l'Assemblée dans le domaine de la CSCE, il est certain que les discussions et les recommandations ont eu une influence non négligeable sur le plan intergouvernemental. Il s'agit de débats soigneusement préparés par plusieurs Commissions[5] qui aboutissent à des recom-

[5] En particulier: Commissions des affaires politiques, de la culture et de l'éducation, de la science et de la technique, de l'économie et du développement, des relations avec les pays européens non membres.

mandations et résolutions détaillées concernant les différents chapitres de l'Acte final et qui reposent sur un large consensus parmi les représentants de tous les partis politiques. Ces prises de position du plus vaste forum parlementaire de l'Europe occidentale sont pour les gouvernements membres un point de référence significatif dans la définition de leurs propres politiques. Rappelons au sujet de la CSCE que le Comité des Ministres du Conseil de l'Europe en a fait un point permanent à l'ordre du jour de ses réunions biannuelles et que les experts gouvernementaux dans ce domaine se rencontrent plusieurs fois par an à Strasbourg.

5. *La responsabilité européenne à l'égard du monde extérieur*

Les rapports de l'Assemblée qui suscitent le plus grand intérêt ne sont pas toujours les plus conformes au mandat proprement dit du Conseil de l'Europe. Ainsi l'Assemblée débat régulièrement depuis vingt ans de la situation au Proche et au Moyen Orient (conflit israëlo-arabe, Iran, Afghanistan) et elle s'est penchée à plusieurs reprises sur la situation en Afrique et en Afrique sub-équatoriale en particulier. La situation des droits de l'homme en Amérique Latine ainsi que le drame des réfugiés du Sud-Est Asiatique comptent également parmi ses préoccupations. Des rapports réguliers sur l'état de l'aide au développement et les problèmes Nord-Sud dans le monde sont conformes à son rôle de porte-parole de l'Europe démocratique. Ainsi l'Assemblée mène également dans ces cas une politique indépendante à l'égard de l'organe intergouvernemental, surtout lorsqu'elle évoque des sujets de politique extérieure et d'économie mondiale dont le Comité des Ministres peut difficilement discuter avec un espoir valable d'arrêter une position commune. Par cette action l'Assemblée remplit la fonction d'un organisme exprimant la responsabilité globale de l'Europe à l'égard du monde extérieur.

IV. CONCLUSION: ETRE A LA HAUTEUR DES TACHES DU PRESENT

Le rapporteur de politique générale de l'Assemblée en 1979,

M. Walther Hofer (Suisse), se référant dans son rapport[6] aux idées exprimées par deux de ses collègues, MM. Machete et Ustünel[7], lorsqu'ils avaient traité de "l'approfondissement de la coopération entre les pays du Nord et du Sud de l'Europe", remarque que le Conseil de l'Europe ne peut remplir sa fonction de défense des droits de l'homme et de la démocratie que dans la mesure où il parvient à assurer une condition préalable: réaliser une plus grande justice économique et sociale entre ses Etats Membres. Cette "idée force" souligne parfaitement et d'une façon actuelle le rôle primordial et statutaire du Conseil de l'Europe et la tâche prioritaire de ses deux organes.

Parallèlement à cette action à laquelle elle donne toute son impulsion, l'Assemblée s'efforce d'être la voix responsable du monde parlementaire de l'Europe démocratique dans le contexte continental et mondial. Ainsi un autre rôle prioritaire de l'Assemblée est de dégager, dans la mesure de ses moyens, une attitude commune de tous les pays démocratiques d'Europe. A cet égard elle estime sans doute agir plus légitimement que le Parlement européen qui ne représente que la moitié des démocraties parlementaires européennes et auquel le Traité de Rome confie en outre de lourdes tâches communautaires.

Certes, les pouvoirs de l'Assemblée sont fort limités, comme c'est d'ailleurs le cas de toutes les autres Institutions européennes, mais elle a acquis, d'une façon pragmatique à l'intérieur de l'organisation, par l'activité de ses membres au sein de leurs parlements nationaux et par son rayonnement à l'extérieur, une autorité qui lui permet d'exercer une influence politique en Europe et dans le monde.

Une Assemblée composée d'hommes politiques agit naturellement en forum politique et doit combiner l'action à la réflexion. En plus des sujets mentionnés antérieurement, n'oublions pas qu'un débat sur l'élargissement de la Charte Sociale, un colloque et un débat sur l'énergie nucléaire, une discussion du problème de fraude et d'évasion fiscales, une analyse de la coopération culturelle en Europe, un débat sur la prescription des crimes de guerre ou sur l'abolition de la peine de mort, malgré leur côté technique, sont en réalité des sujets hautement politiques et de

[6] Doc. 4311
[7] Doc. 4310

grande actualité. Le fait que l'Assemblée soit composée de parlementaires qui ont tous des responsabilités sur le plan national garantit que tout en dégageant des conclusions à l'échelle européenne elle saura rester attachée aux réalités, aux aspirations et aux problèmes concrets qui préoccupent nos populations. Ainsi l'Assemblée, comme l'exprime M. Hofer dans son rapport déja cité sera "à la hauteur des tâches du présent".

En conclusion, une vérité s'impose: sans l'action des Assemblées européennes, l'élan des hommes politiques qui furent à l'origine du mouvement européen, aurait été freiné par la routine quotidienne des institutions. Ce sont les Assemblées et les hommes qui les composent qui ont assuré en grande partie le maintien du débat public sur la coopération et l'intégration de l'Europe. Leur influence à cet égard est irremplaçable.

SUMMARY IN ENGLISH

The role of the parliamentary organs in the development of European unity has been much more important than foreseen in the treaties. This article will produce evidence of the fact based on thirty years development in the Europe of the Twenty-One. The same is true of the European Parliament in the Community of Nine. Direct elections by nearly 200 million electors are bound to have important results, probably a certain redistribution of functions in the Community, but consistent with the treaties.

Thirty years earlier the Assembly of the Council of Europe felt the same need to assert its role and its personality in face of an all-powerful Committee of Ministers. It has done so progressively, without violating the statutory texts, and has been a pioneer in asserting the right of an international parliament to contribute to the definition of the relations between States.

The parliamentary Assembly represents a community of European States which has grown over thirty years from ten to twenty-one members, i.e. all the European democracies except one. The European Parliament will be principally concerned with its role as the parliamentary organ among the institutions of the European Community. The role of both of them is, of course, very different from that of a national parliament with its legislative and budgetary powers and its powers of political control.

The Statute of the Council of Europe, which entered into force on 3 August 1949, established an innovation in providing that each member State would send representatives to a deliberative assembly, which had all the characteristics of a parliament except the name. The international parliamentary bodies have no doubt a greater indirect influence than a directly visible impact. Personal contacts and discussions outside the official meetings constitute over the years a positive force which can slowly change the attitude of the political leaders of

different States and thus contribute directly to understanding and peace. This is particularly true of the Parliamentary Assembly of the Council of Europe, which in its Resolution 693 (1979) summarised its functions as follows: as the European parliamentary assembly of the widest composition, including nearly all the European democracies (and two-thirds of those in the world), it contributes to the definition of the responsibilities of democratic Europe in the defence of human rights, democratic institutions and economic and social justice. It provides a forum for the North-South dialogue in Europe and for European policy in the North-South dialogue for the whole world. It discusses the effects on Europe of world events and of the activities of other international organisations; it also provides a forum for discussion with parliamentary representatives from democratic countries all over the world on subjects of common interest. Such a statement would have been considered utopian thirty years ago.

I. A POLITICAL ASSEMBLY EMANATING FROM THE NATIONAL PARLIAMENTS

The Assembly is a political organ of a parliamentary character. Its members are members of their national parliaments, elected or appointed by the latter. They are thus the direct representatives of the peoples of the member countries.

But this was not always so and the Assembly had to fight to obtain this result. Originally the members were appointed by the member governments, and two amendments of the Statute were necessary in 1951 and 1970.

This double status, European and national, ensures a continuous contact between the European body and the national legislatures and enables members of the Assembly to take up in their national parliaments, by questions or otherwise, initiatives originating in Strasbourg. A special Working Party on Relations with National Parliaments was set up for this purpose in 1956; it was transformed into a general committee in 1961. Thanks to its work, all the procedural possibilities (motions, questions, debates, etc.) are utilised to persuade national ministers to support the Assembly's proposals in the Committee of Ministers of the Council of Europe. Also, this often leads to national legislation on the lines of the Assembly's proposals.

The Assembly has also been for countless members of national parliaments the place where they have obtained experience in European and international affairs. Numerous are the former members who have become heads of state or of government or ministers in their own country.

Another indication of its political character is the formation of political groups across national boundaries, which express and analyse the main trends of political thought on contemporary problems. They were officially recognised in the Rules of Procedure in 1964 and since 1978 the Committee of Ministers grants them credits to facilitate their functioning.

II. THE ROLE OF THE ASSEMBLY IN THE FRAMEWORK OF THE STATUTE

When the Council of Europe was created in 1949, members of the Assembly,

which was entitled "Consultative", were disappointed at the feebleness of its powers and its complete subordination to the Committee of Ministers. They therefore tried to change the structures of the organisation, by amending the Statue; to define more clearly the role and tasks of the Council and of the Assembly; to improve their methods of work; and to strengthen their co-operation. As a result, there is little comparison between the situation *de jure* in 1949 and that *de facto* in 1980.

1. *Powers of Election*

The Assembly elects the Secretary General, the Deputy Secretary General and the Clerk of the Assembly. As the result of a change made in 1953, the Assembly is first consulted by the Committee of Ministers in the Joint Committee. Since then, the election of the Secretary General has become a political act, the holder of this post being a former minister and/or a former member of the Assembly.

It is also the Assembly which elects the judges on the European Court of Human Rights, special Rules of Procedure having been adopted for this purpose. In addition, the Bureau of the Assembly draws up the list of candidates for the European Commission of Human Rights, whose members are then elected by the Committee of Ministers.

The power of election of the three senior officials establishes close relations between them and the Assembly and ensures for them the political support which they need.

2. *Relations with the Committee of Ministers*

The relations between the two organs of the Council of Europe have developed greatly since 1949. The Committee of Ministers contributes to the work of the Assembly in the following ways: communications by the Chairman-in-office of the Committee at each part-session of the Assembly (the statutory report) followed by questions and debate; the right to address the Assembly of other ministers of member governments; requests for the opinion of the Assembly, including its opinion on the inter-governmental programme of work. The Assembly takes the following initiatives: recommendations and opinions addressed to the Committee of Ministers; questions for oral or written reply; invitations to ministers to speak on a particular subject; access of the President or of Assembly rapporteurs to the Committee of Ministers; participation in meetings of the Joint Committee or in colloquies with the foreign ministers. These last meetings are of particular importance.

3. *Contribution to the Programme of Work*

The Assembly also examines the inter-governmental work programme. The different committees concerned are consulted, their views co-ordinated by the competent committee, and the collective view of the Assembly is then expressed.

4. *Some prerogatives acquired by the Assembly*

Amendments have been made to the Statute to enable the Assembly to determine its own Agenda, to secure the election of its members by the national parliaments and to permit initiatives in convening an extraordinary session. The Assembly has also acquired the right to propose its own budget and to express an opinion on the whole budget of the Council of Europe.

5. *Some concrete results of the Assembly's work*

Since 1949 it has adopted about a thousand recommendations to the Committee of Ministers.

Thirty-nine of the 106 conventions concluded by the Council of Europe, about 85 of the 305 recommendations of the Committee of Ministers to member governments and about 70 of the 200 resolutions of the Committee about European co-operation are the result of Assembly proposals.

The Assembly has replied to 100 requests for its opinion.

About 30% of the inter-governmental work programme is the result of Assembly proposals.

The Assembly was responsible for proposing the creation of several bodies or organs of the Council, including the Commission and Court of Human Rights, the Conference of Local and Regional Authorities and certain conferences of specialised ministers.

The practical application of Assembly proposals depends on action by the Committee of Ministers, then by national governments and finally by the national administrations. If they result in conventions, these require ratification at the national level. In some cases, even if the Committee of Ministers cannot reach agreement on an Assembly proposal, it may be taken up in a national parliament and thus implemented.

In the early years, the Assembly adopted more recommendations to the Committee of Ministers than resolutions. Latterly, the number is about equal. Resolutions usually reflect the Assembly's role as the parliamentary forum of the European democracies, expressing its views on subjects going far beyond the frontiers of Europe.

6. *Development of European parliamentarianism*

Even if a European Parliamentary Assembly cannot be compared, as regards its powers, with a national parliament, the Assembly has succeeded over thirty years in synthesising the different national parliamentary traditions and establishing Rules of Procedure which regulate *inter alia* the functioning of thirteen permanent committees, the role of the President, voting, the political groups, "question time" and so on. It will now be for the directly-elected European Parliament to develop further the function of European parliamentarianism.

III. THE PARLIAMENTARY PLATFORM OF PLURALIST DEMOCRACY

The Parliamentary Assembly of the Council of Europe is the ideal forum to

express the views of democratic Europe and to act as a sounding board for public opinion. Having a few real powers, it is free to take a stand on delicate political problems with regard to which the Committee of Ministers cannot do so – on account of the need for consensus or because of considerations of national policy.

1. *Definition of European Policy*

From the beginning, the Assembly afforded a tribune where ministers of member governments could expose their policy on European co-operation and integration. In August 1950 M. Robert Schuman presented the "Schuman Plan" for the European Coal and Steel Community, and in November of that year his proposals on European defence. In December 1951 Chancellor Adenauer and M. de Gasperi, the Italian Prime Minister, spoke on the aims and objectives of European policy, while Sir Anthony Eden and again M. de Gasperi spoke on the political organisation of Europe in September 1952. Two years later, it was the turn of M. Paul-Henri Spaak, the Belgian Foreign Minister.

Without attempting to evaluate the political contribution of the Council of Europe over the years, one may note that the practice has continued recently with important speeches by MM. Léo Tindemans, Prime Minister of Belgium (1976), Chancellors Kreisky (1976) and Helmut Schmidt (1978). Heads of State who have spoken to the Assembly on the mission of democratic Europe include Valéry Giscard-d'Estaing (1977), Rudolf Kirschläger (1979) and the King of Spain (1979). Particularly moving were the interventions of the Greek Foreign Minister, M. Averoff, when Greece returned to the family of democratic nations in 1974, and of M. Mario Soares when democracy was established in Portugal (1974); also the arrival of the first Spanish delegation representing all political parties in Spain in October 1977.

The geographical extension of Europe towards the south has introduced a new political dimension, requiring a new economic and social balance, which has been called for by M. Mario Soares, Prime Minister of Portugal (1977), Dom Mintoff, Prime Minister of Malta (1978), Adolfo Suarez, Prime Minister of Spain, and Bülent Ecevit, that of Turkey (1979) and lastly by Francisco Sa Carneiro, the new Prime Minister of Portugal, in 1980.

Current political problems in the whole of democratic Europe always give rise to important parliamentary debates. In these activities the Assembly acts independently of the Committee of Ministers, one might say on the fringe of the Statue, seeking to define the role of Europe not only within its frontiers but also in the context of the whole word.

2. *Parliamentary Forum for other international organisations*

A considerable number of international organisations and conferences, including the majority of the Specialised Agencies of the United Nations active in Europe, send reports on their activities to the Assembly, which thus fulfils the role of parliamentary organ for them.[1] This is another activity not foreseen in

[1] ILO, FAO, UNHCR, UNESCO, WHO, UNCTAD, GATT, OECD, EFTA, CIME, ESA, ECMT, etc.

the Statute, which extends its influence beyond the confines of the Council of Europe. The reports are usually presented by the Executive Head of the organisation concerned, who then replies to parliamentary questions. This procedure permits the Assembly to be kept informed of the work of the other organisations and give them its political support.

A particularly striking example concerns OECD. In this case the Assembly invites parliamentary delegations from the member states of OECD which are not members of the Council of Europe (Finland, Canada, USA, Australia, New Zealand and Japan) and thus becomes the largest parliamentary forum of democratic states in the world, with representatives of 28 states (including Israel, which has permanent observer status). Somewhat similar procedures are followed in the debates on the Helsinki Final Act and the follow-up to the C.S.C.E.

3. *Support for the struggle against dictatorship*

Since the Council of Europe comprises, whith only one exception, all the democratic states of Europe, it naturally seeks to promote the ideals which are their common heritage and to react with the means at its disposal (missions of enquiry, hearings in committee, the adoption of resolutions addressed to governments or other bodies which might exercise an influence) when those ideals are not respected. That is why the Assembly was particularly glad when democracy was restored in Greece and dictatorship came to an end in Portugal and Spain.

In the case of Greece, the Asssembly denounced the dictatorship established in 1967 and in 1969 called for the expulsion of Greece from the Council of Europe. In December 1969 the Greek foreign minister, confronted with a proposal by 11 governments for the suspension of Greece, announced that his country would withdraw. In all three cases the representatives of the new democratic régimes announced that the Assembly's action had encouraged and assisted them in their struggle against dictatorship.

4. *Towards a wider co-operation of the whole of Europe*

The Assembly has always followed closely the development of the situation in Eastern Europe and the evolution of the communist régimes of the USSR and its allies. It considers that violations of democracy and human rights are as much to be condemned in a dictatorship of the left as of the right.

But ideological differences should not prevent *détente*. The Assembly has therefore sought an extension of co-operation to the whole of Europe in spite of these differences. It welcomed the Helsinki agreements and has established relations with the Federal Assembly of Yugoslavia. It has proposed working relations *ad hoc* and other discussions with Eastern countries, in order to establish a basis of confidence and understanding, but so far without result. One must hope for a change in this attitude when a more realistic approach is adopted in Moscow.

The assembly has devoted particular attention to the Helsinki Agreements and the competent committees have studied them and their application in

detail. There is reason to believe that their conclusions – representing a large consensus among the different political parties – have had a considerable influence on the governments.

5. *The responsibility of Europe towards the rest of the world*

The Assembly debates which attract the greatest interests are not those directly linked to its statutory functions, but rather those concerned with world politics, for example the situation in the Near East and the Middle East, also that in Africa, particularly sub-equatorial Africa. Human rights in Latin-America and the plight of refugees in South-East Asia are also its concerns, as are development aid and the North-South dialogue. In matters of this sort the Assembly can follow its own independent line on questions of foreign policy about which the Committee of Ministers can hardly hope to adopt a common attitude.

IV. CONCLUSION: TO MEET THE CHALLENGE OF TODAY

The Rapporteur on general policy of the Assembly in 1979, Mr. Hofer, quoted two of his colleagues on the subject of strengthening co-operation between North and South in Europe and concluded that the Council of Europe cannot fulfil its mission of defending democracy and human rights unless it brings about a greater measure of economic and social justice in the member States. This emphasises perfectly the primary role of the Council of Europe and of its two organs.

Another priority of the Assembly is to establish, as far as possible, common attitudes of the European democracies on current problems. Here it is in a stronger position than the European Parliament, which only represents half of the European democracies and in any event must discharge its functions under the Treaty of Rome. Of course the powers of the Assembly are limited, but so are those of the other European institutions, and it has acquired a measure of authority which enables it to exercise a political influence in Europe and in the world.

Other subjects which it discusses – extension of the Social Charter, nuclear energy, tax evasion, cultural co-operation, prescription of war crimes, abolition of the death penalty – are, in spite of their technical aspects, highly political questions of topical interest. Thus, as Mr. Hofer has said, the Assembly meets the challenges of today.

In conclusion, we may affirm that without the European Assemblies the enthusiasm of the politicians who launched the European movement would have been submerged in day-to-day routine. It is the Assemblies and their members who have kept alive the great debate on European co-operation and integration. Their influence in this respect is irreplaceable.

"AND NOW WE ARE ONE"
THE FIRST YEAR OF THE EUROPEAN PARLIAMENT

by

ROBERT JACKSON*

The four hundred and ten men and women elected to the European Parliament in June 1979 came to their responsibilities with a great variety of views about the role and significance of the body to which they had been elected.

For prominent advocates of the European idea like Willy Brandt, Gaston Thorn, and the former Belgian Prime Minister Leo Tindemans, service in the Parliament was a natural way of promoting European federalism. For French Communists like Georges Marchais, and Gaullists like Jacques Chirac, the European Parliament was another base from which to attack "supranationalism", and to undermine their rivals in national politics. For veteran anti-Europeans like Barbara Castle, being elected to the Parliament was a way of carrying the war into the enemy's own camp.

In contrast, mingled among the politicians were individuals whose backgrounds lie outside parliamentary politics altogether – former leaders of farmers' unions, like Britain's Sir Henry Plumb, or of trade unions, like Germany's Hans-Oskar Vetter. They brought to the Parliament a different, and perhaps a fresher, attitude to politics. Meanwhile, for many of the rank and file Members – and some of the leaders – of the mainstream parties in the Parliament (Christian Democrats, Socialists, Liberals, Conservatives) election to Europe was an honourable way of continuing in political life, or beginning it, or achieving a prominence not available to them in national politics. But to many also, especially among the newcomers to parliamentary

* Robert Jackson is MEP for Upper Thames. He is a prominent member of the Parliament's Budget Committee, and the author of the Penguin *Guide to the European Parliament*.

Annuaire Européen/European Yearbook, volume XXVII, 1979.

life, serving in the European Parliament represented a new form of political commitment – service to an ideal or to a vision of the future.

* * *

After this first year, how has this new institution been working out? What bench-marks can we mark down for the future?

Among most Members – and among the European public, so far as it yet has any image of the European Parliament – the strongest feeling is probably that of dismay that the Parliament has still not evolved an orderly way of organising its business. Particularly irritating has been the abuse, by all the parties, of procedural devices to deflect debate; and the proliferation of "urgent" motions wasting long hours and over-turning agendas in order to discuss everything and nothing.

One fundamental aspect of this problem has been the way in which the Parliament's rules and organisation have been designed to promote transnational party alignments. Instead of sitting in alphabetical order or in separate national formations – as in other international assemblies – the European Parliament deliberately sought from the beginning to induce its Members to work together in multinational political groups based on ideological or historical affinity. The Rules of Procedure under which the indirectly-elected Parliament operated were so constructed as to give such combinations favoured access to the privileges of Group status – speaking-time, committee chairmanships, rapporteurships, secretarial assistance. Accordingly a powerful tradition grew up behind the six party Groups which bestride the new European Parliament as the old – the Communists (four nationalities), the Socialists (nine nationalities), the European Popular Party (Christian Democrats – eight nationalities), the European Democrats (Conservatives – two nationalities), the European Progressive Democrats (including the Gaullists – four nationalities), and the Liberals (four nationalities).

Difficulties naturally arose, however, when this concept – which worked satisfactorily in a European Parliament nominated by the dominant parties in the national parliaments – was applied in an elected assembly containing, for the first time, a substantial number of Members from small "fringe" parties.

There has been a natural concern among the majority parties to protect the disciplines and transnationalism enforced by the established system – but this has clashed with the principle of minority rights asserted by the "fringe" parties, using every procedural device available to them to enforce their claims. So far, although two new "Groups" not based on political affinity have been recognised – the "Group for Technical Co-ordination" and the "Independents' Group" – the mutual accommodation of these conflicting principles has not yet been satisfactorily achieved. On the other hand, although this is a continuing source of difficulties in organising the Parliament's business, it is important to note that the tradition of transnationalism has prevailed over all the additional nationalistic pressures which inevitably exist in a directly-elected body.

Another fundamental aspect of the procedural problems which the Parliament has experienced is the ambiguity which surrounds the question of the Parliament's role and purpose. From one point of view the European Parliament is essentially a legislative or proto-legislative body whose main objective must be to develop its contribution to the inter-institutional dialogue between Commission, Parliament and Council around which the Community's decision-making process is organised. From this perspective the emphasis in the Parliament's work must fall on the orderly production and adoption of detailed reports upon, and amendments to, precise legal texts, normally originating from the Commission.

But from another point of view, the essential role of the European Parliament lies in the articulation of a European "conscience" – the Parliament acting as a sounding-board and echo-chamber for a nascent European public opinion. Seen from this angle, the priority in the Parliament's work must be given to debates on urgent topical issues – irrespective of the competence of the Community – and to general "own initiative" proposals originating within the Parliament itself.

The fact is that the diversity of interests and attitudes among the men and women elected to the Parliament – the sheer diversity of national parliamentary traditions – has inevitably made discipline hard to achieve. In any representative body convention is the key to order; and it is difficult to form the habits

out of which conventions may grow when, as in Europe, the representative institution is an assembly with members of nine nationalities, speaking six languages, meeting in three different places (Strasbourg, Luxembourg and Brussels), and coming together in plenary session for only one week in each month.

However, there is an increasing – and welcome – concentration on fulfilling the Parliament's consultative responsibilities, and new and improved Rules of Procedure are on the way. Although the European Parliament is likely for a long time to remain a more unbusinesslike body than national parliaments, it is reasonable to say that it is in the process of settling down. Here a test issue, a bench-mark for judging the Parliament's success in the longer term, will be whether it will have enough self-confidence – and self-respect – to force a decision in the near future on the matter of where it meets – preferably concentrating its activities in Brussels, which has now established itself as the Community's effective working centre.

* * *

For those who feared that elections to the European Parliament would be a giant step towards supranationalism, much has already been done to confirm their fears of a Parliament forcing its way into new fields, pressing its powers to their limits and setting new ambitions for the Community.

The Parliament's first major debate in September 1979, concerned Community co-ordination of European arms procurement. In the face of fulminations from the Gaullists and M. Marchais ("jamais, jamais, jamais"), and from the left Socialists, there was an easy majority, drawn from the European Democrats (Conservatives), EPP (Christian Democrats) and Liberals, for the view that this was an important objective and one within the Parliament's competence to promote. And inside three months of this affirmation of a more ambitious concept of Europe and of the Parliament's role in it, the necessary two-thirds majority was mustered to reject the draft budget for 1980 – forcing the Commission and the Council, for the first time ever, to take the budget back to the drawing-board and make new proposals more acceptable to the Parliament.

This budget vote in December 1979 marked the high-water

mark of the first year of the European Parliament. In addressing itself so decisively to this issue the Parliament went straight to the heart of the central problem of the Community and showed itself to be a constructive force for its solution.

The story is worth telling at length.

* * *

At this stage in its internal development the most important problem facing the Community is the apparently boundless appetite for finance of the Common Agricultural Policy. By an amendment to the Treaty of Rome in 1975 the Community was endowed with its "own resources", making it financially independent of the member governments. But a ceiling was imposed upon the level of these "own resources", and by the end of the 1970s it was becoming clear that if agricultural spending continued to increase at its existing rate, that ceiling would soon be reached and even exceeded. The Commission had tried in vain to hold down agricultural spending by putting forward modest or nil price increases, but the farm ministers, who actually decide the level of agricultural prices, had consistently overridden the Commission's prudent proposals. The Member Governments were thus confronted with an intolerable state of affairs – no more tolerable for being their own creation. Agricultural expenditure was growing remorselessly; but the only way to keep it within bounds was to stop the agriculture ministers from increasing prices – and this the Governments dared not do. Instead they consistently cut back on Commission proposals to increase expenditure in other areas – notably on the Regional Fund, on the Social Fund, on energy and on industrial policies in general. This perpetuated the imbalance between agricultural and non-agricultural spending in the Community Budget – from which incidentally, the growing British net contribution to the budget derived; and it also prevented the Community from moving forward into new policy areas. In 1977 the Commission had seen the Budget Council emasculate its draft budget for 1978; in 1978 it saw the Council emasculate its draft Budget for 1979. On each occasion, the Old European Parliament had backed the Commission, and had tried to restore the cuts in non-agricultural spending

made by the Council. On each occasion, however, the net result had been a compromise, much closer to the Council's position than to the original Commission draft.

Though few realised it at the time, the elections of June 1979 thus took place at a peculiarly critical moment in the development of the Community. In the spring, the Commission had prepared its draft Budget for 1980 in the normal way, and had sent it in the normal way to the Council of Ministers. It had proposed an increase of 13%, concentrated in the non-agricultural, so-called 'non-obligatory' sector. That sector of the Budget was to be increased by nearly half again; the increases being devoted to the Regional Fund, to the Social Fund, to expenditure on research, industry and energy, and to development aid to the third world. In June 1979, however, the farm ministers had proceeded to increase farm prices yet again, with shattering effects on the Commission's draft. The effect of their decisions was to increase the Budget by 22% as against the Commission's original proposal of a 13% increase, and, in doing so, to drive the Community Budget very close indeed to the ceiling on Community revenues. The implications were stark. Either the Community would have to cut back its swelling agricultural expenditures or it could not afford even the modest extension in non-agricultural spending proposed by the Commission. If the Commission's proposed increases in regional, social, energy, industrial and development expenditure were struck out of the Budget, agricultural spending would be even more predominant than it was already. The role of the European Parliament, whose powers over 'non-obligatory' (i.e. non-agricultural) spending are, of course, much greater than over "obligatory" (i.e. agricultural) spending, would be diminished. The Commission's authority would be undermined. Most important of all, the Community would be unable to devise new instruments to deal with the central economic problems facing it in the 1980s.

The Budget Council had been due to consider the Commission's draft in July, but postponed consideration of it until 11–12 September. It then made sweeping cuts in the Commission's draft, all of them in the 'non-obligatory' sector. The total draft budget was cut by 11%. Where the Commission had proposed

increases of around 40% in the 'non-obligatory' part of the Budget, the Council cut the increase to 5%. For example, when the Commission had proposed that 1,370 million units of account should be spent on the Regional Fund, the Council, after a bitter all-night session, agreed to a figure of 850 million – a lower figure than the 1979 Budget's 945 million. For the first time in the Community's history, in other words, the Council was proposing that less should be spent on regional aid in the year ahead than was being spent in the current year. The next day the Commission warned that these cuts would jeopardise the proper working of the Community, and urged Parliament to restore what the Council had struck out.

Parliament needed no prompting. Partly for reasons of institutional prestige, partly for reasons of democratic principle, partly to prove to their electors and the world that direct elections had not been a waste of time, most MEPs would, in any case, have been anxious to assert their budgetary rights as fully as possible. Moreover, the Council's proposals were objectionable in substance to most members of the two biggest transnational Groups, the Socialists and the EPP (Christian Democrats).

Most Socialists were in favour of higher regional, social and industrial spending for its own sake; apart from the French, most of them also believed that agricultural spending took up too much of the Budget and wanted to bring it under control. Though most EPP members were in favour of the Common Agricultural Policy in principle, many feared that, if agricultural spending continued to increase at its existing rate, the CAP would collapse under its own weight; these fears had made them increasingly sympathetic to the suggestion that agriculture's share of the Budget should be reduced. As the most solidly 'integrationist' group in the Parliament, they were also instinctively sympathetic to the suggestion that the Community had to develop new policies, of the sort which the Council's cuts had ruled out. Of the remaining Groups, the European Progressive Democrats could be relied upon to support the Council, while the Liberals and Communists were divided. The French Republicans, who belonged to the Liberal Group, would be reluctant to engage in a battle with the Council, if only because theirs was the party of the French President. The non-French Liberals shared

the attitudes of the EPP and the Socialists. The same division was apparent in the Communist and Allies Group – the Italians fervently in favour of restoring the cuts made by the Council and of asserting Parliament's powers, the French doggedly anxious to confine Parliament's role to the minimum.

The position of the British Conservatives was pivotal, because of their numbers. Many Conservatives did not share the instinctive Socialist view that higher regional, social and industrial spending was inherently desirable; or that, as a matter of principle, the powers of the European Parliament should be increased. On the other hand, they had an even stronger incentive than their continental colleagues to prove to a sceptical electorate and party leadership that Strasbourg mattered, or could be made to matter. Above all, they had a strong incentive to prove that it could be made to matter in a way which would benefit the United Kingdom. The CAP was the most unpopular aspect of Community membership in Britain, and Britain's most important Community interest was to reduce her net budgetary contribution, which arose essentially out of the disproportionate weight of farm spending in the Budget. The European Parliament could not reform the CAP or remove the imbalance in the Community Budget all by itself. But if it restored the cuts which the Council had made in the Commission's draft budget, and if it curbed agricultural spending at the same time, it would go some way towards doing both.

Accordingly, during October, at a series of meetings of the Parliament's Budget Committee, a number of amendments to the Council's draft budget were voted, so sweeping in character as to amount to an alternative Budget. The alternative contained three main elements. In the first place, the Committee proposed that the cuts which the Council had made in the Commission's proposals for expenditure on regional policy, social policy, energy research and development aid should be reinstated. Secondly, it proposed that Community lending and borrowing should be included within the Budget, thus subjecting them to parliamentary control. Thirdly, and most importantly, it proposed that Parliament should make a direct attack on the swollen dairy budget. This was to be done in two ways – but cutting expenditure on milk producers by 380 million units of account, and by

raising the tax on milk production (the so-called 'co-responsibility levy') from 0.5% to 2.5%.

These proposals were adopted by the European Parliament on 5 November, thus sending up three signals. Hitherto the Parliament had concentrated on increasing 'non-obligatory' spending, over which it had the last word; it had made little use of its power to propose modifications in the crucial 'obligatory' sector. In practice, "obligatory" spending had been left to national Governments. The volume and pattern of the agricultural budget had been determined by producer-oriented farm Ministers, who knew that, no matter what prices they fixed or what level of production ensued, someone else would always find the money. Now the Parliament was trying to insert itself, the representative of the Community's taxpayers and consumers, into the process. In doing so, it was trying to give a Community Institution a say in what had previously been an overwhelmingly inter-governmental affair. Above all, it was giving notice that Member Governments could no longer be sure that the outcome of the inter-governmental process would be automatically approved – for, underlying the Parliament's resolution, was the implied threat of the rejection of a budget which did not meet the Parliament's requirements.

In spite of this threat, on 23 November the Council narrowly failed to find the votes necessary to accept the Parliament's position on farm spending. By the time the Parliament's next plenary session opened on 10 December its blood was up. In the next two days, complex and protracted negotiations took place between the Council and a parliamentary delegation, but to no avail. Where Parliament had demanded an extra 800 million units of account on regional and social spending, the Council's maximum offer was 200 million. On the 'budgetisation' of Community borrowing it was prepared only to examine the position. On the agricultural modifications it eventually accepted a text drawn up by the Parliament's budget rapporteur, but it did so after the negotiations had ended and in a spirit which most members of the Budget Committee considered too grudging to provide an adequate basis for compromise. On 13 December, the Budget Committee accordingly reported to the plenary session that, in its view, the conditions set out in the resolution of

5 November had not been met, and that it thereafter recommended total rejection of the 1980 Budget. Parliament voted accordingly by 288 votes to 64.

Over the months since the rejection of the 1980 draft budget the unity of the 'Rejection Front' in the Parliament has tended to crumble under the pressure of the farm lobby – particularly potent in the EPP. A major factor in this was the delay in the Council's response to the Commission's new preliminary draft budget, put forward in February 1980. In December 1979 the massive majority for rejection miscalculated the extent of the difficulties surrounding the British dispute with the rest of the Community about the size of Britain's net contribution to the Common budget. Until the settlement of this dispute the Council's deliberations upon a new draft budget were in a state of suspended animation (the British were blocking both the adoption of a text and agreement upon the biggest single item of spending – farm price support – until their problem was resolved); and in this situation only the British Members of the 'rejectionist front' which threw out the budget six months previously have felt any satisfaction about what happened.

Nevertheless, two important achievements have been marked up. By the historic vote of 13 December 1979, the Parliament has shown that it understands the need for a more economical and rational balance in Community spending, especially on agriculture – in this it is ahead of the other institutions. And at the same time, the seriousness of the consequences of the Parliament's use of its power to reject the budget has been demonstrated. If it can continue to show the *will* to be taken more seriously as a partner in budgetary negotiations with the Commission and the Council there is no doubt that in future it will be. The next logical step in a related area, and another benchmark to be looked out for, is for the Parliament to secure from the Council a greater measure of influence over the apointment of the new European Commission.

* * *

A broadly positive balance must also be struck in considering the Parliament's contribution to the formation of European

foreign policy, where it – and the Community as a whole – has been increasingly active in the past year.

The Parliament reacted quickly to the series of events in Iran which were triggered off by the seizure by Iranian students of hostages in the American Embassy in Teheran. In a Resolution on 16 November 1979 it condemned encouragement by the Iranian authorities of violence in regard to a diplomatic mission, contrary to all accepted international rules. Parliament called on the authorities in Iran to order an immediate end to the occupation of the American Embassy. On 14 March 1980 Parliament, again condemning the behaviour of the competent Iranian authorities, supported the United Nations in its attempts to have the hostages released (for example the sending of a Committee of Enquiry to Teheran) and called on the Member States to take up the case of the hostages at the International Court of Justice at the Hague. On 17 April 1980 Parliament urged the Nine Foreign Ministers to formulate a common policy in order to oblige the Iranian authorities to release the hostages. The foreign Ministers were also asked to consider the suspension of diplomatic relations with Iran.

While it is difficult to quantify the effect on the national governments, on the American Government and on the Iranian authorities of these resolutions, Parliament in each case acted in a timely and balanced fashion so as to attract the most widespread support from the authorities concerned in securing the release of the American hostages.

Again acting promptly, and seeking in most cases the widest consensus possible, Parliament adopted four resolutions on Afghanistan between September 1979 and February 1980. The Resolution of 28 September 1979 condemned the new regime in Afghanistan, whose accession to power followed the assassination of the President, and called on the Commission and Council to cut off all EEC aid to Afghanistan. On the other hand it urged Community aid to be given to the refugees from the new regime. Following the Russian invasion of Christmas 1979, Parliament on 16 January 1980 called for the withdrawal of Soviet troops and asked the Commission to review economic relations between the Community and the USSR, especially in the field of high technology, agriculture and anti-dumping practices. Two days

later on 18 January Parliament called upon the Commission to give both financial and food aid to refugees from Afghanistan in Pakistan. This economically oriented Resolution was followed by another on 15 February which requested the Commission to embargo sales of surplus commodities which involved subsidies to the USSR. This Resolution was specifically introduced by members of the European Democratic Group. Linked with the Parliament's bitter hostility to the Soviet invasion, was its desire to impose sanctions where possible against the USSR not only in the economic field. Accordingly its Resolution of 16 January called upon the International Olympic Committee and the national Olympic Committees to reconsider their participation in the Olympic Games in Moscow. This Resolution was followed up by one of 15 February, when Parliament called upon the national governments to advise teams and individual athletes not to take part in the Olympic Games. Governments were also invited to seek an agreed international territory as a site for future Olympic Games.

The fact is that the threat to détente which has arisen from the Soviet's invasion of Afghanistan is forcing Europe to define its international identity more closely than ever before. What is remarkable in the response in Europe to the Afghan and Iranian crises is the simple fact of the now universal acceptance of the idea that a *European* response is appropriate (rather than separate national policies, or automatic recourse to Atlanticism); and that political co-operation within the European Community is the right way of articulating that common European approach. In this development the European Parliament has a place in the vanguard, speaking up for a positive European approach within a concerted Western strategy. A reference-point for the future lies in the contribution it may be able to make not only to the *substance* but also to the *form* of European foreign policy co-operation – the development of more advanced procedures such as may be adopted in furthering a new European initiative in the Arab-Israel dispute.

* * *

There is a theory – widely-held notably in Britain but also elsewhere in Europe – that the European Parliament will not be

given power but must *take* it. This notion, which derives particularly from the history of the Westminster Parliament, does not fit the facts of Europe.

The European Constitution – the various treaties and agreements which created the Community – is a written constitution; and beyond a certain limit the roles and relationships of the various European institutions can only be changed by agreement between them. Beyond certain limits, therefore, the European Parliament cannot *take* powers to itself; it can only make out a claim for them, and then in due course acquire them by common consent.

During its first year the Parliament has made not too bad a start in asserting its claims to be taken seriously. Its internal order still leaves much to be desired; but in the crucial areas of the Community budget, the control of arms spending, and the development of a common European response to external crises, the Parliament has shown itself to be a positive and constructive force.

By itself, however, this will not be enough to enable the Parliament to obtain a more central and growing role. The four hundred and ten assorted men and women who came to the European Parliament in 1979 with such diverse attitudes and aspirations cannot by their own efforts alone secure such a role – even if, by some strange chance, their efforts were all pressing in the same direction.

But they can, by their efforts, place their institution in a position from which it can profit from the flow of events to advance its interests. At the moment the direction of that flow of events in Europe is perhaps more obscure than at any time since the mid-1960s. It is impossible to say whether the Community is moving through its present internal crisis towards closer integration, or to a looser and less demanding form of association. If the slackening of Community ties is what lies in store for Europe, then whatever it does the European Parliament will become essentially irrelevant; but if Europe continues to make progress in integration, then the European Parliament has the future in its bones. All that can be said at this stage is that this new Parliament has begun to show itself to be, on balance, not unworthy of a growing role in a growing and dynamic Community.

RESUME EN FRANÇAIS

Les 410 hommes et femmes élus au Parlement européen en juin 1979 avaient des idées fort diverses quant à son rôle et à son importance. Pour certains, Européens convaincus, il était un moyen de promouvoir le fédéralisme européen; pour les communistes français et les gaullistes, il constituait une occasion de s'attaquer au supra-nationalisme et à leurs opposants politiques; pour les anti-Européens, il s'agissait d'un moyen de porter la lutte dans le camp ennemi. Certains membres provenaient de milieux non politiques, par exemple de syndicats agricoles ou industriels; d'autres voyaient dans leur mandat un moyen honorable de commencer ou de poursuivre une carrière politique; pour beaucoup, le Parlement correspondait à un idéal ou à une conception de l'avenir.

* * *

Quelle évaluation peut-on faire après cette première année? La plupart des membres – et peut-être le public – déplore que le Parlement n'ait pas su mieux organiser son travail. On a beaucoup abusé des ressources de la procédure et de "l'urgence" pour perturber l'ordre du jour et discuter de tout et de rien.

Un aspect fondamental du fonctionnement du Parlement est l'organisation de groupes politiques multinationaux fondés sur des affinités idéologiques ou politiques. (Les membres ne siègent pas par groupes nationaux ou par ordre alphabétique). Les groupes politiques jouissent de divers privilèges: temps de parole, présidence de commissions, postes de rapporteur, assistance secrétariale. Comme dans l'ancien Parlement, les 6 groupes principaux sont: les communistes (de 4 pays), les socialistes (9 pays), le parti populaire européen (les démocrates-chrétiens de 8 pays), le démocrates européens (les conservateurs de 2 pays), les démocrates européens de progrès (de 4 pays, y compris les gaullistes) et les libéraux (4 pays).

L'existence d'un certain nombre de membres appartenant à de petits partis marginaux a posé des problèmes. Deux nouveaux groupes non politiques ont été reconnus: le groupe de coordination technique et le groupe des indépendants.

Le rôle et l'objet du Parlement sont quelque peu ambigus. Pour les uns, il s'agit essentiellement d'un organe législatif contribuant au dialogue entre la Commission, le Parlement et le Conseil sur lequel se fondent les mécanismes de décision de la Communauté. Ce rôle exige l'élaboration de rapports détaillés et d'amendements visant des textes juridiques précis. Pour d'autres, priorité devrait être donnée aux débats portant sur des problèmes d'actualité de caractère politique. La diversité des traditions parlementaires nationales est telle qu'il est difficile d'obtenir une discipline. Il n'est pas aisé de développer des règles de conduite dans une assemblée de 9 nationalités, parlant 6 langues, se réunissant dans 3 villes (Strasbourg, Luxembourg et Bruxelles et tenant une session plénière d'une seule semaine chaque mois.

Néanmoins, le Parlement est en train de trouver son équilibre sur la base d'un Règlement amélioré. Il sera particulièrement intéressant de voir s'il parvient à obtenir une décision sur le lieu de ses réunions – qui devrait de préférence être Bruxelles, centre administratif de la Communauté.

* * *

Le Parlement a déjà fait beaucoup pour développer ses pouvoirs et pour assigner à la communauté de nouvelles ambitions. Il faut notamment citer à cet égard le premier grand débat de septembre 1979 concernant la coordination des industries européennes d'armement. Les gaullistes, les communistes et les socialistes de gauche s'y sont violemment opposés, mais une majorité formée de conservateurs, de démocrates chrétiens et de libéraux s'est facilement trouvée pour estimer que le sujet relevait de la compétence du Parlement. De même, avant la fin de l'année, une majorité des deux tiers a pu être trouvée pour rejeter le budget de 1980. Ce fut le sommet politique de la première année du Parlement qui s'attaquait ainsi au problème central de la Communauté en proposant des solutions constructives.

* * *

Le problème le plus grave qui se pose à la Communauté concerne le coût toujours accru de la politique agricole commune. Depuis plusieurs années, la Commission s'efforçait de limiter les dépenses agricoles, mais les ministres de l'agriculture n'ont pas suivi ses propositions et les gouvernements ont réduit les propositions de la Commission visant à accroître les dépenses dans d'autres secteurs: fonds régional, fonds social, énergie et politique industrielle. En 1977 et 1978, l'ancien Parlement européen avait soutenu la Commission en s'efforçant de rétablir les dépenses prévues dans les secteurs non agricoles, mais en vain.

En 1979, la Commission a proposé d'importants relèvements dans les secteurs non agricoles du Budget, mais les ministres de l'agriculture ont de nouveau augmenté les prix agricoles, ce qui a entraîné un accroissement de 22% du budget total. Pour maintenir le budget dans des limites acceptables, il fallait réduire les propositions concernant d'autres secteurs, ce qui mettait en danger de nouvelles activités visant à remédier, dans les années 1980, à des difficultés économiques d'importance vitale.

En Septembre 1979, le Conseil budgétaire réduisait le projet de budget pour 1980 de 11%, les coupes portant sur les secteurs non agricoles, particulièrement sur le fonds régional dont le montant devenait inférieur à ce qu'il était en 1979. La Commission faisait observer qu'une telle action compromettait le fonctionnement de la Communauté.

Lorsque le Parlement a examiné le projet de budget, les socialistes et le PPE (démocrates-chrétiens) se sont prononcés en faveur d'un relèvement des dépenses pour les politiques régionale, sociale et industrielle, en préconisant la réduction du coût de la politique agricole. Les démocrates de progrès soutenaient le Conseil, tandis que les libéraux et les communistes étaient divisés. Les conservateurs britanniques souhaitaient faire la démonstration que le Parlement pouvait jouer un rôle efficace et voulaient réduire le montant du budget agricole, responsable du niveau exagéré de la contribution britannique.

En novembre, le Parlement adoptait ses propositions: rétablissement des dépenses prévues par la Commission pour la politique régionale, la politique sociale, la recherche en matière d'énergie et l'aide au développement; réduction des dépenses prévues pour l'aide aux producteurs de produits laitiers. Le Conseil n'ayant pas accepté ces propositions, et les négociations en vue d'un

compromis n'ayant pas abouti, le Parlement a rejeté le budget pour 1980 par 288 voix contre 64 le 13 décembre.

Par ce vote, le Parlement témoignait de la nécessité d'un équilibre plus économique et plus rationnel des dépenses, notamment pour le secteur agricole, et de la réalité de ses pouvoirs en matière budgétaire. Logiquement, le prochain effort du Parlement devrait viser à accroître son influence concernant la désignation des membres de la Commission européenne.

* * *

Un autre aspect des travaux du Parlement a été sa contribution à la politique étrangère européenne. En novembre 1979 et en mars et avril 1980, le Parlement a condamné la prise d'otages américains à Téhéran, a réclamé leur libération, a convié les gouvernements à soumettre le différend à la CIJ et à adopter une politique étrangère commune à l'égard de l'Iran. Au cours de la même période, il a adopté 4 résolutions sur l'Afghanistan qui préconisaient notamment la reconsidération des relations économiques avec l'Union soviétique, l'aide aux réfugiés et le boycott des jeux olympiques.

Les crises afghanes et iraniennes ont amené l'opinion publique à admettre la nécessité d'une réaction européenne à l'égard des crises internationales, d'une coopération politique au sein de la Communauté et du rôle de pionnier du Parlement dans la formulation de cette politique.

* * *

Selon certaines théories, le Parlement européen ne devrait pas s'attendre à recevoir des pouvoirs accrus; il devrait les prendre lui-même. Cela n'est pas exact. La constitution européenne – les Traités et Accords qui ont créé la Communauté – est une constitution écrite qui ne peut être modifiée que par accord entre les institutions. Le Parlement ne peut se saisir de pouvoirs; il ne peut que les acquérir par décision commune.

Le Parlement a déjà montré qu'il constitue une force constructive par ses débats sur le budget, le contrôle des dépenses d'armements et la politique commune européenne face aux crises extérieures. Les membres du Parlement peuvent, par leurs efforts, tirer profit des événements pour faire progresser leurs intérêts. Si la Communauté s'affaiblit, le Parlement perdra son importance; si l'intégration européenne progresse, le Parlement aura l'avenir pour lui. Il a montré qu'il peut ne pas être indigne d'un rôle accru dans une Communauté progressive et dynamique.

LA FONDATION EUROPEENNE DE LA SCIENCE

par

J. GOORMAGHTIGH*

A. INTRODUCTION

Aussi surprenant que cela puisse paraître dans une Europe qui cherchait à s'intégrer, il a fallu attendre 1974 – 17 ans après la signature du Traité de Rome – pour qu'un organisme chargé d'assurer une coordination de la recherche scientifique vît le jour. On aurait en effet pu penser que la science constituait un domaine privilégié où la collaboration entre pays européens était à la fois facile à réaliser et indispensable. Mais si tous s'accordent pour reconnaître qu'aucun pays d'Europe ne peut à lui seul assurer un développement adéquat de la recherche dans toutes les disciplines et qu'une mise en commun des ressources intellectuelles et matérielles est donc nécessaire, la tâche s'est avérée plus difficile qu'on aurait pu le penser. La science qui traditionnellement ne connaissait pas de frontières s'est laissée, par la force des choses, enfermer progressivement dans les structures nationales. On ne peut plus dissocier la recherche de l'économie et par conséquent les obstacles à une étroite collaboration internationale sont de la même nature dans un domaine comme dans l'autre.

Ceci dit, la Commission s'est assez rapidement rendu compte que la Communauté Européenne ne pourrait pas remplir sa mission d'une manière satisfaisante si elle ne se préoccupait pas aussi de la recherche scientifique. Les noms des Commissaires Spinelli et Dahrendorf sont associés à plusieurs initiatives dans ce sens. D'autre part un certain nombre d'organismes responsables de la recherche dans des pays européens ont cherché à promouvoir une plus étroite collaboration entre eux. A l'origine la

* Secrétaire Général de la Fondation Européenne de la Science.

Annuaire Européen/European Yearbook, volume XXVII, 1979.

Commission voulait créer une institution qui lui serait étroitement associée et dont feraient partie seulement les Membres de la CEE. Par contre, les organismes responsables de la recherche désiraient constituer une fédération dont ils seraient eux-mêmes les Membres et qui serait largement ouverte aux autres pays d'Europe. Le Commissaire R. Dahrendorf se rallia volontiers à cette formule car il reconnaissait les avantages qu'offrait en l'occurrence le statut d'organisation internationale non gouvernementale. En effet, il fallait que la nouvelle organisation soit de structure modeste, souple et aussi libre d'interférences politiques que possible. L'idée d'une Europe scientifique qui ne serait pas limitée aux frontières du Marché Commun fut aussi assez généralement acceptée.

De son côté l'Assemblée Parlementaire du Conseil de l'Europe s'est intéressé au projet. Par une recommandation d'avril 1972 elle invite les gouvernements d'étudier les fonctions d'une pareille fondation ainsi que la structure et son mode de financement. Par une nouvelle recommandation en 1974 elle prie le Comité des Ministres d'appuyer la création de la fondation.

B. HISTORIQUE

A l'invitation des organismes de recherche scandinaves et du *Nederlandse organisatie voor zuiver-wetenschappelijk onderzoek* (ZWO) une première réunion a rassemblé à Aarhus, au Danemark, en février 1972 les représentants d'un certain nombre de conseils de recherche européens, pour étudier les problèmes posés par la coordination de la recherche en Europe et proposer des solutions. L'étape suivante eut lieu à Londres, en décembre de la même année, où la *Royal Society* réunit un certain nombre de scientifiques européens pour échanger leurs idées sur la possibilité d'entreprendre une action commune. Le projet fut précisé en avril 1973, à la *Max-Planck-Gesellschaft,* à Munich. Un groupe de travail fut formé, sous la présidence du Professeur H. Curien, pour préparer un projet qui serait soumis ultérieurement à l'ensemble des organismes européens de recherche. Quarante-sept d'entre eux se sont réunis à Gif-sur-Yvette (France), en septembre 1973, à l'invitation du *Centre National de la Recherche Scientifi-*

que (CNRS) et ont approuvé le principe de la création d'une Fondation Européenne de la Science (ESF). Lors d'une réunion tenue à Saltsjöbaden, en Suède, en mai 1974, les futurs membres de la Fondation ont décidé que celle-ci aurait son siège à Strasbourg. La Fondation a officiellement vu le jour dans cette ville, le 18 novembre 1974, après que 42 académies et conseils de recherche de 15 pays européens eurent approuvé les status proposés. Aujourd'hui la Fondation compte 47 organismes membres dans 18 pays.[1]

Ce bref historique montre – chose importante pour la réalisation du projet – que d'une part les petits comme les grands pays européens étaient dès le début impliqués dans les préparatifs et que d'autre part la CEE était positivement motivée.

Différents facteurs ont favorisé la naissance de la Fondation. Tout d'abord pour que l'Europe puisse maintenir sa place dans le monde et poursuivre sa contribution au développement de la science il fallait que progressivement les pays conjuguent leurs efforts. En plus des accords bilatéraux, déjà nombreux, une collaboration multilatérale s'imposait. Dans le même ordre d'idées, les chercheurs souhaitaient disposer d'un forum où des spécialistes de différentes disciplines pourraient se retrouver pour un échange de vues et d'informations sur leurs travaux en cours. De plus, étant donné le coût croissant de l'infrastructure de la recherche, surtout dans les sciences naturelles et exactes, il devenait urgent d'éviter les doubles emplois, de faciliter la coopération pour l'exploitation en commun d'appareillages ou de services existants et de regrouper les organismes nationaux pour l'étude et la mise en œuvre des projets importants. Pour remplir ces tâches une nouvelle organisation devenait donc indispensable.

C. OBJECTIFS

Cette nouvelle organisation aurait pu prendre différentes formes. Les fondateurs ont opté – nous l'avons vu – en faveur d'un statut non gouvernemental et d'une structure ouverte à des

[1] Voir en annexe I, la liste des organismes membres de l'ESF.

pays non-membres du Marché Commun. Malgré son titre, la Fondation Européenne de la Science (ESF) n'est juridiquement pas une fondation dans le sens stricte du terme mais une association internationale soumise au droit français. Son domaine propre est celui de la recherche fondamentale et son champ d'action comprend aussi bien les sciences sociales et humaines que les sciences naturelles, médicales et techniques. Les objectifs de la Fondation, tels qu'ils sont décrits à l'article II des Statuts sont de:

"(a) faire progresser la coopération dans le domaine de la recherche fondamentale;

(b) promouvoir la mobilité des chercheurs;

(c) favoriser la libre circulation des idées et de l'information;

(d) favoriser l'harmonisation, entre organismes membres, des activités de recherche fondamentale;

(e) faciliter la coopération en ce qui concerne l'utilisation du matériel existant;

(f) faciliter la coopération en ce qui concerne l'établissement et l'exécution de projets de recherche appropriés de grande importance;

(g) faciliter la coopération en ce qui concerne la fourniture de services spécialisés onéreux;

(h) accorder des subventions pour le financement des actions concertées et des projets de collaboration."

D. STRUCTURE

Les membres de la Fondation sont des académies et conseils de recherche de pays européens qui financent la recherche fondamentale sur des crédits qui leur sont attribués principalement par les gouvernements. Ces organismes varient de pays en pays tant du point de vue de leur structure que de leurs pratiques; c'est ainsi que, par exemple, la Grande Bretagne compte sept membres, dont deux académies, alors que la Belgique ou la Suisse n'ont qu'un seul membre. Les membres fondateurs sont ceux qui ont participé à la première Assemblée; les nouveaux membres sont admis par l'Assemblée sur recommandation du Conseil Exécutif.

Tous les organismes membres sont représentés au sein de l'*Assemblée*, qui se réunit une fois par an. Jusqu'à présent, l'Assemblée s'est tenue chaque année au mois de novembre. Un système de vote pondéré permet à chaque membre de participer pleinement à la prise de décisions, tout en tenant compte de l'importance relative de chacun. L'Assemblée est l'organe principal de la Fondation, elle procède aux élections, adopte le budget, approuve la création de comités et définit la politique générale. Les statuts prévoient une *Commission Electorale* chargée de proposer à l'Assemblée des candidats pour les postes de Président et de Vice-Présidents et pour les sièges vacants au Conseil Exécutif. Chaque pays représenté parmi les organismes membres désigne un délégué à cette Commission.

Le *Conseil Exécutif* met en œuvre la politique de la Fondation et prend toutes les décisions nécessaires à son bon fonctionnement. Il est composé du Président, des deux Vice-Présidents et de 18 membres qui représentent les différentes nationalités des organismes affiliés.[2] Ils sont élus à titre personnel, mais ils assument en général dans leur propre pays d'importantes responsabilités dans la gestion de la recherche ce qui fait qu'ils interviennent en connaissance de cause et que les décisions du Conseil sont en conséquence réalistes.

Le président, les deux Vice-Présidents et le Secrétaire Général composent le *Bureau*, qui assure la continuité du travail de la Fondation entre les réunions du Conseil.

Un système très souple de comités et de groupes de travail permet de réunir, pour des tâches et des durées variables, des scientifiques spécialisés dans les domaines à étudier. Le Conseil Exécutif attache une grande importance à la sélection de ces personnes, car les avis émis par les comités de la Fondation doivent présenter une valeur scientifique reconnue et être exprimés en toute indépendance; ce n'est que dans cette mesure qu'ils seront pris en compte par la communauté scientifique et par les autorités politiques auxquelles ils s'adressent.

Le Conseil Exécutif peut créer des *groupes de travail* qui sont chargés de fair rapport assez rapidement sur des propositions précises. A la lumière des conclusions d'un groupe de travail, le

[2] En annexe II la liste actuelle des membres du Conseil Exécutif et du Bureau.

Conseil décidera s'il y a lieu de poursuivre le sujet et si oui, sous quelle forme. C'est ainsi, par exemple, qu'un groupe de travail a été constitué pour examiner dans quelle mesure une collaboration entre spécialistes européens serait utile pour assurer une meilleure conservation des vitraux médiévaux. Après un tour d'horizon général il a été décidé de ne pas poursuivre cet effort. Par contre un autre groupe de travail sur la collaboration européenne dans le domaine du rayonnement synchrotron en Europe, dont il sera question plus loin, a abouti à une des activités les plus significatives de la Fondation.

Les *Comités ad hoc* sont établis pour deux ans, ce qui leur donne le temps d'étudier leur domaine en profondeur, de définir les problèmes principaux et de suggérer des solutions. Des comités de ce type ont été créés, par exemple, pour s'occuper des questions urgentes que posent pour la recherche européenne l'astronomie, les mathématiques et encore les recombinaisons génétiques *in vitro*. Ces trois comités cités à titre d'illustration, ont connu un sort tout à fait différent. Celui sur l'astronomie a abouti à la création d'un comité permanent dans le cadre de la Fondation, celui sur les mathématiques a été discontinué parce que les mathématiciens ont créé à l'initiative de l'ESF leur propre organisation sur le plan européen, alors que celui sur les recombinaisons génétiques a conduit à la mise sur pied d'un groupe de contact qui permet périodiquement de faire le point tant sur les développements scientifiques que sur l'évolution des législations et réglementations nationales dans ce domaine.

Avec l'accord de l'Assemblée, un comité ad hoc peut devenir un *Comité Permanent* ou suggérer qu'un tel comité soit créé. La fonction des comités permanents est de suivre ce qui se passe dans une discipline ou dans un domaine particulier de la connaissance en vue de recommander certaines initiatives, études ou autres activités, qui pourraient s'avérer utiles au niveau de l'Europe. A l'heure actuelle la Fondation compte six comités permanents: un pour les Sciences Sociales, un pour les Sciences Humaines, un dans le domaine de l'Astronomie et un autre pour les Sciences Spatiales. Les deux autres sont des organisations qui existaient avant la Fondation Européenne de la Science et dont celle-ci a repris le secrétariat. Il s'agit des European Medical Research Councils (EMRC), qui regroupe des conseils de la recherche

médicale en Europe et les European Science Research Councils (ESRC) qui réunit des conseils de la recherche en sciences naturelles. Ce dernier peut être, à plus d'un égard, considéré comme le précurseur de la Fondation car en plus de ses fonctions scientifiques il avait pour tâche d'harmoniser les politiques scientifiques et les procédures administratives. Tout en maintenant leur identité et en poursuivant leurs intérêts particuliers, tant l'ESRC que l'EMRC sont devenus des comités permanents à part entière de l'ESF, couvrant respectivement les sciences naturelles et les sciences médicales. Les comités permanents, dont le mandat doit être examiné tous les cinq ans, peuvent former des groupes chargés de problèmes plus limités; ainsi le Comité des Sciences Humaines a constitué récemment une sous-commission pour l'archéologie.

Des activités ou des études déterminées d'une certaine envergure proposées, soit par un comité permanent, soit par le Conseil Exécutif, peuvent devenir, avec l'accord de l'Assemblée, ce que l'on appelle, dans le jargon de l'ESF, une *Activité Additionnelle.* Chaque activité additionnelle a son propre budget auquel ne contribuent que les organismes membres intéressés. Un comité scientifique (Steering Committee) supervise le travail et se porte garant de sa qualité. Mentionnons, comme exemple, une activité additionnelle dans le domaine de la taxonomie proposée par l'ESRC. A présent huit activités additionnelles sont en cours de réalisation: le Programme européen de formation à la recherche sur le cerveau et le comportement, le programme international de l'Institut des hautes études scientifiques (à Bures-sur-Yvette), les études chinoises, les études byzantines, le rayonnement synchrotron, les aspects humains et culturels des migrations, la taxonomie et le droit comparé.

Les services de la Fondation – dit l'article X des Statuts – sont dirigés par le *Secrétaire Général,* qui est nommé par l'Assemblée sur proposition du Conseil Exécutif, pour une période de cinq ans. Il est responsable devant le Conseil de l'administration de la Fondation et de l'exécution des décisions de l'Assemblée, du Conseil et du Bureau. Ses fonctions sont exclusivement de caractère international et il ne peut "demander, ni recevoir d'instructions d'aucun organisme membre, ni d'aucune autorité étrangère à la Fondation". Le Secrétaire Général est assisté dans sa tâche

par un petit *secrétariat* composé, à l'heure actuelle, d'une douzaine de personnes venant de pays différents. L'objectif à long terme est que les cadres soient essentiellement des fonctionnaires détachés, pour des périodes limitées par les organismes membres. Les bureaux et salles de réunion de la Fondation se trouvent dans les locaux mis gracieusement à sa disposition par la Ville de Strasbourg.

L'ESF a deux budgets distincts (Article XII des Statuts): les "activités de base", c'est à dire le fonctionnement des services et le traitement du personnel, est financé par le *budget général* auquel tous les organismes membres contribuent. La contribution de chaque groupe national est basée sur le revenu national net; l'échelle des contributions est fixée tous les cinq ans par l'Assemblée. Chaque "Activité additionnelle" est financée par un *budget spécial* dont les fonds proviennent des contributions des organismes membres de la Fondation qui y participent et, le cas échéant, de dons ou subventions. Le coût annuel d'une activité additionnelle est réparti entre les membres qui y participent selon des proportions qu'ils fixent d'un commun accord.

Après six ans d'expérience on peut dire que cette structure qui peut sembler lourde et compliquée, permet cependant à la Fondation de fonctionner efficacement. C'est ce qui importe. Le système donne aux organismes membres la possibilité de maintenir un contrôle strict sur le fonctionnement et les dépenses de la Fondation. Toute autre formule eut été irréaliste. Le système assure aussi qu'aucun projet n'est entrepris s'il ne suscite pas l'intérêt de la communauté scientifique spécialisée et s'il ne bénéficie pas de l'appui des membres. Sans l'engagement ferme des organismes participants et sans qu'ils soient réellement motivés, le programme le mieux conçu n'aurait aucune chance d'aboutir. Les statuts tiennent compte des forces réelles en jeu mais n'empêchent cependant pas, bien au contraire, les initiatives, les approches originales ou l'indépendance scientifique des chercheurs responsables des différentes activités. C'est ici que l'on s'aperçoit des avantages pour la Fondation d'être non gouvernementale: les organisations inter-étatiques ne permettent ni la même souplesse, ni la même indépendance. Mais les fondateurs ont eu la sagesse d'asseoir l'organisation non

gouvernementale sur une base solide des réalités internationales. Si la Fondation réussit à maintenir cet équilibre entre ce qui est souhaitable et ce qui est possible, elle devrait pouvoir se developper et remplir sa mission au service de l'Europe et de la science.

E. ACTIVITES

Le comité permanent pour les *sciences humaines* qui existe depuis novembre 1977 est présidé par le Professeur B. A. Sørensen, du Danemark. Ce comité est à l'origine de deux activités additionnelles, l'une dans le domaine des études chinoises, l'autre en études byzantines. Le *projet sinologique* comporte trois volets: le premier concerne l'élaboration d'une bibliographie descriptive et analytique du Canon taoïste, le deuxième prévoit la préparation d'un manuel descriptif des œuvres littéraires chinoises de 1900 à 1949, et le troisième consiste en une série de conférences de recherche sur le concept d'Etat dans la Chine contemporaine. Le travail sur chaque thème est maintenant bien avancé et devrait aboutir à une série de publications. En *études byzantines* un programme de quatre ans a été prévu pour recenser et dresser un inventaire des sites de villes ou d'autres ruines de l'Empire byzantin du VII au XIII siècle.

Par ailleurs, le comité pour les sciences humaines s'est occupé de questions aussi diverses que l'accès aux archives européennes et leur conservation, l'utilisation de l'informatique dans le traitement des données en sciences humaines, la création d'un centre de documentation informatisé sur la Bible et les problèmes posés par l'élaboration de dictionnaires et de glossaires. Le Comité se propose aussi d'entreprendre des études sur l'Inquisition basées sur les importantes archives conservées en Espagne, en Italie et au Portugal.

Dans le domaine de l'*archéologie* la Fondation a publié un inventaire, en trois volumes, des équipements scientifiques et techniques disponibles pour la recherche archéologique dans les pays de membres de l'ESF. Maintenant un sous-comité est chargé d'envisager d'autres travaux qui pourraient utilement être entrepris par la Fondation.

En *droit comparé* une activité additionnelle de la Fondation porte sur quatre sujets de grande actualité: la responsabilité médicale, la responsabilité et le contrôle des institutions financières, le processus législatif et les procédures sommaires devant les tribunaux civils.

Le comité permanent pour les *sciences sociales* présidé d'abord par le Professeur J.-J. Salomon (France) et actuellement par Monsieur M. Posner (Grande Bretagne), a entrepris de coordonner les recherches sur les valeurs et les indicateurs sociaux et sur la socio-économie de la santé et de développer des sources d'informations européennes en sciences sociales en collaboration avec d'autres organisations internationales. Il collabore avec le comité pour les sciences humaines dans le domaine de la linguistique et notamment en ce qui concerne le Registre européen des recherches en cours sur l'enseignement des langues. Deux projets ont trait aux travailleurs migrants: l'un porte sur les aspects culturels et humains des migrations internationales en Europe, l'autre sur l'acquisition d'une nouvelle langue par les travailleurs étrangers. Sous la première rubrique plusieurs études sont en cours. Un rapport exhaustif qui décrit et évalue l'état actuel de la recherche doit être publié dans le courant de 1980. D'autre part l'ESF cherche à promouvoir la coordination des études au niveau européen en organisant une série de séminaires sur des sujets spécifiques, tels que le statut des minorités dans les métropoles et son lien avec la gestion urbaine, la marginalisation des communautés d'immigrants et son rapport avec le dualisme du marché du travail, le statut formel et informel de la psychopathologie de la transplantation. Sous la deuxième rubrique la Fondation envisage d'entreprendre une étude comparative et empirique sur l'acquisition de la langue de quatre ou cinq pays hôtes par des groupes provenant de régions différentes.

Le comité des sciences sociales prévoit aussi une série de recherches axées sur l'avenir des emplois de service et des changements d'attitudes vis-à-vis du travail dans une Europe où les structures informelles sont appelées à jouer un rôle de plus en plus important.

La Fondation s'est également souciée de l'*utilisation de données personnelles à des fins de recherche*. Des organisations telles que le Conseil de l'Europe, l'OCDE et la CEE se sont penchées

sur ces problèmes, mais la Fondation a estimé qu'il serait utile de préparer une déclaration qui permettrait d'obtenir une équilibre satisfaisant entre les besoins de la recherche et la sauvegarde de la vie privée des individus.

A la demande de la Commission des Communautés Européennes, l'ESF a entrepris une étude détaillée sur l'*emploi et la mobilité des chercheurs* en Europe. Le vieillissement des scientifiques et le petit nombre des postes offerts à la nouvelle génération de chercheurs dans les instituts et les universités, réduit le recrutement des éléments les plus valables. Les conséquences de cet état des choses seront néfastes pour le développement de la recherche dans les décennies à venir. Le rapport de la Fondation, qui a été remis à la Commission, formule une série de recommandations qui devraient contribuer à remédier à cette situation.

Le groupe des conseils européens de la *recherche médicale* (EMRC) est actif dans le domaine de l'étude de la reproduction humaine, de la recherche sur les maladies mentales et de la toxicologie. Il semble que l'Europe manque de toxicologues hautement qualifiés, aussi la Fondation espère-t-elle pouvoir mettre sur pied un programme de formation dans cette matière.

L'ESF a repris l'administration scientifique du *Programme européen de formation à la recherche sur le cerveau et le comportement* (ETPBBR). Dans ce cadre des bourses de formation sont accordées à de jeunes chercheurs européens pour leur permettre de s'initier dans d'autres pays d'Europe à des techniques nouvelles. D'autres bourses permettent aux personnes intéressées d'assister à des cours organisés dans certaines villes européennes sur des thèmes tels que les méthodes fondamentales de recherches sur le cerveau et le comportement des animaux, les aspects empiriques et théoriques du savoir animal. . . . Dans le même cadre, la Fondation organise chaque année un cours d'hiver d'une semaine, à Zuoz, en Suisse. Ces sessions rassemblent entre 60 et 70 chercheurs, jeunes ou confirmés, venus de l'Europe entière et qui travaillent dans le domaine de la recherche sur le cerveau en relation avec le comportement. Chaque cours est consacré à un sujet particulier, tel que peptides des neurones ou connexion intercérébrale et comportement. L'ETPBBR encourage aussi la collaboration entre laboratoires de pays européens par l'attribu-

tion de bourses pour des projets présentés en commun par deux ou trois équipes de recherche.

Il a été question plus haut de l'activité de la Fondation Européenne de la Science relative au génie génétique. L'utilité du Comité de liaison sur les *recombinaisons génétiques in vitro* comme point de rencontre des spécialistes d'Europe et d'Amérique du Nord est largement reconnue. Bien que les inquiétudes s'apaisent, il est important de suivre à la fois les développements de la recherche et des mesures prises pour la contrôler.

A l'initiative de l'ESRC la Fondation a ranimé l'intérêt pour la *taxonomie*. Des projets et enquêtes sont en cours, entre autres, sur la flore du bassin méditerranéen et sur le rôle des taxonomistes amateurs. Une série de nouveaux programmes a été approuvé par l'Assemblée en 1979, notamment dans le domaine de la documentation floristique, de la faune marine de l'Atlantique tempéré européen et de la Méditerranée et des nématodes parasites des plantes d'Europe.

La Fondation s'efforce également de promouvoir la recherche sur les *polymères* en Europe. Elle a publié un inventaire des activités des laboratoires universitaires et non-industriels dans le domaine de la science des polymères; elle organise une série de séminaires avancés sur des sujets spécifiques et espère pouvoir instaurer un système de bourses pour des étudiants et des jeunes chercheurs qui souhaitent effectuer des recherches fondamentales.

La seule activité actuelle de la Fondation dans le domaine des *mathématiques* consiste dans sa contribution au Programme scientifique international de l'Institut des hautes études scientifiques (IHES). Cet institut, qui se trouve à Bures-sur-Yvette (France), se consacre au soutien et à l'encouragement de la recherche fondamentale en mathématiques pures et en physique théorique. Ses objectifs sont les mêmes que ceux de l'*Institute for Advanced Study* de Princeton. Il réunit pour des périodes plus ou moins longues des savants venant des quatre coins du monde. Le programme scientifique de l'IHES a été adopté comme activité additionnelle de l'ESF en 1976 et aujourd'hui neuf organismes membres y participent.

Malgré les progrès rapides dans le domaine des *études spatiales*, beaucoup reste à faire. C'est pourquoi l'Assemblée de

l'ESF a décidé en novembre 1978 de transformer le comité ad hoc sur ce sujet en comité permanent. Celui-ci est présidé par le Professeur J. Geiss (Suisse). Une collaboration étroite a été établie avec le Bureau pour la Recherche Spatiale (SSB) des Etats-Unis et de bonnes relations se sont développées avec l'Agence Spatiale Européenne (ASE). Un groupe de travail, créé par le comité de Recherche Spatiale, a préparé un rapport sur l'état de la recherche spatiale en Europe qui a paru en 1979. Ce rapport, "Space Science in Europe", conclut que le soutien dont bénéficie la recherche fondamentale en Europe par rapport à la recherche appliquée, ne correspond en aucune façon au potentiel scientifique qu'elle représente. Le comité s'est encore intéressé, entre autres, à l'astronomie des rayons x et rayons gamma et à la planétologie.

Le comité permanent de l'ESF pour *l'astronomie*, présidé par le Professeur R. Lüst, de la Max-Planck-Gesellschaft, fonctionne depuis 1976. Il a suivi de près la création et ensuite l'activité du Centre astronomique international des Iles Canaries (IAC). Les comités d'astronomie et de recherche spatiale s'intéressent conjointement au projet de Télescope Spatial (ST). Les deux grandes questions qui ont particulièrement retenu l'attention des astronomes sont l'utilisation du ST par les astronomes européens et la coordination entre le ST et les travaux effectués dans les installations au sol. Les deux comités ont débattu conjointement d'un autre thème qui concerne les besoins de la radio-communication pour la recherche de l'intelligence extra-terrestre (SETI).

L'activité de l'ESF qui a sans doute attiré le plus d'attention est celle sur le *rayonnement synchrotron*. Après un premier examen des installations en Europe et ailleurs il s'est avéré qu'il serait souhaitable pour le développement de la recherche dans plusieurs disciplines que l'Europe dispose d'une source de rayonnement synchrotron et que, vu l'importance de l'investissement, le projet pourrait être entrepris en commun par plusieurs pays. Le rapport préparé par un groupe de travail sous la présidence du Professeur H. Maier-Leibnitz (RFA), intitulé "Synchrotron Radiation, a Perspective View for Europe", conclut en substance qu'un groupe interdisciplinaire devrait être constitué pour étudier les paramètres d'un laboratoire européen de rayonnement synchrotron, son organisation et le coût de sa construction.

L'étude de faisabilité d'un Centre européen de rayonnement synchrotron (ESRF) autour d'une machine à rayons x, fut donc entreprise. Un sous-groupe machine, composé de spécialistes appartenant à la plupart des laboratoires européens de physique des hautes énergies et un sous-groupe instrumentation formé d'experts en rayonnement synchrotron furent créés. Etant donné le très grand nombre de domaines scientifiques concernés, il a fallu faire appel à des spécialistes pour étudier les arguments en faveur de l'ESRF. Environ 120 chercheurs – physiciens, biologistes, chimistes et spécialistes de la science des matériaux – ont participé à ce travail. Le rapport qui a paru en 1979, montre clairement la nécessité de construire en Europe un machine présentant les meilleures qualités d'émission entre 100 Å et 0, 1 Å. Il montre pourquoi une telle machine serait extrêmement utile pour l'étude des propriétés électroniques de la matière (absorption, fluorescence, spectroscopie des photo-électrons et des photo-ions, diffusion inélastique), des propriétés structurales avec accès à des informations dynamiques (protéines, transition des phases, environnement local), des problèmes chimiques surgissant dans les phases gazeuses et dans les phases condensées, ou pour réaliser des images à haute résolution et à fort contraste sur des échantillons inorganiques ou biologiques.

Le rapport du sous-groupe machine met clairement en évidence que la machine décrite est faisable mais qu'une étude plus précise permettrait une optimisation de ses caractéristiques et de ses coûts. Le rapport du sous-groupe instrumentation conclut que l'on pourra disposer d'instruments capables de supporter l'énergie émise et de suivre un flux si élevé. Une autre partie de ce rapport est consacrée aux instruments qui devraient être construits sur l'ESRF. Un programme général a été prévu pour la construction de l'anneau et des instruments. Tous ces travaux sont résumés dans le rapport principal qui donne une estimation du coût total – environ 93 millions d'unités de compte européennes (aux prix de 1979) – ainsi que du personnel nécessaire pour un tel laboratoire – environ 400 personnes. Le comité ad hoc estime donc qu'il a démontré clairement la faisabilité d'un laboratoire de rayonnement synchrotron qui fournirait aux chercheurs européens un outil remarquable. Il souhaite que son travail soit suivi de la construction de ce laboratoire européen qui,

sans aucun doute, rassemblerait les meilleurs chercheurs de divers pays et de disciplines différentes. La construction d'un tel laboratoire n'est pas de la compétence de la Fondation. L'ancien Secrétaire Général de l'ESF, le Dr. F. Schneider, a toutefois été chargé d'une mission d'exploration auprès des gouvernements pour établir s'ils seraient disposés à appuyer pareille entreprise. En attendant, le travail se poursuit par l'étude de certains problèmes liés à l'ESRF, par la stimulation de la collaboration dans le domaine du rayonnement synchrotron et par l'organisation de cours d'été pour intéresser les jeunes chercheurs à ce domaine.

La Fondation collabore avec la CEE. Un représentant des Communautés siège au Conseil Exécutif et le Conseil des Ministres a attribué à l'ESF une fonction consultative. Le contact est également maintenu avec l'OCDE ainsi qu'avec des organisations internationales à caractère général. Il va sans dire que l'ESF a des rapports suivis avec les grands laboratoires européens, tel que le CERN à Genève. Ayant son siège à Strasbourg ainsi que bon nombre d'intérêts communs, la Fondation entretient des relations suivies avec le Conseil de l'Europe et plus particulièrement avec son Comité de la Science et de la Technologie.

L'ESF suit de très près les développements de la recherche aux Etats-Unis et plusieurs savants américains sont associés à ses travaux. Des contacts ont aussi été établis avec l'Académie des Sciences de l'URSS et d'autres pays socialistes dont les scientifiques participent déjà à certaines des activités de l'ESF.

Ce survol rapide des activités de l'ESF ne peut donner qu'une idée imparfaite du rôle qu'elle joue déjà et qu'elle sera appelée à jouer dans la communauté scientifique en Europe. Avec l'appui croissant de ses membres elle pourra progressivement contribuer à harmoniser les politiques de la recherche, à assurer une meilleure utilisation des ressources disponibles en favorisant l'exploitation en commun des installations existantes et en facilitant la collaboration pour la mise en œuvre de nouveaux projets qui demandent des investissements importants. Le fait qu'elle réunit toutes les disciplines devrait permettre à la Fondation de réduire les cloisons traditionnelles et de sortir des chemins battus. La mobilité qu'elle encourage doit faire progresser partout le niveau de la recherche.

Liste Des Organismes Membres
De La Fondation Européenne De La Science

Allemagne (Rép. Féd.)	Deutsche Forschungsgemeinschaft Max-Planck-Gesellschaft Konferenz der Akademien der Wissenschaften in der Bundesrepublik Deutschland
Autriche	Fonds zur Förderung der wissenschaftlichen Forschung in Österreich Österreichische Akademie der Wissenschaften
Belgique	Fonds National de la Recherche Scientifique – Nationaal Fonds voor Wetenschappelijk Onderzoek
Danemark	Statens naturvidenskabelige forskningsråd Statens laegevidenskabelige forskningsråd Statens jordbrugs-og veterinaer forskningsråd Statens samfundsvidenskabelige forskningsråd Statens humanistike forskningsråd Statens tekniskividenskbelige forskningsråd Det kongelige danske videnskabernes selskab
Espagne	Consejo Superior de Investigaciones Cientificas
Finlande	Valtion Lonnontieteellinen Toimkunta
France	Centre National de la Recherche Scientifique Institut National de la Santé et de la Recherche Médicale Institut de Recherche Fondamentale du Commissariat à l'Energie Atomique
Grèce	National Hellenic Research Foundation
Irlande	Royal Irish Academy National Board for Science and Technology Medical Research Council

Italie	Consiglio Nazionale delle Ricerche
Norvège	Norges Almenvitenskapelige forskningsråd Det Norske Videnskapsakademi
Pays-Bas	Nederlandse organisatie voor zuiverwetenschappelijk onderzoek Koninklijke Nederlandse Akademie van Wetenschappen
Portugal	Junta Nacional de Investigaçao Cientifica e Tecnologica Academia das Ciencias de Lisboa Instituto Nacional de Investigaçao Cientifica
Royaume-Uni	The British Academy The Royal Society Agricultural Research Council Medical Research Council Natural Environment Research Council Science Research Council Social Science Research Council
Suède	Naturvetenskapliga forskningsrådet Humanistisk-samhällvetenskapliga forskningsrådet Medicinska forskningsrådet Kungliga Vetenskapsakademien Forskningsrådsnämnden Kungliga Vitterhets-, historie- och antikvitetsakademien
Suisse	Fonds National Suisse de la Recherche Scientifique
Turquie	Scientific and Technical Research Council of Turkey
Yugoslavia	Savet Zajednica za Nauku jugoslavije Savet Akademija nauke i umjetnosti SFRJ

Membres du Bureau et du Conseil Exécutif

Bureau

Nom	*Pays*	*Domaine scientifique*
Lord Flowers (Président)	Royaume-Uni	Physique
Professeur T. Hägerstrand (Vice-Président)	Suède	Géographie
Professeur F. Pocchiari (Vice-Président)	Italie	Biochimie
Dr. J. Goormaghtigh (Secrétaire Général)	Belgique	

Conseil Exécutif

Lord Flowers (Président)	Royaume-Uni	Physique
Professeur T. Hägerstand (Vice-Président)	Suède	Géographie
Professeur F. Pocchiari (Vice-Président)	Italie	Biochimie
Professeur Sir Geoffrey Allen	Royaume-Uni	Chimie
Professeur G. Bruckmann	Autriche	Economique et Statistiques
Professeur H. Curien	France	Physique
Professeur F. R. Dias Agudo	Portugal	Mathématiques
Professeur K. Ergin	Turquie	Géophysique
Professeur L. Ferrari Bravo	Italie	Droit
Dr. P. Fricker	Suisse	Géologie
Professeur A. Hannevik	Norvège	Littérature
Professeur H.-H. Jescheck	Rép. Féd. d'Allemagne	Droit
Professeur R. van Lieshout	Pays-Bas	Physique
Professeur A. P. Masiá	Espagne	Chimie
Professeur G. Ourisson	France	Chimie et Pharmacologie

Professeur Z. Pjanic	Yougoslavie	Economie
Professeur O. Reverdin	Suisse	Humanités
Professeur P. Riis	Danemark	Médecine
Dr. G. Schuster	Représentant de la Commission des Communautés Européennes	
Professeur T. D. Spearman	Irlande	Mathématiques appliquées
Professeur R. Vanden Driessche	Belgique	Pharmacologie

Publications de L'ESF

Rapport d'activité 1975[3]
1976[3]
1977[3]
1978[3]
1979[3]

Inventory of major existing and anticipated ground-based astronomical telescopes of the countries represented in the ESF (décembre 1976)
An International Discussion of Space Observatories (1976). Report of a conference held at Williamsburg, Virginia between 26 and 29 January 1976 jointly organised by the Space Science Committee of the ESF and the Space Science Board of the US National Academy of Sciences – National Research Council.
Synchrotron Radiation: A Perspective View for Europe (décembre 1977). Report of the ESF Working Party on Synchrotron Radiation.
Synchrotron Radiation Newsletter I (septembre 1978)
Synchrotron Radiation Newsletter II (janvier 1979)
Synchrotron Radiation Newsletter III (octobre 1979)
Recombinant DNA: The Genie and the Bottle (décembre 1977). First ESF Annual Lecture given by Sir John Kendrew, Director General of the European Molecular Biology Laboratory, on 1 November 1977.
Rapport final du comité ad hoc pour les Sciences Sociales (novembre 1977).

[3] Existe en anglais et en français

A Study of Manpower in Astronomy in the Countries represented in the ESF (juin 1978)
X-Ray and Gamma-Ray Astronomy in the 1980's (octobre 1978)
L'Information et la documentation en sciences sociales (décembre 1978)[4]
Archaeology, Natural Science and Technology: the European Situation (Vols. I-II) (août 1979) ISBN 2-903148-06-6; 07–4; 08–2; 09–0).
Feasibility Study for a European Synchrotron Radiation Facility (Vols. 1–4) (septembre 1979):
Vol. 1 – *The Feasibility Study* (ISBN 2–903148–01–5)
Vol. 2 – *The Scientific Case* (Supplement I) (ISBN 2–903148–02–3)
Vol. 3 – *The Machine* (Supplement II) (ISBN 2–903148–03–1)
Vol. 4 – *Instrumentation* (Supplement III) (ISBN 2–903148–04–X)
Space Science in Europe: an assessment by the Standing Committee on Space Science of the European Science Foundation (septembre 1979) (ISBN 2–903148–05–8).
The Organisation of Research in the Humanities in Western Europe (février 1980) (ISBN 2–903148–12–0)
Polymer Research in Europe: Universities and Non-Industrial Laboratories 1979 Survey (avril 1980) (ISBN 2-903148–13–9)

Publications de l'ESRC

ESRC Science Research Councils in Europe, Vol. I (1972) (ISBN 91–546–0002–2); Vol II (1975) (ISBN 91–546–0192–4)
ESRC Review No. 1 – "Letter of Information of 20 February 1973 by the ESRC Secretariat"[5]
ESRC Review No. 2 – "The EISCAT Project Plans from CNRS France"[5]
ADD: The Revised EISCAT Project Plans from NAVF, Norway[5]
ESRC Review No. 3 – "Letter of Information of 2 May 1973 by the ESRC Secretariat[5]

[4] Existe en anglais et en français
[5] Epuisé

ESRC Review No. 4 – "The Flora Europaea Project Plan from NFR, Sweden[6]

ESRC Review No. 5 – "Science and Europe by Sir Brian Flowers, SRC, UK"[6]

ESRC Review No. 6 – "Resolution on a European Science Foundation Appendix: Minutes of the Gif Meeting 24–25 September 1973"[6]

ESRC Review No. 7 – "Tax Treatment of Research and Development from FGW, Austria"[6]

ESRC Review No. 8 – "List of Science Journals in Europe"[6]
ADD I: "The selection of fields for possible rationalisation[6]
ADD II: "The CNRS proposal to create a European Informatics Science Journal"[6]

ESRC Review No. 9 – "Progress Report on the Flora Europaea Project"[6]

ESRC Review No. 10 – "Intensified Fundamental Energy Research"[6]

ESRC Review No. 11 – "Fellowship Schemes in Europe" (ISBN 91–546–0206–8)

ESRC Review No. 12 – "Science Research Council Priorities in Europe" (April 1976) (ISBN 91–546–0215–7)

ESRC Review No. 13 – "Taxonomy in Europe" (1977)[6]

ESRC Review No. 14 – "Inventory on Basic Marine Science" (1978)

ESRC Review No. 15 – "Directory for Fellowships and Travel Grants" (1979)

SUMMARY IN ENGLISH

It is surprising that efforts to coordinate scientific research in Europe did not come to fruition until 17 years after the signing of the Rome Treaty. Science, which traditionally knew no boundaries, had progressively become enclosed in national structures. Two separate initiatives, however, led to the creation of the European Science Foundation (ESF) in 1974; on the one hand EEC wanted an

[6] Epuisé

R and D unit, on the other the Scandinavian countries sought to establish an organisation which would facilitate collaboration between European research councils. Finally, both agreed that the new institution should not be limited to Members of the Community and that it should have the freedom of an international, non-governmental organisation.

A number of meetings sponsored by different academies and research councils in 1972 and 1973 prepared draft statutes. In May 1974 Strasbourg was chosen for the site of the Foundation, and on 18 November of the same year the statutes were approved and the ESF was officially opened. The ESF is a non profit making organisation operating under French law. Its aims, as described in Article II of the statutes are as follows:

"(a) to advance cooperation in basic research;
(b) to promote mobility of research workers;
(c) to assist the free flow of information and ideas;
(d) to facilitate the harmonisation of the basic research activities supported by Member Organisations;
(e) to facilitate cooperation in the use of existing facilities;
(f) to facilitate cooperation in assessing and executing appropriate projects of major importance;
(g) to facilitate cooperation in the provision of expensive specialised services;
(h) to make grants for the support of concerted actions and collaborative schemes."

Academies and national research councils make up the membership of ESF; they are all represented at the *Assembly* which meets once a year. This is the principal organ of the ESF as its functions are to initiate and organise elections, adopt the budget, approve new committees and to define general policies. The *Electoral Commission* also meets once a year and nominates candidates for the posts of President, Vice-Presidents and for vacant seats on the Executive Council. The *Executive Council* takes all the important decisions; it is composed of the President, two Vice-Presidents and 18 members. The *Board*, which assures the continuity of work carried out throughout the year, comprises the President, two Vice-Presidents and the Secretary General.

A number of different types of groups make up the work of the ESF. There are *Working Groups* which explore a project to see if it is worth pursuing, and on the basis of their study the Executive Council decides whether or not to follow it up. An example of this is the Polymer Science Working Group which was set up in June 1978. The Group carried out and published in 1979 the results of a survey on polymer science in universities and non-industrial laboratories in Europe. This led, in January 1980, to the Executive Council's approval of establishing an *ad hoc* committee on Polymer Science *Ad hoc committees* are set up to define a particular project and to suggest ways of implementing it. They are created to deal with more urgent matters and are given two years to carry out the task. *Standing Committees* are created to study a particular field or discipline and their mandates are examined every five years. They can set up sub-committees to concentrate on one particular area – for example, the Standing Committee for the Humanities has formed an Archaeology subgroup. At present there are six Standing Committees of which two were in existence before the establishment of the ESF, namely the European Medical

Research Councils (EMRC) and the European Science Research Councils (ESRC) whose secretariats have now been taken over by the ESF. The other Standing Committees deal with the Humanities, the Social Sciences, Astronomy and Space Science.

A significant project can develop into an *Additional Activity* in which only interested Member Organisations participate. Additional Activities have their own *special budget*, and are therefore not involved with the *general budget* of the ESF. Their work is supervised by an academic *Steering Committee*.

The *Secretary General*, appointed by the Assembly on the recommendation of the Executive Council, is in office for five years; he is responsible for the administration of the ESF and the implementation of decisions taken by the Assembly, the Executive Council and the Board. He is helped by a small secretariat (at present 12 members).

As there are two budgets of the ESF, the general budget and the special budget, Member Organisations are able to keep a close watch on how their money is being spent. Their contribution to the general budget is based on their national income, and every five years the scale of contributions is revised by the Assembly.

The ESF has on-going work in a number of different areas: the protection of personal data, mobility of scientists, recombinant DNA, brain and behaviour research and synchrotron radiation. Each activity will be dealt with briefly in that order.

Firstly, work in the humanities has initiated two Additional Activities in Chinese and Byzantine Studies, as well as, for example, research into conservation and access to archives, and modern lexicography. The Social Sciences Committee collaborates with the Humanities Committee in research into linguistics and the teaching of languages. It also has begun two Additional Activities in the fields of migration and comparative law and there are plans in store to organise a series of seminars and advanced training courses.

Although organisations such as the Council of Europe, OECD and the EEC are involved in the question of privacy of personal data, the ESF thinks that it would be useful to prepare a set of guidelines which would provide a balance between the needs of the scientists and the privacy of the individual.

The European Training Programme in Brain and Behaviour Research (ETPBBR) provides several different types of grants some of which enable young researchers to attend specialised courses in various European cities. This system encourages collaboration between European countries in case where two or three different groups are interested in the same project.

The ESF has prepared a report, at the request of the CEC, on the employment prospects and mobility of scientists in Europe. This report contains a series of recommendations which, it is hoped, will contribute to the solution to the problem of immobility of researchers.

A liaison committee was set up on recombinant DNA to form a point of contact between specialists on this subject in Europe and North America.

The Space Science and Astronomy Committees are both interested in the Space Telescope (ST). Two important questions which are being investigated are to what extent the ST will be available to European astronomers, and the coordination between the ST and work carried out in land based centres. The

Astronomy Committee follows closely the work of the international astronomy centre on the Canary Islands, whilst the Space Science Committee is chiefly concerned with the state of space research in Europe. The Working Group which preceded the ad hoc Committee published a report in 1979, entitled "Space Science in Europe".

The most spectacular activity of ESF has been synchrotron radiation concerned with the possible construction of a European synchrotron radiation source. Due to the large number of disciplines concerned, some 120 researchers participated in the preparation of a feasibility study, published in 1979, illustrating the necessity to build a European machine and emphasising its many uses.

The ESF follows closely research carried out in the USA, and contacts have also been established with the USSR Academy of Sciences and with other socialist countries, whose scientists already participate in some ESF activities. Working relations are maintained with EEC, OECD and the Council of Europe.

With growing support from its members ESF will be able to fulfil its functions more and more effectively and in particular contribute to saving scarce resources by pooling facilities and harmonising policies.

SECTION DOCUMENTAIRE
DOCUMENTARY SECTION

MEMBRES DES ORGANISATIONS EUROPEENNES, 1979
MEMBERS OF EUROPEAN ORGANISATIONS, 1979

	Commission Centrale pour la Navigation du Rhin/ *Rhine Commission*	Bénélux/ *Benelux*	Union de l'Europe Occidentale/ *Western European Union*	OCDE[1]/ OECD	Conseil de l'Europe/ *Council of Europe*
Allemagne (Rép Féd.) *Germany (Fed. Rep.)*	■		■	■	■
Autriche *Austria*				■	■
Belgique *Belgium*	■	■	■	■	■
Chypre *Cyprus*				•	■
Danemark *Denmark*				■	■
Espagne *Spain*				■	■
Finlande *Finland*				■	
France *France*	■		■	■	■
Grèce *Greece*				■	■
Irlande *Ireland*				■	■
Islande *Iceland*				■	■
Italie *Italy*			■	■	■
Liechtenstein *Liechtenstein*					■
Luxembourg *Luxembourg*		■	■	■	■
Malte *Malta*					■
Norvège *Norway*				■	■
Pays-Bas *Netherlands*	■	■	■	■	■
Portugal *Portugal*				■	■
Royaume-Uni *United Kingdom*	■		■	■	■
Suède *Sweden*				■	■
Suisse *Switzerland*	■			■	■
Turquie *Turkey*				■	■
Yougoslavie *Yugoslavia*				associé associated	

[1] **Aussi Etats-Unis, Canada, Japon, Australie et Nouvelle-Zélande/Also U.S.A., Canada, Japan, Australia and New Zealand.**

	Commission int. de l'état civil/ *Int. commission on civil status*	Communautés européennes/ *European communities*	Conseil nordique/ *Nordic Council*	Conf. eur. des ministres des transports/*Eur. Conf. of Ministers of Transport*	CERN[2]/ CERN	Commission eur. de l'aviation civile/*European Civil Aviation Conference*	Conf. eur. des administrations des postes et des télécommunications/[3] *Eur. Conf. Posts and Telecommunications Administrations*	Association européenne de libre-échange/*European Free Trade Association*	Agence spatiale européenne/ *European Space Agency*
Allemagne	■	■		■	■	■	■		■
Autriche	■			■	■	■	■	■	
Belgique	■	■		■	■	■	■		■
Chypre				■		■	■		
Danemark		■	■	■	■	■	■		■
Espagne				■	■	■	■		■
Finlande			■	■		■	■	associé associated	
France	■	■		■	■	■	■		■
Grèce	■	associé associated		■	■	■	■		
Irlande		■		■		■	■		■
Islande			■	■		■	■	■	
Italie	■	■		■	■	■	■		■
Liechtenstein							■		
Luxembourg	■	■		■		■	■		
Malte						■	■		
Norvège			■	■	■	■	■	■	
Pays-Bas	■	■		■	■	■	■		■
Portugal				■		■	■	■	
Royaume-Uni		■		■	■	■	■		■
Suède			■	■	■	■	■	■	■
Suisse	■			■	■	■	■	■	■
Turquie	■	associé associated		■	obser-vateur observer	■	■		
Yougoslavie				■	obser-vateur observer	■			

[2] La Pologne est observatrice/Poland is observer.
[3] Aussi San Marin et le Saint Siège/Also San Marino and the Holy See.

CHAPITRE I

COMMISSION CENTRALE POUR LA NAVIGATION DU RHIN

A. COMPOSITION ET PERSONNEL DE LA COMMISSION CENTRALE EN 1979

La composition de la Commission Centrale était la suivante, à la fin de l'année 1979:

Allemagne:

Commissaires:	MM. Robert, Président,
	Nau,
	Keidel,
	Kühl,
Commissaires-suppléants:	MM. Hoffmann,
	Sengpiel;

Belgique:

Commissaires:	MM. Bauwens, Vice-Président du 1.10. au 31.12.1979,
	Vanden Bosch,
	Erkens,
Commissaire-suppléant:	M. Woestijn;

France:

Commissaires:	MM. Guillaume,
	Commeau,
	Delmas,
	Caron,
Commissaires-suppléants:	MM. Surbiguet,
	Meistermann;

Grande-Bretagne:

Commissaires:	MM. Pittam,
	Siddle;

Pays-Bas:

Commissaires:	MM. Riphagen,
	Posthumus,
	Vreugdenhil,
	van der Noordt,
Commissaires-suppléants:	MM. Nieuwenhuijsen,
	Bloem;

Suisse:

Commissaires:	MM. Diez,
	Müller,
	Loepfe,
	Waldner,
Commissaire-suppléant:	M. Wyss.

CHAPTER I

CENTRAL COMMISSION FOR THE NAVIGATION OF THE RHINE

A. MEMBERSHIP AND STAFF OF THE CENTRAL COMMISSION IN 1979

At the end of 1979 the members of the Central Commission were:

Germany:

Commissioners:	MM. ROBERT, President, NAU, KEIDEL, KÜHL,
Deputy Commissioners:	MM. HOFFMANN, SENGPIEL;

Belgium:

Commissioners:	MM. BAUWENS, Vice-President from 1 October to 31 December 1979, VANDEN BOSCH, ERKENS,
Deputy Commissioner:	Mr. WOESTIJN;

France:

Commissioners:	MM. GUILLAUME, COMMEAU, DELMAS, CARON,
Deputy Commissioners:	MM. SURBIGUET, MEISTERMANN;

United Kingdom:

Commissioners:	MM. PITTAM, SIDDLE;

Netherlands:

Commissioners:	MM. RIPHAGEN, POSTHUMUS, VREUGDENHIL,
Deputy Commissioners:	MM. NIEUWENHUIJSEN, BLOEM;

Switzerland:

Commissioners:	MM. DIEZ, MÜLLER, LOEPFE, WALDNER,
Deputy Commissioner:	Mr. WYSS.

Le Secrétariat était, à la même date, composé comme suit:

Secrétaire Général:	M. R. Doerflinger
Secrétaire Général-adjoint:	M. H.R. Watermann
Ingénieur en Chef:	M. J. Dubois.

La Chambre des Appels comprenait, à la fin de l'année 1979, les membres suivants:

Juges:	*Juges-suppléants*:
MM. Bonét-Maury,	MM. Schmitz,
Quanjard, Vice-Président,	Smeesters,
Royer,	Staehelin,
Specht, Président,	Vreede,
Stückelberger.	Weirich.
Greffier:	M. Doerflinger
Greffier-adjoint:	M. Bour.

B. ACTIVITES DE LA COMMISSION CENTRALE EN 1979

1. SESSIONS PLENIERES ET REUNIONS DE COMITES TENUES AU COURS DE L'ANNEE

a) La Commission Centrale a tenu deux sessions ordinaires, les 9 et 10 mai et les 17 et 18 octobre, sous la présidence de M. Robert, à Strasbourg.

b) Les Comités se sont réunis comme suit:

the *Comité restreint économique*, sous la présidence de M. Caron, le 24 avril à Strasbourg;

le *Comité économique*, sous la présidence de M. Caron, le 8 mai, sous la présidence de M. Vanden Bosch, les 12 septembre, 5 et 6 octobre et 18 décembre à Strasbourg;

le *Comité du droit fluvial*, sous la présidence de M. Muller, les 25 janvier et 8 mai à Strasbourg;

le *Comité ad hoc* chargé de procéder à l'étude des problèmes contenus dans l'inventaire adopté par la Commission Centrale lors de sa session d'octobre 1972 ainsi qu'à l'examen des différentes solutions susceptibles d'y être apportées, sous la présidence de M. de Lacharriere, le 20 février à Paris et le 9 mai à Paris et le 16 octobre à Strasbourg;

le *Comité du Rapport annuel et des statistiques*, sous la présidence de M. Erkens, les 17 janvier, 7 mai et 20 décembre à Strasbourg;

le *Groupe des statisticiens*, sous la présidence du Secrétaire Général-adjoint les 16 janvier et 19 décembre à Strasbourg;

le *Groupe de travail "Surcapacité dans la navigation rhénane"* sous la présidence du Secrétaire Général-adjoint, les 14 février, 11 mai, 4 juillet et 11 septembre à Strasbourg;

le *Groupe de travail "Provisions de bord"*, sous la présidence du Secrétaire Général-adjoint, le 30 janvier à Strasbourg;

le *Comité du Règlement de police*, sous la présidence de M. van Til, les 14 mars, 8 mai, sous la présidence de M. Vreugdenhil, les 18 septembre et 16 octobre à Strasbourg;

le *Comité du Règlement de visite*, sous la présidence de M. Loepfe, les 13 mars, 8 mai, 20 septembre et 15 octobre à Strasbourg;

At the same date the Secretariat consisted of the:

Secretary-General:	Mr. R. DOERFLINGER
Deputy Secretary-General:	Mr. H.R. WATERMANN
Chief Engineer:	Mr. J. DUBOIS.

The members of the Chamber of Appeal at the end of 1979 were:

Judges:	*Deputy Judges*:
MM. BONÉT-MAURY,	MM. SCHMITZ,
QUANJARD, Vice-Chairman,	SMEESTERS,
ROYER,	STAEHELIN,
SPECHT, Chairman,	VREEDE,
STÜCKELBERGER.	WEIRICH.
Registrar:	Mr. DOERFLINGER
Deputy Registrar:	Mr. BOUR.

B. ACTIVITIES OF THE CENTRAL COMMISSION IN 1979

1. PLENARY SESSIONS AND COMMITTEE MEETINGS

a) The Central Commission held two ordinary sessions in Strasbourg on 9 and 10 May and 17 and 18 October, with Mr. ROBERT in the Chair.

b) Committee meetings were as follows:

The *Restricted Economic Committee* in Strasbourg on 24 April, with Mr. CARON in the Chair;

the *Economic Committee* in Strasbourg on 8 May, chaired by Mr. CARON and on 12 September, 5 and 6 October and 18 December, chaired by Mr. VANDEN BOSCH;

the *River Law Committee* in Strasbourg on 25 January and 8 May, with Mr. MULLER in the Chair;

the *Ad Hoc Committee* to study the problems contained in the inventory adopted by the Central Commission at its October 1972 Session and to investigate the various possible solutions, in Paris on 20 February and in Strasbourg on 9 May, with Mr. DE LACHARRIERE in the Chair, in Paris on 10 September and in Strasbourg on 16 October, chaired by Mr. ROBERT.

the *Annual Report and Statistics Committee* in Strasbourg on 17 January, 7 May and 20 December, with Mr. ERKENS in the Chair;

the *Group of Statisticians* in Strasbourg, on 16 January and 19 December, with the Deputy Secretary-General in the Chair;

the *Working Party on "Excess capacity of Rhine shipping"* in Strasbourg, on 14 February, 11 May, 4 July and 11 September, with the Deputy Secretary-General in the Chair;

the *"Catering Supplies" Working Party*, in Strasbourg on 30 January, with the Deputy Secretary-General in the Chair;

the *Police Regulations Committee*, in Strasbourg on 14 March and 8 May, chaired by Mr. VAN TIL, and on 18 September and 16 October, chaired by Mr. VREUGDENHIL;

the *Inspection Regulations Committee*, in Strasbourg on 13 March, 8 May, 20 September and 15 October, with Mr. LOEPFE in the Chair;

le *Comité du Règlement de visite* et le *Comité des questions sociales, de travail et de formation professionnelle*, sous la présidence de M. LOEPFE, les 7 mai, 19 septembre, 15 octobre et 17 décembre à Strasbourg;

le *Comité des matières dangereuses*, sous la présidence de M. PITTAM, les 13 mars, 8 mai et 13 septembre à Strasbourg;

le *Comité Technique Permanent*, sous la présidence de M. VAN TIL, le 15 mars à Karlsruhe, le 8 mai, sous la présidence de M. VREUGDENHIL, les 18 septembre et 16 octobre à Strasbourg;

le *Comité des questions sociales, de travail et de formation professionnelle*, sous la présidence de M. SENGPIEL, les 14 mars et 19 septembre à Strasbourg;

le *Comité restreint de navigation*, sous la présidence de l'Ingénieur en Chef, le 18 janvier à Strasbourg, le 2 avril à Coblence, les 27 juin et 4 septembre à Bâle et le 5 décembre à St. Goar;

le *Groupe de travail du Règlement de police*, sous la présidence de M. CRIQUI, les 15, 16 et 17 janvier (révision du Règlement de police), 20, 21 février (révision du Règlement de police), 13 mars (avertisseurs sonores), 10, 11 avril (révision du Règlement de police), 21 et 23 août (révision du Règlement de police) 22 août (consultation de la profession concernant la révision du Règlement de police), 24, 25 et 26 octobre (révision du Règlement de police), 18, 19 et 20 décembre (révision du Règlement de police) à Strasbourg;

le *Groupe de travail du Règlement de visite*, sous la présidence de M. DIJKSTRA, les 16, 17, 18 janvier, 27, 28 février, ler mars, 6, 7, 8 juin à Strasbourg, les 31 juillet, 1er et 2 août à Bonn, les 4, 5, 6 septembre à Bâle, les 13, 14, 15 novembre et les 11, 12 et 13 décembre à Strasbourg;

le *Groupe de travail des matières dangereuses*, sous la présidence de M. SCHNAPAUFF, les 24, 25, 26 janvier, 27, 28, 29 mars, 24, 25, 26 avril à Strasbourg, les 12, 13, 14 juin à Hambourg, les 25, 26, 27 septembre et les 27, 28, 29 novembre à Strasbourg;

le *Groupe de travail du Règlement de visite* et le *Groupe de travail des matières dangereuses*, le 29 octobre à Coblence;

les *Commissions de visite*, sous la présidence de M. SCHNAPAUFF, les 30 et 31 octobre à Coblence.

c) La *Chambre des Appels* s'est réunie, sous la présidence de M. SPECHT, (Vice-Présidence: M. QUANJARD), les 24 janvier, 27 et 28 mars, les 12 et 13 juin, les 6 et 7 novembre à Strasbourg.

2. REUNION DU CENTRE ADMINISTRATIF DE LA SECURITE SOCIALE POUR LES BATELIERS RHENANS, SOUS LA PRESIDENCE DE M. SCHWARZ, LES 13, 14, 15 ET 16 MARS A STRASBOURG

3. RELATIONS AVEC D'AUTRES ORGANISATIONS INTERNATIONALES

a) Le Comité restreint économique s'est entretenu avec les Représentants du Consortium de la navigation rhénane et de l'Union Internationale de la Navigation Fluviale de problèmes économiques actuels et structurels de la navigation rhénane, le 23 avril à Strasbourg, sous la présidence de M. CARON.

Des représentants de ces deux organisations ont assisté aux délibérations du Groupe de travail "Surcapacité dans la navigation rhénane" cité sous 1. b).

La Comité du droit fluvial s'est entretenu le 7 mai à Strasbourg, sous la présidence de M. MULLER, avec les représentants du Consortium de la naviga-

the *Inspection Regulations Committee* and the *Committee on Social Questions, Labour and Training* in Strasbourg on 7 May, 19 September, 15 October and 17 December, with Mr. LOEPFE in the Chair;

the *Committee on Dangerous Substances* in Strasbourg, on 13 March, 8 May and 13 September, with Mr. PITTAM in the Chair;

the *Standing Technical Committee* in Karlsruhe on 15 March, chaired by Mr. VAN TIL, in Strasbourg on 8 May, 18 September and 16 October, chaired by Mr. VREUGDENHIL;

the *Committee on Social Questions, Labour and Training*, in Strasbourg on 14 March and 19 September, with Mr. SENGPIEL in the Chair;

the *Restricted Committee on Navigation* in Strasbourg on 18 January, in Koblenz on 2 April, in Basle on 27 June and 4 September and in St. Goar on 5 December, with the Chief Engineer in the Chair;

the *Police Regulations Working Party*, in Strasbourg on 15, 16 and 17 January (revision of the Police Regulations), 20, 21 February (revision of the Police Regulations), 13 March (sound signalling devices), 10, 11 April (revision of the Police Regulations), 21 and 23 August (revision of the Police Regulations), 22 August (consultation of the profession concerning revision of the Police Regulations), 24, 25 and 26 October (revision of the Police Regulations), 18, 19 and 20 December (revision of the Police Regulations), with Mr. CRIQUI in the Chair;

the *Working Party on Inspection Regulations* in Strasbourg, on 16, 17, 18 January, 27, 28 February, 1 March, 6, 7 and 8 June, in Bonn on 31 July, 1 and 2 August, in Basle on 4, 5, 6 September, in Strasbourg on 13, 14, 15 November and 11, 12 and 13 December, with Mr. DIJKSTRA in the Chair;

the *Working Party on Dangerous Substances* in Strasbourg, on 24, 25, 26 January, 27, 28, 29 March, 24, 25, 26 April, in Hamburg, on 12, 13, 14 June, and in Strasbourg on 25, 26, 27 September and 27, 28, 29 November, with Mr. SCHNAPAUFF in the Chair;

the *Working Party on Inspection Regulations* and the *Working Party on Dangerous Substances*, in Koblenz on 29 October;

the *Inspection Boards* in Koblenz on 30 and 31 October, with Mr. SCHNAPAUFF in the Chair;

c) The *Chamber of Appeal* met in Strasbourg on 24 January, 27 and 28 March, 12 and 13 June and 6 and 7 November with Mr. SPECHT in the Chair (Vice-Chairman: Mr. QUANJARD).

2. MEETING OF THE ADMINISTRATIVE CENTRE FOR SOCIAL SECURITY FOR RHINE BOATMEN, IN STRASBOURG, ON 13, 14, 15 AND 16 MARCH WITH MR. SCHWARZ IN THE CHAIR

3. RELATIONS WITH OTHER INTERNATIONAL ORGANISATIONS

a) The Restricted Economic Committee held talks in Strasbourg on 23 April with representatives of the Rhine Navigation Consortium and the International Union on Rhine Navigation about current and structural economic problems associated with shipping on the Rhine; the meeting was chaired by Mr. CARON.

Representatives of these two organisations took part in the discussions of the Working Party on "Excess Capacity of Rhine Shipping", referred to under 1(b).

The River Law Committee, with Mr. MULLER in the Chair, held talks in Strasbourg on 7 May with representatives of the Rhine Navigation Consortium

tion rhénane et de l'Union Internationale de la Navigation Fluviale, notamment de l'élaboration d'un Protocole d'amendement à la Convention révisée pour la navigation du Rhin, des modifications qu'il est éventuellement souhaitable d'apporter aux dispositions d'ordre judiciaire prévues par la Convention de Mannheim touchant la procédure devant la Chambre des Appels ainsi que de conventions dans le domaine de la navigation intérieure déjà conclues (CLN) ou à conclure (CMN).

b) Le Secrétariat a représenté la Commission Centrale:

- au Comité des Transports Intérieurs de la Commission Economique pour l'Europe des Nations Unies à Genève et à ses Groupes de travail et Groupes d'experts, soit:
  - au Groupe de travail des transports par voies navigables;
  - au Groupe d'experts sur l'unification des prescriptions techniques relatives aux bateaux et des documents de bord;
  - au Groupe d'experts pour l'unification des règles de route et de signalisation en navigation intérieure;
  - au Groupe d'experts des statistiques de transport;
  - au Groupe d'experts des transports de marchandises dangereuses;
- à l'Association Internationale du Registre des bateaux du Rhin;
- à la Conférence Européenne des Ministres des Transports;
- à la Commission Internationale de l'Hydrologie du Bassin du Rhin;
- à la réunion des experts gouvernementaux sur le contrôle technique des bateaux naviguant sur les voies d'eau intérieures organisée par la Commission des Communautés Européennes;
- au Comité de coordination des statistiques de transport des Communautés Européennes;
- au Groupe de Rapporteurs chargé de l'étude économique de la liaison Danube-Oder (Elbe);
- à la Conférence Gouvernementale chargée de réviser l'Accord du 13 février 1961 concernant la sécurité sociale des bateliers rhénans;
- à la Commission administrative des Communautés Européennes pour la sécurité sociale des travailleurs migrants;
- au Comité Directeur pour la sécurité sociale du Conseil de l'Europe;
- à la Conférence des Ministres européens responsables de la sécurité sociale;
- à la réunion d'experts gouvernementaux concernant l'octroi des soins médicaux aux personnes en séjour temporaire;
- à la Conférence mondiale "Navigation Intérieure 1979".

c) La *Commission des Communautés Européennes* a été représentée à la session de mai par MM. D'ELBREIL et HUBSCH et à la session d'octobre par M. HUBSCH.

La *Commission Economique pour l'Europe des Nations Unies* a été représenté à la session de mai et d'octobre par M. STRASSER.

La *Conférence Européenne des Ministres des Transports* a été représentée à la session de mai par M. ESTEBAN.

4. TRAVAUX DE LA COMMISSION CENTRALE

a) *Questions générales*

Adaptation de la Convention révisée pour la navigation du Rhin

Les Plénipotentiaires des Etats Contractants à l'Acte de Mannheim du 17 octobre 1868 ont procédé, lors de la session d'automne 1979, à la signature de

and the International Union on Rhine Navigation, about the drawing up of a Protocol amending the revised Convention for the Navigation of the Rhine. These are amendments which it might be desirable to make to the legal provisions provided for in the Mannheim Convention concerning proceedings before the Chamber of Appeal and the Conventions in the field of inland waterways already concluded (CLN) or to be concluded (CMN).

b) The Central Commission was represented by the Secretariat on:

- the Inland Transport Committee of the United Nations Economic Committee for Europe in Geneva and on its working parties and groups of experts, viz:
  - the Sub-Committee on Inland Waterway Transport;
  - the Group of Experts on the Unification of Technical Standards relating to ships and ships' papers;
  - the Group of Experts on the Unification of Inland Navigation Traffic Rules and Signs;
  - the Group of Experts on Transport Statistics;
  - the Group of Experts on the Transport of Dangerous Substances;
- the International Association for the Rhine Ships Register;
- the European Conference of Ministers of Transport;
- the International Hydrology Commission for the Rhine Basin;
- the meeting of Governmental Experts on the Technical Supervision of boats navigating on inland waterways, organised by the Commission of the European Communities;
- the European Communities' Committee for Co-ordination of Transport Statistics;
- the Group of Rapporteurs for the Economic Study of the Danube-Oder (Elbe) Link;
- the Governmental Conference to revise the Agreement of 13 February 1961 concerning social security for Rhine Boatmen;
- the Administrative Committee of the European Communities on social security for migrant workers;
- the Steering Committee for Social Security of the Council of Europe;
- the Conference of European Ministers responsible for Social Security;
- the meeting of governmental experts concerning the granting of medical care to persons in temporary residence;
- the World Conference: "Inland Waterways 1979".

c) *The Commission of the European Communities* was represented at the session in May by MM. D'ELBREIL HUBSCH and at the October session by Mr. HUBSCH.

The United Nations Economic Commission for Europe was represented at the May and October sessions by Mr. STRASSER.

The European Conference of Ministers of Transport was represented at the May session by Mr. ESTEBAN.

4. WORK OF THE CENTRAL COMMISSION

a) *General questions*

Adjustment of the revised Convention for the navigation of the Rhine

At the autumn 1979 session, the Plenipotentiaries of the Contracting States to the Mannheim Act of 17 October 1868 signed two additional Protocols. This

deux protocoles additionnels. Cet Acte qui a parfaitement rempli sa fonction à travers les vicissitudes d'une histoire de 111 ans est adapté par ces deux protocoles à l'évolution de la navigation rhénane.

Le premier protocole (Protocole additionnel N° 2) concerne les conditions auxquelles le transport de marchandises sur le Rhin et ses affluents peut être effectué. Le régime en vigueur pour les bâtiments appartenant à la navigation du Rhin a été maintenu compte tenu des obligations des Etats Contractants également membres de la Communauté Economique Européenne. Les bâtiments n'appartenant pas à la navigation rhénane pourront participer au marché de la navigation rhénane dans les conditions déterminées par la Commission Centrale pour la Navigation du Rhin.

Le deuxième Protocole (Protocole additionnel N° 3) tient compte des changements intervenus dans le cadre du système monétaire international et assure une répression plus uniforme et plus adaptée des infractions aux prescriptions de police de la navigation du Rhin. Les francs or ont été convertis en droits de tirage spéciaux sur le Fonds Monétaire International et le montant des amendes porté à 2.500 droits de tirage spéciaux.

Ces deux Protocoles qui nécessitent la ratification par les Etats Contractants, entreront en vigueur le premier jour du mois suivant le dépôt du sixième instrument de ratification.

Unification du droit fluvial

La Commission Centrale a réitéré le mandat confié au Comité du droit fluvial (résolution 1979–I–2) déjà mentionné dans son précédent rapport d'activité et visant les conventions dans le domaine de la navigation intérieure conclues (Convention relative à la limitation de la responsabilité des propriétaires de bateaux de navigation intérieure [CLN]) ou à conclure (Convention sur le transport de marchandises en navigation intérieure [CMN]). A cet égard, elle avait adressé au Président d'Unidroit une lettre l'informant de son souhait de voir repris dans le cadre d'Unidroit, les travaux d'élaboration de la Convention CMN qui avaient été momentanément suspendus.

Le Comité du droit fluvial a également été chargé d'examiner les implications sur le régime de la navigation rhénane d'un avant-projet de Convention sur la responsabilité civile pour les dommages causés par les petites embarcations en cours d'élaboration au sein d'UNIDROIT ainsi que d'un projet de Convention envisagé dans le cadre des Nations Unies sur le transport multimodal de marchandises.

Enfin, la Chambre des Appels a reçu le mandat de lui soumettre des propositions de modifications du Règlement de procédure de la Chambre qui s'avèrent nécessaires compte tenu notamment de l'expérience acquise en la matière par la Chambre depuis son fonctionnement.

Problèmes découlant de l'évolution de la navigation rhénane

La Commission Centrale a pris acte des communications du Président du Comité ad hoc sur l'état des travaux dudit Comité notamment en ce qui concerne les questions relatives à l'adoption et à la signature des Protocoles additionnels N° 2 et N° 3 de la Convention révisée pour la navigation du Rhin du 17 octobre 1868, dont il a été question ci-dessus.

Plaintes formulées devant la Commission Centrale en vertu de l'article 45 a) de la Convention révisée pour la navigation du Rhin

– Plainte concernant les modifications apportées aux ouvrages – Bac de Drusenheim – (voir précédent rapport d'activité)

Après avoir examiné le rapport conjoint du Comité du Règlement de

Act, which has served its purpose perfectly throughout the trials and tribulations of the past 111 years, has been adjusted by these two Protocols to the development of Rhine shipping.

The first Protocol (Protocol No 2) concerns the conditions in which goods may be transported on the Rhine and its tributaries. The system in force for Rhine navigation vessels has been maintained in view of the obligations of Contracting States which are also Members of the European Economic Community. Vessels which are not part of the Rhine navigation system will be able to participate in the Rhine shipping market on conditions laid down by the Central Commission for the Navigation of the Rhine.

The second Protocol (Protocol No 3) takes into account changes in the context of the international monetary system and provides for the more uniform and appropriate punishment of offences against police provisions for the navigation of the Rhine. Gold francs have been converted into Special Drawing Rights on the International Monetary Fund and fines have been increased to 2,500 SDR.

These two Protocols have to be ratified by the Contracting States and will come into force on the first day of the month following the deposit of the 6th instrument of ratification.

Unification of River Law

The Central Commission renewed the terms of office assigned to the River Law Committee (Resolution 79–I–2) already referred to in its previous progress report and concerning the conventions in the field of inland waterways which have been concluded (Convention relating to the limitation of the liability of owners of inland waterways vessels [CLN]) or are to be concluded (Convention on the transport of goods on inland waterways [CMN]). In this connection it sent a letter to the President of UNIDROIT informing him of its hope that work on the preparation of the CMN Convention, which had been suspended for the time being, would be resumed in the context of UNIDROIT.

The River Law Committee was also instructed to examine the implications for the Rhine navigation system of a preliminary draft convention on civil liability for damage caused by small vessels now being prepared in UNIDROIT and also a draft convention planned in the United Nations on the multimodal transport of goods.

Lastly, the Chamber of Appeal received the mandate to submit proposed amendments to the Rules of Procedure of the Chamber which have become necessary in view of the experience acquired by the Chamber since it began to sit.

Problems arising from the increase in shipping on the Rhine

The Central Commission noted the statements by the Chairman of the ad hoc Committee on the progress of the committee's work, notably concerning matters relating to the adoption and signature of Protocols Nos 2 and 3 of the revised Convention for the Navigation of the Rhine of 17 October 1868, referred to above.

Complaints lodged with the Central Commission pursuant to Article 45 (a) of the revised Convention for the Navigation of the Rhine

- Complaint concerning alterations made to engineering structures – Drusenheim Ferry – (see previous progress report)

After examining the joint report of the Committee on Police Regulations and

police et du Comité Technique Permanent, la Commission Centrale a chargé son Secrétaire Général de faire savoir au réclamant que les modifications qui avaient été entreprises (adjonction d'une portière supplémentaire à l'appontement rive droite du bac de Drusenheim) n'étaient pas contraires aux dispositions de la Convention révisée pour la navigation du Rhin.

– Plainte concernant la compétence des tribunaux pour la navigation du Rhin.

La Commission Centrale a pris acte de l'arrêt du Conseil d'Etat de la République française en date du 22 juin 1979 annulant un jugement du Tribunal administratif de Strasbourg qui s'était reconnu compétent, au détriment des tribunaux pour la navigation du Rhin pour trancher des contestations relatives aux dommages causés à un ouvrage public par des bateliers.

Révision de l'Accord du 13 février 1961 concernant la sécurité sociale des bateliers rhénans

Après avoir pris acte de l'achèvement des travaux de révision menés dans le cadre du Centre administratif de la sécurité sociale pour les bateliers rhénans, de l'Accord du 13 février 1961 concernant la sécurité sociale des bateliers rhénans, la Commission a donné pouvoir à son Secrétaire Général de signer l'Acte final de la Conférence Gouvernementale chargée, dans le cadre du BIT, d'adopter fin novembre 1979 le nouvel Accord révisé.

b) Questions économiques

Mesures d'assainissement du marché de la navigation rhénane

L'année dernière déjà, une évolution dans l'ensemble favorable a été constatée pour la navigation rhénane. Le volume de 287, 5 Mio de tonnes qui avait été atteint constituait en effet un nouveau record. En 1979, ce bon résultat a pu être approché avec 287,2 Mio de tonnes. Le trafic sur les voies intérieures néerlandaises a cependant diminué de 1,5 Mio de tonnes, soit 1,8%. En ce qui concerne les prestations de transport qui, elles aussi, ont atteint l'année passée le meilleur résultat obtenu à ce jour en trafic rhénan traditionnel (36,8 milliards de tkm), le même chiffre a pu être enregistré.

Ces résultats positifs sont principalement dûs au maintien d'une conjoncture favorable dans les Etats riverains du Rhin, notamment dans les branches économiques importantes pour la navigation rhénane. En outre, l'hydraulicité a permis dans l'ensemble une bonne utilisation de la cale. En raison de l'évolution positive de la situation d'occupation, le rendement des entreprises de la navigation rhénane s'est également amélioré. Aussi, les entrepreneurs ont-ils procédé à de nouveaux investissements de telle manière qu'il faut s'attendre à une augmentation de la capacité de la flotte rhénane qui avait jusque là stagné depuis plusieurs années.

Compte tenu de cette situation, on pourrait considérer que la conclusion des travaux du groupe d'experts qui, au cours des années 1978 et 1979 a examiné la question de la surcapacité dans la navigation rhénane, ne correspond pas à la situation actuelle. Cependant, son rapport final sur les mesures devant être prises en vue de supprimer les surcapacités existantes et d'empêcher la formation de nouvelles surcapacités, conservera sans doute un caractère d'actualité en raison des expériences acquises au cours des années passées. Il est peu probable que l'accroissement de l'activité économique se poursuive au même rythme. Par ailleurs, la situation économique difficile de la navigation-citerne laisse à penser que des problèmes subsistent dans un des secteurs de la navigation rhénane, problèmes qui résultent de la surcapacité structurelle de la flotte.

the Standing Technical Committee, the Central Committee instructed its Secretary General to inform the claimant that the alterations made (addition of a supplementary door to the landing-stage on the right bank of the Drusenheim Ferry) were not contrary to the provisions of the revised Convention for the Navigation of the Rhine.

– Complaint concerning the competence of the tribunals for the navigation of the Rhine

The Central Commission took note of the Decree of the Conseil d'Etat of the French Republic, dated 22 June 1979, quashing a judgment by the Strasbourg Administrative Court which had declared itself competent, to the detriment of the tribunals for the navigation of the Rhine, to settle disputes relating to damage caused to an engineering structure by the boatmen.

Revision of the Agreement of 13 February 1961 concerning social security for Rhine boatmen

After taking note of the completion of the revision, carried out in the context of the Administrative Centre for Social Security for Rhine Boatmen, of the Agreement of 13 February 1961 concerning social security for Rhine boatmen, the Commission authorised its Secretary General to sign the final Act of the Governmental Conference to adopt the new revised agreement at the end of November 1979 in the context of ILO.

b) Economic questions

Measures to reorganise the Rhine shipping market

A largely favourable development in Rhine shipping had already been noted last year. Actually the volume of 287.5 million metric tons reached in that year constituted a new record. This encouraging result was almost equalled in 1979 when the figure was 287.2 million metric tons. Traffic on the Netherlands inland waterways fell, however, by 1.5 million metric tons, i.e. 1.8%. Transport services had also achieved the best result so far in traditional Rhine traffic (36.8 thousand million tkm), and the same figure was recorded in 1979.

These positive results are mainly due to the prevailing favourable economic situation in the states bordering the Rhine, notably in the economic sectors which are important for Rhine shipping. Furthermore, the coefficient of flow permitted, by and large, the efficient use of hold space. In view of the positive development of carrying capacity, the turnover of Rhine shipping firms has also improved. Accordingly, the shipping contractors have made new investments which will mean an increase in the capacity of the Rhine fleet which had stagnated for several years.

In view of this situation, it might be felt that the conclusions of the work of the Group of Experts which had examined the problem of the excess capacity of Rhine shipping in 1978 and 1979 no longer correspond to the present situation. However, the final report on measures necessary to overcome existing excess capacity and prevent any recurrence will doubtless remain topical because of experience acquired in recent years. It is unlikely that economic activity will continue to increase at the same rate. Furthermore, the difficult economic situation of tanker shipping seems to indicate that problems still remain in one of the sectors of Rhine shipping and that these are the result of the fleet's structural excess capacity.

Politique commune des transports des Communautés Européennes

Alors que les instances compétentes des Communautés Européennes n'ont pas poursuivi l'examen de la question de l'introduction d'une réglementation en vue d'adapter l'offre de cale à la demande de transports (réglementation d'immobilisation), la Commission des CE a renforcé ses efforts afin de parvenir à une harmonisation dans le domaine des prescriptions techniques et sociales ainsi que de l'accès au marché de la navigation intérieure. A cet égard, la Commission Centrale a souligné l'incidence de l'introduction de telles réglementations sur la navigation rhénane et a rappelé que celles-ci ne devraient pas être prejudiciables à la liberté de navigation rhénane et à l'unité du régime rhénan garanties par l'Acte de Mannheim, ni restreindre la compétence de la Commission Centrale dans ces domaines.

Les comités compétents de la Commission Centrale procèdent, en collaboration avec des représentants de la Commission des CE, à l'examen de ces propositions afin de faire en sorte que les besoins de la navigation rhénane soient pris en compte de façon satisfaisante lors de la mise en place de réglementations communautaires.

Application de la TVA et autres taxes à la navigation rhénane

Le Comité économique de la Commission Centrale a examiné en 1979 les mesures prises entre temps par les Etats Contractants, membres des Communautés Européennes, en vue de l'application de la 6ème Directive de TVA ainsi que leur incidence sur la navigation rhénane. A la demande du Consortium de la navigation rhénane, une étude a été engagée afin de savoir si la perception de cotisations pour l'approvisionnement en pétrole s'avère compatible avec l'Accord de 1952 relatif au régime douanier et fiscal applicable au gasoil consommé à bord des bateaux rhénans. A la fin de 1979, l'examen des deux questions n'avait pas pu encore être achevé.

c) *Observation du marché et questions statistiques*

De nouvelles améliorations ont pu être apportées, en étroite collaboration avec les Offices statistiques des Etats riverains du Rhin et de la Belgique ainsi que le Consortium de la navigation rhénane, au système d'observation permanente du marché de la navigation rhénane introduit depuis 1977, qui permet de publier à court terme des rapports trimestriels et un rapport annuel récapitulatif sur l'évolution de la navigation rhénane. Ces données sont complétées par des prévisions fondées sur les renseignements fournis par un échantillon d'entreprises représentatives. La Commission Centrale a autorisé son Secrétariat à communiquer les rapports d'observation du marché aux personnes et institutions qui en feraient la demande.

A cet égard, il convient de mentionner le contrat que le Secrétariat de la Commission a conclu en décembre 1979 avec la Direction Générale des Transports de la Commission des Communautés Européennes relatif à la coopération dans le domaine de l'observation du marché de la navigation rhénane. Ce contrat, limité dans un premier temps à une durée de trois ans, prévoit la communication d'informations que le Secrétariat de la Commission Centrale obtient dans le cadre de l'observation du marché de la navigation rhénane.

Enfin, le Secrétariat de la Commission Centrale a préparé avec le Comité du Rapport annuel et des statistiques une série de mesures importantes tendant à

European Communities' common transport policy

Although the competent bodies of the European Communities have not continued to examine the problem of regulations designed to adjust carrying capacity to transport demand (laying-up regulations), the Commission of the European Community has stepped up its efforts to achieve harmonisation in the field of technical and social provisions and facilitate access to the inland shipping market. In this connection, the Central Commission stressed the importance of the introduction of such regulations for Rhine shipping and recalled that these should not prejudice the freedom of Rhine shipping and the unity of the Rhine system guaranteed by the Mannheim Act nor should they restrict the Central Commission's powers in these fields.

In co-operation with representatives of the Commission of the European Community, the competent committees of the Central Commission examined these proposals in order to ensure that the needs of Rhine shipping were taken into account adequately when drawing up Community regulations.

Application of VAT and other taxes to Rhine shipping

In 1979, the Economic Committee of the Central Commission examined the measures taken in the meantime by the Contracting States, Members of the Eruopean Communities, with a view to applying the 6th Directive on VAT and their effects on Rhine shipping. At the request of the Rhine Navigation Consortium, a study was undertaken to establish whether the collection of contributions for the supply of oil was compatible with the 1952 Agreement on the customs and tax scheme applicable to diesel oil used on board Rhine vessels. It had not been possible to complete the examination of these two matters by the end of 1979.

c) Market analysis and statistical matters

In close co-operation with the Statistical Offices of the states bordering on the Rhine and Belgium and also the Rhine Navigation Consortium, it was possible to make further improvements to the permanent market-analysis system for Rhine shipping introduced in 1977, thus permitting the short-term publication of quarterly reports and an annual summary report on the development of Rhine shipping. These are supplemented by forecasts based on information supplied by a representative sample of enterprises. The Central Commission authorised its Secretariat to transmit market-analysis reports to individuals and institutions wishing to have them.

In this connection, mention should be made of the contract concluded between the Secretariat of the Commission in December 1979 and the Directorate-General for Transport of the Commission of the European Communities relating to co-operation in the market analysis of Rhine shipping. This contract, initially restricted to three years, provides for the communication of information obtained by the Secretariat of the Central Commission in the context of the market analysis of Rhine shipping.

Lastly, the Secretariat of the Central Commission and the Annual Report and Statistics Committee prepared a series of important measures designed to simplify the drawing up of the Central Commission's annual report, now possible thanks to the improvement of market analysis. This new procedure is

simplifier l'élaboration du Rapport annuel de la Commission Centrale, chose devenue possible du fait de l'amélioration de l'observation du marché. Cette nouvelle procédure doit entrer en vigueur à partir de l'année de référence 1979, en même temps que des améliorations sur le contenu lui-même.

d) *Questions douanières*

La Commission Centrale a pris connaissance avec satisfaction du fait que les services compétents allemands et néerlandais ont fixé en commun les détails de la procédure de dédouanement en cours de route des bateaux à cabines à la frontière germano-néerlandaise. A partir du 12 avril 1979 les bateaux effectuant des transports réguliers bénéficient par conséquent de jour en trafic amont d'un dédouanement simplifié. Le Comité des douanes étudie actuellement les possibilités d'extension de ce dédouanement simplifié aux heures de la soirée et au trafic aval.

En ce qui concerne le régime douanier applicable à l'approvisionnement des bateaux rhénans, la Commission Centrale a constaté qu'un large consensus avait pu être dégagé avec les services compétents de la Commission des Communautés Européennes, quant au maintien de l'exemption des droits de douane pour les carburants. L'examen du problème de l'exemption des provisions de bord doit cependant être continué. Les discussions avec les représentants de la Commission de Bruxelles doivent se poursuivre afin de trouver, dans ce domaine également, une solution d'ensemble satisfaisante pour la navigation rhénane.

e) *Questions réglementaires*

La Commission Centrale a apporté une série de modifications au *Règlement de police pour la navigation du Rhin*. Il a notamment été tenu compte de l'abaissement de un mètre du zéro de l'échelle de Cologne ainsi que du remplacement du bac à traille de Drusenheim-Greffern par un bac-automoteur. La Commission a apporté dans ce Règlement des précisions au texte relatif au stationnement au voisinage de bâtiments transportant certaines matières dangereuses. Elle a accordé la faculté, aux péniches de canal de 38 m 50 naviguant à la remonte, de demander que le passage s'effectue tribord sur tribord, entre le p.k. 244,0 et les écluses de Marckolsheim et entre le p.k. 228,0 et les écluses de Vogelgrün, par dérogation à la règle de la navigation à droite applicable de manière générale sur le Grand Canal d'Alsace et le Rhin canalisé. La Commission a adapté les prescriptions relatives au secteur Oberwesel-St. Goar à la situation nouvelle caractérisée par une amélioration considérable des conditions de navigation grâce aux travaux d'aménagement du Rhin dans le secteur du Gebirge.

Elle a accordé une prolongation de deux ans du délai transitoire permettant d'utiliser les installations de radar qui répondent aux prescriptions en vigueur avant 1969 et a pris acte de l'adoption, par son Comité du Règlement de police du texte d'un nouveau guide de radiotéléphonie en remplacement de celui de 1974.

La Commission Centrale a modifié le *Règlement de visite des bateaux du Rhin* d'une part pour porter à un an le délai de six mois pour une prolongation exceptionnelle de la validité des certificats de visite des bateaux et, d'autre part, pour améliorer les dispositions relatives à la résistance minimale à la rupture des chaînes d'ancres.

En vue de rassembler dans un seul chapitre particulier du Règlement de visite

to come into force as from 1979 at the same time as improvements to the report's contents.

d) Customs questions

The Central Commission noted with satisfaction that the German and Dutch customs and frontier police had established jointly details for customs clearance en route in respect of cabin vessels at the German-Netherlands frontier. As from 12 April 1979, vessels operating on a regular basis in upstream traffic have benefited from simplified customs clearance during the daytime. The Customs Committee is now studying the possibility of extending these simplified formalities to the evening hours and to downstream traffic.

Regarding the customs system applicable to the supply of Rhine vessels, the Central Commission noted that it was possible to reach a broad consensus of opinion with the competent departments of the Commission of the European Communities concerning the maintenance of exemption from customs dues for fuels. Examination of the problem of the exemption of catering supplies has, however, to be continued. Discussions with the representatives of the Brussels Commission are to be continued in order to reach a satisfactory overall solution for Rhine shipping in this field also.

e) Technical questions

The Central Commission made a number of amendments to the *Police Regulations for Rhine Shipping*. Account was taken, inter alia, of the reduction of the zero on the Cologne scale by 1 metre and the replacement of the trail ferry at Drusenheim-Greffern by a self-propelling ferry. The Commission added further details to the text in these regulations concerning mooring in the vicinity of vessels transporting certain dangerous substances. It permitted canal barges of 38m50, sailing upstream, to request that vessels should pass on the starboard side between p.k. 244.0 and the Marckolsheim locks and between p.k. 228.0 and the Vogelgrün locks, in derogation from the rule concerning navigation on the right, applicable in general on the Grand Canal d'Alsace and the canalised Rhine. The Commission adjusted the provisions relating to the Oberwesel–St. Goar sector to the new situation resulting from the considerable improvement in navigation conditions thanks to work to develop the Rhine in the Gebirge sector.

It extended to two years the transitional time-limit permitting the use of radar installations complying with the provisions in force before 1969 and took note of the adoption by its Police Regulations Committee of the text of a new radio-telephone guide replacing that of 1974.

The Central Commission amended the *Inspection Regulations for Rhine Vessels* in order to extend to one year the 6 months time-limit for the exceptional extension of the validity of inspection certificates for vessels and to improve the provisions relating to minimum resistance standards in respect of breaking of anchor chains.

In order to group the provisions relating to the hygiene and safety of living quarters and jobs in a single specific chapter, the Commission instructed its Inspection Regulations Committee and its Committee on Social Questions,

les dispositions relatives à l'hygiène et à la sécurité des logements et des postes de travail, la Commission a chargé son Comité du Règlement de visite et son Comité des questions sociales, de travail et de formation professionnelle de préparer un tel chapitre et d'examiner à cette occasion quelles dispositions du projet de chapitre 17 des Prescriptions techniques unifiées élaborées dans le cadre de la Commission Economique pour l'Europe des Nations Unies à Genève sont à prendre en compte.

Pour lui permettre d'éliminer dès sa session de printemps 1980 toutes prescriptions réglementaires discriminatoires quant à l'emploi des femmes dans la navigation rhénane, la Commission Centrale a décidé de convoquer dès que possible une Conférence Tripartite Consultative composée de représentants des Gouvernements, des employeurs et des salariés.

En ce qui concerne les questions relatives au *transport de marchandises dangereuses* et de *lutte contre la pollution*, la Commission Centrale a rappelé qu'elle a toujours été consciente de ses responsabilités en ce qui concerne la pollution des eaux par la navigation et que de telles mesures ont été prises dans le cadre de ses règlements communs et plus particulièrement du Règlement pour le transport de matières dangereuses sut le Rhin (ADNR). Elle s'est affirmée résolue à continuer à assumer ses responsabilités en liaison éventuelle avec les activités des autres organisations oeuvrant dans ce domaine et notamment la Commission Internationale pour la protection du Rhin contre la pollution. Elle a en outre chargé son Comité des matières dangereuses et son Comité des questions sociales, de travail et de formation professionnelle d'examiner une communication du Président du Comité des matières dangereuses relative aux problèmes de formation des équipages de bateaux transportant des matières dangereuses.

Afin d'assurer une application plus harmonisée des règlements rhénans, la Commission a adopté une série de *directives aux Commissions de visite.*

f) Questions techniques

La Commission Centrale a pris acte des informations données par la Délégation allemande au sujet du programme des travaux prévus au cours de l'année 1979 pour l'aménagement du Rhin entre Lauterbourg/Neuburgweier et St. Goar.

La Commission a pris acte d'un rapport intérimaire concernant des mesures destinées à accélérer le déroulement des opérations d'éclusage aux ouvrages de Kembs.

Elle a donné son accord à ce que la vitesse du courant sur le Grand Canal d'Alsace entre l'origine et la dérivation du bief de Kembs et la restitution du bief de Vogelgrün puisse être portée au maximum à 1,50 m/s. et pour que la largeur de la passe navigable du nouveau pont-route à Huningue-Weil soit réduite de 100 m à 95 m, cette réduction étant destinée à permettre la mise en place d'un dispositif de protection des piles.

La Commission a approuvé les propositions franco-allemandes relatives à la modification des conditions de navigation au droit des ponts de Strasbourg/Kehl par suite de l'ouverture de nouvelles passes navigables.

Elle a pris acte du fait que, compte tenu de l'incidence des essais d'alimentation en débit solide, le mouillage disponible à l'étiage équivalent de 1972 sur le busc aval des écluses d'Iffezheim était en janvier 1979 sensiblement le même qu'en janvier 1978, soit 3,60 m et que ces essais n'ont occasionné jusqu'à présent aucune gêne notable pour la navigation.

Labour and Training to prepare this chapter and consider on that occasion what provisions of the draft Chapter 17 of the standardised technical specifications drawn up in the context of the United Nations Economic Committee for Europe in Geneva, should be taken into account.

In order to be able to abolish all discriminatory statutory provisions concerning the employment of women, in Rhine shipping at its spring 1980 session, the Central Commission has decided to convene as early as possible a tripartite advisory conference comprising representatives of the governments, the employers and the employees.

Regarding questions relating to the *transport of dangerous goods* and *pollution abatement*, the Central Commission recalled that it had always been aware of its responsibilities in respect of water pollution by shipping and such measures had been taken in the context of its joint regulations and, more particularly, those governing the transport of dangerous substances on the Rhine. It expressed its determination to continue to assume its responsibilities, possibly in conjunction with the activities of other organisations active in this field, notably the International Commission for the Protection of the Rhine against Pollution. It also instructed its Committee on Dangerous Substances and its Committee on Social Questions, Labour and Training to examine a communication from the Chairman of the Committee on Dangerous Substances relating to matters concerning the training of crews on vessels transporting dangerous substances.

The Commission adopted a number of *directives to the Inspection Boards* in order to provide for the more standardised application of the Rhine Regulations.

f) Technical questions

The Central Commission took note of information from the German delegation about the 1979 programme of work for the development of the Rhine between Lauterbourg/Neuburgweier and St. Goar.

The Commission took note of an interim report concerning measures designed to speed up locks operations at Kembs.

It agreed that the speed of the current on the Grand Canal d'Alsace between the origin and diversion of the Kembs Reach and the restitution of the Vogelgrün Reach should be increased to a maximum of 1.50 m/s and that the width of the navigable channel under the new Huningue-Weil roadbridge should be reduced from 100 m to 95 m, in order to permit the installation of a protective device in the form of piles.

The Commission approved the Franco-German proposals concerning the alteration of the conditions for navigation on the right under the Strasbourg/Kehl bridges, following the opening of new navigable channels.

It took note of the fact that in view of the effect of the downstream silt discharge tests, the depth of water at the equivalent 1972 low-water level, available on the lower locksill of the Iffezheim locks was largely the same in January 1979 as in January 1978, i.e. 3.60 m, and that hitherto these tests had not created any major difficulties for shipping.

The Central Commission also received information about the present state of the problem of the Neuburgweier Fall.

Des informations ont de même été fournies à la Commission Centrale sur l'état actuel du problème de la chute de Neuburgweier.

5. CHAMBRE DES APPELS

La Chambre des Appels a rendu en tant que juridiction de dernier ressort huit jugements en matière civile et quatorze jugements en matière pénale.

5. CHAMBER OF APPEALS

The Chamber of Appeals, sitting as a final appeal court, gave judgment in eight civil and fourteen criminal cases.

CHAPITRE II

UNION ECONOMIQUE BENELUX

A. FONCTIONNEMENT DU BENELUX

Le Comité des Ministres est l'organe suprême; il veille à l'application du Traité de l'Union économique Benelux et a recours, à cet effet, à des décisions, conventions, recommandations et directives. Le Comité des Ministres peut déléguer certains de ses pouvoirs aux Groupes de travail ministériels.

Le Conseil de l'Union économique assure l'exécution des délibérations du Comité des Ministres et fait au Comité des Ministres toutes propositions utiles au fonctionnement de l'Union.

En outre, le Conseil coordonne les activités des commissions et des commissions spéciales, et transmet au Comité des Ministres leurs propositions accompagnées, le cas échéant, de son avis.

Les Commissions ont pour mission, chacune en ce qui concerne le domaine de sa compétence, d'exécuter les délibérations du Comité des Ministres et d'en suivre l'exécution par les administrations nationales, et, d'autre part, de faire des propositions au Comité des Ministres par l'intermédiaire du Conseil de l'Union économique. Afin d'assurer une division du travail efficace, les commissions peuvent instituer des sous-commissions et des groupes de travail.

Le Secrétariat général assure le secrétariat des institutions susmentionnées; en outre, il coordonne, sur le plan administratif, les activités de ces institutions et établit, le cas échéant, les liaisons nécessaires. Le Secrétariat général est également chargé de faire toutes suggestions utiles à l'exécution du Traité de l'Union économique.

Les services communs sont des services d'exécution centrés sur des secteurs spécialisés. Actuellement il en existe deux: le Bureau Benelux des Marques établi à La Haye et le service Commun pour l'enregistrement des médicaments établi à Bruxelles. Le premier assure le dépôt et la protection des marques de produits tandis que le second est chargé de délivrer les autorisations de mise sur le marché des médicaments. Dans les deux cas leur compétence s'étend à tout le territoire du Benelux.

Le Conseil interparlementaire consultatif du Benelux est saisi chaque année par les trois Gouvernements d'un rapport commun sur l'Union économique, le rapprochement culturel, la politique extérieure et l'unification du droit. Ces quatre rapports sont publiés chaque année. Le Conseil interparlementaire peut aussi adresser des avis aux trois Gouvernements. Le Conseil consultatif économique et social élabore des avis au sujet de problèmes qui intéressent directement le fonctionnement de l'Union économique. Il est également habilité à présenter, de son propre initiative, des avis sur ces problèmes, au Comité des Ministres. auquel cas son interprétation n'est que consultative.

La Cour de Justice Benelux est chargée d'interpréter des règles juridiques communes, soit à la demande d'une juridiction nationale auquel cas l'interprétation lie le juge national, soit à la demande d'un des trois gouvernements, auquel cas son interprétation n'est que consultative.

B. ACTIVITES DU COMITE DES MINISTRES ET DES GROUPES DE TRAVAIL MINISTERIELS

REUNION DU 31 MAI (QUESTIONS ECONOMIQUES)

Les Ministres des Affaires économiques et des Affaires sociales des pays du Benelux ont, au cours d'une réunion commune, examiné les aspects sociaux et économiques d'une politique Benelux intégrée de l'emploi et de l'industrie.

Les Ministres ont défini les domaines où les politiques sociale et industrielle se recoupent. Pour ce qui est du reste de la coopération Benelux, les Ministres se sont laissé guider par les problèmes qui, jugés urgents dans les trois pays du Benelux, se prêtent à une approche sociale et économique intégrée dans le cadre du Benelux. Considérant que la régression du chômage préoccupe les trois pays, au premier plan, ils ont décidé d'accorder une priorité absolue aux questions suivantes:

- les aspects sociaux et économiques de la politique sectorielle et de restructuration;
- la capacité compétitive des exportations et, partant, les problèmes soulevés par la compression des coûts de la main-d'oeuvre;
- les problèmes se rapportant à la répartition et à la mobilité du travail.

REUNION DU 31 MAI (QUESTIONS ECONOMIQUES ET DE L'ENERGIE)

Les Ministres des Affaires économiques et de l'Energie des pays du Benelux se sont réunis à Bruxelles le 31 mai 1979. La réunion était présidée par M. W. CLAES, vice-premier Ministre et Ministre des Affaires économiques de Belgique. Les délégations néerlandaise et luxembourgeoise étaient conduites respectivement par M. G. VAN AARDENNE, Ministre des Affaires éonomiques, et M. J. BARTHEL, Ministre de l'Energie.

Les Ministres se sont concertés au sujet de la coopération dans les domaines sidérurgique, textile et énergétique, ainsi que dans les domaines de la politique industrielle d'exportation et de la politique industrielle générale.

En ce qui concerne la *sidérurgie*, les Ministres ont constaté que la coopération Benelux dans l'exécution du Plan DAVIGNON est excellente. En vue de la réalisation raisonnable du Plan DAVIGNON dans le cadre du Benelux, d'une part, et des efforts communs du Benelux pour faire exécuter le Plan correctement par tous les Etats membres de la C. E., d'autre part, les Ministres ont pris notamment les mesures suivantes:

- les travaux Benelux visant à obtenir, par l'accélération de la publication et de l'échange des données statistiques relatives aux importations réelles, une meilleure base pour contrôler l'exécution de certaines mesures du Plan DAVIGNON, seront poursuivis.
- en vue d'obtenir les données complémentaires concernant les prix, qualités et quantités des produits importés, requises pour contrôler l'exécution correcte de certaines mesures du Plan DAVIGNON, les pays du Benelux ont instauré un nouveau document uniforme à joindre à la demande de licence relative aux produits sidérurgiques;
- les pays du Benelux mettront – dans le cadre de leurs possibilités matérielles respectives – des fonctionnaires nationaux à la disposition de la C. E. afin

qu'ils puissent exécuter conjointement avec des fonctionnaires de la Commission européenne les contrôles nécessaires auprès des producteurs et marchands de produits sidérurgiques;
- lors des négociations au sujet de la restructuration de l'industrie sidérurgique communautaire et des aides communautaires, le Benelux insistera pour que les aides ne soient pas moindres que celles prévues pour l'actuel projet de code d'assistance, pour que la date d'entrée en vigueur des mesures relatives aux aides nationales spécifiques soient la plus proche possible et pour que les importants schémas d'aides spécifiques, déjà annoncées par quelques Etats membres, soient encore insérés dans le cadre de ces mesures.

En outre, les Ministres ont réaffirmé leur attachement au principe de ne pas instaurer un contrôle des échanges de produits sidérurgiques aux frontières intérieures du Benelux, et à l'exigence de gérer d'une manière autonome l'exécution des accords conclus par la C. E. avec certains pays du bloc de l'Est. Enfin, les Ministres ont consacré un échange de vues aux travaux du "Comité sidérurgique" de l'O.C.D.E.

En ce qui concerne l'*industrie textile*, les Ministres ont ratifié les décisions suivantes:

1. En vue de combattre les pratiques consistant à esquiver les mesures prises par la C.E., la coopération Benelux sera axée sur l'amélioration et l'accélération de la récolte d'informations statistiques concernant les importations textiles. A titre d'expérience, on a prévu notamment l'échange et la combinaison de bandes magnétiques de l'I.N.S. et du C.B.S., et l'établissement d'un listage Benelux en la matière.
2. Les efforts communs tendant à renforcer sur le plan Benelux le contrôle de l'origine des importations textiles seront poursuivis. Les pays du Benelux ont créé la base légale nécessaire à l'exécution de ce contrôle, et les efforts tendent surtout actuellement à ce que le contrôle soit exécuté avec la même rigueur dans les trois pays.
3. En ce qui concerne le problème du perfectionnement passif avec les pays méditerranéens et les importations textiles en provenance de la Chine, les efforts tendront vers une position commune Benelux en vue des négociations sur le plan de la C.E.

En ce qui concerne la réglementation du marché des fibres chimiques au sujet de laquelle la Commission européenne doit encore se prononcer, une position Benelux a été arrêtée. Au cas où la Commission européenne n'approuverait pas les propositions faites par les producteurs de fibres chimiques, elle devra proposer d'autres mesures efficaces ayant un résultat identique.

Dans le cadre de la discussion de la *politique industrielle générale*, les Ministres ont eu un échange de vues sur des rapports concernant la coopération dans le domaine des systèmes d'encouragement des investissements dans le Benelux, la politique en matière de technologie et d'innovation, ainsi que l'initiative industrielle publique et la politique de planification et de participation. Les Ministres ont formulé des directives concrètes en vue de la poursuite des travaux Benelux en la matière. Les Ministres ont exprimé le voeu que les attachés techniques des ambassades à l'étranger, chargés d'études en matière de recherches scientifiques et industrielles, se concertent sur place au sujet de leurs activités dans ces domaines.

La *politique industrielle d'exportation* a été abordée à la lumière d'une note de discussion du Secrétaire général concernant les problèmes d'exportation Benelux dans le cadre de la politique industrielle. Trois principes ont été approuvés en ce qui concerne la coopération Benelux en la matière. En outre, les Ministres ont donné des instructions en ce qui concerne la poursuite de la

coopération en matière de prestations de services par les pouvoirs publics, entre les organismes de financement des exportations et d'assurance-crédit, entre les entreprises du Benelux, en matière de projets "turn-key", et entre les pouvoirs publics du Benelux dans l'élaboration d'une stratégie industrielle à l'exportation. Ces instructions seront exécutées au sein des organes Benelux compétents qui relèvent de la compétence des Ministres ayant le commerce extérieur dans leurs attributions.

En ce qui concerne la politique en matière d'approvisionnement et de consommation de pétrole, des concertations Benelux mensuelles auront lieu afin de suivre l'évolution de près. Plus particulièrement, le respect des recommandations des pouvoirs publics en matière d'économie d'énergie sera mis en convergence.

REUNION DU 31 MAI (QUESTIONS SOCIALES)

Le Groupe de travail ministériel des Questions sociales de l'Union économique Benelux s'est réuni le 31 mai 1979 à Bruxelles sous la présidence de monsieur A. Califice, ministre de la Prévoyance sociale. Assistait également du côté belge M. R. DE WULF, Ministre de l'Emploi et du Travail. Les Pays-Bas étaient représentés par M. W. ALBEDA, Ministre des Affaires sociales. M. B. Berg, Ministre du Travail et de la Sécurité sociale, vice-président du gouvernement luxembourgeois et M. THOSS, secrétaire d'Etat au Travail ont été empêchés en dernière minute de participer à la discussion; ils s'étaient fait représenter par un fonctionnaire mandaté de leur département.

Les ministres ont pris connaissance des rapports Benelux sur l'application des directives C. E. concernant l'égalité de rémunération et de traitement des hommes et des femmes, sur les prestations en espèces aux handicapés, sur les régimes de sécurité sociale appliqués au 1er juillet 1978 aux travailleurs salariés et indépendants ainsi que sur la ratification de conventions internationales dans le domaine social. Ces rapports contiennent les éléments sur lesquels peut se fonder la coordination future des politiques concernées; ils seront communiqués, après leur mise à jour, au Conseil interparlementaire consultatif Benelux ainsi qu'au Conseil consultatif économique et social. Les ministres ont du reste décidé d'accorder dorénavant une diffusion plus large et plus appropriée aux rapports de cette nature.

Les ministres prêtent leur soutien au 9ème Congrès mondial de sécurité pour la prévention des accidents du travail et des maladies professionnelles, qui se tiendra à Amsterdam du 6 au 9 mai 1980 dans un cadre d'organisation Benelux. La Reine Juliana, le Roi Baudouin et le Grand-Duc Jean accordent leur haut patronage à ce congrès. Les ministres du Travail des trois pays et le bourgmestre de la ville d'Amsterdam constituent le comité d'honneur. Le prince Claus des Pays-Bas est président d'honneur du 9ème Congrès mondial de sécurité.

Les ministres ont consacré une grande attention au problème des pourvoyeurs de main-d'oeuvre en Belgique et aux Pays-Bas – le Luxembourg ne rencontrant pas de difficultés particulières en la matière – ainsi qu'aux mesures prises pour combattre e.a. les abus au détriment de la sécurité sociale et de la juste perception des impôts. Les ministres soulignent la nécessité d'une coopération internationale dans la lutte contre les pratiques des pourvoyeurs de main-d'oeuvre. C'est ainsi que l'échange de données et d'informations entre les organismes publics intéressés sera accéléré et complété en vue de l'introduction d'un système commun d'avertissement.

Les ministres ont examiné de façon approfondie les problèmes en rapport

avec le revenu garanti des travailleurs du secteur privé. Dans les trois pays du Benelux, le salaire est fixé par contrat individuel ou convention collective de travail, lesquels doivent cependant satisfaire aux dispositions légales et réglementaires existantes. Aux Pays-Bas et au Luxembourg, un certain nombre de travailleurs n'est pas encore couvert par de telles conventions collectives. Les possibilités d'y étendre le champ d'application des conventions collectives aussi bien en ce qui concerne le nombre que les catégories de travailleurs, seront examinées avec les organisations professionnelles.

Les ministres ont demandé de consacrer une étude approfondie aux dispositions régissant la protection du salaire minimum dans les trois pays, afin de savoir s'il est possible de prendre une décision portant harmonisation des dispositions relatives au salaire minimum.

Les ministres se sont par ailleurs penchés sur les problèmes se rapportant au pouvoir d'achat. Un rapprochement des systèmes de compensation de prix ne saurait être envisagé pour l'instant. Les systèmes nationaux seront néanmoins analysés et comparés tandis que sera évaluée leur incidence sur l'évolution des coûts salariaux dans chacun des pays partenaires.

Les ministres ont également demandé d'examiner les dispositions relatives au licenciement individuel et collectif, afin de savoir dans quelle mesure il est souhaitable et possible de les harmoniser dans le cadre du Benelux.

Les assurances-chômage des trois pays seront, elles aussi, évaluées en consacrant une attention particulière aux expériences et développements nouveaux quant à l'intégration des travailleurs dans de nouvelles possibilités d'emploi.

Les ministres ont procédé à un échange de vues sur la situation et les développements attendus du marché de l'emploi dans les trois pays ainsi que sur les mesures prises, les résultats obtenus et les intentions politiques dans le domaine du marché de l'emploi.

Les récentes mesures en matière de sécurité sociale ainsi que les réformes et assainissements envisagés dans les pays du Benelux ont été développés.

Les ministres ont abordés les problèmes d'ordre social qui sont à l'étude dans le cadre des C. E. et d'autres organisations internationales. Ils ont décidé d'intensifier la coordination Benelux en la matière.

REUNION DU 11 DECEMBRE (QUESTIONS PORTUAIRES)

A Anvers s'est tenue le 11 décembre 1979 la VIe Concertation portuaire Benelux avec le ministre belge des Communications, le ministre néerlandais des Communications et des Voies hydrauliques, les présidents des Commissions portuaires nationales belges et néerlandaises et les gestionnaires des ports d'Anvers, Amsterdam, Bruges-Zeebrugge, Gand, Delfzijl, Ostende, Rotterdam, Terneuzen et Flessingue.

La VIe Concertation portuaire Benelux a pris connaissance avec intérêt de l'étude du Secrétariat général du Benelux relative aux "Perspectives d'avenir des ports maritimes du Benelux 1980–2000" qui fait une comparaison entre les prévisions nationales et analyse ces prévisions à la lumière d'une prévision Benelux relative aux mouvements totaux dans les ports du Benelux.

La Commission nationale pour la Politique portuaire (Belgique) et la Commission Zeehavenoverleg (Pays-Bas) sont chargées d'approfondir cette étude et d'élaborer, en collaboration avec le Secrétariat général, des propositions concernant une étude plus détaillée des aspects quantitatifs et qualitatifs des mouvements futurs des marchandises dans les ports du Benelux. Les ministres et les autorités portuaires ont demandé que la poursuite de l'étude relative aux

mouvements portuaires futurs soit surtout axée sur l'établissement d'un cadre de référence commun Benelux basé sur plusieurs scénarios et qu'elle porte dans une première étape sur l'évolution jusqu'en 1990, plus particulièrement sur certains mouvements de marchandises, notamment les produits énergétiques.

Une note exploratoire ayant trait aux conséquences pour les ports de l'application de conventions internationales relatives à la protection de l'environnement maritime a par ailleurs été examinée. Il a été convenu que les autorités nationales et les responsables des ports se consulteront pour examiner les solutions les plus appropriées au traitement des résidus de pétrole et aux déchets contenant des produits chimiques dans les ports ainsi que leurs aspects financiers. Le Secrétariat général est invité à dresser en vue de la poursuite des concertations, un inventaire des mesures appliquées à l'heure actuelle dans les différents ports du Benelux.

La VIe Concertation portuaire Benelux a examiné en outre le problème que posent les ajustements différenciés des taux de change pour la conversion en monnaies nationales de l'unité tarifaire utilisée pour le calcul du fret. Il a été constaté que les intérêts belges et néerlandais sont parfaitement parallèles et que la solution au problème doit être réalisée sur le plan européen. Dans cette perspective, il a été décidé que les pays du Benelux suivront, en concertation, l'évolution en cette matière.

Les ministres et les autorités portuaires ont également pris connaissance de l'état d'avancement des travaux entrepris suite aux décisions prises au cours de la Concertation précédente. Ils ont appris avec satisfaction que des statistiques harmonisées de la navigation maritime seront publiées régulièrement; les premières statistiques auront trait à l'année 1979. L'accent a également été mis sur la nécessité d'arriver à une aussi bonne comparaison que possible des comptes d'exploitation des différents ports de mer afin de faciliter l'élaboration d'une politique portuaire commune; dans cette optique les travaux relatifs à l'introduction d'un système de comptabilité uniforme extra-comptable seront activement poursuivis.

Il a également été convenu d'attirer à nouveau l'attention de la Commission des C.E. sur l'importance que les pays du Benelux attachent à la réalisation d'une politique portuaire européenne et de lui demander de formuler dès que possible ses propositions en la matière.

C. EXTRAIT

DU VINGT-TROISIEME RAPPORT COMMUN DES GOUVERNEMENTS BELGE, NEERLANDAIS ET LUXEMBOURGEOIS AU CONSEIL INTERPARLEMENTAIRE CONSULTATIF DE BENELUX SUR LA REALISATION ET LE FONCTIONNEMENT D'UNE UNION ECONOMIQUE ENTRE LES TROIS ETATS

(1er juillet 1978 – 30 juin 1979)

8 novembre 1979

Les gouvernements se réjouissent que votre Conseil ait établi un programme annuel des travaux. Il ne fait pas de doute que ce programme contribuera à améliorer les contacts entre les gouvernements et votre Conseil. Les gouvernements, pour leur part, mettront tout en oeuvre pour qu'il puisse être exécuté selon le calendrier prévu.

En présentant leur 23me rapport commun à votre Conseil, les gouvernements

sont de nouveau amenés à faire état de la situation économique peu favorable des trois pays. Cette situation, que connaît d'ailleurs l'ensemble du monde industrialisé, s'est encore aggravée à la suite des difficultés dans le secteur énergétique, les importations de pétrole ayant diminué et les prix de celui-ci ayant fort augmenté. Non seulement les prix du pétrole auront en fin de compte une incidence négative sur la balance des paiements de l'ensemble des pays du Benelux ainsi que sur la croissance économique mais ils pourraient entraîner une nouvelle poussée inflationniste, alors que le taux d'inflation dans les pays du Benelux était tombé à moins de 4% sur base annuelle. Etant fortement tributaires de l'étanger pour leur approvisionnement en énergie, nos pays pourront difficilement empêcher cette évolution de se produire. D'autre part, il faudra veiller à contenir le taux de chômage.

Les gouvernements sont confrontés à divers problèmes, qui se rattachent les uns aux autres et présentent grosso modo les mêmes aspects dans chacun des trois pays du Benelux. C'est dire combien nos économies respectives sont déjà intégrées. Les gouvernements se rendent compte d'ailleurs qu'ils ne peuvent faire face aux problèmes sociaux, économiques et financiers en se cantonnant strictement sur le plan national. Ce n'est certainement pas par hasard que la politique menée dans chacun des pays du Benelux a consisté en une opération de redressement surtout destinée à faire régresser le chômage, à réduire le déficit budgétaire et à maintenir la stabilité des monnaies. Il convient de souligner ici le rôle qu'ont joué les pays du Benelux dans l'édification du SME.

Les gouvernements posent en principe que, dans le contexte économique actuel, les résultats d'une politique efficace sont déterminés dans une large mesure par l'échelle géographique sur laquelle cette politique est menée. C'est pourquoi ils mettront tout en œuvre pour que la Communauté européenne entreprenne d'élaborer une politique intégrée dans le domaine industriel et de l'emploi. Les pays du Benelux ont par ailleurs un rôle à jouer en faveur de la coopération européenne au plan socio-économique.

Considérant que la régression du chômage est d'une importance primordiale dans les trois pays, et que la coopération internationale est requise en la matière, les ministres des Affaires sociales et des Affaires économiques ont décidé d'un commun accord de donner la priorité absolue à:

- aux aspects sociaux et économiques de la politique sectorielle et de restructuration;
- à la compétitivité à l'exportation et, partant, le problème de la réduction des coûts de la main-d'oeuvre;
- aux problèmes relatifs à la division du travail et à la mobilité de la main-d'œuvre.

La coopération intergouvernementale s'est également concrétisée dans le domaine des exportations, en raison de l'importance que celles-ci revêtent pour nos économies. Des concertations ont lieu périodiquement entre l'Office belge du Commerce extérieur et le Economische Voorlichtingsdienst ou le Centrum voor Handelsbevordering néerlandais. Ces concertations ont déjà abouti à des réalisations, telles qu'une prospection commune du marché philippin et une participation commune à la Foire internationale de Dakar. Les gouvernements sont également favorables à d'autres formes de coopération dans le domaine des exportations. Ils fondent de grandes espérances – et lui accordent dès lors leur soutien – sur la Journée d'exportation Benelux, qui a lieu le 18 octobre 1979 et est organisée en collaboration avec la Chambre de Commerce belgo-luxembourgeoise pour les Pays-Bas, la Chambre de Commerce néerlandaise pour la Belgique et le Luxembourg, ainsi que le Secrétariat général. Lors de cette journée, des personnalités des secteurs public et privé exposeront les possibilités

de coopération entre les industries du Benelux dans le domaine de l'exportation.

Au cours de l'exercice écoulé, de légers progrès seulement ont pu être réalisés dans l'abolition des formalités subsistant aux frontières intérieures du Benelux. Un troisième protocole modifiant la Convention Benelux portant unification des droits d'accise a pu être signé; ce protocole a rendu la perception des droits d'accise sur les bières importées conforme aux dispositions du Traité de Rome. Les gouvernements comptent sur la collaboration des parlements nationaux pour faire entrer en vigueur au plus tôt ladite Convention et les protocoles y annexés. Seule une entrée en vigueur rapide de la Convention permettra d'écarter la menace d'une procédure devant la Cour de justice européenne.

Outre les questions évoquées ci-dessus, qui ont trait au développement de la prospérité socio-économique dans les pays du Benelux, les gouvernements tiennent à faire état des efforts conjugés des trois pays en vue d'accroître le bien-être des populations. A cet égard, il convient de signaler la coopération Benelux dans les domaines de la politique de l'environnement, de l'aménagement du territoire et de l'infrastructure des transports. Nous exposerons plus loin les résultats obtenus jusqu'ici dans ces domaines.

A propos de l'environnement, nous signalons déjà que dans le domaine de la pollution de l'air, les trois pays ont convenu de s'informer en cas de dépassement prolongé des valeurs limites maximales fixées pour l'anhydride sulfureux et le dioxyde d'azote constaté dans une station de mesure. En outre, on élabore une procédure d'avertissement en vue d'éviter les agissements illégaux et frauduleux lors du transfert de déchets toxiques ou dangereux au-delà des frontières intérieures.

En ce qui concerne la conservation de la nature, on a travaillé à l'élaboration d'une convention Benelux en matière de conservation de la nature et de protection des sites.

Dans le domaine de l'aménagement du territoire, on s'efforce d'établir une esquisse structurelle globale pour l'entièreté du Benelux et des esquisses structurelles pour les régions frontalières, afin que les plans d'aménagement de ces régions soient coordonnés.

* * *

D. EXTRAIT

DU VINGT-TROISIEME RAPPORT COMMUN DES GOUVERNEMENTS BELGE, NEERLANDAIS ET LUXEMBOURGEOIS AU CONSEIL INTERPARLEMENTAIRE CONSULTATIF DE BENELUX SUR LA COOPERATION DES TROIS ETATS DANS LE DOMAINE DE LA POLITIQUE EXTERIEURE

(1er juillet 1978–30 juin 1979)

20 décembre 1979

LA SECURITE

1. L'OTAN; CSCE; MBFR

1. En cette année du trentième anniversaire de l'OTAN, on peut constater que l'alliance atlantique a apporté une contribution décisive au maintien de la paix en Europe et, de la sorte, à la sécurité et au progrès économique et social de ses membres. Lors de la dernière session du Conseil de l'Atlantique nord à La Haye,

les 30 et 31 mai 1979, les ministres n'ont pas manqué de réaffirmer leur foi dans les buts et les principes de l'alliance ainsi que l'attachement de leurs pays à la démocratie, aux libertés individuelles et au règne du droit. Les analyses qu'on peut faire sur le potentiel soviétique et sur les intentions des dirigeants soviétiques confirment la justesse de la politique de l'Alliance basée depuis de longues années sur les deux piliers que constituent la défense et la détente. D'un côté, l'Union soviétique continue à consacrer à des fins militaires 11 à 13% de son produit national brut; d'autre part, la coopération entre pays occidentaux et pays de l'est continue à faire des progrès dans de nombreux domaines. Ces faits justifient la détermination de l'Alliance de ne pas négliger la défense sous prétexte de détente, ni de retomber dans la guerre froide.

2. Dans le communiqué publié à l'issue de leur réunion de Budapest les 14 et 15 mai, les pays membres du Pacte de Varsovie présentent un ensemble de propositions concernant la détente, le désarmement, les relations entre les deux blocs. La plupart de ces propositions ne sont que la répétition d'idées favorables aux seuls pays de l'est, et que l'Alliance atlantique a déjà rejetées antérieurement en raison de leur caractère peu équilibré.

Lors de leur réunion des 30 et 31 mai, les ministres ont cependant pris note avec intérêt des déclarations faites par les pays de l'Europe de l'Est pour un développement de mesures de confiance. Comme les pays occidentaux ont toujours été en faveur de telles mesures, on peut espérer que sur ce chapitre des progrès concrets pourraient être réalisés à Madrid.

3. Un des éléments centraux de la détente, c'est l'approfondissement du processus de la CSCE. C'est avec préoccupation que les Ministres des Affaires étrangères de l'Alliance ont constaté à La Haye que, si des progrès sont enregistrés dans certains secteurs, la situation dans d'autres secteurs, notamment celui des droits de l'homme et des libertés fondamentales, reste inchangée et, dans le domaine de l'information, s'est parfois dégradée. Il est absolument nécessaire de préparer avec soin la réunion de Madrid. Les pays de l'Alliance tiendront à cet effet d'étroites consultations aussi bien entre eux qu'avec les autres états participants afin de stimuler le développement du processus CSCE.

4. La rencontre Brejnev/Carter à Vienne a mis le point final à l'accord SALT 2 qui est une contribution importante aux relations est-ouest et à la sécurité par la limitation équilibrée des capacités nucléaires stratégiques des Etats-Unis et de l'Union soviétique. Cet accord doit encore être ratifié par le Congrès américain. Il est important de noter que nos alliés américains ont régulièrement informé les membres de l'Alliance du déroulement des négociations, et que ceux-ci se sont exprimés positivement quant à sa ratification.

A la suite de la conclusion de la deuxième étape du processus SALT, les alliés vont se trouver confrontés à l'un des défis les plus importants qu'ils aient à relever: le processus SALT est en effet appelé à progresser dans des domaines où la limite entre les systèmes nucléaires stratégiques et de théâtre d'opérations est floue et touchera beaucoup plus directement et profondément aux intérêts vitaux des membres européens de l'Alliance.

5. En ce qui concerne les négociations MBFR à Vienne, qui se poursuivent depuis des années, d'importantes divergences subsistent sur des questions de fond. Les principales questions en suspens sont la clarification de la base des données chiffrées – indispensables pour établir une véritable parité – et l'application du principe de la collectivité. La partie occidentale a pris des initiatives importantes à ce sujet pour relancer les discussions, elle a de même souligné l'importance que les occidentaux attachent à des mesures associées qui accroîtraient la stabilité militaire et la confiance et assureraient la vérification d'un accord MBFR.

6. Des consultations actives sur les problèmes de contrôle des armements et de désarmement se déroulent actuellement dans le cadre des mécanismes permanents de l'Alliance (suites à donner à la session spéciale des Nations Unies sur le désarmement, Comité du désarmement à Genève et Commission du désarmement des Nations Unies à New York). L'Alliance poursuivra l'examen du projet français présenté en mai 1978 à tous les pays européens ainsi qu'aux Etats-Unis et au Canada et qui est destiné non seulement à renforcer la confiance mais aussi à limiter et à réduire les armements conventionnels sur l'ensemble du territoire européen.

7. A leur réunion de La Haye, les ministres des pays participants au groupe de haut niveau sur la modernisation des forces nucléaires de théâtre d'opérations et au groupe spécial sur le contrôle des armements ont discuté des activités de ces deux groupes. Compte tenu du développement des forces nucléaires soviétiques de théâtre d'opérations, ils ont noté que la nécessité constante de maintenir et de moderniser les forces nucléaires de théâtre d'opérations comme l'exige la stratégie de défense avancée et de riposte graduée et sans qu'il soit envisagé d'accroître l'importance générale du rôle attribué aux systèmes nucléaires, avait récemment été réaffirmée (par les Ministres de la Défense des Pays Membres du Groupe des plans nucléaires de l'OTAN, réunis à Miami les 24 et 25 avril 1979). En même temps et conformément au double objectif fondamental de la détente et de la dissuasion, le "groupe spécial" étudie les moyens de répondre à ce défi par une action combinant les approches complémentaires des améliorations des forces et du contrôle des armements.

8. A noter encore l'approbation par tous les états participants du programme de défense à long terme de l'Alliance et du programme "AWACS" et l'engagement souscrit il ya a deux ans d'augmenter de 3% l'an les dépenses de défense.

9. Pour renforcer l'efficacité des moyens de défense, l'étude et la réalisation de la standardisation et de l'interopérabilité seront poursuivies. Dans la poursuite de ces objectifs et comme convenu antérieurement déjà à Londres et à Washington, un meilleur équilibre sera recherché dans le "double courant d'échanges" entre l'Europe et l'Amérique du nord en matière d'acquisition d'armes et d'équipement. Jusqu'ici les résultats obtenus sont quelque peu décevants. Le "groupe de programme européen indépendant" (IEPG), placé en dehors de l'OTAN et de l'euro-groupe et auquel participe la France, a un certain rôle à jouer dans ce domaine par l'objectif même qui lui a été assigné et qui est d'encourager la coopération européenne en matière d'armement. Un de ses buts, le développement d'une base industrielle et technologique solide de l'industrie européenne de la défense, est en effet le préalable essentiel à la réalisation du "double courant d'échanges" et de l'établissement de rapports mieux équilibrés entre membres européens et nord-américains pour l'acquisition de matériel de défense.

Mais beaucoup reste à faire en ce domaine qui met en concurrence l'immense marché unifié des Etats-Unis avec le marché dispersé européen en matière d'armement.

2. *L'union de l'Europe occidentale (UEO)*

1. Le conseil de l'UEO s'est réuni onze fois: dix fois au niveau des représentants permanents à Londres, et une fois au niveau ministériel, le 16 mai 1979 à Rome, sous la présidence de M. Sanza, sous-secrétaire d'Etat au Ministère des Affaires Etrangères d'Italie.

Comme il est d'usage, l'échange de vues politique des Ministres a porté essentiellement sur les relations Est-Ouest.

A la fin de cette réunion ministérielle, la présidence est passée à la délégation luxembourgeoise.

2. En ce qui concerne la *coopération en matière d'armement*, le Conseil a suivi les travaux menés par le Comité permanent des armements en exécution du mandat adopté le 20 avril 1977 et confiant à ce Comité le soin d'établir une étude sur le secteur armement de l'Industrie des pays membres de l'UEO.

Le comité permanent des armements avait déjà transmis au Conseil en 1978 deux des trois parties de cette étude: définition de la notion d'armement, d'une part, et, d'autre part, analyse juridique du secteur armement.

La troisième partie de l'étude, portant sur les aspects économiques de la situation du secteur armement a été entamée au cours du second semestre de 1978. Les travaux du CPA ont progressé mais n'étaient pas terminés lorsque le Conseil s'est réuni au niveau ministériel le 16 mai. A l'occasion de cette réunion, les membres du Conseil ont réaffirmé l'importance attachée par leurs gouvernements à l'étude en cours. Ils sont convenus que, lorsque l'étude aura été achevée dans son ensemble, le Conseil examinera la forme et le contenu d'une information adéquate de l'Assemblée sur ses résultats.

3. Les principaux aspects des *relations entre le Conseil et l'Assemblée* depuis juillet 1978 ont été les suivants:

Le Conseil a répondu aux dix-sept recommandations adoptées par l'Assemblée au cours des deux parties de sa XXIVme session ordinaire (cf. annexe).

Le Conseil a répondu à treize questions écrites posées par des membres de l'Assemblée.

Il a transmis en février/mars 1979 son XXIVme rapport annuel d'activité.

Le Conseil a en outre tenu trois réunions de caractère informel avec des organes de l'Assemblée.

E. EXTRAIT

DU VINGT-TROISIEME RAPPORT COMMUN DES GOUVERNEMENTS BELGE, NEERLANDAIS ET LUXEMBOURGEOIS AU CONSEIL INTERPARLEMENTAIRE CONSULTATIF DE BENELUX

AU SUJET DE LA COOPERATION ENTRE LES TROIS ETATS EN MATIERE D'UNIFICATION DU DROIT

30 décembre 1979

I. INTRODUCTION

Le présent rapport couvre la période du 1er juillet 1978 au 30 juin 1979.

Au cours de la période sous rubrique, le Groupe de travail ministériel s'est réuni le 20 novembre 1978 à La Haye. A cette occasion, le Groupe de travail a arrêté définitivement la nouvelle méthode de travail de la Commission d'étude pour l'unification du droit en présence des Présidents de celle-ci.

Le Groupe de travail ministériel a, en outre, confié à la Commission de la Justice la mission d'étudier l'application pratique de l'article 22 du Traité d'extradition et d'entraide judiciaire en matière pénale du 27 juin 1962 et la conclusion éventuelle d'un protocole permettant l'extradition en matière de délits fiscaux. Un groupe de travail mixte a été créé pour étudier le problème que

pose le dépistage des criminels de guerre. La possibilité d'uniformiser la réglementation relative à la responsabilité civile découlant d'accident de roulage dans le cadre du Benelux est aussi à l'étude.

II. NOUVELLE METHODE DE TRAVAIL DE LA COMMISSION D'ETUDE

La nouvelle méthode de travail de la Commission d'étude a été arrêtée par le Groupe de travail ministériel le 20 novembre 1978.

Il a été tenu compte dans toute la mesure du possible des diverses remarques formulées par votre Conseil ainsi que de celles émises par la Commission d'étude.

Dans son rapport élaboré au nom de la Commission de Législation pénale, civile et commerciale (doc. 181–2 du 27 avril 1979), M. L. Kelchtermans a constaté à propos de la nouvelle méthode de travail que "dans la mise au point de ce texte, il a été tenu compte dans une certaine mesure des observations et des suggestions qui ont été formulées par votre Commission et par le Conseil, au cours de sa réunion du 21 avril 1978".

Au cours de la période sous revue, la Commission d'étude a suivi avec intérêt les travaux relatifs à sa nouvelle méthode de travail et, dans son rapport d'activités qui figure en annexe au présent rapport annuel, reconnaît que la nouvelle méthode de travail, telle qu'elle a été arrêtée par le Groupe de travail ministériel, lui est favorable et rencontre ses objections majeures.

Elle a, lors de sa réunion annuelle du 27 octobre 1979, examiné un certain nombre de propositions d'unification.

Deux de celles-ci ont été retenues: le contrat d'édition et la responsabilité pénale des personnes morales. Dans le cadre de la nouvelle méthode de travail, deux experts ont été chargés de faire rapport sur la possibilité et l'opportunité d'une unification du droit en ces domaines.

III. SUJETS DE DROIT CIVIL

A. Vente-échange

Un certain nombre de propositions de modification des dispositions communes élaborées par la Belgique ont été remises lors de la réunion du Groupe de travail ministériel. Ces propositions de modification seront examinées dans les meilleurs délais par la Commission de la Justice et, si nécessaire, soumises à la Commission d'étude conformément à la nouvelle méthode de travail.

B. Exécution des obligations

Les consultations sur le plan national belge se poursuivent. Un document de synthèse sera communiqué, dans les meilleurs délais, aux Ministres de la Justice des Pays-Bas et du Luxembourg.

C. Fonds de commerce

La Belgique a recueilli les avis des milieux intéressés.

Au Luxembourg et aux Pays-Bas, les consultations sont encore en cours.

Dès que tous les avis auront été recueillis, le Groupe de travail ministériel de la Justice décidera de la suite à y donner.

D. *Cession de créances*

Les consultations se poursuivent en Belgique et au Luxembourg.

Les Pays-Bas examinent si ce projet est compatible avec le projet de nouveau Code civil.

E. *Responsabilité civile découlant d'accident de roulage*

Lors de la réunion du Groupe de travail ministériel, le Secrétaire général de l'Union économique Benelux a proposé l'examen des possibilités d'harmonisation des législations en matière de responsabilité découlant du "risque créé" (wettelijke aansprakelijkheid bij verkeersongeval).

Les Ministres de la Justice ont chargé la Commission de la Justice de l'étude de cette question.

F. *Sujets traités par la Commission belgo-néerlando-luxembourgeoise pour l'étude de l'unification du droit*

1. CONTRAT D'ENTREPRISE

Les textes relatifs à ce projet one été approuvés par l'assemblée générale. L'exposé des motifs doit encore être complété.

2. CONCORDAT JUDICIAIRE

Le projet relatif au concordat judiciaire n'a pu être pris en considération, faute de temps, lors de la dernière assemblée générale.

3. NON-EXECUTION DES OBLIGATIONS

La rédaction des articles ainsi que de l'exposé des motifs est terminée.

La Commission d'étude procédera à la mise au point définitive du projet lorsqu'elle aura été mise en possession des remarques soulevées par le projet relatif à l'exécution des obligations.

IV. SUJETS DE DROIT PENAL

A. *Déchéance du droit de conduire*

Le Groupe de travail chargé de la recherche du meilleur moyen d'assurer l'efficacité des décisions judiciaires relatives à la déchéance du droit de conduite ainsi que de la possibilité et l'opportunité d'étendre l'application d'une déchéance prononcée dans un des trois pays aux deux autres pays a fait un rapport préliminaire à la Commission de la Justice.

La Commission de la Justice, après échange de vues sur les difficultés dont fait état le groupe de travail pour mener à bonne fin le mandat donné par le Groupe de travail ministériel, a chargé le Groupe de travail de mettre tout en œuvre en vue d'assurer l'exécution du premier aspect du mandat, à savoir l'efficacité des décisions judiciaires relatives à la déchéance du droit de conduire.

Le second aspect du mandat sera examiné dès que le premier aura pu être mené à bonne fin.

B. *Applicabilité de la loi pénale dans le temps et dans l'espace*

Le projet relatif à l'applicabilité de la loi pénale dans le temps et dans l'espace a été soumis aux Ministres de la Justice le 15 juillet 1974.

Les avis des autorités judiciaires des Pays-Bas et du Luxembourg, ceux des autorités judiciaires belges ainsi que ceux de l'Ordre national des avocats de Belgique ont été examinés par un groupe de travail qui a fait rapport à la Commission de la Justice.

Dans le cadre de la nouvelle méthode de travail, vu le nombre relativement important de propositions de modifications et la nécessité d'obtenir certaines précisions quant aux termes juridiques utilisés dans le projet, telles les notions d'aéronef et de navire, le projet a été renvoyé à la Commission d'étude en application de la nouvelle méthode de travail.

C. *Article 22 du Traité d'extradition et d'entraide judiciaire en matière pénale du 17 juin 1962*

Ainsi qu'il a déjà été communiqué à votre Conseil, l'application pratique de l'article 22 du Traité sous rubrique soulève certaines difficultés. Celles-ci avaient déjà été évoquées par le Groupe de travail ministériel de la Justice en février 1976. Le problème a été réexaminé par le Groupe de travail ministériel lors de sa réunion du 20 novembre 1978. A cette occasion, les Ministres de la Justice ont décidé de confier cette question à deux groupes de travail bilatéraux: Belgique-Luxembourg et Belgique-Pays-Bas. Les Procureurs généraux intéressés seront associés à ces groupes de travail. Les groupes de travail feront rapport au Groupe de travail ministériel par l'intermédiaire de la Commission de la Justice.

D. *Instruments légaux des trois pays en matière de prévention de la criminalité*

Ainsi qu'il a été rapporté à votre Conseil dans le vingt-deuxième rapport annuel, les Ministres de la Justice de Benelux ont procédé, lors d'une réunion préparatoire à une réunion dans un cadre international plus large, à un échange de vues sur la déclaration du Président de la République française relative à l'espace judiciaire européen.

Suite à cette réunion, le Groupe de travail ministériel a chargé la Commission de la Justice de l'élaboration d'un tableau comparatif des divers instruments en matière de prévention de la criminalité dont disposent les trois pays.

Le Groupe de travail ministériel a pris connaissance de ces divers instruments et a souligné l'importance des concertations des pays du Benelux pour cette matière qui fait l'objet des travaux d'autres organisations internationales plus larges. Il a estimé qu'il serait également opportun de ne pas limiter la coopération au seul problème du terrorisme, mais de l'étendre à la criminalité en général.

E. *Protocole permettant l'extradition en matière de délits fiscaux*

Lors de sa dernière réunion, le Groupe de travail ministériel a décidé d'examiner l'opportunité de conclure un protocole en matière de délits fiscaux, additionnel au Traité Benelux d'extradition et d'entraide judiciaire. Dès qu'un document de travail sera élaboré, les Ministres de la Justice prendront contact avec leurs collègues des Finances en vue de connaître leur avis.

F. Criminels de guerre

Lors de leur dernière réunion, les Ministres de la Justice ont décidé de constituer un groupe de travail mixte Justice-Circulation des Personnes en vue de l'examen de problèmes liés aux criminels de guerre. La mission de ce groupe de travail consiste à cerner les moyens devant autoriser chacun des pays du Benelux à permettre le dépistage et l'arrestation des personnes qui ont commis des faits punissables en rapport avec la guerre.

Ce groupe de travail a commencé ses travaux.

G. *Sujets traités par la Commission belgo-néerlando-luxembourgeoise pour l'étude de l'unification du droit*

1. LES DROITS DE LA VICTIME DANS LE PROCES PENAL

Le projet sous rubrique a été transmis aux Ministres de la Justice le 20 novembre 1978.

Dans la lettre de transmission, le Groupe de travail ministériel de la Justice a été prié, dans le cadre de la nouvelle méthode de travail, de réserver une publicité aussi large que possible au projet et de faire connaître à la Commission d'étude les observations qui seront formulées.

2. LA PRESCRIPTION EN MATIERE PENALE

Le projet relatif à la prescription en matière pénale a été transmis aux Ministres de la Justice le 19 avril 1979.

3. FAUX EN ECRITURES

Les travaux relatifs au projet "Faux en écritures" qui avaient été suspendus depuis 1975 ont été repris par la Sous-commission Spéciale.

V. ETAT D'AVANCEMENT DES PROCEDURES NATIONALES D'APPROBATION DES DIVERSES CONVENTIONS SIGNEES, MAIS NON ENCORE ENTREES EN VIGUEUR

A. Clause pénale

Ainsi qu'il a été communiqué à votre Conseil dans le précédent rapport annuel, la Belgique a fait connaître ses observations sur la Convention relative à la clause pénale, transmis aux Ministres de la Justice le 26 novembre 1973.

Par la suite, les Pays-Bas ont également formulé un certain nombre de remarques.

Un groupe de travail a examiné les diverses observations et un rapport pourra être introduit très prochainement à la Commission de la Justice.

B. Contrat d'agence

Aux Pays-Bas, la (traduction) Loi du Royaume (Rijkswet) du 23 mars 1977 portant approbation de la Convention Benelux relative au contrat d'agence, avec Annexe, signée à La Haye le 26 novembre 1973 (*Tractatenblad* 1974, N° 4) a été publiée au *Staatsblad* 1977, N° 182. Elle est entrée en vigueur le 24 mars 1977.

La loi du 23 mars 1977, portant modification du Code de commerce et de la loi relative à la faillite, eu égard à la Convention Benelux relative au contrat d'agence a été publiée au *Staatsblad* 1977, N° 153.

Cette loi est entrée en vigueur le 1er juillet 1977.

Les Pays-Bas ont déposé leur instrument de ratification le 12 juillet 1978.

En Belgique, le "Projet de loi portant approbation de la Convention Benelux concernant le contrat d'agence, avec Annexe, signée à La Haye le 26 novembre 1973", accompagné de l'avis du Conseil d'Etat du 27 janvier 1976 (pas d'observation) a été déposé à la Chambre des Représentants le 19 mars 1976, doc. 831 (1975–1976) N° 1.

La Chambre a approuvé le projet de loi à l'unanimité des voix lors de sa séance du 3 juin 1976 (*Annales parlementaires* 3820–3821). Au Sénat, le "Projet de loi concernant le contrat d'agence commercial", doc. 871 (1975–1976) N° 1, a été déposé le 25 mai 1976 et relevé de la caducité par la loi du 21 mars 1979 (*Moniteur belge* du 22 mai 1979, page 6678).

Il a été examiné par la Commission de la Justice.

Au Luxembourg, la procédure d'approbation nationale n'a pas encore été entamée.

C. Astreinte

La Convention Benelux portant loi uniforme relative à l'astreinte, signée à La Haye le 26 novembre 1973, est entrée en vigueur entre le Luxembourg et les Pays-Bas le 1er octobre 1978.

En Belgique, le projet de loi d'approbation de la Convention et d'adaptation de la législation (doc. 353, 1977–1978, N° 1) a été approuvé le 8 juin 1978 par la Chambre des Représentants et transmis au Sénat.

Plusieurs amendements ont été déposés visant à exclure les actions en exécution de contrats de travail ou d'emploi du champ d'application de la loi uniforme, l'article 3, alinéa 1, de la Convention permettant aux Parties contractantes cette dérogation.

Le projet a également été soumis au Conseil national du Travail. Il est actuellement rediscuté au sein des Commissions réunies de la Justice et de l'Emploi et du Travail.

Ainsi qu'il a été mentionné *supra*, la Convention étant entrée en vigueur conformément à son article 6, § 2, le 1er octobre 1978 entre le Luxembourg et les Pays-Bas, la Cour de Justice Benelux a été saisie d'une demande d'interprétation par jugement du 19 octobre 1978 du Tribunal d'Arrondissement d'Amsterdam.

Dans son arrêt longuement motivé du 25 mai 1979, la Cour de Justice Benelux s'est déclarée incompétente pour se prononcer sur l'interprétation à donner à une disposition de la loi uniforme, celle-ci ne constituant pas une règle juridique commune aux trois pays au sens de l'article 1er du Traité de 1965 instituant la Cour, tant que le troisième pays n'aura pas ratifié la Convention et adapté sa législation interne au texte de la loi uniforme.

D. Traité sur la transmission des poursuites

La situation n'a pas évolué par rapport au dernier rapport annuel.

E. Traité sur l'exécution des décisions judiciaires rendues en matière pénale

Aucun élément nouveau n'est à signaler par rapport au précédent rapport.

F. Protocole complétant et modifiant le Traité d'extradition et d'entraide judiciaire en matière pénale

La Belgique et le Luxembourg ont déposé leur instrument de ratification respectivement le 12 septembre 1977 et le 12 octobre 1977.

Aux Pays-Bas, le projet de loi d'approbation du Protocole est toujours en élaboration.

G. Armes et munitions

Le Luxembourg a déposé son instrument de ratification le 19 décembre 1977.

Lors de leur dernière réunion, les Ministres de la Justice ont eu un large échange de vues sur les problèmes liés à l'approbation parlementaire aux Pays-Bas et en Belgique de la Convention sous rubrique.

Aux Pays-Bas, les projets de lois d'approbation et d'exécution de la Convention ont été déposés à la Deuxième Chambre le 19 mars 1977.

En Belgique, vu les dangers que représente le long rifle, le Gouvernement a déposé le 1er mars 1978 un projet de loi tendant à réglementer le commerce de cette arme. Les travaux sont actuellement en cours en vue de réaliser la réforme complète de la législation belge sur les armes. Ces travaux ont principalement pour objectif d'adapter la loi belge aux dispositions de la Convention Benelux.

H. Loi-modèle relative aux fausses déclarations devant les juridictions internationales

Ainsi qu'il a été signalé dans le dernier rapport annuel, les Pays-Bas et le Luxembourg ont adapté leur législation à la loi-modèle Benelux.

En Belgique, le projet de loi d'adaptation de la législation a été élaboré et sera prochainement déposé à la Chambre des Représentants (*).

VI. COUR DE JUSTICE BENELUX

A. Deuxième Protocole conclu en exécution de l'article 1er, alinéa 2, du Traité relatif à l'institution et au statut d'une Cour de Justice Benelux

La Belgique a déposé son instrument de ratification le 19 septembre 1978.

Aux Pays-Bas et au Luxembourg les travaux ne sont pas encore terminés.

B. Protocole relatif au Bulletin Benelux

Le projet de Protocole a été soumis le 22 décembre 1978, par le Président du Comité de Ministres à votre Conseil.

C. Protocole concernant la protection juridictionnelle des personnes au service du Bureau Benelux des Marques et du Bureau Benelux des Dessins ou Modèles

Le Protocole sous rubrique est entré en vigueur le 1er novembre 1978,

* Il a été déposé le 4 septembre 1979, doc. 282 (Session extraordinaire 1979) – No 1, et a été adopté le 12 décembre 1979 par la Commission de la Chambre.

l'instrument de ratification de la Belgique ayant été déposé le 19 septembre 1978.

D. Protocole modifiant l'article 1er du Traité relatif à l'institution et au statut d'une Cour de Justice Benelux

Un projet de Protocole modifiant l'article 1er du Traité sous rubrique est en voie d'élaboration. Ce Protocole a un double but:
- rendre la Cour de Justice compétente pour les règles juridiques désignées par une Convention signée par les trois pays du Benelux et entrée en vigueur entre deux de ces pays;
- donner la possibilité de n'exclure que le chapitre III ou que le chapitre V dans la désignation des règles juridiques communes par décision du Comité de Ministres.

E. Commission mixte chargée de l'examen de certains problèmes relatifs à la Cour de Justice Benelux

Au cours de la période sous rubrique un projet de Protocole modifiant et complétant le Traité relatif à l'institution et au statut d'une Cour de Justice Benelux a été élaboré par des représentants de la Cour de Justice et des trois Gouvernements.

L'Assemblée générale de la Cour a approuvé le 20 décembre 1978 le texte de ce projet de Protocole et l'a transmis aux trois Gouvernements et au Comité de Ministres.

F. STRUCTURE DU SECRETARIAT GENERAL

Secrétaire géneral: Drs E.D.J. Kruijtbosch
Secrétaire géneral adjoint belge: J. Raeymaeckers
Secrétaire général adjoint luxembourgeois: J. Schleich

SERVICES

Division ES: Comité de Ministres, Conseil, Conseil interparlementaire de Benelux, Chambres de commerce, Coordination des politiques économique, financière et sociale
Chef de division: L. Geysemans
Division AR: Communication, aménagement du territoire, santé publique, environnement, classes moyennes, agriculture et pêche, information et tourisme
Chef de division: J. Rousseau
Division Programmation
Chef de division: P. Van der Meiren
Division juridique
Chef de division: G.M.J.A. Russel

G. ADRESSE

Union Economique Benelux
Secrétariat général
Rue de la Régence 39
1000 Bruxelles
Téléphone 02/513 86 80
Télex 61540 benelu b

H. PUBLICATIONS

Publications non périodiques du secrétariat général Benelux
- Traité d'Union économique Benelux
- Convention et loi uniforme Benelux en matière de marques de produits
- Convention Benelux et loi uniforme Benelux en matière de dessins ou modèles avec exposé des motifs
  Dictionnaire de droit social pour les régions de langue néerlandaise. Comparaison et unification de la terminologie avec références et liste des termes français (publication en néerlandais)
  3e édition révisée et complétée – 1977
- Graphiques conjoncturels Benelux. (abonnement annuel)
- Monographies Benelux
- Brochure budgétaire Benelux – considérations et données sur le budget des institutions publiques dans les pays du Benelux (décembre 1979)
- Brochure "Quelques aspects historiques, économiques et juridiques de l'Union économique Benelux"
- Farde de documentation Benelux
- divers articles relatifs au Benelux
- Perspectives d'avenir des ports maritimes du Benelux 1980–200
  + Conclusions & Résumé – novembre 1979

BULLETIN BENELUX

Dans le BULLETIN BENELUX sont repris les textes des conventions conclues dans le cadre du Benelux entre les trois Etats, ainsi que les textes de décisions prises par le Comité de Ministres de l'Union.

Le Bulletin Benelux peut également servir pour compléter régulièrement les "TEXTES DE BASE BENELUX".

Ceux-ci contiennent la collection complète des textes officiels, classés systématiquement.

REVUE BENELUX

(remplace, à partir du 1.1.1973, le Bulletin Trimestriel Economique et Statistique)

Ce Bulletin trimestriel publie des articles traitant de l'actualité de la coopération Benelux ainsi que de sujets économiques et sociaux relatifs aux trois pays.

Une annexe à ce Bulletin publie des tableaux statistiques.

CHAPITRE III

UNION DE L'EUROPE OCCIDENTALE

L'Union de l'Europe occidentale (UEO) qui comprend sept Etats membres (Allemagne, Belgique, France, Italie, Luxembourg, Pays-Bas et Royaume-Uni) est née des Accords de Paris qui, le 23 octobre 1954 ont modifié et complété le Traité de Bruxelles du 17 mars 1948 lequel avait créé l'Organisation du Traité de Bruxelles (OTB). Les Accords de Paris sont issus de deux Conférences qui avaient été réunies à la suite de l'échec du projet de création d'une Communauté européenne de défense: la Conférence des Neuf Puissances à Londres (28 septembre – 3 octobre 1954) et la Conférence de Paris (20–23 octobre 1954).

L'Acte Final de la Conférence de Londres contient les diverses décisions qui ont été mises en oeuvre dans les Accords de Paris.

A. CHRONOLOGIE DES PRINCIPAUX EVENEMENTS INTERESSANT LES ACTIVITES DE L'UEO EN 1979

16 mai: Réunion du Conseil au niveau ministériel; sous la présidence de Monsieur Sanza, Sous–Secrétaire d'Etat aux Affaires étrangères d'Italie, Président en exercice du Conseil (Rome),
Rencontre entre les membres du Conseil et le Comité des Présidents de l'Assemblée (Rome),
Rencontre entre les membres du Conseil et la Commission des questions de défense et des armements (Rome)

6 au 8 juin: Réunion du Comité de l'Administration publique (Villeneuve-lès-Avignon, France)

18 au 21 juin: Première partie de la XXVème session ordinaire de l'Assemblée (Paris)

15 au 17 octobre: Colloque sur une politique européenne d'armements (Bruxelles)

23 octobre: Célébration du 25ème anniversaire de la signature des Accords de Paris modifiant et complétant le Traité de Bruxelles[1]

24 au 26 octobre: Réunion du Comité de l'Administration publique (Luxembourg)

19 au 23 novembre: Vingt-huitième rencontre multilatérale de fonctionnaires des pays membres organisée sous l'égide du Comité de l'Administration publique (La Haye)

3 au 6 décembre: Deuxième partie de la XXVème session ordinaire de l'Assemblée (Paris)

TEXTES DE BASE

(RECOMMANDATIONS DE L'ASSEMBLEE ET REPONSES DU CONSEIL)

1. Recommandations adoptées par l'Assemblée au cours de sa XXVème session ordinaire et réponses du Conseil:[2]

[1] Voir en annexe II l'extrait pertinent du Rapport Annuel. D'autre part, dix réunions ont été tenues par le Conseil au niveau des représentants permanents à Londres et trente-deux par le Groupe de travail.

[2] Les recommandations précédées d'une asterisque sont réproduites ci-dessous avec les réponses du Conseil, le cas échéant.

CHAPTER III

WESTERN EUROPEAN UNION

Western European Union (WEU), which has seven member States (Belgium, France, Germany, Italy, Luxembourg, the Netherlands and the United Kingdom), was brought into being by the Paris Agreements, signed on 23 October 1954, modifying and completing the Brussels Treaty dated 17 March 1948, which set up the Brussels Treaty Organisation (BTO). The Paris Agreements were the result of the two Conferences called following the failure of the plan for European Defence Community: the Nine-Power Conference held in London (28 September – 3 October 1954) and the Paris Conference (20–23 October 1954).

The final Act of the London Conference contains the decisions implemented by the Paris Agreements.

A. CHRONOLOGY OF PRINCIPAL EVENTS RELATING TO THE ACTIVITIES OF WEU IN 1979

16 May: Meeting of the Council at ministerial level under the Chairmanship of Monsieur Sanza, Under-Secretary of State for Foreign Affairs of Italy and Chairman in Office of the Council (Rome),

Meeting between the members of the Council and the Presidential Committee of the Assembly (Rome),

Meeting between the members of the Council and the Committee on defence questions and armaments (Rome)

6–8 June: Meeting of the Public Administration Committee (Villeneuve-lès-Avignon, France)

18–21 June: First part of the XXVth Ordinary Session of the Assembly (Paris)

15–17 October: Symposium on a European armaments policy (Brussels)

23 October: Celebration of the XXVth Anniversary of the signature of the Paris Agreements modifying and completing the Brussels Treaty[1]

24–26 October: Meeting of the Public Administration Committee (Luxembourg)

19–23 November: Twenty-eighth multilateral course for government officials from member countries held under the auspices of the Public Administration Committee (The Hague)

3–6 December: Second part of the XXVth Ordinary Session of the Assembly (Paris)

B. BASIC TEXTS,

(RECOMMENDATIONS FROM THE ASSEMBLY AND REPLIES BY THE COUNCIL)

1. The recommendations adopted by the Assembly during the XXVth Ordinary Session and replies by the Council:[2]

[1] The relevant extract from the Annual Report appears in Annex II. In addition, the Council at permanent representative level met ten times in London and the working group thirty-two times.

[2] Recommendations preceded by an asterisk are set out below, together with the Council's replies, where available.

Recommandation N° 329 sur le bases industrielles de la sécurité de l'Europe
Recommandation N° 330 sur les activités politiques du Conseil – Réponse au vingt-quatrième rapport annuel du Conseil
* Recommandation N° 331 sur l'application du Traité de Bruxelles – Réponse au vingt-quatrième rapport annuel du Conseil
* Recommandation N° 332 sur les questions scientifiques, techniques et aérospatiales – Réponse au vingt-quatrième rapport annuel du conseil
Recommandation N° 333 sur les parlements et les achats militaires
* Recommandation N° 334 sur les divers aspects de la coopération entre l'Europe et les Etats-Unis
* Recommandation N° 335 sur les conditions politiques d'une coopération européenne en matière d'armements
Recommandation N° 336 sur l'équilibre des forces
* Recommandation N° 337 sur les conditions politiques d'une coopération européenne en matière d'armements
Recommandation N° 338 sur la définition des besoins et l'acquisition des armements en Europe occidentale
Recommandation N° 339 sur les bases industrielles de la sécurité de l'Europe – Principes directeurs dégagés à la suite du colloque des 15, 16 et 17 octobre 1979
Recommandation N° 340 sur l'amélioration du statut du personnel de l'UEO
* Recommandation N° 341 sur les conséquences de l'évolution de la situation au Proche et au Moyen-Orient pour la sécurité de l'Europe
Recommandation N° 342 sur la situation en Iran
Recommandation N° 343 sur les techniques en milieu polaire
Recommandation N° 344 sur les entreprises réalisées en collaboration par le Brésil et l'Europe – Conséquences pour l'Europe

2. Questions écrites posées au Conseil par des membres de l'Assemblée: le Conseil a répondu à 13 questions écrites numérotées de 192 à 204.

3. Vingt-cinquième rapport du Conseil à l'Assemblée sur les activités du Conseil du 1er janvier au 31 décembre 1979. (Actes officiels – Vingt-sixième session de l'Assemblée – première partie – juin 1980).[3]

RECOMMANDATION N° 331
SUR L'APPLICATION DU TRAITE DE BRUXELLES – REPONSE AU VINGT-QUATRIEME RAPPORT ANNUEL DU CONSEIL

L'Assemblée,

Constatant avec satisfaction que le Conseil, conscient de ce que l'Assemblée "est la seule assemblée européenne compétente en matière de défense", poursuit le dialogue avec elle "sur les différentes questions relevant de l'application du Traité de Bruxelles modifié, y compris celles qui sont traitées par les gouvernements membres dans d'autres enceintes internationales";

Se félicitant du sérieux dialogue établi avec le Conseil par la voie notamment des recommandations et réponses dans la plupart des cas, et constatant à ce

[3] Cf. Annexe II reproduisant des extraits de certains chapitres de ce vingt-cinquième rapport annuel.

Recommendation 329 on the industrial bases of European security
Recommendation 330 on the political activities of the Council – reply to the Twenty-fourth Annual Report of the Council
* Recommendation 331 on the application of the Brussels Treaty – reply to the Twenty-fourth Annual Report of the Council
* Recommendation 332 on scientific, technological and aerospace questions – reply to the Twenty-fourth Annual Report of the Council
Recommendation 333 on parliaments and defence procurement
* Recommendation 334 on various aspects of co-operation between Europe and the United States
* Recommendation 335 on political conditions for European armaments co-operation
Recommendation 336 on the balance of force
* Recommendation 337 on political conditions for European armaments co-operation
Recommendation 338 on the definition of armaments requirements and procurement in western Europe
Recommendation 339 on the industrial bases of European security – guidelines drawn from the symposium on 15th, 16th and 17th October, 1979
Recommendation 340 on improving the status of WEU staff
* Recommendation 341 on the impact of the evolving situation in the Near and Middle East on western European security
Recommendation 342 on the situation in Iran
Recommendation 343 on Arctic technology
Recommendation 344 on Brazilian-European collaborative ventures and the consequences for Europe

2. Written questions put to the Council by members of the Assembly: the Council replied to 13 written questions numbered from 192 to 204.

3. Twenty-fifth report of the Council to the Assembly on the Council's activities for the period 1st January to 31st December, 1979. (Proceedings – Twenty-sixth session of the Assembly – First part – June 1980).[3]

RECOMMENDATION 331
ON THE APPLICATION OF THE BRUSSELS TREATY – REPLY TO THE TWENTY-FOURTH ANNUAL REPORT OF THE COUNCIL

The Assembly,

Noting with satisfaction that the Council, aware that the Assembly is "The only European assembly with responsibilities in the field of defence", is continuing the dialogue with it "on questions relating to the application of the modified Brussels Treaty, including those dealt with by member governments in other international fora";

Welcoming the meaningful dialogue established with the Council in most cases, in particular through recommendations and replies, and noting in this

[3] Cf. Section C reproducing extracts from certain chapters of the Twenty-fifth Annual Report.

propos que le Conseil invitera le Secrétaire général de l'OTAN à fournir des informations "notamment lorsque les questions évoquées portent sur des aspects relevant de la compétence des commandements intégrés de l'OTAN";

Estimant que les engagements essentiels du Traité de Bruxelles modifié – l'assistance militaire mutuelle automatique et le maintien de niveaux de forces appropriés – conservent et doivent conserver toute leur valeur initiale;

Constatant que le Conseil considère que le Comité permanent des armements "constitue un bon instrument de réflexion et d'analyse", mais que "l'organisation de la coopération dans le domaine de la production d'armements . . . est l'objet des travaux auxquels se consacre le Groupe européen indépendant de programmes",

RECOMMANDE AU CONSEIL

1. De revenir sur son refus de publier dans son rapport annuel le niveau réel des effectifs des forces terrestres britanniques stationnées sur le continent et correspondant à l'obligation contenue dans l'article VI du Protocole N° II du Traité de Bruxelles modifié;

2. D'informer l'Assemblée, par les moyens qu'il jugera appropriés, des résultats déjà obtenus par l'enquête menée par le CPA, de l'état de ses travaux et des perspectives dans lesquelles ils sont poursuivis.

3. De tenir le plus grand compte des recommandations de l'Assemblée et d'examiner la possibilité d'incorporer, parmi les nouvelles tâches que le Conseil envisage de confier au Comité permanent des armements, les études appropriées que proposerait de temps en temps l'Assemblée;

4. D'inclure dans les rapports annuels futurs une section sur les travaux du Groupe européen indépendant de programmes.

RECOMMANDATION N° 332

SUR LES QUESTIONS SCIENTIFIQUES, TECHNIQUES ET AEROSPATIALES – REPONSE AU VINGT-QUATRIEME RAPPORT ANNUEL DU CONSEIL

L'Assemblée,

Se félicitant du dialogue avec le Conseil sur la politique des Etats membres dans les domaines de l'énergie, de l'industrie aéronautique, de l'espace et de diverses autres techniques avancées;

Persuadée que les problèmes de sécurité concernant les installations et les radiations nucléaires, ainsi que les problèmes d'environnement liés aux sources d'énergie nouvelles, exigent des solutions qui dépassent le cadre national;

Regrettant que même l'aggravation de la crise de l'énergie que nous connaissons depuis 1973 n'ait pas réussi à susciter de nouveaux accords pragmatiques en vue de développer l'initiative commune, la coopération et la diffusion d'une politique énergétique européenne à moyen et à long terme;

Consciente de l'énorme facture pétrolière que devra payer l'Europe occidentale et persuadée que, dans un proche avenir, le pétrole devra être remplacé par d'autres sources d'énergie;

Se félicitant du renforcement de la collaboration européenne en ce qui concerne la production d'avions civils, en particulier l'Airbus, et espérant que ce succès incitera les gouvernements à stimuler la collaboration européenne en ce qui concerne la production d'une famille d'avions de combat et d'hélicoptères;

Considérant l'expansion du marché des satellites et des lanceurs européens,

connection that the Council will invite the Secretary-General of NATO to provide information "in particular when the questions raised relate to matters within the competence of the integrated command structures of NATO";

Considering that the essential commitments under the modified Brussels Treaty – automatic mutual military assistance and the maintenance of appropriate levels of forces – retain and must continue to retain all their initial value;

Noting that the Council consider the Standing Armaments Committee to be "a useful instrument for thought and analysis" but that the organisation of "European co-operation in the field of armaments production . . . is the aim of the independent European Programme Group in its work",

RECOMMENDS THAT THE COUNCIL

1. Withdraw their refusal to publish in their Annual Report the true level of British land forces stationed on the mainland of Europe in accordance with the commitment in Article VI of Protocol No. II of the modified Brussels Treaty;

2. Keep the Assembly informed, by whatever means they consider appropriate, of the results already achieved in the study undertaken by the SAC, of the progress made and of the goals towards which its work is directed;

3. Take the fullest account of the Assembly's recommendations and consider the possibility of incorporating appropriate studies proposed from time to time by the Assembly among the new tasks which the Council are considering entrusting to the Standing Armaments Committee.

4. Include in future Annual Reports a section on the work of the Independent European Programme Group.

RECOMMENDATION 332

ON SCIENTIFIC, TECHNOLOGICAL AND AEROSPACE QUESTIONS – REPLY TO THE TWENTY-FOURTH ANNUAL REPORT OF THE COUNCIL

The Assembly,

Welcoming the dialogue with the Council on the policy of member countries in the fields of energy, the aircraft industry, space and other areas of advanced technology;

Convinced that safety problems in respect of nuclear facilities and radiation, and environmental problems associated with new sources of energy call for solutions which cut across national frontiers;

Regretting that even the increasingly-serious energy crisis since 1973 has failed to stimulate further pragmatic arrangements for more joint action, co-operation and the definition of a medium- and long-term European energy policy;

Aware of the enormous sums western Europe will have to pay for oil and convinced that in the near future oil will have to be replaced by alternative sources of energy;

Welcoming the increase in European collaboration for the production of civil aircraft, especially Airbus, and hoping that this success will induce governments to promote more intensive European collaboration for the production of a family of fighter aircraft and of helicopters;

Considering the growing market for European satellites and launchers,

RECOMMANDE AU CONSEIL

1. De poursuivre son dialogue avec l'Assemblée, mais de donner davantage de détails, dans son vingt-cinquième rapport annuel, sur les politiques de l'Europe occidentale concernant les questions scientifiques, techniques et aérospatiales, leurs objectifs et leurs résultats;

2. D'encourager un important effort commun de recherche et de développement et de lancer un programme coordonné portant:

(*a*) sur les techniques d'économie d'énergie applicables aux habitations et aux industries;

(*b*) sur les sources d'énergie de remplacement fondées sur des techniques nouvelles telles que l'utilisation du gaz non classique, de l'huile de schiste, la liquéfaction du charbon et l'exploitation de l'énergie solaire, éolienne et marine;

(*c*) sur les possibilités de coopération européenne en matière d'énergie;

(*d*) sur la coopération dans le domaine de la sécurité et des problèmes relatifs aux installations nucléaires, notamment dans le cas où elles entraînent des risques pour les pays voisins;

3. D'entreprendre un dialogue approfondi et suivi avec les pays producteurs de pétrole en vue d'ajuster les capacités de production et les besoins;

4. De faire en sorte que le prochain avion de combat soit une entreprise européenne commune, en encourageant la coopération des consortiums qui gèrent actuellement la production du Jaguar et du Tornado;

5. De prier instamment les gouvernements de fournir à l'industrie européenne des hélicoptères les commandes indispensables pour lui permettre d'en poursuivre sans interruption le développement et la production;

6. De promouvoir la production en série du lanceur Ariane afin d'obtenir une partie du marché mondial pour les satellites européens et non européens et lancements.

REPONSE A LA RECOMMANDATION N° 332
SUR LES QUESTIONS SCIENTIFIQUES, TECHNIQUES ET AEROSPATIALES — REPONSE AU VINGT-QUATRIEME RAPPORT ANNUEL DU CONSEIL

1. Le Conseil est disposé à poursuivre son dialogue avec l'Assemblée sur les politiques concernant les questions scientifiques, techniques et aérospatiales, leurs objectifs et leurs résultats, et à déférer comme par le passé au voeu de l'Assemblée de recevoir des informations détaillées.

2. Les problèmes énergétiques actuels et futurs constituent un défi d'envergure auquel on ne pourra répondre efficacement que par un effort collectif accru. C'est pourquoi le Conseil attache une grande importance à la poursuite de la coordination des mesures de politique énergétique des Etats membres, ainsi que de leurs efforts de recherche et de développement.

Ces derniers temps en particulier, les Etats membres ont développé leur coopération dans le domaine de la politique énergétique, tant au sein des Communautés européennes que de l'OCDE, et notamment en ce qui concerne les économies d'énergie et l'utilisation de sources d'énergie de remplacement. Le Conseil attache également une grande importance à la coopération internationale dans le domaine de la sécurité en matière nucléaire. Dans tous ces secteurs, des efforts sont déployés au sein des organismes existants pour trouver des solutions communes aux problèmes qui se sont présentés à la suite des récents événements. Aussi le Conseil estime-t-il qu'il est inutile que l'UEO prenne des initiatives en matière de politique énergétique.

RECOMMENDS THAT THE COUNCIL

1. Continue their dialogue with the Assembly but that they enter into more details in their Twenty-Fifth Annual Report regarding western European policies on scientific, technological and aerospace questions, their goals and achievements;

2. Promote a major concerted research and development effort and launch a co-ordinated programme in:

(*a*) energy-saving technologies to be applied in households and industries;

(*b*) alternative sources of energy based on new technologies such as non-conventional gas, shale oil, liquified coal, and the use of solar, wind and water energy;

(*c*) examining the possibilities of European co-operation in energy matters;

(*d*) co-operation on the safety and environmental impact of nuclear facilities, particularly where they create transfrontier dangers;

3. Start a detailed and continuing dialogue with the oil-producing countries with a view to adjusting production capabilities and requirements;

4. Arrange for the next fighter aircraft to be a joint European venture by promoting co-operation of the existing management consortia producing Jaguar and Tornado;

5. Urge governments to provide the European helicopter industry with orders necessary for uninterrupted development and production;

6. Promote the series production of Ariane Launchers in order to conquer part of the world market for European and non-European satellites and their launchings.

REPLY TO RECOMMENDATION 332

ON SCIENTIFIC, TECHNOLOGICAL AND AEROSPACE QUESTIONS – REPLY TO THE TWENTY-FOURTH ANNUAL REPORT OF THE COUNCIL

1. The Council are prepared to continue their dialogue with the Assembly regarding policies on scientific, technological and aerospace questions, their goals and achievements, and to comply as hitherto with the Assembly's request for detailed information.

2. Current and future problems of energy supply represent a big challenge which can only be effectively met by a collective and intensified effort. In view of this, the Council attach considerable importance to continuous co-ordination of the energy policy measures of member states. This also applies to research and development.

Particularly of late, member states have increased their co-operation in the field of energy policy, both within the European Communities and the OECD. This relates in particular to energy-saving and the use of alternative sources of energy. The Council also attach great importance to international co-operation on matters concerning security in the nuclear field. In all of these fields, efforts are being made in the established agencies to find common solutions to the problems that have emerged as a result of recent events. Consequently, the Council deem it unnecessary for WEU to take initiatives in energy policy matters.

3. Compte tenu des développements intervenus ces derniers mois sur les marchés pétroliers internationaux, le Conseil est en faveur de contacts plus étroits entre les pays consommateurs et les pays producteurs de pétrole. Dans ce contexte, il estime que le dialogue sur les problèmes de l'énergie avec les pays producteurs de pétrole est souhaitable et nécessaire, et accueille favorablement les initiatives qui peuvent être prises en ce sens.

4. Le Conseil réaffirme la grande importance que les gouvernements des Etats membres attachent au maintien d'une capacité efficace dans le domaine aéronautique et spatial, pour l'avenir de l'Europe. Les départements ministériels compétents, en France, au Royaume-Uni et en République Fédérale d'Allemagne, sont fermement résolus à réaliser un avion européen commun de combat tactique pour les années 90.

Une entreprise aussi complexe, qui mettra en jeu les techniques les plus modernes, pose des problèmes nombreux et ardus, que les pays intéressés ont déjà commencé à étudier. Ainsi, ceux-ci s'efforceront d'harmoniser leurs besoins opérationnels respectifs et leurs calendriers, afin de trouver une formule qui satisfasse tous les intéressés. Au cours de ces études, le travail sera réparti entre les pays concernés, un consortium industriel sera constitué et les formes de gestion les plus appropriées seront adoptées.

5. Les gouvernements de la France, du Royaume-Uni, de la République Fédérale d'Allemagne et de l'Italie ont constitué un comité exécutif commun chargé de l'industrie des hélicoptères. Ce comité a achevé son étude sur les besoins militaires prévus pour les années 90. A présent, il élabore un programme technologique commun qui constituera la base de l'action commune dans le domaine des hélicoptères militaires. Ce n'est que lorsque ce programme sera prêt qu'il sera possible de décider quelles commandes peuvent être confiées à l'industrie européenne des hélicoptères.

6. Le Conseil de l'ASE s'est déclaré en faveur de la production en série du lanceur Ariane.

RECOMMANDATION N° 334
SUR LES DIVERS ASPECTS DE LA COOPERATION ENTRE L'EUROPE ET LES ETATS-UNIS

L'Assemblée,

Prenant note des nombreuses déclarations américaines en faveur de consultations plus étroites avec l'Europe occidentale, dans de nombreux domaines, mais déplorant que ces déclarations n'aient pas toujours été suivies d'effet;

Se félicitant également de ce que le gouvernement des Etats-Unis continue à considérer le développement de l'Union européenne comme un élément favorable à cette coopération;

Estimant que, dans une conjoncture peu favorable. le recours au protectionnisme constituerait un grave danger pour l'Europe et constatant avec satisfaction que les Etats-Unis, comme l'Europe occidentale, se sont donné pour objectif une libération progressive du commerce international;

Considérant que la création du Fonds monétaire constitue une étape importante dans la recherche d'un équilibre nécessaire au développement des échanges;

Considérant que la sécurité de l'Europe, fondée sur l'Alliance atlantique, exige une meilleure concertation entre les membres européens et les Etats-Unis sur les questions de politique extérieure;

Estimant que cette concertation peut être améliorée dans la mesure où

3. In view of developments on international oil markets in recent months, the Council support closer contacts between oil-consuming and oil-producing countries. In this context, they consider discussion of energy matters with the oil-producing countries to be desirable and necessary and welcome steps which can be taken towards that end.

4. The Council reaffirm the great importance which the governments of the member states attach to the maintenance of efficient capacities in the eviation and space sector for the future of Europe. The appropriate government departments in France, the United Kingdom and the Federal Republic of Germany are firmly resolved to develop a joint European tactical fighter aircraft for the Nineties.

Such a complex venture, which will involve the most modern technologies, poses many difficult problems which the countries concerned have already begun to study. For instance, they will endeavour to harmonise their respective operational requirements and the time factors in order to find a configuration which will satisfy all concerned. In the course of these deliberations, the work will be apportioned between the countries concerned, industrial partnerships established, and the most expedient form of management agreed.

5. The governments of France, the United Kingdom, the Federal Republic of Germany and Italy have set up a joint steering committee on the helicopter industry. The committee has concluded its studies on expected military requirements into the Nineties. At the present time it is working on a common technology programme which will form the basis for joint action with regard to military helicopters. Only when that programme is ready will it be possible to decide what orders can be provided for the European helicopter industry.

6. The ESA Council have declared themselves in favour of the industrial production of Ariane launchers.

RECOMMENDATION 334

ON VARIOUS ASPECTS OF CO-OPERATION BETWEEN EUROPE AND THE UNITED STATES

The Assembly,

Noting the many statements in the United States in favour of closer consultations with western Europe in many fields, but deploring that these statements have not always produced results;

Also welcoming the fact that the United States Government continues to consider the development of a European union as a favourable factor in such co-operation;

Considering that, in an unfavourable economic situation, recourse to protectionism would be a serious danger for Europe and noting with satisfaction that the United States, like western Europe, has set itself the aim of progressively freeing international trade;

Considering that the creation of the European monetary fund is a major step in the search for the balance necessary for developing trade;

Considering that Europe's security, based on the Atlantic Alliance, requires improved consultations between European members and the United States on external policy matters;

Considering that such consultations can be improved to the extent that western Europe manages to define a joint foreign policy itself;

l'Europe occidentale parviendra à définir elle-même une politique étrangère commune;

Se félicitant du succès des négociations SALT II, mais considérant que le développement des SALT exige l'adoption de positions communes par les membres européens de l'Alliance atlantique notamment en ce qui concerne les négociations SALT III;

Se félicitant de l'intention manifestée par le gouvernement américain d'organiser un double courant d'échanges dans le domaine des armements, mais soucieuse que cette orientation ne nuise pas à la coopération européenne dans ce domaine,

RECOMMANDE AU CONSEIL

1. De veiller à ce que les consultations entre les membres européens de l'Alliance atlantique leur permettent de défendre, face à leurs partenaires américains, une politique extérieure conçue par l'ensemble des pays membres de l'UEO conforme à leurs aspirations à la sécurité et à la liberté des peuples;
2. D'examiner en particulier les implications du déploiement de nouvelles armes par l'Union soviétique pour la politique de défense de l'Europe;
3. De procéder régulièrement à un examen critique des conceptions stratégiques adoptées par l'OTAN;
4. De veiller à ce que l'organisation d'une coopération européenne en matière de production d'armements ne soit pas entravée par les accords bilatéraux conclus par les Etats-Unis avec plusieurs membres européens de l'Alliance atlantique;
5. D'envisager, compte tenu d'événements plus récents, la nécessité de renforcer les consultations entre les Etats-Unis et les pays européens sur les problèmes concernant l'énergie.

REPONSE A LA RECOMMANDATION N° 334
SUR LES DIVERS ASPECTS DE LA COOPERATION ENTRE L'EUROPE ET LES ETATS-UNIS

1. Le Conseil tient à rappeler que, conformément au but dans lequel elle a été créée, l'Alliance de l'Atlantique nord s'attache à sauvegarder la sécurité et la liberté auxquelles aspirent les peuples de tous ses pays membres. Chacun des Etats membres de l'UEO entend contribuer, en fonction des engagements qu'il a pris, à la sauvegarde de cette sécurité et de cette liberté.

Le Conseil observe que, dans le communiqué publié à l'issue de sa session ministérielle des 30 et 31 mai 1979, le Conseil de l'Atlantique nord a déclaré que "les ministres ont exprimé la conviction que l'Alliance, qui entre dans sa quatrième décennie, continuera d'assurer la sécurité de ses membres en poursuivant les objectifs complémentaires de la dissuasion et de la détente, contribuant ainsi à la paix et à la stabilité". Dans ce communiqué, les ministres ont pris acte avec satisfaction des échanges de vues étroits et approfondis qui ont été menés sur SALT II au sein de l'Alliance. Des échanges de vues ont donc eu lieu régulièrement entre tous les pays membres de l'Alliance et, partant, entre tous les pays membres de l'UEO, et les vues exprimées par chacun ont été dûment prises en compte. La concertation sur les SALT, entre les Etats-Unis et ceux de leurs alliés qui font partie de la structure de défense intégrée de l'OTAN, a été développée considérablement et le sera vraisemblablement encore, entre autres au moyen de nouveaux mécanismes de consultation.

2. Il ressort du communiqué cité ci-dessus que les ministres "étaient

Welcoming the success of the SALT II negotiations, but considering that the development of strategic arms limitation talks calls for the adoption of joint positions by the European members of the Atlantic Alliance and particularly with reference to the SALT II negotiations;

Welcoming the United States' intention to organise a two-way street for trade in armaments but concerned lest such a trend should inhibit European co-operation in this field,

RECOMMENDS THAT THE COUNCIL

1. Ensure that consultations between the European members of the Atlantic Alliance allow them, in the presence of their American partners, to uphold an external policy worked out by all the member countries of WEU in accordance with their goals of security and freedom of their peoples:

2. Study in particular the implications for Europe's defence policy of the Soviet Union's deployment of new weapons;

3. At regular intervals, make a critical appraisal of the strategic concepts adopted by NATO;

4. Ensure that the organisation of European co-operation in armaments production is not hampered by bilateral agreements concluded between the United States and several European members of the Atlantic Alliance;

5. Consider in view of more recent developments the need for closer consultation on energy problems between the United States and the European countries.

REPLY TO RECOMMENDATION 334
ON VARIOUS ASPECTS OF CO-OPERATION BETWEEN EUROPE AND THE UNITED STATES

1. The Council wish to remind the Assembly that, in accordance with the purpose for which it was formed, the North Atlantic Alliance seeks to safeguard the security and freedom desired by the peoples of all its member countries. It is the intention of each member State of WEU to contribute, in accordance with the undertakings it has given, to so safeguarding security and freedom.

The Council observe that, in the communiqué issued after its ministerial session of 30th and 31st May, 1979, the North Atlantic Council declared that "Ministers expressed their confidence that as the Alliance enters into its fourth decade it will continue to ensure the security of its members by pursuing the complementary aims of deterrence and détente thus contributing to peace and stability". In the same communiqué, Ministers expressed their satisfaction with the past record of close and full exchanges on SALT II within the Alliance. Regular exchanges have therefore taken place between all member countries of the Alliance and hence between all member countries of WEU, and the views expressed by each member have been taken into full account. Consultations on SALT between the United States and its allies which participate in the integrated defence of NATO have been considerably stepped up and are likely to be further intensified inter alia through new consultative mechanisms.

2. The communiqué referred to earlier states that Ministers "expressed particular concern about the growing Soviet theatre nuclear capabilities". The

préoccupés par l'accroissement des moyens nucléaires soviétiques de théâtre d'opérations". Les pays participant au système de défense intégré de l'OTAN suivent attentivement les conséquences du déploiement d'armes nouvelles par l'Union soviétique du point de vue de la sécurité de l'Europe occidentale, inséparable de celle des Etats-Unis et du Canada, et se consultent sur les mesures requises pour maintenir la dissuasion et la défense.

3. Un examen critique, comme celui que suggère l'Assemblée, est effectué périodiquement par les organes compétents de l'Alliance, au sein desquels la plupart des pays membres de l'UEO sont représentés.

4. En ce qui concerne la question de l'organisation d'une coopération européenne en matière de production d'armements, le Conseil estime que les protocoles d'accord bilatéraux signés par la plupart des pays membres de l'UEO avec les Etats-Unis ne font pas obstacle à l'organisation d'une coopération européenne en matière de production d'armements, car ils visent à instaurer une coopération dans le domaine de l'étude, de la mise au point, de la fabrication et de l'acquisition de matériels militaires classiques, en vue d'améliorer le courant des échanges en matière d'armements dans les deux sens, et à faciliter aux industriels européens l'accès du marché américain.

5. Les gouvernements des pays membres de l'UEO sont pleinement conscients de la nécessité d'une concertation entre les pays européens et les Etats-Unis sur les problèmes concernant l'énergie, comme en témoignent l'accord sur les importations de pétrole pour les cinq prochaines années, conclu à Tokyo en juin dernier, et les contacts permanents qui ont lieu à ce sujet au sein de l'Agence internationale de l'énergie.

RECOMMANDATION N° 335
SUR LES CONDITIONS POLITIQUES D'UNE COOPERATION EUROPEENNE EN MATIERE D'ARMEMENTS

L'Assemblée,

Considérant que la production d'armements modernes est nécessaire au maintien de l'indépendance économique, militaire et politique de l'Europe, tout en exprimant le profond espoir que la communauté internationale parvienne finalement à un accord limitant la production et le commerce des armements;

Constatant que les armées nationales ne fournissent plus un débouché suffisant pour permettre la production d'armements à des prix de revient compétitifs par aucun pays européen;

Considérant que les industries des armements tiennent une place non négligeable dans l'économie de plusieurs pays de l'Europe occidentale où elles contribuent au maintien de l'emploi;

Considérant qu'on ne peut ignorer que leur activité contribue largement au développement de la recherche scientifique et technique dans de nombreux domaines et au maintien d'un haut niveau technologique en Europe;

Constatant toutefois que les ressources absorbées par la production d'armements limitent les investissements disponibles pour la production civile;

Considérant que l'orientation d'une politique d'armements exige une coordination des politiques de défense prévue par l'article VIII du Traité de Bruxelles modifié;

Déplorant l'extension prise par le commerce des armes, notamment au profit de pays situés dans des régions connaissant de dangereuses tensions;

Se félicitant de ce que le Groupe européen indépendant de programmes (GEIP) ait entrepris une importante oeuvre de coordination de l'effort d'armement des pays européens membres de l'Alliance atlantique;

countries participating in the integrated defence of NATO are keeping under close scrutiny the implications of the Soviet Union's deployment of new weapons for the security of western Europe which is inseparable from that of the United States and Canada, and are consulting on measures required to maintain deterrence and defence.

3. A critical appraisal of the kind suggested is carried out at intervals by the competent agencies of the Alliance in which most of the member countries of WEU are represented.

4. As regards the organisation of European co-operation in armaments production, the Council's view is that the bilateral memoranda of understanding (MOU) signed by most members of WEU with the United States do not conflict with the organisation of European co-operation in armaments production because the aim of such MOUs is to promote co-operation in the research, development, production and purchase of conventional defence equipment in order to improve the two-way flow of armaments purchases and to ensure easier access for European manufacturers to the American market.

5. The need for consultation on energy problems between the European countries and the United States is fully appreciated by the governments of the member countries of WEU and is recognised by the agreement reached in Tokyo last June on oil imports over the next five years and by the continuous series of contacts on the subject in the International Energy Agency.

RECOMMENDATION 335
ON POLITICAL CONDITIONS FOR EUROPEAN ARMAMENTS CO-OPERATION

The Assembly,

Considering that the production of modern armaments is necessary for the economic, military and political independence of Europe while hoping sincerely that the international community will eventually reach agreement limiting the production of and trade in arms;

Noting that national armies no longer provide a large enough market for any European country to be able to produce armaments at competitive prices;

Considering that armaments industries occupy an important place in the economies of several western European countries where they make a major contribution to the maintenance of employment;

Considering that it is evident that their wok makes a worthwhile contribution to the development of scientific and technical research in many fields and to the maintenance of a high level of technology in Europe whilst noting that the resources that are absorbed by armaments production limit the investment available for civil production;

Considering that the course of an armaments policy depends on the co-ordination of defence policies provided for in Article VIII of the modified Brussels Treaty;

Deploring the extension of trade in arms, particularly to countries in areas where there is dangerous tension;

Gratified that the independent European Programme Group (IEPG) has undertaken the important task of co-ordinating the armaments efforts of the European member countries of the Atlantic Alliance;

Convaincue que, seule, une volonté ferme et constante des Etats peut permettre le développement de cette oeuvre;

Constatant que le Traité de Bruxelles modifié constitue la seule base juridique d'une organisation européenne dans le domaine de la défense et des armements;

Considérant que, de ce fait, l'UEO est appelée à prendre sa place dans toute future Union européenne;

Se félicitant de ce que la mission confiée au Comité permanent des armements (CPA) le 31 mai 1976 oriente son activité dans cette direction,

RECOMMANDE AU CONSEIL

1. De veiller, en application de l'article IV du Traité de Bruxelles modifié, à ce que la coopération européenne en matière d'armements se développe selon les orientations conformes aux exigences des techniques les plus actuelles, ainsi qu'à la politique de défense et à la stratégie appliquées par les membres de l'Alliance atlantique;

2. D'informer l'Assemblée, par les moyens qu'il jugera appropriés, des résultats déjà obtenus par l'enquête menée par le CPA de l'état de ses travaux et des perspectives dans lesquelles ils sont poursuivis;

3. De veiller à ce que le CPA ait accès aux sources d'information dont il a besoin pour que son enquête puisse aboutir dans des délais raisonnablement brefs;

4. D'examiner avec soin les résultats de cette enquête en vue d'en tirer des suggestions adressées aux autorités compétentes des pays membres comme aux instances européennes concernées;

5. D'informer régulièrement l'Assemblée de l'état des travaux entrepris par le GEIP;

6. D'examiner les limitations que l'Europe doit promouvoir auprès des exportateurs et des importateurs d'armements et s'imposer à elle-même pour éviter que le commerce des armes ne favorise la course aux armements, notamment dans les régions où la paix est menacée.

REPONSE A LA RECOMMANDATION N° 335
SUR LES CONDITIONS POLITIQUES D'UNE COOPERATION EUROPEENNE EN MATIERE D'ARMEMENTS

Le Conseil a déjà eu l'occasion dans sa réponse à la recommandation N° 297 d'expliquer pour quelles raisons il juge nécessaire de mettre en oeuvre une coopération des pays européens en matière d'armements, et dans sa réponse à la recommandation N° 325 d'exposer la ligne de conduite commune des Européens devant les offres de coopération faites dans le cadre du dialogue transatlantique; il a également défini les objectifs qui devraient selon lui guider l'action des pays membres, tout en reconnaissant les difficultés d'une telle entreprise puisqu'elle est menée par des pays dont les industries d'armements ont des structures et des niveaux de développement très variés.

Le Conseil tient à réaffirmer l'importance qu'il attache à la poursuite des travaux actuellement en cours en vue d'une plus grande harmonisation des politiques nationales devant conduire à une véritable coopération sur des programmes concrets; il estime, à cet égard, que le travail entrepris dans le cadre du Groupe européen indépendant de programmes et l'étude actuellement en cours d'élaboration au sein du Comité permanent des armements répondent aux préoccupations de l'Assemblée sur les orientations techniques et politiques qu'elle souhaite voir donner à cette coopération.

Convinced that only the firm and steadfast determination of states can allow this work to be developed;

Noting that the modified Brussels Treaty is the only juridical basis for the organisation of defence and armaments in Europe;

Considering that WEU will therefore be called upon to take its place in any future European union;

Welcoming the fact that the task allotted to the Standing Armaments Committee (SAC) on 31 May, 1976, is guiding its work in this direction,

RECOMMENDS THAT THE COUNCIL

1. In application of Article IV of the modified Brussels Treaty, ensure that European armaments co-operation develops along lines which conform to the latest technological requirements and to the defence policy and strategy applied by the members of the Atlantic Alliance;

2. Keep the Assembly informed, by whatever means they consider appropriate, of the results already achieved in the study undertaken by the SAC, of the progress made and of the goals towards which its work is directed;

3. Ensure that the SAC has access to the sources of information it needs so that its study may be completed in the reasonably near future;

4. Study attentively the results of the study with a view to preparing on this basis guidance to be addressed to the appropriate authorities in member countries and to the European organisations concerned;

5. Keep the Assembly regularly informed of the progress of work in the IEPG;

6. Examine the limitations which Europe should advocate in regard to exporters and importers of armaments and itself to prevent the trade in arms stepping up the armaments race, particularly in areas where peace is threatened.

REPLY TO RECOMMENDATION 335
ON POLITICAL CONDITIONS FOR EUROPEAN ARMAMENTS CO-OPERATION

In their reply to Recommendation 297 the Council explained why they consider it necessary to develop armaments co-operation between European countries and in their reply to Recommendation 325 they described the common European line of approach to offers of co-operation in the framework of the transatlantic dialogue; they also defined the aims which, in their view, should guide the action of member countries, whilst acknowledging the difficulties of such an undertaking, since it is carried out by countries whose armaments industries have widely differing structures and levels of development.

The Council wish to reaffirm the importance they attach to the continuation of the work at present being carried out, with a view to achieving greater harmonisation of national policies which should lead to genuine co-operation on specific programmes; in this connection, they consider that the work undertaken by the Independent European Programme Group and the study at present being made by the Standing Armaments Committee meet the Assembly's concern about the technical and political direction it would wish such co-operation to take.

As the Assembly is aware, only the legal part of the SAC's study on the

Comme le sait l'Assemblée, seule la partie juridique de l'étude menée par le CPA sur le secteur des industries d'armements dans les pays membres a été jusqu'à présent remise au Conseil; le CPA n'avait pas été en mesure en effet de présenter son rapport définitif lors de la réunion du Conseil des ministres qui a eu lieu le 16 mai 1979 à Rome; celui-ci a toutefois confirmé le mandat du CPA et il a souhaité que la première partie de l'étude économique soit achevée dans les meilleurs délais, dans les meilleures conditions grâce au concours des administrations intéressées.

Lorsque le rapport définitif du CPA sera connu, le Conseil ne manquera pas, comme l'a indiqué le Président en exercice lors de la deuxième séance de la vinqt-cinquième session ordinaire, d'examiner les conditions dans lesquelles l'Assemblée pourra être informée de son contenu et de ses principales conclusions. Il est encore trop tôt, en l'état actuel de cette étude, pour se prononcer sur les suites pratiques qui pourront lui être données. Elle pourrait permettre aux gouvernements de disposer pour la première fois d'une analyse détaillée et comparative des industries d'armements dans les pays membres, et les aider à orienter leurs choix et leurs programmes dans le sens d'une coopération accrue.

Les pays européens continuent également, dans le cadre du GEIP, au sein des groupes spécialisés, d'étudier la possibilité d'une production commune dans certains secteurs d'armements; ils ont amorcé en même temps un dialogue avec les Etats-Unis avec le souci essentiel de préserver la part des intérêts européens dans la coopération avec ce pays en vue de la production de certains types d'armements.

Le Conseil a souligné dans la réponse à la recommandation N° 325 les difficultés éprouvées par certains pays participant au GEIP non membres de l'UEO pour communiquer à l'Assemblée de l'Organisation les résultats des travaux menés au sein du groupe.

Le Conseil a pris acte des préoccupations de l'Assemblée concernant les dangers que représente le commerce des armes dans les régions où la paix est menacée. Il s'agit là d'un problème important qui met en cause différents facteurs politiques propres à chaque pays; il ne serait pas réaliste d'en traiter dans le seul cadre européen, d'où sont en réalité absents les principaux pays exportateurs et importateurs d'armements.

Chaque pays européen, conscient de ses responsabilités en ce domaine, pourrait en revanche tirer les conséquences des résultats d'une éventuelle concertation entre pays d'une même zone géographique en vue d'une autolimitation de leurs importations; une telle concertation, qui associerait également les principaux pays fournisseurs, permettrait en effet d'envisager une limitation concertée des ventes d'armements conventionnels.

RECOMMANDATION N° 337
SUR LES CONDITIONS POLITIQUES D'UNE COOPERATION EUROPEENNE EN MATIERE D'ARMEMENTS

Prenant note avec intérêt des travaux du colloque sur une politique européenne d'armements qui s'est tenu à Bruxelles du 15 au 17 octobre 1979;

Constatant que l'avis d'une grande partie des experts consultés est que seule, au cours des prochaines années, une approche pragmatique des problèmes est susceptible de faire progresser la coopération européenne en matière d'armements;

Convaincue que, cependant, l'Europe est appelée à exercer de plus en plus la responsabilité de sa propre sécurité, dans la mesure notamment où celle-ci met en jeu des armements conventionnels;

armaments sector of industry in the member countries has so far reached the Council; indeed the SAC was not in a position to submit its final report when the Ministerial Council met in Rome on 16 May, 1979; that meeting did, however, confirm the SAC's mandate and agreed that the first part of the economic study should be completed both swiftly and to the best effect, with the co-operation of the administrations concerned.

When the final report from the SAC is received, the Council will not fail, as was stated by the Chairman in Office at the second sitting of the Twenty-fifth Ordinary Session, to consider how the Assembly might be informed of its content and its principal conclusions. It is still too soon, in the present state of this study, to express a view as to the practical follow-up action to be taken. The study may enable governments for the first time to have a detailed and comparative analysis of the armaments industries in the member countries and assist them to direct their choices and their programmes towards increased co-operation.

Within the IEPG, in the expert groups, European countries also continue to study the possibility of joint production in certain sectors of armaments; at the same time, they have started a dialogue with the United States with the basic hope of conserving their share of European interests while co-operating with that country for the production of certain types of armaments.

In their reply to Recommendation 325, the Council stressed the difficulties encountered by some countries which are members of the IEPG but not of WEU with regard to passing on the results of the work of that group to the Assembly of the Organisation.

The Council have noted the Assembly's concern regarding the dangers of the trade in arms in areas where peace is threatened. This is an important problem which involves different political factors in each country; it would be unrealistic to deal with it in the European framework only, since in fact this excludes the principal armaments exporting and importing countries.

On the other hand, bearing in mind its responsibilities in this respect, every European country could draw relevant conclusions from the results of joint action that might be taken between countries of the same geographical area with a view to voluntary limitation of their own imports; such consultations, which would also bring in the main supplier countries, would indeed make it possible to envisage concerted limitation on the sales of conventional weapons.

RECOMMENDATION 337
ON POLITICAL CONDITIONS FOR EUROPEAN ARMAMENTS CO-OPERATION

The Assembly,

Noting with interest the work of the symposium on a European armaments policy held in Brussels from 15 to 17 October, 1979;

Noting that in the opinion of most of the experts consulted only a pragmatic approach is likely to advance European armaments co-operation in the future;

Convinced, however, that Europe will have to assume increasing responsibility for its own security, particularly insofar as this involves conventional weapons;

Considérant que la production d'armements met en jeu des intérêts d'importance très inégale dans les différents pays membres;

Remerciant le Conseil d'avoir autorisé le chef du secrétariat du Comité permanent des armements à lui présenter les conclusions sur les obstacles juridiques à la coopération, auxquelles il était parvenu à la suite de l'enquête menée par le Comité permanent des armements, conformément à un voeu souvent exprimé par l'Assemblée;

Rappelant sa Recommandation No 335;

Rejetant les affirmations contenues au paragraphe 4 de la réponse du Conseil à la Recommandation No 331, ainsi qu'aux paragraphes correspondants des réponses aux Recommandations Nos 325 et 330;

Rappelant que l'Assemblée de l'UEO est, de l'aveu explicite du Conseil, la seule assemblée européenne compétente en matière de défense,

RECOMMANDE AU CONSEIL

1. De mettre en oeuvre tous les moyens dont il dispose pour promouvoir la coopération entre ses membres en matière de production d'armements;

2. D'examiner, en se fondant notamment sur les travaux du Comité permanent des armements, par quelles voies il serait possible d'établir en Europe occidentale, compte tenu des compétences propres à chaque institution:

(*a*) une organisation chargée de rassembler et de diffuser toute l'information nécessaire sur l'offre et la demande européennes en matière d'armements;

(*b*) un établissement chargé d'analyser les choix de programmes d'armements et l'ensemble de leurs répercussions financières, techniques, économiques et sociales;

(*c*) une législation douanière appropriée sur les transferts d'armements entre les Etats d'Europe occidentale;

(*d*) une législation appropriée aux organes transnationaux produisant des armements;

(*e*) une législation destinée à promouvoir les échanges de technologie entre les industries européennes;

(*f*) une législation et une action efficace contre la production et le trafic illicites d'armements;

3. D'encourager tous les Etats membres à coopérer par la communication de toutes les informations nécessaires pour faciliter cette entreprise;

4. De réexaminer et d'expliquer les positions exprimées aux paragraphes 4 de ses réponses aux Recommandations Nos 325 et 331 et d'informer l'Assemblée sur le développement des travaux du GEIP comme il s'y est engagé dans sa réponse à la Recommandation No 298.

REPONSE A LA RECOMMANDATION N° 337 SUR LES CONDITIONS POLITIQUES D'UNE COOPERATION EUROPEENNE EN MATIERE D'ARMEMENTS

1. Le Conseil estime avec l'Assemblée que tout doit être fait pour encourager la coopération dans le domaine du matériel militaire et tirer parti des occasions opportunes, dans l'intérêt des pays membres.

2(*a*). Tous les pays membres de l'UEO participent, avec les cinq autres membres du groupe, à l'établissement du calendrier annuel de remplacement des matériels du GEIP. Les intentions de remplacement pour les quelque quinze années à venir y sont répertoriées, et on obtient ainsi un tableau complet de la

Considering that the production of armaments brings into play a broad spectrum of unequal interests in the various member countries;

Thanking the Council for having authorised the Head of the International Secretariat of the Standing Armaments Committee to present to the Assembly his conclusions on the juridical obstacles to co-operation reached as a result of the enquiry conducted by the Standing Armaments Committee in accordance with a wish often expressed by the Assembly;

Recalling its Recommendation 335;

Rejecting the assertions in paragraph 4 of the reply of the Council to Recommendation 331 and in the corresponding paragraphs of the replies to Recommendations 325 and 330;

Recalling that the WEU Assembly is, as explicitly admitted by the Council, the only European assembly with defence responsibilities,

RECOMMENDS THAT THE COUNCIL

1. Use every means at its disposal to promote co-operation between its members in the production of armaments;

2. Examine inter alia on the basis of the work of the Standing Armaments Committee, by what means it would be possible to establish in Western Europe, account being taken of the specific responsibilities of each institution:

(*a*) an organisation responsible for gathering and circulating all necessary information on European supply and demand in the field of armaments;

(*b*) a body responsible for analysing choices of armaments programmes and their overall financial, technical, economic and social repercussions;

(*c*) appropriate customs legislation for transfers of armaments between Western European states;

(*d*) appropriate legislation for transnational bodies producing armaments;

(*e*) legislation designed to promote exchanges of technology between European industries;

(*f*) legislation and effective action against the illicit production of and traffic in armaments;

3. Encourage all member states to co-operate by communicating all the information needed to facilitate this work;

4. Re-examine and explain the positions expressed in paragraph 4 of its replies to Recommendations 325 and 331 and inform the Assembly of developments in the work of the IEPG as it undertook to do in its reply to Recommendation 298.

REPLY TO RECOMMENDATION 337
ON POLITICAL CONDITIONS FOR EUROPEAN ARMAMENTS CO-OPERATION

1. The Council agree that all efforts should be made to promote co-operation in the defence equipment field and to exploit suitable opportunities in the interests of member countries.

2(*a*). All members of WEU contribute, together with the five other members of the group, to the annual IEPG equipment replacement schedule. By cataloguing replacement intentions for a period of some 15 years ahead this provides a comprehensive description of the demand side of the European armaments

demande sur le marché européen des armements. En ce qui concerne l'offre, il convient de rappeler les travaux que poursuit le CPA dans ce domaine, et les études entreprises par la troisieme commission du GEIP. Cependant, le système actuel de coopération européenne en matière d'armements est un processus continu, consistant à comparer les besoins nationaux similaires (la demande) aux possibilités de production existant dans les pays participants ou ailleurs (l'offre). En l'occurrence, le terme "offre" recouvre une réalité complexe car la production d'armes modernes nécessite souvent d'importants travaux d'étude et des investissements pour les constructions nouvelles. Le Conseil ne pense pas qu'institutionnaliser la collecte des informations relatives à l'offre en créant un organisme international permette de réaliser des progrès substantiels dans la coopération en matière d'équipement.

2(*b*). Des difficultés théoriques et pratiques considérables se présentent dans la mise au point de méthodes répondant aux besoins des divers gouvernements et qui permettent de procéder au choix des programmes d'armements internationaux, et ceci même à partir de données très complètes. Les problèmes techniques, économiques et sociaux sont très complexes et, du fait de leur nature, les intérêts nationaux en cause se prêtent difficilement à une évaluation uniforme. Il apparaît actuellement peu problable qu'une analyse internationale collective de ces données, débouchant sur des conclusions communes susceptibles d'être mises en oeuvre, puisse être réalisée. En outre, des concessions concernant les besoins nationaux en matériel sont souvent nécessaires pour aboutir à un accord sur les projets en collaboration: il appartient aux seuls gouvernements nationaux de prendre les décisions. Le Conseil doute qu'il soit utile de créer un nouveau mécanisme international pour compléter l'analyse par les organes de décision nationaux des diverses possibilités de satisfaire leurs besoins en matériel.

2(*c*). Aucun droit de douane n'est perçu sur les transferts d'armements ou d'autres produits manufacturés entre les pays de l'UEO, ni entre les autres pays de la CEE.

2(*d*). Il n'apparaît pas au Conseil qu'une législation particulière soit nécessaire pour faciliter la constitution d'organismes transnationaux de construction d'armements. Comme l'Assemblée le sait, plusieurs consortiums existent déjà, tels qu'Euromissile et Panavia. Par ailleurs, de l'avis du Conseil, la législation applicable aux organismes transnationaux de construction d'armements ne doit pas être séparée du cadre général du droit des sociétés, national ou communautaire.

2(*e*). Le Conseil ne pense pas que les échanges de technologie entre les industries des pays membres de l'UEO puissent être améliorés sensiblement par la voie d'une législation particulière. A son avis, un accord sur les conditions d'échange dans le cadre de projets spécifiques est avant tout nécessaire.

2(*f*). Le Conseil, partageant les soucis exprimés par l'Assemblée, convient que tous les efforts pour mettre fin au trafic illicite d'armements doivent être poursuivis.

3. Le Conseil de l'UEO n'est pas habilité à faire des déclarations à l'Assemblée au nom du GEIP, mais il continuera à encourager les échanges d'informations appropriés. Il y a cinq membres du GEIP qui n'appartiennent pas à l'UEO. En principe, la question de la présentation à l'Assemblée d'un rapport sur les activités du GEIP dépend donc du président et des membres du GEIP, dont la composition est plus large. D'autre part, il est loisible aux membres de l'Assemblée de poser des questions à leurs gouvernements sur les travaux du GEIP par l'intermédiaire de leurs parlements nationaux.

market. On the supply side mention should be made of the SAC's continuing work in this direction and of the studies undertaken in the IEPG Panel III. However, the present system of armaments co-operation in Europe is a sequential process in which matching national requirements (demands) are considered against production possibilities (supplies) in participating countries or elsewhere. "Supply" in this context is a complex matter since substantial development work and new production investment are required for many modern weapons. The Council do not consider that the cause of equipment co-operation would in practice be greatly advanced by formalising the collection of "Supply" information through an international organisation.

2(*b*). There are formidable theoretical and practical difficulties in devising methods suitable to the needs of different governments for analysing choices of international armaments programmes from even the most comprehensive information. The technical, economic and social issues are very complex, and the nature of national interests involved do not lend themselves to uniform evaluation. Collective international analysis of such information, leading to agreed conclusions which are capable of implementation, is unlikely to be feasible at present. Furthermore, compromises on national equipment requirements are often necessary to secure agreement in collaborative projects: national governments alone have to take the decisions. The Council are doubtful of the value of creating further international machinery to supplement national policy makers' analysis of alternative methods of meeting equipment needs.

2(*c*). No customs duties are payable on the transfer of armaments or any other manufactured goods between WEU countries, or other EEC states.

2(*d*). The Council do not believe that specific legislation is required to facilitate the formation of transnational bodies producing armaments. As the Assembly is aware, several consortia, such as Euromissile and Panavia, already exist. Moreover, in the Council's view, legislation governing international bodies producing armaments should not be separated from the general body of national and EEC company law.

2(*e*). The Council do not believe that transfer of technology between industries in member States of WEU can be significantly improved by legislation. In their view the primary requirement is the agreement of acceptable transfer terms within specific projects.

2(*f*). Sharing the concern expressed by the Assembly, the Council agree that every effort should continue to be made to halt the illegal trading of arms.

3. The WEU Council are not empowered to make any statement to the Assembly on behalf of the IEPG, but will continue to encourage appropriate exchanges of information. There are five members of the IEPG who are not members of WEU. Formally therefore the making of a report on its activities to the WEU Assembly is a matter for the Chairman and wider membership of the IEPG to consider. It is, however, open to members of the Assembly to question their own governments about developments in the IEPG through their national parliaments.

RECOMMANDATION N° 341
SUR LES CONSEQUENCES DE L'EVOLUTION DE LA SITUATION AU PROCHE ET AU MOYEN-ORIENT POUR LA SECURITE DE L'EUROPE

L'Assemblée,

Considérant que le maintien de la paix au Proche et au Moyen-Orient est indispensable à la sécurité de l'Europe occidentale ainsi qu'à sa prospérité économique;

Regrettant que l'intervention soviétique en Afghanistan, loin d'assurer à ce pays la paix intérieure, la stabilité politique, l'activité économique, ait abouti à des affrontements intercommunautaires et religieux et crée, à nouveau, un difficile problème de réfugiés;

Regrettant que le soulèvement iranien de 1978, inspiré par des principes révolutionnaires, ait encore retardé l'introduction de la démocratie et la restauration de l'unité nationale;

Préoccupée que, par la prise et la détention des employés de l'Ambassade des Etats-Unis, qui sont contre tout principe de droit international, l'Iran puisse mettre en danger la paix mondiale;

Constatant que les Accords de Camp David, bien qu'ils aient établi la paix entre Israël et l'Egypte, n'ont pas apporté, jusqu'à présent, de solutions aux principaux problèmes du Proche-Orient, notamment à la question palestinienne;

Estimant que les solutions qui excluent la participation du peuple palestinien ne lui accordent pas la possibilité d'exercer son droit à l'autodétermination et ne tiennent pas compte des causes profondes du conflit;

Considérant que les positions adoptées par la Jordanie et exprimées par S. M. le Roi Hussein devant les Nations Unies, le 25 septembre 1979, constituent une étape positive sur la voie conduisant à la paix;

Déplorant que la poursuite des implantations israéliennes en Cisjordanie ne puisse que rendre plus difficile une solution juste et durable du problème palestinien;

Se félicitant que les Neuf aient pu s'exprimer d'une même voix sur les questions du Proche-Orient à plusieurs reprises et, notamment le 25 septembre 1979, devant l'Assemblée générale des Nations Unies,

RECOMMANDE AU CONSEIL

1. Soit directement, soit indirectement, le cas échéant, par la participation de ses membres à la coopération politique européenne au sein des Neuf, de veiller à ce que la concertation entre ses membres s'étende aux problèmes touchant à l'Afghanistan et à l'Iran;

2. De veiller à ce que ses membres s'abstiennent de vendre des armes à l'Iran tant que l'agitation intérieure et la répression armée s'y poursuivent et demandent à tous les autres pays fournisseurs d'armes d'imposer un moratoire du même ordre;

3. De demander que l'Iran libère tout de suite les otages de l'Ambassade américaine;

4. De veiller à ce que la coordination des positions de ses membres aux Nations Unies soit poursuivie et aboutisse à ce que les implications réelles de la Résolution 242 soient précisées par le Conseil de sécurité;

5. De demander à l'Egypte, à Israël et aux Etats-Unis de se consulter de toute urgence en vue de parvenir à une entente sur une interprétation commune des implications des Accords de Camp David;

6. De demander à ses membres d'exiger qu'Israël accepte immédiatement

RECOMMENDATION 341
ON THE IMPACT OF THE EVOLVING SITUATION IN THE NEAR AND MIDDLE EAST ON WESTERN EUROPEAN SECURITY

The Assembly,

Considering that the maintenance of peace in the Near and Middle East is essential for Western Europe's security and economic prosperity;

Regretting that Soviet intervention in Afghanistan, far from establishing internal peace, political stability and a resumption of economic activity in that country, has led to intercommunal and religious strife and created yet another difficult refugee problem;

Considering that the upheaval in Iran in 1978, inspired by revolutionary principles, has further delayed the introduction of democracy and the restoration of national unity;

Concerned that by taking and detaining employees of the United States Embassy, in violation of all principles of international law, Iran may endanger world peace;

Noting that the Camp David agreements, while establishing peace between Israel and Egypt, have so far provided no solution to the main problems in the Middle East, especially the Palestine question;

Considering that solutions which exclude participation by the Palestinian people do not offer them the possibility of exercising their right to self-determination and militate against the underlying causes of the conflict;

Considering that the positions adopted by Jordan and expressed by His Majesty King Hussein in the United Nations on 25 September 1979 constitute a positive step towards peace;

Deploring that the continuing establishment of Israeli settlements on the West Bank only makes more difficult a just and lasting solution to the Palestinian problem;

Welcoming the fact that the Nine have been able to speak with a single voice on Middle Eastern matters on several occasions, particularly on 25 September 1979 in the United Nations General Assembly,

RECOMMENDS THAT THE COUNCIL

1. Either directly or where more appropriate indirectly through the participation of its membership in European Political Co-operation among the Nine, ensure that consultation between its members is extended to cover matters relating to Afghanistan and Iran;
2. Ensure that its members refrain from selling arms to Iran as long as internal strife and armed repression continue in that country and call upon all other arms-supplying countries to impose a similar moratorium;
3. Ask Iran to free immediately the hostages held in the United States Embassy;
4. Continue to co-ordinate the positions of its members in the United Nations and call for a clarification from the Security Council of the actual implications of Resolution 242;
5. Ask Egypt, Israel and the United States urgently to consult with a view to reaching agreement on a mutually accepted interpretation of the implications of the Camp David agreements;
6. Ask its Members to urge Israel immediately to accept the existence of the Palestinian people and to renounce its policy of settlements on the West Bank

l'existence du peuple palestinien et renonce à sa politique d'implantation territoriale en Cisjordanie et entreprenne des négociations avec des représentants palestiniens valables en vue de parvenir à l'autodétermination, notamment des habitants de la Cisjordanie et de la Bande de Gaza;

7. De demander à ses membres d'agir de même immédiatement auprès de l'OLP pour l'amener à déclarer qu'elle accepte l'existence d'un Etat israélien indépendant à l'intérieur de frontières définies et reconnues sur le plan international;

8. De demander à ses membres d'agir auprès des deux parties pour les amener à renoncer totalement à tous actes de violence qui remettent en question la valeur de toutes déclarations de cette nature;

9. De faire tous ses efforts, si ces préalables sont acquis, pour susciter la réunion d'une conférence plus large que Camp David, comprenant des représentants de tous les pays directement mêlés à l'affaire palestinienne.

REPONSE A LA RECOMMANDATION N° 341 SUR LES CONSEQUENCES DE L'EVOLUTION DE LA SITUATION AU PROCHE ET AU MOYEN-ORIENT POUR LA SECURITE DE L'EUROPE

1. Les Neuf se sont prononcés sur l'Afghanistan le 15 janvier, le 5 février et, par la voix de la Présidence, le 19 février 1980.

S'agissant de l'Iran, les chefs d'Etat et de Gouvernement et les ministres des affaires étrangères des Neuf ont exprimé leur point de vue le 30 novembre 1979. La concertation des Ambassadeurs des Neuf à Téhéran est restée, depuis le début de la crise, très active et étroite.

2. S'agissant également de l'Iran, le Conseil condamne la prise en otage du personnel de l'Ambassade des Etats-Unis à Téhéran, contraire aux usages et au Droit international, et demande instamment au gouvernement iranien d'y mettre un terme sans délai. Il rappelle que les gouvernements des Etats membres se sont associés à toutes les démarches visant à obtenir la libération immédiate et sans condition de ces otages tant au Conseil de sécurité des Nations Unies que dans le cadre des Communautés européennes.

Dans cet esprit, et aussi longtemps que la libération effective des otages ne sera pas intervenue, le Conseil recommande aux Etats membres de s'abstenir de vendre des armes à l'Iran, pour autant que ce type de sanction soit effectivement adopté par le gouvernement des Etats-Unis lui-même. Le Conseil n'a pas connaissance que les Etats membres livrent actuellement des armements à l'Iran.

En tout état de cause, le Conseil n'entend pas porter d'appréciation sur les aspects proprement intérieurs de la révolution iranienne.

3. S'agissant du conflit du Proche-Orient, le Conseil rappelle la position adoptée par chacun des Etats membres, et définie sous une forme commune par les neuf pays de la Communauté européenne, à laquelle la Recommandation No 341 fait du reste expressément référence.

Le Conseil reconnaît avec l'Assemblée qu'une paix juste et durable ne saurait être fondée que sur la base d'un règlement global, conformément aux résolutions Nos 242 et 338 du Conseil de sécurité, et sur:

- le caractère inadmissible de l'acquisition de territoires par la force;
- la nécessité pour Israël de mettre fin à l'occupation territoriale qu'il maintient depuis le conflit de 1967;
- le respect de la souveraineté, de l'intégrité territoriale et de l'indépendance de tous les Etats de la région et leur droit de vivre en paix dans des frontières sûres et reconnues;

and commence negotiations with valid Palestinian representatives to achieve self-determination, including the inhabitants of the West Bank and the Gaza Strip;

7. Ask its Members to urge the PLO, also immediately to declare its acceptance of an Independent Israeli State within internationally agreed and defined borders;

8. Ask its Members to urge upon both sides a total abandonment of all acts of violence, which call into question the validity of any such declarations;

9. Use its best endeavours, if these preconditions are met, to promote a broader-based conference than Camp David including representation from all the countries directly involved in the Palestinian dispute.

REPLY TO RECOMMENDATION 341
ON THE IMPACT OF THE EVOLVING SITUATION IN THE NEAR AND MIDDLE EAST ON WESTERN EUROPEAN SECURITY

1. The Nine stated their views on Afghanistan on 15 January, 5 February and, through the Chair, on 19 February, 1980.

As regards Iran, the Heads of State and Government and the Foreign Ministers of the Nine stated their views on 30 November, 1979. The Ambassadors of the Nine in Tehran have remained in very active and close consultation since the start of the crisis.

2. Also as regards Iran, the Council condemn the taking as hostages of members of the staff of the United States Embassy in Tehran, contrary to international practice and law, and call urgently on the Iranian Government to put an end to this situation immediately. They recall that the governments of member States have supported all moves, both in the United Nations Security Council and in the European Communities, to secure the immediate and unconditional release of these hostages.

Accordingly, the Council recommend that until such time as the hostages are actually released, member States should refrain from selling arms to Iran, provided this kind of sanction is effectively applied by the United States Government itself. The Council have no knowledge that member States are at present delivering armaments to Iran.

In any case, the Council do not intend to express an opinion of the strictly internal aspects of the Iranian revolution.

3. As regards the Middle East conflict, the Council recall the position adopted by each of the member States and formulated in agreed terms by the nine countries of the European Community, as in fact mentioned in Recommendation 341.

The Council agree with the Assembly that a just and lasting peace can be established only on the basis of a comprehensive settlement in accordance with Security Council Resolutions 242 and 338 and on:

- the inadmissibility of the acquisition of territory by force;
- the need for Israel to end the territorial occupation which it has maintained since the conflict of 1967;
- respect for the sovereignty, territorial integrity and independence of every State in the area and their right to live in peace within secure and recognised boundaries;

– la reconnaissance que, dans l'établissement d'une paix juste et durable, il devra être tenu compte des droits légitimes des Palestiniens, y compris leur droit à une patrie.

Le Conseil rappelle les termes de la déclaration des Neuf du 18 juin 1979, déplorant "toute action ou déclaration pouvant constituer un obstacle à la recherche de la paix" et, notamment, la revendication par Israël de la souveraineté à terme sur les territoires occupés, et la politique d'implantation de colonies de peuplement.

Il estime que toutes les parties concernées doivent étre appelées à participer à la recherche et à la mise en oeuvre d'un tel règlement et, en particulier, le peuple palestinien "qui a le droit, dans le cadre établi par un règlement de paix, de déterminer son propre avenir en tant que peuple" – ainsi que l'a affirmé le Président des Neuf devant la dernière Assemblée générale des Nations Unies – et doit être en mesure de jouer pleinement son rôle, par l'intermédiaire de ses représentants dans les négociations.

Le Conseil prend acte de la volonté des Etats membres de poursuivre leurs efforts en vue de faciliter la recherche d'un règlement d'ensemble du conflit du Proche-Orient.

C. EXTRAITS DU RAPPORT ANNUEL DU CONSEIL

extrait du Chapitre I sur les relations entre le Conseil et l'Assemblee

. . . .

INTERVENTIONS DU PRESIDENT EN EXERCICE DU CONSEIL ET D'AUTRES MINISTRES DES GOUVERNEMENTS MEMBRES DEVANT L'ASSEMBLEE

Le Conseil est sensible à l'intérêt que l'Assemblée porte à la participation de ministres à ses délibérations.

Le Président en exercice du Conseil et d'autres ministres de gouvernements membres sont intervenus au cours de la XXVème session ordinaire.

En juin 1979, le président en exercice, M. Thorn, ministre des affaires étrangères du Grand-Duché de Luxembourg, a présenté le vingt-quatrième rapport annuel du Conseil. Dans la seconde partie de son intervention, il a évoqué les élections à l'Assemblée des Communautés européennes qui venaient d'avoir lieu pour la première fois au suffrage universal direct, et a exprimé ses vues sur la portée de cet événement. Il a observé que l'Assemblée de l'UEO ne se trouvait pas mise en cause, des attributions claires et exclusives en matière de défense lui étant dévolues par le Traité de Bruxelles modifié. M. Scholten, ministre de la défense des Pays-Bas, a exposé la politique de son gouvernement en ce domaine. M. Aigrain, secrétaire d'Etat auprès du premier ministre de la République Française, chargé de la recherche, a traité des problèmes relatifs à la politique scientifique et technique.

En décembre, M. Thorn, rappelant que le vingt-cinquième anniversaire de la signature des Accords de Paris avait été célébré le 23 octobre, a souligné qu'au cours de ses vingt-cinq premières années d'existence, l'UEO avait favorisé les efforts tendant vers une union européenne, objectif que s'étaient assigné les auteurs du Traité de Bruxelles modifié, elle l'a fait, a-t-il observé, en déployant son activité dans les différents domaines relevant de sa compétence, suivant les

– recognition that in the establishment of a just and lasting peace account must be taken of the legitimate rights of the Palestinians, including their right to a homeland.

The Council recall the terms of the statement issued by the Nine on 18 June, 1979, deploring "any action or statement which could constitute an obstacle to the pursuit of peace" and, in particular, Israel's claim to eventual sovereignty over the occupied territories and its policy of establishing settlements.

They consider that all the parties involved should be called on to participate in working out and implementing such a settlement, and in particular the Palestinian people who, as the Chairman of the Nine declared at the last General Assembly of the United Nations, "are entitled within the framework set by a peace settlement, to exercise their right to determine their future as a people" and, through their representatives, to play their full part in the negotiations.

The Council note that the member States are determined to continue their efforts to further the search for an overall settlement of the Middle East conflict.

C. EXTRACTS FROM THE ANNUAL REPORT OF THE COUNCIL

extract from Chapter I on relations between the Council and the Assembly

. . . .

SPEECHES TO THE ASSEMBLY BY THE CHAIRMAN-IN-OFFICE OF THE COUNCIL AND OTHER MINISTERS OF MEMBER GOVERNMENTS

The Council are aware of the Assembly's interest in the participation of ministers in its discussions.

The Chairman-in-Office of the Council and other ministers of member governments spoke during the XXVth Ordinary Session.

In June 1979, the Chairman-in-Office, M. Thorn, Minister for Foreign Affairs of the Grand Duchy of Luxembourg, introduced the Twenty-fourth Annual Report of the Council. In the second part of his speech, he mentioned the elections to the Assembly of the European Communities which had just been held for the first time by universal direct suffrage and expressed his views on the importance of this event. He commented that the WEU Assembly was unaffected because the modified Brussels Treaty gave it clear and exclusive responsibilities in defence matters. Mr. Scholten, Netherlands Minister of Defence, outlined his Government's policy in this field. M. Aigrain, French Secretary of State responsible to the Prime Minister for Research, dealt with problems of scientific and technical policy.

In December, M. Thorn, recalling that the twenty-fifth anniversary of the signing of the Paris Agreements had been celebrated on 23 October, stressed that WEU, during its first twenty-five years of existence had encouraged efforts towards European union, which was the ultimate objective set by the authors of the modified Brussels Treaty; he remarked that to this end it had acted in various fields in which it is competent according to the circumstances and needs of the moment, taking care at all times to avoid overlapping of activities. The

circonstances et les besoins du moment, et en veillant constamment à éviter les doubles emplois. Le Président en exercice a rendu hommage à l'action menée par l'Assemblée tout au long de ces années et a noté en particulier l'intérêt du colloque sur une politique européenne d'armements que celle-ci avait organisé à Bruxelles au mois d'octobre. En sa qualité de ministre des affaires étrangères du Luxembourg, il a fait part de ses réflexions sur la question de l'équilibre nucléaire entre l'Est et l'Ouest, ainsi que sur celles de l'utilisation de l'énergie nucléaire à des fins pacifiques et des relations avec les pays non nucléaires. Mme Hamm-Brücher, ministre d'Etat au ministère des affaires étrangères de la République Fédérale d'Allemagne, a exposé la position de son gouvernement à l'égard des problèmes de la sécurité et de la détente en Europe. M. Bernard-Raymond, secrétaire d'Etat auprès du ministre des affaires étrangères de la République Française, a rappelé dans son discours les principes sur lesquels repose la politique de défense de son gouvernement, et a évoqué par ailleurs les propositions françaises en matière de désarmement, notamment celle d'une conférence de désarmement en Europe.

A la suite de leurs exposés, les ministres ont répondu à de nombreuses questions qui leur étaient posées par des membres de l'Assemblée.

. . . .

* * *

extrait du Chapitre II sur les activités du Conseil

. . . .

En présentant le vingt-quatrième rapport annuel du Conseil à l'Assemblée, le 18 juin, le Président en exercice, M. Thorn, a réaffirmé la validité de toutes les dispositions du Traité de Bruxelles modifié et de ses Protocoles, ainsi que la résolution des Etats membres de l'UEO de remplir les obligations contractées pour cinquante ans. Il a souligné la portée de l'article V du Traité, qui oblige les pays signataires à se porter mutuellement assistance en cas d'agression et qui constitue l'une des clefs de voûte de leur système de sécurité.

Le Conseil a célébré au cours de sa réunion du 23 octobre le vingt-cinquième anniversaire de la signature des Protocoles modifiant et complétant le Traité de Bruxelles. Dans un message publié à l'issue de cette réunion, il a été déclaré que:

"A l'occasion du 25ème anniversaire de la signature à Paris, le 23 octobre 1954, des protocoles modifiant et complétant le Traité de Bruxelles et instituant l'Union de l'Europe occidentale, les Etats membres de l'Organisation entendent rappeler la contribution éminente apportée depuis sa fondation par l'Union de l'Europe occidentale au développement de leur coopération, conformément aux objectifs posés par le Traité, qui visent notamment 'à promouvoir l'unité et à encourager l'intégration progressive de l'Europe'.

Ils réaffirment leur attachement à la réalisation de ces objectifs, et en particulier leur engagement d'assurer leur légitime défense collective conformément au Traité.

Ils se félicitent à cet égard de l'apport essentiel de l'Assemblée de l'Union de l'Europe occidentale, qui est l'instance parlementaire européenne où les représentants des peuples des Etats membres délibèrent des problèmes de sécurité qui leur sont communs."

* * *

Chairman-in-Office paid tribute to the Assembly for its action throughout these years, noting in particular the importance of the Symposium on a European Armaments Policy which it had organised in Brussels in October. As Foreign Minister of Luxembourg, he gave his views on the subject of East-West nuclear balance, the peaceful use of nuclear energy and relations with non-nuclear countries. Mrs. Hamm-Brücher, Minister of State for Foreign Affairs of the Federal Republic of Germany, gave her Government's position on problems of security and détente in Europe. M. Bernard-Reymond, French Secretary of State for Foreign Affairs, in his speech, reviewed the principles on which his Government's defence policy was based and also spoke of French disarmament proposals, in particular the holding of a disarmament conference in Europe.

Following their speeches, ministers answered numerous questions put to them by members of the Assembly.

. . . .

* * *

extract from Chapter II on activities of the Council

. . . .

Introducing the Twenty-fourth Annual Report of the Council to the Assembly on 18 June, the Chairman-in-Office, M. Thorn, reaffirmed the validity of all the provisions of the modified Brussels Treaty and its protocols and also the determination of the member States of WEU to fulfil the obligations entered into for a period of fifty years. He emphasised the significance of Article V of the Treaty which requires the signatory countries to afford each other mutual assistance in the event of aggression and constitutes one of the keystones of their security system.

At their meeting on 23 October, the Council celebrated the Twenty-fifth Anniversary of the Protocols modifying and completing the Brussels Treaty. In a message published after that meeting it was stated that:

"On the occasion of the 25th Anniversary of the signature in Paris on 23 October, 1954, of the Protocols modifying and completing the Brussels Treaty and setting up Western European Union, the member States of the Organisation wish to recall the outstanding contribution which Western European Union has made, since its foundation, to the development of co-operation between member States in accordance with the aims of the Treaty, which are designed in particular 'to promote the unity and to encourage the progressive integration of Europe'.

They reaffirm their attachment to the fulfilment of these aims and especially their undertaking to provide for their collective self-defence in accordance with the Treaty.

In this regard they welcome the valuable support given by the Assembly of Western European Union, which is the European parliamentary body in which the representatives of the peoples of the member States discuss their common security problems."

. . . .

* * *

extrait du Chapitre IV sur le comité permanent des armements

. . . .

ETUDE SUR LE SECTEUR ARMEMENT DE L'INDUSTRIE DES PAYS MEMBRES DE L'UEO

Ainsi qu'il y avait été invité par le Comité permanent des armements à la dernière réunion de l'année 1978, le Secrétariat international a poursuivi en 1979 la préparation du chapitre économique de l'étude, qui comportera, d'une part, une présentation économique et financière générale des industries d'armement, et, d'autre part, une description analytique de ces industries.

En entreprenant la rédaction de la première partie de ce chapitre, le CPA est convenu de la diviser en trois sections, consacrées successivement à des considérations générales sur les dépenses de défense et d'armement, à la présentation des données industrielles de base pays par pays, enfin aux comparaisons et synthèses prévues au schéma détaillé que le Conseil a approuvé en 1977. Le Comité a chargé le Secrétariat international de continuer la collecte des informations nécessaires auprès des autorités nationales. Ce travail s'étant révélé plus difficile que prévu, le CPA ne s'est pas trouvé en mesure de remettre un document définitif au Conseil en vue de la réunion ministérielle du 16 mai 1979. Il lui a adressé en avril un rapport intérimaire sur l'état d'avancement des travaux.

Les conclusions de l'échange de vues tenu par les ministres à ce sujet ont été communiquées le 18 mai par le Chef du Secrétariat international au Comité permanent des armements. Ce dernier a noté que les ministres avaient confirmé son mandat et que, tout en acceptant de prolonger le délai d'achèvement de l'étude, ils avaient souhaité que la première partie du chapitre économique puisse être terminée dans les meilleurs délais et dans les meilleures conditions, grâce au concours des administrations intéressées.

En outre, le Comité a été informé par le Chef du Secrétariat international, qui avait assisté à la réunion commune entre le Conseil et la Commission des questions de défense et des armements, des vues exprimées à cette occasion au sujet des activités du CPA, et en particulier des remarques faites au nom du Conseil par M. Sanza qui avait confirmé la réponse donnée à la Recommandation N° 325 de l'Assemblée.

Pendant le second trimestre de 1979, la rédaction de la première section de la première partie du chapitre économique est entrée dans son stade final. Le CPA a envisagé que la seconde section de cette partie soit terminée au début de 1980. Quant à la troisième section, son établissement dépendait de l'avancement des deux autres; le CPA n'a pas été amené à en délibérer. Cependant, à la fin de l'année, il espérait qu'il serait en mesure de présenter un rapport complet au Conseil pour la réunion qui se tiendrait au niveau ministériel dans le courant du printemps 1980.

. . . .

* * *

extract from Chapter IV on standing armaments committee

. . . .

STUDY OF THE ARMAMENTS SECTOR OF INDUSTRY IN THE MEMBER COUNTRIES OF WEU

In 1979, as requested by the Standing Armaments Committee at its last meeting in 1978, the International Secretariat continued to prepare the economic chapter of the study which, as stated in the XXIVth Annual Report to the Assembly, will comprise a general economic and financial presentation of the armaments industries together with an analytical description of those industries.

When starting to work on the first part of this chaper, the SAC decided to divide it into three sections, to be devoted successively to general considerations on defence and armaments expenditure, to the presentation of basic industrial data separately for each country and to the comparisons and syntheses laid down in the detailed outline programme approved by the Council in 1977. The Committee instructed the International Secretariat to continue collecting the necessary information from national authorities. As this task proved more difficult than expected, the SAC was unable to present a final document to the Council in time for the Ministerial meeting of 16 May, 1979. An interim progress report was submitted in April.

The conclusions of the Ministers' exchange of views on this subject were reported to the Standing Armaments Committee by the Head of the International Secretariat on 18 May. The Committee noted that ministers had confirmed the SAC's mandate and that, while agreeing to extend the timetable for completion of the study, they had expressed the wish that the first part of the economic chapter should be completed as quickly as possible and to best effect, with the help of the administrations concerned.

In addition, the Head of the International Secretariat, who attended the joint meeting between the Council and the Committee on Defence Questions and Armaments, informed the SAC of the views there expressed concerning the work of the Committee and, in particular, of the comments made on behalf of the Council by M. Sanza, who had confirmed the reply given to Assembly Recommendation 325.

During the second quarter of 1979, drafting of the first section of the first part of the economic chapter reached the final stage. The SAC expected to complete the second section of this part early in 1980. The preparation of the third section depended on the progress of the two others and the SAC had not reached the point of discussing it. However, at the end of the year it hoped to be able to submit a complete report to the Council for the meeting to be held at ministerial level in the Spring of 1980.

. . . .

* * *

Chapitre V: comité de l'administration publique

(a) REUNIONS DU COMITE

En 1979, les deux réunions annuelles du Comité de l'administration publique, qui se tiennent à tour de rôle dans chacun des pays membres, ont eu lieu à Villeneuve-lès-Avignon, du 6 au 8 juin, et à Luxembourg, du 24 au 26 octobre.

Ces réunions sont essentiellement consacrées, d'une part, à des échanges d'informations sur les développements administratifs significatifs intervenus dans les pays membres au cours du semestre précédent et, d'autre part, à la préparation de la rencontre multilatérale de fonctionnaires qui aura lieu l'année suivante sous l'égide du Comité.

Durant l'année considérée, le Comité a eu l'occasion d'évoquer un certain nombre de problèmes administratifs communs à la plupart des pays membres. Comme cela a été la cas depuis plusieurs années, beaucoup de ces problèmes sont directement liés aux conditions créées, pour l'ensemble des pays, et par conséquent pour leurs administrations, par une situation économique et financière difficile: lutte contre le chômage par un ensemble de moyens diversement utilisés suivant les pays (semaine de travail plus courte, retraite anticipée, emploi à temps partiel, création d'emplois, etc.); position des fonctionnaires et de leurs syndicats dans le cadre des politiques de limitation des salaires; politique suivie, dans plusieurs des pays membres, en vue d'une sensible réduction des dépenses publiques; efforts entrepris pour remédier aux difficultés croissantes du financement de la sécurité sociale; effets des circonstances économiques sur les activités de formation et de perfectionnement des fonctionnaires, etc.

Les membres du Comité se sont par ailleurs tenus informés des diverses modifications survenues dans l'appareil étatique et administratif de leur pays à la suite de changements ou de remaniements de gouvernement. Les principales lois nouvelles ayant une importance significative sur le plan administratif ont été signalées et, le cas échéant, leur texte communiqué.

En ce qui concerne la rencontre de fonctionnaires à organiser en 1980, le Comité a en principe convenu de revenir, après deux années d'interruption, à la formule des rencontres de type formatif à l'intention de jeunes fonctionnaires.

(b) RENCONTRE DE FONCTIONNAIRES DE 1979

La vingt-huitième rencontre multilatérale de fonctionnaires organisée par le Comité de l'administration publique s'est déroulée aux Pays-Bas, du 19 au 23 novembre.

L'objectif de la rencontre était de permettre à des fonctionnaires expérimentés d'échanger des informations et de comparer les expériences de chaque pays membre en ce qui concerne l'évolution réelle de l'emploi dans le secteur public au cours des dix dernières années; de comparer les raisons spécifiques qui expliquent cette évolution; de comparer les rapports existants entre le nombre d'emplois dans le secteur public et l'évolution, dans sa nature et sa portée, du rôle joué par le gouvernement; de déceler pour l'avenir d'éventuels secteurs de croissance, en relation avec l'augmentation et la structure du chômage.

Il avait été demandé aux participants d'établir, avant la rencontre, une note décrivant la situation dans leur pays en ce qui concerne:

– l'augmentation du nombre d'emplois, sur une période de dix ans, au niveau

Chapter V: Public Administration Committee

(a) MEETINGS OF THE COMMITTEE

In 1979, the Public Administration Committee's two annual meetings, which are held in each of the member countries in turn, took place at Villeneuve-lès-Avignon from 6 to 8 June and at Luxembourg from 24 to 26 October.

These meetings are devoted mainly to exchanges of information about significant administrative developments in the member countries during the preceding six months and the preparation of the next year's multilateral course for government officials to be held under the Committee's auspices.

During the year under consideration, the Committee discussed a number of administrative problems common to the majority of the member countries. As has been the case for several years, many of these problems are directly related to the conditions which, for the countries as a whole and consequently for their administrations, result from a difficult economic and financial situation: efforts to bring down unemployment by means which varied from country to country (shorter working week, early retirement, part-time working, creation of new jobs, etc.); the position of civil servants and their unions in relation to wage restraint policies; the policy of a number of the member countries seeking to bring about considerable reductions in public expenditure; efforts to deal with the increasing difficulty of financing social security; the effects of the economic situation on training and refresher courses for civil servants, etc.

Committee members are also kept informed of the various modifications introduced into the State and administrative machinery of their countries as a result of government changes or reorganisations. The principal new laws of significant importance on the administrative front are reported and, where appropriate, their texts circulated.

With regard to the course for government officials to be organised in 1980, the Committee agreed in principle to return, after an interval of two years, to the instructional type of course designed for young civil servants.

(b) 1979 COURSE FOR GOVERNMENT OFFICIALS

The twenty-eighth multilateral course for government officials organised by the Public Administration Committee was held in the Netherlands, from 19 to 23 November.

The aim of the course was to enable experienced civil servants to exchange information and compare experiences in the member States regarding the actual development of employment in the public sector over the last ten years; to compare specific reasons for these developments; to compare the relation between the number of jobs in the public sector and the development of the nature and scope of the role of government; to identify future possible growth sectors in connection with growth and composition of unemployment.

Participants were asked to prepare beforehand a note describing the situation in their own country regarding:

- increase in employment over a ten-year period, at the level of central government, local government and other public bodies;

de l'administration centrale, de l'administration locale et des autres organismes de caractère public;
- l'importance relative des emplois du secteur public par rapport au nombre total d'emplois, et l'influence d'une éventuelle décentralisation des fonctions;
- la croissance réelle des dépenses de l'Etat pour chaque secteur, au cours des dix dernières années, en recherchant s'il était possible d'établir un lien entre les priorités budgétaires et les augmentations d'emplois dans le secteur public;
- l'évolution, en ce qui concerne son importance et sa structure, de la population en chômage, au cours de la même période.

La rencontre a réuni dix-huit participants, fonctionnaires de niveau assez élevé appartenant aux administrations des pays membres. Leurs échanges de vues, pendant les cinq journées de travail, se sont regroupés autor des trois grands thèmes suivants, dont chacun a été présenté par un fonctionnaire supérieur de l'administration néerlandaise, expert dans le domaine considéré: les participants ont tout d'abord étudié l'augmentation, liée à la décentralisation, du nombre d'emplois dans le secteur public. Ils ont ensuite examiné l'extension du champ des activités de l'Etat et ses conséquences pour l'emploi dans le secteur public. Ils ont enfin étudié les modifications quantitatives et de structure de la population au chômage, en liaison avec l'accroissement du nombre d'emplois dans le secteur public.

Le dernier jour de la rencontre a été consacré au résumé des principaux résultats et à la rédaction des conclusions qui ont pu se dégager.

Etant donné la date assez tardive de la rencontre, les commentaires des diverses délégations nationales n'ont pas encore été reçus. Il est cependant permis de conclure, d'après les impressions recueillies à l'issue des travaux, que les participants ont porté un jugement très favorable sur cette rencontre multilatérale qui leur a donné l'occasion de faire le point sur un sujet revêtant une grande importance dans la plupart des pays membres.

(c) VISITES D'ETUDE

Les visites d'étude organisées sous l'égide du Comité de l'administration publique permettent à un fonctionnaire d'aller étudier, pendant une ou deux semaines, dans l'administration d'un des autres pays membres, le domaine dont il est lui-même spécialiste.

Ces visites portent donc sur des sujets extrèmement divers, ainsi qu'en témoignent les quelques exemples suivants de visites d'étude faites pendant l'année considérée: la démocratie dans l'entreprise; l'aide sociale aux chômeurs (sujets étudiés en République Fédérale d'Allemagne); l'emploi des femmes dans l'industrie (sujet étudié en France); l'impôt sur le capital (sujet étudié en Italie); l'éducation du public en matière de santé; mesures susceptibles de replacer les poursuites en justice; la sécurité dans les prisons (sujet étudié aux Pays-Bas); rapports entre gouvernement et collectivités locales; compatibilité de la décentralisation et de l'autonomie, d'une part, de la tutelle gouvernementale d'autre part (sujet étudié en Belgique).

Il est rappelé que le fonctionnaire, au retour de sa visite dans une administration étrangère, établit un rapport qui est communiqué au Comité, ainsi naturellement qu'à l'administration visitée."

* * *

– the relative importance of public sector employment in connection with total employment in the same period and the effect of possible decentralisation of tasks;
– real growth in government spending per sector in the last ten years, checking whether it is possible to link budget priorities with increases in employment in the public sector;
– development of size and composition of national unemployment over the same period.

The course brought together eighteen participants, fairly high-level officials, from the administrations of the member countries. Their discussions throughout the five days' work were directed to the following three major themes, each of which was introduced by a senior civil servant of the Netherlands administration who was an expert in that particular field: participants first studied the increase of employment in the public sector in connection with decentralisation. They then considered the widening of scope of government activities and its consequence for employment in the public sector. Finally they studied changes in size and composition of unemployment in connection with the increase of employment in the public sector.

The last day of the course was devoted to a summing up of the main results of the discussions and to drafting conclusions.

As the course was held fairly late in the year, national delegations' comments have not yet been received. However, from impressions obtained at the end of the course, it may be concluded that participants were well satisfied with this multilateral course which enabled them to study a subject of great importance to the majority of the member countries.

(c) STUDY VISITS

Study visits arranged uncer the auspices of the Public Administration Committee enable an official to spend one or two weeks in the administration of one of the other member countries, studying his own speciality.

Consequently these visits cover a wide variety of subjects as is shown by the following few examples of visits carried out during the year under consideration: industrial democracy; social assistance for the unemployed (subjects studied in the Federal Republic of Germany); employment of women in industry (studied in France); taxes on personal capital (studied in Italy); health education; alternatives to prosecution; prison security (studied in the Netherlands); relations between government and local communities; compatibility of decentralisation and autonomy on the one hand and government supervision on the other (studied in Belgium).

It will be recalled that, on returning from a visit to a foreign administration, each official prepares a report which is sent to the Committee and, of course, to the administration visited."

* * *

D. PUBLICATIONS DE L'ASSEMBLEE DE L'UNION DE L'EUROPE OCCIDENTALE EN 1979

1. Actes officiels de la XXVème session ordinaire
– Première partie (juin 1979)
I. Documents de séance
II. Procès-verbaux; comptes rendus des débats
– Deuxième partie (décembre 1979)
III. Documents de séance
IV. Procès-verbaux; comptes rendus des débats
2. Bulletin mensuel d'information sur l'activité parlementaire européenne des sept Etats membres de l'UEO (n° 174 à 185).

E. ORGANISATION

Principaux Fonctionnaires (31 Décembre 1979)

Secrétariat général
Secrétaire général: S.E. M. E. Longerstaey
Secrétaire général délégué: M. G.J. Schlaich
Secrétaire général adjoint: M. P.B. Fraser
Conseiller juridique: M. J. Westhof
Comité permanent des armements
Secrétaire général adjoint et chef du Secrétariat international du CPA: M. Alain Plantey
Agence pour le contrôle des armements
Directeur: Général V. Leonelli
Directeur adjoint: Général R. Heslinga
Chef de la Division information et études: Général G. Philibert (jusqu'au 28.2.79) Général P. Lallart (à partir du 1.3.79)
Chef de la Division inspections et contrôles: Air Vice Marshal C.S. Betts
Chef de la Division administration et affaires juridiques: Dr. N. Plesser
Greffe de l'Assemblée
Greffier: M. F. Humblet
Greffier adjoint: M. G. Moulias

F. ADRESSES

Secrétariat général 9, Grosvenor Place, Londres, SW1X 7HL tél. 01 235 5351

Secrétariat international du Comité permanent des armements Agence pour le contrôle des armements Greffe de l'Assemblée	43, avenue du Président Wilson 75775 Paris Cedex 16 tél. 723 5432

D. PUBLICATIONS OF THE ASSEMBLY OF WESTERN EUROPEAN UNION IN 1979

1. Proceedings of the XXVth Ordinary Session
– First Part (June 1979)
I. Assembly documents
II. Minutes; Official reports of debates
– Second Part (December 1979)
III. Assembly documents
IV. Minutes; official reports of debates
2. Monthly information bulletin on European parliamentary activity in the seven member States of WEU (Nos. 174 to 185).

E. ORGANISATION

Principal Officers (31 December, 1979)

Secretariat-General
Secretary-General: H.E. Mr. E. LONGERSTAEY
Deputy Secretary-General: Mr. G.J. SCHLAICH
Assistant Secretary-General: Mr. P.B. FRASER
Legal Adviser: Mr. J. WESTHOF
Standing Armaments Committee
Assistant Secretary-General and Head of the International Secretariat of the SAC: M. ALAIN PLANTEY
Armaments Control Agency
Director: General V. LEONELLI
Deputy Director: General R. HESLINGA
Head of Information and Research Division: General G. PHILIBERT (until 28.2.79) General P. LALLART (from 1.3.79)
Head of Inspection and Control Division: Air Vice Marshal C.S. BETTS
Head of Administration and Legal Division: Dr. N. PLESSER
Office of the Clerk of the Assembly
Clerk: Mr. F. HUMBLET
Clerk Assistant: Mr. G. MOULIAS

F. ADDRESSES

Secretariat-General 9, Grosvenor Place, London, SW1X 7HL Tel. 01 235 5351

International Secretariat of the Standing Armaments Committee Armaments Control Agency Office of the Clerk of the Assembly	43, avenue du Président Wilson 75775 PARIS Cedex 16 Tel. 723 5432

CHAPITRE IV

ORGANISATION DE COOPERATION ET DE DEVELOPPEMENT ECONOMIQUES

A. INTRODUCTION

HISTORIQUE

L'OCDE a été créée par une Convention signée à Paris, le 14 décembre 1960; et qui est entrée en vigueur le 30 septembre 1961. Elle succédait à l'Organisation Européenne de Coopération Economique (OECE), comprenant des pays européens seulement. Celle-ci avait été établie en 1948, essentiellement en vue de mettre sur pied un programme de coopération à entreprendre pour assurer le relèvement des pays européens des effets de la Deuxième Guerre mondiale, grâce à l'aide américaine fournie dans le cadre du Plan Marshall.

Les Membres de l'OCDE, au nombre de 24, sont les suivants: Allemagne (République Fédérale), Australie, Autriche, Belgique, Canada, Danemark, Espagne, Etats-Unis, Finlande, France, Grèce, Irlande, Islande, Italie, Japon, Luxembourg, Norvège, Nouvelle-Zélande, Pays-Bas, Portugal, Royaume-Uni, Suède, Suisse, Turquie.

La Yougoslavie participe aux travaux de l'OCDE avec un statut spécial. En outre, la Commission des Communautés Européennes participe, de façon générale, aux travaux de l'OCDE.

OBJECTIFS

Promouvoir le bien-être économique et social dans l'ensemble des pays de l'OCDE en aidant les Gouvernements Membres à formuler les politiques à cet effet et en coordonnant celles-ci; contribuer à un développement sain de l'économie mondiale, notamment en stimulant et harmonisant les efforts des pays Membres en faveur des pays en développement.

B. CHRONOLOGIE DES EVENEMENTS PRINCIPAUX EN 1979

22–24 janvier: Le Secrétaire Général se rend en visite officielle à Ottawa où il s'entretient avec M. Pierre Trudeau, Premier Ministre, et plusieurs autres membres du Gouvernement canadien.

31 janvier: Un groupe important d'industriels et hommes d'affaires turcs rend visite à l'OCDE et s'entretient avec le Secrétaire Général.

31 janvier: Le Comité de l'acier élit son premier président en la personne de M. Alan W. Wolff, Représentant Spécial adjoint du Président des Etats-Unis pour les négociations commerciales.

5–9 février: Un Symposium organisé par l'OCDE et consacré à la gestion de l'administration publique se tient à Madrid. Y participent de hauts fonctionnaires des administrations publiques de vingt pays Membres, de la Commission des Communautés Européennes et de la Yougoslavie.

CHAPTER IV

ORGANISATION FOR ECONOMIC CO-OPERATION AND DEVELOPMENT

A. INTRODUCTION

HISTORY

OECD came into existence on 30 September 1961, after ratification of a Convention signed on 14 December 1960. It succeeded the Organisation for European Economic Co-operation (OEEC) which was limited to European countries. The latter was founded in 1948, essentially with a view to undertaking a joint effort or European economic recovery from the effects of the Second World War, with the help of American aid offered under the Marshall Plan.

The 24 members are Australia, Austria, Belgium, Canada, Denmark, Finland, France, Germany (FR), Greece, Iceland, Ireland, Italy, Japan, Luxembourg, Netherlands, New Zealand, Norway, Portugal, Spain, Sweden, Switzerland, Turkey, the United Kingdom and the United States.

Yugoslavia participates in the Organisation's work with a special status. Moreover, the Commission of the European Communities generally takes part in the activities of OECD.

AIMS

The aims of the Organisation are to promote economic and social welfare throughout the OECD area by assisting its Member Governments in the formulation of policies designed to this end and by coordinating these policies; and to contribute to a sound development of the world economy, notably by stimulating and harmonising its Members' efforts in favour of developing countries.

B. CHRONOLOGY OF MAIN EVENTS IN 1979

22–24 January: The Secretary-General went on an official visit to Ottawa where he conferred with Prime Minister Pierre Trudeau and several other members of the Canadian Government.

31 January: An important group of Turkish industrialists and businessmen came to the Organisation's Headquarters for talks with the Secretary-General.

31 January: The OECD Steel Committee elected its first Chairman, Mr. Alan W. Wolff, United States Deputy Special Representative for Trade Negotiations.

5–9 February: An OECD Symposium devoted to the changing problems of Public Administration was held in Madrid. This Symposium was attended by senior officials from public administration departments of twenty Member countries, the Commission of the European Communities and Yugoslavia.

5 février: Le Secrétaire Général accepte l'invitation que lui a faite la République Fédérale d'Allemagne de jouer un rôle prépondérant dans l'action spéciale d'assistance proposée en faveur de la Turquie. Cette invitation fait suite à la réunion au sommet de la Guadeloupe entre les Chefs d'Etat – ou de Gouvernement – des Etats-Unis, de la République Fédérale d'Allemagne, de la France et du Royaume-Uni.

26–27 février: Au cours d'une réunion informelle qu'ils tiennent à Versailles, de hauts fonctionnaires des pays de l'OCDE examinent des problèmes à long terme de la coopération économique mondiale en se fondant sur les travaux entrepris dans le cadre du projet "Interfuturs" de l'OCDE.

1er–2 mars: Lors d'une réunion au niveau des hauts fonctionnaires, le Conseil de Direction de l'Agence Internationale de l'Energie convient, entre autres, que les membres de l'AIE contribueront à la stabilisation de la situation pétrolière en réduisant leur demande de pétrole sur le marché mondial de quelque 2 millions de barils par jour (égale à 5% de la consommation des pays de l'AIE).

1er mars: M. Alejandro Orfila, Secrétaire Général de l'Organisation des Etats Américains, rencontre le Secrétaire Général au siège de l'OCDE afin de procéder avec lui à des échanges de vues.

2 mars: Le Ministre turc des Finances, M. Muezzinoglu, s'entretient avec le Secrétaire Général et le Dr. Hermes, Secrétaire d'Etat au Ministère des Affaires Etrangères de la République Fédérale d'Allemagne, pour discuter des questions concernant l'action solidaire commune en faveur de la Turquie menée dans le cadre de l'OCDE.

7 mars: Le Secrétaire Général s'adresse au Comité Intérimaire du FMI, à Washington.

7–8 mars: Le Groupe de travail du Conseil de l'OCDE sur la construction navale se réunit afin d'examiner l'évolution de la crise de la construction navale dans le monde. Dans le rapport qu'il soumet par la suite au Conseil, le Groupe invite tous les pays Membres de l'OCDE qui jouent un rôle sur les marchés mondiaux de la construction navale, à contribuer aux efforts fournis pour créer les conditions nécessaires à une saine concurrence.

24–25 mars: En sa qualité de coordinateur du programme spécial d'aide à la Turquie, le Secrétaire Général se rend à Ankara pour des consultations avec le Premier Ministre, M. Ecevit, ainsi qu'avec plusieurs membres du Cabinet. Avant sa visite à Ankara, le Secrétaire Général rencontre, le 23 mars à l'OCDE, M. W. Leisler Kiep, Ministre des Finances de Basse Saxe, désigné par le Chancelier Schmidt comme son représentant personnel dans le cadre des efforts visant à fournir une aide à la Turquie.

9 avril: M. Gamani Corea, Secrétaire Général de la CNUCED, prend la parole devant le Conseil de l'OCDE.

23 avril: Le Secrétaire général est reçu par M. Constantin Tsatsos, Président de la République Hellénique, lors de la visite qu'effectue celui-ci en France.

24 avril: M. Emile van Lennep, Secrétaire Général de l'Organisation, est réélu pour un nouveau mandat d'une durée de deux ans et demi, à partir du 30 septembre 1979, soit jusqu'au 31 mars 1982. M. van Lennep avait pris ses fonctions comme Secrétaire Général de l'OCDE en octobre 1969.

3 mai: Le Secrétaire Général est reçu à Washington par le Président Carter.

7 et 8 mai: Le Comité de l'Environnement se réunit au niveau ministériel sous la présidence de M. Douglas M. Costle, responsable de l'Agence de Protection de l'Environnement des Etats-Unis. Les Ministres dressent le bilan de l'action menée depuis la création du Comité en 1970, et établissent les bases des politiques de l'environnement pour la prochaine décennie. Ils

5 February: The Secretary-General accepted an invitation from the Federal Republic of Germany to play a leading role in the proposed special assistance action for Turkey. This invitation was extended by the Federal Republic after the Guadeloupe summit of Heads of States of Governments of the United States, France, the United Kingdom and Germany.

26–27 February: An informal meeting of senior officials from OECD countries meeting in Versailles examined problems of long term world economic co-operation on the basis of the work undertaken in OECD under the Organisation's "Interfutures" Project.

1–2 March: The Governing Board of the International Energy Agency decided among other things that its Members would contribute to stabilising the situation on the oil markets by reducing their demand for oil by around 2 mb/d – or 5% of IEA consumption. At this meeting Australia became the 20th Member of the Agency.

1 March: Mr. Alejandro Orfila, Secretary-General of the Organisation of American States, had an exchange of views with the Secretary-General at the Organisation's Headquarters.

2 March: The Turkish Minister of Finance, Mr. Muezzinoglu, met in Paris with the Secretary-General and Dr. Hermes, State Secretary in the Foreign Office of the Federal Republic of Germany, to discuss all questions related to the joint solidarity assistance action for Turkey, initiated in the framework of OECD.

7 March: The Secretary-General addressed the Interim Committee of the IMF in Washington.

7–8 March: The OECD Council Working Party on Shipbuilding met to review developments in the world shipbuilding crisis. In its subsequent report to the Council, the Working Party called on all Member countries playing a role in world shipbuilding markets to join in its efforts to develop conditions necessary for healthy competition.

24–25 March: In his capacity as coordinator of the programme of special aid to Turkey, the Secretary-General visited Ankara for consultations with Prime Minister Ecevit and several members of his Cabinet. This visit was preceded on 23rd March by a meeting at OECD with Mr. W. Leisler Kiep, Finance Minister of Lower Saxony, appointed by Chancellor Schmidt as his personal representative for aid to Turkey.

9 April: Mr. Gamani Corea, Secretary-General of UNCTAD, addressed the OECD Council.

23 April: The Secretary-General was received by Mr. Constantin Tsatsos, President of the Hellenic Republic, during the latter's visit to France.

24 April: Jonkheer Emile van Lennep, the Organisation's Secretary-General, was reelected by the Council for another mandate of 2½ years as from 30 September, 1979. Mr. van Lennep assumed his functions as Secretary-General of OECD in October 1969.

3 May: The Secretary-General was received by President Carter in Washington.

7–8 May: The Environment Committee met at Ministerial level under the Chairmanship of Mr. Douglas M. Costle, Administrator of the U.S. Environmental Protection Agency. Ministers assessed action taken since the creation of the Environment Committee in 1970, and laid the foundations of environmental policies for the coming decade. They also adopted a

adoptent également une déclaration aux termes de laquelle leurs gouvernements s'engagent à suivre des politiques de nature plus préventive et mieux intégrées aux politiques économiques et sociales d'ensemble, ainsi que plusieurs recommandations concernant des problèmes spécifiques, tels que l'environnement et le tourisme, et le charbon et l'environnement.

10 mai: Le Secrétaire Général dirige la délégation de l'OCDE qui assiste à la 5ème Conférence de la CNUCED, à Manille. Il y prononce un discours.

10 mai: M. Hiroshi Murata, Président de l'Institut de Recherche japonais de l'Energie Atomique, est élu Président du Comité de Direction de l'Energie Nucléaire, organe délibérant de l'Agence de l'Energie Nucléaire de l'OCDE.

21–22 mai: Le Conseil de Direction de l'Agence Internationale de l'Energie de l'OCDE tient sa 3ème réunion au niveau ministériel sous la présidence de M. David Howell, M.P., Ministre britannique de l'Energie. Le texte du Communiqué de presse résumant les résultats de la réunion est reproduit plus loin dans la section "Principaux actes de l'Organisation adoptés en 1979" et mis en diffusion générale.

30 mai: Les Représentants de 19 Gouvernements Membres de l'OCDE et de la Commission des Communautés Européennes se réunissent sous la présidence du Secrétaire Général, afin de discuter de l'action spéciale d'aide de l'OCDE à la Turquie. Lors d'un premier tour de table, les pays donateurs s'engagent à fournir une aide d'environ 900 millions de dollars pour financer les besoins d'importation les plus urgents de la Turquie.

13–14 juin: Le Conseil de l'OCDE se réunit au niveau ministériel (Ministres des Affaires étrangères et Ministres des Finances) sous la présidence du Dr. Hannes Androsch, Vice-Chancelier et Ministre Fédéral des Finances de l'Autriche. Le texte du Communiqué de presse résumant les résultats de la réunion est reproduit plus loin dans la section "Principaux actes de l'Organisation adoptés en 1979 et mis en diffusion générale".

27–28 juin: De hauts fonctionnaires de la Commission de réglementation nucléaire des Etats-Unis et leurs homologues des autres pays Membres de l'Agence de l'Energie Nucléaire de l'OCDE se réunissent dans le cadre du Comité de l'AEN sur la sûreté des installations nucléaires, afin de procéder à un premier examen des enseignements à tirer de l'accident survenu à la Centrale nucléaire de Three Mile Island (Pennsylvanie – USA).

3 juillet: Les résultats du travail entrepris dans le cadre du projet Interfuturs (mis en route en janvier 1976), comportant un examen approfondi de coopération mondiale économique à long terme, font l'objet d'une publication intitulée "Face aux futurs: pour une maîtrise du vraisemblable et une gestion de l'imprévisible".

23–25 juillet: Un Groupe de travail créé dans le cadre du Consortium de l'OCDE pour la Turquie et auquel participent 17 pays Membres convient, en vue des difficultés de balance de paiement de la Turquie, de recommander aux Gouvernements représentés un rééchelonnement de la dette extérieure de la Turquie résultant de prêts octroyés par des organismes publics ou de crédits garantis ou assurés par ces organismes.

20–31 août: Le Secrétaire Général dirige la délégation de l'OCDE qui assiste à la Conférence des Nations Unies sur la Science et la Technologie au service du Développement réunie à Vienne, et y prononce un discours. Auparavant, le Secrétaire Général est reçu par le Dr. Bruno Kreisky, Chancelier Fédéral d'Autriche.

19 septembre: Le Secrétaire Général se rend à Londres où il rencontre le Chancelier de l'Echiquier et plusieurs autres ministres britanniques.

Declaration committing their Governments to policies of a more preventive nature and more integrated with general economic and social policies, as well as several recommendations concerning specific issues such as Environment and Tourism, and Coal and the Environment.

10 May: The Secretary-General headed an OECD mission attending the Fifth UNCTAD Conference in Manila, where he delivered a major statement.

10 May: Mr. Hiroshi Murata, President of the Japan Atomic Energy Research Institute (JAERI), was elected Chairman of the Steering Committee for Nuclear Energy, the supreme body of the OECD Nuclear Energy Agency.

21–22 May: The Governing Board of the International Energy Agency of OECD held its third meeting at Ministerial level under the Chairmanship of the Rt. Hon. David Howell, M.P., Secretary of State for Energy of the United Kingdom. The text of the Press Communiqué summing up the results of the meeting is reproduced below under "Principal Acts of the Organisation adopted in 1979 and derestricted".

30 May: Representatives of 19 OECD Member Governments and of the Commission of the European Communities met under the Chairmanship of the Secretary-General to discuss the OECD special assistance actions for Turkey. In a first round, donor countries pledged support amounting to approximately 900 million dollars to finance Turkey's most urgent import requirements.

13–14 June: The OECD Council met at Ministerial level (Foreign and Finance Ministers) under the Chairmanship of Dr. Hannes Androsch, Vice-Chancellor and Federal Minister of Finance of Austria. The text of the Press Communiqué summing up the results of the meeting is reproduced below under "Principal Acts of the Organisation adopted in 1979 and derestricted".

27–28 June: Senior officials from the U.S. Nuclear Regulatory Commission and their counterparts from the other Member countries of the OECD Nuclear Energy Agency met in the framework of the NEA Committee on the Safety of Nuclear Installations to undertake a first review of the lessons to be learnt from the accident at the Three Mile Island nuclear power plant (Pennsylvania – U.S.A.).

3 July: The findings resulting from the work undertaken under the Interfutures Project (launched in January 1976) which consisted of a thorough examination of long term world economic co-operation, were published in a report entitled "Facing the Future; Mastering the Probable and Managing the Unpredictable".

23–25 July: A Working Party established within the OECD Consortium for Turkey in which 17 countries participated, agreed, in view of Turkey's balance of payments difficulties, to recommend to the governments represented a rescheduling of Turkey's external debts resulting from loans by government or official bodies, or from credits guaranteed or insured by such bodies.

20–31 August: The Secretary-General headed an OECD delegation that attended the United Nations Conference on Science and Technology for Development, in Vienna. Prior to addressing the Conference, Mr. van Lennep was received by the Austrian Chancellor, Dr. Bruno Kreisky.

19 September: The Secretary-General visited London where he met with the Chancellor of the Exchequer and several other British ministers.

24–28 septembre: Environ 250 participants venant de 20 pays et plusieurs organisations internationales participent à un Colloque international sur la physique des réacteurs surgénératifs à neutrons rapides, organisé à Aix-en-Provence conjointement par l'Agence de l'Energie Nucléaire de l'OCDE et l'Agence Internationale de l'Energie Atomique.

25 septembre: Mme Juanita Krebs, Ministre américain du Commerce, visite l'OCDE pour un échange de vues avec le Secrétaire Général et plusieurs hauts fonctionnaires du Secrétariat, portant sur les problèmes économiques actuels et les échanges internationaux.

29 septembre – 3 octobre: Le Secrétaire Général dirige la délégation de l'OCDE qui participe, à Belgrade, aux réunions annuelles de la Banque Mondiale et du Fonds Monétaire International. A cette occasion, il prend la parole devant le Comité Intérimaire du FMI.

1er–5 octobre: Environ 90 spécialistes en radio-écologie marine des pays Membres de l'OCDE se réunissent à Tokyo dans le cadre d'un séminaire organisé par l'Agence de l'OCDE pour l'Energie Nucléaire, pour faire le point des études récentes sur les aspects concernant l'environnement, l'écologie et la protection radiologique du rejet dans les profondeurs des océans de déchets radioactifs emballés.

4 octobre: M. Enrique Iglesias, Représentant du Secrétaire Général des Nations Unies chargé des questions d'énergie, rend visite au Secrétaire Général.

8 octobre: M. John Howard, Trésorier Australien, visite le Secrétaire Général.

8 octobre: Le Secrétaire Général est reçu par le Président du Portugal lors de la visite officielle qu'il effectue en France.

9 octobre: Le Secrétaire Général assiste à la deuxième partie de la 30ème Session de l'Assemblée Parlementaire du Conseil de l'Europe au cours de laquelle intervient le débat sur les activités de l'OCDE. Il y prononce un exposé faisant un tour d'horizon de la situation économique mondiale. Des délégations venues de plusieurs pays non-Membres du Conseil de l'Europe (Australie, Canada, Finlande) participent au débat.

18–19 octobre: Une soixantaine d'inspecteurs des impôts de 21 pays Membres de l'OCDE se réunissent à l'Organisation pour discuter de la détection de fausses factures et de moyens utilisés pour transférer à l'étranger des revenus en vue d'échapper à l'impôt. Il s'agit de la dernière en date d'une série de réunions organisées régulièrement par le Comité des Affaires Fiscales de l'OCDE.

22–24 octobre: Le Secrétaire Général effectue une visite officielle au Portugal où il est reçu par le Président Eanes et s'entretient avec plusieurs ministres du Gouvernement portugais.

5–6 novembre: Le Secrétaire Général se rend en visite officielle à La Haye, où il s'entretient avec le Premier Ministre et avec plusieurs ministres.

19–20 novembre: Le Comité d'aide au développement tient sa 17ème réunion annuelle à haut niveau, sous la présidence de M. John P. Lewis. Les ministres et directeurs d'organismes d'aide procèdent à un échange de vues sur les problèmes clefs du développement, en particulier ceux qui se rapportent à la préparation d'une nouvelle stratégie internationale du développement pour la prochaine décennie, dans le contexte de l'évolution des relations Nord/Sud.

10 décembre: L'évolution désordonnée constatée sur le marché du pétrole provoque une deuxième réunion en 1979 des Ministres de l'Energie des pays Membres de l'AIE (4ème Réunion du Conseil de Direction de

24–28 September: Some 250 participants from 20 countries and several international organisations attended an International symposium on Fast Breeder Reactor Physics organised jointly in Aix-en-Provence by the OECD Nuclear Energy Agency (NEA) and the International Atomic Energy Agency (IAEA).

25 September: Mrs. Juanita Krebs, United States Secretary for Commerce, visited OECD for discussions on current international trade and economic questions with the Secretary-General and senior secretariat advisors.

29 September – 3 October: The Secretary-General led the OECD delegation to the Annual Meetings of the World Bank and the International Monetary Fund in Belgrade. On this occasion he addressed the Interim Committee of the IMF.

1–5 October: Specialists in marine radioecology from OECD Member countries met in Tokyo at a seminar organised by the OECD Nuclear Energy Agency to review recent studies of environmental, ecological and radiological protection aspects of the dumping of radioactive waste in packaged form in the depths of oceans.

4 October: Mr. Enrique Iglesias, Representative of the United Nations Secretary-General responsible for energy questions, visited the Secretary-General.

8 October: Mr. John Howard, the Australian Treasurer, called on the Secretary-General.

8 October: The Secretary-General was received by President Eanes of Portugal during the latter's state visit to France.

9 October: The Secretary-General attended the second part of the 30th Session of the Parliamentary Assembly of the Council of Europe for the annual debate on the activities of OECD and made a statement providing a "tour d'horizon" of the international economic situation. Parliamentary delegations from several non-Member countries of the Council of Europe (Australia, Canada, Finland) took part in the debate.

18–19 October: Over 60 auditors and inspectors from 21 OECD Member countries met at the Organisation to discuss detection of false invoicing and ways in which income is transferred abroad to avoid tax. It was the last of a series of meetings organised by the Fiscal Affairs Committee to exchange views and experiences on tax evasion.

22–24 October: The Secretary-General paid an official visit to Portugal where he was received by President Eanes and consulted with several members of the Portuguese Government.

5–6 November: The Secretary-General went on an official visit to the Hague where he conferred with the Prime Minister and several Ministers.

19–20 November: The Development Assistance Committee (DAC) held its 17th Annual High-Level Meeting under the Chairmanship of Mr. John P. Lewis. Ministers and Heads of Aid Agencies exchanged views on a number of key development issues, especially those concerning the new International Development Strategy for the coming decade, reviewed in the context of evolving North/South relations.

10 December: The turbulent situation on the oil markets brought IEA Energy Ministers together for the second time in 1979 (4th Meeting of the Governing Board of the International Energy Agency at Ministerial level) under

l'Agence Internationale de l'Energie au niveau ministériel), sous la présidence de M. Otto Lambsdorff, Ministre de l'Economie de la République Fédérale d'Allemagne. Les résultats atteints par cette réunion sont résumés dans le texte d'un Communiqué de presse qui est reproduit plus loin dans la section "Principaux actes de l'Organisation adoptés en 1979 et mis en diffusion générale".

C. PRINCIPAUX ACTES DE L'ORGANISATION ADOPTES EN 1979 ET MIS EN DIFFUSION GENERALE

1. C(79)18(Final) – Recommandation du Conseil concernant le rôle de l'agriculture dans l'aménagement des aires péri-urbaines.

2. C(79)37(Final) – Recommandation du Conseil sur la gestion de l'espace public urbain.

*3. C(79)38(Final) – Décision du Conseil concernant le contrôle de la qualité des produits exportés dans le cadre du "Régime" de l'OCDE pour l'application des normes internationales aux fruits et légumes.

*4. C(79)39(Final) – Décision du Conseil portant révision de certaines normes du "Régime" de l'OCDE pour l'application de normes internationales aux fruits et légumes.

*5. C(79)46(Final) – Décision du Conseil portant amendement à la Décision du Conseil relative à établissement d'un système de l'OCDE pour la certification variétale des semences de céréales destinées au commerce international.

*6. C(79)47(Final) – Décision du Conseil portant amendement à la Décision du Conseil relative à l'établissement d'un Système de l'OCDE pour la certification variétale des semences de betteraves sucrières et de betteraves fourragères destinées au commerce international.

*7. C(79)48(Final) – Décision du Conseil portant amendement à la Décision du Conseil relative à l'établissement d'un Système de l'OCDE pour la certification variétale des semences de maïs destinées au commerce international.

*8. C(79)49(Final) – Décision du Conseil portant amendement à la Décision du Conseil relative à l'établissement d'un Système de l'OCDE pour la certification variétale des semences des plantes fourragères et oléagineuses destinées au commerce international.

*9. C(79)61(Final) – Décision du Conseil portant amendement à la Décision du Conseil relative à l'établissement d'un Système de l'OCDE pour la certification variétale des semences de trèfle souterrain et d'espèces similaires destinées au commerce international.

10. C(79)83(Final) – Recommandation du Conseil concernant la détermination des prix de transfert entre entreprises associées.

11. C(79)87(Final) – Résolution du Conseil portant nomination du Secrétaire général de l'Organisation.

*12. C(79)93(Final) – Résolution du Conseil portant création d'un Programme de travail spécial de l'Organisation sur les politiques d'ajustement positives.

13. C(79)95(Final) – Résolution du Conseil amendant et remplaçant la Résolution portant création d'un groupe de travail sur les problèmes de développement à long terme de la Turquie.

14. C(79)106(Final) – Communiqué de presse concernant la réunion du Conseil au niveau ministériel.

N.B.: Les actes dont l'énumération ci-dessus est précédée d'un astérisque ne sont pas reproduits ci-après. Ils peuvent être obtenus en s'adressant à la Division des Relations Extérieures de l'OCDE.

the Chairmanship of Count Otto Lambsdorff, Minister of Economics of the Federal Republic of Germany. The results of the meeting were summed up in a Press Communiqué which is reproduced below under "Principal Acts of the Organisation adopted in 1979 and derestricted".

C. PRINCIPAL ACTS OF THE ORGANISATION ADOPTED IN 1979 AND DERESTRICTED

1. C(79)18(Final) – Recommendation of the Council concerning the Role of Agriculture in the Planning and Management of Peri-Urban Areas.
2. C(79)37(Final) – Recommendation of the Council on the Management of Publicly-Owned Urban Land.
*3. C(79)38(Final) – Decision of the Council concerning the Quality Control of Produce Exported under the OECD Scheme for the Application of the International Standards for Fruit and Vegetables.
*4. C(79)39(Final) – Decision of the Council concerning the Revision of Certain Standards of the OECD Scheme for the Application of the International Standards for Fruit and Vegetables.
*5. C(79)46(Final) – Decision of the Council amending the Decision of the Council Establishing an OECD Scheme for the Varietal Certification of Cereal Seed Moving in International Trade.
*6. C(79)47(Final) – Decision of the Council amending the Decision of the Council Establishing an OECD Scheme for the Varietal Certification of Sugar Beet and Fodder Beet Seed Moving in International Trade.

*7. C(79)48(Final) – Decision of the Council amending the Decision of the Council Establishing an OECD Scheme for the Varietal Certification of Maize Seed Moving in International Trade.
*8. C(79)49(Final) – Decision of the Council amending the Decision of the Council Establishing an OECD Scheme for the Varietal Certification of Herbage and Oil Seed Moving in International Trade.

*9. C(79)61(Final) – Decision of the Council amending the Decision of the Council Establishing an OECD Scheme for the Varietal Certification of Seed of Subterranean Clover and similar Species Moving in International Trade.

10. C(79)83(Final) – Recommendation of the Council on the Determination of Transfer Prices between Associates and Enterprises.
11. C(79)87(Final) – Resolution of the Council appointing the Secretary-General of the Organisation.
*12. C(79)93(Final) – Resolution of the Council Establishing a Special Programme of Work for the Organisation on Positive Adjustment Policies.

13. C(79)95(Final) – Resolution of the Council amending and replacing the Resolution Establishing a Working Party on the Long-Term Development Problems of Turkey.
14. C(79)106(Final) – Press Communiqué on the Council Meeting at Ministerial Level.

N.B.: The Acts the title of which is preceded by an asterisk in the above list are not reproduced below. They may be obtained from the External Relations Division of OECD.

15. C(79)114 – Recommandation du Conseil relative aux Rapports sur l'état de l'environnement.
16. C(79)115 – Recommandation du Conseil sur l'environnement et le tourisme.
17. C(79)116 – Recommandation du Conseil concernant l'évaluation des projets ayant des incidences sensibles sur l'environnement.
18. C(79)117 – Recommandation du Conseil relative au charbon et à l'environnement.
*19. C(79)133(Final) – Décision du Conseil portant amendement au Code de la libération des opérations invisibles courantes, au Code de la libération des mouvements de capitaux et au Règlement de procédure de l'Organisation.
20. C(79)143 – Décision révisée du Conseil relative aux procédures de consultation intergouvernementale concernant les principes directeurs à l'intention des entreprises multinationales.
21. C(79)144 – Décision révisée du Conseil relative au traitement national.
22. C(79)145 – Décision révisée du Conseil relative aux stimulants et obstacles aux investissements internationaux.
*23. C(79)151(Final) – Résolution du Conseil relative à l'admission du Chili au système de l'OCDE pour la certification variétale des semences de maïs destinées au commerce international.
*24. C(79)152 Final – Résolution du Conseil relative à l'admission de la Bulgarie au Système de l'OCDE pour la certification variétale des semences de plantes fourragères et oléagineuses destinées au commerce international.
25. C(79)154(Final) – Recommandation du Conseil sur la coopération entre pays Membres dans le domaine des pratiques commerciales restrictives affectant les échanges internationaux.
26. C(79)155(Final) – Recommandation du Conseil sur la politique de concurrence et les secteurs exemptés ou réglementés.
27. C(79)162(Final) – Recommandation du Conseil concernant l'information et la protection des touristes dans le domaine de voyages à forfait aériens.
*28. C(79)168 – Résolution du Conseil relative à l'admission de la Bulgarie au Système de l'OCDE pour la certification variétale des semences de céréales destinées au commerce international.
*29. C(79)169 – Résolution du Conseil relative à l'admission de la Bulgarie au Système de l'OCDE pour la certification variétale des semences de betteraves sucrières et de betteraves fourragères destinées au commerce international.
30. C(79)177(Final) – Résolution du Conseil portant création d'un groupe sur les questions économiques intéressant les relations Nord-Sud.
31. C(79)202(Final) – Recommandation du Conseil concernant la sécurité des produits de consommation.
32. C(79)210(Final) – Résolution du Conseil relative au mandat du Comité de l'investissement international et des entreprises multinationales.

RECOMMANDATION DU CONSEIL CONCERNANT LE ROLE DE L'AGRICULTURE DANS L'AMENAGEMENT DES AIRES PERI-URBAINES

(adoptée par le Conseil lors de sa 483ème séance, le 14 mars 1979)

Le Conseil,

Vu l'article 5b) de la Convention relative à l'Organisation de Coopération et de Développement Economiques, en date du 14 décembre 1960;

Prenant note du Rapport du Secrétariat, en date du 13 juillet 1978, sur

15. C(79)114(Final) – Recommendation of the Council on Reporting on the State of Environment.

16. C(79)115 – Recommendation of the Council on the Environment and Tourism.

17. C(79)116 – Recommendation of the Council on the Assessment of Projects with significant Impact on the Environment.

18. C(79)117 – Recommendation of the Council on Coal and the Environment.

*19. C(79)133(Final) – Decision of the Council amending the Code of Liberalisation of Current Invisible Operations, the Code of Liberalisation of Capital Movements and the Rule of Procedure of the Organisation.

20. C(79)143 – Revised Decision of the Council in Inter-Governmental Consultation Procedures on the Guidelines for Multinational Enterprises.

21. C(79)144 – Revised Decision of the Council on National Treatment.

22. C(79)145 – Revised Decision of the Council on Investment Incentives and Disincentives.

*23. C(79)151(Final) – Resolution of the Council admitting Chile to the OECD Scheme for the Varietal Certification of Maize Seed Moving in International Trade.

*24. C(79)152(Final) – Resolution of the Council admitting Bulgaria to the OECD Scheme for the Varietal Certification of Herbage and Oil Seed Moving in International Trade.

25. C(79)154(Final) – Recommendation of the Council concerning Co-operation between Member Countries on Restrictive Business Practices Affecting International Trade.

26. C(79)155(Final) – Recommendation of the Council on Competition Policy and Exempted or Regulated Sectors.

27. C(79)162(Final) – Recommendation of the Council concerning Information and Protection of Tourists in Connection with Air Package Tours.

*28. C(79)168 – Resolution of the Council admitting Bulgaria to the OECD Scheme for the Varietal Certification of Cereal Seed Moving in International Trade.

*29. C(79)169 – Resolution of the Council admitting Bulgaria to the OECD Scheme for the Varietal Certification of Sugar Beet and Fodder Beet Seed Moving in International Trade.

30. C(79)177(Final) – Resolution of the Council Establishing a Group on North/South Economic Issues.

31. C(79)202(Final) – Recommendation of the Council concerning the Safety of Consumer Products.

32. C(79)210(Final)– Resolution of the Council on the Terms of Reference of the Committee on International Investment and Multinational Enterprises.

RECOMMENDATION OF THE COUNCIL CONCERNING THE ROLE OF AGRICULTURE IN THE PLANNING AND MANAGEMENT OF PERI-URBAN AREAS

(adopted by the Council at its 483rd Meeting on 14 March 1979)

The Council,

Having regard to Article 5(b) of the Convention on the Organisation of Economic Co-operation and Development of 14 December 1960;

Taking note of the Report by the Secretariat of 13 July, 1978, on Agriculture

l'agriculture dans l'aménagement des aires péri-urbaines [AGR(78)22 et Corrigendum 1], ainsi que du Rapport précédemment publié sous le titre "L'agriculture face aux politiques d'utilisation du sol" [AGR/NP1(75)4/Rév. et Corrigendum AGR(76)5];

Reconnaissant que l'agriculture des régions péri-urbaines, qui représente une proportion importante des terres fertiles et de la production totale dans la plupart des pays de l'OCDE, est confrontée avec une série de défis résultant de l'expansion urbaine qui affectent ses structures et son fonctionnement, et qu'il y a un besoin fondamental à réduire l'incertitude quant à l'avenir de l'exploitation dans ces régions;

Reconnaissant l'évolution rapide dans de nombreux pays et l'importance croissante au cours des dernières années des politiques d'aménagement du territoire et d'utilisation du sol, la diversité des situations dans les pays Membres et les différences dans l'approche des solutions appropriées;

Reconnaissant qu'il est également demandé à l'agriculture dans les aires péri-urbaines, en dehors de son rôle de production, de fournir de l'espace pour les utilisations urbaines et d'assurer à la ville un environnement satisfaisant, et que l'agriculture constitue par conséquent aussi un élément important de l'expansion et de la qualité de la vie de la cité;

I. RECOMMANDE aux pays Membres que:

1. Pleine considération soit donnée ou rendue à l'agriculture péri-urbaine dans l'aménagement du territoire, compte tenu de l'importance du rôle qu'elle peut jouer dans la production agricole nationale;

2. Des mesures spécifiques, à respecter tant par les services publics que par les intérêts privés, assurent la meilleure protection possible des terres agricoles fertiles, si nécessaire sur la base d'un relevé de toutes les ressources disponibles (y compris les sols et l'eau) de manière à pouvoir identifier et surveiller celles qui devraient être conservées;

3. Les moyens et les instruments des politiques agricoles globales visant la modernisation et l'amélioration des structures prennent en considération le contexte péri-urbain afin de promouvoir une économie agricole saine et de contribuer à la qualité du milieu de vie local et régional;

4. Les activités agricoles rentables à plein temps ou à temps partiel soient l'objet de l'attention requise, notamment dans leurs aspects sociaux, en fonction de leur rôle dans l'économie et l'environnement péri-urbains;

5. Quand des plans régionaux et locaux d'utilisation du sol s'avèrent nécessaires, ceux-ci prévoient des zones réservées aux activités agricoles, soit spécifiquement, soit en combinaison avec d'autres activités compatibles telles que les réserves écologiques ou les loisirs et que ces zones agricoles soient assurées d'une durée raisonnablement longue et ne puissent être modifiées avant terme que pour des raisons impérieuses et en concordance avec les procédures de zonage reconnues;

6. La participation des agriculteurs, de leurs représentants et des services administratifs qualifiés soit équilibrée, dans la préparation des plans aux niveaux national, régional et local, avec celle des autres groupes d'intérêts;

7. L'impact sur l'agriculture et les autres activités situées dans les aires péri-urbaines de la politique fiscale les concernant soit évalué et adapté le cas échéant en fonction des nouvelles conditions résultant du zonage, de façon à apporter une contribution positive à la réalisation des objectifs d'utilisation du sol;

8. Des mécanismes de péréquation soient mis au point et appliqués pour tenir compte des différences dans les valeurs foncières induites par le zonage entre les différentes zones;

in the Planning and Management of Peri-Urban Areas [AGR(78)22 and Corrigendum 1] as well as the previous Report published under the title "Land Use Policies and Agriculture" [AGR/WP1(75)4 Revised and Corrigendum AGR (76)5];

Recognising that agriculture in peri-urban areas which accounts for a sizeable proportion of fertile land and of total agricultural production in most OECD countries, has to face a series of challenges resulting from urban expansion which affect its structures and operation, and that there is a basic need to reduce uncertainty with regard to the future of farming in these areas:

Recognising the rapid evolution in many countries and the increasing importance in recent years of area-wide planning and of land use policies, the variety of situations existing in Member countries, and the differences in approach in seeking appropriate solutions;

Recognising that agriculture in peri-urban areas apart from its role as a producer is also required to supply land for urban uses and to provide the city with a satisfactory environment, and so is also an important element for the expansion of and the quality of life in the city;

I. RECOMMENDS Member countries that:

1. Full consideration should be given or restored to peri-urban agriculture in area-wide planning, in the light of the important role in may play within national agricultural production;

2. Specific measures, to be respected by both government services and private interests, should ensure the best possible protection of prime agricultural land, if necessary on the basis of a survey of all available resources (including land and water) so as to be able to identify and monitor those which should be maintained;

3. Means and tools of overall agricultural policies aiming at modernisation and structural improvements should take the peri-urban context into consideration in order to promote a sound agricultural economy and contribute to the quality of local and regional life;

4. Attention should be given to efficient full-time or part-time farming activities, including their social aspects, in relation to their role in the peri-urban economy and environment;

5. When regional and local land use plans prove necessary, these should provide for zones reserved for agriculture, either specifically or in conjunction with other compatible uses such as ecological reserves or recreation, and these agricultural zones should be assured of a reasonably long duration and be subject to revision before term only for imperative reasons and in accordance with the recognised zoning procedures;

6. The participation of farmers, their representatives and the relevant government departments in the drawing up of plans at national, regional and local levels should be balanced with that of other interest groups;

7. The impact of relevant tax policies on agriculture as well as other activities in the peri-urban area should be assessed and adapted if necessary in the light of the new conditions resulting from zoning so as to make a positive contribution to the achievement of land-use objectives;

8. Some equalisation mechanisms should be devised and implemented to take into account the differences in land values induced by zoning between the various zones;

9. Policy measures should be considered for difficult situations of peri-urban agriculture (such as buffer zones and green belts), in order to assist it in its

9. Des mesures soient envisagées par les pouvoirs publics pour les cas où l'agriculture péri-urbaine est en difficulté (telles les zones tampons et les coupures vertes) afin de l'aider à s'adapter aux contraintes de l'environnement, soit qu'elle souffre de la pollution urbaine, soit qu'elle doive limiter ses propres nuisances, soit encore qu'elle contribue à améliorer l'environnement de la cité.

II. CHARGE le Comité de l'Agriculture de suivre l'application de la présente Recommandation et de faire rapport au Conseil en tant que de besoin.

RECOMMANDATION DU CONSEIL SUR LA GESTION DE L'ESPACE PUBLIC URBAIN

adoptée par le Conseil lors de la 498ème séance, le 5 juillet 1979)

Le Conseil,

Vu l'article 5(b) de la Convention relative à l'Organisation de Coopération et de Développement Economiques, en date du 14 décembre 1960;

Vu le Rapport du Comité de l'Environnement sur la gestion de l'espace public dans les zones urbaines [ENV/URB/77.4];

Considérant l'importance des espaces publics comme instrument de la politique de planification visant à améliorer l'environnement physique, social et économique des zones urbaines;

Considérant les résultats positifs que les gouvernements pourraient obtenir, dans leurs politiques de revitalisation des villes, par une utilisation plus rationnelle de l'espace public afin:

- de faciliter les actions de réaménagement et de restauration des zones urbaines qui se dégradent;
- de développer les équipements collectifs nécessaires, notamment dans les domaines de la santé, de l'éducation, des services sociaux, des loisirs, etc.;
- d'organiser des équipements d'infrastructure plus efficaces et plus rationnels sur le plan économique, ainsi que les services publics s'y rattachant;
- d'obtenir une meilleure répartition entre les transports privés et publics;
- de répartir de façon plus judicieuse les fonctions résidentielles, commerciales et industrielles;
- d'encourager l'utilisation diversifiée des ressources en terrains lorsque celles-ci sont rares;

Sur la proposition du Comité de l'Environnement:

I. RECOMMANDE aux gouvernements Membres:

1. De prendre les mesures nécessaires pour établir et tenir à jour aux différents niveaux – central, régional et local – des inventaires fonciers donnant des détails utiles sur le partimoine d'espaces publics urbains, aux divers échelons de l'administration;

2. D'encourager l'évaluation de l'utilisation actuelle de ces espaces publics, en la comparant à d'autres utilisations possibles plus conformes aux besoins critiques des zones urbaines sur le plan de l'environnement et sur le plan social et économique;

3. D'élaborer, en liaison avec les autorités régionales et locales, des politiques d'utilisation et de gestion de l'espace public placé sous leur contrôle;

II RECOMMANDE aux gouvernements Membres de chercher à obtenir la récupération des sites sous-utilisés et obsolescents (y compris, par exemple, des installations ferroviaires et portuaires, des aérodromes et des terrains militaires désaffectés) afin d'assurer leur réutilisation pour satisfaire les besoins d'équipements collectifs;

III. RECOMMANDE que ces gouvernements Membres s'efforcent de faire en

adaption to environmental constraints, either when it suffers from the city's pollution or needs to control its own pollution or when it contributes to improving the environment of the city.

II. INSTRUCTS the Committee for Agriculture to follow the implementation of this Recommendation and to report to the Council if necessary.

RECOMMENDATION OF THE COUNCIL ON THE MANAGEMENT OF PUBLICLY-OWNED URBAN LAND

(adopted by the Council at its 498th Meeting on 5th July, 1979)

The Council,

Having regard to Article 5(b) of the Convention on the Organisation for Economic Co-operation and Development of 14 December 1960;

Having regard to the Report of the Environment Committee on the Management of Publicly-Owned Land in Urban Areas [ENV/URB/77.4];

Considering the importance of publicly-owned land as a planning policy instrument aiming at the improvement of the physical, social and economic environment of urban areas;

Considering the positive results governments could attain in their policy to revitalise cities by a more rational use of publicly-owned land in order to:

- facilitate re-development and rehabilitation actions for deteriorating urban areas;
- develop needed health, education, social services, recreation and other community facilities;
- organise more efficient and economical infrastructure installations and related public services;
- achieve a better distribution between private and public transport;
- provide for a more judicious distribution of residential, commercial and industrial functions;
- encourage the multiple use of scarce land resources.

On the proposal of the Environment Committee:

I. RECOMMENDS that Member governments:

1. Take appropriate action to establish and maintain central, regional and local land registers, giving relevant details of urban publicly-owned land at the various levels of government;
2. Encourage the assessment of the present use of these land holdings as against other possible use more consistent with urgent environmental, social and economic needs of urban areas;
3. Develop, in conjunction with regional and local authorities, policies for use and management of publicly-owned land under their administration;

II. RECOMMENDS that Member governments seek to secure the reclamation of under-utilised and obsolescent sites (including, for example, former railroad yards, waterfront structures, air-fields and military installations) in order to ensure their re-use for needed public facilities;

III. RECOMMENDS that Member governments seek to ensure that the develop-

sorte que l'aménagement et la gestion de l'espace public dans les zones urbaines soient menés de façon exemplaire, afin de contribuer à la revitalisation de ces zones;

IV. RECOMMANDE aux gouvernements Membres d'encourager les autorités nationales et locales à assumer un rôle direct dans la mise en valeur et la gestion des espaces publics obsolescents qui ne sont plus nécessaires à l'usage public, pour autant que les objectifs établis pour leur mise en valeur ne sont pas susceptibles d'être atteints par l'intermédiaire du secteur privé;

V. RECOMMANDE aux gouvernements Membres, en coopération avec les autorités régionales et locales, de promouvoir et d'adopter des mesures en vue de l'utilisation intérimaire de l'espace public sous-utilisé ou vacant pour des projets à court et à moyen terme (terrains de jeu, parcs, etc.), lorsque cet espace doit être conservé pour des raisons d'intérêt public à long terme;

VI. RECOMMANDE aux gouvernements Membres, chaque fois que cela est possible et approprié, de rechercher la participation du public aux décisions concernant l'espace public;

VII. CHARGE le Comité de l'Environnement d'évaluer périodiquement les actions entreprises en application de la présente Recommandation et de faire rapport au Conseil à ce sujet.

RECOMMANDATION DU CONSEIL CONCERNANT LA DETERMINATION DES PRIX DE TRANSFERT ENTRE ENTREPRISES ASSOCIEES

(adoptée par le Conseil lors de sa 491ème séance, le 16 mai 1979)

Le Conseil,

Vu l'article 5(b) de la Convention relative à l'Organisation de Coopération et de Développment Economiques, en date du 14 décembre 1960;

Vu la Déclaration adoptée le 21 juin 1976 par les Gouvernements des pays Membres de l'OCDE sur l'Investissement international et les Entreprises multinationales et les Principes Directeurs joints à cette Déclaration [C(76)99(Final)];

Vu le Rapport du Comité des Affaires Fiscales en date du 12 mars 1979 sur la détermination des prix de transfert entre entreprises associées [CFB(79)1];

Considérant que les transactions entre entreprises associées (c'est-à-dire entre sociétés-mères et filiales ou entre sociétés sous contrôle commun) peuvent se dérouler dans des conditions qui diffèrent de celles dans lesquelles sont placées des entreprises indépendantes;

Considérant que les prix facturés dans ces transactions entre entreprises associées (appelés ordinairement prix de transfert) devraient néanmoins aux fins d'imposition être conformes à ceux qui seraient pratiqués entre des entreprises indépendantes (appelés ordinairement prix de libre concurrence), comme le prévoit l'article 9 (paragraphe 1) du Modèle de Convention de l'OCDE en vue d'éviter les doubles impositions en matière d'impôts sur le revenu et sur la fortune;

Considérant que des problèmes de prix de transfert se posent surtout pour les transactions internationales entre les différentes entités des entreprises multinationales et qu'ils revêtent une importance spéciale en raison du volume substantiel de ces transactions;

Eu égard aux considérations exposées dans le Rapport visé ci-dessus quant aux méthodes à employer pour déterminer correctement les prix de transfert

ment and management of publicly-owned land in urban areas is undertaken in an exemplary manner in order to support revitalisation of urban areas;

IV. RECOMMENDS that Member governments encourage authorities at national and local level to assume a direct development and management role in re-developing obsolete publicly-owned land no longer required for public use in the event that the established development objective cannot be attained through the private sector;

V. RECOMMENDS that Member governments, in co-operation with regional and local authorities, promote and adopt policies for the interim use of under-utilised or vacant publicly-owned land for short and medium-term projects (playgrounds, parks, etc.) when these lands must be retained in the long-term public interest;

VI. RECOMMENDS that Member governments, where possible and appropriate, seek participation of the public in decisions relating to publicly-owned land;

VII. INSTRUCTS the Environment Committee to assess periodically the actions taken relative to this Recommendation and to report thereon to the Council.

RECOMMENDATION OF THE COUNCIL ON THE DETERMINATION OF TRANSFER PRICES BETWEEN ASSOCIATED ENTERPRISES

(adopted by the Council at its 491st Meeting on 16 May 1979)

The Council,

Having regard to Article 5(b) of the Convention on the Organisation for Economic Co-operation and Development of 14 December, 1960;

Having regard to the Declaration of 21 June, 1976 adopted by the Governments of OECD Member Countries on International Investment and Multinational Enterprises and the Guidelines annexed thereto [C(76)99(Final)];

Having regard to the Report of the Committee on Fiscal Affairs of 12 March, 1979 on the determination of transfer prices between associated enterprises [CFA(79)1];

Considering that transactions between associated enterprises (i.e. between parent and subsidiary enterprises or enterprises under common control) may take place under conditions differing from those taking place between independent enterprises;

Considering that the prices charged in such transactions between associated enterprises (usually referred to as transfer prices) should, nevertheless, for tax purposes be in conformity with those which would be charged between independent enterprises (usually referred to as arm's length prices) as provided in Article 9 (paragraph 1) of the OECD Model Convention for the avoidance of double taxation with respect to taxes on income and capital;

Considering that problems with regard to transfer prices in international transactions arise mostly between the various entities of multinational enterprises and assume special importance in view of the substantial volume of such transactions;

Having regard to the considerations in the Report referred to above regarding the methods to be followed for the correct determination of transfer prices for goods, technology, trademarks and services and of interest rates on loans between associated enterprises;

pour les marchandises, la technologie, les marques et les services ainsi que les taux d'intérêt des prêts entre entreprises associées;

Eu égard à la nécessité de rendre cohérentes les méthodes employées par les autorités fiscales d'une part, et les entreprises associées d'autre part, pour déterminer les prix de transfert, dans le but d'assurer une imposition correcte des bénéfices et d'éviter une double imposition;

I. RECOMMANDE aux Gouvernements des pays Membres:

1. D'inviter leurs administrations fiscales, lorsqu'elles examinent, et ajustent si nécessaire, les prix de transfert pratiqués entre entreprises associées pour calculer leurs bénéfices imposables, à tenir compte des considérations et méthodes exposées dans le Rapport visé ci-dessus en vue d'arriver à des prix de libre concurrence pour les marchandises, la technologie, les marques et les services qui sont échangés entre entreprises associées ou pour les emprunts contractés entre elles;

2. De donner au Rapport susmentionné une publicité appropriée dans leur pays et, le cas échéant, de le faire traduire dans leur ou leurs langues nationales;

3. De renforcer la coopération entre leurs administrations fiscales respectives dans les domaines intéressant les prix de transfert, sur une base bilatérale ou multilatérale;

II. CHARGE le Comité des Affaires fiscales:

1. De poursuivre ses travaux sur les questions intéressant les prix de transfert et, d'une manière génerale, la détermination du bénéfice imposable des entreprises associées;

2. De faire rapport au Conseil périodiquement sur les résultats de ses travaux concernant ces questions et de lui soumettre toute proposition utile en vue de renforcer la coopération internationale.

RESOLUTION DU CONSEIL
PORTANT NOMINATION DU SECRETAIRE GENERAL DE L'ORGANISATION

(adoptée par le Conseil lors de sa 487ème séance, le 24 avril 1979)

Le Conseil,

Vu l'article 10(1) de la Convention relative à l'Organisation de Coopération et de Développement Economiques, en date du 14 décembre 1960;

Vu les Résolutions du Conseil en date des 14 février 1969 et 6 juin 1974 portant nomination du Secrétaire général de l'Organisation [C(69)28(Final) et C(74)84 (Final)];

DECIDE:

M. Emile van Lennep est nommé Secrétaire général de l'Organisation à dater du 30 septembre 1979.

RESOLUTION DU CONSEIL
AMENDANT ET REMPLAÇANT LA RESOLUTION PORTANT CREATION D'UN GROUPE DE TRAVAIL SUR LES PROBLEMES DE DEVELOPPEMENT A LONG TERME DE LA TURQUIE

(adoptée par le Conseil lors de sa 491ème Séance, le 16 mai 1979)[1]

Le Conseil,

Vu l'article 1(b) de la Convention relative à l'Organisation de Coopération et

[1] La Grèce s'est abstenue.

Having regard to the need to achieve consistency in the approaches of tax authorities, on the one hand, and of associated enterprises, on the other hand, in the determination of transfer prices for the purposes of ensuring correct taxation of profits and avoidance of double taxation;

I. RECOMMENDS to the Governments of Member countries:

1. That their tax administrations take into account, when reviewing, and if necessary, adjusting transfer prices between associated enterprises for the purposes of determining taxable profits, the considerations and methods set out in the Report referred to above for arriving at arm's length prices when goods, technology, trademarks and services are provided or supplied or loans granted between associated enterprises;

2. That they give the Report referred to above publicity in their country and have it translated, where appropriate, into their national language(s);

3. That they develop further co-operation between their tax administrations, on a bilateral or multilateral basis, in matters pertaining to transfer pricing;

II. INSTRUCTS the Committee on Fiscal Affairs:

1. To pursue its work on issues pertinent to transfer pricing and to the assessment of taxable profits of associated enterprises in general;

2. To report periodically to the Council on the results of its work in these matters together with any relevant proposals for improved international co-operation.

RESOLUTION OF THE COUNCIL APPOINTING THE SECRETARY-GENERAL OF THE ORGANISATION

(adopted by the Council at its 487th Meeting on 24 April 1979)

The Council,

Having regard to Article 10(1) of the Convention on the Organisation for Economic Co-operation and Development of 14 December, 1960;

Having regard to the Resolutions of the Council of 14 February, 1969, and 6 June, 1974, appointing the Secretary-General of the Organisation [C(69)28(Final) and C(74)84(Final)];

DECIDES:

Mr Emile van Lennep is appointed Secretary-General of the Organisation as from 30 September, 1979.

RESOLUTION OF THE COUNCIL AMENDING AND REPLACING THE RESOLUTION ESTABLISHING A WORKING PARTY ON THE LONG-TERM DEVELOPMENT PROBLEMS OF TURKEY

(adopted by the Council at its 491st Meeting on 16 May, 1979)[1]

The Council,

Having regard to Article 1(b) of the Convention on the Organisation for

[1] Greece abstained.

de Développement Economiques en date du 14 décembre 1960, qui indique que l'Organisation a pour objectif de promouvoir des politiques visant à contribuer à une saine expansion économique dans les pays Membres, ainsi que non membres, en voie de développement économique;

Vu l'article 2 (e) de la Convention qui indique que les Membres conviennent, tant individuellement que conjointement, de contribuer au développement économique par des moyens appropriés et, en particulier, par l'apport à ces pays de capitaux;

Considérant que la Résolution du Conseil ministériel en date du 17 novembre 1961 a souligné la nécessité de fournir un effort spécial pour favoriser l'expansion dans les pays Membres moins développés et a chargé l'Organisation d'encourager et d'aider ces pays Membres dans leurs efforts;

Vu la Résolution du Conseil du 10 juillet 1962, portant création d'un Groupe de Travail sur les problèmes de développement à long terme de la Turquie [C(62)135], amendée par la Résolution du Conseil du 6 février 1979 [C(79)1(Final)];

Vu les Rapports du Comité d'Examen des Situations Economiques et des Problèmes de Développement sur les problèmes et la politique de développement de la Turquie;

Considérant que l'Organisation désire aider la Turquie dans les difficultés qu'elle rencontre dans ses efforts de développement;

DECIDE:

1. (*a*) Il est créé un Groupe de Travail composé de représentants de l'Allemagne, de l'Australie, de l'Autriche, de la Belgique, du Canada, du Danemark, des Etats-Unis, de la Finlande, de la France, de l'Italie, du Japon, du Luxembourg, de la Norvège, de la Nouvelle-Zélande, des Pays-Bas, du Royaume-Uni, de la Suède, de la Suisse et de la Turquie, et d'un représentant de la Commission de la Communauté Economique Européenne. Le Groupe de Travail peut se réunir, s'il y a lieu, en l'absence de la partie intéressée lorsqu'il exerce les fonctions qu'il tient du paragraphe 1 b) (ii) ci-dessous.

(*b*) Le Groupe de Travail est chargé d'examiner, en se fondant sur les Rapports du Comité d'Examen des Situations Economiques et des Problèmes de Développement et sur les autres renseignements dont il dispose, et en coopération avec les autres organisations internationales mentionnées ci-dessous au paragraphe 2:

(i) la politique économique à moyen terme de la Turquie;

(ii) les moyens et les méthodes permettant d'assurer au mieux un apport adéquat de ressources extérieures tant publiques que privées pour contribuer à la mise en oeuvre des programmes de développement de la Turquie, notamment par la poursuite des activités du consortium de l'OCDE d'aide à la Turquie.

2. La Banque Internationale pour la Reconstruction et le Développement, le Fonds Monétaire International et la Banque Européenne d'Investissement sont invités à participer aux activités du Groupe de Travail.

3. Le Groupe de Travail élit le Président du consortium qui participe aux activités du Groupe de Travail.

4. Le Secrétaire général préside le Groupe de Travail.

5. Le Groupe de Travail fera rapport au Conseil lorsqu'il sera jugé nécessaire.

Economic Co-operation and Development of 14 December, 1960, which states that an aim of the Organisation shall be to promote policies designed to contribute to sound economic expansion in Member as well as non-Member countries in the process of economic development;

Having regard to Article 2(e) of the Convention which states that the Members agree that they will, both individually and jointly, contribute to the economic development of both Member and non-Member countries in the process of economic development by appropriate means and, in particular, by the flow of capital to these countries;

Considering that the Ministerial Resolution of 17 November, 1961, emphasised that a special effort must be made to promote growth in less-developed Member countries and instructed the Organisation to encourage and assist such countries in their efforts;

Having regard to the Resolution of the Council of 10 July, 1962, Establishing a Working Party on the Long-Term Development Problems of Turkey [C(62)135] as amended by the Resolution of the Council of 6 February, 1979 [C(79)1(Final)];

Having regard to the Reports of the Economic and Development Review Committee on Turkey's Development Problems and Policies;

Considering that the Organisation desires to assist Turkey in her difficulties with her development efforts;

DECIDES:

1. (*a*) A Working Party composed of representatives of Australia, Austria, Belgium, Canada, Denmark, Finland, France, Germany, Italy, Japan, Luxembourg, the Netherlands, New Zealand, Norway, Sweden, Switzerland, Turkey, the United Kingdom and the United States, and of a representative of the Commission of the European Economic Community shall be established. If appropriate the Working Party may meet without the participation of the interested party, in carrying out its functions under Paragraph 1(b) (ii) below.

(*b*) The Working Party shall, in the light of the Reports by the Economic and Development Review Committee and any other available information, and in co-operation with the other international organisations mentioned in Paragraph 2 below:

(i) review medium-term economic policies of Turkey;

(ii) examine the ways and means by which an adequate flow of foreign resources, public and private, can best be mobilised in support of Turkish development programmes, including the continued operation of the OECD consortium of aid to Turkey.

2. The International Bank for Reconstruction and Development, the International Monetary Fund and the European Investment Bank shall be invited to participate in the Working Party.

3. The Working Party will elect the Chairman of the Consortium who shall participate in the Working Party.

4. The Secretary-General will be the Chairman of this Working Party.

5. The Working Party shall report to the Council as necessary.

COMMUNIQUE
(*approuvé par le Conseil à sa 495ème séance, le 14 juin 1979*)

1. Le Conseil de l'Organisation de Coopération et de Développement Economiques s'est réuni au niveau ministériel les 13 et 14 juin 1979, sous la présidence de M. Hannes Androsch, Vice-Chancelier et Ministre fédéral des Finances d'Autriche.

2. La recrudescence de l'inflation et les incertitudes entourant les approvisionnements en énergie sont devenues des obstacles majeurs à la réalisation d'une croissance économique durable et à l'accroissement de l'emploi dans les pays de l'OCDE. Les politiques économiques et énergétiques doivent réagir à cette situation si l'on veut éviter les conséquences graves qui en découleraient pour les pays développés aussi bien que pour les pays en développement. En agissant ensemble, il sera plus facile aux pays Membres de prendre les décisions délicates qui s'imposent.

3. Les Ministres ont donc reconnu la nécessité d'une solidarité plus étroite entre les pays Membres. Ils ont décidé de prolonger le programme d'action concertée qu'ils avaient adopté l'an dernier et qui a été révisé à la lumière de la situation économique et énergétique actuelle, et ils se sont mis d'accord sur certaines lignes directrices qui devraient inspirer leurs politiques à moyen terme. Ils ont passé en revue les résultats de la Cinquième Session de la CNUCED et réaffirmé leur attachement à une coopération constructive avec les pays en développement.

I. OBSTACLES A SURMONTER EN VUE D'UNE CROISSANCE ECONOMIQUE DURABLE

4. Le programme d'action concertée au niveau international, qui avait été adopté l'an dernier, a donné des résultats positifs dans la mesure où il se traduit par une croissance économique mieux équilibrée entre les pays, par une réduction des déséquilibres des paiements et une plus grande stabilité des taux de change. Il est encourageant de constater que:

- certains pays ont réussi à ramener l'inflation au niveau des années 60;
- là où les taux d'utilisation des capacités ont augmenté et où la rentabilité s'est améliorée, l'investissement productif s'est redressé; et
- là où les politiques de régulation de la demande et l'évolution des taux de change ont joué dans la bonne direction, les déséquilibres des paiements internationaux ont été considérablement réduits.

5. En revanche:

- avant même que n'intervienne l'important relèvement des prix du pétrole, le taux d'inflation tendanciel avait commencé de remonter dans un certain nombre de pays;
- le chômage se maintient à des niveaux inacceptables dans presque tous les pays Membres;
- la situation énergétique à court et à moyen terme s'est considérablement dégradée; et
- La faiblesse de la croissance et l'importance du chômage font peser en permanence la menace d'un regain de protectionnisme, sous toutes ses formes.

6. *Inflation.* Les Ministres ont reconnu que la persistance de taux d'inflation élevés dans beaucoup de pays Membres et le risque de voir cette inflation s'accélérer constituent l'obstacle le plus tenace à une croissance plus rapide et à une augmentation de l'emploi. L'inflation compromet directement la croissance par les incertitudes qu'elle crée et par le freinage qu'elle exerce sur l'investisse-

COMMUNIQUE

(approved by the Council at its 495th Meeting on 14 June 1979)

1. The Council of the Organisation for Economic Co-operation and Development met at Ministerial level on 13 and 14 June, 1979, under the chairmanship of Dr Hannes Androsch, Vice-Chancellor and Federal Minister of Finance of Austria.

2. Renewed inflation and uncertain energy supplies have become major obstacles to achieving sustained economic growth and more jobs in OECD countries. Economic and energy policies must respond if serious consequences for both developed and developing countries are to be avoided. It will be easier to take the difficult decisions required if Member countries act together.

3. Ministers therefore agreed on the need for greater solidarity among Member countries. They carried forward the concerted action programme adopted last year, revised in the light of the current economic and energy situation, and agreed on some guidelines for policies over the medium term. They reviewed the outcome of UNCTAD V and reaffirmed their commitment to constructive co-operation with the developing countries.

I. OVERCOMING THE OBSTACLES TO SUSTAINED ECONOMIC GROWTH

4. The programme of internationally concerted action adopted last year has yielded positive results in more internationally balanced economic growth, reduced payments imbalances and greater exchange rate stability. It is encouraging that:

- some countries succeeded in bringing inflation back down to the level of the 1960s;
- where capacity utilisation has risen and profitability has improved, productive investment has picked up; and,
- where demand management policies and exchange rates have been working in the right direction international payments imbalances have been sharply reduced.

5. On the other hand:

- even before the sharp rise in oil prices the underlying rate of inflation had begun to pick up again in a number of countries;
- unemployment remains unacceptably high in most Member countries;
- there has been a serious turn for the worse in the shorter and medium term energy situation; and,
- with slow growth and high unemployment there is an ever present threat of increased protectionism in all its many forms.

6. *Inflation.* Ministers agreed that the most obdurate obstacle to faster growth and more jobs is the continuing high rate of inflation in many Member countries, and the risk that it may accelerate. Inflation undermines growth directly by creating uncertainty and inhibiting investment; it may also require governments to pursue restrictive demand management policies.

7. *Energy.* Ministers examined the economic implications of the energy situation. They took note of the outcome of the meeting of the IEA Governing Board at Ministerial level on 21–22 May. There is now a real danger that,

ment; elle peut aussi amener les gouvernements à appliquer des politiques de régulation de la demande de caractère restrictif.

7. *Energie*. Les Ministres ont examiné les implications économiques de la situation énergétique. Ils ont pris note des résultats de la réunion du Conseil de Direction de l'AIE qui s'est tenue au niveau ministériel les 21 et 22 mai dernier. En vérité, on peut craindre, à défaut de politiques responsables de la part des consommateurs aussi bien que des producteurs de pétrole, que la situation énergétique ne cause des dommages sévères à l'économie mondiale.

8. Faute d'une action efficace pour rétablir l'équilibre sur les marchés pétroliers mondiaux, la hausse des prix du pétrole pourrait déclencher, comme en 1974–1975, une nouvelle récession induite par l'inflation. Bon nombre des mesures requises pour réduire rapidement l'accroissement de la consommation d'énergie risquent d'être pénibles, mais si elles ne donnaient pas les résultats escomptés, le ralentissement de la croissance et l'aggravation du chômage qu'un regain d'inflation entraînerait alors inévitablement, seraient beaucoup plus onéreux et beaucoup plus préjudiciables du point de vue social.

9. La réduction des revenus réels provoquée par la hausse des prix du pétrole importé est inéluctable; chercher à la compenser par un relèvement des revenus nominaux ne ferait qu'empirer les choses en aggravant l'inflation et le chômage.

10. *Déséquilibres des paiements*. Des résultats dont on peut se féliciter ont été obtenus dans la réduction des déséquilibres des paiements à l'intérieur de la zone de l'OCDE, mais ces déséquilibres pourraient réapparaître en raison de la vigueur ou de la faiblesse des positions concurrentielles des différents pays, et constituer de nouveau une contrainte à la croissance.

11. L'alourdissement de la facture pétrolière se traduira inévitablement pour les pays importateurs par une dégradation de leur situation de balance des paiements courants. Si les mécanismes financiers existants semblent pouvoir assurer dans la plupart des cas un financement suffisant pour faire face à l'accroissement des déficits de paiements courants, l'augmentation de l'endettement en résultant constitue un sujet de préoccupation pour les pays importateurs, et spécialement pour les pays en développement. Les Ministres ont noté que, dans les circonstances présentes, les pays fortement tributaires des marchés libres peuvent se trouver confrontés à des difficultés particulières.

Actions requises

12. Les Ministres ont reconnu que les politiques économiques et les politiques énergétiques sont aujourd'hui indissociables. Ils sont convaincus qu'il existe un ensemble de mesures qui peut, avec le temps, considérablement atténuer les contraintes que la situation énergétique et l'inflation font peser sur la croissance économique, et permettre la poursuite du progrès économique et social. A cette fin, ils se sont mis d'accord sur les lignes directrices suivantes.

Politiques pour les 12 à 18 prochains mois

13. Les Ministres sont convenus de ce qui suit:

(i) Les éléments du programme d'action concertée de l'an dernier qui touchaient à la régulation de la demande seront maintenus, en insistant plus particulièrement sur:
- la nécessité d'une accalmie conjoncturelle aux Etats-Unis pour parvenir à une réduction importante du taux d'inflation;
- l'opportunité d'éviter un ralentissement sensible de la croissance de la demande intérieure dans le reste de la zone de l'OCDE dans son ensemble, et le rôle qu'à des degrés divers, l'Allemagne, le Japon, la Suisse, la Belgique, les Pays-Bas et l'Autriche peuvent jouer à cet égard;

without responsible policies by oil consumers and producers alike, the energy situation will seriously damage the world economy.

8. Without effective action to restore balance in world oil markets the rise in oil prices could set off a new inflation-generated recession as in 1974–1975. Many of the measures needed to reduce the growth of energy consumption quickly may be painful, but if they are not successful the inevitable consequences in terms of increased inflation leading to less growth and more unemployment will be far more costly and socially detrimental.

9. There is no escape from the reduction of real incomes caused by higher prices for imported oil; claims for compensatory increases in money incomes will only make matters worse by aggravating inflation and increasing unemployment.

10. *Payments imbalances.* Welcome progress has been made in reducing payments imbalances within the OECD area, but they could re-emerge due to strengths and weaknesses in countries' competitive positions, and become again a constraint on growth.

11. Higher oil import bills will inevitably worsen the current account situations of oil importing countries. While existing financial mechanisms seem capable of providing sufficient finance to meet higher current deficits in most cases, the resulting increase in indebtness is a matter of concern to oil importing countries, especially the developing countries among them. Ministers noted that in present circumstances, countries highly dependent on the spot market may face particular difficulties.

The Policy Response

12. Ministers recognised that economic and energy policies have become inseparable. They are convinced that there is a combination of policies which can, over time, significantly ease the energy and inflation constraints on economic growth and permit continued economic and social progress. To this end they have agreed on the following guidelines for policy.

Policies for the Next 12–18 Months

13. Ministers agreed that:

(i) The demand management elements in last year's concerted action programme will be carried forward with particular emphasis on:
- the need for a cooling-off period in the United States to achieve an important reduction in the rate of inflation;
- the desirability of avoiding a significant slackening of the growth of domestic demand in the rest of the OECD area, taken as a whole, and the role that, to varying degrees, Germany, Japan, Switzerland, Belgium, the Netherlands and Austria can play in this respect; and,
- the need for virtually all other countries to pursue cautious demand

- la nécessité pour la quasi-totalité des autres pays de mener des politiques prudentes de régulation de la demande afin de réduire l'inflation et, dans certains cas, les déficits extérieurs qui étaient antérieurs à la dernière hausse des prix du pétrole.

(ii) A cette fin, toutefois, il est essentiel que des mesures efficaces soient prises pour réduire la consommation d'énergie ou accroître la production, ou les deux à la fois, afin de mettre en oeuvre les engagements que les pays Membres ont pris dans différentes enceintes, de réduire leur demande de pétrole sur le marché mondial d'environ 2 millions de barils par jour. La compréhension du fonctionnement des marchés pétroliers n'est pas actuellement satisfaisante et il conviendrait de l'améliorer.

(iii) La hausse des prix du pétrole devrait être répercutée de manière appropriée sur les utilisateurs, afin d'encourager les économies d'énergie et le développement d'autres sources d'énergie. Les pays Membres qui ne l'ont pas déjà fait devraient dès que possible porter au niveau mondial les prix du pétrole qu'ils produisent.

(iv) D'importants efforts seront déployés pour faire admettre que la hausse des prix du pétrole limite, pour toutes les catégories sociales, la possibilité d'une augmentation des revenus réels.

(v) Une évaluation, qui sera menée avec toute la célérité voulue, est actuellement entreprise concernant les progrès réalisés par les pays dans la voie d'une réduction de la demande de pétrole, et, sous la direction du Comité de Politique Economique, les conséquences macro-économiques de la situation énergétique. Lorsque cette évaluation sera achevée, l'Organisation examinera les conséquences à en tirer du point de vue de la politique de régulation de la demande. Si des politiques énergétiques efficaces ne sont pas mises en oeuvre et si de nouvelles hausses importantes des prix du pétrole se produisent, les objectifs de croissance pour 1980 devront être révisés en baisse. Faute de limiter la répercussion des hausses de prix du pétrole sur les revenus nominaux, des politiques de régulation de la demande plus prudentes pourraient aussi devenir inévitables.

(vi) Une coopération monétaire étroite sera poursuivie, notamment dans le cadre des arrangements conclus entre les Etats-Unis, l'Allemagne, le Japon et la Suisse, dans le cadre du Système Monétaire Européen et dans celui du FMI.

Politiques visant à surmonter les contraintes à moyen terme sur la croissance

La contrainte de l'inflation

14. Si tous les pays Membres n'ont pas obtenu les mêmes résultats dans le rétablissement des conditions nécessaires à une croissance durable et non inflationniste, l'amélioration des performances économiques requiert que l'objectif de stabilisation des prix fasse l'objet d'une attention constante et soutenue. Les pays où les pressions intérieures sur le niveau des prix ont été réduites sont mieux placés pour accroître l'activité économique et réduire le chômage. Les autres pays doivent s'attacher à assurer une meilleure stabilité des prix; en y parvenant, ils créeront les conditions nécessaires à une croissance durable et leurs politiques pourront alors être axées davantage sur la croissance.

15. Pour obtenir de meilleurs résultats sur le plan des prix, il faut que les *politiques monétaires et budgétaires soient empreintes de prudence et revêtent un caractère de continuité*. Les déficits budgétaires ne devraient pas dépasser l'excédent d'épargne du secteur privé. Là où l'augmentation des impôts et des cotisations de sécurité sociale a engendré des tensions inflationnistes, la part des dépenses publiques dans le PNB devra être restreinte.

management policies in order to reduce inflation and, in some cases, external deficits which pre-date the latest oil price rise.

(ii) To this end, however, effective action to reduce energy consumption, or increase production, or both, so as to implement the commitments agreed to in different fora to reduce Member countries' demand for oil on the world market by some 2 mbd is essential. The present degree of understanding of the operation of the oil market is unsatisfactory and should be improved.

(iii) Higher oil prices should be passed on in an appropriate manner to energy users in order to encourage conservation and the development of alternative energy sources. Member countries that have not already done so should raise the price of domestically produced oil to the world level as soon as possible.

(iv) Important efforts will be made to gain acceptance of the fact that the rise in oil prices reduces, for all social groups, the scope for higher real incomes.

(v) An assessment is being made, as a matter of urgency, of the progress that countries have made towards reduction of oil demand, and, under the direction of the Economic Policy Committee, of the macro-economic consequences of the energy situation. When these have been completed the Organisation will examine the implications for demand management policy. If effective energy policies are not being implemented and substantial further oil price increases have occurred, growth objectives for 1980 will have to be reduced. Failure to limit the pass-through of higher oil prices into higher money incomes could also make more cautious demand management policies inevitable.

(vi) Close monetary co-operation, including through arrangements agreed between the United States, Germany, Japan and Switzerland, through the European Monetary System and through the IMF, will be continued.

Policies for Overcoming the Medium Term Constraints on Growth

The Inflation Constraint

14. Although there are differences between Member countries in the success they have had in restoring the conditions needed for sustained non-inflationary growth, improved economic performance requires consistent and sustained attention to the price stabilisation objective. Countries where domestic pressures on the price level have been reduced are better placed to increase economic activity and reduce unemployment. Other countries must concentrate on achieving better price stability; as they succeed in this they will create the conditions for sustained growth and policies can become more growth-orientated.

15. Better price performance requires *cautious and steady monetary and fiscal policies.* Budget deficits should not exceed any excess of savings in the private sector. Where rising taxes and social security charges have generated inflationary pressures the share of public expenditure in GNP will have to be restrained.

16. Better price performance also requires *further efforts to seek greater*

16. Une meilleure tenue des prix exige également *de nouveaux efforts pour arriver à plus de concertation et, s'il y a lieu, à une modification des attitudes en matière de détermination des salaires et des prix*, afin de rétablir la rentabilité de l'investissement productif, d'atténuer les tensions inflationnistes provoquées par la course entre les salaires et les prix et de faciliter les modifications qui s'imposent dans les prix relatifs et la structure des salaires.

17. Il existe un risque que la faiblesse de la croissance ne se perpétue d'elle-même. Une croissance faible freine l'investissement et encourage chez les gouvernements, le patronat et les syndicats, des attitudes défensives telles que le protectionnisme et le soutien d'activités en déclin et inefficaces. Ces réactions compromettent généralement la productivité et accentuent la contrainte que l'inflation exerce sur la croissance en élevant les coûts et en réduisant l'offre de biens disponibles. Il ne serait guère logique de se résigner, à cause de la contrainte inflationniste, à une nouvelle période de croissance insuffisante, si les gouvernements devaient ensuite essayer d'en atténuer les répercussions sur l'emploi par des mesures qui réduisent la productivité ou alourdissent les coûts et les prix d'autres manières.

18. Des politiques de régulation de la demande empreintes de prudence doivent donc se conjuguer avec des mesures – ou la suppression de mesures antérieures – visant à *améliorer l'offre en tirant parti d'importations à coût plus faible, en encourageant l'investissement, et en facilitant les ajustements structurels nécessaires.*

19. C'est pourquoi les Ministres ont souligné l'importance du programme spécial de deux ans sur les *politiques d'ajustement positives*, que l'Organisation vient d'adopter. Toutes les instances compétentes de l'Organisation accorderont une attention particulière aux politiques relevant de leur domaine qui ont une incidence sur les mutations structurelles. Un groupe special de hauts responsables a été créé pour suivre les conséquences macro-économiques et internationales des mesures susceptibles d'aider ou d'entraver les ajustements structurels nécessaires dans les domaines des politiques de main-d'oeuvre, industrielles, agricoles, régionales, commerciales et autres.

20. L'ajustement positif devrait laisser jouer les forces du marché dans toute la mesure du possible afin d'encourager la main-d'oeuvre et le capital à se diriger vers les emplois les plus productifs. Les mesures prises pour aider des secteurs ou des entreprises en difficulté devraient avoir un caractère temporaire et être intégralement liées à la mise en oeuvre de plans visant à éliminer progressivement les capacités de production périmées et à rétablir des entités financièrement viables. L'ajustement positif peut être facilité par une meilleure information sur les coûts et les avantages des mesures gouvernementales, par des consultations adéquates entre syndicats et patronat, par des mesures vigoureuses visant à maintenir la concurrence et à contenir le pouvoir des monopoles, par des politiques qui encouragent la recherche, l'innovation et l'investissement, par des politiques régionales bien conçues et par des efforts visant à éviter des réglementations et des obligations de notification inutiles.

21. Les Ministres ont aussi réaffirmé leur attachement à un *système ouvert d'échanges mondiaux* et leur détermination de continuer à lutter contre le protectionnisme dans tous les secteurs et de s'employer à améliorer le système. En conséquence:

(i) Ils se sont félicités de l'aboutissement des Négociations Commerciales Multilatérales, et ont souligné qu'il était nécessaire que les résultats en soient appliqués de manière effective et en temps opportun.

(ii) Ils ont prorogé d'un an leur Déclaration Commerciale de 1974 ("Trade Pledge").

consensus and where appropriate modify wage and price setting behaviour to restore the profitability of productive investment, ease inflationary pressures caused by the wage-price spiral, and facilitate necessary changes in relative prices and the structure of wages.

17. There is a risk that slow growth becomes self-perpetuating. It inhibits investment and encourages defensive attitudes on the part of Governments, business and labour such as protectionism and support for declining and inefficient activities. These reactions generally impair productivity and sharpen the inflation constraint on growth by raising costs and reducing the supply of available goods. It makes little sense to accept the need for a further period of unsatisfactory growth performance because of the inflation constraint if Governments then try to mitigate the effects on employment by measures which reduce productivity or increase costs and prices in other ways.

18. Cautious demand management policies should therefore be combined with action – or the unwinding of previous actions – *to improve the supply side by benefiting from lower cost imports, encouraging investment, and facilitating necessary structural adjustments.*

19. Ministers therefore stressed the importance of the special two-year programme on *positive adjustment policies* just adopted by the Organisation. All competent bodies of the Organisation will pay special attention to policies in their field of competence which have an impact on structural change. A special group of senior officials has been created to keep under review the macro-economic and international consequences of measures promoting or hindering necessary structural adjustments in the field of manpower, industrial, agricultural, regional, trade and other policies.

20. Positive adjustment should rely as far as possible on market forces to encourage mobility of labour and capital to their most productive uses. Measures to help sectors or firms in difficulty should be temporary and integrally linked to the implementation of plans to phase out obsolete capacity and re-establish financially viable entities. Positive adjustment can be facilitated by the dissemination of better information on the costs and benefits of government measures, proper consultation between labour and management, vigorous action to maintain competition and curb monopoly power, policies that encourage research, innovation and investment, well designed regional policies, and efforts to avoid unnecessary regulation and reporting requirements.

21. Ministers also reaffirmed their attachment to an *open world trading system* and their determination to continue to fight against protectionism in all sectors and to work towards improvements in the system. They therefore:

(i) Welcomed the completion of the Multilateral Trade Negotiations, and stressed the need for timely and effective implementation of the results.

(ii) Extended their 1974 Trade Declaration (the "Trade Pledge") for an additional year.

(iii) Agreed to make particular efforts in the work of the Organisation in the coming year to study the problems of agricultural trade.

22. Ministers agreed that *better functioning of commodity markets*, including improved market access and security of supplies, would benefit both consumers and producers and reduce one potential source of inflation.

23. There was broad agreement on the need, in appropriate cases, to pursue *efforts to promote higher employment, particularly among the disadvantaged groups.*

(i) There may be scope for modifying hiring practices in the public and private sectors to alleviate the problems of youth and disadvantaged groups and to respond to the growing demand for flexible part-time job

(iii) Ils sont convenus de faire des efforts particuliers dans le cadre des travaux de l'Organisation au cours de l'année qui vient en vue d'étudier les problèmes des échanges agricoles.

22. Les Ministres ont reconnu qu'un *meilleur fonctionnement des marchés de produits de base*, y compris l'amélioration de l'accès aux marchés et la sécurité des approvisionnements profiterait aux consommateurs comme aux producteurs et réduirait une source d'inflation potentielle.

23. On s'est généralement accordé à reconnaître la nécessité, le cas échéant, de poursuivre *les efforts visant à promouvoir un accroissement de l'emploi, en particulier dans les groupes défavorisés.*

(i) Il serait peut-être possible de modifier les pratiques d'embauche du secteur public et du secteur privé de manière à atténuer les problèmes des jeunes et des groupes défavorisés et à répondre à la demande croissante de possibilités d'emplois flexibles à temps partiel. L'Organisation devrait étudier le rôle que pourraient jouer les aides en faveur de l'accroissement de l'emploi et la réduction des charges salariales, lorsqu'elles sont trop lourdes, ainsi que l'incidence des politiques de migration sur l'emploi et le bon fonctionnement des marchés du travail.

(ii) L'application éventuelle de systèmes de partage des possibilités d'emploi devrait être évaluée; mais il faut envisager avec prudence les tentatives visant à accroître le nombre d'emplois en accélérant la tendance au raccourcissement de la durée hebdomadaire du travail car elles pourraient avoir des conséquences inflationnistes.

(iii) Il serait peut-être possible de développer les programmes de formation et de recyclage de manière à améliorer les compétences et, partant, la productivité future, tout en réduisant le chômage actuel.

Des mesures du genre de celles décrites ci-dessus ne devraient être mises en oeuvre qu'après examen des répercussions défavorables qu'elles pourraient avoir sur la productivité et l'inflation.

La contrainte énergétique

24. Sans un renforcement des politiques, les approvisionnements énergétiques ne suffiront pas, à moyen terme, à assurer un taux de croissance économique adéquat. Compte tenu des différences existant dans la situation énergétique des pays Membres, les Ministres sont convenus qu'il est urgent:

(i) De mener, en ce qui concerne le pétrole et les autres sources d'énergie, des politiques de prix et des politiques fiscales qui reconnaissent qu'à long terme les prix réels de l'énergie ne pourront presque certainement qu'augmenter et d'amener les utilisateurs d'énergie à prendre pleinement conscience de cette tendance;

(ii) De mettre en oeuvre des programmes d'économie d'énergie fondés, selon un dosage approprié, sur des politiques de prix, des programmes volontaires, des stimulants et obstacles fiscaux et, si nécessaire, des mesures de limitation contraignantes; d'entreprendre un effort majeur pour accroître la production, les échanges et l'utilisation du charbon et du gaz; de mettre en oeuvre la production intérieure de pétrole; de poursuivre le développement de l'énergie nucléaire en prenant les mesures de sauvegarde nécessaires et en tenant dûment compte des dispositions légales et constitutionnelles; d'entreprendre un effort majeur de R et D concernant les nouvelles techniques énergétiques et les ressources en énergies renouvelables; et d'aider les pays en développement pour l'identification et la mise en valeur de leurs ressources énergétiques.

openings. The Organisation should study the possible role of marginal employment subsidies, and of shifts away from heavy payroll taxes, as well as the impact of migration policies on employment and the efficient functioning of labour markets.

(ii) The possibility of work-sharing arrangements should be assessed; but attempts to increase the number of jobs by accelerating the tendency towards a shorter working week have to be looked at with caution since they may have inflationary consequences.

(iii) There may be scope for expanded training and retraining programmes as a vehicle for improving skills and hence future productivity, while reducing current unemployment.

Measures such as those described above should be undertaken only after consideration of their possible adverse impact on productivity and inflation.

The energy constraint

24. Without strengthened policies energy supplies over the medium run will not be sufficient to support an adequate rate of economic growth. Taking into account the different situations in Member countries, Ministers agreed on the urgent need for:

(i) A pricing and tax policy for oil and other energy sources which recognises that the long-term trend of real energy prices is almost certainly upwards, and that this expectation should become firmly embedded in the consciousness of energy users.

(ii) Conservation programmes based on an appropriate mix of pricing policies, voluntary programmes, fiscal incentives and disincentives and mandatory controls where necessary; a major effort to increase production, trade and use of coal and gas; production of indigenous oil; continued development of nuclear power with the necessary safeguards, having due regard to legal and constitutional provisions; major R & D efforts on new energy techniques and renewable energy resources; and assistance to non-oil developing countries in the identification and development of their energy resources.

Les contraintes de balance des paiements

25. Pour atténuer les contraintes que la balance des paiements exerce sur la croissance:

(i) Les pays à forte position extérieure devraient maintenir la progression de leur demande intérieure; les pays déficitaires devraient s'attacher à maîtriser l'inflation intérieure; et les taux de change devraient jouer le rôle qui leur revient dans le processus d'ajustement.

(ii) Les déséquilibres structurels qui subsistent appellent de la part des pays déficitaires des politiques résolues visant à améliorer la productivité et à stimuler les exportations, et, de la part des pays excédentaires, des politiques visant à encourager les importations et à s'appuyer en premier lieu sur la demande intérieure pour assurer la croissance économique.

(iii) Dans les cas où les déséquilibres de balance des paiements courants restent néanmoins importants, les pays excédentaires devraient faire en sorte qu'ils soient compensés par des sorties de capitaux d'une manière durable. L'Organisation est invitée à approfondir ces questions.

II. INTERDEPENDANCE MONDIALE ET RELATIONS AVEC LES PAYS EN DEVELOPPEMENT

26. Les Ministres ont examiné les conséquences que les tendances économiques globales peuvent avoir pour les relations avec les pays en développement. Ils ont réaffirmé la nécessité d'une coopération renforcée avec ces pays, laquelle est indispensable pour réaliser une croissance économique mondiale plus soutenue et plus régulière et qui donne une base améliorée aux politiques de développement. Ils ont souligné que, en raison des problèmes délicats que l'on peut prévoir au niveau de la politique globale, l'amélioration de la coopération avec ces pays a pris encore plus d'importance.

27. Les Ministres ont examiné les résultats atteints lors de la cinquième Session de la CNUCED. Ils ont été d'avis que, malgré le caractère limité des résultats globaux, des progrès importants ont été faits dans des domaines spécifiques. Il est maintenant essentiel de poursuivre avec les pays en développement une coopération constructive au sein des instances appropriées et dans le cadre de la préparation de la nouvelle Stratégie Internationale du Développement. A cet égard, les Ministres ont noté l'importance de la participation de tous les pays, y compris les pays industrialisés non membres de l'OCDE, à l'effort international de développement.

28. Les Ministres se sont félicités de l'organisation de la Conférence des Nations Unies sur la science et la technique au service du développement qui doit se tenir à Vienne au mois d'août et dans laquelle ils voient une excellente occasion de promouvoir une coopération scientifique et technologique internationale efficace, en particulier au bénéfice des pays en développement, et ils se sont engagés à oeuvrer pour assurer le succès de cette réunion.

29. Les Ministres ont noté la valeur de formes pragmatiques de consultation et de coopération avec les pays en développement dans les domaines présentant un grand intérêt mutuel. La contribution que l'Organisation pourrait apporter à cet égard devrait être examinée activement.

Commerce et ajustement

30. Une expansion de la production et des échanges mondiaux ainsi que de nouveaux changements dans leurs structures sont des moyens importants d'élever les niveaux de vie et de favoriser le progrès économique et social dans les pays développés comme dans les pays en développement.

The balance of payments constraint

25. To ease the balance of payments constraints on growth:

(i) Countries in a strong external position should maintain the momentum of domestic demand; deficit countries should concentrate on controlling domestic inflation; and exchange rates should play their proper role in the adjustment process.

(ii) The structural imbalances that remain call for resolute policies to improve productivity and stimulate exports in the deficit countries, and policies by the surplus countries to encourage imports and rely primarily on domestic demand for economic growth.

(iii) When current account imbalances nevertheless remain important, surplus countries should ensure offsetting capital outflows on a sustained basis. The Organisation is instructed to give further attention to these questions.

II. WORLD INTERDEPENDENCE AND RELATIONS WITH DEVELOPING COUNTRIES

26. Ministers considered the implications of global economic trends for relations with developing countries. They reaffirmed the need for strengthened co-operation with the developing countries which is an indispensable element in achieving more sustained and stable world economic growth and which provides an improved basis for development policies. They stressed that in view of the difficult global policy challenges ahead, improved co-operation with developing countries had assumed even greater importance.

27. Ministers discussed the results of UNCTAD V. They felt that, although the overall results of the Conference had been limited, valuable progress had been made in specific areas. It is now essential to continue constructive co-operation with developing countries in the appropriate fora and in the preparations for the new International Development Strategy. In this connection, Ministers noted the importance of the participation of all countries, including the industrialised countries outside OECD, in the international development effort.

28. Ministers welcomed the convening of the United Nations Conference on Science and Technology for Development to be held in August in Vienna as a major opportunity to promote effective international scientific and technological co-operation, especially for the benefit of developing countries, and pledged to work towards its successful conclusion.

29. Ministers noted the value of pragmatic forms of consultation and co-operation with developing countries in areas of significant mutual interest. The contribution that the Organisation can make in this regard should be actively examined.

Trade and Adjustment

30. An expansion of world production and trade and further changes in their structures are essential means to raising living standards and promoting economic and social progress in developed and developing countries alike.

31. Ministers acknowledged the desire of developing countries to industrial-

31. Les Ministres ont reconnu le désir des pays en développement de poursuivre leur industrialisation et de contribuer pour une part plus large au commerce mondial en fonction de leurs avantages comparatifs. Ils sont prêts à faciliter ce processus dans des domaines tels que les échanges commerciaux, l'investissement et la coopération technique.

32. Les Ministres ont souligné l'importance, pour les relations commerciales avec les pays en développement, des mesures générales qui sont actuellement prises pour maintenir et améliorer encore le système ouvert d'échanges internationaux. En particulier:

(i) Ils ont souligné l'importance du nouveau programme spécial de deux ans de l'Organisation sur les politiques d'ajustement positives pour faciliter dans l'intérêt de tous les mutations structurelles de la production et des échanges.

(ii) Ils ont reconnu l'importance du renouvellement de la Déclaration Commerciale pour leurs échanges avec les pays en développement.

(iii) Ils se sont déclarés déterminés à appliquer les résultats des Négociations Commerciales Multilatérales et à oeuvrer sur la base de ces résultats en tenant compte des préoccupations particulières des pays en développement.

33. Si les pays de l'OCDE portent une responsabilité particulière dans le maintien d'un système économique international ouvert, ils considèrent que les pays en développement, en particulier ceux qui ont atteint un stade d'industrialisation assez avancé et ont montré leur capacité à affronter la concurrence sur les marchés internationaux, devraient prendre progressivement une part plus large dans cet effort, en libéralisant les échanges commerciaux tant entre eux qu'avec le reste du monde, en observant plus complètement les règles internationales en vigueur dans ce domaine et, de manière plus générale, en adoptant des politiques qui contribuent à des relations satisfaisantes sur le plan des échanges et des paiements.

Coopération énergétique

34. Les Ministres ont réaffirmé qu'ils étaient prêts à contribuer à la coopération énergétique internationale entre pays développés et pays en développement, et à examiner les questions énergétiques d'intérêt commun avec les pays en développement exportateurs et importateurs de pétrole. Ils se sont félicités de l'adoption par la Banque Mondiale d'un programme énergétique qui doit permettre d'accroître la production énergétique intérieure des pays en développement importateurs de pétrole, et ont noté les activités menées dans ce domaine par d'autres institutions internationales et régionales. Ils ont souligné qu'il est urgent d'examiner avec les pays en développement intéressés la possibilité de renforcer la coopération en vue d'identifier et de mettre en valeur les ressources énergétiques de ces pays. Ils se sont également félicités du rapport du Groupe de travail du Conseil de l'OCDE créé l'an dernier pour entreprendre un effort coordonné visant à aider les pays en développement à mettre en oeuvre les technologies liées aux énergies renouvelables, en particulier dans la perspective de la prochaine Conférence des Nations Unies sur les énergies nouvelles et renouvelables.

Produits de base

35. Les Ministres ont enregistré avec satisfaction les résultats des négociations sur le Fonds Commun. Ils sont convenus de poursuivre, dans un esprit positif, la mise au point de ce mécanisme ainsi que les discussions et les négociations en cours dans le domaine des accords de produit. Ils ont souligné

ise further and to contribute a larger share of world trade in accordance with their comparative advantage. They stand ready to assist in this process in such areas as trade, investment and technical co-operation.

32. Ministers stressed the importance to trade relations with developing countries of the general measures to maintain and further improve the open international trade system now being taken. In particular they:

(i) Underlined the significance of the new special two-year programme of the Organisation on positive adjustment policies to facilitate mutually beneficial structural change in production and trade.

(ii) Emphasised the significance of the renewed Trade Pledge for their trade with developing countries.

(iii) Declared their determination to implement the results of the Multilateral Trade Negotiations and to build on these results taking into account the particular concerns of developing countries.

33. While OECD countries bear a particular responsibility in the maintenance of an open international economic system, they believe that developing countries, in particular those which have reached a relatively advanced stage of industrialisation and have shown their capacity to compete effectively on international markets, should gradually take a larger part in this effort: by liberalising trade both among themselves and globally, complying more fully with internatonal rules in this field, and more generally adopting policies contributing to satisfactory trade and payments relations.

Energy Co-operation

34. Ministers reaffirmed their willingness to contribute to international energy co-operation among developed and developing countries and to discuss energy questions of mutual interest with oil-exporting and oil-importing developing countries. They welcomed the adoption by the World Bank of an energy programme which should serve to strengthen the domestic energy production of oil-importing developing countries and noted related activities by other international and regional institutions. They stressed the urgency of examining with interested developing countries the scope for strengthened co-operation to identify and develop these countries' energy resources. They welcomed the report of the OECD Council Working Party established last year to develop a co-ordinated effort to help developing countries to bring into use technologies related to renewable energy, especially in the light of the forthcoming United Nations Conference on New and Renewable Energy Resources.

Commodities

35. Ministers noted with satisfaction the results of the negotiations on the Common Fund. They agreed to pursue, in a positive spirit, the establishment of this mechanism as well as the current discussions and negotiations on individual commodity agreements. They emphasized their interest in examining the scope

l'intérêt qu'ils portent à l'examen des possibilités de poursuivre l'action en vue de renforcer les activités de production et de transformation des denrées alimentaires et des produits de base dans les pays en développement, en gardant présents à l'esprit les besoins et les priorités de ces pays en matière de développement.

Environnement

36. Freiner et inverser le processus de dégradation de l'environnement que provoquent la déforestation, la désertification, l'érosion des sols et l'érosion hydrographique est une tâche qui revêt un intérêt général et qui exige une coopération internationale. Les Ministres ont reconnu que les pays en développement ne disposent à ces fins que de ressources limitées et qu'ils ont besoin d'un soutien international.

Aide et transferts de ressources financières

37. Les Ministres ont souligné l'importance d'apports d'aide, de moyens financiers et d'investissements substantiellement accrus et réguliers. Reconnaissant le rôle essentiel de l'aide, les Ministres ont souhaité un effort collectif d'aide publique au développement quantitativement accru, qualitativement amélioré et équitablement réparti. Les transferts assortis de conditions libérales devraient, autant que possible, être concentrés sur les pays les moins avancés et les autres pays en développement qui en ont le plus besoin. Ils ont invité le Comité d'Aide au Développement à procéder, en tenant compte des études réalisées sur cette question dans d'autres instances internationales, à un examen approfondi des possibilités d'améliorer la coopération financière avec les pays en développement, en la portant à des niveaux appropriés et en faisant en sorte qu'elle reflète leurs problèmes de développement particuliers, y compris leurs problèmes d'endettement, en vue de contribuer de manière positive à la nouvelle Stratégie Internationale du Développement.

III. INVESTISSEMENT INTERNATIONAL ET ENTREPRISES MULTINATIONALES

38. Les Ministres ont entrepris le réexamen, prévu dans les accords de 1976 sur l'Investissement International et les Entreprises Multinationales.[2] Ils ont noté avec satisfaction que les trois instruments approuvés en 1976, qui traitent respectivement des Principes directeurs à l'intention des entreprises multinationales, du traitement national des entreprises sous contrôle étranger et des incitations et obstacles à l'investissement, se sont révélés être un cadre efficace pour le renforcement de la coopération internationale dans les domaines liés à l'investissement international et aux entreprises multinationales non seulement pour les gouvernements des pays Membres, mais aussi pour la communauté des affaires et les organisations syndicales.

39. Les Ministres ont affirmé que leurs gouvernements restaient attachés à la Déclaration de 1976. Ils ont approuvé des mesures visant à rendre leur coopération encore plus efficace à l'avenir. A cet égard, s'agissant des Principes directeurs à l'intention des entreprises multinationales, qui ont été complétés sur un point, les procédures permettant d'en suivre l'application à l'échelon national et international seront encore renforcées et élargies par de nouveaux arrangements pour les consultations avec le patronat et les syndicats ainsi que pour les notifications. Les Ministres ont aussi approuvé les nouveaux travaux qui doi-

[2] A l'exception du Gouvernement de la Turquie qui n'avait pas participé à la Déclaration de 1976 et s'était abstenu en ce qui concerne les Décisions.

for further action to strengthen food and commodity production and processing in developing countries, bearing in mind their development needs and priorities.

Environment

36. Stemming and reversing environmental degradation through deforestation, desertification and soil and water erosion is a matter of global concern and required international co-operation. Ministers recognised that developing countries have limited resources for such purposes and need international support.

Aid and Financial Resource Transfers

37. Ministers underlined the importance of substantially-increased and stable flows of aid, finance and investment. Recognising the essential role of aid, Ministers called for an expanded, qualitatively-improved, and equitably shared collective effort for official development assistance. Concessional transfers should, as far as possible, be concentrated on the least-developed and other developing countries most in need. They invited the Development Assistance Committee, bearing in mind the studies on this subject in other international fora, to conduct an in-depth review of the scope for improved financial co-operation with developing countries, at adequate levels and reflecting their specific development problems, including their debt problems with a view to contributing positively to the new International Development Strategy.

III. INTERNATIONAL INVESTMENT AND MULTINATIONAL ENTERPRISES

38. The Ministers undertook the Review foreseen in the 1976 agreements on International Investment and Multinational Enterprises[2] They noted with satisfaction that the three related instruments approved in 1976, dealing respectively with guidelines for multinational enterprises, national treatment for enterprises under foreign control and with incentives and disincentives for investment, have demonstrated their effectiveness as a framework for strengthened international co-operation in matters related to international investment and multinational enterprises not only for the Member governments but also for the business community and the labour organisations.

39. Ministers affirmed the continued commitment of their governments to the 1976 Declaration. They agreed to steps designed to further strengthen the effectiveness of their co-operation in future. In this connection, as regards the guidelines for multinational enterprises, where one addition is being introduced, the follow-up procedures at national and international levels are to be strengthened and developed further through additional arrangements for consultations with business and labour and for reporting. Ministers also approved new work to be undertaken on the use of investment incentives and disincentives and the international repercussions on other countries of such measures.

[2] Except the Turkish Government, which had not participated in the 1976 Declaration and abstained from the Decision.

vent être entrepris sur les stimulants et les obstacles à l'investissement, et les répercussions de ces mesures sur les autres pays.

RECOMMANDATION DU CONSEIL RELATIVE AUX RAPPORTS SUR L'ETAT DE L'ENVIRONNEMENT

(*adoptée par le Conseil à sa 490ème séance le 8 mai 1979*)

[Le Représentant Permanent du Royaume-Uni, qui avait accepté cette Recommandation ad referendum, a depuis confirmé son accord.]

Le Conseil,

Vu l'article 5 (b) de la Convention relative à l'Organisation de Coopération et de Développement Economiques, en date du 14 décembre 1960;

Ayant pris note du Rapport sur l'Etat de l'Environnement dans les pays Membres;

Considérant la nécessité d'une meilleure information du public au sujet de l'état de l'environnement;

Considérant l'importance des relations qui existent entre les pressions nées des activités humaines et les réactions de l'environnement en ce qui concerne l'état des ressources naturelles et la qualité de la vie de l'homme;

Considérant qu'il importe de mieux connaître l'état de l'environnement et son évolution dans le temps afin de mieux évaluer les résultats des actions passées et de contribuer au développement et à l'harmonisation des politiques d'environnement;

Considérant la nécessité d'une information visant à intégrer plus complètement les préoccupations relatives à l'environnement dans les processus de décision;

Considérant les travaux de l'OCDE dans le domaine du développement et de l'utilisation des statistiques et des indicateurs et en particulier le programme d'élaboration des Indicateurs Sociaux de l'OCDE;

Sur la proposition du Comité de l'Environnement;

I. RECOMMANDE aux pays Membres:

1. De renforcer leur coopération au sein de l'OCDE dans le but d'améliorer l'information relative à l'environnement et le système de rapport sur l'état de l'environnement;

2. D'intensifier leurs efforts pour améliorer la connaissance scientifique, l'information, les statistiques et les indicateurs concernant l'état de l'environnement de manière à contribuer:

– à l'évaluation de l'état de l'environnement,
– à l'évaluation des activités qui ont un impact sur l'environnement,
– et à l'évaluation des politiques de l'environnement elles-mêmes en mettant l'accent sur les domaines importants pour lesquels des indicateurs comparables et pratiques peuvent actuellement être définis;

3. De préparer des rapports nationaux périodiques sur l'état de l'environnement et ses changements dans le temps.

II. CHARGE le Comité de l'Environnement:

1. De promouvoir et de faciliter l'échange d'expériences et d'informations entre pays Membres concernant le développement et l'utilisation des statistiques et des indicateurs de l'environnement, ainsi que des rapports sur l'état de l'environnement de façon à appuyer l'action des pays Membres dans ce domaine;

2. De poursuivre:

– les efforts visant à élaborer des indicateurs comparables de l'environnement et des cadres d'information qui pourraient être utilisés dans l'établissement de rapports sur l'état de l'environnement,

RECOMMENDATION OF THE COUNCIL ON REPORTING ON THE STATE OF THE ENVIRONMENT

(adopted by the Council at its 490th Meeting on 8 May 1979)

[The Permanent Representative of the United Kingdom who accepted this Recommendation ad referendum has now confirmed his agreement.]

The Council,

Having regard to Article 5 (b) of the Convention on the Organisation for Economic Co-operation and Development of 14th December, 1960;

Having taken note of the Report on the State of the Environment in OECD Member countries;

Considering the need for better information for the public on the state of the environment;

Considering the importance of the relationships between pressures induced by human activities and the response of the environment in terms of the state of natural resources and the quality of human life;

Considering the need for a better knowledge of the state of the environment and its changes over time, for thepurpose of a better assessment of the results of past actions and to contribute to the development and harmonization of environmental policies;

Considering the need for information designed to integrate more fully environmental considerations in decision-making;

Considering the work of the OECD in the field of development and use of statistics and indicators and particularly the Social Indicators Development Programme;

On the proposal of the Environment Committee;

I. RECOMMENDS that Member countries:

1. Reinforce their co-operation within the OECD with a view to improving environmental information and environmental reporting;

2. Intensify efforts to improve scientific knowledge, information, statistics and indicators on the state of the environment, in order to contribute to the evaluation:

- of the state of the environment,
- of activities that have an impact on the environment,
- and of environmental policies themselves,

With emphasis on important areas in which comparable and practicable indicators can at the present stage be defined;

3. Prepare periodic national reports on the state of the environment and its changes over time.

II. INSTRUCTS the Environment Committee:

1. To promote and facilitate the exchange of experience and information among Member countries concerning the development and use of environmental statistics and indicators, and of reports on the state of the environment in order to support Member countries' activities in this field;

2. To continue:

- the efforts to develop comparable environmental indicators and information formats which might be used in the preparation of reports on the state of the environment,
- and to improve methods for the assessment, on a continuing basis, of environmental changes in important areas (through techniques such as basic

– ainsi que l'amélioration permanente des méthodes d'évaluation de l'évolution de l'environnement dans des domaines importants (par des techniques telles que la surveillance fondamentale de la pollution, la télédétection, la cartographie écologique, les enquêtes spéciales et les inventaires),

de façon à parvenir à un noyau d'informations comparables sur l'environnement pour les pays Membres de l'OCDE;

3. de faire en sorte qu'un rapport périodique sur l'état de l'environnement des pays Membres de l'OCDE soit préparé et distribué sur la base, dans la mesure où cela est possible et approprié, de rapports nationaux relatifs à l'état de l'environnement et d'un noyau d'informations comparables sur l'environnement, et

de faire rapport à la prochaine réunion du Comité de l'Environnement au niveau ministériel, si une telle réunion est décidée ultérieurement par le Conseil;

4. d'effectuer ces tâches en tenant pleinement compte des travaux des autres organisations internationales concernant en particulier les statistiques sur l'environnement et l'évaluation de l'état de l'environnement;

5. de rendre compte au Conseil des mesures prises en application de la présente Recommandation.

RECOMMANDATION DU CONSEIL SUR L'ENVIRONNEMENT ET LE TOURISME

(*adoptée par le Conseil à sa 490ème séance le 8 mai 1979*)

[Le Représentant Permanent du Royaume-Uni, qui avait accepté cette Recommandation ad referendum, a depuis confirmé son accord.]

Le Conseil,

Vu l'article 5 (b) de la Convention relative à l'Organisation de Coopération et de Développement Economiques, en date du 14 décembre 1960;

Considérant que le tourisme constitue dans un grand nombre de pays Membres une activité économique majeure dont la croissance se poursuivra et est souhaitable à la fois pour l'économie et pour le bien-être social de la communauté;

Considérant que le tourisme peut favoriser la création d'emplois et le développement régional;

Considérant que les ressources environnementales constituent un atout majeur pour le tourisme et qu'un environnement de qualité est essentiel pour les zones touristiques;

Considérant qu'une croissance sans frein du tourisme pourrait entraîner une diminution de la qualité de l'environnement dans les zones touristiques et par là une réduction de leur potentiel de revenus;

Considérant que le tourisme joue un rôle fondamental dans le développement de la compréhension entre les peuples;

Vu la Recommandation du Conseil, en date du 26 mai 1972, sur les principes directeurs relatifs aux aspects économiques des politiques de l'environnement sur le plan international [C(72)128];

Vu la Recommandation du Conseil, en date du 14 novembre 1974, sur la mise en oeuvre du principe pollueur-payeur [C(74)223];

Vu la Recommandation du Conseil, en date du 12 octobre 1976, sur les principes relatifs à la gestion des zones côtières [C(76)161 (Final)];

Vu les travaux des organisations intergouvernementales traitant de questions relatives à l'environnement et au tourisme;

monitoring of pollution, remote sensing, ecological mapping, special surveys and inventories),

in order to arrive at a core set of comparable environmental information for OECD Member countries.

3. to ensure that a periodic report on the state of the environment of OECD Member countries is prepared and issued, to the extent practicable and appropriate, on the basis of national reports on the state of the environment and of a core set of comparable environmental information, and to report to the next Meeting of the Environment Committee at Ministerial level, if such a Meeting is decided by the Council at a later stage;

4. to carry out these tasks, taking into full account the work of other international organisations, concerning particularly environmental statistics and assessment of the state of the environment;

5. to report to the Council on the measures taken pursuant to this Recommendation.

RECOMMENDATION OF THE COUNCIL ON ENVIRONMENT AND TOURISM

(adopted by the Council at its 490th Meeting on 8 May 1979)

[The Permanent Representative of the United Kingdom who accepted this Recommendation ad referendum has now confirmed his agreement.]

The Council,

Having regard to Article 5(*b*) of the Convention on the Organisation for Economic Co-operation and Development of 14 December, 1960;

Considering that tourism constitutes a major economic activity in a number of Member countries and that its further expansion will continue and is desirable both for the economy and for the social well-being of the community;

Considering that tourism can further the creation of employment and regional development;

Considering that environmental resources are a major element of tourism and that a good environment is an essential quality of tourist areas;

Considering that unrestrained growth of tourism could reduce the quality of tourist areas and possibly their income earning capacity;

Considering that tourism plays a major role in the development of international understanding;

Having regard to the Recommendation of the Council of 26 May, 1972, on Guiding Principles Concerning International Economic Aspects of Environmental Policies [C(72)128];

Having regard to the Recommendation of the Council of 14 November, 1974, on the Implementation of the Polluter-Pays Principle [C(74)223];

Having regard to the Recommendation of the Council of 12 October, 1976, on Principles Concerning Coastal Management [C(76)161(Final)];

Having regard to the work of intergovernmental organisations concerned with environment and tourism;

On the proposal of the Environment Committee;

Sur la proposition du Comité de l'Environnement;

I. RECOMMANDE que les pays Membres intègrent toutes les considérations d'ordre environnemental dans leurs politiques et leurs stratégies de développement du tourisme au stade le plus précoce possible, afin que celui-ci soit compatible avec la conservation de la qualité de l'environnement.

II. RECOMMANDE que les pays Membres soient guidés dans le developpement de leur industrie touristique par les lignes directrices concernant les aspects économiques et internationaux des politiques de l'environnement dans les zones touristiques, figurant dans l'Annexe à la présente Recommandation qui en fait partie intégrante.

III. RECOMMANDE que les pays Membres, en coopérant au niveau international, établissent pour les régions touristiques d'accueil une série d'indicateurs de l'environnement qui seraient à la fois appropriés et faciles à utiliser et qui permettraient d'aider les autorités concernées à élaborer et à mettre en oeuvre une politique du tourisme compatible avec les exigences de l'environnement.

IV. RECOMMANDE que les pays Membres prennent les mesures nécessaires afin que les considérations d'ordre environnemental soient dûment incorporées dans toute définition des droits et des devoirs des touristes, établie au niveau national ou international, et qu'elles soient accompagnées de campagnes d'information et de formation appropriées.

V. RECOMMANDE que les pays Membres prennent les mesures nécessaires sur le plan national et international afin de s'assurer que les considérations d'ordre environnemental soient dûment prises en compte par les autorités publiques compétentes ainsi que par les organismes et les entreprises de tourisme.

ANNEXE

LIGNES DIRECTRICES CONCERNANT LES ASPECTS ECONOMIQUES ET INTERNATIONAUX DES POLITIQUES DE L'ENVIRONNEMENT DANS LES ZONES TOURISTIQUES

I. *Aspects internationaux*

1. "Les principes directeurs relatifs aux aspects économiques des politiques de l'environnement sur le plan international" et "La mise en oeuvre du principe pollueur-payeur", tels qu'ils ont été adoptés par les pays Membres de l'OCDE, sont également applicables à la mise en oeuvre de politiques relatives à l'environnement et concernant les activités touristiques; l'application de ces principes évitera toute discrimination entre les régions touristiques d'accueil.

2. Les pays Membres devraient coopérer pour établir un ensemble d'objectifs et une série d'indicateurs de base de l'environnement qui permettraient de décrire l'état de l'environnement dans les régions touristiques d'accueil.

II. *Mesures nationales*

A. NORMES ET RÈGLEMENTS CONNEXES

1. Conformément à la Recommandation sur les principes directeurs relatifs aux aspects économiques des politiques de l'environnement sur le plan international, l'établissement de normes d'environnement incombe aux pouvoirs publics compétents et prend en compte "des objectifs sociaux différents et des priorités différentes accordées à la protection de l'environnement ainsi que des degrés différents d'industrialisation ou de densité démographique". Ceci s'applique également à l'établissement de normes dans les régions touristiques

I. RECOMMENDS that Member countries fully integrate environmental considerations, at the earliest possible stage, in their tourism development policies and strategies in order to ensure that the development of tourism is in keeping with the conservation of environmental quality.

II. RECOMMENDS that Member countries be guided in the development of their tourism industry by the Guidelines Concerning the International and Economic Aspects of Environmental Policies in Tourist Areas, contained in the Annex to this Recommendation of which it forms an integral part.

III. RECOMMENDS that Member countries co-operating at international level develop a set of appropriate, practicable environmental indicators for tourist receiving areas in order to assist the relevant authorities in developing and implementing tourist policies which will be consistent with environmental needs.

IV. RECOMMENDS that Member countries take appropriate steps to ensure that environmental considerations are duly incorporated in any definition of the rights and duties of tourists established at national or international level and are followed by appropriate information and educational campaigns.

V. RECOMMENDS that Member countries take appropriate steps at national and international level to ensure that due account is taken of environmental considerations by competent public authorities as well as tourist organisations and enterprises.

ANNEX

GUIDELINES CONCERNING THE INTERNATIONAL AND ECONOMIC ASPECTS OF ENVIRONMENTAL POLICIES IN TOURIST AREAS

I. *International Aspects*

1. The "Guiding Principles Concerning International Economic Aspects of Environmental Policies" and "The Implementation of the Polluter-Pays Principle" as adopted by OECD Member countries are also applicable to the implementation of environmental policies concerning tourist activities; the application of these principles will avoid discrimination between tourist receiving areas.

2. Member countries should co-operate in the preparation of a set of objectives and basic environmental indicators appropriate for the description of the state of the environment for tourist receiving areas.

II. *National Measures*

A. STANDARDS AND RELATED REGULATIONS

1. In compliance with the Recommendation on "Guiding Principles Concerning International Economic Aspects of Environmental Policies", the formulation of environmental standards is the responsibility of the competent public authorities and takes account of "different social objectives and priorities attached to environmental protection and different degrees of industrialisation and population density". The same applies to the formulation of standards in tourist receiving regions to meet the environmental expectations of tourists.

d'accueil en vue de répondre aux aspirations des touristes en ce qui concerne l'environnement. Dans les zones touristiques, des normes devraient être conçues en conformité avec les exigences des touristes en matière de santé, de loisirs et de détente. Ces normes devront prendre en compte la capacité de financement de chacune des régions.

2. Tous les aspects du tourisme devraient être conformes aux conditions de l'environnement de la zone concernée, en particulier dans les régions montagneuses et les régions littorales, où l'harmonisation des politiques du tourisme et de l'environnement passe par le respect des activités agricoles et forestières.

3. Tout en tenant compte du fait que le développement régulier et continu de l'industrie touristique dépend de la conservation des ressources sur lesquelles elle repose, les autorités compétentes devraient veiller à ce qu'également ceux qui offrent services et agréments aux touristes respectent les exigences conçues pour la protection de la région ainsi que les traditions culturelles. Ces objectifs peuvent être atteints par des obligations réglementaires qui garantiraient des normes élevées pour les services et les agréments du tourisme et par l'exactitude de l'information relative à l'environnement fournie aux touristes potentiels.

B. MESURES DE PLANIFICATION ET D'AMENAGEMENT

4. Afin de conserver les ressources naturelles, culturelles et architecturales qui constituent les éléments qualitatifs de base du tourisme, il est essentiel que les autorités compétentes élaborent des lignes directrices concernant l'environnement qui soient respectées lors de la préparation des plans de développement touristique, et particulièrement en ce qui concerne la qualité de l'air et de l'eau (eau potable et eau à usage récréatif), la conservation des sols, la protection de l'héritage naturel et culturel et la qualité des établissements humains.

5. Les autorités compétentes devraient veiller à ce qu'une attention particulière soit accordée, dans les zones touristiques, aux problèmes liés à la demande de pointe, au traitement des déchets et des eaux usées, au bruit, au contrôle de la densité de la construction et de la circulation.

6. Toutes les mesures d'incitations possibles devraient être prises par le secteur public, comme par le secteur privé, afin de mieux répartir la demande touristique dans le temps et de réduire ainsi les contraintes pesant sur l'environnement; à cette fin, il faudrait encourager l'étalement des vacances et les fins de semaine "à la carte".

7. A partir des listes nationales mentionnées au paragraphe 11 ci-dessous et des descriptions basées sur la capacité d'accueil respective des sites, une déclaration d'objectifs devrait être élaborée qui définirait une stratégie pour le choix des sites à développer d'une part et pour l'amélioration de l'environnement d'autre part; ce schéma intégrerait le développement touristique dans le développement économique régional, et tiendrait compte des préoccupations sociales et de l'aménagement du territoire.

8. Les autorités compétentes devraient s'assurer que les décisions relatives aux plans de développement touristique soient prises à partir d'une information aussi complète que possible en ce qui concerne leurs incidences sur l'environnement; si l'information n'est pas suffisante, elle devrait être complétée. Des évaluations d'impact sur l'environnement devraient être utilisées pour des opérations importantes de développement touristique afin d'évaluer les dommages potentiels causés à l'environnement, compte tenu des prévisions concernant la croissance et la demande de pointe du tourisme. En ce qui concerne les sites pour des projets de développement envisagés, toutes les alternatives de-

In tourist areas standards should be designed in accordance with the health, leisure and relaxation requirements of tourists. These standards will have to take into account the financing abilities of the individual regions.

2. All aspects of tourism should be brought into line with environmental conditions in the area concerned, e.g. in mountain and coastal regions. Attentions should be paid to the preservation of agriculture and forestry in order to harmonize tourism and environmental policies.

3. Bearing in mind that continued orderly development of the tourist industry depends on the maintenance of the resource on which it is based, the competent authorities should ensure that also those who offer services and amenities to tourists should comply with requirements designed for the protection of the region and respect for cultural traditions. These aims can be achieved by statutory requirements to ensure high standards for services and amenities and by the accuracy of environmental information supplied to prospective tourists.

B. PLANNING AND MANAGEMENT MEASURES

4. In order to conserve natural, cultural and man-made resources which are the basic qualitative elements of tourism, it is essential that the competent authorities should develop environmental guidelines for tourism development plans, in particular with respect to the quality of air and water (potable and recreational), soil conservation, the protection of natural and cultural heritage and the quality of human settlements.

5. The competent authorities should ensure that in tourist areas, particular attention be paid in relation to peak demand, to sewerage, solid waste disposal, noise pollution, building and traffic density control.

6. All possible incentive actions should be taken in the public and private sectors to spread tourism demand over time and hence reduce stresses on the environment; to this end the staggering of holidays and "flexible weekends" should be encouraged.

7. From the national listings mentioned in paragraph 11 hereunder and from description based on respective carrying capacity of sites, a planning statement should be prepared defining strategy for locations to be developed on the one hand, and environmental improvement on the other, and integrating tourist development with the economic regional development, including social concerns and land use planning.

8. The competent authorities should ensure that decisions on tourist development plans are based on the fullest available information concerning their environmental implications; when such information is not adequate it should be sought. Environmental Impact Assessments should be used for major tourist developments to evaluate the potential damage to the environment in the light of forecasted tourism growth and peak demand. Alternative sites for development should be considered, taking into account local constraints and the limits of environment carrying capacity. This capacity includes physical, ecological, social, cultural and psychological factors.

9. Bearing in mind that the carrying capacity will vary from site to site, statutory powers should be used to limit developments in particularly sensitive areas requiring special protection, which may entail limiting access to these areas with ultimate protection being provided by public ownership.

vraient être prises en considération, en tenant compte des contraintes locales et des limites de la capacité d'accueil de l'environnement; cette capacité intègre des facteurs physiques, écologiques, sociaux, culturels et psychologiques.

9. Compte tenu du fait que la capacité d'accueil varie selon les sites, les pouvoirs réglementaires devraient être employés pour limiter les actions de développement dans les régions particulièrement sensibles, requérant une protection spéciale; cette protection peut rendre nécessaire une limitation de l'accès à ces zones et l'ultime protection peut consister en l'appropriation du site par les pouvoirs publics.

10. En se fondant sur les indicateurs de l'environnement mentionnés au paragraphe I.2 des présentes Lignes Directrices, les autorités gouvernementales devraient surveiller l'état de l'environnement des principales régions touristiques d'accueil et évaluer les changements intervenant dans la qualité de l'environnement de ces régions; l'information qui en découlerait serait utile aux responsables des prises de décision, comme aux touristes.

C. ROLES SPECIFIQUES DES GOUVERNEMENTS

11. L'attribution de responsabilités en matière d'environnement varie d'un pays à l'autre pour des raisons constitutionnelles. En général, les autorités gouvernementales lorsqu'elles élaboreront des politiques et des programmes touchant à la qualité de l'environnement et au développement, auront à assurer les rôles ci-après précisés:

(*a*) Identification des types de régions suivants:

(i) sites déjà développés pour le tourisme et dont la capacité peut encore être accrue;

(ii) sites offrant des possibilités de développement en tant que nouvelles zones touristiques;

(iii) sites exigeant des actions de restauration du point de vue de l'environnement.

La série d'indicateurs de l'environnement correspondante, telle qu'elle est proposée au paragraphe I.2 des présentes Lignes Directrices, pourrait être utilisée pour cette procédure d'identification.

(*b*) L'élaboration et l'adoption de normes de qualité de l'environnement dans les principales zones touristiques, qui doivent être compatibles avec les politiques et les objectifs environnementaux, sociaux et économiques, y compris le tourisme, sont la responsabilité des juridictions et/ou des autorités concernées.

(*c*) Dans un certain nombre de pays Membres, la politique émanant des niveaux centraux et régionaux est effectivement mise en oeuvre au niveau local et c'est à ce niveau que l'aménagement du territoire local a lieu. C'est le niveau auquel il est possible de mettre en vigueur les décisions concernant la capacité d'accueil (voir paragraphe 8 ci-dessus), grâce à une réglementation de l'accès à certaines zones. Il est essentiel de trouver des moyens permettant aux décisions locales de contribuer à la réalisation des objectifs nationaux.

D. INFORMATION ET PARTICIPATION DU PUBLIC

12. Bien que les touristes soient soumis aux lois du pays, il incombe aux gouvernements et/ou aux autres organismes concernés de fournir au public les informations nécessaires sur la façon de respecter les zones naturelles particulièrement sensibles ou les régions ayant un patrimoine culturel. Ce type d'action pourrait être mené notamment par l'apposition d'affiches et la distribution de

10. On the basis of environmental indicators, as mentioned in paragraph I.2 of these Guidelines, governmental authorities should monitor the state of the environment in major tourist receiving areas and assess the changes in the environmental quality of these areas; the resulting information would be of value to both decision-makers and tourists.

C. SPECIFIC TASKS OF GOVERNMENTS

11. The allocation of responsibility will, in environmental matters, vary from one country to another for constitutional reasons. In general, governmental authorities will need to carry out the following specific tasks related to tourism when formulating policies and programmes concerned with environmental quality and development:

(*a*) Identification of the following types of areas:

(i) sites already developed for tourism with capacity for further development;

(ii) sites with potential for development as new tourist areas;

(iii) sites requiring remedial action from the environmental point of view.

The appropriate set of environmental indicators, as proposed in paragraph I.2 of these Guidelines, could be used for this identification procedure.

(*b*) Development and adoption of environmental quality standards for significant tourist areas, which are consistent with the environmental, social and economic (including tourism) objectives and policies, are the responsibility of the jurisdictions and/or authorities concerned.

(*c*) In a number of Member countries the local level of government is the level where the policy of both central and regional levels is implemented and local land use planning takes place. This is the level at which decisions on carrying capacity (see paragraph 8 above) can be enforced by regulation of access. It is essential that there be means whereby local decisions contribute to the achievement of national goals.

D. PUBLIC INFORMATION AND PARTICIPATION

12. While tourists are expected to abide by the law of the country, governments and/or other appropriate bodies are responsible for providing the public with information on how to respect environmentally sensitive and cultural areas. Such action should be supplemented by the display of posters and distribution of brochures in tourist areas and also by the inclusion in school

brochures dans les régions touristiques ainsi que par l'insertion dans les programmes scolaires de leçons sur la conduite à observer dans les régions d'intérêt culturel et naturel.

13. Les gouvernements devraient tenir compte de la diversité des points de vue au sein de l'opinion publique au sujet de l'impact des projets touristiques sur l'environnement, soit en faisant participer le public à la prise de décision de façon pratique et appropriée, soit en le consultant avant de prendre des décisions. De telles procédures permettraient aux collectivités locales de mieux comprendre que la conservation à long terme des valeurs touristiques constitue une politique économique saine qui intéresse l'ensemble du pays.

E. ASPECTS FINANCIERS

14. Etant donné que les recettes provenant du tourisme ne sont pas toujours suffisantes pour assurer le financement direct de la protection de l'environnement, les gouvernements peuvent envisager de contribuer dans une certaine mesure à ces dépenses, à condition que l'allocation de tels fonds soit conforme aux principes directeurs relatifs aux aspects économiques des politiques de l'environnement sur le plan international et réponde aux impératifs économiques et sociaux de chaque pays, en tenant compte des considérations suivantes:

(i) l'aide du gouvernement pour protéger l'environnement dans les zones touristiques peut être justifiée par le caractère social des objectifs du tourisme;

(ii) celle- ci peut également être justifiée lorsque le développement du tourisme fait partie intégrante d'une politique de développement régional.

15. Toute proposition de plan de développement du tourisme, que ce soit au niveau national, régional ou local, devrait comprendre une évaluation en termes financiers et de bilan des coûts et avantages de ce plan sur les régions concernées et devrait prévoir d'inclure le financement des mesures de protection de l'environnement.

RECOMMANDATION DU CONSEIL CONCERNANT L'EVALUATION DES PROJETS AYANT DES INCIDENCES SENSIBLES SUR L'ENVIRONNEMENT

(*Adoptée par le Conseil à sa 490ème séance le 8 mai 1979*)

[Le Représentant Permanent du Royaume-Uni, qui avait accepté cette Recommandation ad referendum, a depuis confirmé son accord]

Le Conseil,

Vu l'article 5(*b*) de la Convention relative à l'Organisation de Coopération et de Développement Economiques, en date du 14 décembre 1960;

Vu la Déclaration sur la Politique de l'Environnement, en date du 14 novembre 1974, adoptée par le Comité de l'Environnement au niveau ministériel;

Rappelant en particulier le paragraphe 9 de cette Déclaration dans lequel les Gouvernements des pays Membres de l'OCDE déclarent que: "Afin d'éviter à l'avenir la dégradation de l'environnement, l'évaluation préalable des conséquences sur l'environnement des activités publiques et privées importantes devrait constituer un élément essentiel des politiques appliquées aux niveaux national, régional et local";

Vu la Recommandation du Conseil en date du 21 septembre 1978, pour le renforcement de la coopération internationale en vue de la protection de l'environnement des régions frontières [C(78)77(Final)];

curricula of appropriate conduct to be observed in areas of cultural and natural importance.

13. Governments should take into account the variety of views of their communities on the environmental impact of tourism projects, either in the form of practical and appropriate participation in decision-making or of consultation before decisions are taken. Such procedures will improve the understanding of local communities that the long-term conservation of tourist assets is a sound economic policy in overall national terms.

E. FINANCIAL ASPECTS

14. Since it is recognised that direct financing from tourist generated revenue may not always be sufficient for environmental purposes, governments may consider granting a proportion of funds provided that the allocation of such funds abides with the Guiding Principles Concerning International Economic Aspects of Environmental Policies and responds to overriding national economic and social requirements, bearing the following considerations in mind:

(i) government assistance for environmental protection in tourist areas can be justified in view of the social aims of tourism;

(ii) similarly, it is also justified when tourist development is part of a regional development policy.

15. Proposed plans for the development of tourism, whether at national, regional or local levels, should be subjected to financial and cost-benefit appraisals of their effects on the areas concerned and should include provision for the financing of environmental protection.

RECOMMENDATION OF THE COUNCIL ON THE ASSESSMENT OF PROJECTS WITH SIGNIFICANT IMPACT ON THE ENVIRONMENT

(*adopted by the Council at its 490th Meeting on 8 May 1979*)

[The Permanent Representative of the United Kingdom who accepted this Recommendation ad referendum has now confirmed his agreement]

The Council,

Having regard to Article 5(*b*) of the Convention on the Organisation for Economic Co-operation and Development of 14 December, 1960;

Having regard to the Declaration on Environmental Policy of 14 November, 1974 adopted by the Environment Committee at Ministerial level;

Recalling in particular paragraph 9 thereof, in which the Governments of OECD Member countries declare that: "In order to prevent future environmental deterioration, prior assessment of the environmental consequences of significant public and private activities should be an essential element of policies applied at the national, regional and local levels";

Having regard to the Recommendation of the Council of 21 September, 1978 for Strengthening International Co-operation on Environmental Protection in Frontier Regions [C(78)77(Final)];

Considering that significant public and private development projects, during

Considérant que les projets d'équipement publics et privés importants, tant au cours de leur réalisation qu'au cours de leur exploitation ultérieure, peuvent avoir des incidences directes et indirectes sur l'environnement naturel et sur l'environnement créé par l'homme; que de telles incidences peuvent réduire considérablement les avantages potentiels attendus de tels projets à long terme et à court terme; et que dans certains cas, des dommages irréversibles pour l'environnement et des pertes définitives d'aménités peuvent en résulter;

Reconnaissant que la capacité de prévoir les incidences sur l'environnement de ces projets et d'y faire face, ainsi que la capacité d'identifier et d'utiliser les possibilités d'améliorer l'environnement sont plus grandes que par le passé;

Reconnaissant que l'utilisation, dans les cas appropriés, des procédures d'évaluation des incidences sur l'environnement peut améliorer les décisions d'aménagement;

Reconnaissant que les cadres législatifs, institutionnels et administratifs dans lesquels l'évaluation des incidences sur l'environnement et des autres incidences est déjà effectuée ou peut être incorporée, diffèrent selon les pays Membres;

Sur la proposition du Comité de l'Environnement;

I. RECOMMANDE aux Gouvernements des pays Membres:

1. De faire en sorte que des considérations essentielles d'environnement aient leur place dans les dispositifs de planification régionale et d'aménagement de l'espace, ainsi que dans les procédures de planification et de décision pour tous les projets susceptibles d'avoir des incidences sensibles sur l'environnement, en utilisant alors dans les cas appropriés les procédures d'évaluation des incidences sur l'environnement.

2. De coordonner les procédures, la forme et le moment de l'évaluation appropriée des incidences sur l'environnement de manière que celle-ci s'inscrive dans le processus de planification et de prise de décisions, et que l'on puisse ainsi dès les premiers stades procéder à l'examen des mesures qui permettraient d'atténuer les incidences sur l'environnement et d'éviter de retarder indûment les projets.

3. D'incorporer, dans les cas indiqués, des solutions de rechange dans l'évaluation des incidences sur l'environnement, afin que les projets puissent faire l'objet d'une analyse approfondie, de façon à dégager les options les plus satisfaisantes pour l'environnement.

4. D'inclure des mesures pratiques et appropriées pour consulter les autorités publiques et d'autres organisations ayant des fonctions et des compétences en rapport avec les incidences des projets sur l'environnement.

5. De prendre, dans les cas appropriés, des mesures pratiques pour informer le public et pour permettre à ceux qui peuvent être directement ou indirectement affectés de participer, à des stades appropriés, au processus qui conduit à des décisions concernant les projets.

6. De s'assurer qu'il existe des moyens pour faire mettre en oeuvre les mesures résultant du processus d'évaluation des incidences sur l'environnement.

7. D'introduire des mesures pratiques de surveillance des effets sur l'environnement des projets de grande ampleur ayant fait l'objet de procédure d'évaluation des incidences sur l'environnement.

8. D'examiner, conformément aux Recommandations du Conseil de l'OCDE relatives à la pollution transfrontière, l'établissement de procédures d'évaluation des incidences sur l'environnement pour les actions qui pourraient avoir des effets transfrontières sensibles.

II. CHARGE le Comité de l'Environnement, pour appuyer les actions ci-dessus:

1. De faire rapport sur l'expérience pratique des pays Membres dans la mise en oeuvre de différentes méthodes et procédures d'évaluation.

2. De faire rapport au Conseil sur les actions entreprises en application de la présente Recommandation.

execution and subsequent operation, may generate direct and indirect impact on the natural and man-made environnment; that such impact may significantly reduce the potential short- and long-term benefits expected from such projects; and that in some cases irreversible environmental damage and loss of amenities may result;

Recognising that the capability for forecasting, or dealing with environmental impacts of such projects and for identifying and acting on opportunities for environmental enhancement is greater than in the past;

Recognising that the use, where appropriate, of procedures for assessing environmental impact can improve development decisions;

Recognising that Member countries have varying legislative, institutional and administrative frameworks within which the assessment of environmental and other impacts either takes place already or can be incorporated;

On the proposal of the Environment Committee;

I. RECOMMENDS that Member Governments:

1. Integrate substantive environmental considerations into arrangements for regional and land-use planning and, using environmental assessment procedures as appropriate, into the planning and decision-making process of all projects having potentially significant impact on the environment.

2. Co-ordinate the procedures for, and the form and timing of, the appropriate assessment of the environmental impact as an input to the planning and decision-making process, thus ensuring early consideration of measures for mitigating environmental impact, for enhancing environmental quality, and for avoiding undue delays of projects.

3. Incorporate, where relevant, alternative solutions in the assessment of environmental impact, so that thorough analyses of projects can be made with a view to arriving at the best environmental options.

4. Include practical and appropriate measures for consulting public authorities and other organisations having functions and responsibilities relevant to the environmental impact of projects.

5. Introduce, where appropriate, practical measures for informing the public and for participation by those who may be directly or indirectly affected, at suitable stages in the process of arriving at decisions on projects.

6. Ensure that there are means of putting into effect measures derived from the environmental impact assessment process.

7. Introduce practical measures for monitoring the effects on the environment of important projects which have been subject to environmental impact assessment procedures.

8. Consider, in accordance with OECD Recommendations of the Council dealing with transfrontier pollution, instituting environmental assessment procedures for actions that might have significant transboundary effects.

II. INSTRUCTS the Environment Committee, in support of the above actions:

1. To report on the practical experience of Member countries in implementing various assessment methods and procedures.

2. To report to the Council on actions taken pursuant to this Recommendation.

RECOMMANDATION DU CONSEIL
RELATIVE AU CHARBON ET A L'ENVIRONNEMENT
(adoptée par le Conseil à sa 490ème séance le 8 mai 1979)

[Le Représentant Permanent du Royaume-Uni, qui avait accepté cette Recommandation ad referendum, a depuis confirmé son accord]

Le Conseil.

Vu l'article 5(*b*) de la Convention relative à l'Organisation de Coopération et de Développement Economiques, en date du 14 décembre 1960;

Vu la Recommandation du Conseil, en date du 26 mai 1972, sur les principes directeurs relatifs aux aspects économiques des politiques de l'environnement sur le plan international C(72)128];

Vu la Recommandation du Conseil, en date du 18 juin 1974, sur des directives en vue d'une action ayant pour but de réduire les émissions d'oxydes de soufre et de particules résultant de l'emploi de combustibles dans des installations fixes [C(74)16(Final)];

Vu la Recommandation du Conseil, en date du 14 novembre 1974, sur les mesures requises en vue du renforcement de la lutte contre la pollution atmosphérique [C(74)219];

Vu la Recommandation du Conseil, en date du 14 novembre 1974, sur l'énergie et l'environnement [C(74)222];

Vu la Recommandation du Conseil, en date du 14 novembre 1974, sur la mise en oeuvre du principe pollueur-payeur [C(74)223];

Vu la Recommandation du Conseil, en date du 12 octobre 1976, concernant la réduction des incidences sur l'environnement de la production et de l'utilisation d'énergie [C(76)162(Final)];

Notant l'adoption dans le cadre de l'Agence Internationale de l'Energie, le 5 octobre 1977, du principe selon lequel il convient d'améliorer les procédures visant à résoudre les conflits qui peuvent surgir entre les préoccupations relatives à l'environnement et les besoins énergétiques et du principe selon lequel il convient de promouvoir les échanges internationaux de charbon;

Notant les conclusions et les lignes directrices formulées dans la publication de l'Agence Internationale de l'Energie intitulée "Le charbon vapeur – perspectives jusqu'à l'an 2000", dans la publication de l'OCDE intitulée "Approvisionnement en combustibles propres" et dans le rapport du Comité de l'Environnement sur "Le charbon et l'environnement";

Reconnaissant que, dans le cadre des stratégies visant à procurer des approvisionnements en énergie suffisants à moyen terme, où le charbon jouera un rôle d'importance croissante, il est nécessaire de veiller à ce que cette expansion accélérée se déroule d'une manière acceptable du point de vue de l'environnement;

Reconnaissant que le dioxyde de carbone produit par la combustion de tout combustible fossile peut susciter des problèmes d'environnement;

Reconnaissant que, si une expansion de la production et de l'utilisation du charbon est susceptible d'accroître les contraintes pour l'environnement et les conséquences sur la santé et sur la sécurité;

(*a*) beaucoup d'effets défavorables sont de nature locale bien que des résultats de recherches indiquent aussi l'existence d'effets régionaux, dûs en particulier à la dissémination sur de longues distances de composés du soufre, et peut-être même des effets de portée globale; et

(*b*) l'expérience acquise suggère que les coûts des mesures visant à réduire ces

RECOMMENDATION OF THE COUNCIL
ON COAL AND THE ENVIRONMENT
(adopted by the Council at its 490th Meeting on 8 May 1979)

[The Permanent Representative of the United Kingdom who accepted this Recommendation ad referendum has now confirmed his agreement]

The Council,

Having regard to Article 5(*b*) of the Convention on the Organisation for Economic Co-operation and Development of 14 December, 1960;

Having regard to the Recommendation of the Council of 26 May, 1972, on Guiding Principles concerning International Economic Aspects of Environmental Policies [C(72)128];

Having regard to the Recommendation of the Council of 18 June, 1974, on Guidelines for Action to Reduce Emissions of Sulphur Oxides and Particulate Matter from Fuel Combustion in Stationary Sources [C(74)16(Final)];

Having regard to the Recommendation of the Council of 14 November, 1974, on Measures Required for Further Air Pollution Control [C(74)219];

Having regard to the Recommendation of the Council of 14 November, 1974, on Energy and the Environment [C(74)222];

Having regard to the Recommendation of the Council of 14 November, 1974, on the Implementation of the Polluter-Pays Principle [C(74)223];

Having regard to the Recommendation of the Council of 12 October, 1976, concerning the Reduction of Environmental Impacts from Energy Production and Use [C(76)162(Final)];

Noting the adoption in the framework of the International Energy Agency on 5 October, 1977 of the principle of improvement of procedures for resolving conflicts which may exist between environmental concerns and energy requirements and of the principle of promoting international trade in coal;

Noting the conclusions and guidelines of the International Energy Agency publication "Steam Coal – Prospects to 2000"; the OECD publication "Clean Fuel Supply", and the Environment Committee Report on "Coal and the Environment";

Recognising that, in securing adequate supplies of energy in the medium term, where coal will assume an increasingly important role, there is a need to ensure that this accelerated development proceeds in an environmentally acceptable fashion;

Recognising that carbon dioxide resulting from the combustion of all fossil fuels may pose environmental problems;

Recognising that, while expansion of coal production and use could result in greater environmental stress and consequences for health and safety;

(*a*) many adverse effects are local although research results also indicate regional effects, particularly due to long range transport of sulphur compounds, and possibly, even global effects; and

(*b*) experience suggests that control costs for reducing these effects can be balanced against the environmental, social and economic benefits gained;

Recognising that significant measures to ensure that coal production and use is environmentally and socially acceptable have already been taken or are under preparation;

Recognising the implications of different constitutional and legal systems in Member countries;

effets peuvent être équilibrés par les avantages relatifs à l'environnement, sociaux et économiques que l'on retire de ces mesures;

Reconnaissant que des mesures importantes visant à faire en sorte que la production et l'utilisation du charbon s'effectuent d'une manière acceptable du point de vue de l'environnement et du point de vue social ont déjà été prises ou sont en préparation;

Reconnaissant les implications de la diversité des ordres constitutionnels et juridiques des pays Membres;

RECOMMANDE:

I. Que les pays Membres, dans l'élaboration de leurs politiques d'expansion de l'utilisation du charbon, mettent au point ou améliorent les mesures de protection de l'environnement et de lutte contre la pollution qui prennent effet dès le stade de la planification et de l'établissement des projets de politiques, afin de réaliser une intégration des politiques de l'environnement et de l'énergie qui soit conçue de manière à maintenir, à chaque étape du cycle du charbon, ainsi que pour le cycle dans son ensemble, un équilibre entre les incidences sur l'environnement, sur la santé et sur la sécurité, d'une part, et les incidences énergétiques et économiques d'autre part;

II. Que les recherches sur l'utilisation des combustibles fossiles soient intensifiées, et particulièrement celles portant sur des techniques évoluées de lutte contre la pollution due à la combustion du charbon qui soient efficaces par rapport à leur coût et acceptables du point de vue de l'environnement;

III. Que les pays Membres, à la lumière des résultats de recherches appropriées, s'efforcent de définir des niveaux acceptables pour la qualité du combustible, pour l'intensité des émissions ou pour la qualité du milieu ambiant, selon le cas, en ce qui concerne:

- le dioxyde de carbone;
- les métaux en traces;
- les polluants secondaires tels que les sulfates et les nitrates;
- les substances cancérigènes;
- d'autres composés et matières, si cela se justifie;

compte tenu du coût des techniques de lutte permettant d'atteindre ces niveaux ainsi que des avantages sociaux qui en résultent, et notamment des avantages d'une utilisation accrue du charbon;

IV. Que, pour veiller à l'utilisation appropriée des diverses ressources énergétiques, le coût de la protection de l'environnement et de la lutte contre la pollution soit, de façon compatible avec le principe pollueur-payeur, reflété dans les prix de l'énergie;

V. Que l'on procède à une évaluation des conséquences pour l'environnement et des répercussions sociales de l'introduction à grande échelle du charbon, et notamment des aspects nationaux et régionaux, particulièrement dans les pays qui n'utilisent pas actuellement de charbon;

VI. Que les pays Membres mettent en oeuvre des programmes d'information efficaces destinés aux responsables de l'élaboration des politiques et aux investisseurs, aux négociants, aux utilisateurs ainsi qu'à l'ensemble du public, afin de permettre une meilleure prise de conscience de la nécessité de résoudre les problèmes de politique de l'environnement liés au charbon;

VII. Que les pays Membres, dans l'élaboration de leurs politiques du charbon, se conforment aux principes directeurs exposés dans l'Annexe qui est jointe à cette Recommandation et en fait partie intégrante.

RECOMMENDS that:

I. Member countries, in elaborating policies for expanded coal use, develop or improve environmental protection and control measures with effect from the planning and policy drafting stage in order to achieve integrated environment and energy policies designed to balance on the one hand the environmental, health and safety implications and on the other hand the energy and economic implications for each stage of the coal cycle, as well as for the overall cycle;

II. Research on the utilisation of fossil fuels, especially in regard to cost-effective and environmentally acceptable advanced control technologies for coal combustion, be intensified;

III. Member countries, in the light of appropriate research results, seek to define acceptable fuel qualities, emission levels or ambient media qualities, as appropriate, for:

– carbon dioxide;
– trace metals;
– secondary pollutants such as sulphates and nitrates;
– carcinogenic substances;
– other compounds and materials as may be warranted;

taking into account the cost of control technologies to achieve these levels as well as the social benefit resulting therefrom, including the advantages of increased coal use;

IV. In order to ensure the appropriate use of different energy resources, the cost of environmental protection and pollution control should be, as is compatible with the Polluter-Pays Principle, reflected in the price of energy;

V. An assessment be made of the environmental and social consequences of a large scale introduction of coal, including the national and regional aspects, especially in countries where coal is not currently used;

VI. Member countries implement effective information programmes aimed at policymakers and at investors, traders and users, as well as at the general public, in order to develop increased awareness of the need to resolve the environmental policy issues related to coal;

VII. Member countries, in developing their coal policies, follow the guidelines set out in the Annex to this Recommendation of which it is an integral part.

ANNEXE
PRINCIPES DIRECTEURS VISANT A ASSURER UNE EXPANSION DU SECTEUR DU CHARBON EN HARMONIE AVEC LA PROTECTION DE L'ENVIRONNEMENT

A. EXTRACTION

La remise en état des sols après l'extraction est la principale préoccupation relative à l'environnement. Elle est techniquement réalisable, à un certain coût, dans la plupart des sites. La remise en état peut s'effectuer de la manière la plus favorable et la plus efficace par rapport à son coût lorsque des dispositions ont été intégrées à cette fin dans le programme d'exploitation de la mine. En vue d'une expansion harmonieuse des activités d'extraction, il conviendrait:

– de procéder à la mise en application des lois sur l'environnement qui régissent notamment la remise en état des sols, d'une manière qui évite ou réduise au minimum les délais et les coûts associés;
– de tenir compte, dans le calcul du coût du charbon, du coût de la remise en état des sols que la production du charbon aura rendue nécessaire à l'avenir;
– de procéder à une évaluation des incidences sur l'environnement et socio-économiques lorsque débutent des activités minières dans des régions où aucune extraction de charbon ne s'effectuait auparavant;
– de réduire les écoulements d'eaux contenant des acides et des métaux lourds, qui proviennent des opérations d'extraction et/ou de l'évacuation des déchets et constituent une menace pour les eaux souterraines et de surface, et de recourir à des techniques qui réduisent au minimum le coût global, y compris le coût social;
– d'assurer aux mineurs les meilleures conditions réalisables d'hygiène et de sécurité du travail.

B. TRANSPORT ET MANUTENTION

Le transport du charbon offre des avantages du point de vue de l'environnement par rapport au transport du pétrole et du gaz naturel liquéfié, si on prend en considération les incidences possibles des accidents en mer. En vue d'améliorer les conditions de transport et de manutention du charbon, il conviendrait:

– de mettre en oeuvre des mesures de lutte contre les perturbations qu'apporteront à l'environnement le chargement et le déchargement des réserves de stockage de charbon, des wagons, des camions et des péniches, ainsi que l'utilisation des nouveaux systèmes de transport du charbon;
– de prendre en considération les exigences qui continuent de peser sur les ressources en eau et la nécessité qu'il y a de s'assurer que l'eau rejetée est d'une qualité acceptable lorsque des techniques de transport du charbon en suspension dans l'eau ou des techniques de lavage du charbon sont utilisées;
– d'intensifier les travaux relatifs aux techniques de nettoyage et de mélange du charbon, afin d'obtenir un charbon de qualité uniforme, ce qui présente une importance particulière pour les installations de faible dimension.

C. UTILISATION – POLLUTION DE L'AIR

La plupart des pays ont déjà adopté des mesures en vue d'obtenir une qualité acceptable de l'air ambiant, et ont notamment limité l'utilisation du charbon à

ANNEX
GUIDELINES TO ENSURE AN ENVIRONMENTALLY SUCCESSFUL DEVELOPMENT OF THE COAL SECTOR

A. MINING

Land reclamation after mining is the main environmental concern. It is technically feasible, at a cost, in most areas. Reclamation can be carried out most successfully and cost-effectively when provision therefor has been made an integral part of the mine development plan. For the successful development of mining activities:

- the process of enforcement of environmental legislation, e.g. reclamation, should be conducted in a manner which avoids or minimises delays and associated costs;
- the calculation of the cost of coal should allow for the cost of future land reclamation made necessary by its production;
- an assessment of environmental and socio-economic impact should be undertaken when establishing mining activities in areas where there has been no coal mining;
- drainage of water containing acids and heavy metals from mining and/or waste disposal, which is a threat to ground and surface waters, should be abated and techniques should be used which minimise the total cost, including the social cost;
- the highest practicable degree of occupational health and safety for miners should be assured.

B. TRANSPORT AND HANDLING

Transport of coal has environmental advantages over transport of oil and liquid natural gas when considering the possible impact of shipping accidents. For improvements in the transport and handling of coal:

- measures should be implemented to control environmental disturbances when coal is loaded and unloaded, from coal stockpiles and from railroad cars, trucks and barges and in using new coal transportation systems;
- consideration should be given to the continuing demands made on water resources and the need to ensure that the discharged water is of acceptable quality when coal slurry transport or coal washing techniques are employed;
- efforts should be intensified in coal cleaning and blending techniques to provide coal of uniform quality, which is specifically important for small scale plants.

C. UTILISATION – AIR POLLUTION

Most countries have already taken measures to achieve an acceptable ambient air quality, including, among others, restriction of coal use to certain

certains dispositifs ou à certains modes de combustion moins polluants. Dans les régions où l'utilisation du charbon doit connaître un accroissement, il conviendrait:

- d'évaluer les incidences possibles sur l'environnement et de recourir, pour réduire les dommages au maximum, aux moyens les plus appropriés qui sont efficaces par rapport à leur coût et disponibles à court et à long terme;
- en tenant compte de leurs coûts et efficacité, d'utiliser les meilleures techniques de lutte dont on dispose pour réduire au minimum les émissions de particules et d'oxydes de soufre afin d'assurer qu'aucune dégradation sensible de l'environnement ne se produise, tant à l'intérieur qu'au-delà des frontières nationales;
- de recourir à des techniques éprouvées de réduction des émissions d'oxydes d'azote, compte tenu du coût et des avantages de ces techniques. Celles-ci comprendraient des systèmes de combustion de conception nouvelle et notamment des brûleurs perfectionnés, des lits fluidisés et des dispositifs de dénitrification des gaz de combustion;
- de prendre des mesures strictes de lutte contre les polluants et les sous-produits cancérigènes sous forme gazeuse et particulaire;
- d'assurer une surveillance appropriée des émissions et de la qualité de l'air ambiant, afin de veiller à ce que les lignes directrices requises soient suivies et à ce que les normes soient respectées;
- de brûler par priorité du charbon moins polluant, tout en appliquant et développant des méthodes appropriées sur le plan technique et économique afin de contrôler les émissions des charbons plus polluants, et en tenant dûment compte des contraintes qui s'exercent dans ce domaine.

D. UTILISATION – DECHETS SOLIDES

Une expansion de l'utilisation du charbon augmentera les quantités de déchets à éliminer ou à récupérer. Dans les régions où l'utilisation du charbon doit connaître un accroissement, il conviendrait:

- de procéder à une évaluation de toutes les incidences sur l'environnement des techniques de lutte contre la pollution de l'air qui produisent des déchets solides et des coûts d'environnement associés à ces techniques, afin de faire en sorte que les effets sur l'eau et sur le sol soient maîtrisés;
- d'élaborer des directives pratiques pour l'élimination contrôlée des cendres;
- d'examiner du point de vue de l'environnement, les conséquences et les coûts de la préparation du charbon et de l'élimination des déchets qui en résultent avant la combustion;
- d'examiner l'opportunité des stimulants qui seraient nécessaires pour étendre les utilisations commerciales existantes des cendres volantes et des déchets de désulfuration; et de consacrer des efforts accrus à la démonstration des possibilités pratiques d'utilisation des déchets solides, compte tenu des effets de cette utilisation sur l'environnement;
- d'examiner l'opportunité des incitations qui seraient nécessaires pour encourager l'enfouissement des déchets dans la mine et d'en étudier les effets sur l'environnement.

E. UTILISATION – ETIQUETAGE DES CHARBONS

Les types de charbon introduits sur le marché mondial peuvent être insuf-

less polluting systems or combustion modes. In areas where coal use is to be increased:

- possible environmental impact should be assessed and the most appropriate cost-effective remedies available – both short and long term – employed to minimise the damage:
- taking into account their cost-effectiveness, the best available abatement techniques should be employed to minimise the emission of particulates and SO_x, in order to ensure that no significant degradation of the environment will occur, both within and beyond national frontiers;
- proven technologies for reducing NO_x emissions should be used, taking into account their costs and advantages. These technologies would include new combustion system designs, including improved burner, fluidised beds and flue gas denitrification;
- gaseous and particulate carcinogenic pollutants and by-products should be strictly controlled;
- emissions and ambient air quality should be adequately monitored to ensure that requisite guidelines are followed and standards are met;
- priority should be given to the burning of less polluting coal, while applying and developing further the appropriate technical and economic means for controlling emissions from more polluting coals, with due regard to relevant constraints.

D. UTILISATION – SOLID WASTE

An expansion of coal use will increase the quantities of waste requiring disposal or utilisation. For areas where coal use is to be increased:

- an assessment should be made of all environmental implications and associated environmental costs of those air pollution control technologies which produce solid waste to ensure that water and land impacts are controlled;
- practical guidelines for controlled ash disposal should be developed;
- the environmental consequences and costs of coal preparation and the disposal of resultant wastes prior to burning should be examined;
- an examination should be made of the desirability of incentives needed to extend the existing commercial uses for fly ash and desulphurisation waste; and increased effort should be directed towards demonstrating the practicability of solid waste utilisation, taking into account its impact on the environment;
- an examination should be made of the desirability of incentives needed to encourage disposal of the wastes into the mine and their environmental consequences.

E. UTILISATION – LABELLING OF COALS

Coals entering world trade may not be sufficiently characterised with respect

fisamment caractérisés du point de vue des propriétés qui ont une incidence possible sur l'environnement, et il est dès lors difficile pour les utilisateurs de déterminer si la composition du charbon permet de satisfaire aux normes nationales d'environnement. Pour améliorer cette situation, il conviendrait:

- de préciser sous une forme normalisée les caractéristiques de teneur en soufre (par exemple les données nécessaires aux installations de préparation physique) de tous les charbons introduits sur le marché mondial;
- d'examiner de quelle manière il faudrait déterminer la teneur en métaux des types de charbons introduits sur le marché mondial.

F. UTILISATION – BESOINS EN MATIERE DE RECHERCHE ET DE DEVELOPPEMENT

De nombreux aspects du cycle du charbon, touchant à l'environnement, exigent des recherches approfondies. Il pourrait être avantageux de coordonner ces recherches à l'échelon international. Il conviendrait en particulier:

- d'accroître les efforts en vue de la mise au point et de la commercialisation de techniques de pointe et efficaces par rapport à leur coût pour la lutte contre la pollution dans le domaine de la combustion du charbon, et notamment de procédés nouveaux tels que la combustion en lit fluidisé, afin d'utiliser le charbon d'une manière plus efficace et de diminuer les effets défavorables sur l'environnement;
- d'entreprendre davantage de travaux de recherche et de développement visant à mettre au point des agents de conditionnement du charbon qui favoriseraient la capture du soufre par les cendres;
- d'évaluer ce que deviennent les métaux libérés au cours de la combustion du charbon, lorsque l'on réduit ensuite les émissions de particules à l'aide de dispositifs de précipitation électrostatique et de filtres à sac;
- d'évaluer la capacité de lutte contre les émissions d'oxydes d'azote que présentent d'autres modes possibles de combustion;
- de poursuivre la mise au point de nouveaux procédés d'utilisation du charbon (par exemple la gazéification du charbon et la liquéfaction du charbon) qui soient avantageux du point de vue de l'environnement;
- d'encourager une utilisation avantageuse des sousproduits, y compris la chaleur résiduelle et les constituants chimiques des déchets liquides.

DECISION REVISEE DU CONSEIL RELATIVE AUX PROCEDURES DE CONSULTATION INTERGOUVERNEMENTALE CONCERNANT LES PRINCIPES DIRECTEURS A L'INTENTION DES ENTREPRISES MULTINATIONALES

(adoptée par le Conseil lors de sa 495ème séance, le 13 juin 1979)[3]

Le Conseil,

Vu la Convention relative à l'Organisation de Coopération et de Développement Economiques, en date du 14 décembre 1960, et, en particulier, les articles 2(*d*), 3 et 5 (*a*);

Vu la Résolution du Conseil, en date du 22 décembre 1976, relative au mandat du Comité de l'investissement international et des entreprises multinationales et, en particulier, le paragraphe 2 de ladite Résolution [C(76)209(Final)];

[3] Le Gouvernement de la Turquie s'est abstenu de la Décision.

to the properties which have a potential environmental impact which makes it difficult for users to judge whether the composition is adequate to meet national environmental standards. To improve this situation:

- the sulphur characteristics (e.g. data needed by physical preparation plants) of all coals entering world trade should be specified in a standardized manner;
- an examination should be made of how coals entering world trade should be assayed as to their metal content.

F. UTILISATION – RESEARCH AND DEVELOPMENT REQUIREMENTS

There are many environmental aspects of the coal cycle which require further research. Co-ordination of this research internationally could be advantageous. In particular:

- increased efforts should be made to develop and commercialise cost-effective advanced control technologies for coal combustion, including new systems such as fluidised bed combustion, in order to use coal more efficiently and diminish adverse impact on the environment;
- more R & D should be pursued to develop coal conditioning agents which would promote sulphur capture by the ash;
- an assessment should be made of the fate of metals released from the coal during combustion followed by particulate control using electrostatic precipitators and baghouses;
- alternative combustion systems should be evaluated for their ability to control NO_x emissions;
- new processes for the use of coal (e.g. coal gasification, coal liquefaction) which are environmentally beneficial, should be further developed;
- beneficial use of by-products, including waste heat and the chemical constituents of liquid wastes, should be encouraged.

REVISED DECISION OF THE COUNCIL ON INTER-GOVERNMENTAL CONSULTATION PROCEDURES ON THE GUIDELINES FOR MULTINATIONAL ENTERPRISES

(adopted by the Council at its 495th Meeting on 13 June 1979)[3]

The Council,

Having regard to the Convention on the Organisation for Economic Co-operation and Development of 14 December, 1960 and, in particular, to Articles 2(*d*), 3 and 5(*a*) thereof;

Having regard to the Resolution of the Council of 22 December, 1976 on the Terms of Reference of the Committee on International Investment and Multinational Enterprises and, in particular, to paragraph 2 thereof [C(76)209(Final)];

Taking note of the Declaration by the Governments of OECD Member

[3] The Turkish Government abstained from the Decision.

Prenant note de la Déclaration des Gouvernements des pays Membres de l'OCDE, en date du 21 juin 1976, par laquelle ils recommandent conjointement aux entreprises multinationales d'observer les principes directeurs établis à leur intention;

Vu la Décision du Conseil, en date du 21 juin 1976, relative aux procédures de consultation intergouvernementale concernant les principes directeurs à l'intention des entreprises multinationales [C(76)117];

Reconnaissant qu'il est souhaitable d'instituer des procédures permettant la tenue de consultations sur les questions auxquelles se rapportent lesdits principes;

Considérant le rapport sur le réexamen de la Déclaration et des décisions de 1976 sur l'investissement international et les entreprises multinationales [C(79)102(Final)];

Sur la proposition du Comité de l'investissement international et des entreprises multinationales;

DECIDE:

1. Le Comité de l'investissement international et des entreprises multinationales (appelé ci-dessous le "Comité") procédera périodiquement, ou à la demande d'un pays Membre, à des échanges de vues sur les questions se rapportant aux principes directeurs et sur l'expérience acquise dans leur application. Le Comité sera chargé de la clarification des principes directeurs. Les clarifications seront données en tant que de besoin. Le Comité fera périodiquement rapport au Conseil sur ces questions.

2. Le Comité invitera périodiquement le Comité Consultatif Economique et Industriel auprès de l'OCDE (BIAC) et la Commission Syndicale Consultative auprès de l'ICDE (TUAC) à faire connaître leurs vues sur les questions ayant trait aux principes directeurs. De plus, des échanges de vues sur ces questions pourront avoir lieu avec les organes consultatifs sur leur demande. Le Comité tiendra compte de ces vues dans ses rapports au Conseil.

3. Si elle le désire, une entreprise aura la possibilité d'exprimer ses vues, soit oralement soit par écrit, sur des questions se rapportant aux principes directeurs et touchant ses intérêts.

4. Le Comité devra s'abstenir de tirer des conclusions sur le comportement d'entreprises déterminées.

5. Les pays Membres pourront demander que des consultations aient lieu au sein du Comité sur tout problème qui se poserait du fait que des entreprises multinationales sont soumises à des exigences contradictoires. Les gouvernements concernés coopéreront de bonne foi en vue de résoudre ces problèmes, soit au sein du Comité, soit par le moyen d'autres arrangements mutuellement acceptables.

6. La présente Décision sera au plus tard dans cinq ans. Le Comité présentera, en tant que de besoin, des propositions à cet effet.

7. Cette Décision remplace la Décision C(76)117.

DECISION REVISEE DU CONSEIL RELATIVE AU TRAITEMENT NATIONAL

(adoptée par le Conseil lors de sa 495ème séance, le 13 juin 1979)[4]

Le Conseil,

Vu la Convention relative à l'Organisation de Coopération et de Développe-

[4] Le Gouvernement de la Turquie s'est abstenu de la Décision.

countries of 21 June, 1976 in which they jointly recommend to multinational enterprises the observance of guidelines for multinational enterprises;

Having regard to the Decision of the Council of 21 June, 1976 on Inter-Governmental Consultation Procedures on the Guidelines for Multinational Enterprises [C(76)117];

Recognising the desirability of setting forth procedures by which consultations may take place on matters related to these guidelines;

Considering the Report on the Review of the 1976 Declaration and Decisions on International Investment and Multinational Enterprises [C(79)102(Final)];

On the proposal of the Committee on International Investment and Multinational Enterprises;

DECIDES:

1. The Committee on International Investment and Multinational Enterprises (hereinafter called "the Committee") shall periodically or at the request of a Member country hold an exchange of views on matters related to the Guidelines and the experience gained in their application. The Committee shall be responsible for clarification of the Guidelines. Clarification will be provided as required. The Committee shall periodically report to the Council on these matters.

2. The Committee shall periodically invite the Business and Industry Advisory Committee to OECD (BIAC) and the Trade Union Advisory Committee to OECD (TUAC) to express their views on matters related to the Guidelines. In addition, exchanges of views with the advisory bodies on these matters may be held upon request by the latter. The Committee shall take account of such views in its reports to the Council.

3. If it so wishes, an individual enterprise will be given the opportunity to express its views either orally or in writing on issues concerning the Guidelines involving its interests.

4. The Committee shall not reach conclusions on the conduct of individual enterprises.

5. Member countries may request that consultations be held in the Committee on any problem arising from the fact that multinational enterprises are made subject to conflicting requirements. Governments concerned will co-operate in good faith with a view to resolving such problems, either within the Committee or through other mutually acceptable arrangements.

6. This Decision shall be reviewed at the latest in five years. The Committee shall make proposals for this purpose as appropriate.

7. This Decision replaces Decision C(76)117.

REVISED DECISION OF THE COUNCIL ON NATIONAL TREATMENT

(adopted by the Council at its 495th Meeting on 13 June 1979)[4]

The Council,

Having regard to the Convention on the Organisation for Economic Co-

[4] The Turkish Government abstained from the Decision.

ment Economiques, en date du 14 décembre 1960, et, en particulier, les articles 2(*c*), 2(*d*), 3 et 5(*a*);

Vu la Résolution du Conseil en date du 22 décembre 1976, relative au mandat du Comité de l'Investissement International et des Entreprises Multinationales et, en particulier, le paragraphe 2 de ladite Résolution [C(76)209(Final)];

Prenant note de la Déclaration des Gouvernements des pays Membres de l'OCDE, en date du 21 juin 1976, relative au traitement national;

Vu la Décision du Conseil, en date du 21 juin 1976, relative au traitement national [C(76)118];

Considérant qu'il convient d'instituer dans l'Organisation des procédures appropriées pour examiner les lois, réglementations et pratiques administratives (appelées ci-dessous les "mesures") qui s'écartent du "traitement national";

Considérant le rapport sur le réexamen de la Déclaration et des Décisions de 1976 sur l'investissement international et les entreprises multinationales [C(79)102(Final)];

Sur la proposition du Comité de l'Investissement International et des Entreprises Multinationales;

DECIDE:

1. Les mesures prises par un pays Membre, qui sont en vigueur au 21 juin 1976 et qui constituent des exceptions au "traitement national" (y compris les mesures qui limitent les investissements nouveaux des "entreprises sous contrôle étranger" déjà établies sur son territoire) seront notifiées à l'Organisation dans les 60 jours qui suivent cette date.

2. Les mesures prises par un pays Membre après la date du 21 juin 1976 qui constituent des exceptions nouvelles au "traitement national" (y compris les mesures qui limitent les investissements nouveaux des "entreprises sous contrôle étranger" déjà établies sur son territoire) seront notifiées à l'Organisation dans les 30 jours qui suivent leur entrée en vigueur, avec l'indication des raisons précises qui les ont motivées et de la durée prévue de leur application.

3. Les mesures prises par une subdivision territoriale d'un pays Membre, en application des pouvoirs autonomes dont elle dispose, et qui constituent des exceptions au "traitement national", seront notifiées à l'Organisation par le pays Membre en cause, dans le mesure où il en a connaissance, dans les 30 jours qui suivent le moment où les autorités dudit pays Membre en auront eu connaissance.

4. Le Comité de l'Investissement International et des Entreprises Multinationales (appelé ci-dessous le "Comité") examine périodiquement l'application du "traitement national" (y compris les exceptions) en vue d'étendre cette application. Le Comité présente, en tant que de besoin, des propositions à cet égard.

5. Le Comité pourra inviter périodiquement le Comité Consultatif Economique et Industriel auprès de l'OCDE (BIAC) et la Commission Syndicale Consultative auprès de l'OCDE (TUAC) à faire connaître leurs vues sur les questions ayant trait au traitement national, et tiendra compte de ces vues dans ses rapports périodiques au Conseil.

6. Le Comité, à la demande d'un pays Membre, fait fonction d'organe de consultation sur toute question concernant le présent instrument et sa mise en oeuvre, notamment les exceptions au "traitement national" et leur application.

7. Les pays Membres fournissent au Comité, sur sa demande, toutes informations utiles concernant les mesures relatives à l'application du "traitement national" et les exceptions à ce traitement.

operation and Development of 14 December, 1960 and, in particular, to Articles 2(*c*), 2(*d*), 3 and 5(*a*) thereof;

Having regard to the Resolution of the Council of 22 December, 1976 on the Terms of Reference of the Committee on International Investment and Multinational Enterprises and, in particular, to paragraph 2 thereof [C(76)209 (Final)];

Taking note of the Declaration by the Governments of OECD Member countries of 21 June, 1976 on national treatment;

Having regard to the Decision of the Council of 21 June, 1976 on National Treatment [C(76)118];

Considering that it is appropriate to establish within the Organisation suitable procedures for reviewing laws, regulations and administrative practices (hereinafter referred to as "measures") which depart from "National Treatment";

Considering the Report on the Review of the 1976 Declaration and Decisions on International Investment and Multinational Enterprises [C(79)102(Final)];

On the proposal of the Committee on International Investment and Multinational Enterprises;

DECIDES:

1. Measures taken by a Member country constituting exceptions to "National Treatment" (including measures restricting new investment by "Foreign-Controlled Enterprises" already established in their territory) in effect on 21 June 1976 shall be notified to the Organisation within 60 days after that date.

2. Measures taken by a Member country constituting new exceptions to "National Treatment" (including measures restricting new investment by "Foreign-Controlled Enterprises" already established in their territory) taken after 21 June, 1976 shall be notified to the Organisation within 30 days of their introduction together with the specific reasons therefore and the proposed duration thereof.

3. Measures introduced by a territorial subdivision of a Member country, pursuant to its independent powers, which constitute exceptions to "National Treatment", shall be notified to the Organisation by the Member country concerned, insofar as it has knowledge thereof, within 30 days of the responsible officials of the Member country obtaining such knowledge.

4. The Committee on International Investment and Multinational Enterprises (hereinafter called "the Committee") shall periodically review the application of "National Treatment" (including exceptions thereto) with a view to extending such application of "National Treatment". The Committee shall make proposals as and when necessary in this connection.

5. The Committee may periodically invite the Business and Industry Advisory Committee to OECD (BIAC) and the Trade Union Advisory Committee to OECD (TUAC) to express their views on matters related to National Treatment and shall take account of such views in its periodic reports to the Council.

6. The Committee shall act as a forum for consultations, at the request of a Member country, in respect of any matter related to this instrument and its implementation, including exceptions to "National Treatment" and their application.

7. Member countries shall provide to the Committee, upon its request, all relevant information concerning measures pertaining to the application of "National Treatment" and exceptions thereto.

8. La présente Décision sera réexaminée au plus tard dans cinq ans. Le Comité présentera, en tant que de besoin, des propositions à cet effet.
9. Cette Décision remplace la Décision C(76)118.

DECISION REVISEE DU CONSEIL RELATIVE AUX STIMULANTS ET OBSTACLES AUX INVESTISSEMENTS INTERNATIONAUX

(adoptée par le Conseil lors de sa 495ème séance, le 13 juin 1979)[5]

Le Conseil,

Vu la Convention relative à l'Organisation de Coopération et de Développement Economiques, en date du 14 décembre 1960, et, en particulier, les articles 2(*c*), 2(*d*), 2(*e*), 3 et 5(*a*);

Vu la Résolution du Conseil, en date du 22 décembre 1976 relative au mandat du Comité de l'Investissement International et des Entreprises Multinationales et, en particulier, le paragraphe 2 de ladite Résolution [C(76)209(Final)];

Prenant note de la Déclaration des Gouvernements des pays Membres de l'OCDE, en date du 21 juin 1976, relative aux stimulants et aux obstacles aux investissements internationaux;

Vu la Décision du Conseil, en date du 21 juin 1976 relative aux stimulants et aux obstacles aux investissements internationaux [C(76)119];

Considérant le rapport sur le réexamen de la Déclaration et des Décisions de 1976 sur l'investissement international et les entreprises multinationales [C(79)102(Final)];

Sur la proposition du Comité de l'Investissement International et des Entreprises Multinationales:

DECIDE:

1. Des consultations auront lieu dans le cadre du Comité de l'Investissement International et des Entreprises Multinationales à la demande de tout pays Membre qui estimerait que ses intérêts pourraient avoir à souffrir des effets exercés sur ses investissements directs internationaux par des mesures prises par un autre pays Membre et spécifiquement destinées à stimuler ou à décourager les investissements directs internationaux. L'objet des consultations sera, en tenant pleinement compte des objectifs nationaux des mesures en cause et sans préjudice des politiques visant à corriger des déséquilibres régionaux, d'étudier la possibilité de réduire au minimum ces effets.
2. Les pays Membres devront fournir, dans le cadre des procédures de consultation, tous les renseignements disponibles concernant les mesures qui font l'objet de la consultation.
3. Le Comité pourra inviter périodiquement le Comité Consultatif Economique et Industriel auprès de l'OCDE (BIAC) et la Commission Syndicale Consultative auprès de l'OCDE (TUAC) à faire connaître leurs vues sur les questions ayant trait aux stimulants et obstacles aux investissements internationaux, et tiendra compte de ces vues dans ses rapports périodiques au Conseil.
4. La présente Décision sera réexaminée au plus tard dans cinq ans. Le Comité présentera, en tant que de besoin, des propositions à cet effet.
5. Cette Décision remplace la Décision C(76)119.

[5] Le Gouvernement de la Turquie s'est abstenu de la Décision.

8. This Decision shall be reviewed at the latest in five years. The Committee shall make proposals for this purpose as appropriate.

9. This Decision shall replace Decision C(76)118.

REVISED DECISION OF THE COUNCIL ON INTERNATIONAL INVESTMENT INCENTIVES AND DISINCENTIVES

(adopted by the Council at its 495th Meeting on 13 June 1979)[5]

The Council,

Having regard to the Convention on the Organisation for Economic Co-operation and Development of 14 December 1960 and, in particular, Articles 2(*c*), 2(*d*), 2(*e*), 3 and 5(*a*) thereof;

Having regard to the Resolution of the Council of 22 December, 1976 on the Terms of Reference of the Committee on International Investment and Multinational Enterprises and, in particular, paragraph 2 thereof [C(76)209(Final)];

Taking note of the Declaration by the Governments of OECD Member countries of 21 June, 1976 on international investment incentives and disincentives;

Having regard to the Decision of the Council of 21 June 1976 on International Investment Incentives and Disincentives [C(76)119];

Considering the Report on the Review of the 1976 Declaration and Decisions on International Investment and Multinational Enterprises [C(79)102(Final)];

On the proposal of the Committee on International Investment and Multinational Enterprises;

DECIDES:

1. Consultations will take place in the framework of the Committee on International Investment and Multinational Enterprises at the request of a Member country which considers that its interests may be adversely affected by the impact on its flow of international direct investments of measures taken by another Member country specifically designed to provide incentives or disincentives for international direct investment. Having full regard to the national economic objectives of the measures and without prejudice to policies designed to redress regional imbalances, the purpose of the consultations will be to examine the possibility of reducing such effects to a minimum.

2. Member countries shall supply, under the consultation procedures, all permissible information relating to any measures being the subject of the consultation.

3. The Committee may periodically invite the Business and Industry Advisory Committee to OECD (BIAC) and the Trade Union Advisory Committee to OECD (TUAC) to express their views on matters relating to international investment incentives and disincentives and shall take account of these views in its periodic reports to the Council.

4. This Decision shall be reviewed at the latest in five years. The Committee shall make proposals for this purpose as appropriate.

5. This Decision shall replace Decision C(76)119.

[5] The Turkish Government abstained from the Decision.

RECOMMANDATION DU CONSEIL
SUR LA COOPERATION ENTRE PAYS MEMBRES DANS LE DOMAINE DES PRATIQUES COMMERCIALES RESTRICTIVES AFFECTANT LES ECHANGES INTERNATIONAUX
(adoptée par le Conseil lors de sa 501ème séance, le 25 septembre 1979)

Le Conseil,

Vu l'article 5(*b*) de la Convention relative à l'Organisation de Coopération et de Développement Economiques, en date du 14 décembre 1960;

Vu la Recommandation du Conseil, en date du 5 octobre 1967, sur la coopération entre pays Membres dans le domaine des pratiques commerciales restrictives affectant les échanges internationaux [C(67)53(Final)];

Vu la Recommandation du Conseil, en date du 3 juillet 1973, concernant une procédure de consultation et de conciliation en matière de pratiques commerciales restrictives affectant les échanges internationaux [C(73)99(Final)];

Vu la Note du Comité d'experts sur les pratiques commerciales restrictives sur la coopération entre pays Membres dans le domaine des pratiques commerciales restrictives affectant les échanges internationaux [C(79)154];

Reconnaissant que les pratiques commerciales restrictives peuvent constituer un obstacle à la réalisation de la croissance économique, de l'expansion des échanges et d'autres objectifs économiques des pays Membres comme par exemple le contrôle de l'inflation;

Reconnaissant que les enquêtes et poursuites entreprises par un pays Membre cas impliquant des opérations commerciales dans d'autres pays soulève des questions relatives aux zones respectives de souveraineté des pays intéressés;

Reconnaissant que les enquêtes et poursuites enterprises par un pays Membre concernant les pratiques commerciales restrictives peuvent, dans certains cas, affecter d'importants intérêts d'autres pays Membres;

Considérant, par conséquent, que les pays Membres devraient coopérer à la mise en oeuvre de leur législation nationale respective afin de combattre les effets nuisibles des pratiques commerciales restrictives;

Considérant qu'une coopération plus étroite entre pays Membres est nécessaire pour agir efficacement contre les pratiques commerciales restrictives exercées par des entreprises situées dans les pays Membres, lorsque ces pratiques affectent les intérêts d'un ou de plusieurs autres pays Membres et ont des effets préjudiciables sur les échanges internationaux;

Considérant, en outre, qu'une coopération plus étroite entre pays Membres sous la forme de notification, d'échange d'information, de coordination des actions, de consultation et de conciliation sur une base entièrement volontaire, doit être encouragée, étant entendu qu'une telle coopération ne doit en aucune manière s'interpréter comme affectant les positions juridiques des pays Membres en ce qui concerne les questions de souveraineté et notamment d'application extra-territoriale des lois sur les pratiques commerciales restrictives dans la mesure où celles-ci peuvent se poser;

I. RECOMMANDE aux Gouvernements des pays Membres que, dans la mesure où leurs lois le permettent:

A. NOTIFICATION, ECHANGE D'INFORMATION ET COORDINATION DES ACTIONS

1.(*a*) Lorsqu'un pays Membre, dans le cadre de sa législation sur les pratiques commerciales restrictives, entreprend des enquêtes ou engage des pour-

RECOMMENDATION OF THE COUNCIL CONCERNING CO-OPERATION BETWEEN MEMBER COUNTRIES ON RESTRICTIVE BUSINESS PRACTICES AFFECTING INTERNATIONAL TRADE

(*adopted by the Council at its 501st Meeting on 25 September 1979*)

The Council,

Having regard to Article 5(*b*) of the Convention on the Organisation for Economic Co-operation and Development of 14 December, 1960;

Having regard to the Recommendation of the Council of 5 October, 1967, concerning Co-operation between Member Countries on Restrictive Business Practices Affecting International Trade [C(67)53(Final)];

Having regard to the Recommendation of the Council of 3 July, 1973, concerning a Consultation and Conciliation Procedure on Restrictive Business Practices Affecting International Trade [C(73)99(Final)];

Having regard to the Note by the Committee of Experts on Restrictive Business Practices on Co-operation between Member Countries on Restrictive Business Practices Affecting International Trade [C(79)154];

Recognising that restrictive business practices may constitute an obstacle to the achievement of economic growth, trade expansion and other economic goals of Member countries such as the control of inflation;

Recognising that the unilateral application of national legislation, in cases where business operations in other countries are involved, raises questions as to the respective spheres of sovereignty of the countries concerned;

Recognising that restrictive business practices investigations and proceedings by one Member country may, in certain cases, affect important interests of other Member countries;

Considering therefore that Member countries should co-operate in the implementation of their respective national legislation in order to combat the harmful effects of restrictive business practices;

Considering also that closer co-operation between Member countries is needed to deal effectively with restrictive business practices operated by enterprises situated in Member countries when they affect the interests of one or more other Member countries and have a harmful effect on international trade;

Considering moreover that closer co-operation between Member countries in the form of notification, exchange of information, co-ordination of action, consultation and conciliation, on a fully voluntary basis should be encouraged, it being understood that such co-operation should not, in any way, be construed to affect the legal positions of Member countries with regard to questions of sovereignty, and in particular, the extra-territorial application of laws concerning restrictive business practices, as may arise;

I. RECOMMENDS to the Governments of Member countries that insofar as their laws permit:

A. NOTIFICATION, EXCHANGE OF INFORMATION AND CO-ORDINATION OF ACTION

1.(*a*) When a Member country undertakes under its restrictive business practices laws an investigation or proceeding involving important interests of

suites qui mettent en cause des intérêts importants d'un ou de plusieurs autres pays Membres, il les notifie à ce ou à ces pays Membres, de la manière et au moment jugés appropriés, si possible à l'avance et en tout cas à un moment qui facilite les commentaires ou les consultations; une telle notification préalable permettrait au pays Membre qui engage des poursuites de tenir compte, tout en conservant sa pleine liberté d'action quant à la décision finale, des vues que peut vouloir exprimer l'autre pays Membre et de l'action destinée à remédier à la situation que cet autre pays Membre peut estimer possible d'entreprendre à l'égard de cette pratique commerciale restrictive dans le cadre de ses propres lois;

(*b*) Au cas où deux ou plusieurs pays Membres engagent des poursuites à l'égard d'une pratique commerciale restrictive affectant les échanges internationaux, ils s'efforcent de coordonner leur action autant qu'il est opportun ou possible de le faire;

2. Par des consultations ou d'une autre manière, les pays Membres coopèrent afin d'élaborer ou d'appliquer au traitement des pratiques commerciales restrictives affectant les échanges internationaux, des mesures satisfaisantes et présentant des avantages pour les pays Membres en cause. A cet égard, ils devraient échanger entre eux les renseignements pertinents sur les pratiques commerciales restrictives que leurs intérêts légitimes leur permettent de divulguer, et devraient autoriser, sous réserve de garanties appropriées, y compris celles en matière de secret, la communication d'informations aux autorités compétentes des pays Membres par les autres parties en cause, soit par voie unilatérale soit dans le cadre d'arrangements bilatéraux ou multilatéraux, à moins qu'une telle coopération ou communication soient contraires à d'importants intérêts nationaux.

B. CONSULTATION ET CONCILIATION

3.(*a*) Un pays Membre qui estime qu'une enquête ou des poursuites entreprises par un autre pays Membre au sujet d'une pratique commerciale restrictive affectent d'importants intérêts le concernant, transmette ses vues sur la question ou demande d'entrer en consultation avec l'autre pays Membre;

(*b*) Sans préjudice de la poursuite de son action dans le cadre de sa legislation sur les pratiques commerciales restrictives et de son entière liberté de décision finale, le pays Membre ainsi consulté considère attentivement et avec bienveillance les vues exprimées par le pays demandeur et en particulier toutes suggestions quant aux autres moyens de répondre aux besoins ou aux objectifs de l'enquête ou des poursuites en cause;

4.(*a*) Un pays Membre qui considère qu'une ou plusieurs entreprises situées dans un ou plusieurs autres pays Membres se livrent ou se sont livrées à des pratiques commerciales restrictives, quelle que soit leur origine, qui portent gravement préjudice à ses intérêts, puisse demander d'entrer en consultation avec cet autre ou ces autres pays Membres, étant entendu que la participation à de telles consultations n'affecte en rien une action dans le cadre de sa législation sur les pratiques commerciales restrictives ni l'entière liberté de décision finale des pays Membres en cause;

(*b*) Tout pays Membre ainsi consulté considère attentivement et avec bienveillance les vues et les faits que peut présenter le pays demandeur et, en particulier, la nature des pratiques commerciales restrictives en cause, les entreprises impliquées ainsi que les effets préjudiciables allégués sur les intérêts du pays demandeur;

another Member country or countries, it should notify such Member country or countries in a manner and at a time deemed appropriate, if possible in advance and in any event at a time that would facilitate comments or consultations; such advance notification would enable the proceeding Member country, while retaining full freedom of ultimate decision, to take account of such views as the other Member country may wish to express and of such remedial action as the other Member country may find it feasible to take under its own laws to deal with the restrictive business practices;

(*b*) Where two or more Member countries proceed against a restrictive business practice in international trade, they should endeavour to co-ordinate their action insofar as appropriate and practicable;

2. Through consultations or otherwise, the Member countries should co-operate in developing or applying mutually satisfactory and beneficial measures for dealing with restrictive business practices in international trade. In this connection, they should supply each other with such relevant information on restrictive business practices as their legitimate interests permit them to disclose; and should allow, subject to appropriate safeguards, including those relating to confidentiality, the disclosure of information to the competent authorities of Member countries by the other parties concerned, whether accomplished unilaterally or in the context of bilateral or multilateral understandings, unless such co-operation or disclosure would be contrary to significant national interests.

B. CONSULTATION AND CONCILIATION

3.(*a*) A Member country that considers a restrictive business practice investigation or proceeding being conducted by another Member country to affect its important interests should transmit its views on the matter to or request consultation with the other Member country;

(*b*) Without prejudice to the continuation of its action under its restrictive business practices law and to its full freedom of ultimate decision, the Member country so addressed should give full and sympathetic consideration to the views expressed by the requesting country, and in particular to any suggestions as to alternative means of fulfilling the needs or objectives of the restrictive business practice investigation or proceedings;

4.(*a*) A Member country that considers that one or more enterprises situated in one or more other Member countries are or have been engaged in restrictive business practices of whatever origin that are substantially and adversely affecting its interests may request consultation with such other Member country or countries, recognising that the entering into such consultations is without prejudice to any action under its restrictive business practices law and to the full freedom of ultimate decision of the Member countries concerned;

(*b*) Any Member country so addressed should give full and sympathetic consideration to such views and factual materials as may be provided by the requesting country and, in particular, to the nature of the restrictive business practices in question, the enterprises involved and the alleged harmful effects on the interests of the requesting country;

(*c*) The Member country addressed which agrees that enterprises situated in

(*c*) Le pays Membre consulté qui reconnaît que des entreprises situées sur son territoire se livrent à des pratiques commerciales restrictives préjudiciables aux intérêts du pays demandeur, s'efforce d'obtenir que ces entreprises prennent des mesures correctives ou prenne lui-même toute mesure corrective qui lui paraît appropriée, y compris des mesures aux termes de sa législation sur les pratiques commerciales restrictives ou des mesures administratives, sur une base volontaire et en tenant compte de ses intérêts légitimes;

5. Sans préjudice d'aucun de leurs droits, les pays Membres parties aux consultations prévues aux paragraphes 3 ou 4 ci-dessus, s'efforcent de trouver une solution mutuellement acceptable, en tenant compte des intérêts respectifs en cause;

6. Au cas où les consultations prévues aux paragraphes 3 ou 4 ci-dessus permettent d'arriver à un règlement satisfaisant, le pays demandeur, en accord et dans la forme convenue avec le ou les autres pays Membres en cause, porte à la connaissance du Comité d'experts sur les pratiques commerciales restrictives la nature des pratiques commerciales restrictives visées et du règlement intervenu;

7. Au cas où aucune solution satisfaisante ne peut être trouvée, les pays Membres intéressés portent, s'ils en sont d'accord, le cas devant le Comité d'experts sur les pratiques commerciales restrictives aux fins de conciliation. Si les pays Membres intéressés se mettent d'accord pour utiliser d'autres méthodes de règlement et, de ce fait, ne portent pas le cas devant le Comité, ils l'informent, s'ils l'estiment approprié, des caractéristiques du règlement qu'ils considèrent pouvoir lui communiquer.

II. CHARGE le Comité d'experts sur les pratiques commerciales restrictives:

1. D'examiner périodiquement les progrès réalisés dans la mise en oeuvre des dispositions prévues aux paragraphes 1 et 2 de la Section I ci-dessus;

2. D'examiner les rapports soumis par les pays Membres conformément au paragraphe 6 de la Section I ci-dessus;

3. D'examiner les demandes de conciliation soumises par les pays Membres conformément au paragraphe 7 de la Section I ci-dessus et de contribuer, par ses avis ou de toute autre manière, au règlement de l'affaire entre les pays Membres en cause;

4. De faire rapport au Conseil en tant que de besoin sur l'application de la présente Recommandation.

III. DECIDE que la présente Recommandation abroge et remplace les Recommandations du Conseil du 5 octobre 1967 et du 3 juillet 1973 visées ci-dessus.

RECOMMANDATION DU CONSEIL SUR LA POLITIQUE DE CONCURRENCE ET LES SECTEURS EXEMPTES OU REGLEMENTES

(adoptée par le Conseil lors de sa 501ème séance, le 25 septembre 1979)

Le Conseil,

Vu l'article 5(*b*) de la Convention relative à l'Organisation de Coopération et de Développement Economiques, en date du 14 décembre 1960;

Vu le rapport du Comité d'experts sur les pratiques commerciales restrictives, en date du 30 octobre 1978 [RBP(78)3], sur la politique de concurrence dans les secteurs réglementés, et plus particulièrement l'énergie, les transports et les banques;

Constatant que les secteurs économiques réglementés par les pouvoirs

its territory are engaged in restrictive business practices harmful to the interests of the requesting country should attempt to ensure that these enterprises take remedial action, or should itself take whatever remedial action it considers appropriate, including actions under its legislation on restrictive business practices or administrative measures, on a voluntary basis and considering its legitimate interests;

5. Without prejudice to any of their rights, the Member countries involved in consultations under paragraphs 3. or 4. above should endeavour to find a mutually acceptable solution in the light of the respective interests involved;

6. In the event of a satisfactory settlement of the consultations under paragraphs 3. or 4. above, the requesting country, in agreement with, and in the form accepted by, the Member country or countries addressed, should inform the Committee of Experts on Restrictive Business Practices of the nature of the restrictive business practices in question and of the settlement reached;

7. In the event that no satisfactory solution can be found, the Member countries concerned, if they so agree, should submit the case to the Committee of Experts on Restrictive Business Practices with a view to conciliation. If the Member countries concerned agree to the use of another means of settlement, and do not therefore submit the case to the Committee, they should, if they consider it appropriate, inform the Committee of such features of the settlement as they feel they can disclose.

II. INSTRUCTS the Committee of Experts on Restrictive Business Practices:

1. To examine periodically the progress made in the implementation of the provisions set out in paragraphs 1 and 2 of Section I above;

2. To consider the reports submitted by Member countries in accordance with paragraph 6 of Section I above;

3. To consider the requests for conciliation submitted by Member countries in accordance with paragraph 7 of Section I above and to assist, by offering advice or by any other means, in the settlement of the case between the Member countries concerned;

4. To report to the Council as appropriate on the application of the present Recommendation.

III. DECIDES that this Recommendation repeals and supersedes the Recommendations of the Council of 5 October 1967 and of 3 July 1973 referred to above.

RECOMMENDATION OF THE COUNCIL ON COMPETITION POLICY AND EXEMPTED OR REGULATED SECTORS

(adopted by the Council at its 501st Meeting on 25 September 1979)

The Council,

Having regard to Article 5(*b*) of the Convention on the Organisation for Economic Co-operation and Development of 14 December, 1960;

Having regard to the report of the Committee of Experts on Restrictive Business Practices of 30 October, 1978, [RBP(78)3] on competition policy in regulated sectors with special reference to energy, transport and banking;

Noting that economic sectors which are regulated by the public authorities and which are totally or partially exempted from restrictive business practices

publics qui sont totalement ou partiellement exemptés de l'application des lois sur les pratiques commerciales restrictives représentent dans les pays Membres une part importante de la production nationale et que divers pays Membres ont commencé à réexaminer le besoin particulier de certaines réglementations ou exemptions et à donner un plus grand rôle à la concurrence et à la mise en oeuvre des lois sur les pratiques commerciales restrictives;

Considérant que le dosage précis des mesures ressortissant à la réglementation et à la concurrence dépend de considérations sociales et politiques aussi bien qu'économiques, mais que la réglementation ne devrait remplacer la concurrence ou les lois sur les pratiques commerciales restrictives que dans la mesure nécessaire à la réalisation des objectifs de politique générale qui ne pourraient être atteints dans les circonstances par le seul jeu de la concurrence;

I. RECOMMANDE aux Gouvernements des pays Membres;

1. De procéder, avec le concours des autorités compétentes en matière de concurrence, à des examens des régimes de réglementation et des exemptions aux lois sur les pratiques commerciales restrictives afin de déterminer:

(*a*) si les raisons ou les conditions initiales qui ont motivé la réglementation, ou certains de ses aspects, sont encore valables dans les circonstances actuelles;

(*b*) dans quelle mesure les régimes de réglementation, ou certains de leurs aspects, ont atteint leurs objectifs et quels sont, au regard de leurs avantages, les véritables coûts économiques, sociaux et de gestion supportés pour réaliser ces objectifs par la voie de la réglementation;

(*c*) si les mêmes objectifs pourraient être atteints dans les conditions actuelles par le libre jeu de la concurrence sous le contrôle des lois sur les pratiques commerciales restrictives ou par des formes d'intervention gouvernementale qui limitent la concurrence à un degré moindre;

2. De tenir compte, dans le cadre des examens mentionnés au paragraphe 1 ci-dessus, de l'expérience d'autres pays qui ont appliqué dans des secteurs réglementés des mesures spécifiques ayant permis de réduire la portée des réglementations ou d'étendre l'application de la politique de concurrence et des lois sur les pratiques commerciales restrictives;

3. S'il ressort des examens mentionnés au paragraphe 1 ci-dessus que la réglementation continue à répondre à l'intérêt public ou s'il s'agit d'entreprises publiques, d'examiner s'il conviendrait d'intensifier la concurrence et l'application des lois sur les pratiques commerciales restrictives, en harmonie avec les objectifs des régimes de réglementation, afin d'atténuer les effets défavorables qui peuvent résulter d'une réglementation généralisée. Plus précisément, ils devraient

(*a*) concilier autant que possible les régimes de réglementation en vigueur avec leur politique de concurrence et les lois sur les pratiques commerciales restrictives;

(*b*) s'assurer que les exemptions expresses ou implicites aux lois sur les pratiques commerciales restrictives n'ont pas une portée plus grande que celle nécessaire pour atteindre les objectifs d'intérêt public des régimes de réglementation;

(*c*) n'exempter de l'application des lois sur la concurrence que les activités restrictives des entreprises dans les secteurs réglementés qui sont exercées à la demande ou avec l'approbation expresse des autorités compétentes parce qu'elles sont utiles ou nécessaires pour réaliser les objectifs du régime de réglementation;

4. D'accorder aux autorités compétentes en matière de concurrence les pouvoirs nécessaires pour lutter contre les pratiques abusives, y compris les

laws account for a significant proportion of national output in Member countries and that various Member countries have begun to re-examine the particular need for certain regulations or exemptions and, where feasible, to place greater reliance on competition and the enforcement of restrictive business practices laws;

Considering that the precise policy mix between regulation and competition depends on social and political as well as economic considerations but that regulation should displace competition or restrictive business practices laws only to the extent necessary to achieve public policy objectives not obtainable through competition alone in the circumstances;

I. RECOMMENDS to the Governments of Member countries:

1. To undertake, with the participation of competent authorities, reviews of regulatory regimes and of exemptions from restrictive business practices laws to consider:

(*a*) whether the initial reasons or circumstances which gave rise to regulations, or to particular aspects thereof, remain valid under contemporary conditions;

(*b*) the extent to which those regulatory regimes or particular aspects thereof have achieved their objectives, and the true social, economic and administrative costs, as compared to benefits, of achieving those objectives by means of regulation;

(*c*) whether the same objectives could in fact be achieved under contemporary conditions by the operation of competition subject to control under restrictive business practices laws, or by forms of government intervention which restrict competition to a lesser degree;

2. In undertaking the reviews mentioned in paragraph 1 above, to take into account the experience of other countries in which specific policies regarding regulated sectors have been achieved with a reduction in the extent of regulation or with a more extensive application of competition policies and competition laws;

3. Where the reviews mentioned in paragraph 1 indicate that regulation remains desirable to achieve public policies or where public enterprises are involved, to consider whether increased competition and increased application of restrictive business practices laws, consistent with the objectives of regulatory policy, would be useful in alleviating the adverse effects which may result from extensive regulation. More specifically, they should:

(*a*) reconcile, as far as possible, existing regulatory schemes with their competition policy and restrictive business practices laws;

(*b*) ensure that express or implied exemptions from restrictive business practices statutes are no broader than necessary to achieve the public interest objectives of the regulatory schemes;

(*c*) exempt from the operation of competition laws only those restrictive activities of enterprises in regulated industries which are required or expressly approved by the competent authorities as desirable or necessary to achieve the purposes of the regulatory scheme;

4. To grant competition authorities appropriate powers to challenge abusive practices, including unfair discriminations and refusals to deal, by monopolies or cartels approved by the competent authorities particularly where such behaviour is beyond the purposes for which the regulatory scheme was enacted;

5. To make efforts to detect non-filed or unapproved agreements which, although lawful if notified to or approved by the competent authorities, have

discriminations déloyales et les refus de vendre, des monopoles ou des ententes agréés par les autorités compétentes, en particulier lorsque de tels actes outrepassent les objectifs assignés au régime de réglementation;

5. De s'efforcer de déceler les accords non enregistrés auprès des autorités compétentes ou non approuvés par celles-ci, lorsque la notification ou l'approbation de ces accords est une condition de leur légalité, et de les soumettre aux normes applicables aux pratiques commerciales restrictives;

6. D'instituer des méthodes de consultation et de coordination entre les autorités de tutelle des secteurs réglementés et les autorités compétentes en matière de concurrence afin de permettre à ces dernières d'influer sur l'élaboration et la mise en oeuvre des régimes et des mesures de réglementation pour toutes les questions liées à des pratiques commerciales restrictives.

II. CHARGE le Comité d'experts sur les pratiques commerciales restrictives de suivre l'application de la présente Recommandation et de faire rapport au Conseil en tant que de besoin.

RECOMMANDATION DU CONSEIL CONCERNANT L'INFORMATION ET LA PROTECTION DES TOURISTES DANS LE DOMAINE DES VOYAGES A FORFAIT AERIENS

(adoptée par le Conseil lors de sa 504ème séance, le 30 octobre 1979)

Le Conseil,

Vu l'article 5(b) de la Convention relative à l'Organisation de Coopération et de Développement Economiques, en date du 14 décembre 1960;

Vu le Rapport du Comité de la politique à l'égard des consommateurs et du Comité du tourisme, en date du 5 juin 1979, concernant l'information et la protection du touriste en tant que consommateur dans le domaine des voyages à forfait aériens [CCP(79)4/TOU(79)3];

Considérant l'importance grandissante dans les pays Membres des voyages à forfait aériens dans les voyages touristiques nationaux et internationaux;

Considérant qu'il est de plus en plus nécessaire que les touristes soient informés et protégés de façon adéquate en matière de voyages à forfait aériens;

Reconnaissant que l'adoption par les pays Membres de normes améliorées dans leur droit national ou dans des codes volontaires concernant les voyages à forfait aériens permettrait aux touristes d'être informés et protégés plus efficacement;

Sur la proposition du Comité de la politique à l'égard des consommateurs et du Comité du tourisme;

RECOMMANDE que les pays Membres qui ne l'ont pas déjà fait examinent la possibilité d'adopter des mesures destinées à améliorer l'information et la protection des touristes en matière de voyages à forfait aériens par voie de dispositions législatives ou réglementaires ou d'accords volontaires élaborés en coopération avec l'industrie des voyages, conformément aux principes directeurs figurant dans l'Annexe à la présente Recommandation dont elle fait partie intégrante.

not been so notified and approved; and to treat such agreements under appropriate restrictive business practices standards;

6. To provide adequate means of consultation and co-ordination of action between regulatory authorities and competition authorities so as to enable the latter to have a positive impact on the formulation and implementation of regulatory schemes and policies regarding issues directly related to restrictive business practices.

II. INSTRUCTS the Committee of Experts on Restrictive Business Practices to keep under review this Recommendation and to report to the Council when appropriate.

RECOMMENDATION OF THE COUNCIL CONCERNING INFORMATION AND PROTECTION OF TOURISTS IN CONNECTION WITH AIR PACKAGE TOURS

(adopted by the Council at its 504th Meeting on 30 October 1979)

The Council,

Having regard to Article 5(b) of the Convention on the Organisation for Economic Co-operation and Development of 14 December, 1960;

Having regard to the Report by the Committee on Consumer Policy and the Tourism Committee of 5 June, 1979 concerning the Information and Protection of the Tourist as a Consumer in Connection with Air Package Tours [CCP(79)4/TOU(79)3];

Considering the growing importance in Member countries of air package tours in national and international tourist travel;

Considering the increasing need for adequate information and protection of tourists in connection with air package tours;

Recognising that the adoption by Member countries of improved standards in their national laws or in voluntary codes relating to air package tours would enable tourists to be more effectively informed and protected;

On the proposal of the Committee on Consumer Policy and the Tourism Committee;

RECOMMENDS that Member countries which have not yet done so should consider adopting measures designed to improve the information and protection of tourists in connection with air package tours through statutory provisions or voluntary arrangements developed in co-operation with the travel industry, in accordance with the guidelines set forth in the Annex to this Recommendation which forms an integral part of it.

ANNEXE
PRINCIPES DIRECTEURS CONCERNANT L'INFORMATION ET LA PROTECTION DES TOURISTES DANS LE DOMAINE DES VOYAGES A FORFAIT AERIENS

A. INFORMATION CONCERNANT LES VOYAGES A FORFAIT AERIENS

Normes volontaires relatives aux renseignements fournis dans la publicité et la promotion

1. Dans la plupart des pays Membres, des lois d'application générale interdisent la publicité mensongère et les pratiques commerciales déloyales, et cela vaut aussi pour la promotion des voyages à forfait aériens. Toutefois, des normes volontaires adaptées aux situations particulières qui se rencontrent dans les voyages à forfait aériens peuvent dans un grand nombre de cas permettre de traiter efficacement les problèmes des touristes dans ce domaine. On a constaté que, en complément de la législation, l'application de codes volontaires de déontologie en matière de publicité des voyages diminuait notablement les problèmes de mauvaise information et améliorait la qualité des renseignements sur lesquels les touristes peuvent fonder leurs décisions. Les agences et les organisateurs de voyages devraient donc adopter des normes volontaires pour prévenir les difficultés des touristes en garantissant l'exactitude et la précision des renseignements donnés dans la publicité et dans les autres activités de promotion sur les voyages à forfait aériens qu'ils offrent. Lorsque ces normes volontaires n'existent pas, ou qu'elles ne sont pas jugées satisfaisantes, les pays Membres devraient prendre des mesures concrètes visant à établir des normes en matière de commercialisation des voyages à forfait aériens.

Normes minimales des renseignements fournis dans les brochures de vente

2. Les brochures devraient contenir des renseignements clairs, complets et exacts permettant aux touristes de juger les concurrents en toute connaissance de cause. Elles devraient notamment comprendre:

(*a*) l'identité juridique de l'organisateur de voyages responsable de la publication de la brochure de vente et de la fourniture des éléments du voyage offert;
(*b*) le moyen de transport, y compris, si possible, le nom du transporteur, le type d'avion et de vol (affrété ou régulier);
(*c*) la destination et, s'il y a lieu, l'itinéraire;
(*d*) la date, l'heure et l'aéroport de départ et de retour;
(*e*) la nature de l'hébergement et des services offerts;
(*f*) tous services supplémentaires ou dispositions spéciales offerts;
(*g*) le prix total, avec l'indication claire des services fournis, de la période pendant laquelle le prix est applicable et des conditions dans lesquelles ce prix peut être modifié;
(*h*) les frais d'annulation par le touriste;
(*i*) la méthode à utiliser pour la réservation et les clauses du contrat en application desquelles la réservation doit être effectuée.

Renseignements sur l'hébergement

3. Les organisateurs de voyages devraient s'assurer que le touriste peut obtenir sur demande des renseignements précis concernant l'hébergement, par exemple:

(*a*) l'année de construction de l'hôtel ou de la dernière rénovation importante;

ANNEX

GUIDELINES CONCERNING INFORMATION AND PROTECTION OF TOURISTS IN CONNECTION WITH AIR PACKAGE TOURS

A. INFORMATION CONCERNING AIR PACKAGE TOURS

Voluntary standards of information in advertising and promotional activities

1. In most Member countries, general legislation exists prohibiting deceptive advertising and unfair marketing practices and this applies also to the promotion of air package tours. However, voluntary standards adapted to the particular situations arising in air package tours can, in many cases, deal effectively with tourist problems in this field. As a complement to legislation the preparation of voluntary codes of conduct in travel advertising has been found to significantly diminish problems of misinformation and to improve the quality of information upon which tourists can base their decisions. Voluntary standards should therefore be adopted by retail agents and tour operators to prevent difficulties for the tourist by ensuring that advertising and other promotional activities contain correct and precise details of air package tours offered. Where no voluntary standards exist or where they are deemed not to be satisfactory, Member countries should take positive action to establish standards for the marketing of air package tours.

Minimum standards of information in sales brochures

2. Brochures should contain clear, comprehensive and accurate information to enable tourists to exercise informed judgements between competitors. In particular, they should include:

(*a*) the legal identity of the tour operator responsible for publishing the sales brochure and for providing the travel arrangements offered;
(*b*) the means of travel including, where possible, the name of the carrier, the type of aircraft and the type of flight (charter or scheduled);
(*c*) the destination and itinerary, where applicable;
(*d*) the date, time and airport of departure and return;
(*e*) the nature of accommodation and facilities offered;
(*f*) any additional facilities or special arrangements offered;
(*g*) the total price, together with a clear statement of the services included, period of application of the price, and the conditions under which the price can be amended;
(*h*) the penalties for cancellation by the tourist;
(*i*) the procedure for booking and the contractual conditions under which the booking should be made.

Information on accommodation arrangements

3. Tour operators should ensure that specific information on accommodation arrangements is readily available to tourists such as:

(*a*) year of construction of hotel or of last major renovation;
(*b*) number of storeys and whether there is a lift;
(*c*) number of beds or rooms;

(*b*) le nombre d'étages et l'existence éventuelle d'un ascenseur;
(*c*) le nombre de lits ou de chambres;
(*d*) les installations sanitaires;
(*e*) la tension (voltage) du secteur et le système de chauffage;
(*f*) l'emplacement et l'environnement de l'hôtel (par exemple, proximité de sources potentielles de nuisances);
(*g*) les distances entre l'hôtel et les points caractéristiques (par exemple, distance de la plage);
(*h*) des photographies, croquis ou illustrations représentant les chambres ou l'emplacement.

4. Il faudrait, autant que possible, tenir à la disposition des touristes d'autres renseignements utiles, par exemple la catégorie de l'hôtel lorsqu'il existe un système de classement.

Autres renseignements

5. Les touristes devraient disposer de tous les renseignements nécessaires pour se conformer à la réglementation nationale ou internationale, notamment en ce qui concerne les visas, le contrôle des changes, les vaccinations et autres prescriptions de santé.

6. Les touristes devraient être informés s'ils peuvent souscrire à une assurance individuelle couvrant la maladie, l'accident, les bagages et l'annulation pour cause de maladie du participant. Les détails correspondants devraient figurer dans les renseignements fournis par l'organisateur et par l'agent de voyages. Les touristes devraient être encouragés à contracter une assurance appropriée sans pour autant que cela réduise les responsabilités des autres parties contractantes. Les touristes devraient avoir la possibilité de s'assurer contre les retards provoqués par des causes échappant au contrôle de l'organisateur de voyages, par exemple, les grèves.

B. DROITS CONTRACTUELS DU TOURISTE PARTICIPANT A UN VOYAGE A FORFAIT AERIEN

Contrats de voyage

7. Les contrats de voyages à forfait aériens devraient se conformer aux principes de base ci-après:
(*a*) tous les contrats devraient être écrits;
(*b*) tous les contrats devraient reproduire la totalité des renseignements détaillés que les brochures de vente devraient contenir ou se référer à une brochure de vente nettement identifiée qui soit conforme aux normes minimales des renseignements à fournir;
(*c*) tous les acomptes payés par le touriste devraient être constatés par un reçu de l'organisateur ou de l'agent de voyages et comporter une référence claire aux termes convenus du contrat;
(*d*) tous les contrats devraient donner les détails complets sur les adresses des organismes et les procédures permettant au touriste d'obtenir réparation au cas où le contrat ne serait pas exécuté de façon satisfaisante;
(*e*) aucun contrat ne devrait contenir de clauses tendant à limiter indûment la responsabilité des personnes chargées de son exécution.

8. Les pays Membres devraient, lorsque c'est possible, encourager les associations professionnelles nationales de voyages à préparer des formulaires types de contrat en consultation avec les représentants des consommateurs et les services officiels. Ces contrats types devraient inclure les principes énoncés au

(*d*) sanitary facilities;
(*e*) mains voltage and heating system;
(*f*) location of hotel and general surroundings (e.g. proximity to a potential source of disturbance);
(*g*) relevant distances from the hotel (e.g. distance to beach);
(*h*) photographs, representative sketches or pictures of the rooms or location.

4. Where possible, other relevant information should be available such as the grade of hotel where grading schemes exist.

Other information

5. Tourists should be provided with all information necessary to comply with national or international regulations, particularly with regard to visas, exchange controls, vaccination and other health regulations.

6. Tourists should be informed whether personal insurance exists for sickness, accident, baggage and cancellation due to personal illness. Details should be provided both by the tour operator and the retail agent. Tourists should be encouraged to have adequate insurance cover without this detracting from the liability of other contracting parties. Tourists should have the opportunity to insure against delays caused by factors outside the tour operator's control, e.g. strikes.

B. CONTRACTUAL RIGHTS OF THE AIR PACKAGE TOURIST

Travel contracts

7. Travel contracts for air package tours should conform to the following basic principles:
(*a*) all contracts should be in written form;
(*b*) all contracts should either reproduce all the detailed information that sales brochures should contain or make reference to a distinctly identified sales brochure which conforms to the minimum standards of information;
(*c*) all deposits paid by the tourist should be supported by a receipt from the tour operator or retail agent making clear reference to the agreed terms of the contract;
(*d*) all contracts should give full details of place and procedure for the tourist to obtain redress in the event of unsatisfactory performance of the contract.
(*e*) no contracts should include any terms unduly limiting liability of those carrying out the contract.

8. Member countries should, where possible, encourage the preparation of model forms of contracts by national travel trade associations in consultation with consumer representatives and government agencies. The model contracts should incorporate the principles referred to in paragraph 7 and should be available for use by tour operators and retail agents.

paragraphe 7 et être mis à la disposition des organisateurs de voyages et des agents de voyages pour qu'ils les utilisent.

Modifications des prix

9. Les touristes devraient être avisés dès qu'il devient nécessaire d'apporter des modifications notables au prix du voyage à forfait. Les agents de voyages et les touristes qui ont fait des réservations devraient être avertis sans retard des modifications et les principes suivants devraient être respectés:

(*a*) l'organisateur ou l'agent de voyages ne devrait compter aucun supplément au touriste après conclusion du contrat, sauf s'il peut prouver que l'augmentation était inévitable et qu'elle a été provoquée par des circonstances assimilables à un cas de force majeure;

(*b*) l'organisateur ou l'agent de voyages ne devrait pas avoir le droit de faire supporter une majoration quelconque au touriste, quelle qu'en soit la raison, moins de 20 jours avant la date de début du voyage;

(*c*) en cas d'augmentation de prix intervenant avant la période indiquée sous le point (b) ci-dessus et due à des circonstances assimilables à un cas de force majeure, le touriste devrait avoir le droit d'annuler son voyage et d'être remboursé de tous ses versements, sous déduction de frais raisonnables.

Annulation du voyage ou modification importante des services par l'organisateur ou l'agent de voyages

10. En cas d'annulation du voyage ou de modification importante des services (par exemple, changement de destination) non clairement ou spécifiquement prévue par le contrat et effectuée avant le début du voyage, l'organisateur ou l'agent de voyages devrait offrir au touriste le choix entre:

(*a*) un autre voyage de niveau comparable, s'il en existe;

(*b*) le remboursement de tous les versements effectués,
- sous déduction de frais raisonnables, en cas de force majeure,
- plus une compensation raisonnable pour les ennuis causés, dans tous les autres cas.

11. En cas de modification importante après le début du voyage à forfait aérien, l'organisateur devrait faire en sorte que:

(*a*) les installations et services offerts ultérieurement soient de niveau égal ou supérieur; ou

(*b*) le touriste soit convenablement remboursé,
- sous déduction de frais raisonnables, en cas de force majeure,
- plus une compensation raisonnable pour les ennuis causés, dans tous les autres cas.

12. D'importantes modifications du voyage peuvent également découler de réservations excédentaires de chambres d'hôtel ou de places d'avion. Il faudrait à tout prix s'efforcer d'éviter ces réservations excédentaires, qui retardent les touristes ou bouleversent leur programme. Les pays Membres, en coopération avec la profession et les représentants des consommateurs, devraient étudier soigneusement les possibilités d'indemniser d'une manière convenable les touristes subissant des désagréments du fait de réservations excédentaires d'hôtel ou d'avion.

Modifications mineures des services offerts

13. Dans le cas de modifications mineures des services, l'organisateur du voyage devrait offrir, soit des services de remplacement de qualité égale ou supérieure, soit un remboursement approprié, soit enfin une réduction du prix total du forfait.

Variations to prices

9. Tourists should be informed as soon as material alterations become necessary in the price of the package tour. Retail agents and tourists who have made reservations should be informed of variations without delay and the following principles should be observed:

(*a*) a tour operator or retail agent should not make an additional charge to a tourist after the contract has been agreed unless he can show that the increase was unavoidable and due to circumstances which amount to force majeure;

(*b*) a tour operator or retail agent should not be entitled to make any additional charge to the tourist for any circumstance whatsoever, less than a minimum of 20 days before the date of the commencement of the tour;

(*c*) in the event of a price increase prior to the period referred to under (b) above caused by circumstances which amount to force majeure, the tourist should be entitled to cancel the tour and receive a refund of all monies less reasonable expenses.

Cancellation of the tour or significant variation to services by the tour operator or retail agent

10. In the case of cancellation of the tour or any significant variation to services, such as altering destinations, which is not clearly or specifically provided for in the contract and is made before the commencement of the tour, the tour operator or the retail agent should offer the tourist the choice of:

(*a*) an alternative tour of comparable standard if available; or

(*b* a refund of all monies paid,

- less reasonable expenses in the case of a force majeure situation,
- plus reasonable compensation for disturbance in all other cases.

11. In the case of any significant variation after the commencement of the air package tour, the tour operator shall ensure that:

(*a*) the facilities subsequently offered are of equal or better standard; or

(*b*) an adequate refund is made,

- less reasonable expenses in the case of a force majeure situation,
- plus reasonable compensation for disturbance in all other cases.

12. Significant variations to the tour can result also from hotel and airline overbooking. Every effort should be made to avoid overbooking which delays tourists or causes substantial disruption. Member countries, in co-operation with the industry and consumer representatives, should give close attention to the question of adequate compensation for tourists inconvenienced because of hotel or airline overbooking.

Minor variations to the services

13. In the event that minor variations are made to the services, the tour operator should offer substitute facilities of an equal or better standard, or adequate refunds or reductions on the total price of the package.

C. RESPONSABILITE, REGLEMENT DES PLAINTES ET POSSIBILITES DE RECOURS

14. Une bonnne partie des problèmes qui se posent aux touristes après le voyage serait résolue en déterminant clairement les responsabilités respectives de l'agent de voyages et de l'organisateur de voyages. Les pays Membres devraient examiner l'opportunité de prendre des dispositions spécifiques visant à rendre l'organisateur de voyages à forfait aériens responsable comme tel de l'exécution correcte du contrat.

15. Les pays Membres devraient s'assurer qu'une procédure soit mise en place par les agents de voyages et les organisateurs de voyages pour recevoir et régler les plaintes.

16. Bien des problèmes qui se posent aux touristes en matière de voyages à forfait aériens, en particulier dans les pays étrangers, sont aggravés par l'isolement ou par l'éloignement des sources habituelles de conseil ou de recours. En conséquence, l'organisateur de voyages devrait indiquer, si possible, le nom d'une personne du pays visité à qui les touristes pourraient s'adresser lorsqu'ils sont mécontents ou ont besoin de conseils.

17. Sans préjudice du droit des touristes à engager une action en justice, des dispositions administratives devraient assurer aux touristes, dont la plainte ne peut être réglée par la procédure mentionnée au paragraphe 15, la possibilité de s'adresser, pour disposer d'un médiateur ou obtenir réparation rapidement, à un organe de recours indépendant ou à un organisme similaire. A cet égard, il serait utile de disposer de formulaires de réclamation normalisés.

D. REGLEMENTATION DE LA PROFESSION D'ORGANISATEUR ET D'AGENT DE VOYAGES A FORFAIT AERIENS

18. En vue d'éviter les problèmes que posent aux touristes la déconfiture des organisateurs ou des agents de voyages à forfait aériens, il est nécessaire de fixer des normes professionnelles élevées, notamment en ce qui concerne la probité commerciale, la solvabilité et l'éthique professionnelle. Les pays Membres devraient envisager d'adopter, lorsque c'est nécessaire, des mesures réglementaires ou autres pour s'assurer du respect de ces normes.

19. L'industrie des voyages devrait faire en sorte qu'en cas de déconfiture financière d'une entreprise de voyage, des fonds nécessaires soient disponibles au moyen de cautions, de fonds de réserve ou d'autres systèmes pour minimiser les pertes subies par les touristes. Il conviendrait d'envisager des mécanismes de compensation de caractère public dans les ca où l'industrie des voyages ne prendrait pas les mesures appropriées.

RESOLUTION DU CONSEIL PORTANT CREATION D'UN GROUPE SUR LES QUESTIONS ECONOMIQUES INTERESSANT LES RELATIONS NORD-SUD

(adoptée par le Conseil, lors de sa 501ème séance, le 25 septembre 1979)

Le Conseil,

Vu la Résolution du Conseil sur un examen des relations économiques entre pays Membres et pays en développement, en date du 28 mai 1975 [C(75)90(Final)];

Vu les résultats de la réunion du Conseil au niveau des Ministres tenue les 13 et

C. LEGAL RESPONSIBILITY, COMPLAINT HANDLING AND REDRESS FACILITIES

14. Many of the problems for tourists which occur after the air package tour has been completed could be resolved by a clear allocation of respective responsibilities between the retail agent and the tour operator. Member countries should consider whether there should be specific provision for the tour operator as the organiser of the air package tour to be made responsible for the correct fulfilment of the contract.

15. Member countries should ensure that machinery is developed by retail agents and tour operators to handle and resolve complaints.

16. Many problems occurring for tourists in connection with air package tours, particularly in foreign countries, are made worse by isolation or separation from traditional sources of advice or redress. Accordingly, tour operators should indicate, if possible, a responsible individual in the receiving country to whom tourists can turn in the event of dissatisfaction or need for advice.

17. Without prejudicing the rights of tourists to institute legal proceedings, institutional arrangements should be made to ensure that an independent complaints board or similar organisation is available to mediate or obtain redress expeditiously when complaints cannot be resolved by the machinery referred to in paragraph 15. In this connection, the availability of standard complaints forms would be desirable.

D. REGULATION OF THE PROFESSION OF TOUR OPERATORS AND RETAIL AGENTS OF AIR PACKAGE TOURS

18. In order to avoid the problems posed for tourists by failures of tour operators and retail agents of air package tours, high standards are required in the profession with particular regard to commercial probity; solvency and business conduct. Member countries should consider taking, where necessary, regulatory or other measures to ensure the observance of such standards.

19. The travel industry should ensure that, in the event that business failure occurs, sufficient funds are available through such measures as bonding, reserve funds or other schemes to minimize the loss to the tourist. Where the travel industry does not take adequate measures, statutory schemes to ensure compensation should be considered.

RESOLUTION OF THE COUNCIL ESTABLISHING A GROUP ON NORTH-SOUTH ECONOMIC ISSUES

(adopted by the Council at its 501st Meeting on 25 September 1979)

The Council,

Having regard to the Resolution of the Council on a Review of Economic Relations Between Member Countries and Developing Countries of 28 May, 1975 [C(75)90(Final)];

Having regard to the results of the meeting of the Council at Ministerial Level

14 juin 1979 et, en particulier, l'accent mis par les Ministres sur le fait qu'en raison des problèmes délicats que l'on peut prévoir au niveau de la politique globale, l'amélioration de la coopération avec les pays en développement a pris encore plus d'importance;

Vu la Note du Secrétaire général, en date du 6 septembre 1979 et, en particulier, les trois considérations exposées aux paragraphes 4, 5 et 6 [C(79)177];

Conscient de la nécessité de préparer de façon aussi complète que possible une série de conférences et réunions internationales importantes qui se tiendra dans un proche avenir et se conclura par la session extraordinaire de l'Assemblée générale des Nations Unies prévue pour 1980;

Souhaitant que les questions complexes en cause soient traitées au sein de l'Organisation d'une manière cohérente en vue de faciliter l'élaboration de politiques constructives;

DECIDE:

1. Il est créé un Groupe sur les questions économiques intéressant les relations Nord-Sud, ouvert à tous les pays Membres.

2. Le Groupe examinera, sur une base sélective, et compte tenu des travaux du Comité Exécutif en Session Spéciale, des questions de fond à caractère concret, ayant de l'importance pour les relations économiques avec les pays en développement dans le contexte du dialogue Nord-Sud. Le Groupe devrait servir d'enceinte aux consultations et échanges de vues entre pays Membres destinés à préparer d'importantes discussions et négociations devant avoir lieu avec les pays en développement dans un certain nombre d'instances inter-gouvernementales.

3. Tout en évitant de faire double emploi avec les autres organes de l'Organisation, le Groupe s'appuiera sur leurs travaux dans l'exécution de son propre mandat.

4. Le Président du Comité d'Aide au Développement sera invité à assister aux réunions du Groupe. Les Présidents d'autres Comités et Groupes seront également invités à assister aux réunions s'il y a lieu.

5. Le Groupe fera rapport au Conseil, régulièrement et lorsque cela sera approprié, sur l'état d'avancement de ses travaux.

6. Sauf décision contraire du Conseil, l'existence du Groupe prendra fin le 31 décembre 1980.

RECOMMANDATION DU CONSEIL CONCERNANT LA SECURITE DES PRODUITS DE CONSOMMATION

(adoptée par le Conseil lors de sa 506ème séance; le 18 décembre 1979)

Le Conseil,

Vu l'article 5(b) de la Convention relative à l'Organisation de Coopération et de Développement Economiques, en date du 14 décembre 1960;

Vu la Recommandation du Conseil, en date du 13 février 1978, concernant l'établissement de systèmes de recensement des données relatives aux accidents provoqués par des produits de consommation [C(77)139(Final)];

Vu le rapport du Comité de la Politique à l'égard des Consommateurs, en date du 18 avril 1979, concernant la sécurité des produits de consommation: politique gouvernementale et législation [CCP(79)2];

Considérant que l'adoption par les pays Membres de législations efficaces concernant la sécurité des produits de consommation réduirait les risques que présente l'utilisation de certains produits de consommation et, de ce fait, accroîtrait la protection des consommateurs;

on 13 and 14 June, 1979 and in particular to the emphasis placed by Ministers on the fact that in view of the difficult global policy challenges ahead, improved co-operation with developing countries had assumed even greater importance;

Having regard to the Note by the Secretary-General of 6 September, 1979 and, in particular to the three considerations set out in paragraphs 4, 5 and 6 [C(79)177];

Aware of the need to prepare as fully as possible for a number of important international conferences and meetings in the period ahead, culminating in the Special Session of the United Nations General Assembly to be held in 1980;

Desirous that the complex issues involved should be addressed within the Organisation in a coherent manner with a view to facilitating the elaboration of constructive policies;

DECIDES:

1. A Group on North-South Economic Issues, open to all Member countries, is established.

2. The Group will consider, on a selective basis, taking into account the work of the Executive Committee in Special Session, concrete substantive issues of importance in economic relations with developing countries in the context of the North-South dialogue. The Group should provide a forum for consultation and exchange of views between Member countries with a view to preparing for major discussions and negotiations in a number of inter-governmental fora with the developing countries.

3. While avoiding any duplication of activities with other bodies of the Organisation the Group will avail itself of their work in pursuing its own mandate.

4. The Chairman of the Development Assistance Committee will be invited to attend the meetings of the Group. Chairmen of other Committees and Groups will be invited to attend the meetings as appropriate.

5. The Group will regularly and when appropriate make progress reports to the Council.

6. The Group will cease to exist on 31 December 1980, unless the Council decides otherwise.

RECOMMENDATION OF THE COUNCIL CONCERNING THE SAFETY OF CONSUMER PRODUCTS

(adopted by the Council at its 506th Meeting on 18 December 1979)

The Council,

Having regard to Article 5(b) of the Convention on the Organisation for Economic Co-operation and Development of 14 December, 1960;

Having regard to the Recommendation of the Council of 13 February, 1978, concerning the Establishment of Data Collection Systems Related to Injuries Involving Consumer Products [C(77)139(Final)];

Having regard to the Report by the Committee on Consumer Policy of 18 April, 1979, on Safety of Consumer Products – Policy and Legislation [CCP(79)2];

Considering that the adoption by Member countries of effective legislation on consumer product safety would reduce the hazards associated with the use of certain consumer products and, thereby, increase the protection of consumers;

Considering that better co-ordination of consumer product safety legislation

Considérant qu'une meilleure coordination des législations concernant la sécurité des produits de consommation entre Pays Membres éviterait de créer des obstacles non tarifaires au commerce international;

Sur la proposition du Comité de la Politique à l'égard des Consommateurs;

RECOMMANDE que les Gouvernements des pays Membres examinent la possibilité de promouvoir des législations ou de prendre des mesures qui incluent les dispositions suivantes:

1. *Evaluation des risques par les fournisseurs et les organismes gouvernementaux*

(*a*) Les pays Membres devraient, par tous moyens appropriés, encourager les producteurs à tenir compte systématiquement, lorsqu'ils fabriquent des produits de consommation, de la nécessité de faire en sorte que leurs produits soient suffisamment sûrs en cas d'utilisation normale ou conformes à leur destination et, s'ils se rendent compte de risques présentés par leurs produits après leur commercialisation, à les notifier aux autorités responsables et, si nécessaire, au public.

(*b*) Les pays Membres devraient tenir compte de l'utilité que présente, pour l'établissement de leur politique en matière de sécurité des consommateurs, la création de systèmes de recensement des données relatives aux accidents provoqués par des produits de consommation, du type prévu par la Recommandation C(77)139(Final).

2. *Normes*

(*a*) Lorsqu'il se révèle nécessaire d'établir des réglementations sur la sécurité des produits, les pays Membres devraient examiner s'il est possible de les fonder sur des normes nationales ou internationales correspondantes, lorsqu'elles existent et sont jugées adaptées à l'objectif recherché, et de les harmoniser avec les réglementations ou les normes retenues dans d'autres pays. Les normes volontaires et les réglementations devraient être réexaminées dans le cas où des normes internationales correspondantes seraient adoptées.

(*b*) Les pays Membres devraient encourager et suivre de près la formulation des normes internationales de sécurité et, lorsque c'est possible, participer à leur élaboration par l'intermédiaire des services administratifs compétents ainsi que des organismes nationaux de normalisation.

3. *Produits importés (attestation de conformité et approbation préalable)*

(*a*) Lorsque des produits de consommation quels qu'ils soient doivent faire l'objet d'une attestation de conformité à des normes de sécurité, les pays Membres devraient envisager de reconnaître les attestations délivrées par des organismes d'essais publics ou privés, agréés et/ou accrédités dans d'autres pays, éventuellement par voie d'accords de réciprocité avec les autorités des pays intéressés, mais sans nécessairement subordonner cette reconnaissance à la conclusion de tels accords.

(*b*) Lorsqu'une législation sur la sécurité des consommateurs stipule que les produits doivent être agréés par une autorité ou un organisme déterminé avant de pouvoir être légalement mis sur le marché, il conviendrait de soumettre à un régime identique les produits fabriqués dans le pays et les produits importés. Les mêmes critères devraient être appliqués de façon à éviter toute discrimination à l'encontre des produits importés. Les conditions d'agrément devraient être appliquées équitablement et avec célérité de façon que les produits importés ne soient pas désavantagés.

4. *Procédure de notification*

Les pays Membres devraient prendre les dispositions nécessaires pour assurer que les réglementations nouvelles en matière de sécurité des produits, les

between Member countries would avoid creating non-tariff barriers to international trade;

On the proposal of the Committee on Consumer Policy;

RECOMMENDS that Governments of Member countries should consider the feasibility of promoting legislation or taking action which would incorporate the following measures:

1. *Hazard Assessment by Suppliers and Government Agencies*

(*a*) Member countries should by all appropriate means encourage manufacturers to take into account systematically in the production of consumer goods the need to ensure that their products will be adequately safe in normal or intended use and, if they become aware of hazards subsequent to placing their products on the market, to notify the relevant authorities and, if necessary, the public.

(*b*) Member countries should have regard to the value, for the purpose of policy-making in the field of consumer safety, of establishing data collection systems related to injuries involving consumer products of the kind provided for in the Council Recommendation C(77)139(Final).

2. *Standards*

(*a*) When it is found necessary to establish product safety regulations, Member countries should consider the feasibility of basing them on any relevant national or international standards, where they exist and are considered adequate for their purpose, and of harmonizing them with regulations or standards in other countries. Voluntary standards and regulations should be reviewed if and when relevant international standards become available.

(*b*) Member countries should encourage and take a close interest in the formulation of international safety standards and should, when possible, participate through the appropriate government departments as well as through national standards organisations, in the preparation of such standards.

3. *Imported products (certification and prior approval)*

(*a*) If for consumer goods of any kind certification of compliance with safety standards is required, Member countries should consider acceptance of certificates issued by recognised and/or accredited public or private testing organisations in other countries, possibly by way of reciprocal agreements with the authorities in the countries concerned but without necessarily making acceptance conditional upon such an agreement.

(*b*) Where consumer safety legislation requires products to be approved by a specified body or authority before they may lawfully be marketed, products made within the country or imported products should be dealt with on an equal basis. The same criteria should be applied so as to avoid any discrimination against imported products. Approval requirements should be operated fairly and expeditiously so that imported products are not placed at a disadvantage.

4. *Notification procedure*

Member countries should make the necessary arrangements to ensure that new product safety regulations, product bans and the identification of hitherto unsuspected hazards of a substantial and severe nature are notified through the informal procedure operating within the Committee on Consumer Policy. In particular, early notification should be given of action decided upon to remove from national markets products which present substantial and severe hazards.

prohibitions de produits et l'identification de risques importants et graves jusque-là insoupçonnés soient notifiées conformément à la procédure informelle mise en oeuvre par le Comité de la Politique à l'égard des Consommateurs. Il y aurait lieu, en particulier, de procéder à une notification rapide des mesures décidées en vue de retirer des marchés nationaux des produits qui présentent des risques importants et graves.

5. *Mesures concernant l'exportation des produits dangereux*

(*a*) Les Gouvernements des pays Membres devraient s'efforcer d'assurer, par des moyens conformes à leurs procédures nationales, que les produits qui sont prohibés ou retirés de la vente sur leur territoire parce qu'ils sont par nature si dangereux qu'ils entraînent des risques graves et directs pour la vie, la santé ou la sécurité de tout consommateur de ces produits, ne soient pas exportés vers d'autres pays.

(*b*) En l'absence de pouvoirs permettant d'interdire l'exportation de ces produits dangereux, les Gouvernements des pays Membres sont instamment invités à examiner les avantages qu'ils auraient à obtenir de tels pouvoirs.

RESOLUTION DU CONSEIL RELATIVE AU MANDAT DU COMITE DE L'INVESTISSEMENT INTERNATIONAL ET DES ENTREPRISES MULTINATIONALES

(adoptée par le Conseil, lors de sa 505ème séance, le 28 novembre 1979)

[Les Représentants Permanents de l'Australie et de la France, qui avaient donné leur accord ad referendum, ont depuis confirmé leur accord]

Le Conseil,

Vu les articles 2(c) et 5(a) de la Convention relative à l'Organisation de Coopération et de Développement Economiques, en date du 14 décembre 1960;

Vu le Règlement de procédure de l'Organisation et le paragraphe 24 de l'Annexe audit Règlement;

Vu la Résolution du Conseil relative au mandat du Comité de l'investissement international et des entreprises multinationales, en date du 22 décembre 1976 [C(76)209(Final)];

Vu la Déclaration, en date du 21 juin 1976, des Gouvernements des pays Membres de l'OCDE sur l'investissement international et les entreprises multinationales [C(76)99(Final)];

Vu la Décision révisée du Conseil, en date du 13 juin 1979, relative aux procédures de consultation intergouvernementale concernant les principes directeurs à l'intention des entreprises multinationales [C(79)143];

Vu la Décision révisée du Conseil, en date du 13 juin 1979, relative au traitement national [C(79)144];

Vu la Décision révisée du Conseil, en date du 13 juin 1979, relative aux stimulants et obstacles aux investissements internationaux [C(79)145];

Considérant le Rapport sur le Réexamen de la Déclaration et des Décisions de 1976 sur l'investissement international et les entreprises multinationales [C(79)102(Final)];

Sur la proposition du Secrétaire général, après consultation du Comité de l'investissement international et des entreprises multinationales;

5. *Measures relating to the exportation of dangerous goods*

(*a*) Governments of Member countries should strive to ensure, by means in conformity with their national procedures, that those goods that are banned or withdrawn from sale within their territories because they are inherently so hazardous that they present a severe and direct danger to life, health or safety of any consumer of those goods, are not exported to other countries.

(*b*) If powers do not exist to prohibit the export of such dangerous goods, Governments of Member countries are urged to consider the desirability of seeking such powers.

RESOLUTION OF THE COUNCIL ON THE TERMS OF REFERENCE OF THE COMMITTEE ON INTERNATIONAL INVESTMENT AND MULTINATIONAL ENTERPRISES

(adopted by the Council at its 505th Meeting on 28 November 1979)

The Permanent Representatives of Australia and France, who agreed ad referendum, have since confirmed their agreement]

The Council,

Having regard to Article 2(c) and 5(a) of the Convention on the Organisation for Economic Co-operation and Development of 14 December, 1960;

Having regard to the Rules of Procedure of the Organisation and to paragraph 24 of the Annex thereto;

Having regard to the Resolution of the Council on the Terms of Reference of the Committee on International Investment and Multinational Enterprises of 22 December, 1976 [C(76)209(Final)];

Having regard to the Declaration by the Governments of OECD Member countries on International Investment and Multinational Enterprises of 21 June, 1976 [C(76)99(Final)];

Having regard to the Revised Decision of the Council on Intergovernmental Consultation Procedures on the Guidelines for Multinational Enterprises of 13 June, 1979 [C(79)143];

Having regard to the Revised Decision of the Council on National Treatment of 13 June, 1979 [C(79)144];

Having regard to the Revised Decision of the Council on International Investment Incentives and Disincentives of 13 June, 1979 [C(79)145];

Considering the Report on the Review of the 1976 Declaration and Decisions on International Investment and Multinational Enterprises [C(79)102(Final)];

On the proposal of the Secretary-General, after consultation with the Committee on International Investment and Multinational Enterprises;

DECIDE:

I. MANDAT DU COMITE DE L'INVESTISSEMENT INTERNATIONAL ET DES ENTREPRISES MULTINATIONALES

1. Le Comité de l'investissement international et des entreprises multinationales (appelé ci-dessous le "Comité") aura pour tâche de poursuivre le développement et le renforcement de la coopération entre les pays Membres dans le domaine de l'investissement international et des entreprises multinationales.

2. Le Comité exécutera les tâches qui lui sont fixées par la Déclaration adoptée le 21 juin 1976 par les pays Membres de l'OCDE ainsi que par les Décisions révisées du Conseil, en date du 13 juin 1979, rappelées ci-dessus.

3. Le Comité sera chargé de suivre de près et de favoriser la coordination de tous les travaux exécutés par l'Organisation dans le domaine de l'investissement international et des entreprises multinationales et de présenter des propositions à cet effet au Conseil ou à d'autres Comités. Les autres Comités intéressés feront rapport au Conseil par l'intermédiaire du Comité sur l'avancement de leurs travaux.

4. Le Comité se tiendra informé des travaux d'autres organisations internationales concernant l'investissement international et les entreprises multinationales; il sera pour les pays Membres un organe de consultation qui leur permettra d'examiner leurs vues sur les problèmes soulevés par ces organisations et il en tiendra compte, le cas échéant, dans ses propres travaux.

5. Le mandat faisant l'objet de la Résolution précitée du Conseil, en date du 22 décembre 1976, est abrogé.

6. Le présent mandat sera réexaminé avant le 31 décembre 1984.

II. AMENDEMENT A L'ANNEXE AU REGLEMENT DE PROCEDURE DE L'ORGANISATION

Le paragraphe 24 de l'Annexe au Règlement de procédure d l'Organisation est amendé comme suit: "Comité de l'investissement international et des entreprises multinationales: son mandat est défini dans la Résolution du Conseil C(79)210(Final)".

D. OUVRAGES ET DOCUMENTS DE L'OCDE MIS EN VENTE EN 1979[6]

1. POLITIQUE ECONOMIQUE

Perspectives économiques de l'OCDE N° 25 (juillet 1979, 180 pages) et N° 26 (décembre 1979, 168 pages).

Etudes spéciales: *Modèle des liaisons internationales établi par l'OCDE et La demande de monnaie dans les principaux pays de l'OCDE* (janvier 1979).

Etudes économiques de l'OCDE
Série 1979: Autriche (décembre 1978, 64 pages), Allemagne (juin 1979, 80 pages), Canada (juin 1979, 80 pages), Danemark (juillet 1979, 82 pages), Espagne (avril 1979, 66 pages), Finlande (février 1979, 76 pages), France (février 1979, 76 pages), Grèce (août 1979, 86 pages), Irlande (août 1979, 74

[6] Les ouvrages et documents de l'OCDE sont publiés dans les deux langues de l'Organisation – l'anglais et le français. Certains d'entre eux sont bilingues.

DECIDES:

I. TERMS OF REFERENCE OF THE COMMITTEE ON INTERNATIONAL INVESTMENT AND MULTINATIONAL ENTERPRISES

1. The Committee on International Investment and Multinational Enterprises (hereinafter called the "Committee") shall have the task of further developing and strengthening co-operation among Member countries in the field of international investment and multinational enterprises.

2. The Committee shall carry out the tasks assigned to it by virtue of the Declaration of OECD Member countries of 21 June, 1976 and by the Revised Decisions of the Council of 13 June, 1979 referred to above.

3. The Committee shall be responsible for monitoring and promoting co-ordination of all work carried out within the Organisation in the field of international investment and multinational enterprises, and for presenting proposals for this purpose to the Council or to other committees. Other committees concerned will report to the Council through the Committee on the progress of their work.

4. The Committee shall keep itself informed of activities carried out in other international bodies in the field of international investment and multinational enterprises and shall provide a forum for Member countries to consider their views in respect of issues raised in such bodies and take account thereof, as appropriate, in its work.

5. The terms of reference provided for in the Resolution of the Council of 22 December, 1976 referred to above are repealed.

6. The present terms of reference will be reviewed before 31 December, 1984.

II. AMENDMENT TO THE ANNEX TO THE RULES OF PROCEDURE OF THE ORGANISATION

Paragraph 24 of the Annex to the Rules of Procedure of the Organisation shall be amended to read as follows: "Committee on International Investment and Multinational Enterprises: Its terms of reference are defined in the Resolution of the Council C(79)210(Final)".

D. OECD PUBLICATIONS AND DOCUMENTS PUT ON SALE IN 1979[6]

1. ECONOMIC POLICY

OECD Economic Outlook No. 25 (July 1979, 170 pages) and No. 26 (December 1979, 152 pages).

Occasional studies: *The OECD International Linkage Model* and *Demand for Money in Major OECD Countries* (January 1979).

OECD Economic Surveys

1979 Series: Australia (June 1979, 72 pages), Austria (December 1978, 60 pages), Canada (June 1979, 72 pages), Denmark (July 1979, 76 pages), Finland (February 1979, 72 pages), France (February 1979, 72 pages), Germany (June 1979, 86 pages), Greece (August 1979, 82 pages), Iceland,

[6] OECD Publications and Documents are issued in the two official languages of the Organisation – English and French; some are bilingual.

pages), Islande (avril 1979, 78 pages), Italie (janvier 1979, 90 pages), Japon (juillet 1979, 78 pages), Norvège (décembre 1978, 76 pages), Nouvelle-Zélande (janvier 1979, 72 pages), Pays-Bas (mars 1979, 74 pages), Portugal (juillet 1979, 76 pages), Royaume-Uni (mars 1979, 72 pages), Suède (avril 1979, 76 pages), Suisse (avril 1979, 74 pages), Turquie (novembre 1978, 72 pages), Yougoslavie (juin 1979, 76 pages).
Les études sur l'Union Economique Belgo-Luxembourgeoise et les Etats-Unis n'ont pas paru dans cette série.

Série 1980: Etats-Unis (novembre 1979, 112 pages).

L'incidence des pays industriels sur la production et les échanges des produits manufacturés. Rapport du Secrétaire Général (juin 1979, 108 pages).

Pourquoi des politiques d'ajustement positives? (juin 1979, 156 pages).

Objectifs monétaires et lutte contre l'inflation (juillet 1979, 112 pages).

Bénéfices et taux de rendement (août 1979, 138 pages).

Interfuturs. Rapport Final. *Face aux futurs: pour une maîtrise du vraisemblable et une gestion de l'imprévisible* (septembre 1979, 426 pages).

Principaux indicateurs économiques/Main Economic Indicators (mensuel) (12 numéros parus de janvier à décembre 1979).

Bulletin des comptes nationaux trimestriels/Quarterly National Account Bulletin, 1978 Vol. IV (mars 1979, 76 pages), 1979 Vol. I (mai 1979, 76 pages), 1979 Vol. II (juillet 1979, 76 pages), 1979 Vol. III (septembre 1979, 80 pages).

Bulletin des comptes nationaux trimestriels. Sources et méthodes (Mars 1979).

Comptes nationaux des pays de l'OCDE 1952–1977. Vol. I/*National Accounts of OECD Countries* (mars 1979, 146 pages, bilingue).

Comptes nationaux des pays de l'OCDE, 1960–1977. Vol. II/*National Accounts of OECD Countries* (septembre 1979, 264 pages, bilingue).

Série "OCDE Etudes Monétaires":
Balances des paiements des pays de l'OCDE, 1970–1977/Balances of Payments of OECD Countries (mars 1979, 236 pages, bilingue).

2. ECHANGES

Statistiques du commerce extérieur/Statistics of Foreign Trade
Série A. Bulletin mensuel (12 numéros parus de décembre 1978 à décembre 1979).
Série B. Annuaire: Tableaux par pays déclarants.
janvier/décembre 1977 No. 5 (février 1979, 140 pages).
janvier/décembre 1977 No. 6 (mars 1979, 114 pages).
janvier/décembre 1978 No. 1 (septembre 1979, 148 pages).
janvier/décembre 1978 No. 2 (octobre 1979, 144 pages).
janvier/décembre 1978 No. 3 (novembre 1979, 144 pages).

(April 1979, 74 pages), Ireland (August 1979, 64 pages), Italy (January 1979, 88 pages), Japan (July 1979, 72 pages), Netherlands (March 1979, 70 pages), New Zealand (January 1979, 66 pages), Norway (December 1978, 70 pages), Portugal (July 1979, 76 pages), Spain (April 1979, 62 pages), Sweden (April 1979, 74 pages), Switzerland (April 1979, 72 pages), Turkey (November 1978, 68 pages), United Kingdom (March 1979, 68 pages), Yugoslavia (June 1979, 74 pages).

The Surveys on the Belgium-Luxembourg Union and the United States were not published in this series.

1980 Series: United States (November 1979, 100 pages).

The Impact of the Newly Industrialising Countries. Report by the Secretary-General (May 1979, 96 pages).

The Case for Positive Adjustment Policies 1978–1979 (July 1979, 146 pages).

Monetary Targets and Inflation Control (July 1979, 102 pages).

Profits and Rates of Return (August 1979, 134 pages).

Interfutures. Final Report. *Facing the Future: Mastering the Probable and Managing the Unpredictable* (September 1979, 426 pages).

Main Economic Indicators/Principaux indicateurs économiques (monthly) (12 issues published from January to December 1979).

Quarterly National Accounts Bulletin/Bulletin des comptes nationaux trimestriels.
1978/IV (March 1979, 76 pages).
1979/I (May 1979, 76 pages).
1979/II (July 1979, 76 pages).
1979/III (September 1979, 80 pages).

Quarterly National Accounts. Sources and Methods (March 1979, 106 pages).

National Accounts of OECD Countries 1952–1977. Vol. I/*Comptes nationaux des pays de l'OCDE* (March 1979, 146 pages).

National Accounts of OECD Countries 1960–1977. Vol. II/*Comptes nationaux des pays de l'OCDE* (September 1979, 264 pages).

Balances of Payments of OECD Countries 1960–1977/Balances des paiements des pays de l'OCDE (March 1979, 236 pages).

2. TRADE

Statistics of Foreign Trade/Statistiques du commerce extérieur
Series A: Monthly bulletin (12 issues published from December 1978 to December 1979).
Series B: Annual. Tables by reporting countries.
January/December 1977 No. 5 (February 1979, 140 pages).
January/December 1977 No. 6 (March 1979, 114 pages).
January/December 1978 No. 1 (September 1979, 148 pages).
January/December 1978 No. 2 (October 1979, 144 pages).
January/December 1978 No. 3 (November 1979, 144 pages).

Série C. Annuaire: Tableaux par produits.
janvier/décembre 1977 – Importations (août 1979, 650 pages).
janvier/décembre 1977 – Exportations (novembre 1979, 830 pages).

Microtables Import/Export des pays de l'OCDE

Import/Export 1977 (avril 1977).

Import/Export 1978 (juillet 1979).

3. AFFAIRES FINANCIERES ET FISCALES

Statistiques financières de l'OCDE/OECD Financial Statistics
No. 12 – 1978 (janvier 1979, 814 pages, Tome I).
No. 12 – 1978 (mars 1979, 442 pages, Tome II).
Suppléments 12A à 12E publiés de janvier à septembre 1979.

Tendances des marchés des capitaux (5 numéros par an).
1979 – No. 8 (février 1979, 96 pages).
1979 – No. 9 (mai 1979, 48 pages).
1979 – No. 10 (juin 1979, 102 pages).
1979 – No. 11 (octobre 1979, 128 pages).

Prix de transfert et entreprises multinationales (juillet 1979, 106 pages).

Investissement international et entreprises multinationales Révision 1976 (août 1979, 72 pages).

Statistiques de recettes publiques des pays membres de l'OCDE 1965–1978/ *Revenue Statistics of OECD Member Countries* (septembre 1979, 236 pages).

L'imposition des personnes physiques sur la fortune, les mutations et les gains en capital (mars 1979, 216 pages).

La situation d'un ouvrier moyen en 1978 au regard de l'impôt et des transferts sociaux dans les pays membres de l'OCDE/The 1978 Tax Benefit position of a typical worker in OECD Member Countries (octobre 1979, 48 pages).

Concurrence et consommateurs

Politique de concurrence dans les secteurs réglementés et plus particulièrement l'énergie, les transports et les banques (septembre 1979, 216 pages).

Accidents provoqués par des produits de consommation. Pondération des données selon la gravité (octobre 1979, 78 pages).

Rapports annuels sur la politique de concurrence dans les pays membres de l'OCDE, No. 1/1979 (mai 1979, 88 pages).

Rapports annuels sur la politique de concurrence dans les pays membres de l'OCDE, No. 2/1979 (décembre 1979, 156 pages).

Guide de la législation sur les pratiques commerciales restrictives, Supplément No. 2/1979 (juillet 1979, 400 pages).

Series C: Annual. Tables by commodities.
January/December 1977 – Imports (August 1979, 650 pages).
January/December 1977 – Exports (November 1979, 830 pages).

Microtables Import/Export of OECD Countries

Import/Export 1977 (April 1979).

Import/Export 1978 (July 1979).

3. FISCAL AND FINANCIAL AFFAIRS

OECD Financial Statistics/Statistiques financières de l'OCDE
No. 12 – 1978 (January 1979, 814 pages, Vol. I).
No. 12 – 1978 (March 1979, 442 pages, Vol. II).
Supplements 12A to 12E published from January to September 1979.

Financial Market Trends (5 issues per year).
1979 – No. 8 (February, 1979, 96 pages).
1979 – No. 9 (May 1979, 48 pages).
1979 – No. 10 (June 1979, 102 pages).
1979 – No. 11 (October 1979, 128 pages).
1979 – No. 12 (December 1979, 66 pages).

Transfer Pricing and Multinational Enterprises (June 1979, 100 pages).

International Investment and Multinational Enterprises. 1976 Revision (August 1979, 68 pages).

Revenue Statistics of OECD Member Countries 1965–1978/Statistiques de recettes publiques des pays membres de l'OCDE (September 1979, 236 pages).

The Taxation of Net Wealth, Capital Transfers and Capital Gains of Individuals (March 1979, 196 pages).

The 1978 Tax/Benefit Position of a Typical Worker in OECD Member Countries/La situation d'un ouvrier moyen en 1978 au regard de l'impôt et de transferts sociaux dans les pays membres de l'OCDE (October 1979, 48 pages).

Competition and Consumer Policy

Competition Policy in Regulated Sectors with Special Reference to Energy, Transport and Banking (September 1979, 190 pages).

Severity Weighting of Data on Accidents Involving Consumer Products (October 1979, 68 pages).

Annual Reports on Competition Policy in OECD Member Countries No. 1/1979 (May 1979, 82 pages).

Annual Reports on Competition Policy in OECD Member Countries No. 2/1979 (December 1979, 134 pages).

Guide to Legislation on Restrictive Business Practices, Supplement No. 2/1979 (July 1979, 400 pages).

Tourisme

Politique du tourisme et tourisme international dans les pays membres de l'OCDE, 1979 (octobre 1979, 194 pages).

Transports maritimes

Les transports maritimes, 1978 (septembre 1979, 186 pages).

4. ALIMENTATION, AGRICULTURE ET PECHERIES

L'agriculture dans l'aménagement des aires péri-urbaines. Vol. II (mars 1979, 884 pages).

Bilans de la viande dans les pays de l'OCDE, 1964–1977/Meat Balances in OECD Member Countries (mai 1979, 206 pages).

Le pré-emballage des fruits et légumes (mai 1979, 48 pages).[7]

La politique agricole de la Grèce (mai 1979, 100 pages).[8]

Bilans du lait, des produits laitiers et des oeufs dans les pays membres de l'OCDE, 1964–1977/Milk, Milk Products and Egg Balances in OECD Member Countries (juillet 1979, 250 pages).

L'agriculture dans l'aménagement des aires péri-urbaines. Vol. I (juillet 1979, 104 pages).

Perspectives de production de l'agriculture soviétique en 1980 et 1985 notamment en ce qui concerne la viande et les céréales. Rapport du Secrétaire Général (septembre 1979, 120 pages).

Examen des pêcheries dans pays membres de l'OCDE, 1978 (septembre 1979, 278 pages).

Examen des politiques agricoles dans les pays membres de l'OCDE, 1978 (octobre 1979, 160 pages).

Normalisation internationale des fruits et légumes: pêches (Révision, 40 pages).

5. AFFAIRES SOCIALES, MAIN-D'OEUVRE ET EDUCATION

(*a*) *Affaires sociales et main-d'oeuvre*

Statistiques de la population active/Labour Force Statistics Suppléments trimestriels (4 numéros parus en janvier, avril, juillet et octobre 1979).

Statistiques de la population active, 1966–1977/Labour Force Statistics (juillet 1979, 146 pages).

Problèmes et perspectives de la main-d'oeuvre et de l'emploi (janvier 1979, 140 pages).

Migrations, croissance et développement (février 1979, 68 pages).

Les conflits du travail. Vue d'ensemble (mars 1979, 62 pages).[9]

[7] Série "Marchés et Produits Agricoles."
[8] "OCDE. Rapports sur les Politiques Agricoles."
[9] Série: "Programme des relations professionelles de l'OCDE" Etudes Spéciales.

Tourism

Tourism Policy and International Tourism in OECD Member Countries, 1979 (October 1979, 192 pages).

Maritime Transport

Maritime Transport, 1978 (September 1979, 172 pages).

4. FOOD, AGRICULTURE AND FISHERIES

Agriculture in the Planning and Management of Peri-Urban Areas, Vol. II (March 1979, 796 pages).

Meat Balances in OECD Member Countries 1964–1977/Bilans de la viande dans les pays de l'OCDE (May 1979, 206 pages).

Prepackaging of Fruit and Vegetables (May 1979, 46 pages).[7]

The Agricultural Policy of Greece (May 1979, 92 pages).[8]

Milk, Milk Products and Egg Balances in OECD Member Countries 1964–1977/Bilans du lait, des produits laitiers et des oeufs dans les pays membres de l'OCDE (July 1979, 250 pages).

Agriculture in the Planning and Management of Peri-Urban Areas, Vol. I (July 1979, 94 pages).

Prospects for Soviet Agricultural Production in 1980 and 1985 with Special Reference to Meat and Grain. Report by the Secretary-General (September 1979, 104 pages).

Review of Fisheries in OECD Member Countries, 1978 (September 1979, 264 pages).

Review of Agricultural Policies in OECD Member Countries, 1978 (October 1979, 124 pages).

International Standardisation of Fruit and Vegetables: Peaches/Normalisation internationale des fruits et légumes: pêches (November 1979, 40 pages).

5. SOCIAL AFFAIRS, MANPOWER AND EDUCATION

(*a*) *Social Affairs and Manpower*

Labour Force Statistics. Quarterly Supplements/*Statistiques de la population active* (4 issues published in January, April, July and October 1979).

Labour Force Statistics 1966–1977/Statistiques de la population active (July 1979, 146 pages).

Manpower and Employment. Problems and Prospects (January 1979, 150 pages).

Migration, Growth and Development (February 1979, 60 pages).

Labour Disputes: A Perspective (March 1979, 52 pages).[9]

7 "Agricultural Products and Markets" Series.
8 "OECD Agricultural Reports" Series.
9 Series: "OECD Industrial Relations Programme". Special Studies.

Les femmes et l'égalité des chances (mai 1979, 258 pages).

L'emploi et le chômage. Critères de mesure (juin 1979, 270 pages).

Les déterminants structurels de l'emploi et du chômage. Vol. II (août 1979, 368 pages).

Politiques salariales et négociations collectives en Finlande, Irlande et Norvège (septembre 1979, 132 pages).

L'indemnisation des chômeurs et les mesures favorisant leur emploi. Rapport général et études par pays (septembre 1979, 304 pages).

La sécurité de l'emploi et les relations professionnelles (octobre 1979, 88 pages).

Politiques socio-économiques en faveur des personnes âgées (novembre 1979, 192 pages).

Les groupes défavorisés sur le marché du travail et les mesures en leur faveur (décembre 1979, 84 pages).

(*b*) *Education*

L'apprentissage. Les grandes orientations (février 1979, 120 pages).

Examen des politiques nationales d'éducation: Autriche. La politique scolaire (février 1979, 112 pages).

Possibilités de formation pour les adultes. Vol. II (mars 1979, 224 pages).

Possibilités de formation pour les adultes. Vol. III. *Le problème de la non-participation* (octobre 1979, 240 pages).

La profession enseignante. Nouvelles orientations (juillet 1979, 172 pages).

Demande individuelle d'éducation. Rapport général et études de cas: France, Allemagne, Grèce, Etats-Unis/Individual Demand for Education. General Report and Case Studies: France, Germany, Greece, United States (août 1979, 386 pages).

L'enseignement et le développement régional. Rapport général. Vol. I (octobre 1979, 100 pages).

Les politiques futures d'éducation et l'évolution économique et sociale (août 1979, 184 pages).

Evolution des politiques d'éducation.

Vue d'ensemble (décembre 1979, 78 pages)[10].

Le financement de l'enseignement primaire et les objectifs fondamentaux de l'école
Vol. I – *Australie, Canada, Allemagne* (mai 1979, 200 pages).
Vol. II – *Royaume-Uni, Etats-Unis, Yougoslavie* (juin 1979, 164 pages).
Vol. III – *Pays-Bas, Norvège, Suède, Italie* (mai 1979, 190 pages).

Le financement de l'enseignement primaire et les objectifs fondamentaux de l'école: rapport général (novembre 1979, 80 pages).

10 "Examens des politiques nationales d'éducation".

Equal Opportunities for Women (May 1979, 220 pages).

Measuring Employment and Unemployment (June 1979, 248 pages).

Structural Determinants of Employment and Unemployment Vol. II (August 1979, 344 pages).

Wage Policies and Collective Bargaining Developments in Finland, Ireland and Norway (September 1979, 110 pages).

Unemployment Compensation and Related Employment Policy Measures. General Report and Country Studies (September 1979, 288 pages).

Job Security and Industrial Relations (October 1979, 78 pages).

Socio-Economic Policies for the Elderly (November 1979, 170 pages).

Disadvantaged Groups on the Labour Market and Measures to Assist them (December 1979, 70 pages).

(*b*) *Education*

Policies for Apprenticeship (February 1979, 104 pages).

Reviews of National Policies for Education: Austria. School Policy (February 1979, 108 pages).

Learning Opportunities for Adults. Vol. II (March 1979, 206 pages).

Teacher Policies in a New Context (July 1979, 164 pages).

Individual Demand for Education. General Report and Case Studies: France, Germany, Greece, United States/Demande individuelle d'éducation. Rapport général et études de cas: France, Allemagne, Grèce, Etats-Unis (August 1979, 386 pages).

Education and Regional Development. General Report. Vol. I (October 1979, 92 pages).

Education Policies in Perspective. An Appraisal (December 1979, 78 pages)[10].

Educational Financing and Policy Goals for Primary Schools:
Vol. I – *Australia, Canada, Germany* (May 1979, 186 pages);
Vol. II – *United Kingdom, United States, Yugoslavia* (June 1979, 148 pages);
Vol. III – *Netherlands, Norway, Sweden, Italy* (May 1979, 176 pages).

Educational Financing and Policy Goals For Primary Schools. General Report (November 1979, 72 pages).

10 "Reviews of National Policies for Education".

L'enfant et la famille dans les pays de l'OCDE. Analyse démographique (septembre 1979, 220 pages).

L'élaboration des programmes à partir de l'école (novembre 1979, 324 pages).

Collectivité – équipements – école. III. Etats-Unis (janvier 1979, 228 pages).

6. COOPERATION POUR LE DEVELOPPEMENT

(*a*) *Comité d'aide au développement*

Coopération pour le développement. Efforts et politiques poursuivis par les membres du Comité d'Aide au Développement. Rapport de John P. Lewis, Président du Comité d'Aide au Développement. *Examen* 1979 (décembre 1979, 316 pages).

Investir dans le tiers monde. 4ème Edition Révisée (janvier 1979, 138 pages).

Répartition géographique des ressources financières mises à la disposition des pays en développement. Données relatives aux versements 1971 à 1977/Geographical Distribution of Financial Flows to Developing Countries. Data on Disbursements 1971 to 1977 (mars 1979, 288 pages).

(*b*) *Centre de développement*

Nouvelles approches aux problèmes de population (janvier 1979, 220 pages).[11]

Prévision et satisfaction des besoins des populations en expansion (février 1979, 254 pages).[11]

L'aide alimentaire pour le développement (mars 1979, 154 pages).

Répertoire des centres de technologie appropriée (août 1979, 368 pages).[11]

Approche intégrée au développement rural, à la santé et à la population (août 1979, 168 pages).

L'incidence du troc sur l'économie des pays en voie de développement (août 1979, 148 pages).[11]

Appréciation des erreurs d'observation dans les recensements. Le cas de la Gambie (novembre 1979, 160 pages).[11]

Bulletin de liaison entre instituts de recherche et de formation en matière de développement:
No. 1 – *Répertoire des projets de recherche en matière de développement en Afrique/Register of Development Research Projects in Africa* (février 1979, 108 pages).
No. 2 – *Répertoire des projets de recherche en matière de développement en Amérique latine/Register of Development Research Projects in Latin America* (septembre 1979, 268 pages).
No. 3 – *Interdépendance et développement* (octobre 1979, 112 pages).

[11] "Etudes du Centre de Développement."

Child and Family. Demographic Developments in the OECD Countries (September 1979, 220 pages).

School Based Curriculum Development (November 1979, 284 pages).

Building for School and Community. Vol. III *United States* (January 1979, 208 pages).

6. DEVELOPMENT CO-OPERATION

(*a*) *Development Assistance Committee*

Development Co-operation. Efforts and policies of the members of the Development Assistance Committee. Report by John P. Lewis, Chairman of the Development Assistance Committee. 1979 *Review* (December 1979, 292 pages).

Investing in Developing Countries. 4th Revised Edition (January 1979, 122 pages)

Geographical Distribution of Financial Flows to Developing Countries. Data on Disbursements, 1971 to 1977/Répartition géographique des ressources financières mises à la disposition des pays en développement. Données relatives aux versements 1971 à 1977 (March 1979, 288 pages).

(*b*) *Development Centre*

Changing Approaches to Population Problems (January 1979, 194 pages).[11]

Planning for Growing Populations (February 1979, 228 pages).[11]

Food Aid for Development (March 1979, 130 pages).

Appropriate Technology Directory (July 1979, 362 pages).[11]

The Integrated Approach to Rural Development, Health and Population (August 1979, 160 pages).[11]

The Development Impact of Barter in Developing Countries (August 1979, 132 pages).[11]

Evaluating Census Response Errors. A Case Study for the Gambia (November 1979, 98 pages).[11]

Liaison Bulletin Between Development Research and Training Institutes:

No. 1 – *Register of Development Research Projects in Africa/Répertoire des projets de recherche en matière de développement en Afrique* (February 1979, 108 pages).
No. 2 – *Register of Development Research Projects in Latin America/Répertoire des projets de recherche en matière de développement en Amérique latine* (September 1979, 268 pages).
No. 3 – *Interdependence and Development* (October 1979, 110 pages).

[11] "Development Centre Studies" Series.

7. COOPERATION TECHNIQUE

No. 2 – *La formation à la gestion urbaine* (juillet 1979, 228 pages).[12]
No. 3 – *Mise en oeuvre des plans d'urbanisme* (octobre 1979, 150 pages).[12]

8. ENVIRONNEMENT

La protection de l'environnement dans les régions frontières (avril 1979, 532 pages).

Les études d'impact sur l'environnement (mai 1979, 80 pages).

La récupération des vieux papiers. Aspects économiques et effets sur l'environnement (juin 1979, 180 pages).

L'état de l'environnement dans les pays de l'OCDE (juillet 1979, 188 pages).

L'implantation des grandes installations énergétiques (août 1979, 150 pages).

Les coûts et l'efficacité des mesures de réglementation visant à reduire les émissions de l'échappement automobile (septembre 1979, 108 pages).

Les oxydants photochimiques et leurs précurseurs dans l'atmosphère. Effets, formation, transports et réduction (septembre 1979, 130 pages).

Les transports urbains et l'environnement (décembre 1979, 714 pages).

9. SCIENCE, TECHNOLOGIE ET INDUSTRIE

(*a*) *Science et technologie*

Organismes de développement et d'adaptation industriels (janvier 1979, 54 pages).

Sciences sociales et décision (mars 1979, 62 pages).

Evolution de la r-d industrielle dans certains pays de l'OCDE 1967–1975 (juillet 1979, 218 pages).

La Technologie contestée. Participation du public et prise de décision en matière de science et de technologie (décembre 1979, 132 pages).

Série "Politiques d'Information, d'Informatique et de Communications":
No. 1 – *Les flux des données transfrontières et la protection des libertés individuelles/Transborder Data Flows and the Protection of Privacy* (mai 1979, 336 pages).
No. 2 – *Utilisation des réseaux internationaux de transmission des données en Europe* (avril 1979, 276 pages).

(*b*) *Industrie*

L'industrie de la chaussure et des cuirs et peaux bruts et tannés dans les pays de l'OCDE, 1976–1977/The Footwear, Raw Hides and Skins and Leather Industry in OECD countries (février 1979, 62 pages).

[12] "OCDE Etudes sur la gestion urbaine."

7. TECHNICAL CO-OPERATION

No. 2 – *Training for Urban Management* (July 1979, 204 pages).[12]
No. 3 – *Implementation of Urban Plans* (October 1979, 134 pages).[12]

8. ENVIRONMENT

Environmental Protection in Frontier Regions (April 1979, 506 pages).

Environmental Impact Assessment (May 1979, 72 pages).

Waste Paper Recovery. Economic Aspects and Environmental Aspects (June 1979, 164 pages).

The State of the Environment in OECD Countries (July 1979, 180 pages).

Siting of Major Energy Facilities (May 1979, 126 pages).

The Cost and Effectiveness of Automative Exhaust Emission Control Regulations (September 1979, 96 pages).

Photochemical Oxidants and their Precursors in the Atmosphere. Effects, Formation, Transport and Abatement (September 1979, 120 pages).

Urban Transport and the Environment (December 1979, 634 pages).

Managing Transport (March 1979, 302 pages).

9. SCIENCE, TECHNOLOGY AND INDUSTRY

(*a*) *Science and Technology*

Agencies for Industrial Adaptation and Development (January 1979, 50 pages).

Social Sciences in Policy Making (March 1979, 56 pages).

Trends in Industrial R & D in Selected OECD Countries 1967–1975 (July 1979, 200 pages).

Technology on Trial. Public participation in decision-making related to science and technology (December 1979, 124 pages).

Series: "Information, Computer and Communications Policy"
No. 1 – *Transborder Data Flows and the Protection of Privacy/Les flux de données transfrontières et la protection des libertés individuelles* (May 1979, 336 pages).
No. 2 – *The Usage of International Data Network in Europe* (April 1979, 286 pages).

(*b*) *Industry*

The Footwear, Raw Hides and Skins and Leather Industry in OECD Countries 1976–1977/L'Industrie de la Chaussure et des cuirs et peaux bruts et tannés dans les pays de l'OCDE (February 1979, 62 pages).

12 "OECD Urban Management Studies" Series.

L'industrie pétrochimique: perspectives de la production et de l'investissement jusqu'en 1985 (février 1979, 80 pages).

L'industrie des pâtes et papiers, 1977–1978/The Pulp and Paper Industry (avril 1979, 130 pages).

L'industrie de la chaussure et des cuirs et peaux bruts et tannés dans les pays de l'OCDE, 1977–1978/The Footwear, Raw Hides and Skins and Leather Industry in OECD *Countries* (juin 1979, 62 pages).

L'industrie textile dans les pays de l'OCDE, 1977/The Textile Industry in OECD *Countries, 1977* (juillet 1979, 68 pages).

L'industrie chimique, 1977/The Chemical Industry, 1977 (septembre 1979, 54 pages).

Les industries mécaniques et électriques dans les pays membres de l'OCDE. Statistiques de base 1974–1977/*The Engineering Industry in OECD Member Countries.* Basic statistics 1974–1977 (octobre 1979. 94 pages).

Indicateurs des activités industrielles/Indicators of Industrial Activity:
1979 – 1 (mai 1979, 124 pages);
1979 – 2 (septembre 1979, 118 pages);
1979 – 3 (octobre 1979, 118 pages).

Pâtes et papiers. Statistiques trimestrielles/*Pulp and Paper.* Quarterly statistics:
1978/3 (février 1979);
1978/4 (avril 1979);
1979/1 (septembre 1979);
1979/2 (octobre 1979).

Groupe du secrétariat sur l'acier

L'industrie sidérurgique en 1977/The Iron and Steel Industry in 1977 (avril 1979, 40 pages).

Le Marché de l'Acier en 1978 et les perspectives pour 1979 (juillet 1979, 36 pages).

Recherche routière

Méthodes de mesures du trafic en zones urbaines et sub-urbaines (juin 1979, 156 pages).

Les services de transport dans les zones peu denses (décembre 1979, 104 pages).

10. ENERGIE

(*a*) *Agence internationale pour l'énergie* (AIE)

Le Charbon vapeur. Perspectives jusqu'à l'an 2000 (janvier 1979, 180 pages).

Statistiques pétrolières, 1977. Approvisionnement et Consommation/*Oil Statistics 1977.* Supply and Disposal (février 1979, 334 pages).

The Petrochemical Industry: Trends in Production and Investment to 1985 (February 1979, 76 pages).

The Pulp and Paper Industry 1977–1978/L'industrie des pâtes et papiers (April 1979, 130 pages).

The Footwear, Raw Hides and Skins and Leather Industry in OECD *Countries, 1977–1978/L'industrie de la chaussure et des cuirs et peaux bruts et tannés dans les pays de l'*OCDE *1977–1978* (June 1979, 62 pages).

Textile Industry in OECD *Countries, 1977/L'industrie textile dans les pays de l'*OCDE (July 1979, 68 pages).

The Chemical Industry 1977/L'industrie chimique (September 1979, 54 pages).

The Engineering Industries in OECD *Member Countries.* Basic Statistics 1974–1977/*Les industries mécaniques et électriques dans les pays membres de l'*OCDE. Statistiques de base 1974–1977 (October 1979, 94 pages).

Indicators of Industrial Activity/Indicateurs des activités industrielles:
1979 – 1 (May 1979, 124 pages);
1979 – 2 (September 1979, 118 pages);
1979 – 3 (October 1979, 118 pages).

Pulp and Paper. Quarterly Statistics/*Pâtes et papiers.* Statistiques trimestrielles:
1978/3 (February 1979);
1978/4 (April 1979);
1979/1 (September 1979);
1979/2 (October 1979).

Secretariat Group on Steel

The Iron and Steel Industry in 1977/L'industrie sidérurgique en 1977 (April 1979, 40 pages).

The Steel Market in 1978 and the Outlook for 1979 (July 1979, 32 pages).

Road Research

Traffic Measurement Methods for Urban and Suburban Areas (June 1979, 130 pages).

Transport Services in Low Density Areas (December 1979, 100 pages).

10. ENERGY

(a) *International Energy Agency* (IEA)

Oil Statistics 1977. Supply and Disposal/*Statistiques pétrolières 1977.* Approvisionnement et consommation (February 1979, 334 pages).

Workshop on Energy Supply and Demand (March 1979, 502 pages).

Colloque sur les données énergétiques dans les pays en développement. Vol. II – décembre 1978 – Statistiques énergétiques de base et bilans énergétiques des pays en développement, 1967–1977/*Workshop on Energy Data of Developing Countries.* Vol. II – December 1978 – Basic energy Statistics and Energy Balances of Developing Countries, 1967–1977 (juin 1979, 538 pages).

Statistiques de l'énergie, 1975–1977/Energy Statistics 1975–1977 (mai 1979, 194 pages).

Bilans énergétiques des pays de l'OCDE, 1975–1977/Energy Balances of OECD Countries, 1975–1977 (mai 1979, 106 pages).

Evolution des prix à l'importation du pétrole brut entre 1973 et 1978/Crude Oil Import Prices, 1973–1978 (septembre 1979, 24 pages).

Economie d'énergie. L'agence internationale de l'énergie. Examen 1978 (septembre 1979, 56 pages).

Politiques et programmes énergétiques des pays membres de l'AIE. Examen 1978 (décembre 1979, 332 pages).

Statistiques trimestrielles du pétrole/Quarterly Oil Statistics:
1978/No. 4 (février 1979, 302 pages);
1979/No. 1 (juin 1979, 300 pages);
1979/No. 2 (juillet 1979, 300 pages);
1979/No. 3 (novembre 1979, 290 pages).

(*b*) *Agence pour l'énergie nucléaire de l'OCDE* (AEN)

Expérience de dégagement de chaleur in situ dans les formations géologiques/In Situ Heating Experiences in Geological Formations (janvier 1979, 284 pages).

La physique neutronique et les données nucléaires/Neutron Physics and Nuclear Data (mars 1979, 1.250 pages).

Surveillance du Radon/Radon Monitoring (mai 1979, 310 pages).

La migration des radionucléides à vie longue dans la géosphère/The Migration of Long-Lived Radionuclides in the Geosphere (juin 1979, 346 pages).

Potentiel mondial en uranium. Une évaluation internationale – décembre 1978 (décembre 1979, 188 pages).

Gestion des déchets en provenance des réacteurs de puissance sur le site de la centrale/On-Site Management of Power Reactor Wastes (août 1979, 160 pages).

Mesures des faibles écoulements et des faibles perméabilités dans les roches relativement imperméables/Low-Flow, Low-Permeability Measurement in Largely Impermeable Rocks (septembre 1979, 312 pages).

Workshop on Energy Data of Developing Countries. Vol. I – December 1978. Summary of discussions and technical papers (March 1979, 128 pages).

Workshop on Energy Data of Developing Countries. Vol. II – December 1978. Basic energy statistics and energy balances of developing countries, 1967–1977/*Colloque sur les données énergétiques dans les pays en développement.* Vol. II – décembre 1978 – Statistiques énergétiques de base et bilans énergétiques des pays en développement, 1967–1977 (June 1979, 538 pages).

Energy Statistics 1975–1977/Statistiques de l'énergie (May 1979, 194 pages).

Energy Balances of OECD Countries 1975–1977/Bilans énergétiques des pays de l'OCDE 1975–1977 (May 1979, 106 pages).

Energy Policies and Programmes of IEA Countries. 1978 Review (June 1979, 298 pages).

Crude Oil Import Prices 1973–1978/Evolution des prix à l'importation du pétrole brut entre 1973 et 1978 (September 1979, 24 pages).

Energy Conservation in the International Energy Agency. 1978 Review (September 1979, 52 pages).

Quarterly Oil Statistics/Statistiques trimestrielles du pétrole:
1978/No. 4 (February 1979, 302 pages);
1979/No. 1 (June 1979, 300 pages);
1979/No. 2 (July 1979, 300 pages);
1979/No. 3 (November 1979, 290 pages).

(b) *OECD Nuclear Energy Agency* (NEA)

In Situ Heating Experiences in Geological Formations/Expériences de dégagement de chaleur in situ dans les formations géologiques (January 1979, 284 pages).

Neutron Physics and Nuclear Data/La physique neutronique et les données nucléaires (March 1979, 1,250 pages).

World Uranium Potential. An international evaluation (March 1979, 176 pages).

Radon Monitoring/Surveillance du radon (May 1979, 310 pages).

The Migration of Long-Lived Radionuclides in the Geosphere/La migration des Radionucléides à vie longue dans la géosphère (June 1979, 346 pages).

On-Site Management of Power Reactor Wastes/Gestion des déchets en provenance des réacteurs de puissance sur le site de la centrale (August 1979, 160 pages).

Low-Flow, Low-Permeability Measurements in Largely Impermeable Rocks/Mesures des faibles écoulements et des faibles perméabilités dans les roches relativement imperméables (September 1979, 312 pages).

No. 1 – *Les aérosols nucléaires dans la sûreté des réacteurs* (novembre 1979, 260 pages)[13]

Bulletin de droit nucléaire:
No. 22 (janvier 1979);
No. 23 (juillet 1979).

11. INFORMATION

Activités de l'OCDE en 1978. Rapport du Secrétaire Général (mai 1979, 154 pages).

Macrothésaurus pour le traitement de l'information relative au développement économique et social (Nouvelle édition française) (mars 1979, 436 pages).

L'observateur de l'OCDE (bimestriel) (6 numéros: de 96 à 101 publiés en 1979).

E. REPRESENTANTS PERMANENTS AUPRES DE L'OCDE EN 1979

Allemagne	S. Ex. le Dr. Egon EMMEL (jusqu'au 23 mai 1979)
	S. Ex. le Dr. Horst-Krafft ROBERT (à partir du 5 juin 1979)
Australie	S. Exc. M. F. P. DONOVAN
Autriche	S. Exc. le Dr. Peter JANKOWITSCH
Belgique	S. Exc. M. August LONNOY (jusqu'au 25 septembre 1979)
	S. Exc. M. Hervé ROBINET (à partir du 10 octobre 1979)
Canada	S. Exc. M. Ronald S. MACLEAN (jusqu'au 12 juillet 1979)
	M. Stephen H. HEENEY, Chef de Délégation a.i. (à partir du 16 juillet 1979)
Danemark	S. Exc. M. Vagn Aage KORSBAEK (jusqu'au 15 juin 1979)
	S. Exc. M. Hans TABOR (à partir du 3 juillet 1979)
Espagne	S. Exc. M. Tomás CHAVARRI y del RIVERO
Etats-Unis	S. Exc. M. Herbert SALZMAN
Finlande	S. Exc. M. Pekka MALINEN
France	S. Exc. M. Christian D'AUMALE
Grèce	S. Exc. M. Dimitri ATHANASSOPOULOS
Irlande	S. Exc. M. Hugh J. MCCANN
Islande	S. Exc. M. Einar BENEDIKTSSON
Italie	S. Exc. M. Fausto BACCHETTI
Japon	S. Exc. M. Tsuyoshi HIRAHARA

[13] CSNI/SOAR.

No. 1 – *Nuclear Aerosols in Reactor Safety* (November 1979, 266 pages).[13]

Nuclear Law Bulletin:
No. 22 (January 1979);
No. 23 (July 1979).

11. INFORMATION

Activities of the OECD in 1978. Report by the Secretary-General (May 1979, 144 pages).

Macrothesaurus for Information Processing in the Field of Economic and Social Development. New English Edition (January 1979. 440 pages).

Macrothesaurus para el tratamiento de la informacion relativa al desarrollo economico y social. Nueva Edicion Espanola (April 1979, 430 pages).

The OECD Observer (bi-monthly) (6 issues No. 96 to 101 published in 1979).

E. PERMANENT REPRESENTATIVES TO THE OECD IN 1979

Australia	H.E. Mr. F. P. DONOVAN
Austria	H.E. Dr. Peter JANKOWITSCH
Belgium	H.E. Mr. August LONNOY (until 25 September, 1979)
	H.E. Mr. Hervé ROBINET (from 10 October, 1979)
Canada	H.E. Mr. Ronald S. MACLEAN (until 12 July, 1979)
	Mr. Stephen H. HEENEY, Acting Head of Delegation (from 16 July, 1979)
Denmark	H.E. Mr. Vagn Aage KORSBAEK (until 15 June, 1979)
	H.E. Mr. Hans TABOR (from 3 July, 1979)
Finland	H.E. Mr. Pekka MALINEN
France	H.E. Mr. Christian D'AUMALE
Germany	H.E. Dr. Egon EMMEL (until 23 May, 1979)
	H.E. Dr. Horst-Krafft ROBERT (from 5 June, 1979)
Greece	H.E. Mr. Dimitri ATHANASSOPOULOS
Iceland	H.E. Mr. Einar BENEDIKTSSON
Ireland	H.E. Mr. Hugh MCCANN
Italy	H.E. Mr. Fausto BACCHETTI
Japan	H.E. Mr. Tsuyoshi HIRAHARA
Luxembourg	H.E. Mr. André PHILIPPE
Netherlands	H.E. Mr. Will F. PELT
New Zealand	H.E. Mr. John G. MCARTHUR (until 29 January, 1979)

[13] CSNI/SOAR.

Luxembourg	S. Exc. M. André PHILIPPE
Norvège	S. Exc. M. Jens Mogens BOYESEN
Nouvelle-Zélande	S. Exc. M. John G. MACARTHUR (jusqu'au 29 janvier 1979) S. Exc. M. John Vivian SCOTT (à partir du 12 mars 1979)
Pays-Bas	S. Exc. M. Will F. PELT
Portugal	M. Fernando Regalo CORREIA, Chef de Délégation a.i. (jusqu'au 19 mars 1979) S. Exc. M. Henrique GRANADEIRO (à partir du 20 mars 1979)
Royaume-Uni	S. Exc. M. A. F. MADDOCKS, C.M.G.
Suède	S. Exc. M. Hans COLLIANDER
Suisse	S. Exc. M. Albert GRÜBEL
Turquie	S. Exc. M. Memduh AYTÜR
COMMISSION DES COMMUNAUTÉS EUROPÉENNES[14]	M. Adolphe de BAERDEMAEKER (jusqu'au 10 octobre 1979) M. Jean-Pierre LENG (à partir du 15 octobre 1979)
Yougoslavie[15]	S. Exc. M. Gavro CEROVIĆ

F. HAUTS FONCTIONNAIRES DU SECRETARIAT EN 1979

Secrétaire Général	Jonkheer Emile van Lennep (Pays- Bas)
Secrétaires Généraux Adjoints	Charles G. Wootton (Etats-Unis) Gérard Eldin (France)
Coordinateur des politiques Energétiques	Ulf Lantzke (Allemagne)
Conseiller économique auprès du Secrétaire Général	Stephen Marris (Royaume-Uni)
Conseiller spécial auprès du Secrétaire Général	Tomohiko Kobayashi (Japon)
Conseiller spécial auprès du Secrétaire Général	Gian Luigi Valenza (Italie)
Affaires Economiques et Statistiques	John Fay, Chef du Département (Royaume-Uni)
Echanges	Erhart Poincilit, Directeur (Allemagne)
Affaires Financières et Fiscales	Raymond Bertrand, Directeur (France) jusqu'en avril 1979 John Hackett, Directeur (Royaume-Uni) depuis avril 1979
Développement	Helmuth Führer, Directeur (Allemagne)

[14] En vertu du Protocole Additionnel no I de la Convention relative à l'OCDE, la Commission des Communautés Européennes participe aux travaux de l'Organisation.

[15] La Yougoslavie participe aux travaux de l'OCDE en vertu d'un Accord, conclu le 30 septembre 1961, entre l'Organisation et le Gouvernement yougoslave.

	H.E. Mr. John Vivian SCOTT (from 12 March, 1979)
Norway	H.E. Mr. Jens Mogens BOYESEN
Portugal	Mr. Fernando Regalo CORREIA, Acting Head of Delegation (until 19 March, 1979)
	H.E. Mr. Henrique GRANADEIRO (from 20 March 1979)
Spain	H.E. Mr. Tomás CHAVARRI y del RIVERO
Sweden	H.E. Mr. Hans COLLIANDER
Switzerland	H.E. Mr. Albert GRÜBEL
Turkey	H.E. Mr. Memduh AYTÜR
United Kingdom	H.E. Mr. A. F. MADDOCKS, C.M.G.
United States	H.E. Mr. Herbert SALZMAN
Commission of the European Communities[14]	Mr. Adolphe de BAERDEMAEKER (until 10 October, 1979)
	Mr. Jean-Pierre LENG (from 15 October, 1979)
Yugoslavia[15]	H.E. Mr. Gavro CEROVIĆ

F. SENIOR SECRETARIAT OFFICIALS IN 1979

Secretary-General	Jonkheer Emile van Lennep (Netherlands)
Deputy Secretaries-General	Charles G. Wootton (U.S.A.)
	Gérard Eldin (France)
Coordinator for Energy Policies	Ulf Lantzke (Germany)
Economic Adviser to the Secretary-General	Stephen Marris (U.K.)
Special Counsellor to the Secretary-General	Tomohiko Kobayashi (Japan)
Special Councellor to the Secretary-General	Gian Luigi Valenza (Italy)
Economic and Statistic Affairs	John Fay, Head of Department (U.K.)
Trade	Erhard Poincilit, Director (Germany)
Financial and Fiscal Affairs	Raymond Bertrand, Director (France) until April 1979
	John Hackett, Director (U.K.) from April 1979
Development	Helmuth Führer, Director (Germany)
Environment	James MacNeill, Director (Canada)
Social Affairs, Manpower and Education	James R. Gass, Director (U.K.)

[14] Through Supplementary Protocol No. 1 to the Convention of the Organisation for Economic Co-operation and Development, the Commission of the European Communities takes part in the work of the Organisation.

[15] Yugoslavia takes part in the Organisation's work according to an Agreement concluded on 30 September, 1961, between the Organisation and the Yugoslav Government.

Environnement	James MacNeill, Directeur (Etats-Unis)
Affaires Sociales, Main d'Oeuvre et Education	James R. Gass, Directeur (Royaume-Uni)
Science, Technologie et Industrie	David Beckler, Directeur (Etats-Unis)
Agriculture	Albert Simantov, Directeur (Grèce)
Service de Coopération Technique	Derry Ormond, Chef de Service (Royaume-Uni)
Information	James R. West, Directeur (Etats-Unis)
Direction Exécutive	Maurice Jacomet, Directeur Général (France)
Agence Internationale de l'Energie	Ulf Lantzke, Directeur Exécutif (Allemagne)
Centre de Développement	Louis Sabourin, Président (Canada)
Agence pour l'Energie Nucléaire	Ian Williams, Directeur Général (Royaume-Uni)
Centre pour la Recherche et l'Innovation dans l'enseignement	James R. Gass, Directeur (Royaume-Uni)
Projet de Recherche sur l'évolution future des sociétés industrielles avancées en harmonie avec celle des pays en développement (Interfuturs)	Jacques Lesourne, Directeur (France)

G. ADRESSE

Organisation de coopération et de développement economiques

2, rue André-Pascal
75775 Paris Cedex 16 (France)

Tél.: 524.82.00
Télégramme: Developeconomie
Telex: 620.160 OCDE Paris

Science, Technology and Industry	David Beckler, Director (U.S.A.)
Agriculture	Albert Simantov, Director (Greece)
Technical Co-operation Service	Derry Ormond, Head of Service (U.K.)
Information	James R. West, Director (U.S.A.)
Executive Director	Maurice Jacomet, Director-General (France)
International Energy Agency	Ulf Lantzke, Executive Director (Germany)
Development Centre	Louis Sabourin, President (Canada)
Nuclear Energy Agency	Ian Williams, Director-General (U.K.)
Centre for Educational Research and Innovation	James R. Gass, Director (U.K.)
Research Project on the Future Development of Advanced Industrial Societies in Harmony with that of Developing Countries (Interfutures)	Jacques Lesourne, Director (France)

G. ADDRESS

Organisation for Economic Co-operation and Development

2, rue André Pascal
75775 Paris Cedex 16 (France)

Tel: 524.82.00
Cable: *Developeconomie*
Telex: 620.160 OCDE Paris

CHAPITRE V

CONSEIL DE L'EUROPE

Le Conseil de l'Europe organise entre ses 21 Etats membres la coopération dans les domaines des droits de l'homme, des affaires sociales, socio-économiques et de la santé publique, de l'éducation, de la culture et du sport, des activités de jeunesse, de l'environnement et de l'aménagement du territoire, des pouvoirs locaux et des affaires juridiques. Seules les démocraties parlementaires européennes peuvent faire partie de l'Organisation.

L'objectif du Conseil, qui est de renforcer l'unité entre ses Etats membres, est réalisé au moyen de traités internationaux ("Conventions européennes") qui imposent des obligations réciproques et définissent des normes, règles et pratiques communes; d'une action décidée de concert par tous les gouvernements; d'une mise en commun permanente de l'information et de l'expérience. Son souci dominant de l'individu, de ses droits et de ses libertés se reflète dans toutes ses activités.

Créé en 1949, le Conseil de l'Europe a son siège à Strasbourg (France). Son budget, financé par les Etats membres en fonction de leur population et de leur richesse, se monte en 1978 à 160 millions de FF (ou 18 millions de livres sterling).

L'impulsion politique principale des activités de l'Organisation vient de l'Assemblée Parlementaire (170 représentants élus ou désignés par les parlements nationaux parmi leurs propres membres). Outre les débats publics sur des problèmes importants touchant l'unification européenne, l'Assemblée encourage la coopération entre les Etats membres en adressant des recommandations au Comité des Ministres des Affaires étrangères.

Ce Comité est l'organe exécutif de l'Organisation. Il établit le Plan quinquennal de travail intergouvernemental, supervise son exécution, adopte les Conventions européennes et fait des recommandations aux gouvernements.

Officiellement en dehors du cadre du Conseil de l'Europe, mais étroitement rattachées à celui-ci et assistées par son Secrétariat, plusieurs Conférences des Ministres spécialisés se réunissent, généralement tous les deux ans, pour comparer leurs politiques, débattre de problèmes d'actualité et proposer une action au Comité des Ministres du Conseil de l'Europe. Il existe actuellement neuf Conférences ministérielles dans les secteurs suivants: éducation, justice, affaires familiales, environnements, travail, culture, pouvoirs locaux, aménagement du territoire, sport.

A. EPHEMERIDES 1979

29 janvier-2 février: Troisième partie de la 30ème session de l'Assemblée parlementaire, Strasbourg. M. C.A. van der Klaauw, Ministre des affaires étrangères des Pays-Bas, M. Adolfo Suarez, Président du Gouvernement d'Espagne, et M. Willibald Pahr, Ministre des affaires étrangères d'Autriche, interviennent dans les débats.

CHAPTER V

THE COUNCIL OF EUROPE

The Council of Europe organises co-operation among its 21 Member States in human rights, social, public health and socio-economic questions, education, culture and sport, youth activities, the environment and regional planning, local and regional authorities and law. Membership of the Organisation is limited to European parliamentary democracies.

The Council's aim of establishing greater unity among its member countries is achieved through: international treaties ("European Conventions") which prescribe reciprocal obligations and lay down common standards, rules and practices; joint action decided by the governments; the continuous pooling of information and experience. Its overriding concern for the individual, his rights and his freedom, is reflected throughout its activities.

Set up in 1949 the Council has its headquarters in Strasbourg, France. Its budget, financed by Member States according to population and wealth, amounted in 1978 to 160 m. French francs (or 18 million pounds sterling).

The main political stimulus for the work of the Organisation is provided by the Parliamentary Assembly (170 representatives elected or appointed by national parliaments from among their own members). In addition to holding public debates on major issues of European unification the Assembly promotes co-operation among Member States by addressing recommendations to the Committee of Foreign Ministers.

This Committee is the executive body of the Organisation. It draws up the five-year (medium-term) plan of intergovernmental work, supervises its execution, adopts European conventions and makes recommendations to governments.

Formally outside the Council's framework but closely linked to it and served by its Secretariat, several Conferences of Specialised Ministers meet, usually every other year, to compare policies, debate current problems and propose action to the Committee of Ministers of the Council of Europe. At present there are nine such Ministerial Conferences for: education, justice, family affairs, environment, labour, culture local government, regional planning, sport.

A. MAIN EVENTS 1979

29 January–2 February: Third part of the 30th session of the Parliamentary Assembly, Strasbourg. Mr C.A. van der Klaauw, Minister for Foreign Affairs of the Netherlands, Mr Adolfo Suarez, Head of Government of Spain, and Mr Willibald Pahr, Minister for Foreign Affairs of Austria, took part in the debates.

31 janvier: Le Prix du musée du Conseil de l'Europe est remis au Bryggens Museum de Bergen, Norvège, par M. Adolfo Suarez, Président du Gouvernement d'Espagne.

17–22 février: Visite officielle en Chine de M. Hans J. de Koster, Président de l'Assemblée parlementaire.

5–7 mars: Séminaire sur la prévision des tremblements de terre, Strasbourg, organisé par l'Assemblée parlementaire avec le concours de l'Agence spatiale européenne.

6–7 mars: Conférence des Ministres européens responsables de la sécurité sociale, Strasbourg: financement de la sécurité sociale, coût des soins médicaux, politique de la santé et politique de soins médicaux.

12–13 mars: Réunion des Ministres du sport, Athènes: charte internationale du sport, violence et sport.

18 mars: Décès de M. Pierre Schneiter, Représentant spécial du Conseil de l'Europe pour les réfugiés nationaux et les excédents de population, Président du Fonds de réétablissement.

3–5 avril: Congrès sur les pollutions transfrontalières et la coopération des collectivités locales et régionales, Aix-la-Chapelle (Allemagne).

9–10 avril: Colloque sur les problèmes des migrants de la deuxième génération, Liège (Belgique).

5 mai: 30ème anniversaire du Conseil de l'Europe.

7 mai: Le Prix de l'Europe pour 1979 est attribué à la ville de Graz (Autriche) par la Commission de l'aménagement du territoire et des pouvoirs locaux de l'Assemblée parlementaire.

7–11 mai: Première partie de la 31ème session de l'Assemblée parlementaire, Strasbourg. M. Hans J. de Koster est réélu Président de l'Assemblée. M. Franz Karasek est élu Secrétaire Général du Conseil de l'Europe. M. Alain Peyrefitte, Ministre de la Justice de France, M. Edouard Saouma, Directeur général de la FAO, M. C.A. van der Klaauw, Ministre des affaires étrangères des Pays-Bas, et M. Bülent Ecevit, Premier Ministre de Turquie, interviennent dans les débats.

10 mai: 64ème session du Comité des Ministres, Strasbourg: progrès de la coopération européenne. Signature de la Convention européenne sur la protection des animaux d'abattage.

23–25 mai: 16ème Conférence des Ministres européens chargés des affaires familiales, Athènes: l'égalité des chances des enfants.

29 mai: Audition parlementaire publique sur la pollution des eaux du bassin rhénan, Strasbourg.

5–7 juin: 4ème Conférence des directeurs d'administration pénitentiaire, Strasbourg: traitement des détenus, travail bénévole dans les prisons, détenus étrangers, congé pénitentiaire.

11–13 juin: 11ème session de la Conférence permanente des Ministres européens de l'éducation, La Haye: égalité de chances des femmes, études scientifiques, éducation des migrants.

26–29 juin: "Mini-session" de l'Assemblée parlementaire, Stockholm.

10–12 septembre: Colloque sur les nouvelles techniques de communication dans l'enseignement post-secondaire, Strasbourg.

17 septembre: A l'expiration de son mandat de cinq ans, M. Georg Kahn-Ackermann, Secrétaire Géneral du Conseil de l'Europe, quitte l'organisation.

18–20 septembre: Séminaire public sur les effets des tendances démographiques actuelles sur les villes et les régions d'Europe, Strasbourg.

19–21 septembre: 3ème Conférence ministérielle européenne sur l'environne-

31 January: The Council of Europe Museum Prize was handed over to the Bryggens Museum of Bergen (Norway) by Mr Adolfo Suarez, Heat of the Spanish Government.
17–22 February: The President of the Parliamentary Assembly, Mr Hans J. de Koster, paid an official visit to China.
5–7 March: Seminar on earthquake prediction, Strasbourg, organised by the Parliamentary Assembly in conjunction with the European Space Agency.
6–7 March: Conference of European Ministers responsible for social security, Strasbourg: the financing of social security, medical care costs, health policy and medical care policy.
12–13 March: Sports Ministers meeting, Athens: International Charter of Sport, violence and sport.
18 March: Death of Mr Pierre Schneiter, Council of Europe Special Representative for national refugees and over-population and Chairman of the Resettlement Fund.
3–5 April: Congress on transfrontier pollution and cooperation between local and regional authorities, Aachen (Germany).
9–10 April: Colloquy on the problems of second-generation migrants, Liège (Belgium).
5 May: 30th Anniversary of the Council of Europe.
7 May: Europe Prize 1979 was awarded to the city of Graz (Austria) by the Committee on Regional Planning and Local Authorities of the Parliamentary Assembly.
7–11 May: First part of the 31st session of the Parliamentary Assembly, Strasbourg. Mr Hans J. de Koster was re-elected President of the Assembly. Mr Franz Karasek was elected Secretary General of the Council of Europe. Mr Alain Peyrefitte, Minister of Justice of France, Mr Edouard Saouma, Director General of FAO, Mr C.A. van der Klaauw, Minister for Foreign Affairs of the Netherlands, and Mr Bülent Ecevit, Prime Minister of Turkey, took part in the debates.
10 May: 64th session of the Committee of Ministers, Strasbourg: progress of European co-operation. Signature of the European Convention for the protection of animals for slaughter.
23–25 May: 16th Conference of European Ministers responsible for family affairs, Athens: equal opportunities for children.
29 May: Public parliamentary hearing on water pollution in the Rhine river basin, Strasbourg.
5–7 June: 4th Conference of Directors of prison administration, Strasbourg: treatment of prisoners, voluntary prison work, prisoners of foreign nationality, prison leave.
11–13 June: 11th session of the Standing Conference of European Ministers of Education, The Hague: equal opportunities for women, scientific studies, migrants' education.
26–29 June: Parliamentary Assembly "mini-session", Stockholm.
10–12 September: Conference on new communication techniques in post-secondary education, Strasbourg.
17 September: At the end of his 5-year term of office, the Secretary General of the Council of Europe, Mr Georg Kahn-Ackermann, laid down his functions.
18–20 September: Public Seminar on the impact of current population trends on Europe's cities and regions, Strasbourg.
19–21 September: 3rd European Ministerial Conference on the environment,

ment, Berne: activités agricoles et protection de l'environnement. Signature de la Convention européenne sur la protection de la vie sauvage.

1er octobre: Prise de fonction de M. Franz Karasek, Secrétaire Général du Conseil de l'Europe.

3–11 octobre: Deuxième partie de la 31ème session de l'Assemblée parlementaire, Strasbourg. Allocution de Sa Majesté Juan Carlos 1er, Roi d'Espagne. Lord Hailsham of Saint Marylebone, Lord Chancelier du Royaume-Uni, M. Ante Zelic, Ministre des transports de Yougoslavie, President de la CEMT, M. Knut Frydenlund, Ministre des affaires étrangères de Norvège, M. Emile van Lennep, Secrétaire Général de l'OCDE, M. Boutros Boutros-Ghali, Ministre d'Etat aux affaires étrangères d'Egypte, et M. Moshe Dayan, Ministre des affaires étrangères d'Israël, ainsi que des délégations parlementaires d'Australie, du Canada et de Finlande, interviennent dans les débats.

16–18 octobre: 14ème session de la Conférence des pouvoirs locaux et régionaux de l'Europe, Strasbourg: répartition des ressources publiques entre l'Etat et les collectivités locales et régionales.

17–19 octobre: Colloque internationale sur l'énergétique et la technologie de l'élimination biologique des déchets, Rome.

29–31 octobre: Septième Séminaire sur le service volontaire international, Strasbourg.

19–21 novembre: Conférence sur la vie dans l'univers, Paris.

22 novembre: 65ème session du Comité des Ministres, Strasbourg: disparités économiques et sociales en Europe.

26–28 novembre: Quatrième Colloque criminologique, Strasbourg: les enfants maltraités.

17–20 décembre: Conférence sur l'enfant de la naissance à 8 ans dans la société européenne, Strasbourg.

18–19 décembre: Audition parlementaire publique sur les surrégénérateurs: aspects économiques et sûreté, Bruxelles.

B. CONVENTIONS CONCLUES EN 1979

1. CONVENTION EUROPEENNE SUR LA PROTECTION DES ANIMAUX D'ABATTAGE (*10 mai 1979*)

Les Etats membres du Conseil de l'Europe, signataires de la présente Convention,

Considérant qu'il est opportun d'assurer la protection des animaux destinés à l'abattage;

Considérant que les méthodes d'abattage épargnant aux animaux des souffrances et des douleurs dans la mesure du possible doivent être d'application uniforme dans leurs pays;

Considérant que la crainte, l'angoisse, les douleurs et les souffrances d'un animal lors de l'abattage risquent d'influencer la qualité de la viande,

Sont convenus de ce qui suit:

Berne: agriculture and the conservation of environment. Signature of the European Convention on the protection of wildlife.

1 October: The Secretary General of the Council of Europe, Mr Franz Karasek, took up his functions.

3–11 October: Second part of the 31st session of the Parliamentary Assembly, Strasbourg. Address of His Majesty Juan Carlos I, King of Spain. Lord Hilsham of Saint Marylebone, Lord Chancellor of the United Kingdom, Mr Ante Zelic, Minister of Transport of Yougoslavia, Chairman of ECMT, Mr Knut Frydenlund, Minister for Foreign Affairs of Norway, Mr Emile van Lennep, Secretary General of OECD, Mr Boutros Boutros-Ghali, Minister of State for Foreign Affairs of Egypt, Mr Moshe Dayan, Minister for Foreign Affairs of Israel, and parliamentary delegations from Australia, Canada and Finland, took part in the debates.

16–18 October: 14th session of the Conference of Local and Regional Authorities of Europe, Strasbourg: the apportionment of public resources between the State and local and regional authorities.

17–19 October: International Colloquium on energetics and technology of biological elimination of waste, Rome.

29–31 October: Seventh Seminar on International Voluntary Service, Strasbourg.

19–21 November: Conference on life in the Universe, Paris.

22 November: 65th session of the Committee of Ministers, Strasbourg: economic and social disparities in Europe.

26–28 November: Fourth Criminological Colloquium, Strasbourg: ill-treatment of children.

17–20 December: Conference on children from birth to eight in European society, Strasbourg.

18–19 December: Public parliamentary hearing on fast breeder reactors: economic aspects and safety, Brussels.

B. CONVENTIONS CONCLUDED IN 1979

1. EUROPEAN CONVENTION FOR THE PROTECTION OF ANIMALS FOR SLAUGHTER

(*10 May 1979*)

The member States of the Council of Europe, signatory hereto,

Considering that it is desirable to ensure the protection of animals which are to be slaughtered;

Considering that slaughter methods which as far as possible spare animals suffering and pain should be uniformly applied in their countries;

Considering that fear, distress, suffering and pain inflicted on an animal during slaughter may affect the quality of the meat,

Have agreed as follows;

CHAPITRE I: PRINCIPES GENERAUX

Article 1

1. La présente Convention s'applique à l'acheminement, à l'hébergement, à l'immobilisation, à l'étourdissement et à l'abattage des animaux domestiques appartenant aux espèces suivantes: solipèdes, ruminants, porcins, lapins et volailles.

2. Au sens de la présente Convention, on entend par:

Abattoir: Tout établissement ou installation sous contrôle sanitaire, conçu pour la réalisation des opérations professionnelles d'abattage d'animaux en vue d'obtenir des denrées destinées à la consommation publique ou de mise à mort d'animaux pour tout autre motif;

Acheminement: Le fait de décharger ou de conduire un animal des quais de débarquement, ou des locaux de stabulation ou des parcs de l'abattoir jusqu'aux locaux ou emplacements d'abattage;

Hébergement: Le fait de détenir un animal pour lui prodiguer les soins nécessaires avant son abattage (abreuvement, nourriture, repos) dans les locaux de stabulation, les parcs ou les emplacements couverts de l'abattoir;

Immobilisation: L'application à un animal de tout procédé conforme aux dispositions de la présente Convention pour limiter ses mouvements en vue de faciliter l'étourdissement ou l'abattage;

Etourdissement: Tout procédé conforme aux dispositions de la présente Convention qui, lorsqu'il est appliqué à un animal le plonge dans un état d'inconscience où il est maintenu jusqu'à l'intervention de la mort. Lors de l'étourdissement, il faut exclure en tout état de cause toute souffrance évitable aux animaux.

Abattage: Le fait de mettre à mort un animal après immobilisation, étourdissement et saignée sauf exceptions prévues au Chapitre III de la presénte Convention.

Article 2

1. Chaque Partie Contractante prend les mesures nécessaires afin d'assurer l'application effective des dispositions de la présente Convention.

2. Aucune disposition de la présente Convention ne portera atteinte à la faculté des Parties Contractantes d'adopter des règles plus strictes visant la protection des animaux.

3. Chaque Partie Contractante veille à ce que la conception, la construction et les aménagements des abattoirs ainsi que leur fonctionnement assurent les conditions appropriées prévues par la présente Convention afin d'éviter, dans toute la mesure du possible, de provoquer des excitations, des douleurs ou des souffrances aux animaux.

4. Chaque Partie Contractante veille à épargner aux animaux abattus dans les abattoirs ou hors de ceux-ci toute douleur ou souffrance évitable.

CHAPITRE II: LIVRAISON DES ANIMAUX AUX ABATTOIRS ET HEBERGEMENT DE CEUX-CI JUSQU'A LEUR ABATTAGE

Article 3

1. Les animaux doivent être déchargés aussitôt que possible. Pendant les

CHAPTER I: GENERAL PRINCIPLES

Article 1

1. This Convention shall apply to the movement, lairaging, restraint, stunning and slaughter of domestic solipeds, ruminants, pigs, rabbits and poultry.

2. For the purpose of this Convention:

Slaughterhouse: shall mean any premises under health control, intended for the professional slaughter of animals to produce meat for consumption or for any other reason;

Moving animals: shall mean unloading or driving them from unloading platforms or from stalls or pens at slaughterhouses to the premises or place where they are to be slaughtered;

Lairaging: shall mean keeping animals in stalls, pens or covered areas at slaughterhouses in order to give them the necessary attention (water, fodder, rest) before they are slaughtered;

Restraint: shall mean the application to an animal of any procedure in conformity with the provisions of this Convention designed to restrict its movements in order to facilitate stunning or slaughter;

Stunning: shall mean any process in conformity with the provisions of this Convention, which when applied to an animal induces a state of insensibility which lasts until it is dead, thus sparing it in any event any avoidable suffering;

Slaughter: shall mean causing the death of an animal after restraint, stunning and bleeding with the exceptions provided for in Chapter III of this Convention.

Article 2

1. Each Contracting Party shall take the necessary steps to ensure the implementation of the provisions of this Convention.

2. Nothing in this Convention shall, however, prevent Contracting Parties from adopting more stringent rules to protect animals.

3. Each Contracting Party shall ensure that the design, construction and facilities of slaughterhouses and their operation shall be such as to ensure that the appropriate conditions provided for in this Convention are complied with in order to spare animals any avoidable excitement, pain or suffering.

4. For slaughtering outside or inside slaughterhouses each Contracting Party shall ensure that the animals are spared any pain or suffering.

CHAPTER II: DELIVERY OF ANIMALS TO SLAUGHTERHOUSES AND THEIR LAIRAGING UNTIL THEY ARE SLAUGHTERED

Article 3

1. Animals shall be unloaded as soon as possible. While waiting in the means

attentes dans les moyens de transport, ils doivent être à l'abri d'influences climatiques extrêmes et bénéficier d'une aération appropriée.

2. Le personnel commis à l'acheminement et à l'hébergement des animaux doit avoir les connaissances et capacités requises et respecter les exigences énoncées dans la présente Convention.

SECTION I: ACHEMINEMENT DES ANIMAUX DANS L'ENCEINTE DES ABATTOIRS

Article 4

1. Les animaux doivent être déchargés et acheminés avec ménagement.

2. Un équipement approprié tel que ponts, rampes ou passerelles doit être utilisé pour le déchargement des animaux. Cet équipement doit être pourvu d'un plancher non glissant et, si nécessaire, d'une protection latérale. Les ponts, rampes et passerelles doivent être aussi peu inclinés que possible.

3. Les animaux ne doivent être ni apeurés ni excités. Il faut en tout cas veiller à ce que les animaux ne soient pas versés et ne puissent pas tomber des ponts, rampes ou passerelles. Il est en particulier interdit de soulever les animaux par la tête, par les pattes ou par la queue d'une manière qui leur cause des douleurs ou des souffrances.

4. Si nécessaire, les animaux doivent être menés individuellement; s'ils sont déplacés en empruntant des couloirs, ceux-ci doivent être conçus de façon que les animaux ne puissent pas se blesser.

Article 5

1. Les animaux doivent être déplacés en utilisant leur nature grégaire. Les instruments destinés à diriger les animaux ne doivent être utilisés qu'à cette fin et seulement pendant de courts moments. Il est notamment interdit de frapper les animaux sur des parties du corps particulièrement sensibles ou de les pousser en touchant de telles parties. Les appareils à décharge électrique ne peuvent être utilisés que pour les bovins et les porcins, à condition que les décharges ne durent pas plus de deux secondes, qu'elles soient suffisamment espacées et que les animaux disposent de l'espace nécessaire pour se déplacer; les décharges ne doivent être appliquées que sur la musculature appropriée.

2. Il est interdit d'écraser, de tordre, voire de casser la queue des animaux ou de les saisir aux yeux. Les coups appliqués sans ménagement, notamment les coups de pied, sont interdits.

3. Les cages, paniers ou caissons contenant des animaux doivent être manipulés avec ménagement; il est interdit de les lancer à terre ou de les renverser.

4. Les animaux livrés dans des cages, paniers ou caissons à fond perforé ou souple doivent être déchargés avec un soin particulier pour éviter que les extrémités des animaux ne soient blessées. Le cas échéant, les animaux doivent être déchargés individuellement.

Article 6

1. Les animaux ne doivent être acheminés vers les locaux d'abattage que si leur abattage peut y être pratiqué aussitôt.

2. Si les animaux ne sont pas abattus immédiatement après leur arrivée, ils doivent être hébergés.

of transport they shall be protected from extremes of weather and provided with adequate ventilation.

2. The personnel responsible for moving and lairaging such animals shall have the knowledge and skills required and shall comply with the requirements set out in the Convention.

SECTION I: THE MOVING OF ANIMALS WITHIN THE PRECINCTS OF SLAUGHTERHOUSES

Article 4

1. The animals shall be unloaded and moved with care.
2. Suitable equipment such as bridges, ramps, or gangways, shall be used for unloading animals. The equipment shall be constructed with flooring which will permit a proper foothold and, if necessary, shall be provided with lateral protection. Bridges, ramps and gangways shall have the minimum possible incline.
3. The animals shall not be frightened or excited. In any event care must be taken to ensure that animals are not overturned on bridges, ramps or gangways and that they cannot fall from them. In particular animals shall not be lifted by the head, feet or tail in a manner which will cause them pain or suffering.
4. When necessary, animals shall be led individually. Corridors along which they are moved must be so designed that they cannot injure themselves.

Article 5

1. When animals are moved their gregarious tendencies shall be exploited. Instruments shall be used solely to guide them and must only be used for short periods. In particular, they shall not be struck on, nor shall pressure be applied to, any particularly sensitive part of the body. Electric shocks may be used for bovine animals and pigs only, provided that the shocks last no more than two seconds, are adequately spaced out and the animals have room to move; such shocks shall be applied only to appropriate muscles.
2. Animals' tails shall not be crushed, twisted or broken and their eyes shall not be grasped. Blows and kicks shall not be inflicted.
3. Cages, baskets or crates in which animals are transported shall be handled with care. They shall not be thrown to the ground or knocked over.
4. Animals delivered in cages, baskets or crates with flexible or perforated bottoms shall be unloaded with particular care in order to avoid injuring the animals' extremities. Where appropriate they shall be unloaded individually.

Article 6

1. Animals shall not be taken to the place of slaughter unless they can be slaughtered immediately.
2. Animals which are not slaughtered immediately on arrival shall be lairaged.

SECTION II: HEBERGEMENT DES ANIMAUX

Article 7

1. Les animaux doivent être gardés à l'abri des influences météorologiques ou climatiques défavorables. Les abattoirs doivent disposer d'installations suffisantes pour la stabulation ou le parcage des animaux comportant une protection contre les intempéries.
2. Le sol des lieux de déchargement, de passage, de stationnement ou d'hébergement des animaux ne doit pas être glissant. Il doit pouvoir être nettoyé et désinfecté et permettre l'écoulement total des liquides.
3. Les abattoirs doivent disposer d'emplacements couverts comportant des dispositifs d'attache avec mangeoires et abreuvoirs.
4. Si des animaux sont obligés de passer la nuit à l'abattoir, ils doivent être hébergés et si nécessaire attachés, en leur ménageant la possibilité de se coucher.
5. Les animaux naturellement hostiles entre eux en raison de leur espèce, de leur sexe, de leur âge ou de leur origine doivent être séparés.
6. Si les animaux ont été transportés dans des cages, paniers ou caissons, ils doivent être abattus aussitôt que possible; sinon ils doivent recevoir abreuvement et nourriture, conformément aux dispositions de l'article 8.
7. Si les animaux ont été soumis à des températures élevées par temps humide, il faut veiller à leur rafraîchissement.
8. Lorsque les conditions climatiques l'exigent (par exemple forte humidité, basses températures), les animaux doivent être mis en stabulation. Les étables doivent être aérées. Pendant l'affouragement, les étables doivent être suffisamment éclairées.

SECTION III: SOINS AUX ANIMAUX

Article 8

1. De l'eau doit être mise à la disposition des animaux, à moins qu'ils ne soient conduits dans les locaux d'abattage aussitôt que possible.
2. A l'exception de ceux qui seront abattus dans les douze heures qui suivent leur arrivée, les animaux doivent être modérément affouragés et abreuvés à intervalles appropriés.
3. Si les animaux ne sont pas à l'attache, ils doivent disposer de mangeoires leur permettant de s'alimenter sans perturbation.

Article 9

1. La condition et l'état de santé des animaux doivent faire l'objet d'une inspection au moins chaque matin et chaque soir.
2. Les animaux malades, affaiblis ou blessés doivent être immédiatement abattus. Si l'abattage immédiat n'est pas possible, ils doivent être séparés en vue d'être abattus.

SECTION IV: AUTRES DISPOSITIONS

Article 10

Chaque Partie Contractante peut autoriser des dérogations aux dispositions du Chapitre II de la présente Convention pour ce qui concerne les rennes.

SECTION II: LAIRAGING

Article 7

1. Animals shall be protected from unfavourable climatic conditions. Slaughterhouses shall be equipped with a sufficient number of stalls and pens for lairaging of the animals with protection from the effects of adverse weather.
2. The floor of areas where animals are unloaded, moved, kept waiting or temporarily based, shall not be slippery. It shall be such that it can be cleaned, disinfected and thoroughly drained of liquids.
3. Slaughterhouses shall have covered areas with feeding and drinking troughs and arrangements for tying up animals.
4. Animals which must spend the night at the slaughterhouse shall be so housed and, when appropriate, tied up in such a way that they may lie down.
5. Animals naturally hostile to each other on account of their species, sex, age or origin shall be separated from each other.
6. Animals which have been transported in cages, baskets or crates shall be slaughtered as soon as possible; otherwise they shall be watered and fed in accordance with the provisions of Article 8.
7. If animals have been subjected to high temperatures in humid weather, they shall be cooled.
8 Where climatic conditions make it necessary (e.g. high humidity, low temperatures), animals shall be placed in well-ventilated accommodation. During foddering the stalls shall be adequately lit.

SECTION III: CARE

Article 8

1. Unless they are conducted as soon as possible to the place of slaughter, animals shall be offered water on arrival in the slaughterhouse.
2. With the exception of animals to be slaughtered within twelve hours of their arrival, they shall subsequently be given moderate quantities of food and water at appropriate intervals.
3. Where animals are not tied up, feeding receptacles shall be provided which will permit the animals to feed undisturbed.

Article 9

1. The condition and state of health of the animals shall be inspected at least every morning and evening.
2. Sick, weak or injured animals shall be slaughtered immediately. If this is not possible, they shall be separated in order to be slaughtered as soon as possible.

SECTION IV: OTHER PROVISIONS

Article 10

In respect of reindeer, each Contracting Party may authorise derogations from the provisions of Chapter II of this Convention.

Article 11

Chaque Partie Contractante peut prévoir que les dispositions du Chapitre II de la présente Convention s'appliquent *mutatis mutandis* à la livraison et l'hébergement des animaux hors des abattoirs.

CHAPITRE III: ABATTAGE DES ANIMAUX

Article 12

Les animaux doivent être immobilisés immédiatement avant leur abattage si cela s'avère nécessaire et, sauf exceptions prévues à l'article 17, étourdis selon les procédés appropriés.

Article 13

Dans le cas d'abattage rituel, l'immobilisation des animaux de l'espèce bovine avant abattage avec un procédé mécanique ayant pour but d'éviter toutes douleurs, souffrances et excitations ainsi que toutes blessures ou contusions aux animaux est obligatoire.

Article 14

Il est interdit d'utiliser des moyens de contention causant des souffrances évitables, de lier les membres postérieurs des animaux ou de les suspendre avant l'étourdissement et, dans le cas d'abattage rituel, avant la fin de la saignée. Toutefois, l'interdiction de suspendre les animaux ne s'applique pas à l'abattage des volailles et des lapins à condition que la suspension précède immédiatement l'étourdissement.

Article 15

Les opérations d'abattage autres que celles visées au paragraphe 2 de l'article 1 ne peuvent être commencées qu'après la mort de l'animal.

Article 16

1. Les procédés d'étourdissement autorisés par les Parties Contractantes doivent plonger l'animal dans un état d'inconscience où il est maintenu jusqu'à l'abattage, lui épargnant en tout état de cause toute souffrance évitable.
2. L'utilisation de la puntilla, de la masse et du merlin est interdite.
3. Pour les solipèdes, ruminants et porcins, les seuls procédés d'étourdissement autorisés sont les suivants:
   - moyens mécaniques par utilisation d'un instrument avec percussion ou perforation au niveau du cerveau;
   - électronarcose;
   - anesthésie au gaz.
4. Chaque Partie Contractante peut autoriser des dérogations aux dispositions des paragraphes 2 et 3 du présent article en cas d'abattage d'un animal par l'exploitant pour se propre consommation à l'endroit où l'animal se trouve.

Article 11

Each Contracting Party may prescribe that the provisions of Chapter II of this Convention shall be applied *mutatis mutandis* to moving and lairaging of animals outside slaughterhouses.

CHAPTER III: SLAUGHTERING

Article 12

Animals shall be restrained where necessary immediately before slaughtering and, with the exceptions set out in Article 17, shall be stunned by an appropriate method.

Article 13

In the case of the ritual slaughter of animals of the bovine species, they shall be restrained before slaughter by mechanical means designed to spare them all avoidable pain, suffering, agitation, injury or contusions.

Article 14

No means of restraint causing avoidable suffering shall be used; animals' hind legs shall not be tied nor shall they be suspended before stunning or, in the case of ritual slaughter, before the end of bleeding. Poultry and rabbits may, however, be suspended for slaughtering provided that stunning takes place directly after suspension.

Article 15

Other slaughter operations than those mentioned in Article 1, paragraph 2 may commence only after the animal's death.

Article 16

1. The stunning methods authorised by each Contracting Party shall bring animals into a state of insensibility which lasts until they are slaughtered, thus sparing them in any event all avoidable suffering.
2. Use of the puntilla, hammer or pole-axe shall be prohibited.
3. In the case of solipeds, ruminants and pigs, only the following stunning methods shall be permitted:

- mechanical means employing instruments which administer a blow or penetrate at the level of the brain;
- electro-narcosis;
- gas anaesthesia.

4. Each Contracting Party may authorise derogations from the provisions of paragraphs 2 and 3 of this Article in the case of slaughter of an animal at the place where it was reared by the producer for his personal consumption.

Article 17

1. Chaque Partie Contractante peut autoriser des dérogations aux dispositions relatives à l'étourdissement préalable dans les cas suivants:
- abattages selon des rites religieux;
- abattages d'extrême urgence lorsque l'étourdissement n'est pas possible;
- abattages de volailles et de lapins selon des procédés agréés provoquant une mort instantanée des animaux;
- mise à mort d'animaux pour des raisons de police sanitaire, si des raisons particulières l'exigent.

2. Toute Partie Contractante qui fera usage des dérogations prévues au paragraphe 1 du présent article devra toutefois veiller à ce que lors de tels abattages ou mises à mort, toute douleur ou suffrance évitable soit épargnée aux animaux.

Article 18

1. Chaque Partie Contractante s'assure de l'aptitude des personnes procédant professionnellement à l'immobilisation, à l'étourdissement et à l'abattage des animaux.

2. Chaque Partie Contractante veille à ce que les instruments, appareils ou installations nécessaires à l'immobilisation des animaux et à leur étourdissement répondent aux exigences de la Convention.

Article 19

Chaque Partie Contractante qui autorise les abattages selon des rites religieux doit s'assurer de l'habilitation des sacrificateurs par des organismes religieux dans la mesure où elle ne délivre pas elle-même les autorisations nécessaires.

2. PROTOCOLE ADDITIONNEL A LA CONVENTION EUROPEENNE SUR LA PROTECTION DES ANIMAUX EN TRANSPORT INTERNATIONAL (*10 mai 1979*)

Les Etats membres du Conseil de l'Europe, signataires du présent Protocole additionnel,

Vu la Convention européenne sur la protection des animaux en transport international, ci-après dénommée la "Convention", qui a été ouverte à la signature des Etats membres du Conseil de l'Europe à Paris le 13 décembre 1968 et qui comporte des dispositions communes destinées à éviter des souffrances aux animaux transportés;

Considérant qu'au vu des compétences qu'elle détient dans les matières couvertes par la Convention, il importe que la Communauté Economique Européenne puisse être Partie Contractante à cet instrument.

Sont convenus de ce qui suit:

Article 1

L'article 48 de la Convention est complété par le paragraphe suivant:

"4. La Communauté Economique Européenne peut devenir Partie Contractante à la présente Convention par la signature de celle-ci. La Convention

Article 17

1. Each Contracting Party may authorise derogations from the provisions concerning prior stunning in the following cases:
- slaughtering in accordance wiht religious rituals;
- emergency slaughtering when stunning is not possible;
- slaughtering of poultry and rabbits by authorised methods causing instantaneous death;
- killing of animals for the purposes of health control where special reasons make this necessary.

2. Each Contracting Party availing itself of the provisions of paragraph 1 of this Article shall, however, ensure that at the time of such slaughter or killing the animals are spared any avoidable pain or suffering.

Article 18

1. Each Contracting Party shall make certain of the skill of persons who are professionally engaged in the restraint, stunning and slaughter of animals.

2. Each Contracting Party shall ensure that the instruments, apparatus or installations necessary for the restraint and stunning of animals comply with the requirements of the Convention.

Article 19

Each Contracting Party permitting slaughter in accordance with religious ritual shall ensure, when it does not itself issue the necessary authorisations, that animal sacrificers are duly authorised by the religious bodies concerned.

2. ADDITIONAL PROTOCOL TO THE EUROPEAN CONVENTION FOR THE PROTECTION OF ANIMALS DURING INTERNATIONAL TRANSPORT
(*10 May 1979*)

The member States of the Council of Europe, signatory to this Additional Protocol,

Having regard to the European Convention for the protection of animals during international transport, hereinafter called the "Convention", which was opened to signature in Paris on 13 December 1968 by the member States of the Council of Europe and includes common provisions designed to safeguard animals in transport from suffering;

Considering that in view of the competences it possesses in the matters covered by the said Convention, the European Economic Community should be able to be a Contracting Party to this instrument,

Have agreed as follows:

Article 1

Article 48 of the Convention shall be supplemented by the following paragraph:

"4. The European Economic Community may become a Contracting Party

entrera en vigueur à l'égard de la Communauté six mois après la date de sa signature."

Article 2

A l'article 52 de la Convention, les mots "tout Etat ayant adhéré à la présente Convention" sont remplacés par les mots "toute Partie Contractante non membre du Conseil".

Article 3

L'article 47, paragraphe 2, de la Convention est complété par l'alinéa suivant:

"En cas de différend entre deux Parties Contractantes dont l'une est un Etat membre de la Communauté Economique Européenne, elle-même Partie Contractante, l'autre Partie Contractante adresse la demande d'arbitrage à la fois à cet Etat membre et à la Communauté, qui lui notifient conjointement, dans un délai de trois mois après la réception de la demande, si l'Etat membre ou la Communauté, ou l'Etat membre et la Communauté conjointement, se constituent partie au différend. A défaut d'une telle notification dans ledit délai, l'Etat membre et la Communauté sont réputés n'être qu'une seule et même partie au différend pour l'application des dispositions régissant la constitution et la procédure du tribunal arbitral. Il en est de même lorsque l'Etat membre et la Communauté se constituent conjointement partie au différend."

CONVENTION RELATIVE A LA CONSERVATION DE LA VIE SAUVAGE ET DU MILIEU NATUREL DE L'EUROPE
(19 septembre 1979)

PREAMBULE

Les Etats membres du Conseil de l'Europe et les autres signataires de la présente Convention,

Considérant que le but du Conseil de l'Europe est de réaliser une union plus étroite entre ses membres;

Considérant la volonté du Conseil de l'Europe de coopérer avec d'autres Etats dans le domaine de la conservation de la nature;

Reconnaissant que la flore et la faune sauvages constituent un patrimoine naturel d'une valeur esthétique, scientifique, culturelle, récréative, économique et intrinsèque, qu'il importe de préserver et de transmettre aux générations futures;

Reconnaissant le rôle essentiel de la flore et de la faune sauvages dans le maintien des équilibres biologiques;

Constatant la raréfaction de nombreuses espèces de la flore et de la faune sauvages et la menace d'extinction qui pèse sur certaines d'entre elles;

Conscients de ce que la conservation des habitats naturels est l'un des éléments essentiels de la protection et de la préservation de la flore et de la faune sauvages;

Reconnaissant que la conservation de la flore et de la faune sauvages devrait être prise en considération par les gouvernements dans leurs objectifs et pro-

to this Convention by signing it. The Convention shall enter into force in respect of the Community six months after the date of its signature."

Article 2

In Article 52 of the Convention, the words "any State which has acceded to this Convention" shall be replaced by the words "any Contracting Party which is not a member of the Council".

Article 3

Article 47, paragraph 2, of the Convention shall be supplemented by the following sub-paragraph:

"In the event of a dispute between two Contracting Parties one of which is a member State of the European Economic Community, the latter itself being a Contracting Party, the other Contracting Party shall address the request for arbitration both to the member State and to the Community, which jointly shall notify it, within three months of receipt of the request, whether the member State or the Community, or the member State and the Community jointly, shall be party to the dispute. In the absence of such notification within the said time limit, the member State and the Community shall be considered as being one and the same party to the dispute for the purposes of the application of the provisions governing the constitution and procedure of the arbitration tribunal. The same shall apply when the member State and the Community jointly present themselves as party to the dispute."

CONVENTION ON THE CONSERVATION OF EUROPEAN WILDLIFE AND NATURAL HABITATS

(19 September 1979)

PREAMBLE

The member States of the Council of Europe and the other signatories hereto,

Considering that the aim of the Council of Europe is to achieve a greater unity between its members;

Considering the wish of the Council of Europe to co-operate with other States in the field of nature conservation;

Recognising that wild flora and fauna constitute a natural heritage of aesthetic, scientific, cultural, recreational, economic and intrinsic value that needs to be preserved and handed on to future generations;

Recognising the essential role played by wild flora and fauna in maintaining biological balances;

Noting that numerous species of wild flora and fauna are being seriously depleted and that some of them are threatened with extinction;

Aware that the conservation of natural habitats is a vital component of the protection and conservation of wild flora and fauna;

Recognising that the conservation of wild flora and fauna should be taken into consideration by the governments in their national goals and programmes, and that international co-operation should be established to protect migratory species in particular;

Bearing in mind the widespread requests for common action made by govern-

grammes nationaux, et qu'une coopération internationale devrait s'instaurer pour préserver en particulier les espèces migratrices;

Conscients des nombreuses demandes d'action commune émanant des gouvernements ou des instances internationales, notamment celles exprimées par la Conférence des Nations Unies sur l'environnement, de 1972, et l'Assemblée Consultative du Conseil de l'Europe;

Désireux en particulier de suivre, dans le domaine de la conservation de la vie sauvage, les recommandations de la Résolution n° 2 de la deuxième Conférence ministérielle européenne sur l'environnement,

Sont convenus de ce qui suit:

CHAPITRE I: DISPOSITIONS GENERALES

Article 1

1. La présente Convention a pour objet d'assurer la conservation de la flore et de la faune sauvages et de leurs habitats naturels, notamment des espèces et des habitats dont la conservation nécessite la coopération de plusieurs États, et de promouvoir une telle coopération.

2. Une attention particulière est accordée aux espèces, y compris les espèces migratrices, menacées d'extinction et vulnérables.

Article 2

Les Parties contractantes prennent les mesures nécessaires pour maintenir ou adapter la population de la flore et de la faune sauvages à un niveau qui correspond notamment aux exigences écologiques, scientifiques et culturelles, tout en tenant compte des exigences économiques et récréationnelles et des besoins des sous-espèces, variétés ou formes menacées sur le plan local.

Article 3

1. Chaque Partie contractante prend les mesures nécessaires pour que soient mises en oeuvre des politiques nationales de conservation de la flore et de la faune sauvages et des habitats naturels, en accordant une attention particulière aux espèces menacées d'extinction et vulnérables, surtout aux espèces endémiques, et aux habitats menacés, conformément aux dispositions de la présente Convention.

2. Chaque Partie contractante s'engage, dans sa politique d'aménagement et de développement et dans ses mesures de lutte contre la pollution, à prendre en considération la conservation de la flore et de la faune sauvages.

3. Chaque Partie contractante encourage l'éducation et la diffusion d'informations générales concernant la nécessité de conserver des espèces de la flore et de la faune sauvages ainsi que leurs habitats.

CHAPITRE II: PROTECTION DES HABITATS

Article 4

1. Chaque Partie contractante prend les mesures législatives et réglementaires appropriées et nécessaires pour protéger les habitats des espèces

ments or by international bodies, in particular the requests expressed by the United Nations Conference on the Human Environment 1972 and the Consultative Assembly of the Council of Europe;

Desiring particularly to follow, in the field of wildlife conservation, the recommendations of Resolution No. 2 of the Second European Ministerial Conference on the Environment,

Have agreed as follows:

CHAPTER I: GENERAL PROVISIONS

Article 1

1. The aims of this Convention are to conserve wild flora and fauna and their natural habitats, especially those species and habitats whose conservation requires the co-operation of several States, and to promote such co-operation.
2. Particular emphasis is given to endangered and vulnerable species, including endangered and vulnerable migratory species.

Article 2

The Contracting Parties shall take requisite measures to maintain the population of wild flora and fauna at, or adapt it to, a level which corresponds in particular to ecological, scientific and cultural requirements, while taking account of economic and recreational requirements and the needs of subspecies, varieties or forms at risk locally.

Article 3

1. Each Contracting Party shall take steps to promote national policies for the conservation of wild flora, wild fauna and natural habitats, with particular attention to endangered and vulnerable species, especially endemic ones, and endangered habitats, in accordance with the provisions of this Convention.
2. Each Contracting Party undertakes, in its planning and development policies and in its measures against pollution, to have regard to the conservation of wild flora and fauna.
3. Each Contracting Party shall promote education and disseminate general information on the need to conserve species of wild flora and fauna and their habitats.

CHAPTER II: PROTECTION OF HABITATS

Article 4

1. Each Contracting Party shall take appropriate and necessary legislative and administrative measures to ensure the conservation of the habitats of the

sauvages de la flore et de la faune, en particulier de celles énumérées dans les annexes I et II, et pour sauvegarder les habitats naturels menacés de disparition.

2. Les Parties contractantes tiennent compte, dans leurs politiques d'aménagement et de développement des besoins de la conservation des zones protégées visées au paragraphe précédent, afin d'éviter ou de réduire le plus possible toute détérioration de telles zones.

3. Les Parties contractantes s'engagent à accorder une attention particulière à la protection des zones qui ont une importance pour les espèces migratrices énumérées dans les annexes II et III et qui sont situées de manière adéquate par rapport aux voies de migration, comme aires d'hivernage, de rassemblement, d'alimentation, de reproduction ou de mue.

4. Les Parties contractantes s'engagent à coordonner autant que de besoin leurs efforts pour protéger les habitats naturels visés au présent article lorsqu'ils sont situés dans des régions qui s'étendent de part et d'autre de frontières.

CHAPITRE III: CONSERVATION DES ESPECES

Article 5

Chaque Partie contractante prend les mesures législatives et réglementaires appropriées et nécessaires pour assurer la conservation particulière des espèces de flore sauvage énumérées dans l'annexe I. Seront interdits la cueillette, le ramassage, la coupe, ou le déracinage intentionnels des plantes visées. Chaque Partie contractante interdit, autant que de besoin, la détention ou la commercialisation de ces espèces.

Article 6

Chaque Partie contractante prend les mesures législatives et réglementaires appropriées et nécessaires pour assurer la conservation particulière des espèces de faune sauvage énumérées dans l'annexe II. Seront notamment interdits, pour ces espèces:

(*a*) toutes formes de capture intentionnelle, de détention et de mise à mort intentionnelle;

(*b*) la détérioration ou la destruction intentionnelles des sites de reproduction ou des aires de repos;

(*c*) la perturbation intentionnelle de la faune sauvage, notamment durant la période de reproduction, de dépendance et d'hibernation, pour autant que la perturbation ait un effet significatif eu égard aux objectifs de la présente Convention;

(*d*) la destruction ou le ramassage intentionnels des oeufs dans la nature ou leur détention, même vides;

(*e*) la détention et le commerce interne de ces animaux, vivants ou morts, y compris des animaux naturalisés, et de toute partie ou de tout produit, facilement identifiables, obtenus à partir de l'animal, lorsque cette mesure contribue à l'efficacité des dispositions du présent article.

Article 7

1. Chaque Partie contractante prend les mesures législatives et réglementaires appropriées et nécessaires pour protéger les espèces de faune sauvage énumérée dans l'annexe III.

wild flora and fauna species, especially those specified in the Appendices I and II, and the conservation of endangered natural habitats.

2. The Contracting Parties in their planning and development policies shall have regard to the conservation requirements of the areas protected under the preceding paragraph, so as to avoid or minimise as far as possible any deterioration of such areas.

3. The Contracting Parties undertake to give special attention to the protection of areas that are of importance for the migratory species specified in Appendices II and III and which are appropriately situated in relation to migration routes, as wintering, staging, feeding, breeding or moulting areas.

4. The Contracting Parties undertake to co-ordinate as appropriate their efforts for the protection of the natural habitats referred to in this Article when these are situated in frontier areas.

CHAPTER III: PROTECTION OF SPECIES

Article 5

Each Contracting Party shall take appropriate and necessary legislative and administrative measures to ensure the special protection of the wild flora species specified in Appendix I. Deliberate picking, collecting, cutting or uprooting of such plants shall be prohibited. Each Contracting Party shall, as appropriate, prohibit the possession or sale of these species.

Article 6

Each Contracting Party shall take appropriate and necessary legislative and administrative measures to ensure the special protection of the wild fauna species specified in Appendix II. The following will in particular be prohibited for these species:

(*a*) all forms of deliberate capture and keeping and deliberate killing;
(*b*) the deliberate damage to or destruction of breeding or resting sites;
(*c*) the deliberate disturbance of wild fauna, particularly during the period of breeding, rearing and hibernation, insofar as disturbance would be significant in relation to the objectives of this Convention;
(*d*) the deliberate destruction or taking of eggs from the wild or keeping these eggs even if empty;
(*e*) the possession of and internal trade in these animals, alive or dead, including stuffed animals and any readily recognisable part or derivative thereof, where this would contribute to the effectiveness of the provisions of this Article.

Article 7

1. Each Contracting Party shall take appropriate and necessary legislative and administrative measures to ensure the protection of the wild fauna species specified in Appendix III.

2. Toute exploitation de la faune sauvage énumérée dans l'annexe III est réglementée de manière à maintenir l'existence de ces populations hors de danger, compte tenu des dispositions de l'article 2.

3. Ces mesures comprennent notamment:

(*a*) l'institution de périodes de fermeture et/ou d'autres mesures réglementaires d'exploitation;

(*b*) l'interdiction temporaire ou locale de l'exploitation, s'il y a lieu, afin de permettre aux populations existantes de retrouver un niveau satisfaisant;

(*c*) la réglementation, s'il y a lieu, de la vente, de la détention, du transport ou de l'offre aux fins de vente des animaux sauvages, vivants ou morts.

Article 8

S'agissant de la capture ou de la mise à mort des espèces de faune sauvage énumérées dans l'annexe III, et dans les cas où des dérogations conformes à l'article 9 sont faites en ce qui concerne les espèces énumérées dans l'annexe II, les Parties contractantes interdisent l'utilisation de tous les moyens non sélectifs de capture et de mise à mort et des moyens susceptibles d'entraîner localement la disparition, ou de troubler gravement la tranquillité des populations d'une espèce, en particulier des moyens énumérés dans l'annexe IV.

Article 9

1. A condition qu'il n'existe pas une autre solution satisfaisante et que la dérogation ne nuise pas à la survie de la population concernée, chaque Partie contractante peut déroger aux dispositions des articles 4, 5, 6, 7 et à l'interdiction de l'utilisation des moyens visés à l'article 8:

– dans l'intérêt de la protection de la flore et de la faune;
– pour prévenir des dommages importants aux cultures, au bétail, aux forêts, aux pêcheries, aux eaux et aux autres formes de propriété;
– dans l'intérêt de la santé et de la sécurité publiques, de la sécurité aérienne, ou d'autres intérêts publics prioritaires;
– à des fins de recherche et d'éducation, de repeuplement, de réintroduction ainsi que pour l'élevage;
– pour permettre, dans des conditions strictement contrôlées, sur une base sélective et dans une certaine mesure, la prise, la détention ou toute autre exploitation judicieuse de certains animaux et plantes sauvages en petites quantités.

2. Les Parties contractantes soumettent au Comité permanent un rapport biennal sur les dérogations faites en vertu du paragraphe précédent. Ces rapports devront mentionner:

– les populations qui font l'objet ou ont fait l'objet des dérogations et, si possible, le nombre des spécimens impliqués;
– les moyens de mise à mort ou de capture autorisés;
– les conditions de risque, les circonstances de temps et de lieu dans lesquelles ces dérogations sont intervenues;
– l'autorité habilitée à déclarer que ces conditions ont été réalisées, et habilitée à prendre les décisions relatives aux moyens qui peuvent être mis en oeuvre, à leurs limites, et aux personnes chargées de l'exécution;
– les contrôles opérés.

2. Any exploitation of wild fauna specified in Appendix III shall be regulated in order to keep the populations out of danger, taking into account the requirements of Article 2.

3. Measures to be taken shall include:

(*a*) closed seasons and/or other procedures regulating the exploitation;

(*b*) the temporary or local prohibition of exploitation, as appropriate, in order to restore satisfactory population levels;

(*c*) the regulation as appropriate of sale, keeping for sale, transport for sale or offering for sale of live and dead wild animals.

Article 8

In respect of the capture or killing of wild fauna species specified in Appendix III and in cases where, in accordance with Article 9, exceptions are applied to species specified in Appendix II, Contracting Parties shall prohibit the use of all indiscriminate means of capture and killing and the use of all means capable of causing local disappearance of, or serious disturbance to, populations of a species, and in particular, the means specified in Appendix IV.

Article 9

1. Each Contracting Party may make exceptions from the provisions of Articles 4, 5, 6, 7 and from the prohibition of the use of the means mentioned in Article 8 provided that there is no other satisfactory solution and that the exception will not be detrimental to the survival of the population concerned:

– for the protection of flora and fauna;
– to prevent serious damage to crops, livestock, forests, fisheries, water and other forms of property;
– in the interests of public health and safety, air safety or other overriding public interests;
– for the purposes of research and education, of repopulation, of reintroduction and for the necessary breeding;
– to permit, under strictly supervised conditions, on a selective basis and to a limited extent, the taking, keeping or other judicious exploitation of certain wild animals and plants in small numbers.

2. The Contracting Parties shall report every two years to the Standing Committee on the exceptions made under the preceding paragraph. These reports must specify:

– the populations which are or have been subject to the exceptions and, when practical, the number of specimens involved;
– the means authorised for the killing or capture;
– the conditions of risk and the circumstances of time and place under which such exceptions were granted;
– the authority empowered to declare that these conditions have been fulfilled, and to take decisions in respect of the means that may be used, their limits and the persons instructed to carry them out;
– the controls involved.

CHAPITRE IV: DISPOSITIONS PARTICULIERES CONCERNANT LES ESPECES MIGRATRICES

Article 10

1. En plus des mesures indiquées aux articles 4, 6, 7 et 8, les Parties contractantes s'engagent à coordonner leurs efforts pour la conservation des espèces migratrices énumérées dans les annexes II et III et dont l'aire de répartition s'étend sur leurs territoires.

2. Les Parties contractantes prennent des mesures en vue de s'assurer que les périodes de fermeture et/ou d'autres mesures réglementaires d'exploitation instituées en vertu du paragraphe 3.*a* de l'article 7 correspondent bien aux besoins des espèces migratrices énumérées dans l'annexe III.

CHAPITRE V: DISPOSITIONS COMPLEMENTAIRES

Article 11

1. Dans l'exécution des dispositions de la présente Convention, les Parties contractantes s'engagent à:

(*a*) coopérer chaque fois qu'il sera utile de le faire, notamment lorsque cette coopération pourrait renforcer l'efficacité des mesures prises conformément aux autres articles de la présente Convention;

(*b*) encourager et coordonner les travaux de recherche en rapport avec les finalités de la présente Convention.

2. Chaque Partie contractante s'engage:

(*a*) à encourager la réintroduction des espèces indigènes de la flore et de la faune sauvages lorsque cette mesure contribuerait à la conservation d'une espèce menacée d'extinction, à condition de procéder au préalable et au regard des expériences d'autre Parties contractantes, à une étude en vue de rechercher si une telle réintroduction serait efficace et acceptable;

(*b*) à contrôler strictement l'introduction des espèces non indigènes.

3. Chaque Partie contractante fait connaître au Comité permanent les espèces bénéficiant d'une protection totale sur son territoire et qui ne figurent pas dans le annexes I et II.

Article 12

Les Parties contractantes peuvent adopter pour la conservation de la flore et de la faune sauvages et de leurs habitats naturels des mesures plus rigoureuses que celles prévues dans la présente Convention.

CHAPITRE VI: COMITE PERMANENT

Article 13

1. Il est constitué, aux fins de la présente Convention, un Comité permanent.

2. Toute Partie contractante peut se faire représenter au sein du Comité permanent par un ou plusieurs délégués. Chaque délégation dispose d'une voix.

CHAPTER IV: SPECIAL PROVISIONS FOR MIGRATORY SPECIES

Article 10

1. The Contracting Parties undertake, in addition to the measures specified in Articles 4, 6, 7 and 8, to co-ordinate their efforts for the protection of the migratory species specified in Appendices II and III whose range extends into their territories.

2. The Contracting Parties shall take measures to seek to ensure that the closed seasons and/or other procedures regulating the exploitation established under paragraph 3.*a* of Article 7 are adequate and appropriately disposed to meet the requirements of the migratory species specified in Appendix III.

CHAPTER V: SUPPLEMENTARY PROVISIONS

Article 11

1. In carrying out the provisions of this Convention, the Contracting Parties undertake:
   (*a*) to co-operate whenever appropriate and in particular where this would enhance the effectiveness of measures taken under other articles of this Convention;
   (*b*) to encourage and co-ordinate research related to the purposes of this Convention.

2. Each Contracting Party undertakes:
   (*a*) to encourage the reintroduction of native species of wild flora and fauna when this would contribute to the conservation of an endangered species, provided that a study is first made in the light of the experiences of other Contracting Parties to establish that such reintroduction would be effective and acceptable;
   (*b*) to strictly control the introduction of non-native species.

3. Each Contracting Party shall inform the Standing Committee of the species receiving complete protection on its territory and not included in Appendices I and II.

Article 12

The Contracting Parties may adopt stricter measures for the conservation of wild flora and fauna and their natural habitats than those provided under this Convention.

CHAPTER VI: STANDING COMMITTEE

Article 13

1. For the purposes of this Convention, a Standing Committee shall be set up.

2. Any Contracting Party may be represented on the Standing Committee by

Dans les domaines relevant de ses compétences, la Communauté économique européenne exerce son droit de vote avec un nombre de voix égal au nombre de ses Etats membres qui sont Parties contractantes à la présente Convention; la Communauté économique européenne n'exerce pas son droit de vote dans les cas où les Etats membres concernés exercent le leur et réciproquement.

3. Tout Etat membre du Conseil de l'Europe qui n'est pas Partie contractante à la Convention peut se faire représenter au Comité par un observateur.

Le Comité permanent peut, à l'unanimité, inviter tout Etat non membre du Conseil de l'Europe qui n'est pas Partie contractante à la Convention à se faire représenter par un observateur à l'une de ses réunions.

Tout organisme ou toute institution techniquement qualifié dans le domaine de la protection, de la conservation ou de la gestion de la flore et de la faune sauvages et de leurs habitats, et appartenant à l'une des catégories suivantes:

(*a*) organismes ou institutions internationaux, soit gouvernementaux soit non gouvernementaux, ou organismes ou institutions nationaux gouvernementaux;

(*b*) organismes ou institutions nationaux non gouvernementaux qui ont été agréés à cette fin par l'Etat dans lequel ils sont établis,

peuvent informer le Secrétaire Général du Conseil de l'Europe, trois mois au moins avant la réunion du Comité, de leur intention de se faire représenter à cette réunion par des observateurs. Ils sont admis sauf si, un mois au moins avant la réunion, un tiers des Parties contractantes ont informé le Secrétaire Général qu'elles s'y opposent.

4. Le Comité permanent est convoqué par le Secrétaire Général du Conseil de l'Europe. Il tient sa première réunion dans le délai d'un an à compter de la date d'entrée en vigueur de la Convention. Il se réunit par la suite au moins tous les deux ans et, en outre, lorsque la majorité des Parties contractantes en formule la demande.

5. La majorité des Parties contractantes constitue le quorum nécessaire pour tenir une réunion du Comité permanent.

6. Sous réserve des dispositions de la présente Convention, le Comité permanent établit son règlement intérieur.

Article 14

1. Le Comité permanent est chargé de suivre l'application de la présente Convention. Il peut en particulier:

- revoir de manière permanente les dispositions de la présente Convention, y compris ses annexes, et examiner les modifications qui pourraient être nécessaires;
- faire des recommandations aux Parties contractantes sur les mesures à prendre pour la mise en oeuvre de la présente Convention;
- recommander les mesures appropriées pour assurer l'information du public sur les travaux entrepris dans le cadre de la présente Convention;
- faire des recommandations au Comité des Ministres relatives à l'invitation d'Etats non membres du Conseil de l'Europe à adhérer à la présente Convention;
- faire toute proposition tendant à améliorer l'efficacité de la présente Convention et portant notamment sur la conclusion, avec des Etats qui ne sont pas Parties contractantes à la Convention, d'accords propres à rendre plus efficace la conservation d'espèces ou de groupes d'espèces.

2. Pour l'accomplissement de sa mission, le Comité permanent peut, de sa propre initiative, prévoir des réunions de groupes d'experts.

one or more delegates. Each delegation shall have one vote. Within the areas of its competence, the European Economic Community shall not exercise its right to vote with a number of votes equal to the number of its member States which are Contracting Parties to this Convention; the European Economic Community shall not exercise its right to vote in cases where the member States concerned exercise theirs, and conversely.

3. Any member State of the Council of Europe which is not a Contracting Party to the Convention may be represented on the Committee as an observer.

The Standing Committee may, by unanimous decision, invite any non-member State of the Council of Europe which is not a Contracting Party to the Convention to be represented by an observer at one of its meetings.

Any body or agency technically qualified in the protection, conservation or management of wild fauna and flora and their habitats, and belonging to one of the following categories:

(*a*) international agencies or bodies, either governmental or non-governmental, and national governmental agencies or bodies;

(*b*) national non-governmental agencies or bodies which have been approved for this purpose by the State in which they are located,

may inform the Secretary General of the Council of Europe, at least three months before the meeting of the Committee, of its wish to be represented at that meeting by observers. They shall be admitted unless, at least one month before the meeting, one-third of the Contracting Parties have informed the Secretary General of their objection.

4. The Standing Committee shall be convened by the Secretary General of the Council of Europe. Its first meeting shall be held within one year of the date of the entry into force of the Convention. It shall subsequently meet at least every two years and whenever a majority of the Contracting Parties so request.

5. A majority of the Contracting Parties shall constitute a quorum for holding a meeting of the Standing Committee.

6. Subject to the provisions of this Convention, the Standing Committee shall draw up its own Rules of Procedure.

Article 14

1. The Standing Committee shall be responsible for following the application of this Convention. It may in particular:

- keep under review the provisions of this Convention, including its Appendices, and examine any modifications necessary;
- make recommendations to the Contracting Parties concerning measures to be taken for the purposes of this Convention;
- recommend the appropriate measures to keep the public informed about the activities undertaken within the framework of this Convention;
- make recommendations to the Committee of Ministers concerning non-member States of the Council of Europe to be invited to accede to this Convention;
- make any proposal for improving the effectiveness of this Convention, including proposals for the conclusion, with the States which are not Contracting Parties to the Convention, of agreements that would enhance the effective conservation of species or groups of species.

2. In order to discharge its functions, the Standing Committee may, on its own initiative, arrange for meetings of groups of experts.

Article 15

Après chacune de ses réunions, le Comité permanent transmet au Comité des Ministres du Conseil de l'Europe un rapport sur ses travaux et sur le fonctionnement de la Convention.

CHAPITRE VII: AMENDEMENTS

Article 16

1. Tout amendement aux articles de la présente Convention, proposé par une Partie contractante ou par le Comité des Ministres, est communiqué au Secrétaire Général du Conseil de l'Europe et transmis par ses soins deux mois au moins avant la réunion du Comité permanent aux Etats membres du Conseil de l'Europe, à tout signataire, à toute Partie contractante, à tout Etat invité à signer la présente Convention conformément aux dispositions de l'article 19 et à tout Etat invité à y adhérer, conformément aux dispositions de l'article 20.

2. Tout amendement proposé conformément aux dispositions du paragraphe précédent est examiné par le Comité permanent qui:

(*a*) pour des amendements aux articles 1 à 12, soumet le texte adopté à la majorité des trois quarts des voix exprimées à l'acceptation des Parties contractantes;

(*b*) pour des amendements aux articles 13 à 24, soumet le texte adopté à la majorité des trois quarts des voix exprimées à l'approbation du Comité des Ministres. Ce texte est communiqué après son approbation aux Parties contractantes en vue de son acceptation.

3. Tout amendement entre en vigueur le trentième jour après que toutes les Parties contractantes ont informé le Secrétaire Général qu'elles l'ont accepté.

4. Les dispositions des paragraphes 1, 2(*a*) et 3 du présent article sont applicables à l'adoption de nouvelles annexes à la présente Convention.

Article 17

1. Tout amendement aux annexes à la présente Convention, proposé par une Partie contractante ou par le Comité des Ministres, est communiqué au Secrétaire Général du Conseil de l'Europe et transmis par ses soins deux mois au moins avant la réunion du Comité permanent aux Etats membres du Conseil de l'Europe, à tout signataire, à toute Partie contractante, à tout Etat invité à signer la présente Convention conformément aux dispositions de l'article 19 et à tout Etat invité à y adhérer, conformément aux dispositions de l'article 20.

2. Tout amendement proposé conformément aux dispositions du paragraphe précédent est examiné par le Comité permanent qui peut l'adopter à la majorité des deux tiers des Parties contractantes. Le texte adopté est communiqué aux Parties contractantes.

3. A l'expiration d'une période de trois mois après son adoption par le Comité permanent, et sauf si un tiers des Parties contractantes ont notifié des objections, tout amendement entre en vigueur à l'égard des Parties contractantes qui n'ont pas notifié d'objections.

Article 15

After each meeting, the Standing Committee shall forward to the Committee of Ministers of the Council of Europe a report on its work and on the functioning of the Convention.

CHAPTER VII: AMENDMENTS

Article 16

1. Any amendment to the articles of this Convention proposed by a Contracting Party or the Committee of Ministers shall be communicated to the Secretary General of the Council of Europe and forwarded by him at least two months before the meeting of the Standing Committee to the member States of the Council of Europe, to any signatory, to any Contracting Party, to any State invited to sign this Convention in accordance with the provisions of Article 19 and to any State invited to accede to it in accordance with the provisions of Article 20.

2. Any amendment proposed in accordance with the provisions of the preceding paragraph shall be examined by the Standing Committee which:

(*a*) for amendments to Articles 1 to 12, shall submit the text adopted by a three-quarters majority of the votes cast to the Contracting Parties for acceptance;

(*b*) for amendments to Articles 13 to 24, shall submit the text adopted by a three-quarters majority of the votes cast to the Committee of Ministers for approval. After its approval, this text shall be forwarded to the Contracting Parties for acceptance.

3. Any amendment shall enter into force on the thirtieth day after all the Contracting Parties have informed the Secretary General that they have accepted it.

4. The provisions of paragraphs 1, 2(*a*) and 3 of this Article shall apply to the adoption of new Appendices to this Convention.

Article 17

1. Any amendment to the Appendices of this Convention proposed by a Contracting Party or the Committee of Ministers shall be communicated to the Secretary General of the Council of Europe and forwarded by him at least two months before the meeting of the Standing Committee to the member States of the Council of Europe, to any signatory, to any Contracting Party, to any State invited to sign this Convention in accordance with the provisions of Article 19 and to any State invited to accede to it in accordance with the provisions of Article 20.

2. Any amendment proposed in accordance with the provisions of the preceding paragraph shall be examined by the Standing Committee, which may adopt it by a two-thirds majority of the Contracting Parties. The text adopted shall be forwarded to the Contracting Parties.

3. Three months after its adoption by the Standing Committee and unless one-third of the Contracting Parties have notified objections, any amendment shall enter into force for those Contracting Parties which have not notified objections.

CHAPITRE VIII: REGLEMENT DES DIFFERENDS

Article 18

1. Le Comité permanent facilite autant que de besoin le règlement amiable de toute difficulté à laquelle l'exécution de la Convention donnerait lieu.

2. Tout différend entre Parties contractantes concernant l'interprétation ou l'application de la présente Convention qui n'a pas été réglé sur la base des dispositions du paragraphe précédent ou par voie de négociation entre les parties au différend et sauf si ces parties en conviennent autrement est, à la requête de l'une d'entre elles, soumis à l'arbitrage. Chacune des parties désigne un arbitre et les deux arbitres désignent un troisième arbitre. Si, sous réserve des dispositions du paragraphe 3 du présent article, dans un délai de trois mois à compter de la requête d'arbitrage, l'une des parties n'a pas désigné son arbitre, le Président de la Cour européenne des Droits de l'Homme procède, à la demande de l'autre partie, à sa désignation dans un nouveau délai de trois mois. La même procédure s'applique au cas où les deux arbitres ne peuvent pas se mettre d'accord sur le choix du troisième arbitre dans un délai de trois mois à compter de la désignation des deux premiers arbitres.

3. En cas de différend entre deux Parties contractantes dont l'une est un Etat membre de la Communauté économique européenne, elle-même Partie contractante, l'autre Partie contractante adresse la requête d'arbitrage à la fois à cet Etat membre et à la Communauté, qui lui notifient conjointement, dans un délai de deux mois après la réception de la requête, si l'Etat membre ou la Communauté, ou l'Etat membre et la Communauté conjointement, se constituent partie au différend. A défaut d'une telle notification dans ledit délai, l'Etat membre et la Communauté sont réputés n'être qu'une seule et même partie au différend pour l'application des dispositions régissant la constitution et la procédure du tribunal arbitral. Il en est de même lorsque l'Etat membre et la Communauté se constituent conjointement partie au différend.

4. Le tribunal arbitral établit ses propres règles de procédure. Les décisions sont prises à la majorité. Sa sentence est définitive et obligatoire.

5. Chaque partie au différend supporte les frais de l'arbitre qu'elle a désigné et les parties supportent, à parts égales, les frais du troisième arbitre, ainsi que les autres dépenses entraînées par l'arbitrage.

ANNEXES

ANNEXE I

ESPECES DE FLORE STRICTEMENT PROTEGEES

PTERIDOPHYTA

ASPIDIACEAE

Diplazium caudatum (Cav.) Jermy

PTERIDACEAE

Pteris serrulata Forssk.

GYMNOSPERMAE

PINACEAE

Abies nebrodensis (Lojac.) Mattei

CHAPTER VIII: SETTLEMENT OF DISPUTES

Article 18

1. The Standing Committee shall use its best endeavours to facilitate a friendly settlement of any difficulty to which the execution of this Convention may give rise.

2. Any dispute between Contracting Parties concerning the interpretation or application of this Convention which has not been settled on the basis of the provisions of the preceding paragraph or by negotiation between the parties concerned shall, unless the said parties agree otherwise, be submitted, at the request of one of them, to arbitration. Each party shall designate an arbitrator and the two arbitrators shall designate a third arbitrator. Subject to the provisions of paragraph 3 of this Article, if one of the parties has not designated its arbitrator within the three months following the request for arbitration, he shall be designated at the request of the other party by the President of the European Court of Human Rights within a further three months' period. The same procedure shall be observed if the arbitrators cannot agree on the choice of the third arbitrator within the three months following the designation of the two first arbitrators.

3. In the event of a dispute between two Contracting Parties one of which is a member State of the European Economic Community, the latter itself being a Contracting Party, the other Contracting Party shall address the request for arbitration both to the member State and to the Community, which jointly, shall notify it, within two months of receipt of the request, whether the member State or the Community, or the member and the Community jointly, shall be party to the dispute. In the absence of such notification within the said time limit, the member State and the Community shall be considered as being one and the same party to the dispute for the purposes of the application of the provisions governing the constitution and procedure of the arbitration tribunal. The same shall apply when the member State and the Community jointly present themselves as party to the dispute.

4. The arbitration tribunal shall draw up its own Rules of Procedure. Its decisions shall be taken by majority vote. Its award shall be final and binding.

5. Each party to the dispute shall bear the expenses of the arbitrator designated by it and the parties shall share equally the expenses of the third arbitrator, as well as other costs entailed by the arbitration.

APPENDICES

APPENDIX I

STRICTLY PROTECTED FLORA SPECIES

PTERIDOPHYTA

ASPIDIACEAE
Diplazium caudatum (Cav.) Jermy

PTERIDACEAE
Pteris serrulata Forssk.

GYMNOSPERMAE

PINACEAE
Abies nebrodensis (Lojac.) Mattei

ANGIOSPERMAE

ALISMATACEAE

Alisma wahlenbergii (O.R. Holmberg) Juzepczuk

BERBERIDACEAE

Gymnospermium altaicum (Pallas) Spach

BORAGINACEAE

Anchusa crispa Viv.
Myosotis rehsteineri Wartm.
Omphalodes littoralis Lehm.
Onosma caespitosum Kotschy
Onosma troodi Kotschy
Solenanthus albanicus (Degen *et al.*) Degen & Baldacci
Symphytum cycladense Pawl.

CAMPANULACEAE

Campanula sabatia De Not.

CARYOPHYLLACEAE

Arenaria lithops Heywood ex McNeill
Gypsophila papillosa P. Porta
Loeflingia tavaresiana G. Samp.
Silene orphanidis Boiss.
Silene rothmaleri Pinto de Silva
Silene velutina Pourret ex Loisel.

CHENOPODIACEAE

Kochia saxicola Guss.
Salicornia veneta Pignatti & Lausi

CISTACEAE

Tuberaria major (Willk.) Pinto da Silva

COMPOSITAE

Anacyclus alboranensis Esteve Chueca & Varo
Anthemis glaberrima (Rech.f.) Greuter
Artemisia granatensis Boiss.
Artemisia laciniata Willd.
Aster pyrenaeus Desf. ex DC.
Aster sibiricus L.
Centaurea balearica J.D. Rodriguez
Centaurea heldreichii Halácsy
Centaurea horrida Badaro
Centaurea kalambakensis Freyn & Sint.
Centaurea lactiflora Halácsy
Centaurea linaresii Lazaro
Centaurea megarensis Halácsy & Hayek
Centaurea niederi Heldr.
Centaurea peucedanifolia Boiss. & Orph.
Centaurea princeps Boiss. & Heldr.
Crepis crocifolia Boiss. & Heldr.
Lamyropis microcephala (Moris) Dittrich & Greuter
Leontodon siculus (Guss.) Finch & Sell
Logfia neglecta (Soy.-Will.) Holub
Senecio alboranicus Maire

CONVOLVULACEAE

Convolvulus argyrothamnos Greuter

CRUCIFERAE

Alyssum akamasicum B.L. Burtt
Alyssum fastigiatum Heywood
Arabis kennedyae Meikle
Biscutella neustriaca Bonnet
Brassica hilarionis Post
Brassica macrocarpa Guss.
Braya purpurascens (R. Br.) Bunge
Coronopus navasii Pau
Diplotaxis siettiana Maire
Enarthrocarpus pterocarpus DC.
Hutera rupestris P. Porta
Iberis arbuscula Runemark
Ionopsidium acaule (Desf.) Reichenb.
Ptilotrichum pyrenaicum (Lapeyr.) Boiss.
Rhynchosinapis johnstonii (G. Samp.) Heywood
Sisymbrium matritense P.W. Ball & Heywood

EUPHORBIACEAE

Euphorbia ruscinonensis Boiss.

GRAMINEAE

Stipa bavarica Martinovsky & H. Scholz

GROSSULARIACEAE

Ribes sardoum Martelli

HYPERICACEAE

Hypericum aciferum (Greuter) N.K.B. Robson

IRIDACEAE

Crocus cyprius Boiss. & Kotschy

ANGIOSPERMAE
ALISMATACEAE
Alisma wahlenbergii (O.R. Holmberg) Juzepczuk
BERBERIDACEAE
Gymnospermium altaicum (Pallas) Spach
BORAGINACEAE
Anchusa crispa Viv.
Myosotis rehsteineri Wartm.
Omphalodes littoralis Lehm.
Onosma caespitosum Kotschy
Onosma troodi Kotschy
Solenanthus albanicus (Degen *et al.*) Degen & Baldacci
Symphytum cycladense Pawl.
CAMPANULACEAE
Campanula sabatia De Not.
CARYOPHYLLACEAE
Arenaria lithops Heywood ex McNeill
Gypsophila papillosa P. Porta
Loeflingia tavaresiana G. Samp.
Silene orphanidis Boiss.
Silene rothmaleri Pinto de Silva
Silene velutina Pourret ex Loisel.
CHENOPODIACEAE
Kochia saxicola Guss.
Salicornia veneta Pignatti & Lausi
CISTACEAE
Tuberaria major (Willk.) Pinto da Silva
COMPOSITAE
Anacyclus alboranensis Esteve Chueca & Varo
Anthemis glaberrima (Rech.f.) Greuter
Artemisia granatensis Boiss.
Artemisia laciniata Willd.
Aster pyrenaeus Desf. ex DC.
Aster sibiricus L.
Centaurea balearica J.D. Rodriguez
Centaurea heldreichii Halácsy
Centaurea horrida Badaro
Centaurea kalambakensis Freyn & Sint.
Centaurea lactiflora Halácsy
Centaurea linaresii Lazaro
Centaurea megarensis Halácsy & Hayek
Centaurea niederi Heldr.
Centaurea peucedanifolia Boiss. & Orph.
Centaurea princeps Boiss. & Heldr.
Crepis crocifolia Boiss. & Heldr.
Lamyropis microcephala (Moris) Dittrich & Greuter
Leontodon siculus (Guss.) Finch & Sell
Logfia neglecta (Soy.-Will.) Holub
Senecio alboranicus Maire
CONVOLVULACEAE
Convolvulus argyrothamnos Greuter
CRUCIFERAE
Alyssum akamasicum B.L. Burtt
Alyssum fastigiatum Heywood
Arabis kennedyae Meikle
Biscutella neustriaca Bonnet
Brassica hilarionis Post
Brassica macrocarpa Guss.
Braya purpurascens (R. Br.) Bunge
Coronopus navasii Pau
Diplotaxis siettiana Maire
Enarthrocarpus pterocarpus DC.
Hutera rupestris P. Porta
Iberis arbuscula Runemark
Ionopsidium acaule (Desf.) Reichenb.
Ptilotrichum pyrenaicum (Lapeyr.) Boiss.
Rhynchosinapis johnstonii (G. Samp.) Heywood
Sisymbrium matritense P.W. Ball & Heywood
EUPHORBIACEAE
Euphorbia ruscinonensis Boiss.
GRAMINEAE
Stipa bavarica Martinovsky & H. Scholz
GROSSULARIACEAE
Ribes sardoum Martelli
HYPERICACEAE
Hypericum aciferum (Greuter) N.K.B. Robson
IRIDACEAE
Crocus cyprius Boiss. & Kotschy

Crocus Hartmannianus Holmboe
LABIATAE
Amaracus cordifolium Montr. & Auch.
Micromeria taygetea P.H. Davis
Nepeta sphaciotica P.H. Davis
Phlomis brevibracteata Turrill
Phlomis cypria Post
Salvia crassifolia Sibth. & Smith
Sideritis cypria Post
Thymus camphoratus Hoffmanns. & Link
Thymus carnosus Boiss.
Thymus cephalotos L.
LEGUMINOSAE
Astragalus algarbiensis Coss. ex Bunge
Astragalus aquilinus Anzalone
Astragalus maritimus Moris
Astragalus verrucosus Moris
Cytisus aeolicus Guss. ex Lindl.
Ononis maweana Ball
Oxytropis deflexa (Pallas) DC.
LENTIBULARIACEAE
Pinguicula crystallina Sibth. & Smith
LILIACEAE
Androcymbium rechingeri Greuter
Chionodoxa lochiae Meikle
Muscari gussonei (Parl.) Tod.
Scilla morrisii Meikle
ORCHIDACEAE
Ophrys kotschyi Fleischm. & Soó
PAPAVERACEAE
Rupicapnos africana (Lam.) Pomel
PLUMBAGINACEAE
Armeria rouyana Daveau
Limonium paradoxum Pugsley
Limonium recurvum C.E. Salmon
POLYGONACEAE
Rheum rhaponticum L.
PRIMULACEAE
Primula apennina Widmer
Primula egaliksensis Wormsk.
RANUNCULACEAE
Aquilegia cazorlensis Heywood
Aquilegia kitaibelii Schott
Consolida samia P.H. Davis
Delphinium caseyi B.L. Burtt
Ranunculus kykkoënsis Meikle
Ranunculus weyleri Mares
RUBIACEAE
Galium litorale Guss.
SCROPHULARIACEAE
Antirrhinum charidemi Lange
Euphrasia marchesettii Wettst. ex Marches.
Linaria algarviana Chav.
Lindaria ficalhoana Rouy
SELAGINACEAE
Globularia stygia Orph. ex Boiss.
SOLANACEAE
Atropa baetica Willk.
THYMELAEACEAE
Daphne rodriguezii Texidor
UMBELLIFERAE
Angelica heterocarpa Lloyd
Angelica palustris (Besser) Hoffman
Bupleurum kakiskalae Greuter
Ferula cypria Post
Laserpitium longiradium Boiss.
Oenanthe conioides Lange
VALERIANACEAE
Valeriana longiflora Wilk.
VIOLACEAE
Viola hispida Lam.
Viola jaubertiana Mares & Vigineix

Crocus Hartmannianus Holmboe

LABIATAE

Amaracus cordifolium Montr. & Auch.

Micromeria taygetea P.H. Davis

Nepeta sphaciotica P.H. Davis

Phlomis brevibracteata Turrill

Phlomis cypria Post

Salvia crassifolia Sibth. & Smith

Sideritis cypria Post

Thymus camphoratus Hoffmanns. & Link

Thymus carnosus Boiss.

Thymus cephalotos L.

LEGUMINOSAE

Astragalus algarbiensis Coss. ex Bunge

Astragalus aquilinus Anzalone

Astragalus maritimus Moris

Astragalus verrucosus Moris

Cytisus aeolicus Guss. ex Lindl.

Ononis maweana Ball

Oxytropis deflexa (Pallas) DC.

LENTIBULARIACEAE

Pinguicula crystallina Sibth. & Smith

LILIACEAE

Androcymbium rechingeri Greuter

Chionodoxa lochiae Meikle

Muscari gussonei (Parl.) Tod.

Scilla morrisii Meikle

ORCHIDACEAE

Ophrys kotschyi Fleischm. & Soó

PAPAVERACEAE

Rupicapnos africana (Lam.) Pomel

PLUMBAGINACEAE

Armeria rouyana Daveau

Limonium paradoxum Pugsley

Limonium recurvum C.E. Salmon

POLYGONACEAE

Rheum rhaponticum L.

PRIMULACEAE

Primula apennina Widmer

Primula egaliksensis Wormsk.

RANUNCULACEAE

Aquilegia cazorlensis Heywood

Aquilegia kitaibelii Schott

Consolida samia P.H. Davis

Delphinium caseyi B.L. Burtt

Ranunculus kykkoënsis Meikle

Ranunculus weyleri Mares

RUBIACEAE

Galium litorale Guss.

SCROPHULARIACEAE

Antirrhinum charidemi Lange

Euphrasia marchesettii Wettst. ex Marches.

Linaria algarviana Chav.

Lindaria ficalhoana Rouy

SELAGINACEAE

Globularia stygia Orph. ex Boiss.

SOLANACEAE

Atropa baetica Willk.

THYMELAEACEAE

Daphne rodriguezii Texidor

UMBELLIFERAE

Angelica heterocarpa Lloyd

Angelica palustris (Besser) Hoffman

Bupleurum kakiskalae Greuter

Ferula cypria Post

Laserpitium longiradium Boiss.

Oenanthe conioides Lange

VALERIANACEAE

Valeriana longiflora Wilk.

VIOLACEAE

Viola hispida Lam.

Viola jaubertiana Mares & Vigineix

ANNEXE II
ESPECES DE FAUNE STRICTEMENT PROTEGEES

MAMMIFERES

INSECTIVORA
Talpidae
Desmana pyrenaica
(Galemys pyrenaicus)
MICROCHIROPTERA
toutes les espèces à l'exception de
Pipistrellus pipistrellus
RODENTIA
Sciuridae
Citellus citellus
Cricetidae
Cricetus cricetus
Hystricidae
Hystrix cristata
CARNIVORA
Canidae
Canis lupus
Alopex lagopus
Ursidae
toutes les espèces
Mustelidae
Lutreola (Mustela) lutreola
Lutra lutra
Gulo gulo
Felidae
Lynx pardina (pardellus)
Panthera pardus
Panthera tigris
Odobenidae
Odobenus rosmarus
Phocidae
Monachus monachus
ARTIODACTYLA
Bovidae
Capra aegagrus
Rupicapra rupicapra ornata
Ovibos moschatus
ODONTOCETI
Delphinidae
Delphinus delphis
Tursiops truncatus (tursio)
Phocaenidae
Phocaena phocaena
MYSTACOCETI
Balaenopteridae
Sibbaldus (Balaenoptera)
musculus
Megaptera novaengliae
(longimana, nodosa)
Balaenidae
Eubalaena glacialis
Balaena mysticetus

OISEAUX

GAVIIFORMES
Gaviidae
toutes les espèces
PODICIPEDIFORMES
Podicipedidae
Podiceps griseigena
Podiceps auritus
Podiceps nigricollis (caspicus)
Podiceps ruficollis
PROCELLARIIFORMES
Hydrobatidae
toutes les espèces
Procellariidae
Puffinus puffinus
Procellaria diomedea
PELECANIFORMES
Phalacrocoracidae
Phalocrocorax pygmaeus
Pelecanidae
toutes les espèces
CICONIIFORMES
Ardeidae
Ardea purpurea
Casmerodius albus (Egretta
alba)
Egretta garzetta
Ardeola ralloides
Bulbucus (Ardeola) ibis
Nycticorax nycticorax
Ixobrychus minutus
Botaurus stellaris
Ciconiidae
toutes les espèces
Threskiornithidae
toutes les espèces
Phoenicopteridae
Phoenicopterus ruber
ANSERIFORMES
Anatidae
Cygnus cygnus

APPENDIX II
STRICTLY PROTECTED FAUNA SPECIES

MAMMALS

INSECTIVORA
Talpidae
Desmana pyrenaica (Galemys pyrenaicus)
MICROCHIROPTERA
all species except Pipistrellus pipistrellus
RODENTIA
Sciuridae
Citellus citellus
Cricetidae
Cricetus cricetus
Hystricidae
Hystrix cristata
CARNIVORA
Canidae
Canis lupus
Alopex lagopus
Ursidae
all species
Mustelidae
Lutreola (Mustela) lutreola
Lutra lutra
Gulo gulo
Felidae
Lynx pardina (pardellus)
Panthera pardus
Panthera tigris
Odobenidae
Odobenus rosmarus
Phocidae
Monachus monachus
ARTIODACTYLA
Bovidae
Capra aegagrus
Rupicapra rupicapra ornata
Ovibos moschatus
ODONTOCETI
Delphinidae
Delphinus delphis
Tursiops truncatus (tursio)
Phocaenidae
Phocaena phocaena
MYSTACOCETI
Balaenopteridae
Sibbaldus (Balaenoptera) musculus
Megaptera novaengliae (longimana, nodosa)
Balaenidae
Eubalaena glacialis
Balaena mysticetus

BIRDS

GAVIIFORMES
Gaviidae
all species
PODICIPEDIFORMES
Podicipedidae
Podiceps griseigena
Podiceps auritus
Podiceps nigricollis (caspicus)
Podiceps ruficollis
PROCELLARIIFORMES
Hydrobatidae
all species
Procellariidae
Puffinus puffinus
Procellaria diomedea
PELECANIFORMES
Phalacrocoracidae
Phalocrocorax pygmaeus
Pelecanidae
all species
CICONIIFORMES
Ardeidae
Ardea purpurea
Casmerodius albus (Egretta alba)
Egretta garzetta
Ardeola ralloides
Bulbucus (Ardeola) ibis
Nycticorax nycticorax
Ixobrychus minutus
Botaurus stellaris
Ciconiidae
all species
Threskiornithidae
all species
Phoenicopteridae
Phoenicopterus ruber
ANSERIFORMES
Anatidae
Cygnus cygnus

Cygnus bewickii (columbianus)
Anser erythropus
Branta leucopsis
Branta ruficollis
Tadorna tadorna
Tadorna ferruginea
Marmaronetta (Anas) angustirostris
Somateria spectabilis
Polysticta stelleri
Histrionicus histrionicus
Bucephala islandica
Mergus albellus
Oxyura leucocephala
FALCONIFORMES
toutes les espèces
GRUIFORMES
Turnicidae
Turnix sylvatica
Gruidae
toutes les espèces
Rallidae
Porzana porzana
Porzana pusilla
Porzana parva
Crex crex
Porphyrio porphyrio
Fulica cristata
Otitidae
toutes les espèces
CHARADRIIFORMES
Charadriidae
Hoplopterus spinosus
Charadrius hiaticula
Charadrius dubius
Charadrius alexandrinus
Charadrius leschenaulti
Eudromias morinellus
Arenaria interpres
Scolopacidae
Gallinago media
Numenius tenuirostris
Tringa stagnatilis
Tringa ochropus
Tringa glareola
Tringa hypoleucos
Tringa cinerea
Calidris minuta
Calidris temminckii
Calidris maritima
Calidris alpina
Calidris ferruginea
Calidris alba
Limicola falcinellus
Recurvirostridae
toutes les espèces
Phalaropodidae
toutes les espèces
Burhinidae
Burhinus oedicnemus
Glareolidae
toutes les espèces
Laridae
Pagophila eburnea
Larus audouinii
Larus melanocephalus
Larus genei
Larus minutus
Larus (Xenia) sabini
Chlidonias niger
Chlidonias leucopterus
Chlidonias hybrida
Gelochelidon nilotica
Hydroprogne caspia
Sterna hirundo
Sterna paradisaea (macrura)
Sterna dougallii
Sterna albifrons
Sterna sandvicensis
COLUMBIFORMES
Pteroclididae
toutes les espèces
CUCULIFORMES
Cuculidae
Clamator glandarius
STRIGIFORMES
toutes les espèces
CAPRIMULGIFORMES
Caprimulgidae
toutes les espèces
APODIFORMES
Apodidae
Apus pallidus
Apus melba
Apus caffer
CORACIIFORMES
Alcedinidae
Alcedo atthis
Meropidae
Merops apiaster
Coraciidae
Coracias garrulus
Upopidae
Upopa epops
PICIFORMES
toutes les espèces

Cygnus bewickii (columbianus)
Anser erythropus
Branta leucopsis
Branta ruficollis
Tadorna tadorna
Tadorna ferruginea
Marmaronetta (Anas) angustirostris
Somateria spectabilis
Polysticta stelleri
Histrionicus histrionicus
Bucephala islandica
Mergus albellus
Oxyura leucocephala

FALCONIFORMES
all species

GRUIFORMES
Turnicidae
Turnix sylvatica
Gruidae
all species
Rallidae
Porzana porzana
Porzana pusilla
Porzana parva
Crex crex
Porphyrio porphyrio
Fulica cristata
Otitidae
all species

CHARADRIIFORMES
Charadriidae
Hoplopterus spinosus
Charadrius hiaticula
Charadrius dubius
Charadrius alexandrinus
Charadrius leschenaulti
Eudromias morinellus
Arenaria interpres
Scolopacidae
Gallinago media
Numenius tenuirostris
Tringa stagnatilis
Tringa ochropus
Tringa glareola
Tringa hypoleucos
Tringa cinerea
Calidris minuta
Calidris temminckii
Calidris maritima
Calidris alpina
Calidris ferruginea
Calidris alba
Limicola falcinellus
Recurvirostridae
all species
Phalaropodidae
all species
Burhinidae
Burhinus oedicnemus
Glareolidae
all species
Laridae
Pagophila eburnea
Larus audouinii
Larus melanocephalus
Larus genei
Larus minutus
Larus (Xenia) sabini
Chlidonias niger
Chlidonias leucopterus
Chlidonias hybrida
Gelochelidon nilotica
Hydroprogne caspia
Sterna hirundo
Sterna paradisaea (macrura)
Sterna dougallii
Sterna albifrons
Sterna sandvicensis

COLUMBIFORMES
Pteroclididae
all species

CUCULIFORMES
Cuculidae
Clamator glandarius

STRIGIFORMES
all species

CAPRIMULGIFORMES
Caprimulgidae
all species

APODIFORMES
Apodidae
Apus pallidus
Apus melba
Apus caffer

CORACIIFORMES
Alcedinidae
Alcedo atthis
Meropidae
Merops apiaster
Coraciidae
Coracias garrulus
Upopidae
Upopa epops

PICIFORMES
all species

PASSERIFORMES

Alaudidae
- Calandrella brachydactyla
- Calandrella rufescens
- Melanocorypha calandra
- Melanocorypha leucoptera
- Melanocorypha yeltoniensis
- Galerida theklae
- Eremophila alpestris

Hirundinidae
- toutes les espèces

Motacillidae
- toutes les espèces

Laniidae
- toutes les espèces

Bombycillidae
- Bombycilla garrulus

Cinclidae
- Cinclus cinclus

Troglodytidae
- Troglodytes troglodytes

Prunellidae
- toutes les espèces

Muscicapidae

Turdinae
- Saxicola rubetra
- Saxicola torquata
- Oenanthe oenanthe
- Oenanthe pleschanka (leucomela)
- Oenanthe hispanica
- Oenanthe isabellina
- Oenanthe leucura
- Cercotrichas galactotes
- Monticola saxatilis
- Monticola solitarius
- Phoenicurus ochruros
- Phoenicurus phoenicurus
- Erithacus rubecula
- Luscinia megarhynchos
- Luscinia luscinia
- Luscinia (Cyanosylvia) svecica
- Tarsiger cyanurus

Sylviinae
- toutes les espèces

Regulinae
- toutes les espèces

Muscicapinae
- toutes les espèces

Timaliinae
- Panurus biarmicus

Paridae
- toutes les espèces

Sittidae
- toutes les espèces

Certhiidae
- toutes les espèces

Emberizidae
- Emberiza citrinella
- Emberiza leucocephala
- Emberiza cirlus
- Emberiza cineracea
- Emberiza caesia
- Emberiza cia
- Emberiza schoeniclus
- Emberiza melanocephala
- Emberiza aureola
- Emberiza pusilla
- Emberiza rustica
- Plectrophenax nivalis
- Calcarius lapponicus

Fringillidae
- Carduelis chloris
- Carduelis carduelis
- Carduelis spinus
- Carduelis flavirostris
- Carduelis cannabina
- Carduelis flammea
- Carduelis hornemanni
- Serinus citrinella
- Serinus serinus
- Loxia curvirostra
- Loxia pityopsittacus
- Loxia leucoptera
- Pinicola enucleator
- Carpodacus erythrinus
- Rhodopechys githaginea
- Coccothraustes coccothraustes

Ploceidae
- Petronia petronia
- Montrifringilla nivalis

Sturnidae
- Sturnus unicolor
- Sturnus roseus

Oriolidae
- Oriolus oriolus

Corvidae
- Perisoreus infaustus
- Cyanopica cyanus
- Nucifraga caryocatactes
- Pyrrhocorax pyrrhocorax
- Pyrrhocorax graculus

PASSERIFORMES
Alaudidae
Calandrella brachydactyla
Calandrella rufescens
Melanocorypha calandra
Melanocorypha leucoptera
Melanocorypha yeltoniensis
Galerida theklae
Eremophila alpestris
Hirundinidae
all species
Motacillidae
all species
Laniidae
all species
Bombycillidae
Bombycilla garrulus
Cinclidae
Cinclus cinclus
Troglodytidae
Troglodytes troglodytes
Prunellidae
all species
Muscicapidae
Turdinae
Saxicola rubetra
Saxicola torquata
Oenanthe oenanthe
Oenanthe pleschanka (leucomela)
Oenanthe hispanica
Oenanthe isabellina
Oenanthe leucura
Cercotrichas galactotes
Monticola saxatilis
Monticola solitarius
Phoenicurus ochruros
Phoenicurus phoenicurus
Erithacus rubecula
Luscinia megarhynchos
Luscinia luscinia
Luscinia (Cyanosylvia) svecica
Tarsiger cyanurus
Sylviinae
all species
Regulinae
all species
Muscicapinae
all species
Timaliinae
Panurus biarmicus
Paridae
all species
Sittidae
all species
Certhiidae
all species
Emberizidae
Emberiza citrinella
Emberiza leucocephala
Emberiza cirlus
Emberiza cineracea
Emberiza caesia
Emberiza cia
Emberiza schoeniclus
Emberiza melanocephala
Emberiza aureola
Emberiza pusilla
Emberiza rustica
Plectrophenax nivalis
Calcarius lapponicus
Fringillidae
Carduelis chloris
Carduelis carduelis
Carduelis spinus
Carduelis flavirostris
Carduelis cannabina
Carduelis flammea
Carduelis hornemanni
Serinus citrinella
Serinus serinus
Loxia curvirostra
Loxia pityopsittacus
Loxia leucoptera
Pinicola enucleator
Carpodacus erythrinus
Rhodopechys githaginea
Coccothraustes coccothraustes
Ploceidae
Petronia petronia
Montrifringilla nivalis
Sturnidae
Sturnus unicolor
Sturnus roseus
Oriolidae
Oriolus oriolus
Corvidae
Perisoreus infaustus
Cyanopica cyanus
Nucifraga caryocatactes
Pyrrhocorax pyrrhocorax
Pyrrhocorax graculus

REPTILES

TESTUDINES
Testudinidae
Testudo hermanni
Testudo graeca
Testudo marginata
Emydidae
Emys orbicularis
Mauremys caspica
Dermochelyidae
Dermochelys coriacea
Cheloniidae
Caretta caretta
Lepidochelys kempii
Chelonia mydas
Eretmochelys imbricata
SAURIA
Gekkonidae
Cyrtodactylus kotschyi
Chamaeleontidae
Chamaeleo chamaeleon
Lacertidae
Algyroides marchi
Lacerta lepida
Lacerta parva
Lacerta simonyi
Lacerta princeps
Lacerta viridis
Podarcis muralis
Podarcis lilfordi
Podarcis sicula
Podarcis filfolensis
Scincidae
Ablepharus kitaibelii
OPHIDIA
Colubridae
Coluber hippocrepis
Elaphe situla
Elaphe quatuorlineata
Elaphe longissima
Coronella austriaca
Viperidae
Vipera ursinii
Vipera latasti
Vipera ammodytes
Vipera xanthina
Vipera lebetina
Vipera kaznakovi

AMPHIBIENS

CAUDATA
Salamandridae
Salamandra (Mertensiella) luschani
Salamandrina terdigitata
Chioglossa lusitanica
Triturus cristatus
Proteidae
Proteus anguinus
ANURA
Discoglossidae
Bombina variegata
Bombina bombina
Alytes obstetricans
Alytes cisternasii
Pelobatidae
Pelobates cultripes
Pelobates fuscus
Bufonidae
Bufo calamita
Bufo viridis
Hylidae
Hyla arborea
Ranidae
Rana arvalis
Rana dalmatina
Rana latastei

ANNEXE III
ESPECES DE FAUNE PROTEGEES

MAMMIFERES

INSECTIVORA
Erinaceidae
Erinaceus europaeus
Soricidae
toutes les espèces
MICROCHIROPTERA
Vespertilionidae
Pipistrellus pipistrellus
DUPLICIDENTATA
Leporidae
Lepus timidus
Lepus capensis (europaeus)

REPTILES

TESTUDINES
Testudinidae
Testudo hermanni
Testudo graeca
Testudo marginata
Emydidae
Emys orbicularis
Mauremys caspica
Dermochelyidae
Dermochelys coriacea
Cheloniidae
Caretta caretta
Lepidochelys kempii
Chelonia mydas
Eretmochelys imbricata
SAURIA
Gekkonidae
Cyrtodactylus kotschyi
Chamaeleontidae
Chamaeleo chamaeleon
Lacertidae
Algyroides marchi
Lacerta lepida
Lacerta parva
Lacerta simonyi
Lacerta princeps
Lacerta viridis
Podarcis muralis
Podarcis lilfordi
Podarcis sicula
Podarcis filfolensis
Scincidae
Ablepharus kitaibelii
OPHIDIA
Colubridae
Coluber hippocrepis
Elaphe situla
Elaphe quatuorlineata
Elaphe longissima
Coronella austriaca
Viperidae
Vipera ursinii
Vipera latasti
Vipera ammodytes
Vipera xanthina
Vipera lebetina
Vipera kaznakovi

AMPHIBIANS

CAUDATA
Salamandridae
Salamandra (Mertensiella) luschani
Salamandrina terdigitata
Chioglossa lusitanica
Triturus cristatus
Proteidae
Proteus anguinus
ANURA
Discoglossidae
Bombina variegata
Bombina bombina
Alytes obstetricans
Alytes cisternasii
Pelobatidae
Pelobates cultripes
Pelobates fuscus
Bufonidae
Bufo calamita
Bufo viridis
Hylidae
Hyla arborea
Ranidae
Rana arvalis
Rana dalmatina
Rana latastei

APPENDIX III
PROTECTED FAUNA SPECIES

MAMMALS

INSECTIVORA
Erinaceidae
Erinaceus europaeus
Soricidae
all species
MICROCHIROPTERA
Vespertilionidae
Pipistrellus pipistrellus
DUPLICIDENTATA
Leporidae
Lepus timidus
Lepus capensis (europaeus)

RODENTIA
Sciuridae
Sciurus vulgaris
Marmota marmota
Castoridae
Castor fiber
Gliridae
toutes les espèces
Microtidae
Microtus ratticeps (oeconomus)
Microtus nivalis (lebrunii)
CETACEA
toutes les espèces non mentionnées à l'annexe II
CARNIVORA
Mustelidae
Meles meles
Mustela erminea
Mustela nivalis
Putorius (Mustela) putorius
Martes martes
Martes foina
Viverridae
toutes les espèces
Felidae
Felis catus (silvestris)
Lynx lynx
Phocidae
Phoca vitulina
Pusa (Phoca) hispida
Pagophilus groenlandicus (Phoca groenlandica)
Erignathus barbatus
Halichoerus grypus
Cystophora cristata
ARTIODACTYLA
Suidae
Sus scrofa meridionalis
Cervidae
toutes les espèces
Bovidae
Ovis aries (musimon, ammon)
Capra ibex
Capra pyrenaica
Rupicapra rupicapra

OISEAUX

Toutes les espèces non incluses dans l'annexe II à l'exception de:
Larus marinus
Larus fuscus
Larus argentatus
Columba palumbus
Passer domesticus
Sturnus vulgaris
Garrulus glandarius
Pica pica
Corvus monedula
Corvus frugilegus
Corvus corone (corone et cornix)

REPTILES

Toutes les espèces non incluses dans l'annexe II

AMPHIBIENS

Toutes les espèces non incluses dans l'annexe II

ANNEXE IV
MOYENS ET METHODES DE CHASSE ET AUTRES FORMES D'EXPLOITATION INTERDITS

MAMMIFERES

Collets
Animaux vivants utilisés comme appelants aveuglés ou mutilés
Enregistreurs
Appareils électriques capables de tuer ou d'assommer
Sources lumineuses artificielles
Miroirs et autres objets aveuglants
Dispositifs pour éclairer les cibles

RODENTIA
Sciuridae
Sciurus vulgaris
Marmota marmota
Castoridae
Castor fiber
Gliridae
all species
Microtidae
Microtus ratticeps (oeconomus)
Microtus nivalis (lebrunii)
CETACEA
all species not mentioned in Appendix II
CARNIVORA
Mustelidae
Meles meles
Mustela erminea
Mustela nivalis
Putorius (Mustela) putorius
Martes martes
Martes foina
Viverridae
all species
Felidae
Felis catus (silvestris)
Lynx lynx
Phocidae
Phoca vitulina
Pusa (Phoca) hispida
Pagophilus groenlandicus (Phoca groenlandica)
Erignathus barbatus
Halichoerus grypus
Cystophora cristata
ARTIODACTYLA
Suidae
Sus scrofa meridionalis
Cervidae
all species
Bovidae
Ovis aries (musimon, ammon)
Capra ibex
Capra pyrenaica
Rupicapra rupicapra

BIRDS

All species not included in Appendix II with the exception of:
Larus marinus
Larus fuscus
Larus argentatus
Columba palumbus
Passer domesticus
Sturnus vulgaris
Garrulus glandarius
Pica pica
Corvus monedula
Corvus frugilegus
Corvus corone (corone and cornix)

REPTILES

All species not included in Appendix II

AMPHIBIANS

All species not included in Appendix II

APPENDIX IV
PROHIBITED MEANS AND METHODS OF KILLING, CAPTURE AND OTHER FORMS OF EXPLOITATION

MAMMALS

Snares
Live animals used as decoys which are blind or mutilated
Tape recorders
Electrical devices capable of killing and stunning
Artificial light sources
Mirrors and other dazzling devices
Devices for illuminating targets

Dispositifs de visée comportant un convertisseur d'image ou un amplificateur d'image électronique pour tir de nuit
Explosifs[1]
Filets[2]
Pièges-trappes[2]
Poison et appâts empoisonnés ou tranquillisants
Gazage et enfumage
Armes semi-automatiques ou automatiques dont le chargeur peut contenir plus de deux cartouches
Avions
Véhicules automobiles en déplacement

OISEAUX

Collets[3]
Gluaux
Hameçons
Oiseaux vivants utilisés comme appelants aveuglés ou mutilés
Enregistreurs
Appareils électriques capables de tuer ou d'assommer
Sources lumineuses artificielles
Miroirs et autres objets aveuglants
Dispositifs pour éclairer les cibles
Dispositifs de visée comportant un convertisseur d'image ou un amplificateur d'image électronique pour tir de nuit
Explosifs
Filets
Pièges-trappes
Poison et appâts empoisonnés ou tranquillisants
Armes semi-automatiques ou automatiques dont le chargeur peut contenir plus de deux cartouches
Avions
Véhicules automobiles en déplacement

C. RECOMMANDATIONS DU COMITE DES MINISTRES

1. RECOMMANDATION N° R (79) 6
DU COMITE DES MINISTRES AUX ETATS MEMBRES CONCERNANT LA RECHERCHE DES PERSONNES DISPARUES

(*adoptée par le Comité des Ministres le 20 avril 1979, lors de la 303e réunion des Délégués des Ministres*)

Le Comité des Ministres, en vertu de l'article 15.*b* du Statut du Conseil de l'Europe,

Considérant que le but du Conseil de l'Europe est de réaliser une union plus étroite entre ses membres;

[1] excepté pour la chasse aux baleines.
[2] si appliqué pour la capture ou la mise à mort massive ou non sélective.
[3] excepté Lagopus nord de latitude 58° N.

Sighting devices for night shooting comprising an electronic image magnifier or image converter
Explosives[1]
Nets[2]
Traps[2]
Poison and poisoned or anaesthetic bait
Gassing or smoking out
Semi-automatic or automatic weapons with a magazine capable of holding more than two rounds of ammunition
Aircraft
Motor vehicles in motion

BIRDS

Snares[3]
Limes
Hooks
Live birds used as decoys which are blind or mutilated
Tape recorders
Electrical devices capable of killing and stunning
Artificial light sources
Mirrors and other dazzling devices
Devices for illuminating targets
Sighting devices for night shooting comprising an electonic image magnifier or image converter
Explosives
Nets
Traps
Poison and poisoned or anaesthetic bait
Semi-automatic or automatic weapons with a magazine capable of holding more than two rounds of ammunition
Aircraft
Motor vehicles in motion

C. RECOMMENDATIONS OF THE COMMITTEE OF MINISTERS

1. RECOMMENDATION NO. R (79) 6 OF THE COMMITTEE OF MINISTERS TO MEMBER STATES CONCERNING THE SEARCH FOR MISSING PERSONS

(*adopted by the Committee of Ministers on 20 April 1979 at the 303rd meeting of the Ministers' Deputies*)

The Committee of Ministers, under the terms of article 15.*b* of the Statute of the Council of Europe,

Considering that the aim of the Council of Europe is to achieve greater unity between its members;

[1] Except for whale hunting.
[2] If applied for large scale or non-selective capture or killing.
[3] Except Lagopus north of latitude 58° N.

Conscient que les problèmes posés par la disparition des personnes revêtent une grande importance en raison du nombre des individus concernés ainsi que des difficultés tant morales que matérielles que leur situation entraîne pour eux-mêmes et pour leurs familles;

Constatant que notamment sur le plan international la diversité des règles et pratiques en cette matière dans les différents Etats membres constitue un obstacle à la recherche de ces personnes;

Considérant qu'en conséquence l'harmonisation des règles et des pratiques en vigueur présente un intérêt certain tant sur les plans social et humanitaire que sur le plan juridique;

Estimant que pour atteindre ses véritables objectifs la recherche des personnes disparues doit en général se dérouler dans un cadre administratif et dans un climat de coopération entre les services officiels et les particuliers;

Insistant sur la nécessité que la recherche des personnes disparues ne porte atteinte dans aucun cas et dans aucune de ses phases aux droits et libertés fondamentaux de l'individu et notamment à sa liberté de mouvement et au respect de sa vie privée;

Ayant à l'esprit la Recommandation 646 (1971) relative aux mesures à prendre dans la recherche des personnes disparues, adoptée par l'Assemblée Consultative du Conseil de l'Europe,

Recommande aux gouvernements des Etats membres:

(*a*) de s'inspirer dans leur action en matière de recherche de personnes disparues des directives énoncées en annexe à la présente recommandation;

(*b*) de favoriser dans toute la mesure du possible la coopération directe entre leurs autorités compétentes pour la recherche de personnes disparues sans exclure, les cas échéant, le recours à la voie diplomatique ou consulaire;

(*c*) d'apporter toute l'assistance nécessaire aux autorités diplomatiques ou consulaires lorsque la recherche s'effectue par leur intermédiaire;

(*d*) d'informer en temps utile le Secrétaire Général du Conseil de l'Europe de toutes les mesures prises pour donner suite à cette recommandation;

(*e*) de mettre à la disposition de leurs autorités compétentes la documentation et les informations recueillies au sein du Conseil de l'Europe sur ce sujet.

ANNEXE A LA RECOMMANDATION N° R (79) 6

1. *Catégories de personnes disparues auxquelles s'applique la présente recommandation*

1.1. Ces catégories sont les suivantes:

(*a*) personnes considérées comme mineurs selon les règles de droit interne ou le cas échéant de droit international privé de l'Etat de la disparition;

(*b*) personnes disparues dans des circonstances suspectes, susceptibles de susciter des craintes pour leur sécurité physique et/ou morale;

(*c*) personnes susceptibles d'avoir été victimes d'un accident;

(*d*) personnes considérées comme incapables de subvenir à leurs besoins en raison de leur état physique ou mental ou de leur indigence.

1.2. En outre, les Etats membres devraient étendre la recherche à d'autres catégories de personnes s'il y a un intérêt légitime, particulièrement lorsqu'il s'agit:

Aware that the problems posed by the disappearance of persons are of great importance on account of the number of people who are missing and the psychological and material difficulties in which their situation involves both themselves and their families;

Noting that particularly on the international level the divergencies in the rules and practices in this area in the various member states of the Council of Europe constitute an obstacle to the search for such persons;

Considering that the harmonisation of the rules and practices in force is therefore of great interest from a humanitarian and social, as well as from a legal point of view;

Considering that in order to achieve its true aims the search for missing persons should as a general rule operate at the administrative level and in an atmosphere of co-operation between official departments and individuals;

Insisting that the search for missing persons should in no case and at no stage infringe the fundamental rights and freedoms of the individual and particularly his freedom of movement and the right to respect for his privacy;

Bearing in mind Recommendation 646 (1971) of the Consultative Assembly of the Council of Europe on the action to be taken in tracing missing persons,

Recommends the governments of the member states to:

(*a*) follow in the measures taken to search for missing persons the guidelines set out in the Appendix to this recommendation;

(*b*) encourage as far as possible direct co-operation between their competent authorities in the search for missing persons without excluding, as the case may be, recourse to diplomatic or consular channels;

(*c*) give all necessary assistance to diplomatic or consular authorities when the search is made through them;

(*d*) inform the Secretary General of the Council of Europe in proper time of all steps taken to implement this recommendation;

(*e*) place the documentation and information collected on this subject in the Council of Europe at the disposal of their competent authorities.

APPENDIX TO RECOMMENDATION NO. R (79) 6

1. *Categories of missing persons to which this recommendation applies*

1.1. These categories are as follows:

(*a*) persons regarded as minors under the domestic law or where appropriate the private international law of the state where they disappeared;

(*b*) persons disappearing in suspicious circumstances such as to cause apprehension for their physical and/or moral safety;

(*c*) persons who may have been the victims of an accident;

(*d*) persons regarded as unable to provide for their own needs on account of their physical or mental state or their poverty.

1.2. Moreover, the member states should extend the search to other categories of persons if there is a legitimate interest in doing so, in particular with regard to:

(*a*) de personnes ayant prétendument disparu pour se soustraire à leurs obligations alimentaires;
(*b*) de membres de la famile, légitimes ou naturels, dont on a perdu la trace ou le contact.

2. *Service habilités à recevoir les demandes de recherche ou les déclarations de disparition*

2.1. Chaque Etat membre désignera les services officiels habilités à recevoir les déclarations de disparition ou les demandes de recherche, sans que naturellement soit exclue la possibilité pour le particulier de recourir, s'il le désire, à des organismes privés à vocation humanitaire et sociale.

2.2. Ces services auront soin de vérifier le bien-fondé de la déclaration ou de la demande et de recueillir tout renseignement utile, d'une part sur l'identité, le signalement de la personne disparue et les circonstances de la disparition et, d'autre part, sur l'identité et la qualité de la personne requérante. Il leur appartiendra en outre d'examiner les mobiles qui ont déterminé la demande de la personne requérante.

2.3. Des mesures seront prises afin que la personne requérante notifie dans les meilleurs délais à ces mêmes services la réapparition éventuelle de la personne disparue ou toute information nouvelle recueillie sur son sort.

2.4. La demande de recherche d'une personne majeure disparue sera caduque au terme d'un délai déterminé à moins que l'intérêt public ne s'oppose à la cessation des recherches. Toutefois, la personne requérante pourra à l'expiration de ce délai renouveler la demande.

2.5. Afin de ne pas porter atteinte à la vie privée des personnes concernées, les informations demandées par ces services devront être adéquates et pertinentes par rapport à la finalité recherchée.

En outre les informations obtenues ne devront pas être utilisées à des fins autres que la recherche de la personne disparue.

3. *Organismes nationaux*

3.1. Chaque Etat membre désignera, dans le cas où il n'existerait pas encore, un organisme national servant de centre d'échange d'informations intéressant la recherche des personnes disparues sur le plan international et, dans la mesure du possible, sur le plan national. Il fera notification des organismes existants ou nouvellement désignés au Secrétaire Général du Conseil de l'Europe aux fins de communication aux autres Etats membres.

3.2. Le rôle de cet organisme sera d'échanger avec les organismes nationaux d'autres Etats, par les canaux indiqués au paragraphe 3.3 ci-dessous, les demandes de recherche de personnes disparues et les informations reçues en réponse à ces demandes.

En outre, cet organisme animera la recherche soit en prenant lui-même les mesures nécessaires soit, lorsque cette matière est du ressort d'autres autorités, en s'adressant à ces autorités pour effectuer les comparaisons et les vérifications nécessaires, assurer la diffusion des avis de recherche ou décider s'il y a lieu de déclencher une recherche internationale.

3.3. Sans exclure la voie diplomatique, les contacts entre organismes nationaux et en particulier la diffusion des avis de recherche se feront par le canal d'Interpol. Les fonctionnaires consulaires pourront s'adresser directement à l'organisme national de l'Etat de résidence.

4. *Situation de la personne disparue et retrouvée*

4.1. Des mesures seront prises afin que la personne disparue qui a été retrouvée puisse, si elle le souhaite, refuser que son adresse ou toute autre

(*a*) persons who have disappeared allegedly to escape their liability for maintenance;
(*b*) members of the legitimate or natural family with whom all trace or contact has been lost.

2. *Departments authorised to receive search applications or declarations that a person is missing*

2.1. Each member state should nominate the official departments authorised to receive declarations that a person is missing or search applications, without of course excluding the possibility that an individual may if he so desires have recourse to private humanitarian or welfare organisations.

2.2. These departments should check the genuineness of such declarations or applications and obtain all necessary information firstly on the identity and particulars of the missing person and the circumstances in which he disappeared and secondly on the identity and qualifications of the person making the application. They should also examine the motives which have led to the latter's making the application.

2.3. Provision should be made in order that the person making the application shall notify the departments concerned without delay if the missing person reappears or any fresh information is obtained as to his circumstances.

2.4. Except when the public interest requires otherwise, a search application for a missing person of full age should lapse after a given period. The person making the application may, however, renew his application on the expiration of this period.

2.5. In order not to infringe the privacy of the persons concerned the information asked for by these departments should be adequate and relevant to the purpose in hand.

Moreover, the information furnished may not be used for any purpose other than the search for the missing person.

3. *National offices*

3.1. If such a body does not already exist, each member state should appoint a national office serving as a centre for the exchange of information connected with the search for missing persons at the international level and, whenever possible, at the national level. It should notify the Secretary General of the Council of Europe of existing offices or offices that have recently been appointed so that the other member states may be informed.

3.2. The role of this office should be to exchange with national offices in other states, through the channels indicated in sub-paragraph 3.3. below, requests for the search of missing persons and information received in reply to those requests.

Furthermore, the office should facilitate the search either by taking all the necessary steps itself, or, if competence in this field lies with other authorities, by calling on those authorities to make the necessary comparisons and checks, to issue search notices or to decide whether it is necessary to initiate an international search.

3.3. Without excluding diplomatic channels, contact between the national offices and in particular the circulation of search notices should be effected through Interpol. Consular officials may apply directly to the national office in the state of residence.

4. *Position of a missing person who has been found*

4.1. Steps should be taken in order to ensure that a missing person who has been found may if he so wishes refuse to allow his address or any other

information la concernant soit communiquée à la personne requérante. Cependant, en règle générale, les autorités compétentes ne seront pas tenues de donner suite à un tel refus dans le cas des mineurs, des personnes incapables de subvenir à leurs besoins en raison de leur état mental et de celles qui sont astreintes à une obligation alimentaire.

4.2. Les frais occasionnés par la recherche de la personne disparue demeurent à la charge de l'Etat où la recherche a été effectuée.

4.3. Les frais éventuels d'hébergement, de subsistance et de rapatriement de la personne disparue qui a été retrouvée sont normalement à la charge de l'Etat de sa résidence habituelle, sauf dispositions contraires résultant du droit interne des Etats membres concernés ou d'accords internationaux et d'autres arrangements et pratiques qui existent ou qui pourront exister entre eux. Cette directive ne fait pas obstacle à la faculté d'un Etat de procéder au recouvrement des frais sur la personne concernée ou sur les autres personnes qui en seraient redevables.

2. RECOMMANDATION N° R (79) 8 DU COMITE DES MINISTRES AUX ETATS MEMBRES CONCERNANT LE DOPAGE DANS LE SPORT

(*adoptée par le Comité des Ministres le 20 avril 1979, lors de la 303e réunion des Délégués des Ministres*)

Le Comité des Ministres, en vertu de l'article 15.*b* du Statut du Conseil de l'Europe,

Affirmant que sa Résolution (67) 12 relative au "dopage des athlètes" reste une condamnation valable de l'atteinte causée par l'emploi de substances dopantes aux valeurs éthiques et morales du sport et à la dignité humaine;

Rappelant sa Résolution (76) 41 relative aux "Principes pour une politique de sport pour tous" (la "Charte européenne du sport pour tous") et en particulier l'article V, qui dit que "des mesures doivent être prises pour protéger le sport et les sportifs de toute exploitation à des fins politiques, commerciales ou financières, et de pratiques abusives et avilissantes, y compris l'usage de drogues";

Considérant qu'un grand nombre des problèmes soulevés par l'emploi de substances dont l'usage est prohibé dans le but d'améliorer artificiellement les performances sportives restent à résoudre alors qu'à certains égards cette pratique néfaste tend à se généraliser depuis l'adoption de la Résolution (67) 12;

Considérant la Résolution "dopage et santé" adoptée à Londres, en 1978, lors de la 2e Conférence des ministres européens responsables du Sport, et que certains Etats membres ont légiféré au plan national pour interdire l'usage d'agents dopants dans le sport;

Considérant que les Etats membres du Conseil de l'Europe doivent prendre la tête de la lutte contre le dopage dans le sport et que les gouvernements et les organismes bénévoles s'occupant de sports doivent coopérer à cette fin,

Recommande aux gouvernements des Etats membres:

1. d'accorder tout le soutien possible aux organes directeurs des sports, aux athlètes et à tous ceux qui sont associés au sport, dans leurs efforts pour supprimer le dopage (tel que défini dans la Résolution (67) 12) dans le sport et de les encourager à prendre les mesures nécessaires pour simplifier et harmoniser les diverses réglementations antidopage adoptées par les fédérations sportives;

2. de lancer, en coopération avec les organes directeurs du sport, une campagne éducative destinée à attirer l'attention à la fois des sportifs, et des

information concerning him to be communicated to the person making the application. However, as a general rule the competent authorities are not bound to give effect to such a refusal in the case of minors, or persons incapable of supplying their own needs on account of their mental state, or persons with maintenance liabilities.

4.2. The cost of a search for missing persons should be borne by the state where the search was performed.

4.3. The costs, if any, of board, lodging and repatriation of a missing person who has been found should normally be borne by the state where he is ordinarily resident, subject to any provisions to the contrary in the domestic law of the member states concerned or in international agreements or other arrangements or practices which exist or may exist between them. This guideline does not affect the liberty of a state to recover the cost from the person concerned or from other persons bound to carry these costs.

2. RECOMMENDATION NO R (79) 8 OF THE COMMITTEE OF MINISTERS TO MEMBER STATES CONCERNING DOPING IN SPORT

(*adopted by the Committee of Ministers on 20 April 1979 at the 303rd meeting of the Minister's Deputies*)

The Committee of Ministers, under the terms of Article 15.*b* of the Statute of the Council of Europe,

Affirming that its Resolution (67) 12 on "Doping of athletes" remains a valid condemnation of the harm caused by the use of doping agents to the ethical and moral values of sport and to human dignity;

Recalling its Resolution (76) 41 on the "Principles for a policy of sport for all" (the "European Sport for All Charter") and in particular Article V, which states that "methods should be sought to safeguard sport and sportsmen from exploitation for political, commercial or financial gain and from practices that are abusive and debasing, including the unfair use of drugs";

Considering that many of the problems raised by the taking of illicit substances for the purpose of artificially improving sporting performances are still unresolved, and that in some respects this evil practice has become more widespread since the adoption of Resolution (67) 12;

Bearing in mind the resolution on doping and health adopted at the 2nd Conference of European Ministers responsible for Sport at London in 1978, and that some member states have enacted national legislation forbidding the use of doping agents in sport;

Considering that the member states of the Council of Europe should take a lead in combating the problems of doping in sport, and that governments and the voluntary bodies of sport should work together to this end,

Recommends the governments of member states:

1. to give all the support in their power to the governing bodies of sport, athletes and all those associated with sport in their efforts to eradicate doping (as defined in Resolution (67) 12) in sport and to encourage them to take the steps necessary for the simplification and harmonisation of the various anti-doping regulations adopted by the sports federations;

2. to develop, in co-ordination with the governing bodies of sport, an educational campaign pointing out both to athletes and to coaches, directors and other people involved, the risks involved in using or advocating the use of doping agents, in particular that many such agents present serious long-term

entraîneurs, des directeurs et toute autre personne concernée, sur les risques entraînés par l'utilisation des substances dopantes ou en préconisant leur utilisation, en particulier sur le fait qu'un grand nombre de ces substances présentent de graves dangers à long terme pour la santé; que leur utilisation n'aboutit pas toujours à une amélioration des performances, et que ce qui peut mener au succès n'est pas l'utilisation de substances dopantes, mais plutôt le développement des qualités personnelles, morales, physiques et intellectuelles de chaque individu;

3. d'établir des systèmes de contrôle de l'utilisation de stimulants artificiels dans le sport, et à cette fin:

(*a*) d'encourager la mise au point et l'essai, dans des laboratoires, de méthodes efficaces permettant de détecter l'usage de substances illicites dans le sport et en particulier les substances dont l'utilisation est interdite soit par les organes directeurs internationaux des sports, soit par la législation nationale, là où existe une telle législation;

(*b*) d'accroître leur contribution à la coopération européenne en matière de recherche sur le dopage et, en particulier, dans la détection et le contrôle de nouvelles substances susceptibles d'être utilisées en tant qu'agents dopants dans le sport;

(*c*) d'encourager en priorité la création de laboratoires adéquats permettant d'effectuer des tests et des contrôles sérieux des sportifs et, en particulier:

- de faire en sorte, par les voies les plus appropriées dans chaque pays, que les sportifs et les fédérations puissent y faire appel de façon effective et continue,
- d'encourager la coopération internationale, tant bilatérale qu'au sein du Conseil de l'Europe, afin que les Etats membres ne disposant pas de tels laboratoires puissent avoir raisonnablement accès à ceux qui existent dans d'autres Etats, ainsi qu'à l'expérience, aux connaissances et aux techniques leur permettant d'en créer ultérieurement eux-mêmes,
- d'encourager l'harmonisation des techniques de pointe dans ces laboratoires,
- de veiller à ce que ces laboratoires fonctionnent avec un personnel suffisamment qualifié et expérimenté, et de prévoir la formation du personnel d'autres Etats membres dans les programmes de formation;

4. d'envisager, là où cela n'a pas été fait, la création d'une commission nationale antidopage (qui pourrait réunir des représentants des fédérations sportives, des confédérations nationales du sport, des services gouvernementaux responsables du sport et de la santé publique) en vue d'assurer la liaison nécessaire entre les parties intéressées dans les efforts visant à éliminer le dopage dans la pratique du sport;

5. de rechercher les meilleures façons de venir en aide aux athlètes ou aux fédérations qui, ayant décidé de s'opposer à l'usage de substances illicites dans la pratique des sports, sont de ce fait exposés à des préjudices matériels;

6. de rendre compte au Secrétaire Général, pour le 1er mars 1980, des dispositions prises afin de mettre en oeuvre cette recommandation.

dangers to health; that their use does not always result in an improvement of performance; and that the way to success is not the use of doping agents but rather the development of each individual's personal qualities of character, physique and mind;

3. to set up systems for the control of the use of artificial stimulants in sport and to this end:

(*a*) to encourage the development and testing, in laboratories, of effective methods for detecting the use of illicit substances in sport, and in particular those substances the use of which is forbidden either by the international governing bodies of sport or by national legislation in those countries where such legislation exists;

(*b*) to increase their contribution to European co-operation in research into doping, and in particular into the detection and control of new substances capable of being used for the purpose of doping in sport;

(*c*) to encourage as a priority the creation of suitable laboratories for the comprehensive testing and control of sportsmen, and in particular:

- to ensure by whatever may be the most appropriate means in each country that sportsmen and federations can make effective and continuous use of such laboratories,
- to encourage international co-operation, both bilaterally and within the Council of Europe, so that those member states without such laboratories may have reasonable access to laboratories in other states and to the experience, skills and techniques necessary for them to set up such laboratories at a later stage,
- to encourage the harmonisation of technical procedures of high standard in these laboratories,
- to take steps to ensure that such laboratories are manned by properly qualified and experienced staff and to make provision for the training of personnel from other member states in the training programmes;

4. to consider, where this has not already been done, the creation of a national anti-doping committee (which could consist of representatives from the sports federations, national confederations of sport, governmental administrations responsible for sport and for public health) in order to provide the necessary liaison between the parties involved in the efforts to eradicate the problems of doping in sport;

5. to consider in what ways they might most suitably support those athletes or federations who as a result of taking a stand against the use of illicit substances in sport suffer material consequences;

6. to report to the Secretary General, by 1 March 1980, on measures taken in implementation of this recommendation.

3. RECOMMANDATION NO R (79) 10 DU COMITE DES MINISTRES AUX ETATS MEMBRES CONCERNANT LES FEMMES MIGRANTES

(*adoptée par le Comité des Ministres le 29 mai 1979*, lors de la 305e *réunion des Délégués des Ministres*)

Le Comité des Ministres, en vertu de l'article 15.*b* du Statut du Conseil de l'Europe,

Considérant que le but du Conseil de l'Europe est de réaliser une union plus étroite entre ses membres afin de sauvegarder et de promouvoir les idéaux et les principes qui sont leur patrimoine commun et de favoriser leur progrès économique et social;

S'inspirant du principe de l'égalité des chances et de traitement entre travailleurs masculins et féminins ainsi que des dispositions contenues dans les articles 4.3, 18 et 19 de la Charte sociale européenne et concernant respectivement le droit des travailleurs masculins et féminins à une rémunération égale pour un travail de valeur égale, le droit à exercer une activité lucrative sur le territoire des autres Parties Contractantes et l'exercice effectif du droit des travailleurs migrants et de leurs familles à la protection et à l'assistance;

Eu égard à la Convention européenne relative au statut juridique du travailleur migrant et aux Résolutions (74) 15 et (76) 11 pour ce qui est du principe de l'égalité de traitement entre travailleurs nationaux et travailleurs migrants;

Convaincu que, dans le cadre d'une véritable intégration européenne, il serait opportun que les Etats membres élaborent une politique migratoire permettant la mise en oeuvre et le développement d'actions préventives dans les domaines social, culturel et éducatif propres aux femmes migrantes,

Recommande aux gouvernements des Etats membres:

1. de veiller à ce que:
   (i) la législation et la réglementation nationales qui concernent les femmes migrantes soient pleinement adaptées aux normes internationales en vigueur pour leur pays;
   (ii) l'égalité effective des chances et de traitement entre les travailleuses nationales et migrantes soit assurée par un contrôle efficace et systématique de l'application de la législation et de la réglementation nationales;
2. d'envisager, sans préjuger des dispositions plus favorables aux travailleuses migrantes résultant de la législation interne ou des instruments internationaux en vigueur, les mesures suivantes:

(i) *en ce qui concerne l'information*

- instituer une étroite collaboration entre les pays de départ et d'accueil afin de fournir aux femmes migrantes avant le départ et au cours du séjour l'information nécessaire sur les conditions de vie et de travail dans le pays d'accueil;
- veiller à que cette information soit dispensée dans une langue qu'elles peuvent comprendre;
- créer dans la mesure du possible et, lorsqu'ils existent déjà, améliorer et encourager les services sociaux et leur fournir les moyens nécessaires pour:
  (*a*) aider les femmes migrantes dans le processus d'adaptation au milieu social du pays d'accueil, notamment en ce qui concerne les droits et possibilités d'accès aux structures d'accueil, telles que logements, foyers, crèches, écoles, etc., adaptés à leurs besoins et à ceux de leur famille;
  (*b*) faire connaître, par tout moyen approprié, et au cours de leur séjour dans le pays d'accueil, aux femmes migrantes, particulièrement mères céliba-

3. RECOMMENDATION NO. R (79) 10 OF THE COMMITTEE OF MINISTERS TO MEMBER STATES CONCERNING WOMEN MIGRANTS

(adopted by the Committee of Ministers on 29 May 1979 at the 305th meeting of the Ministers' Deputies)

The Committee of Ministers, under the terms of Article 15.*b* of the Statute of the Council of Europe,

Considering the aim of the Council of Europe is to achieve a greater unity between its members for the purpose of safeguarding and realising the ideals and principles which are their common heritage and facilitating their economic and social progress;

Guided by the principle of equality of opportunity and treatment between men and women workers and by the provisions of the European Social Charter contained in Articles 4, sub-paragraph 3, 18 and 19 concerning respectively the right of men and women workers to equal pay for work of equal value, the right to engage in a gainful occupation in the territories of other Contracting Parties, and the effective exercise of the right of migrant workers and their families to protection and asssistance;

Having regard to the European Convention on the Legal Status of Migrant Workers and to Resolutions (74) 15 and (76) 11 as far as the principle of the equality of treatment of national and migrant workers is concerned;

Convinced that in the context of genuine European integration member states could usefully formulate a migration policy providing for the implementation and development of preventive measures in the social, cultural and educational life of women migrants,

Recommends that the governments of member states:

1. ensure that:

   (i) national legislation and regulations concerning women migrants be fully adapted to existing international standards which are in force for their countries;

   (ii) Effective equality of opportunity and treatment between migrant and national women workers is ensured in practice by efficient and systematic monitoring of the implementation of national legislation and regulations;

2. envisage, without prejudice to any provisions more favourable to women migrant workers provided for in national legislation or international agreements, the following steps:

(i) *in respect of information*

– to develop close collaboration between the sending and receiving countries so as to provide women migrants before departure and during residence with any necessary information about living and working conditions in the receiving country;

– to see to it that this information is provided in a language which they can understand;

– to set up as far as possible and, where they already exist, improve and promote social services and provide them with the necessary means:

  (*a*) to assist women migrants to adapt to the social environment of the receiving country, notably by providing better reception facilities such as housing, hostels, crèches, schools, etc. suited to their needs and those of their families;

  (*b*) to inform women migrants and particularly unmarried mothers, widows

taires, veuves, divorcées, leurs droits et obligations juridiques ainsi que les mécanismes juridiques et administratifs s'y référant – y compris la procédure adoptée par le Comité des Ministres du Conseil de l'Europe en 1967 relative au recouvrement de l'obligation alimentaire – qui peuvent assurer leur protection et les aider à accomplir les démarches administratives s'y rapportant;

(*c*) assister les travailleuses migrantes dans leur adaptation au milieu du travail en les renseignant sur leurs droits et obligations spécifiques et sur les services qui sont à leur disposition ainsi que sur les possibilités de formation professionnelle et encourager les services de l'emploi à s'associer, s'il y a lieu, à toutes ces activités d'information;

(ii) *en ce qui concerne les conditions de séjour et de travail*

- prendre toute mesure propre à empêcher des discriminations entre les travailleuses nationales et les travailleuses migrantes, à la fois en cas de licenciement pour cause d'excédents de main-d'oeuvre et, si la législation interne le permet, en cas de réembauche ultérieure;
- veiller à ce que, conformément à la législation nationale, les épouses non salariées des travailleurs migrants et leurs enfants à charge puissent conserver leur permis de séjour et recevoir une aide administrative et sociale appropriée pour faire valoir leurs droits au cas où le mari perd son emploi, dans la mesure où le permis de séjour de celui-ci demeure valable;
- faire en sorte que les travailleuses migrantes qui sont licenciées et sont obligées de quitter le pays d'emploi conservent tous leurs droits acquis ou en voie d'acquisition, conformément à la législation et à la réglementation nationales;

(iii) *en ce qui concerne les conditions de vie et de développement socio-culturel en général*

- prendre les mesures adéquates pour promouvoir l'adaptation des femmes migrantes dans l'environnement social et professionnel du pays d'accueil;
- veiller à ce que les conditions d'accès et de jouissance des services destinés aux enfants soient basées, dans toute la mesure du possible, sur le critère d'égalité avec les nationaux;
- promouvoir auprès de l'opinion publique une prise de conscience et une meilleure compréhension des problèmes spécifiques des femmes migrantes;
- veiller à ce que les autorités compétentes prennent, en étroite collaboration avec les organisations intéressées, notamment les organisations féminines y compris celles des femmes migrantes, des initiatives et des mesures en vue de promouvoir l'épanouissement culturel des femmes migrantes, de favoriser leur promotion socio-culturelle ainsi que la communication avec le milieu social du pays d'accueil;

(iv) *en ce qui concerne la formation de base, orientation professionnelle et promotion*

- renforcer les moyens permettant à toutes les femmes migrantes de bénéficier des cours de langue correspondant à leurs besoins et, si nécessaire, des cours d'alphabétisation, conformément à la Résolution (68) 18 du Comité des Ministres;
- étendre aux femmes migrantes le bénéfice des actions d'orientation et de formation professionnelles et d'éducation permanente;
- permettre aux travailleuses migrantes de bénéficier, au même titre que les travailleuses nationales, des facilités de recyclage et de réadaptation professionnelle offertes par les organismes compétents, et encourager, notamment dans le cadre d'accords bilatéraux, toutes mesures utiles pour favoriser leur promotion et leur réinsertion professionnelle en cas de

and divorcees, through all appropriate channels and during their residence in the receiving country, about their legal rights and obligations, as well as the related legal and administrative machinery – including the procedure for the recovery of maintenance payments set up in 1967 by the Committee of Ministers of the Council of Europe – that may protect and assist them with the necessary administrative formalities;

(*c*) to help women migrant workers adapt to their working environment by giving them in formation about their specific rights and obligations, about services available to them and the opportunities for vocational training, and to encourage employment services to be associated if necessary with all these information activities;

(ii) *in respect of conditions of residence and work*

– to take all appropriate measures to prevent discrimination between indigenous women workers and migrant women workers, both in the case of redundancy and, where national legislation permits, in the case of subsequent re-engagement;
– to ensure that in conformity with the national legislation the unemployed wives of migrant workers and their dependent children can keep their residence permit and be provided with appropriate social and administrative assistance in exercising their rights if their husbands lose their jobs, as long as the husband's residence permit remains valid;
– to see to it that women migrant workers who are made redundant and are compelled to leave the country of employment retain all their acquired rights or rights in the process of being acquired, in conformity with the national legislation and regulations;

(iii) *in respect of living conditions and socio-cultural development in general*

– to take adequate steps to promote the adjustment of women migrants to the social and professional environment of the receiving country;
– to see to it that the conditions of access to and enjoyment of child care facilities are based, as far as possible, on a criterion of equality with national workers;
– to promote public awareness and understanding among the population of the specific problems of women migrants;
– to ensure that the competent authorities take initiatives and measures in close co-operation with organisations, including those for women migrants – to promote cultural self-fulfilment among women migrants, provide for their socio-cultural advancement and foster communication with the social environment of the receiving country;

(iv) *in respect of basic training, vocational guidance and promotion*

– to increase the resources enabling women migrants to take advantage of language classes corresponding to their needs and, if need be, reading and writing classes, in accordance with Resolution (68) 18 of the Committee of Ministers;
– to extend to women migrants the benefit of vocational guidance, vocational training and permanent education;
– to enable women migrant workers to enjoy, on the same footing as indigenous women workers, the vocational retraining and rehabilitation facilities provided by the competent services and to support, notably in the framework of international agreements, all measures to further their promotion and ensure their resettlement should they change their occupation in the receiving country or return to their countries of origin;

3. Report to the Secretary General of the Council of Europe every five years on measures taken to give effect to this recommendation.

changement d'emploi dans le pays d'accueil ou de retour dans le pays d'origine.

3. de rendre compte tous les cinq ans au Secrétaire Général du Conseil de l'Europe des mesures adoptées pour donner effet à cette recommandation.

4. RECOMMANDATION NO R (79) 17

DU COMITE DES MINISTRES AUX ETATS MEMBRES CONCERNANT LA PROTECTION DES ENFANTS CONTRE LES MAUVAIS TRAITEMENTS

(adoptée par le Comité des Ministres le 13 septembre 1979, lors de la 307e réunion des Délégués des Ministres)

Le Comité des Ministres, en vertu de l'article 15.*b* du Statut du Conseil de l'Europe,

1. Considérant que le but du Conseil de l'Europe est de réaliser une union plus étroite entre ses membres afin de sauvegarder et de promouvoir les idéaux et les principes qui sont leur patrimoine commun et de favoriser leur progrès économique et social;

2. Vu la Déclaration des droits de l'enfant adoptée par les Nations Unies, et notamment ses deuxième et neuvième principes;

3. Vu l'article 17 de la Charte sociale européenne relatif au droit de la mère et de l'enfant à une protection sociale et économique;

4. Vu la Recommandation 561 (1969) de l'Assemblée Consultative du Conseil de l'Europe;

5. Ayant pris connaissance du rapport sur les causes et la prévention des sévices infligés aux enfants, établi à la demande du Comité social;

6. Réaffirmant le principe universellement admis selon lequel les droits des parents, tuteurs et gardiens sur les enfants peuvent et doivent faire l'objet de restrictions destinées à empêcher que ceux-ci ne subissent un préjudice grave et évitable;

7. Réaffirmant que ce principe doit être appliqué grâce à l'intervention efficace des pouvoirs publics;

8. Confirmant que les mauvais traitements ou privations d'ordre physique ou affectif infligés aux enfants par ceux qui en ont la garde posent un problème grave dans la plupart des Etats membres;

9. Considérant aussi que ces mauvais traitements peuvent être la manifestation extrême de problèmes plus larges d'ordre familial et souvent social;

10. Constatant que les effets à long terme d'un milieu familial hostile sont fréquemment désastreux pour la croissance, la capacité d'apprendre et l'épanouissement de l'enfant, ainsi que pour son comportement futur en tant que parent, et sont donc coûteux à la longue pour la société tout entière;

11. Regrettant que la société manifeste néanmoins ignorance et indifférence à l'égard de ce phénomène dont elle hésite à reconnaître l'étendue et la gravité et qu'elle estime relever des pouvoirs publics plus que des interventions individuelles;

12. Estimant que la recherche de solutions à long terme de ce problème exige une double stratégie fondée d'une part sur des mesures efficaces d'intervention immédiate et, d'autre part, sur une politique préventive;

13. Prenant acte des initiatives prises dans plusieurs Etats membres et non membres, afin d'élaborer et de coordonner des méthodes systématiques de prévention et d'intervention pour protéger les enfants contre les mauvais traitements, et de leurs résultats positifs;

14. Désireux par conséquent, vu l'urgence du problème, de promouvoir la généralisation de ces méthodes dans les Etats membres;

4. RECOMMENDATION NO. R (79) 17

OF THE COMMITTEE OF MINISTERS TO MEMBER STATES CONCERNING THE PROTECTION OF CHILDREN AGAINST ILL-TREATMENT

(adopted by the Committee of Ministers on 13 September 1979 at the 307th meeting of the Ministers' Deputies)

The Committee of Ministers, under the terms of Article 15.*b* of the Statute of the Council of Europe,

1. Considering that the aim of the Council of Europe is the achievement of greater unity among its members for the purpose of safeguarding and realising the ideals and principles which are their common heritage and of facilitating their economic and social progress;

2. Bearing in mind the United Nations' Declaration on the Rights of the Child, and especially its second and ninth principles;

3. Bearing in mind Article 17 of the European Social Charter concerning the rights of mothers and children to appropriate social and economic protection;

4. Bearing in mind Recommendation 561 (1969) of the Consultative Assembly of the Council of Europe;

5. In the light of the report on the causes and prevention of child abuse prepared at the request of the Social Committee;

6. Reaffirming the generally accepted principle that the rights of parents, guardians and custodians over children may and should be subjected to the necessary restraints to prevent serious and avoidable harm to the children;

7. Reaffirming that this principle should be applied through effective intervention on the part of public authorities;

8. Confirming that physical or emotional ill-treatment or neglect of children by those responsible for their care is a serious problem in most member states;

9. Considering also that such child abuse may be the most extreme manifestation of a wider problem of family disorder and often of society as a whole;

10. Noting that the long-term effects of the abusive home environment are frequently disastrous for the child's growth, his learning capacities, his personality development as well as his future behaviour as a parent and thus costly for society in the long run;

11. Regretting that, despite this fact, there is ignorance, indifference and even resistance within society to the acknowledgement of the extent and gravity of the phenomenon and that it is often regarded as a problem for the authorities and not for the individual;

12. Noting that the search for a long-term solution to this problem requires a dual strategy, consisting of effective measures of immediate intervention, detection and management, and secondly a policy of prevention;

13. Noting the initiatives taken in several member states and in non-member states to develop systematic and co-ordinated methods in the prevention and management of child abuse, and their positive results;

14. Anxious therefore, in view of the urgency of the problem, to promote the general application of such methods to combat the problem in member states;

15. Anxious to encourage research and projects intended to obviate the lack of data presently available and the inadequacy of experience in this field, as well as to adapt measures taken to the newly acquired knowledge;

15. Soucieux d'encourager les recherches et les projets qui permettent de remédier à l'insuffisance des données actuellement disponibles et au manque d'expérience, et d'adapter les mesures prises au progrès des connaissances;

16. Soulignant qu'une prévention et une intervention efficaces nécessitent une coordination et une coopération totales entre les services sociaux, de santé et autres,

I. Recommande aux gouvernements des Etats membres de prendre toute mesure utile pour assurer la sauvegarde de l'enfance maltraitée, c'est-à-dire, aux fins de la présente recommandation, des enfants qui font l'objet de sévices corporels ou sont victimes d'un manque de soins, d'une absence d'affection ou d'une cruauté mentale de nature à compromettre leur développement physique intellectuel ou affectif, lorsque ces actes ou manquements sont le fait de personnes ayant la garde de l'enfant ou sous l'autorité desquelles il est placé de façon temporaire ou permanente.

A cette fin, il les invite:

1. à promouvoir une meilleure connaissance de l'étendue et de la gravité du problème, notamment en encourageant les campagnes d'information du public sur le caractère social du phénomène, ses causes et ses manifestations, ainsi que sur les mesures prises ou à prendre pour le combattre;

2. à améliorer l'organisation de la protection de l'enfance, compte tenu des principes et des suggestions énoncés à l'annexe I, de façon à assurer le maximum d'efficacité à la prévention, au dépistage et aux interventions;

3. à promouvoir la coordination, l'entente et l'échange de connaissances entre les services et les personnes des diverses catégories professionnelles concernées par la protection de l'enfance afin de faciliter une approche pluridisciplinaire;

4. à promouvoir la recherche sur ce problème, en donnant la priorité dans la limite des ressources disponibles aux études sur les systèmes de prévision et de prévention, ainsi que de dépistage précoce et de traitement; à formuler des définitions spécifiques des sévices et à envisager des recherches dans le sens indiqué à l'annexe II;

5. à faire constamment le point de la législation sur la protection de l'enfance de façon à la conformer aux principes énoncés dans la présente recommandation et, le cas échéant, à l'adapter à l'évolution survenue dans la perception du problème;

II. Invite les gouvernements des Etats membres à informer tous les cinq ans le Secrétaire Général du Conseil de l'Europe des suites qu'ils auront données à la présente recommandation.

ANNEXE I A LA RECOMMANDATION N° R (79) 17
Principes et suggestions

1. *Prévention*

Pour assurer une prévention efficace, il conviendrait:

(*a*) d'améliorer les conditions socio-économiques en général et de développer les mesures d'aide aux familles en prenant tout spécialement en considération les groupes de la population économiquement et socialement défavorisés;

(*b*) de développer les services de planification familiale pour que les couples aient la possibilité de diminuer le nombre de grossesses non désirées;

(*c*) d'encourager toute mesure susceptible d'enrayer la violence dans la société;

16. Stressing that effective prevention and management of the problem requires the fullest co-ordination and co-operation between the health, social and other agencies,

I. Recommends that the governments of member states take all necessary measures to ensure the safety of abused children, who for the purposes of this recommendation are those subjected to physical injury and those who are victims of neglect, deprivation of affection or mental cruelty likely to jeopardise their physical, intellectual and emotional development, where the abuse is caused by acts or omissions on the part of persons responsible for the child's care or others having temporary or permanent control over him;

To this effect, it invites them to:

1. foster a better awareness of the extent and gravity of the problem, in particular by encouraging public education campaigns in order to spread information on child abuse as a social phenomenon, on its causes, its signs and the measures which are being taken or could be taken to combat it;

2. with a view to ensuring, in the most effective way, prevention, detection and management of cases of child abuse, improve the organisation of the child welfare and protection system, taking into account the principles and suggestions mentioned at Appendix I;

3. promote co-ordination, knowledge and understanding among services and among persons belonging to the various professional groups involved in child protection, in order to facilitate a multidisciplinary approach;

4. promote research into the problem giving priority within available resources to studies on schemes for prediction and prevention and for early identification and management; formulate specific definitions on child abuse, and consider research along the lines indicated at Appendix II;

5. keep child protection legislation constantly under review in order to ensure that it conforms to the guidelines set forth in the present recommendation and, if appropriate, adapt it according to developments in understanding of the problem of child abuse;

II. Invites the governments of member states to inform the Secretary General of the Council of Europe every five years of the steps they have taken to implement the present recommendation.

APPENDIX I TO RECOMMENDATION N° R (79) 17

Principles and suggestions to be considered

1. *Prevention*

In order to ensure effective prevention it would be appropriate:

(*a*) to improve general socio-economic conditions and to develop measures for family welfare giving special consideration to those population groups which are economically and socially at a disadvantage;
(*b*) to develop family planning services with a view to enabling couples to avoid unwanted pregnancies;
(*c*) to encourage all measures likely to contain violence in society;
(*d*) to research into the most effective ways of preparing young people for parenthood, including the provision of courses at school and use of the mass media for teenagers and the public in general;

(*d*) de rechercher la meilleure façon de préparer les jeunes à leurs responsabilités de parents, notamment par des cours dans les établissements scolaires et l'usage des *mass media* à l'intention des adolescents et du public en général;

(*e*) de veiller, notamment lors de la première grossesse, à ce que les parents aient la faculté de s'informer et de discuter des méthodes pour élever et éduquer des enfants en fonction des différents stades de développement et à ce qu'ils soient encouragés à le faire;

(*f*) de s'intéresser tout particulièrement à la période périnatale afin de favoriser l'établissement de liens affectifs entre les parents et le nouveau-né,

- en assurant une bonne préparation psychologique des deux parents à la naissance de l'enfant et à leur rôle de parent,
- en privilégiant l'aide et la compréhension pour les femmes en couches et en décourageant comportements et pratiques traumatisants qui pourraient affecter l'attitude de la mère à l'égard de son enfant,
- en encourageant la cohabitation de la mère et de l'enfant dans les maternités,
- en développant les capacités éducatives des parents et en leur donnant confiance en eux, sans toutefois exagérer l'importance des connaissances techniques,
- en encourageant l'allaitement au sein grâce à l'information des parents et des personnes appelées à conseiller les mères,
- en reconnaissant l'importance du rôle du père vis-à-vis de la mère et du nouveau-né, par exemple en lui donnant la possibilité d'assister à l'accouchement et en examinant celle de lui accorder un congé indemnisé à l'occasion de la naissance;

(g) lorsque des enfants malades ou de poids insuffisant à la naissance, et notamment des nouveau-nés handicapés, sont placés dans des unités de soins spéciales, de favoriser le plus possible les contacts entre ces enfants et leurs parents et surtout de faire en sorte que le personnel médical, infirmier ou autre, leur apporte aide et conseils;

(*h*) de mettre en place un système de santé complet assurant la prévention et capable, au moyen de contrôles réguliers, de suivre le développement de tous les enfants d'âge préscolaire, en s'attachant en particulier:

i. à la continuité des soins,

ii. aux moyens d'encourager le recours aux services par les familles enclines à ne pas en tirer pleinement parti;

(*i*) d'instituer un mécanisme ou de développer des recherches qui permettent d'identifier les familles vulnérables à un stade précoce de la période prénatale et périnatale;

(*j*) de fournir, aux premiers stades de la vie de l'enfant, une assistance particulière aux familles vulnérables aux prises avec des problèmes parentaux;

(*k*) nombre des parents en cause se faisant une idée fausse du développement de l'enfant et la plupart d'entre eux n'ayant pas eu un bon exemple en la matière et éprouvant de grandes difficultés à établir des rapports familiaux empreints de chaleur, de s'attacher tout spécialement:

i. à apprendre aux parents à comprendre les besoins et les comportements des enfants aux différents stades de leur développement,

ii. à comprendre et à résoudre les problèmes conjugaux, en apportant aux intéressés une aide psychologique, s'il y a lieu,

iii. à atténuer les contraintes du milieu qui souvent coexistent.

(*e*) to ensure, especially during the first pregnancy, that all parents have adequate opportunities to learn and discuss methods of child rearing appropriate to the various stages of development and are encouraged to do so;

(*f*) to devote particular attention to the perinatal period in order to promote the establishment of emotional bonds between the parents and the newborn child by:

- ensuring a good preparation for childbirth and parenthood for both parents,
- emphasising support and understanding for the mother in labour and discouraging the excessive use of emotionally traumatising practices at the time of birth, which might affect the mother's attitude towards the child,
- encouraging rooming-in in the maternity wards,
- promoting parents' self-confidence and competence in handling their baby, avoiding over-emphasis on the acquisition of technical skills,
- favouring and promoting breast-feeding, where appropriate, by educating parents and persons who are likely to advise mothers,
- recognising the important role of the father vis-à-vis both the mother and the newborn child, for example by giving the father the opportunity to participate at the childbirth and by giving consideration to providing for childbirth leave without loss of income for him;

(*g*) when low birthweight or sick newborn babies, particularly handicapped babies, are in special care units, to encourage maximum contact between parents and infants and especially to ensure support and counselling by nurses, doctors and others;

(*h*) to ensure that there exists a comprehensive preventive child health care system capable of following, by regular checks, the progress of every pre-school child, paying special attention to:

i. continuity of health care,

ii. ways of improving the take-up of services by families prone not to make full use of them;

(*i*) to establish a mechanism, or extend research, for predicting vulnerable families at an early stage in the antenatal and perinatal period;

(*j*) to give special care and support to vulnerable families with parenting problems in the early stages of the child's life;

(*k*) since many parents concerned have unrealistic expectations about child development and bearing in mind that the majority have not had a good model of parenting themselves and have great difficulty in understanding how to achieve a warm family relationship, to pay very special attention to:

i. teaching these parents to understand the needs and behaviour of young children at different stages of development,

ii. understanding and treating marital problems, giving psychological help where necessary,

iii. relieving environmental stresses which often coexist.

2. *Dépistage*

Afin d'atteindre l'objectif principal, qui est le dépistage précoce de tout cas de mauvais traitement, il faudrait:

(*a*) informer le public sur les moyens de signalement auxquels il peut avoir recours avec discrétion, afin de permettre à l'entourage d'un enfant en danger de prendre des mesures efficaces;

(*b*) encourager le public, et tout spécialement les personnes les plus susceptibles de rencontrer des enfants maltraités, à apporter leur assistance pour le dépistage des sévices;

(*c*) prendre les mesures nécessaires en vue de permettre aux personnes soumises au secret professionnel de révéler, sur la base de procédures déterminées et de façon compatible avec leurs éthiques professionnelles, les cas de sévices ou de privations infligés à des mineurs, notamment en édictant à cette fin des dispositions législatives ou en encourageant l'adoption de dispositions similaires au niveau des codes de déontologie professionnelle.

3. *Intervention*

(*a*) L'objectif prioritaire doit être de faire cesser les mauvais traitements et d'empêcher toute récurrence des actes dépistés;

(*b*) A titre d'objectif secondaire, il faudrait s'efforcer de maintenir autant que possible l'enfant dans sa famille grâce à des mesures efficaces d'assistance et de traitement de la cellule familiale tout entière;

(*c*) Il conviendrait d'assurer au niveau local, dans le cadre des services existants de protection de l'enfance, l'utilisation de procédures permettant d'agir dès qu'un cas est signalé ou dépisté et prévoyant toujours une enquête médicale et psycho-sociale immédiate, conduite par une équipe pluridisciplinaire et, le cas échéant, une action judiciaire;

(*d*) Il faudrait prévoir des procédures qui permettent, sous le contrôle du juge, d'une part en cas d'urgence et pour un temps limité, de retirer un enfant à sa famille pour le mettre à l'abri et, d'autre part, de priver les parents, totalement ou en partie et à titre provisoire ou définitif, de leurs droits parentaux ou de l'exercice de ces droits, le critère de décision étant l'intérêt de l'enfant, établi autant que possible après une minutieuse enquête psycho-sociale sur l'enfant, ses parents et le milieu familial tout entier;

(*e*) La mesure périodique du degré de croissance et de développement de l'enfant peut permettre d'évaluer le degré de bien-être de la famille et d'alerter les spécialistes sur la nécessité de fournir à l'enfant un traitement, une formation ou des soins spéciaux;

(*f*) Des mesures sont nécessaires pour assurer la continuité et la cohérence des interventions ainsi qu'une coordination appropriée entre les parties intéressées.

4. *Formation du personnel*

En vue d'assurer la formation adéquate du personnel des diverses professions appelées à concourir à la protection des enfants contre les mauvais traitements, il conviendrait:

(*a*) de favoriser une approache systématique de cette formation et de promouvoir les études et expériences de nature à déterminer au mieux le contenu des programmes et les méthodes d'enseignement ainsi que la préparation du matériel didactique;

(*b*) d'intégrer cette formation dans les programmes d'enseignement de toutes

2. *Detection*

In order to reach the main objective, i.e. the detection of all cases of child abuse at an early stage, it would be appropriate:

(*a*) to give the public information about reporting systems which it can use with discretion, so that the people around a child at risk may take effective measures;

(*b*) to encourage the public and especially those most likely to meet ill-treated children to assist in the detection of cases of abuse;

(*c*) to take such measures as are necessary to enable persons subject to professional secrecy to disclose cases of ill-treatment or neglect of minors, on the basis of established procedures and in a manner consistent with professional ethics, *inter alia* by the enactment of legislative provisions for this purpose or encouraging the adoption of similar provisions in codes of professional conduct.

3. *Management*

(*a*) The priority objective should be the interruption of ill-treatment and the prevention of further abuse in every detected case;

(*b*) As a subsidiary objective, it should be endeavoured to maintain as far as practicable the child in his family by effective measures of support and treatment of the whole family unit;

(*c*) It would be appropriate to ensure the use at local level, within the existing institutions for child welfare, of procedures making it possible to take action as soon as a case has been reported or detected, and providing in every case for immediate medical and psycho-social investigation by a multidisciplinary team and, if appropriate, legal intervention;

(*d*) Procedures should be made available, subject to due process of law, both for short-term emergency removal of a child from its family to a place of safety and for partial or total deprivation of parental rights or of the exercise of those rights for a period or permanently, the criterion for the decision being the best interests of the child, assessed, where possible, after a thorough multidisciplinary psycho-social study of the child, its parents and the whole family;

(*e*) Regular assessment of the long-term growth and development of the child can be used as a sign of the total family well-being as well as alerting professional staff to its own need for special treatment, training or care;

(*f*) Steps should be taken to ensure the continuity and coherence of management and the adequate co-ordination of the parties involved.

4. *Training of personnel*

With a view to ensuring an adequate training of the personnel in the various professional groups dealing with the protection of children against ill-treatment, it would be appropriate:

(*a*) to favour a systematic approach to such training and to stimulate studies and experiments to determine the most appropriate content of such training, the teaching methods as well as the preparation of the necessary teaching aids;

(*b*) to make such training an integral part of the formal training of all

les personnes susceptibles de devoir dépister des cas de mauvais traitements ou d'intervenir à titre d'action ou de prévention;

(*c*) d'offrir des possibilités de formation sur le tas et de recyclage, compte tenu de la rapide évolution des connaissances dans ce domaine;

(*d*) de faire en sorte que les programmes de formation des pédiatres, médecins scolaires, généralistes et psychologues ainsi que des autres membres des professions médicales et paramédicales susceptibles de rencontrer des enfants maltraités leur permettent de diagnostiquer les sévices dès les premiers stades;

(*e*) de faire en sorte que les travailleurs sociaux, les enseignants, les agents de la force publique et tous les spécialistes susceptibles de rencontrer des cas de mauvais traitements à enfants apprennent à reconnaître les signes de sévices;

(*f*) de faire connaître également aux personnes visées en *d* et *e* le comportement à adopter en présence d'un cas suspect;

(*g*) de souligner la nécessité d'une approche pluridisciplinaire dès la formation, comme moyen d'abattre toutes les barrières à la coopération entre disciplines et professions;

(*h*) de s'assurer le concours de tous les organes et services chargés de la formation dans les professions concernées, des instances chargées des interventions et, le cas échéant, des équipes spécialisées attachées au service de pédiatrie local;

(*i*) de promouvoir une prise de conscience de la notion de responsabilité en matière de formation du personnel médical et social, et en matière d'information du public en général.

ANNEXE II A LA RECOMMANDATION N° R (79) 17
Sujets de recherches

i. L'évaluation de méthodes permettant de déterminer quelles familles ont besoin d'une aide spéciale pour empêcher qu'elles n'élèvent leurs enfants de façon anormale.

ii. L'évaluation de méthodes permettant de fournir au mieux, dès le début, cette aide et ces consultations intensives.

iii. L'évaluation continue, une fois les mauvais traitements constatés, des divers systèmes d'assistance aux familles: visites médicales supplémentaires, conseils, aides familiales spécialisées, grands-mères de remplacement, crèches de secours, garderies et assistance vingt-quatre heures sur vingt-quatre.

iv. Des études du suivi, soigneusement contrôlées, portant sur l'évolution et la personnalité ultérieures des enfants ayant été maltraités.

v. La valeur des diverses formules de foyer de substitution sur le plan du développement général de la personnalité de l'enfant.

vi. Les principes directeurs à suivre pour apprécier, avant de rendre l'enfant à ses parents, dans quelle mesure il sera en sécurité.

vii. L'étude des divers moyens permettant d'utiliser de façon plus efficace la législation existante pour la protection des enfants.

viii. L'étude de données statistiques sur le problème et des recherches sur la vie des responsables de sévices.

ix. Programmes de recherche opérationnelle sur les mesures de prévention, de dépistage et d'intervention.

workers likely to be involved in the detection, management and prevention of child abuse;

(*c*) to provide opportunities for in-service training and for regular refresher courses, in the light of the rapid developments of knowledge in the field;

(*d*) to ensure that the training programmes of all paediatricians, school doctors, general practitioners and child psychologists, as well as of other members of the medical and para-medical professions likely to come across the problem, will enable them to recognise cases of child abuse at an early stage;

(*e*) to ensure that social workers, teachers, members of the police and all professional workers likely to come across cases of child abuse will be taught to recognise signs of it;

(*f*) to make known to all the professional workers referred to in *d* and *e* the steps to be taken in the presence of a suspected case;

(*g*) to emphasise the need for a multidisciplinary approach in this training, as a means of breaking down any barriers to co-operation between disciplines and professions;

(*h*) to ensure the co-operation of all bodies or services responsible for the training of all relevant professions, of the management for child abuse and of the teams, if any, especially concerned with child abuse attached to local paediatric units;

(*i*) to introduce a new awareness of the concept of responsibility into training for medical and social personnel as well as into information for the public at large.

APPENDIX II TO RECOMMENDATION N°.R (79) 17
Subjects of research

i. The evaluation of schemes for predicting families needing special help to prevent abnormal ways of child rearing.

ii. The evaluation of schemes for the best means of providing this early intensive help and counselling.

iii. The evaluation of the various family support systems on a long-term basis, once abuse has been recongised, e.g. extra health visiting, counselling, home-help services, day foster care, substitute grandmothers, crisis nurseries, day nurseries, twenty-four-hour assistance.

iv. Carefully controlled follow-up studies on the later development and personality of children who have been abused.

v. The evaluation of various forms of substitute family care, in terms of the child's overall personality development.

vi. The establishment of guidelines for estimating the relative safety of the home before returning the child.

vii. The study of various ways in which the existing law may be more effectively used for the protection of children.

viii. Statistical data on the problem and research into the lives of people committing child abuse.

ix. Action research programmes on measures of prevention, detection and management.

5. AUTRES RECOMMANDATIONS DU COMITE DES MINISTRES

1. Education des consommateurs adultes et information du consommateur.
2. Consultation et participation du consommateur au sein des organes officiels et para-officiels et représentation du consommateur auprès des organismes de normalisation.
3. Insertion des jeunes dans le monde de travail.
4. Principes pour une stratégie en vue du développement du tourisme dans les régions de montagne.
5. Transport et échange internationaux de substances d'origine humaine.
7. Accélération de la procédure de liquidation des pensions en cas de carrière mixte.
9. Fiche d'identification et d'évaluation des paysages naturels en vue de leur protection.
11. Fiche d'identification et d'évaluation des zones humides en vue de leur protection.
12. Application de la Convention européenne sur la transmission des procédures répressives.
13. Application de la Convention européenne sur la valeur internationale des jugements répressifs.
14. Application de la Convention européenne pour la surveillance des personnes condamnées ou libérées sous condition.
15. Application de la Convention européenne pour la répression des infractions routières.
16. Promotion des recherches relatives aux droits de l'homme dans les Etats membres du Conseil de l'Europe.
18. Emblème du Conseil de l'Europe.

D. TEXTES ADOPTES PAR L'ASSEMBLEE PARLEMENTAIRE

1. RECOMMANDATION 854 (1979)[1]
RELATIVE A L'ACCES DU PUBLIC AUX DOCUMENTS GOUVERNEMENTAUX ET A LA LIBERTE D'INFORMATION

L'Assemblée,

1. Réaffirmant sa foi en la démocratie parlementaire;
2. Convaincue que la démocratie parlementaire ne peut fonctionner convenablement que si les citoyens et leurs représentants élus sont pleinement informés;
3. Considérant que, dans la société actuelle, la vie publique est devenue à ce point complexe et technique que les services et organismes gouvernementaux produisent et possèdent souvent des informations qui ne peuvent être obtenues auprès d'autres sources;
4. Jugeant dès lors souhaitable que, sous réserve de certaines exceptions inévitables, le public ait accès aux documents gouvernementaux;
5. Considérant que cette liberté d'information permet également de faire utilement face à la corruption et au gaspillage des deniers publics;
6. Considérant que les contribuables, c'est-à-dire le public en général, alimentent les caisses de l'Etat, et qu'ils devraient donc être en mesure de savoir comment les fonds publics sont bien ou mal utilisés par les services et organismes gouvernementaux;

[1] *Discussion par l'Assemblée* le 1er février 1979 (24e séance) (voir Doc. 4195, rapport de la commission des questions juridiques).
Texte adopté par l'Assemblée le 1er février 1979 (24e séance).

5. OTHER RECOMMENDATIONS OF THE COMMITTEE OF MINISTERS

1. Consumer education of adults and consumer information.
2. Consumer consultation and participation in official and quasi-official bodies and consumer representation on standards bodies.
3. Integration of young people into the world of work.
4. Principles of a strategy for tourism development in mountain regions.
5. International exchange and transportation of human substances.
7. Speeding up of mixed career pensions.
9. Identification and evaluation card for the protection of natural landscapes.
11. Identification and evaluation card for the protection of the wetlands.
12. Application of the European Convention on the transfer of proceedings in criminal matters.
13. Application of the European Convention on the international validity of criminal judgments.
14. Application of the European Convention on the supervision of conditionally sentenced or conditionally released offenders.
15. Application of the European Convention on the punishment of road traffic offenders.
16. Promotion of human rights research in the member States of the Council of Europe.
18. Emblem of the Council of Europe.

D. TEXTS ADOPTED BY THE PARLIAMENTARY ASSEMBLY

1. RECOMMENDATION 854 (1979)[1] ON ACCESS BY THE PUBLIC TO GOVERNMENT RECORDS AND FREEDOM OF INFORMATION

The Assembly,

1. Reaffirming its faith in parliamentary democracy;
2. Convinced that parliamentary democracy can function adequately only if the people in general and their elected representatives are fully informed;
3. Considering that in today's society public life has become so complicated and technical that government departments and agencies frequently generate and possess information which cannot be obtained from other sources;
4. Considering therefore that it is desirable that, subject to certain inevitable exceptions, the public should have access to government records;
5. Considering that such freedom of information also constitutes an adequate check on corruption and waste of public funds;
6. Bearing in mind that the taxpayers, i.e. the public in general, are the contributors of public funds, and that they should therefore be able to find out how those public funds are used, or misused, in government agencies and departments;
7. Believing that the individual should have access to his personal records and have the right to have erroneous information about himself corrected, it

[1] *Assembly debate* on 1 February 1979 (24th Sitting) (see Doc. 4195, report of the Legal Affairs Committee). *Text adopted by the Assembly* on 1 February 1979 (24th Sitting).

7. Convaincue que toute personne devrait avoir accès aux dossiers la concernant et être en droit de faire corriger les informations erronées qui y figurent à son sujet, étant entendu que ces informations de caractère personnel ne doivent être ni divulguées ni communiquées à autrui, car il en résulterait une atteinte injustifiée à la vie privée;

8. Considérant qu'un tel droit d'accès des personnes physiques aux dossiers les concernant a déjà été reconnu par le Conseil de l'Europe dans les Résolutions (73) 22 et (74) 29 du Comité des Ministres, relatives aux banques de données électroniques;

9. Considérant que le moment est venu de reconnaître que ce principe s'applique à tous les dossiers, qu'ils soient gérés électroniquement ou manuellement;

10. Considérant que le Conseil de l'Europe devrait lui-même donner l'exemple d'une libre communication des informations;

11. Notant que la liberté d'information est mise en oeuvre avec succès depuis plus de deux siècles en Suède, et que d'autres Etats membres du Conseil de l'Europe ont récemment suivi l'exemple suédois;

12. Notant que la liberté d'information (*Freedom of Information Act*) et la loi de 1974 sur la protection de la vie privée (*Privacy Act*), concernant la tenue des dossiers par les organismes fédéraux, sont appliquées avec succès aux Etats-Unis d'Amérique,

13. Recommande au Comité des Ministres:

(*a*) d'inviter les Etats membres qui ne l'ont pas encore fait à introduire un système de liberté d'information, c'est-à-dire d'accès aux documents gouvernementaux, y compris le droit de demander et de recevoir des informations des organismes et services gouvernementaux, le droit d'examiner et de corriger les dossiers qui contiennent des renseignements d'ordre personnel, le droit au respect de la vie privée, et le droit d'agir rapidement devant les tribunaux dans ces domaines;

(*b*) de charger le Comité d'experts sur les pouvoirs publics et l'accès à l'information, ou tout autre comité d'experts, d'entreprendre une étude complète sur la question de l'accès aux documents gouvernementaux;

(*c*) de mettre en oeuvre la décision qu'il a prise en 1976 d'insérer dans la Convention européenne des Droits de l'Homme une disposition relative au droit de rechercher des informations;

(*d*) d'entreprendre une étude pour déterminer si et dans quelle mesure les documents concernant les activités en matière de coopération intergouvernementale au sein du Conseil de l'Europe peuvent être mis à la disposition du public;

(*e*) de publier périodiquement, sous une forme d'accès facile, les textes des résolutions qu'il adopte;

(*f*) d'informer le public, chaque fois que c'est possible et approprié, des projets de conventions et de résolutions en instance avant la mise au point définitive et/ou la promulgation de ces textes par les organes appropriés qui dépendent du Comité des Ministres.

2. RESOLUTION 690 (1979)[2]
RELATIVE A LA DECLARATION SUR LA POLICE

L'Assemblée,

1. Considérant que le plein exercice des droits de l'homme et des libertés

[2] *Discussion par l'Assemblée* le 1er février 1979 (24e séance de la 30e Session) (voir Doc. 4212, rapport de la commission des questions juridiques).
Texte adopté par l'Assemblée le 8 mai 1979 (2e séance de la 31e Session).

being understood that such personal information should not be divulged or distributed to others as this would constitute an unwarranted invasion of privacy;

8. Considering that such a right of access to one's own records has already been recognised by the Council of Europe in Resolutions (73) 22 and (74) 29 of the Committee of Ministers, relating to electronic records;

9. Considering that the time has come to recognise this principle with regard to any records, whether electronic or manual;

10. Considering that the Council of Europe itself should set an example of openness;

11. Noting that freedom of information has operated successfully in Sweden for more than two centuries, and that other Council of Europe member states have recently followed the Swedish example;

12. Taking note of the successful implementation in the United States of America of the Freedom of Information Act and the Privacy Act 1974 relating to record-keeping by federal agencies.

13. Recommends that the Committee of Ministers:

(*a*) invite member states which have not yet done so to introduce a system of freedom of information, i.e. access to government files, comprising the right to seek and receive information from government agencies and departments, the right to inspect and correct personal files, the right to privacy, and the right to rapid action before the courts in these matters;

(*b*) instruct the Committee of Experts on Public Authorities and Access to Information, or any other expert committee to make a full study on the question of access to government files;

(*c*) implement its decision taken in 1976 to insert a provision on the right to seek information in the European Convention on Human Rights;

(*d*) study whether and to what extent documents relating to activities of intergovernmental co-operation within the Council of Europe may be made accessible to the public;

(*e*) publish periodically, in an easily accessible form, the texts of the resolutions it adopts;

(*f*) give notice to the public, whenever possible and appropriate, of draft texts of conventions and resolutions pending finalisation and/or enactment by its appropriate organs.

2. RESOLUTION 690 (1979)[2] ON THE DECLARATION ON THE POLICE

The Assembly,

1. Considering that the full exercise of human rights and fundamental

[2] *Assembly debate* on 1 February 1979 (24th Sitting of the 30th Session) (see Doc. 4212, report of the Legal Affairs Committee).

Text adopted by the Assembly on 8 May 1979 (2nd Sitting of the 31st Session).

fondamentales, garantis par la Convention européenne des Droits de l'Homme et d'autres instruments nationaux et internationaux, suppose nécessairement l'existence d'une société paisible, jouissant de l'ordre et de la sécurité publique;

2. Considérant qu'à cet égard, la police joue un rôle essentiel dans tous les Etats membres, qu'elle est souvent appelée à intervenir dans des conditions périlleuses pour ses agents, et que ses tâches se trouvent encore compliquées lorsque des règles de conduite applicables à ses membres ne sont pas définies avec une précision suffisante;

3. Estimant que des membres des forces de police qui ont commis des violations des droits de l'homme dans l'exercice de leurs fonctions et ceux qui ont appartenu à un corps de police dissous en raison de l'inhumanité de ses méthodes ne doivent pas être employés comme fonctionnaires de police;

4. Estimant que le système européen de protection des droits de l'homme serait renforcé si la police se voyait proposer des règles de déontologie tenant compte des droits de l'homme et des libertés fondamentales;

5. Estimant souhaitable que les fonctionnaires de police bénéficient du soutien actif, tant moral que matériel, de la communauté dans laquelle ils exercent leurs fonctions;

6. Estimant que les fonctionnaires de police doivent jouir d'un statut et de droits comparables à ceux des fonctionnaires d'Etat;

7. Considérant qu'il serait souhaitable d'énoncer des directives destinées à orienter le comportement des fonctionnaires de police en cas de guerre et d'autres situations d'exception, et dans l'éventualité d'une occupation par une puissance étrangère,

8. Adopte la Déclaration ci-après sur la police, qui fait partie intégrante de la présente résolution;

9. Demande à sa commission chargée des relations avec les parlements nationaux et le public, à sa commission des questions juridiques et au Secrétaire Général du Conseil de l'Europe de donner à la déclaration le maximum de publicité.

ANNEXE
DECLARATION SUR LA POLICE

A. *Déontologie*[3]

1. Il incombe à tout fonctionnaire de police de s'acquitter des devoirs que lui confère la loi en protégeant ses concitoyens et la collectivité contre les violences, les déprédations et autres actes préjudiciables, définis par la loi.

2. Tout fonctionnaire de police doit agir avec intégrité, impartialité et dignité. En particulier, il doit s'abstenir de tout acte de corruption et s'y opposer résolument.

3. Les exécutions sommaires, la torture et les autres peines ou traitements inhumains ou dégradants demeurent interdits en toutes circonstances. Tout fonctionnaire de police a le devoir de ne pas exécuter ou d'ignorer tout ordre ou instruction impliquant ces actes.

4. Un fonctionnaire de police doit exécuter les ordres légaux réglementairement formulés par son supérieur hiérarchique; il s'abstiendra toutefois d'exécuter tout ordre dont il sait ou doit savoir qu'il est illégal.

[3] Les parties A et B de la déclaration s'appliquent à toutes les personnes et organisations, y compris les services secrets, la police militaire, les forces armées ou milices assumant des fonctions de police, qui sont chargées de faire respecter la loi, d'effectuer des enquêtes, d'assurer l'ordre public et la sécurité de l'Etat.

freedoms, guaranteed by the European Convention on Human Rights and other national and international instruments, has as a necessary basis the existence of a peaceful society which enjoys the advantages of order and public safety;

2. Considering that, in this respect, police play a vital role in all the member states, that they are frequently called upon to intervene in conditions which are dangerous for their members, and that their duties are made yet more difficult if the rules of conduct of their members are not sufficiently precisely defined;

3. Being of the opinion that it is inappropriate for those who have committed violations of human rights whilst members of police forces, or those who have belonged to any police force that has been disbanded on account of inhumane practices, to be employed as policemen;

4. Being of the opinion that the European system for the protection of human rights would be improved if there were generally accepted rules concerning the professional ethics of the police which take account of the principles of human rights and fundamental freedoms;

5. Considering that it is desirable that police officers have the active moral and physical support of the community they are serving;

6. Considering that police officers should enjoy status and rights comparable to those of members of the civil service;

7. Believing that it may be desirable to lay down guidelines for the behaviour of police officers in case of war and other emergency situations, and in the event of occupation by a foreign power;

8. Adopts the following Declaration on the Police, which forms an integral part of this resolution;

9. Instructs its Committee on Parliamentary and Public Relations and its Legal Affairs Committee as well as the Secretary General of the Council of Europe to give maximum publicity to the declaration.

APPENDIX

DECLARATION ON THE POLICE

A. *Ethics*[3]

1. A police officer shall fulfil the duties the law imposes upon him by protecting his fellow citizens and the community against violent, predatory and other harmful acts, as defined by law.

2. A police officer shall act with integrity, impartiality and dignity. In particular he shall refrain from and vigorously oppose all acts of corruption.

3. Summary executions, torture and other forms of inhuman or degrading treatment or punishment remain prohibited in all circumstances. A police officer is under an obligation to disobey or disregard any order or instruction involving such measures.

4. A police officer shall carry out orders properly issued by his hierarchical superior, but he shall refrain from carrying out any order he knows, or ought to know, is unlawful.

[3] Parts A and B of the declaration cover all individuals and organisations, including such bodies as secret services, military police forces, armed forces or militias performing police duties, that are responsible for enforcing the law, investigating offences, and maintaining public order and state security.

5. Il est du devoir de tout fonctionnaire de police de s'opposer aux violations de la loi. Si ces violations sont de nature à entraîner un préjudice grave et immédiat ou irréparable, il doit agir sans délai pour les prévenir au mieux de ses possibilités.

6. Si aucun préjudice grave et immédiat ou irréparable n'est à craindre, il doit s'efforcer de parer aux conséquences de ces violations, ou à leur répétition en avisant ses supérieurs. Si cette démarche reste sans résultat, il doit pouvoir en référer à une autorité supérieure.

7. Aucune mesure pénale ou disciplinaire ne sera prise à l'encontre d'un fonctionnaire de police qui aura refusé d'exécuter un ordre illégal.

8. Il est du devoir du fonctionnaire de police de refuser de participer à la recherche, à l'arrestation, à la garde ou au transport de personnes recherchées, détenues ou poursuivies sans être soupçonnées d'avoir commis un acte illégal, en raison de leur race ou de leurs convictions religieuses ou politiques.

9. Tout fonctionnaire de police est personnellement responsable de ses actes et des actes ou ommissions qu'il a ordonnés et qui sont illégaux.

10. La voie hiérarchique doit être clairement établie. Il doit toujours être possible de remonter au supérieur responsable des actes ou omissions d'un fonctionnaire de police.

11. La législation doit prévoir un système de garantie et de recours légaux contre les préjudices qui peuvent résulter des activités de la police.

12. Dans l'exercice de ses fonctions, le fonctionnaire de police doit agir avec toute la détermination nécessaire sans jamais recourir à la force plus qu'il n'est raisonnable pour accomplir une tâche exigée ou autorisée par la loi.

13. Il faut donner aux fonctionnaires de police des instructions claires et précises sur la manière et les circonstances dans lesquelles ils doivent faire usage de leurs armes.

14. Un fonctionnaire de police ayant la garde d'une personne dont l'état nécessite des soins médicaux doit faire appel au personnel médical et, le cas échéant, prendre des mesures pour protéger la vie et la santé de cette personne. Il doit se conformer aux instructions des médecins et autres représentants qualifiés du corps médical s'ils estiment qu'un détenu doit être placé sous surveillance médicale.

15. Un fonctionnaire de police doit garder le secret sur toutes les questions de caractère confidentiel dont il a connaissance, à moins que l'exercice de ses fonctions ou les dispositions de la loi ne lui commandent d'agir autrement.

16. Tout fonctionnaire de police qui se conforme aux dispositions de la présente déclaration a droit au soutien actif, tant moral que matériel, de la collectivité dans laquelle il exerce ses fonctions.

B. *Statut*

1. Les forces de police constituent un service public instauré par la loi et chargé du maintien de l'ordre et de l'application de la loi.

2. Tout citoyen peut s'engager dans la police s'il remplit les conditions exigées.

3. Le fonctionnaire de police doit recevoir une formation générale et professionnelle approfondie, avant et pendant son service, ainsi qu'un enseignement approprié en matière de problèmes sociaux, de libertés publiques, de droits de l'homme, notamment en ce qui concerne la Convention européenne des Droits de l'Homme.

4. Les conditions professionnelles, psychologiques et matérielles dans lesquelles le fonctionnaire de police exerce ses fonctions doivent préserver son intégrité, son impartialité et sa dignité.

5. A police officer must oppose violations of the law. If immediate or irreparable and serious harm should result from permitting the violation to take place he shall take immediate action, to the best of his ability.

6. If no immediate or irreparable and serious harm is threatened, he must endeavour to avert the consequences of this violation, or its repetition, by reporting the matter to his superiors. If no results are obtained in that way he may report to higher authority.

7. No criminal or disciplinary action shall be taken against a police officer who has refused to carry out an unlawful order.

8. A police officer shall not co-operate in the tracing, arresting, guarding or conveying of persons who, while not being suspected of having committed an illegal act, are searched for, detained or prosecuted because of their race, religion or political belief.

9. A police officer shall be personally liable for his own acts and for acts of commission or omission he has ordered and which are unlawful.

10. There shall be a clear chain of command. It should always be possible to determine which superior may be ultimately responsible for acts or omissions of a police officer.

11. Legislation must provide for a system of legal guarantees and remedies against any damage resulting from police activities.

12. In performing his duties, a police officer shall use all necessary determination to achieve an aim which is legally required or allowed, but he may never use more force than is reasonable.

13. Police officers shall receive clear and precise instructions as to the manner and circumstances in which they should make use of arms.

14. A police officer having the custody of a person needing medical attention shall secure such attention by medical personnel and, if necessary, take measures for the preservation of the life and health of this person. He shall follow the instructions of doctors and other competent medical workers when they place a detainee under medical care.

15. A police officer shall keep secret all matters of a confidential nature coming to his attention, unless the performance of duty or legal provisions require otherwise.

16. A police officer who complies with the provisions of this declaration is entitled to the active moral and physical support of the community he is serving.

B. *Status*

1. Police forces are public services created by law, which shall have the responsibility of maintaining and enforcing the law.

2. Any citizen may join the police forces if he satisfies the relevant conditions.

3. A police officer shall receive thorough general training, professional training and in-service training, as well as appropriate instruction in social problems, democratic freedoms, human rights and in particular the European Convention of Human Rights.

4. The professional, psychological and material conditions under which a police officer must perform his duties shall be such as to protect his integrity, impartiality and dignity.

5. A police officer is entitled to a fair remuneration, and special factors are to

5. Le fonctionnaire de police a droit à une juste rémunération, et des facteurs particuliers doivent entrer en ligne de compte tels que l'importance des risques et des responsabilités, ainsi que l'irrégularité des horaires de travail.

6. Les fonctionnaires de police doivent pouvoir constituer des organisations professionnelles, s'y affilier et y participer activement. Ils peuvent également jouer un rôle actif dans d'autres organisations.

7. A la condition d'être représentative, une organisation professionnelle de la police doit pouvoir:

- participer aux négociations relatives au statut professionnel des fonctionnaires de police;
- être consultée sur la gestion des corps de police;
- engager toute action judiciaire au profit d'un fonctionnaire de police ou d'un groupe de fonctionnaires de police.

8. Le fait pour un fonctionnaire de police d'être affilié à une organisation professionnelle ou de participer à ses activités ne doit pas lui être préjudiciable.

9. Lors d'une action disciplinaire ou pénale intentée contre lui, un fonctionnaire de police a le droit d'être entendu et d'être défendu par un avocat. La décision doit être prise dans un délai raisonnable. Il doit pouvoir également recourir à l'assistance de l'organisation professionnelle à laquelle il appartient.

10. Un fonctionnaire de police qui fait l'objet d'une mesure disciplinaire ou d'une sanction pénale a le droit de recourir à un organisme indépendant et impartial ou à un tribunal.

11. Devant les tribunaux, un fonctionnaire de police jouit des mêmes droits que tous les autres citoyens.

C. *Guerre et autres situations d'exception – Occupation par une puissance étrangère*[4]

1. En cas de guerre et d'occupation ennemie, le fonctionnaire de police doit continuer à assumer son rôle de protection des personnes et des biens, dans l'intérêt de la population civile. Il ne doit donc pas avoir le statut de "combattant", et les dispositions de la Troisième Convention de Genève du 12 août 1949, relatives au traitement des prisonniers de guerre, ne lui sont pas applicables.

2. Les dispositions de la Quatrième Convention de Genève du 12 août 1949, relatives à la protection des personnes civiles en temps de guerre, sont applicables à la police civile.

3. La puissance occupante ne doit pas ordonner aux fonctionnaires de police d'accomplir des tâches autres que celles mentionnées à l'article 1 du présent chapitre.

4. En cas d'occupation, un fonctionnaire de police ne doit pas:

- prendre part à des actions contre les membres de mouvements de résistance;
- prêter son concours à l'application de mesures ayant pour but d'employer la population à des fins militaires et à la garde d'installations militaires.

5. Si un fonctionnaire de police démissionne au cours de l'occupation ennemie parce qu'il est contraint d'exécuter des ordres illégitimes de la puissance occupante, tels que ceux énumérés ci-dessus, qui sont contraires aux intérêts de la population civile, et parce qu'il n'a pas d'autre issue, il doit être réintégré dans les forces de police dès que l'occupation est terminée sans perdre aucun des droits ou avantages dont il aurait bénéficié s'il était resté dans la police.

6. Au cours ou à la fin de l'occupation, un fonctionnaire de police ne peut en aucun cas être l'objet d'une sanction pénale ou disciplinaire pour avoir exécuté

[4] Le présent chapitre ne s'applique pas à la police militaire.

be taken into account, such as greater risks and responsibilities and more irregular working schedules.

6. Police officers shall have the choice of whether to set up professional organisations, join them and play an active part therein. They may also play an active part in other organisations.

7. A police professional organisation, provided it is representative shall have the right:

- to take part in negotiations concerning the professional status of police officers;
- to be consulted on the administration of police units;
- to initiate legal proceedings for the benefit of a group of police officers or on behalf of a particular police officer.

8. Membership of a police professional organisation and playing an active part therein shall not be detrimental to any police officer.

9. In case of disciplinary or penal proceedings taken against him, a policer officer has the right to be heard and to be defended by a lawyer. The decision shall be taken within a reasonable time. He shall also be able to avail himself of the assistance of a professional organisation to which he belongs.

10. A police officer against whom a disciplinary measure has been taken or penal sanction imposed shall have the right of appeal to an independent and impartial body or court.

11. The rights of a police officer before courts or tribunals shall be the same as those of any other citizen.

C. *War and other emergency situations – occupation by a foreign power*[4]

1. A police officer shall continue to perform his tasks of protecting persons and property during war and enemy occupation in the interests of the civilian population. For that reason he shall not have the status of "combatant", and the provisions of the Third Geneva Convention of 12 August 1949, relative to the treatment of prisoners of war, shall not apply.

2. The provisions of the Fourth Geneva Convention of 12 August 1949, relative to the protection of civilian persons in time of war, apply to the civilian police.

3. The occupying power shall not order police officers to perform tasks other than those mentioned in Article 1 of this chapter.

4. During occupation a police officer shall not:

- take part in measures against members of resistance movements;
- take part in applying measures designed to employ the population for military purposes and for guarding military installations.

5. If a police officer resigns during enemy occupation because he is forced to execute illegitimate orders of the occupying power which are contrary to the interests of the civilian population, such as those listed above, and because he sees no other way out, he shall be reintegrated into the police force as soon as the occupation is over without losing any of the rights or benefits he would have enjoyed if he had stayed in the police force.

6. Neither during nor after the occupation may any penal or disciplinary sanction be imposed on a police officer for having executed in good faith an order of an authority regarded as competent, where the execution of such an order was normally the duty of the police force.

7. The occupying power shall not take any disciplinary or judicial action

[4] This chapter does not apply to the military police.

de bonne foi l'ordre d'une autorité considérée comme compétente, dès lors que l'éxécution de l'ordre incombait normalement à la police.

7. La puissance occupante ne peut prendre de sanctions disciplinaire ou judiciaire contre des fonctionnaires de police du fait de l'exécution, antérieurement à l'occupation, d'ordres donnés par les autorités compétentes.

3. RECOMMANDATION 861 (1979)[5]
RELATIVE AU ROLE DU CONSEIL DE L'EUROPE DANS L'APPROFONDISSEMENT DE LA COOPERATION ENTRE LES PAYS DU NORD ET DU SUD DE L'EUROPE

L'Assemblée,

1. Ayant pris note du rapport sur le rôle du Conseil de l'Europe dans l'approfondissement de la coopération entre les pays du Nord et du Sud de l'Europe, présenté par sa commission des questions politiques et par sa commission des questions économiques et du développement (Doc. 4310);

2. Rappelant sa Recommandation 653 (1979) relative à la situation dans la région méditerranéenne;

3. Rappelant l'article 1er du Statut, qui fixe comme but au Conseil de l'Europe "de réaliser une union plus étroite entre ses membres afin de sauvegarder et de promouvoir les idéaux et les principes qui sont leur patrimoine commun et de favoriser leur progrès économique et social . . . par la conclusion d'accords et par l'adoption d'une action commune dans les domaines économique, social, scientifique, juridique et administratif, ainsi que par la sauvegarde et le développement des droits de l'homme et des libertés fondamentales";

4. Considérant que la démocratie des pays de l'Europe méridionale et, partant, leur appartenance au Conseil de l'Europe sont d'une importance primordiale pour la sécurité, la coopération et le maintien de la démocratie en Europe;

5. Considérant que le retour de la Grèce et l'entrée du Portugal et de l'Espagne dans la famille des nations démocratiques européennes ont constitué un événement politique majeur qui a élargi et renforcé la mission du Conseil de l'Europe;

6. Considérant que cette situation, liée au projet d'élargissement des Communautés européennes, justifie une réorientation des activités du Conseil de l'Europe en faveur d'une justice économique et sociale qui doit bénéficier à tous ses Etats membres;

7. Soulignant que le développément économique et social insuffisant des pays de l'Europe méridionale est un obstacle à une plus grande stabilité politique et une union plus étroite entre les Etats membres du Conseil de l'Europe;

8. Considérant que la défense des droits de l'homme et des institutions démocratiques exige une plus grande justice économique et sociale à l'échelle du continent, tant au sein des Etats membres que dans les rapports entre eux et considérant également que les imperfections en matière de justice économique et sociale ne peuvent jamais servir de prétexte pour ne pas protéger les droits de l'homme, ni défendre les valeurs et les institutions démocratiques;

9. Considérant que le développement économique et l'amélioration des niveaux de vie des populations des pays du Sud devraient contribuer à la

[5] *Discussion par l'Assemblée* le 10 mai 1979 (6e et 7e séances) (voir Doc. 4310, rapport de la commission des questions politiques et de la commission des questions économiques et du développement).
Texte adopté par l'Assemblée le 10 mai 1979 (7e séance).

against police officers by reason of the execution, prior to the occupation. of orders given by the competent authorities.

3. RECOMMENDATION 861 (1979)[5]
ON THE ROLE OF THE COUNCIL OF EUROPE IN THE INTENSIFICATION OF CO-OPERATION BETWEEN THE COUNTRIES OF NORTHERN AND SOUTHERN EUROPE

The Assembly,

1. Having taken note of the report on the role of the Council of Europe in the intensification of co-operation between the countries of Northern and Southern Europe, presented by its Political Affairs Committee and by its Committee on Economic Affairs and Development (Doc. 4310);

2. Recalling its Recommendation 853 (1979) on the situation in the Mediterranean region;

3. Recalling Article 1 of the Statute, which declares that the aim of the Council of Europe is "to achieve a greater unity between its members for the purpose of safeguarding and realising the ideals and principles which are their common heritage and facilitating their economic and social progress . . . by agreements and common action in economic, social, cultural, scientific, legal and administrative matters and in the maintenance and further realisation of human rights and fundamental freedoms";

4. Considering that democracy in the countries of Southern Europe and, hence, their membership in the Council of Europe are of vital importance for security, co-operation and the maintenance of democracy in Europe;

5. Considering that the return of Greece and the entry of Portugal and Spain into the family of European democratic nations have represented major political events enlarging and strengthening the mission of the Council of Europe;

6. Considering that this situation, together with the project for the enlargement of the European Communities, warrants a rechannelling of the Council of Europe's activities towards economic and social justice which must benefit all its member states;

7. Emphasising that the insufficient economic and social development in the countries of Southern Europe is an obstacle to the process of achieving greater political stability and unity among Council of Europe member states;

8. Considering that the defence of human rights and democratic institutions demands greater economic and social justice throughout the continent, both within member states and among them, and considering also that shortcomings in the field of economic and social justice never can serve as excuse for lack of defence of human rights, democratic values and institutions;

9. Considering that economic development and better living standards for the peoples of the southern countries should help overcome the northern countries' economic difficulties through the creation of new markets;

10. Recognising that problems of underdevelopment in Europe are not peculiar to only the Mediterranean regions, but that it is in those regions that they are particularly acute;

[5] *Assembly debate* on 10 May 1979 (6th and 7th Sittings) (see Doc. 4310, report of the Political Affairs Committee and of the Committee on Economic Affairs and Development).
Text adopted by the Assembly on 10 May 1979 (7th Sitting).

solution des difficultés économiques des pays du Nord par la création de nouveaux marchés;

10. Reconnaissant que les problèmes de sous-développement en Europe ne se posent pas uniquement dans les régions méditerranéennes, mais qu'ils y revêtent une particulière acuité;

11. Considérant que les problèmes posés par les migrations internationales de main-d'oeuvre constituent un élément important dans le dialogue et la coopération entre les pays d'émigration du Sud de l'Europe et les pays d'immigration du Nord;

12. Appuyant fermement les candidatures de la Grèce, du Portugal et de l'Espagne à l'adhesion aux Communautés européennes, cet élargissement devant constituer un élément favorable au rééquilibrage de l'Europe et susciter de nouvelles occasions de renforcer la coopération en Europe;

13. Estimant cependant que l'élargissement de la Communauté ne doit pas occasionner de nouvelles difficultés d'ordres économique et politique pour les pays non membres, et qu'il devrait donc s'accompagner de mesures spécifiques en faveur de ceux-ci;

14. Considérant que le problème des déséquilibres en Europe n'est pas seulement économique mais qu'il présente de très importants aspects sociaux, humains et culturels;

15. Constatant que le Conseil de l'Europe dispose avec:

- son Comité des Ministres, organe de décision,
- son Assemblée parlementaire, organe politique d'initiative,
- sa Conférence des pouvoirs locaux et régionaux de l'Europe, source de propositions dans un domaine essentiel,
- ses comités directeurs, instruments de co-opération hautement qualifiés,
- son Fonds de réétablissement, instrument opérationnel,

de moyens d'action qui pourraient être mieux utilisés pour réaliser une solidarité plus active entre tous les Européens;

16. Décidée à poursuivre son action en faveur d'une intégration harmonieuse des sociétés des pays membres et souhaitant à cet égard coopérer étroitement avec le Comité des Ministres,

17. Recommande au Comité des Ministres d'envisager la constitution d'un groupe de travail chargé d'étudier avec les sous-commissions compétentes de l'Assemblée, les moyens pratiques d'approfondir la coopération entre les pays du Nord et du Sud de l'Europe, en particulier en préparant la voie aux actions suivantes:

(*a*) consacrer à cette question une réunion spéciale au niveau ministériel, avec la participation d'un représentant de la Commission des Communautés européennes;

(*b*) envisager une réunion des chefs de gouvernement des pays membres du Conseil de l'Europe qui pourrait donner une impulsion décisive à l'action de l'Organisation en faveur de ses membres les plus défavorisés;

(*c*) coordonner les politiques des gouvernements des Etats membres au sein des organisations et conférences internationales et européennes dont ils sont membres, de manière à promouvoir le développement économique et social des pays de la façade méditerranéenne de l'Europe, par exemple en encourageant les investissements et les transferts de technologie vers ces pays;

(*d*) accorder une priorité aux activités pouvant contribuer au développement économique et social harmonieux de tous les pays membres dans le plan à moyen terme 1980–1985;

(*e*) agir en faveur d'un meilleur équilibre entre pays du Nord et pays du Sud

11. Considering that the problems created by international migration of manpower are an important subject for discussion in the dialogue and co-operation between the emigration countries of Southern Europe and the immigration countries of Northern Europe;

12. Strong in its support of the candidatures of Greece, Portugal and Spain for membership of the European Communities, an enlargement which should help redress European balance and which would create new opportunities for close co-operation in Europe;

13. Taking the view, however, that the enlargement of the Community must not engender fresh economic and political difficulties for non-member countries, and that it should accordingly be accompanied by specific measures on their behalf;

14. Considering that the problem of imbalances in Europe is not only economic, but has very significant social, human and cultural facets;

15. Noting that the Council of Europe possesses means of action such as:

- the Committee of Ministers, a decision-making body,
- the Parliamentary Assembly, a political body responsible for initiating action,
- the Conference of Local and Regional Authorities of Europe, which produces proposals in a vital area,
- the steering committees, highly qualified instruments for co-operation,
- the Resettlement Fund, an operational instrument,

all of which could be better utilised for bringing about a more active solidarity among all Europeans;

16. Resolved to continue its efforts to bring about a harmonious integration of societies in the member countries, and anxious in this connection to co-operate closely with the Committee of Ministers,

17. Recommends that the Committee of Ministers consider the setting-up of a working party to be responsible for studying, together with the appropriate Assembly sub-committees, the practical means of intensifying co-operation between countries of Northern and Southern Europe, in particular by preparing the ground for the following action:

(*a*) devoting a special ministerial level meeting to this matter, to be attended by a representative of the Commission of the European Communities;

(*b*) giving consideration to a meeting of heads of government of the Council of Europe member countries, to provide a decisive impetus to the organisation's campaign on behalf of the least developed of its members;

(*c*) co-ordinating member governments' policies within the international and European organisations and conferences to which they belong, so as to promote the economic and social development of the European countries with a Mediterranean seaboard, for instance by encouraging investment and the transfer of technology towards these countries;

(*d*) attaching priority to activities that can contribute to the harmonious economic and social development of all the member countries in the 1980–1985 medium-term plan;

(*e*) working for a better balance between the countries of Northern and Southern Europe in the annual programmes of intergovernmental activities, including in those programmes concrete projects which have a bearing on the sectors of social policy, migrations, regional planning, regional problems, and cultural and scientific co-operation;

(*f*) considering the setting-up of a technical co-operation programme in aid of southern countries, whereby experts are seconded and courses

de l'Europe dans les programmes annuels d'activités intergouvernementales, en y inscrivant des projets concrets intéressant dans cet esprit les secteurs de la politique sociale, des migrations, de l'aménagement du territoire, des problèmes régionaux, et de la coopération culturelle et scientifique;

(*f*) envisager la mise sur pied d'un programme de coopération technique en faveur des pays du Sud, comprenant l'envoi d'experts et l'organisation de stages destinés à la formation des cadres, afin d'aider ces pays à tirer un meilleur parti de leurs ressources;

(*g*) assurer que le Fonds de réétablissement soit en mesure de répondre au renouveau d'intérêt dont il est l'objet de la part de plusieurs Etats membres;

(*h*) examiner l'opportunité de nommer un co-ordinateur des actions ainsi envisagées.

4. RECOMMANDATION 880 (1979)[6]

RELATIVE A LA CONSERVATION DU PATRIMOINE ARCHITECTURAL EUROPÉEN

L'Assemblée,

1. Rappelant la Charte européenne du patrimoine architectural, adoptée en 1975 par le Comité des Ministres du Conseil de l'Europe, dans laquelle celui-ci a affirmé que l'architecture unique de l'Europe est le patrimoine commun de tous les peuples européens qui doivent reconnaître qu'il leur appartient d'en assurer la protection;

2. Rappelant aussi les recommandations contenues dans la Résolution (76) 28, sur l'adaptation des systèmes législatifs et réglementaires aux exigences de la conservation intégrée du patrimoine architectural, adoptée par le Comité des Ministres en 1976;

3. Se félicitant du rapport (Doc. 4300) sur la situation de patrimoine architectural, récemment présenté par le Comité des Ministres, à la suite de la demande formulée par l'Assemblée dans sa Recommandation 681 de 1972;

4. Notant que, d'après ce rapport, le précieux et irremplaçable patrimoine architectural de l'Europe continue d'être menacé par l'abandon, la dégradation, la démolition et par de nouvelles constructions inopportunes, et constatant que, bien que l'on se soit préoccupé davantage de ce problème ces dernières années, les mesures prises demeurent insuffisantes et qu'elles tardent trop à être appliquées;

5. Convaincue que, dès lors qu'il est admis que la responsabilité de la protection du patrimoine architectural de l'Europe doit être assumée en commun, la totalité des pays européens doivent s'efforcer autant que possible d'appliquer des critères comparables pour classer les édifices et les sites d'intérêt architectural, et adopter, pour leur conservation, des mesures efficaces d'ordre législatif, administratif et financier;

6. Insistant sur la nécessité d'identifier et de protéger non seulement les édifices isolés, mais aussi des ensembles d'intérêt historique et architectural;

7. Soulignant la nécessité de veiller à ce que l'on prenne au maximum en considération les problèmes de la conservation à tous les stades de planification urbaine et d'aménagement du territoire;

8. Se félicitant de la contribution croissante de l'industrie et du commerce à

[6] *Discussion par l'Assemblée* le 8 octobre 1979 (15e séance) (voir Doc. 4396, rapport de la commission de la culture et de l'éducation).
Texte adopté par l'Assemblée le 8 octobre 1979 (15e séance).

arranged for training staff, so that these countries can be helped to exploit their own resources to better effect;

(*g*) ensuring that the Resettlement Fund can respond to the renewed interest being shown in it by a number of member states;

(*h*) considering the appointment of a co-ordinator for the action so contemplated.

4. RECOMMENDATION 880 (1979)[6]
ON THE CONSERVATION OF THE EUROPEAN ARCHITECTURAL HERITAGE

The Assembly,

1. Recalling the European Charter on the Architectural Heritage, promulgated in 1975 by the Committee of Ministers of the Council of Europe, in which they declared that Europe's unique architecture is the common heritage of all her peoples and that they must recognise a common duty to assure its protection;

2. Recalling likewise the recommendations contained in Resolution (76) 28, regarding the adaptation of laws and regulations for the conservation of the architectural heritage, adopted by the Committee of Ministers in 1976;

3. Welcoming the report (Doc. 4300) on the state of the architectural heritage, recently presented by the Committee of Ministers in response to the request made by the Assembly in Recommendation 681 of 1972;

4. Observing from this report that Europe's precious and irreplaceable architectural heritage continues to be threatened by neglect, decay, demolition and incongruous new construction, and noting that, while increasing attention has in recent years been paid to this problem, the action being taken is still inadequate and is proceeding much too slowly;

5. Convinced that, since it is accepted that the protection of Europe's architectural heritage is a common responsibility, all European countries should endeavour as far as possible to apply comparable criteria for the listing of buildings and areas of architectural interest, and should adopt effective legislative, administrative and financial measures for their conservation;

6. Emphasising the importance of identifying and protecting not only individual buildings, but also whole areas of historic or architectural interest;

7. Stressing the need to ensure the fullest consideration of the problems of conservation at all stages in town and country planning;

8. Welcoming the increasing co-operation and assistance of industry and commerce in the conservation of the architectural heritage and, in particular, the recognition of its importance to tourism;

9. Recalling the appointment by the Parliamentary Assembly of a general rapporteur on the architectural heritage, and welcoming the co-operation

[6] *Assembly debate* on 8 October 1979 (15th Sitting) (see Doc. 4396, report of the Committee on Culture and Education).
Text adopted by the Assembly on 8 October 1979 (15th Sitting).

la conservation du patrimoine architectural, et en particulier de la prise de conscience de l'importance qu'elle revêt pour le tourisme;

9. Rappelant la désignation d'un rapporteur général de l'Assemblée parlementaire pour le patrimoine architectural, et se félicitant de l'appui que lui ont accordé le Comité des Ministres et les gouvernements membres;

10. Mettant l'accent sur la nécessité de s'assurer le soutien de l'opinion publique pour les mesures et les dépenses exigées pour la protection du patrimoine architectural, et sur l'importance du rôle dévolu aux associations indépendantes lorsqu'il s'agit de susciter l'intérêt et de favoriser les initiatives;

11. Notant avec satisfaction l'assurance donnée à plusieurs reprises par le Comité des Ministres qu'il prendra des dispositions pour assurer le rassemblement et une large diffusion des informations sur cette question, au niveau à la fois national et international,

12. Recommande au Comité des Ministres:

A. d'inviter les gouvernements de tous les Etats membres, compte tenu des informations sur la situation actuelle du patrimoine architectural de l'Europe contenues dans le rapport soumis à l'Assemblée par le Comité des Ministres (Doc. 4300), à prendre des mesures plus efficaces pour mettre en oeuvre les principes et les recommandations énoncés dans la Charte européenne du patrimoine architectural et dans la Résolution (76) 28, adoptées par le Comité des Ministres, et notamment à veiller à ce que:

(*a*) des mesures soient prises sans délai pour accélérer les travaux en matière de classement des édifices d'intérêt architectural en milieu urbain et rural;

(*b*) des efforts soient faits, dans le cadre du Conseil de l'Europe, pour assurer dans la mesure du possible l'application dans tous les Etats membres de critères de classement comparables;

(*c*) les nombreux sites d'intérêt historique et architectural soient identifiés et bénéficient d'une protection appropriée;

(*d*) des pouvoirs légaux soient prévus, lorsqu'ils n'existent pas encore, afin d'assurer une protection efficace du patrimoine architectural, englobant notamment:

1. le pouvoir de s'opposer à la démolition ou à des transformations peu opportunes d'édifices classés;
2. le pouvoir d'exiger l'approbation d'une autorité compétente pour la démolition de bâtiments de n'importe quel type ou pour la construction de nouveaux bâtiments dans un secteur protégé;
3. le pouvoir d'ordonner la suspension de tous les travaux de construction ou de démolition risquant de porter atteinte au patrimoine architectural ou archéologique, que l'édifice ou le site soit ou non classé;
4. le pouvoir de réduire et, dans la mesure du possible, d'éliminer la pollution atmosphérique, nuisible au matériau des monuments historiques;
5. le pouvoir d'infliger, en cas d'infraction, des sanctions suffisamment rigoureuses pour priver le contrevenant de tout bénéfice résultant de son action illicite;
6. le pouvoir d'ordonner la démolition d'édifices construits dans les conditions illégales;
7. le pouvoir d'obliger le propriétaire d'un édifice protégé à l'entretenir convenablement, ou bien, s'il n'est pas en mesure de le faire, à le vendre au cours du marché à l'autorité compétente nationale ou locale, ou à un acquéreur privé, qui sera assujetti à la même obligation d'entretien;
8. le pouvoir de réglementer la pose de panneaux publicitaires et le style des devantures des magasins dans les secteurs protégés;

accorded to him by the Committee of Ministers and by member governments;

10. Emphasising the need to enlist positive public support for the measures and expenditure required for the protection of the architectural heritage, and the importance of the role of independent associations in the task of awakening interest and stimulating action;

11. Noting with satisfaction the repeated assurances given by the Committee of Ministers that they would arrange for the collection and wide dissemination of information on this subject, at both the national and international levels,

12. Recommends that the Committee of Ministers:

A. in the light of the information regarding the present state of Europe's architectural heritage contained in the report presented to the Assembly by the Committee of Ministers (Doc. 4300), invite all the governments of member states to take more effective measures to implement the principles and recommendations set out in the European Charter of the Architectural Heritage and Resolution (76) 28, promulgated by the Committee of Ministers, and in particular to ensure:

(*a*) that steps are taken without delay to speed up the work of listing buildings of architectural interest in town and country;

(*b*) that efforts are made, through the Council of Europe, to secure as far as practicable the application in all member states of approximately comparable criteria for the purpose of listing;

(*c*) that the numerous areas of historic and architectural interest are identified and designated for appropriate protection;

(*d*) that, where they do not already exist, legal powers are provided for the effective protection of the architectural heritage, and that these will include:

1. power to prevent the demolition or undue alteration of listed buildings;
2. power to require that the demolition of any building of any kind, or the construction of any new building, in a designated conservation area shall be subject to approval by a competent authority;
3. power to order the suspension of any construction or demolition work which could adversely affect the architectural or archaeological heritage, whether or not the building or site has been listed;
4. power to control and, as far as possible, eliminate atmospheric pollution, damaging to the fabric of historic buildings;
5. power to impose penalties for breaches of the law of sufficient severity to deprive offenders of any benefit arising from their illegal action;
6. power to order the demolition of buildings illegally erected;
7. power to require the owner of a protected building to maintain it in a reasonable state of repair, or, if this is not possible, to sell it, at market value, to the appropriate national or local authority or to a private purchaser, who will be subject to the same obligation for maintenance;
8. powers to restrict outdoor advertising and to control the design of shop fronts in designated conservation areas;

(*e*) that, while it is normally appropriate to entrust to regional and local authorities responsibility for the decisions regarding the protection of the architectural heritage, the national government shall, in cases which it considers to be of outstanding importance, retain the power to amend decisions by regional or local authorities affecting the architectural heritage, including in particular decisions relating to:

1. the planning of new roads in historic towns or in the neighbourhood of historic buildings;

(*e*) s'il convient normalement de confier aux collectivités régionales et locales la responsabilité des décisions relatives à la protection du patrimoine architectural, le gouvernement conserve le pouvoir, dans les cas qu'il considère comme d'importance exceptionnelle, de modifier les décisions des collectivités régionales ou locales qui ont trait au patrimoine architectural, en particulier les décisions concernant:
1. le tracé de nouvelles routes dans les villes historiques ou à proximité de monuments historiques;
2. la délivrance des permis de démolir des monuments classés d'une qualité exceptionnelle;
3. la construction de bâtiments inadaptés dans des zones d'intérêt historique;

(*f*) la conception de nouveaux projets tienne compte de leurs effets, non seulement sur l'environnement immédiat, mais aussi sur les perspectives plus éloignées;

(*g*) les planificateurs et les architectes, en cherchant à répondre aux besoins nouveaux, soient incités à envisager la possibilité de transformer des bâtiments anciens qui ne remplissent plus leur fonction initiale;

(*h*) les autorités, à tous les niveaux, fassent davantage usage des pouvoirs qui leur sont conférés pour la conservation du patrimoine architectural, et que les lois et règlements promulgués à cet effet soient appliqués strictement;

(*i*) dans les secteurs bénéficiant d'une protection particulière, les collectivités locales soient invitées à envisager toutes sortes de mesures tendant à mettre en valeur l'environnement et incluant notamment:
1. des restrictions à la circulation et au stationnement;
2. l'aménagement de secteurs piétonniers;
3. la suppression des câbles aériens déparant le site;
4. la plantation d'un plus grand nombre d'arbres dans les villes et les villages;

(*j*) afin de préserver le caractère spécifique de leur ville, les collectivités locales soient invitées:
1. à s'efforcer de restaurer l'habitat ancien dans les quartiers résidentiels et de le rendre conforme aux normes modernes au lieu de le démolir;
2. à subventionner les loyers des logements restaurés, dans la mesure où le permettent les finances publiques, afin que le plus grand nombre possible d'anciens locataires puissent continuer à les habiter; et
3. à encourager des particuliers ou des sociétés à acquérir et à restaurer d'autres édifices anciens qui ne sont pas inclus dans les programmes de travaux publics;

(*k*) lorsqu'on affecte des crédits publics à la construction de logements, les autorités compétentes soient encouragées à consacrer des fonds substantiels à la restauration d'édifices anciens, les fonds affectés aux centres des villes historiques devant être au moins aussi importants que ceux destinés aux constructions nouvelles;

(*l*) une aide financière accrue de source publique soit accordée:
1. aux collectivités locales pour l'entretien et la mise en valeur des secteurs protégés;
2. aux particuliers, propriétaires d'édifices classés pour l'entretien de ces derniers, au moyen de subventions, de prêts à faible taux d'intérêt et d'allégements fiscaux; et
3. aux donateurs de fonds pour la conservation architecturale, sous forme de dégrèvements fiscaux;

2. the granting of permission to demolish listed buildings of exceptional quality; or
3. incongruous new construction in areas of historic interest;

(*f*) that new development is planned with due regard for its effect, not only upon the immediate surroundings, but also upon more distant views and skylines;

(*g*) that, in meeting new needs, planners and architects are encouraged to consider the possibility of adapting old buildings, which can no longer serve their original purpose;

(*h*) that the authorities, at all levels, make much fuller use of the powers conferred upon them for the conservation of the architectural heritage, and that the laws and regulations enacted for this purpose are strictly enforced;

(*i*) that, in areas designated for special protection, local authorities are advised to consider action of all kinds to enhance the quality of the environment, including measures:

1. to divert traffic and restrict car-parking;
2. to create pedestrian areas;
3. to secure the removal of unsightly overhead wires;
4. to plant more trees in towns and villages;

(*j*) that, in order to preserve the distinctive character of their towns, local authorities are advised:

1. to endeavour to restore old houses in residential quarters and bring them up to modern standards rather than demolish them;
2. to subsidise the rents of the restored dwellings, to the extent that public financial resources permit, so as to enable as many as possible of the existing inhabitants to continue to live in them; and
3. to encourage private persons or companies to purchase and rehabilitate other old buildings, which are not included in the public works programme;

(*k*) that, in the expenditure of public money for the provision of housing accommodation, the responsible authorities are encouraged to allocate substantial funds for the rehabilitation of old buildings, and that in the centres of historic towns such funds shall be on a scale at least equal to those provided for the construction of new houses;

(*l*) that increased financial assistance from public sources is made available:

1. to local authorities, for the maintenance and enhancement of designated conservation areas;
2. to private owners for the maintenance of listed buildings, by means of grants, loans at low interest rates and tax concessions; and
3. to donors of funds for architectural conservation, by means of tax relief;

(*m*) that in cases of natural disasters due attention is given to the restoration of the architectural heritage;

(*n*) that consideration is given to the establishment of revolving funds, raised from public and private sources, which will be used to buy dilapidated old buildings of architectural interest, restore them, and then re-sell them, using the proceeds to repeat the operation over and over again;

(*o*) that the protection of the architectural heritage is recognised as a basic element in town and country planning, and is taken into account in the early stages of the planning process, and that, in order to assure effective co-ordination, the responsibility for planning and for architectural conservation is allocated to a single ministry, or alternatively that close

(*m*) en cas de calamité naturelle, toute l'attention voulue soit accordée à la reconstitution du patrimoine architectural;

(*n*) l'on envisage la création de fonds de roulement auxquels contribueraient des organismes aussi bien publics que privés et qui seraient utilisés pour acquérir des édifices anciens délabrés d'intérêt architectural, les restaurer, puis les revendre, en utilisant les bénéfices pour de nouvelles opérations du même genre;

(*o*) la conservation du patrimoine architectural soit considérée comme un élément fondamental de la planification urbaine et de l'aménagement du territoire, et prise en considération au début du processus de planification, et que, pour instaurer une coordination efficace, la responsabilité de l'aménagement et de la conservation du patrimoine architectural soit confiée à un seul ministère, ou que des liens administratifs étroits soient établis entre les ministères compétents;

(*p*) les propositions d'aménagement touchant au patrimoine architectural soient publiées, afin que les associations indépendantes et le grand public aient la possibilité d'exprimer leur avis avant que ne soient prises les décisions définitives;

(*q*) les programmes d'enseignement général à tous les niveaux visent à développer la connaisance du patrimoine architectural européen et à faire prendre conscience de l'importance qui s'attache à sa conservation;

(*r*) des informations sur la conservation du patrimoine architectural soient recueillies au niveau national et diffusées à tous les organismes intéressés – collectivités locales, instituts professionnels, organisations du commerce, de l'industrie et du tourisme, associations indépendantes et *media* – et que ces informations soient aussi communiquées au Conseil de l'Europe;

B. de prendre des mesures, au niveau européen, tendant à assurer le rassemblement et une large diffusion des informations sur cette question, et à cet effet de prévoir la publication régulière par le Conseil de l'Europe d'un bulletin d'information de grande qualité;

C. de promouvoir la mise à disposition, aux niveaux national et international, de facilités pour la formation d'artisans qualifiés pour entreprendre les tâches qu'exige la conservation du patrimoine architectural;

D. de favoriser le développement, par des voies officielles ou non officielles, d'une coopération plus étroite et d'un échange d'informations plus complet dans ce domaine avec d'autres pays en Europe et ailleurs dans le monde; et

E. de continuer à surveiller les progrès de la conservation du patrimoine architectural dans les Etats membres, et de présenter à l'Assemblée de nouveaux rapports à ce sujet, à intervalles réguliers.

5. AUTRES TEXTES ADOPTES PAR L'ASSEMBLEE PARLEMENTAIRE

Janvier–février

Avis n° 91: sur les textes adoptés lors de la 13e Session de la Conférences des pouvoirs locaux et régionaux de l'Europe.

Recommandation 850: relative à la coopération culturelle européenne.

Recommandation 851: relative à la politique de l'environnement en Europe en 1977–1978.

Recommandation 852: relative au terrorisme en Europe.

Recommandation 853: relative à la situation dans la région méditerranéenne – Politique générale du Conseil de l'Europe.

administrative links are established between the government departments concerned;

(*p*) that planning proposals affecting the architectural heritage are published, so that independent associations and the general public may have the opportunity to express their opinions before the final decisions are taken;

(*q*) that general educational programmes, at all levels, seek to develop knowledge of Europe's architectural heritage and an appreciation of the importance of preserving it;

(*r*) that, at the national level, information about the conservation of the architectural heritage is collected and disseminated to all concerned – local authorities, professional institutes, commerce, industry, tourist organisations, independent associations, and the media – and that this information shall also be communicated to the Council of Europe;

B. take steps, at the European level, to organise the collection and wide dissemination of information on this subject, and for this purpose arrange for the regular issue by the Council of Europe of a high quality news bulletin;

C. promote the establishment, at national and international levels, of increased facilities for the training of craftsmen qualified to undertake the skilled work necessary for architectural conservation;

D. encourage the development, through official and unofficial channels, of closer co-operation and a fuller exchange of information on this subject, with other countries in Europe and elsewhere in the world; and

E. continue to keep under review the progress of architectural conservation in the member states, and present further reports thereon to the Assembly at regular intervals.

5. OTHER TEXTS ADOPTED BY THE PARLIAMENTARY ASSEMBLY

January–February

Opinion No. 91: on the texts adopted at the 13th Session of the Conference of Local and Regional Authorities of Europe.

Recommendation 850: on European cultural co-operation.

Recommendation 851: on environment policy in Europe in 1977–1978.

Recommendation 852: on terrorism in Europe.

Recommendation 853: on the situation in the Mediterranean area–General policy of the Council of Europe.

Recommendation 855: on statutory limitation of war crimes and crimes against humanity.

Recommandation 855: relative à la prescription des crimes de guerre et des crimes contre l'humanité.
Résolution 684: relative à l'élection des présidents de commission.
Résolution 685: relative à l'appellation et à la composition de la commission de la population et des réfugiés.
Résolution 686: relative à la Conférence des Nations Unies sur la science et la technique au service du développement.
Résolution 687: relative à l'aménagement du territoire européen et au rôle et à la fonction des régions alpines.
Résolution 688: relative à un prochain débat sur la situation au Proche-Orient.

Mai
Avis nº 92: sur le budget-programme concernant le fonctionnement de l'Assemblée en 1980.
Recommandation 856: relative à la représentation du personnel du Conseil de l'Europe.
Recommandation 857: relative à la protection sociale des travailleurs intellectuels et des professions libérales et artistiques (indépendants ou salariés).
Recommandation 858: relative à la Déclaration sur la police.
Recommandation 859: relative à l'utilisation du sol.
Recommandation 860: relative aux dangers de la surpopulation des animaux de compagnie pour l'hygiène et la santé de l'homme, et aux moyens humanitaires de les limiter.
Recommandation 862: sur le cinéma et l'Etat.
Recommandation 863: relative à la création d'un établissement scolaire international à Strasbourg.
Recommandation 864: relative à la prévision des tremblements de terre.
Recommandation 865: relative aux incidences de l'évolution démographique sur la politique sociale et migratoire.
Résolution 689: relative à la procédure en commission – quorum, sièges vacants et remplacements.
Résolution 691: relative à la coopération au développement.
Résolution 692: portant réponse au 10e rapport biennal de l'Organisation des Nations Unies pour l'alimentation et l'agriculture.
Résolution 693: relative au rôle de l'Assemblée parlementaire du Conseil de l'Europe dans la perspective des élections directes au Parlement européen (Politique générale du Conseil de l'Europe).
Résolution 694: relative aux transports aériens en Europe.
Résolution 695: relative au site de Wood Quay, Dublin.

Octobre
Avis Nº 93: sur les budgets du Conseil de l'Europe relatifs aux exercices 1977, 1979 et 1980.
Avis Nº 94: sur un projet de règlement pour un prix du Conseil de l'Europe en matière de droits de l'homme.
Avis Nº 95: sur le cinquième cycle de contrôle (1974–1975) de l'application de la Charte sociale européenne.
Avis Nº 96: relatif au projet de convention-cadre européenne sur la coopération transfrontalière des collectivités ou autorités territoriales.
Recommandation 866: relative à la protection des données et à l'équipement informatique du Conseil de l'Europe.
Recommandation 867: relative à la pollution atmosphérique transfrontalière à longue distance.

Resolution 684: on the election of committee chairmen.
Resolution 685: on the title and membership of the Committee on Population and Refugees.
Resolution 686: on the United Nations Conference on Science and Technology for Development.
Resolution 687: on European regional planning, and the role and function of Alpine regions.
Resolution 688: on a future debate on the situation in the Middle East.

May
Opinion No. 92: on the programme-budget for the operational expenditure of the Assembly in 1980.
Recommendation 856: on staff representation at the Council of Europe.
Recommendation 857: on social protection for professional, intellectual and artistic workers (self-employed or employees).
Recommendation 858: on the Declaration on the Police.
Recommendation 859: on land use.
Recommendation 860: on the dangers of over-population of domestic animals for the health and hygiene of man, and on humane methods of limiting such dangers.
Recommendation 862: on cinema and the state.
Recommendation 863: on the establishment of an international school in Strasbourg.
Recommendation 864: on earthquake prediction.
Recommendation 865: on the implications of demographic change for social and migration policy.
Resolution 689: on procedure in committee-quorum, vacant seats and replacements.
Resolution 691: on development co-operation.
Resolution 692: in reply to the 10th biennial report of the Food and Agriculture Organisation of the United Nations.
Resolution 693: on direct elections to the European Parliament and the role of the Parliamentary Assembly of the Council of Europe (General policy of the Council of Europe).
Resolution 694: on air transport policies in Europe.
Resolution 695: on the Wood Quay site, Dublin.

October
Opinion No. 93: on the Council of Europe budgets for the years 1977, 1979 and 1980.
Opinion No. 94: on draft regulations for a Council of Europe Human Rights Prize.
Opinion No. 95: on the fifth period of supervision (1974–1975) of the application of the European Social Charter.
Opinion No. 96: on the draft European Outline Convention on Transfrontier Co-operation between Territorial Communities or Authorities.
Recommendation 866: on data protection and data-processing facilities for the Council of Europe.
Recommendation 867: on long-range transboundary air pollution.
Recommendation 868: on missing political prisoners in Chile.

Recommandation 868: relative aux disparus politiques chiliens.
Recommandation 869: relative au versement par l'Etat d'avances sur les sommes dues au titre de l'obligation alimentaire envers les enfants.
Recommandation 870: relative à la ratification des conventions et accords du Conseil de l'Europe.
Recommandation 871: relative aux suites données aux recommandations de l'Assemblée et aux relations avec le Comité des Ministres.
Recommandation 872: relative à l'archéologie industrielle.
Recommandation 873: à l'application et à la révision du Code européen de sécurité sociale et de son Protocole.
Recommandation 874: relative à une Charte européenne des droits de l'enfant.
Recommandation 875: relative aux procédures de consultation entre parties intéressées sur les problèmes du bruit des aéronefs.
Recommandation 876: relative au 23e rapport d'activité du Représentant Spécial du Conseil de l'Europe pour les réfugiés nationaux et les excédents de population.
Recommandation 877: relative à la coopération pour la reconstruction du Nicaragua.
Recommandation 878: relative au règlement pacifique des différends.
Recommandation 879: relative à la circulation des personnes entre les Etats membres du Conseil de l'Europe.
Recommandation 881: relative au patrimoine architectural rural.
Recommandation 882: relative à la pollution des eaux du bassin rhénan.
Résolution 696: relative au recours à l'informatique pour les travaux parlementaires.
Résolution 697: relative à l'introduction de l'attelage automatique dans les chemins de fer européens.
Résolution 698: relative à la situation des réfugiés du Sud-Est asiatique.
Résolution 699: relative à l'organisation d'un Colloque sur l'évasion et la fraude fiscales internationales.
Résolution 700: relative à la situation forestière en Europe.
Résolution 701: relative au Prix du Conseil de l'Europe en matière de droits de l'homme.
Résolution 702: relative à la nouvelle appellation de la commission des pays européens non membres.
Résolution 703: relative au tricentenaire de la loi du *habeas corpus*.
Résolution 704: portant réponse aux 24e et 25e rapports annuels de la Conférence européenne des ministres des Transports.
Résolution 705: relative au problème des réfugiés du Sud-Est asiatique.
Résolution 706: relative à l'aide à la population du Cambodge.
Résolution 707: relative au rôle des parlements nationaux dans la conservation du patrimoine architectural.
Résolution 708: relative au rôle des collectivités locales et régionales dans la conservation du patrimoine architectural.
Résolution 709: relative au rôle des associations indépendantes dans la conservation du patrimoine architectural.
Résolution 710: portant réponse au rapport sur les activités de l'Organisation de coopération et de développement économiques (OCDE) en 1978.
Résolution 711: portant réponse aux 6e et 7e rapports d'activité de l'Agence de l'OCDE pour l'énergie nucléaire (1977 et 1978).
Résolution 712: relative à la situation en Iran.

Recommendation 869: on payment by the state of advances on child maintenance.
Recommendation 870: on ratification of Council of Europe conventions and agreements.
Recommendation 871: on the action taken on Assembly recommendations and on relations with the Committee of Ministers.
Recommendation 872: on industrial archaeology.
Recommendation 873: on the application and revision of the European Code of Social Security and its Protocol.
Recommendation 874: on a European Charter on the Rights of the Child.
Recommendation 875: on public participation in decision-making on aircraft noise matters.
Recommendation 876: on the 23rd progress report of the Special Representative of the Council of Europe for National Refugees and Over-Population.
Recommendation 877: on co-operation for the reconstruction of Nicaragua.
Recommendation 878: on peaceful settlement of disputes.
Recommendation 879: on the movement of persons between the member states of the Council of Europe.
Recommendation 881: on the rural architectural heritage.
Recommendation 882: on water pollution of the Rhine river basin.
Resolution 696: on the use of data-processing for parliamentary work.
Resolution 697: on the introduction of automatic coupling on the railways of Europe.
Resolution 698: on the situation of South-East Asian refugees.
Resolution 699: on the organisation of a colloquy on international tax avoidance and evasion.
Resolution 700: on the situation of forestry in Europe.
Resolution 701: on the Council of Europe Human Rights Prize.
Resolution 702: on the new title of the Committee on European Non-member Countries.
Resolution 703: on the 300th anniversary of the Habeas Corpus Act.
Resolution 704: in reply to the 24th and 25th annual reports of the European Conference of Ministers of Transport.
Resolution 705: on the problem of refugees from South-East Asia.
Resolution 706: on assistance for the population of Cambodia.
Resolution 707: on the role of national parliaments in the conservation of the architectural heritage.
Resolution 708: on the role of local and regional authorities in the conservation of the architectural heritage.
Resolution 709: on the role of independent associations in the conservation of the architectural heritage.
Resolution 710: in reply to the report on the activities of the Organisation for Co-operation and Economic Development (OECD) in 1978.
Resolution 711: in reply to the 6th and 7th activity reports of the OECD Nuclear Energy Agency (1977 and 1978).
Resolution 712: on the situation in Iran.

E. COMMISSION EUROPEENNE DES DROITS DE L'HOMME

1. MEMBRES DE LA COMMISSION
(*au 31 décembre 1979*)
(*par ordre de préséance*)

M. James E.S. FAWCETT, Président	Royaume-Uni
M. Giuseppe SPERDUTI, Premier Vice-Président	Italie
M. Carl Aage NØRGAARD, Second Vice-President	Danemark
M. Felix ERMACORA	Autriche
M. Michael A. TRIANTAFYLLIDES	Chypre
M. Edwin BUSUTTIL	Malte
M. Love KELLBERG	Suède
M. Bülent DAVER	Turquie
M. Torkel OPSAHL	Norvège
M. Carel H.F. POLAK	Pays-Bas
M. Jochen A. FROWEIN	Rép. Féd. d'Allemagne
M. Gauker JÖRUNDSSON	Islande
M. René Jean DUPUY	France
M. Georges TENEKIDES	Grèce
M. Stefan TRECHSEL	Suisse
M. Brendan KIERNAN	Irlande
M. Nic KLECKER	Luxembourg
M. MICHEL MELCHIOR	Belgique
M. Jorge F. BRANCO DE SAMPAIO	Portugal
M. Juan Antonion CARRILLO	Espagne

2. STATISTIQUES RELATIVES AUX TRAVAUX DE LA COMMISSION EUROPÉENNE DES DROITS DE L'HOMME EN 1979

Nombre de requêtes enregistrées	378
Nombre de requêtes communiquées aux gouvernements intéressés pour observations à donner sur la recevabilité conformément à l'article 42, par. 2 (b) du Règlement intérieur de la Commission	81
Nombre de requêtes déclarées recevables	25
Nombre de requêtes déclarées irrecevables et rayées du rôle	221
Nombre de rapports adressés au Comité des Ministres	7

F. COUR EUROPEENNE DES DROITS DE L'HOMME

1. MEMBRES DE LA COUR
(*au 31 décembre 1979*)
(*par ordre alphabétique*)

M. Giorgio BALLADORE PALLIERI, Président	Italie
M. Gérard J. WIARDA, Vice-President	Pays-Bas
Mme Denise BINDSCHEDLER-ROBERT	Suisse
M. John J. CREMONA	Malte
M. Dimitrios EVRIGENIS	Grèce

E. EUROPEAN COMMISSION OF HUMAN RIGHTS

1. MEMBERS OF THE COMMISSION
(at 31 December 1979)
(in order of precedence)

Mr. James E.S. FAWCETT, President	United Kingdom
Mr. Giuseppe SPERDUTI, First Vice-President	Italy
Mr. Carl Aage NØRGAARD, Second Vice-President	Denmark
Mr. Felix ERMACORA	Austria
Mr. Michael A. TRIANTAFYLLIDES	Cyprus
Mr. Edwin BUSUTTIL	Malta
Mr. Love KELLBERG	Sweden
Mr. Bülent DAVER	Turkey
Mr. Torkel OPSAHL	Norway
Mr. Carel H.F. POLAK	Netherlands
Mr. Jochen A. FROWEIN	Fed. Rep. of Germany
Mr. Gauker JÖRUNDSSON	Iceland
Mr. René Jean DUPUY	France
Mr. Georges TENEKIDES	Greece
Mr. Stefan TRECHSEL	Switzerland
Mr. Brendan KIERNAN	Ireland
Mr. Nic KLECKER	Luxembourg
Mr. Michel MELCHIOR	Belgium
Mr. Jorge F. BRANCO DE SAMPAIO	Portugal
Mr. Juan Antonio CARRILLO	Spain

2. STATISTICS OF THE WORK OF THE EUROPEAN COMMISSION OF HUMAN RIGHTS IN 1979

Number of applications registered	378
Number of applications communicated to respondent Governments for observations on admissibility under Rule 42, para. 2 (b) of the Commission's Rules of Procedure	81
Number of applications declared admissible	25
Number of applications declared inadmissible and struck off the list	221
Number of reports to the Committee of Ministers	7

F. EUROPEAN COURT OF HUMAN RIGHTS

1. MEMBERS OF THE COURT
(at 31 December 1979)
(in alphabetical order)

Mr. Giorgio BALLADORE PALLIERI, President	Italy
Mr. Gérard J. WIARDA, Vice-President	Netherlands
Mrs. Denise BINDSCHEDLER-ROBERT	Switzerland
Mr. John J. CREMONA	Malta
Mr. Dimitrios EVRIGENIS	Greece

Sir Gerald Fitzmaurice	Royaume-Uni
M. W.J. Ganshof van der Meersch	Belgique
M. Eduardo Garcia de Enterria	Espagne
M. Feyyaz Gölcüklü	Turquie
M. Gunnar Lagergren	Suède
M. Léon Liesch	Luxembourg
M. Franz Matscher	Autriche
M. Hermann Mosler	Rép. Féd. d'Allemagne
M. Philip O'Donoghue	Irlande
Mme Helga Pedersen	Danemark
M. Joao de Deus Pinheiro Farinha	Portugal
M. Rolv Ryssdal	Norvège
M. Pierre-Henri Teitgen	France
M. Thor Vilhjalmsson	Islande
M. Mehmed Zekia	Chypre

2. AUDIENCES PUBLIQUES

Au cours de l'année 1979, la Cour européenne des droits de l'homme a prononcé des arrêts dans les affaires suivantes:
- Affaire Sunday Times (qui concerne le Royaume-Uni)
- Affaire Marckx (qui concerne la Belgique)
- Affaire Airey (qui concerne l'Irlande)
- Affaire Winterwerp (qui concerne les Pays-Bas)
- Affaire Schiesser (qui concerne la Suisse).

G. ASSEMBLEE PARLEMENTAIRE BUREAU DE L'ASSEMBLEE
(*au 31 décembre 1979*)

Président de l'Assemblée Parlementaire

M. Henri J. de Koster	Pays-Bas

Vice-Présidents

MM. Manuel tito de Morais	Portugal
Thomas Urwin	Royaume-Uni
Georges Margue	Luxembourg
Turan Günes	Turquie
Lasse Budtz	Danemark
Hugo Adriaensens	Belgique
Jean Valleix	France
Mme Liv Aasen	Norvège
MM. Manfred Gessner	Rép. Féd. d'Allemagne
Joaquin Munoz Peirats	Espagne
Hans Hesele	Autriche
Giuseppe Petrilli	Italie

Présidents des commissions de l'Assemblée

COMMISSION DES QUESTIONS POLITIQUES

M. Walther Hofer	Suisse

Sir Gerald FITZMAURICE	United Kingdom
Mr. W.J. GANSHOF VAN DER MEERSCH	Belgium
Mr. Eduardo GARCIA DE ENTERRIA	Spain
Mr. Feyyaz GÖLCÜKLÜ	Turkey
Mr. Gunnar LAGERGREN	Sweden
Mr. Léon LIESCH	Luxembourg
Mr. Franz MATSCHER	Austria
Mr. Hermann MOSLER	Fed. Rep. of Germany
Mr. Philip O'DONOGHUE	Ireland
Mrs. Helga PEDERSEN	Denmark
Mr. Joao de Deus PINHEIRO FARINJA	Portugal
Mr. Rolv RYSSDAL	Norway
Mr. Pierre-Henri TEITGEN	France
Mr. Thor VILHJALMSSON	Iceland
Mr. Mehmed ZEKIA	Cyprus

2. PUBLIC HEARINGS

In the course of 1979, the European Court of human rights has delivered judgments in the following cases:
- Sunday Times case (which concerns the United Kingdom)
- Marckx case (which concerns Belgium)
- Airey case (which concerns Ireland)
- Winterwerp case (which concerns the Netherlands)
- Schiesser case (which concerns Switzerland)

G. PARLIAMENTARY ASSEMBLY BUREAU OF THE ASSEMBLY
(at 31 December 1979)

President of the Parliamentary Assembly	
Mr. Henri J. de KOSTER	Netherlands
Vice-Presidents	
MM. Manuel TITO DE MORAIS	Portugal
Thomas URWIN	United Kingdom
Georges MARGUE	Luxembourg
Turan GÜNES	Turkey
Lasse BUDTZ	Denmark
Hugo ADRIAENSENS	Belgium
Jean VALLEIX	France
Mrs. Liv AASEN	Norway
MM. Manfred GESSNER	Fed. Rep. of Germany
Joaquin MUNOZ PEIRATS	Spain
Hans HESELE	Austria
Giuseppe PETRILLI	Italy

Chairmen of Assembly Committees

POLITICAL AFFAIRS COMMITTEE

Mr. Walther HOFER	Switzerland

COMMISSION DES QUESTIONS ECONOMIQUES ET DU DEVELOPPEMENT	
M. Stig ALEMYR	Suède
COMMISSION DES QUESTIONS SOCIALES ET DE LA SANTE	
M. Peter BÜCHNER	Rép. Féd. d'Allemagne
COMMISSION DES QUESTIONS JURIDIQUES	
M. Percy GRIEVE	Royaume-Uni
COMMISSION DE LA CULTURE ET DE L'EDUCATION	
M. John ROPER	Royaume-Uni
COMMISSION DE LA SCIENCE ET DE LA TECHNOLOGIE	
M. Renato TREU	Italie
COMMISSION DE L'AMENAGEMENT DU TERRITOIRE ET DES POUVOIRS LOCAUX	
M. Karl AHRENS	Rép. Féd. d'Allemagne
COMMISSION DU REGLEMENT	
M. Jean PERIDIER	France
COMMISSION DE L'AGRICULTURE	
M. Antonio PECORARO	Italie
COMMISSION DES RELATIONS AVEC LES PAYS EUROPEENS NON MEMBRES	
M. Théoharis RENDIS	Grèce
COMMISSION CHARGEE DES RELATIONS AVEC LES PARLEMENTS NATIONAUX ET LE PUBLIC	
Mme Lenelotte von BOTHMER	Rép. Féd. d'Allemagne
COMMISSION DU BUDGET ET DU PROGRAMME DE TRAVAIL INTERGOUVERNEMENTAL	
M. Siegbert ALBER	Rép. Féd. d'Allemagne
COMMISSION DES MIGRATIONS, DES REFUGIES ET DE LA DEMOGRAPHIE	
Mme Anita GRADIN	Suède

H. REPRESENTANTS PERMANENTS DES ETATS MEMBRES EN 1979

Autriche	M. Otto MASCHKE
Belgique	M. André VRANKEN
Chypre	M. Constantinos N. PILAVACHI
Danemark	M. Preben Arthur von der HUDE
France	M. Jean CAZENEUVE
République Fédérale d'Allemagne	M. Carl-Heinz LÜDERS (jusqu'au 24 janvier M. Karl-Alexander HAMPE
Grèce	M. Nicolas KAMBALOURIS (jusqu'au 7 juin) M. Ioannis GRIGORIADIS
Islande	M. Niels P. SIGURDSSON
Irlande	M. Michael FLYNN
Italie	M. Marco PISA
Liechtenstein	S.A.S. Prince Nicolas de LIECHTENSTEIN
Luxembourg	M. Georges HEISBOURG (jusqu'au 13 novembre) M. Jean HOSTERT
Malte	M. Reno CALLEJA
Pays-Bas	M. J.F.E. BREMAN

COMMITTEE ON ECONOMIC AFFAIRS AND DEVELOPMENT	
Mr. Stig ALEMYR	Sweden
COMMITTEE ON SOCIAL AND HEALTH QUESTIONS	
Mr. Peter BÜCHNER	Fed. Rep. of Germany
LEGAL AFFAIRS COMMITTEE	
Mr. Percy GRIEVE	United Kingdom
COMMITTEE ON CULTURE AND EDUCATION	
Mr. John ROPER	United Kingdom
COMMITTEE ON SCIENCE AND TECHNOLOGY	
Mr. Renato TREU	Italy
COMMITTEE ON REGIONAL PLANNING AND LOCAL AUTHORITIES	
Mr. Karl AHRENS	Fed. Rep. of Germany
COMMITTEE ON RULES OF PROCEDURE	
Mr. Jean PERIDIER	France
COMMITTEE ON AGRICULTURE	
Mr. Antonio PECORARO	Italy
COMMITTEE ON RELATIONS WITH EUROPEAN NON MEMBER COUNTRIES	
Mr. Théoharis RENDIS	Greece
COMMITTEE ON PARLIAMENTARY AND PUBLIC RELATIONS	
Mrs. Lenelotte von BOTHMER	Fed. Rep. of Germany
COMMITTEE ON THE BUDGET AND THE INTERGOVERNMENTAL WORK PROGRAMME	
Mr. Siegbert ALBER	Fed. Rep. of Germany
COMMITTEE ON MIGRATION, REFUGEES AND DEMOGRAPHY	
Mrs. Anita GRADIN	Sweden

H. PERMANENT REPRESENTATIVES OF MEMBER STATES IN 1979

Austria	Mr. Otto MASCHKE
Belgium	Mr. André VRANKEN
Cyprus	Mr. Constantinos H. PILAVACHI
Denmark	Mr. Preben Arthur von der HUDE
France	Mr. Jean CAZENEUVE
Federal Republic of Germany	Mr. Carl-Heinz LÜDERS (until 24 January) Mr. Karl-Alexander HAMPE
Greece	Mr. Nicolas KAMBALOURIS (until 7 June) Mr. Ioannis GRIGORIADIS
Iceland	Mr. Niels P. SIGURDSSON
Ireland	Mr. Michael FLYNN
Italy	Mr. Marco PISA
Liechtenstein	H.S.H. Prince Nicolas von LIECHTENSTEIN
Luxembourg	Mr. Georges HEISBOURG (until 13 November) Mr. Jean HOSTERT
Malta	Mr. Reno CALLEJA
Netherlands	Mr. J.F.E. BREMAN

Norvège	Mlle Kirsten OHM
Portugal	M. José Pires CUTILEIRO
Espagne	M. José Luis MESSIA
Suède	M. Bengt ÅKERREN
Suisse	M. Alfred WACKER
Turquie	M. Semih GÜNVER
Royaume-Uni	M. Donald CAPE

I. SECRETARIAT
(A la fin de 1979)

M. F. KARASEK, Secrétaire Général
M. G. ADINOLFI, Secrétaire Général adjoint
M. C. KOHLER, Chef de Cabinet du Secrétaire Général

GREFFE DE L'ASSEMBLEE
M. John D. PRIESTMAN, Greffier de l'Assemblée, ayant rang de Secrétaire Général adjoint
M. P. HORNECKER, Greffier adjoint de l'Assemblée

AFFAIRES POLITIQUES
M. H. LELEU, Directeur
M. H. KLEBES, Directeur adjoint
M. P. LEUPRECHT, Secrétaire du Comité des Ministres

AFFAIRES ECONOMIQUES ET SOCIALES
M. S. RENBORG, Directeur
M. F. CATALANO, Directeur adjoint

ENSEIGNEMENT, AFFAIRES CULTURELLES ET SCIENTIFIQUES
M. M. MARSCHALL VON BIERBERSTEIN, Directeur
M. V. de PANGE, Directeur adjoint

CENTRE EUROPEEN DE LA JEUNESSE
M. R. SEM, Directeur du Centre

FONDS EUROPEEN POUR LA JEUNESSE
Mme A. DERRIEN, Directrice executive

ENVIRONNEMENT ET POUVOIRS LOCAUX
M. N. BORCH-JACOBSEN, Directeur
M. G. BALOUP, Directeur adjoint

Affaires juridiques
M. E. HARREMOES, Directeur

DROITS DE L'HOMME

............, Directeur
SECRETAIRE DE LA COMMISSION EUROPEENNE DES DROITS DE L'HOMME
M. H.C. Krüger

Norway	Miss Kirsten OHM
Portugal	Mr. José Pires CUTILEIRO
Spain	Mr. José Luis MESSIA
Sweden	Mr. Bengt ÅKERREN
Switzerland	Mr. Alfred WACKER
Turkey	Mr. Semih GÜNVER
United Kingdom	Mr. Donald CAPE

I. SECRETARIAT
(at the end of 1979)

Mr. F. KARASEK, Secretary General
Mr. G. ADINOLFI, Deputy Secretary General
Mr. C. KOHLER, Head of the Secretary General's Private Office

OFFICE OF THE CLERK OF THE ASSEMBLY
Mr. John D. PRIESTMAN, Clerk of the Assembly, with rank of Deputy Secretary General
Mr. P. HORNECKER, Deputy Clerk of the Assembly

POLITICAL AFFAIRS
Mr. H. LELEU, Director
Mr. H. KLEBES, Deputy Director
Mr. P. LEUPRECHT, Secretary of the Committee of Ministers

ECONOMIC AND SOCIAL AFFAIRS
Mr. S. RENBORG, Director
Mr. F. CATALANO, Deputy Director

EDUCATION, CULTURAL AND SCIENTIFIC AFFAIRS
Mr. M. MARSCHALL VON BIEBERSTEIN, Director
Mr. V. de PANGE, Deputy Director

EUROPEAN YOUTH CENTRE
Mr. R. SEM, Director of the Centre

EUROPEAN YOUTH FOUNDATION
Mrs. A. DERRIEN, Executive Director

ENVIRONMENT AND LOCAL AUTHORITIES
Mr. N. BORCH-JACOBSEN, Director
Mr. G. BALOUP, Deputy Director

LEGAL AFFAIRS
Mr. E. HARREMOES, Director

HUMAN RIGHTS
..............., Director

SECRETARY OF THE EUROPEAN COMMISSION ON HUMAN RIGHTS
Mr. H.C. KRÜGER

GREFFIER DE LA COUR EUROPEENNE DES DROITS DE L'HOMME
M. M.A. Eissen

PRESSE ET INFORMATION
M. H. Beesley, Directeur
M. K. Hammerich, Directeur adjoint

AFFAIRES ADMINISTRATIVES
M. S.C. Hunt, Directeur

CONTROLEUR FINANCIER
M. G. Leroux

Adresse: Conseil de l'Europe
F – 67006 Strasbourg Cedex
Tél. (88) 61.49.61
Télégramme: Europa Strasbourg
Télex 870.943

J. ETAT DES RATIFICATIONS DES CONVENTIONS ET ACCORDS DU CONSEIL DE L'EUROPE

Les conventions et accords du Conseil de l'Europe ont été numérotés dans l'ordre chronologique de leur signature. Les numéros ci-dessous accompagnés d'un astérisque ne figurent pas dans le présent état.

1. *Statut du Conseil de l'Europe (y compris amendements et textes additionnels) (1949–1963).
2. Accord général sur les privilèges et immunités du Conseil de l'Europe (y compris l'Accord complémentaire et les quatre Protocoles additionnels) (1949–1961).
3. *Accord spécial relatif au siège du Conseil de l'Europe (1949).
4. *Accord complémentaire à l'Accord général sur les privilèges et immunités du Conseil de l'Europe (1950).
5. Convention de sauvegarde des Droits de l'Homme et des Libertés fondamentales (y compris le premier Protocole additionnel) (1950–1952).
   5. (i) Déclaration relative à l'article 25 de la Convention de sauvegarde des Droits de l'Homme et des Libertés fondamentales (Droit de recours individuel).
   5. (ii) Déclaration relative à l'article 46 de la Convention de sauvegarde des Droits de l'Homme et des Libertés fondamentales (Juridiction de la Cour).
6. *Amendements au Statut (mai 1951).
7. *Amendement au Statut (décembre 1951).
8. *Statut du Conseil de l'Europe avec amendements et textes de caractère statutaire adoptés en mai et en août 1951.
9. Protocole additionnel à la Convention de sauvegarde des Droits de l'Homme et des Libertés fondamentales (1952).
10. Protocole additionnel à l'Accord général sur les privilèges et immunités du Conseil de l'Europe (1952).
11. *Amendement au Statut du Conseil de l'Europe (1953).
12. Accord intérimaire européen concernant les régimes de sécurité sociale

REGISTRAR OF THE EUROPEAN COURT ON HUMAN RIGHTS
Mr. M.A. Eissen

PRESS AND INFORMATION
Mr. H. Beesley, Director
Mr. K. Hammerich, Deputy Director

ADMINISTRATION
Mr. S.C. Hunt, Director

FINANCIAL CONTROLLER
Mr. G. Leroux

Address: Council of Europe
F – 67006 Strasbourg Cedex
Tel. (88) 61.49.61
Cable: Europa Strasbourg
Telex: 870.943

J. CHART SHOWING RATIFICATIONS OF COUNCIL OF EUROPE CONVENTIONS AND AGREEMENTS

Council of Europe Conventions and Agreements have been numbered in chronological order of signature. Numbered items with an asterisk do not appear in this Chart.

1. *Statute of the Council of Europe (including amendments and additions) (1949–1963).
2. General Agreement on Privileges and Immunities of the Council of Europe (including the Supplementary Agreement and the four Protocols) (1949–1961).
3. *Special Agreement relating to the Seat of the Council of Europe (1949).
4. *Supplementary Agreement to the General Agreement on Privileges and Immunities of the Council of Europe (1950).
5. Convention for the Protection of Human Rights and Fundamental Freedoms (including the first Protocol) (1950–1952).
   5. (i) Declaration regarding Article 25 of the Convention for the Protection of Human Rights and Fundamental Freedoms (Right of Individual Petition).
   5. (ii) Declaration regarding Article 46 of the Convention for the Protection of Human Rights and Fundamental Freedoms (Jurisdiction of the Court).
6. *Amendments to the Statute (May 1951).
7. *Amendment to the Statute (December 1951).
8. *Statute of the Council of Europe incorporating Amendments and Texts of a Statutory Character adopted in May and August 1951.
9. Protocol to the Convention for the Protection of Human Rights and Fundamental Freedoms (1952).
10. Protocol to the General Agreement on Privileges and Immunities of the Council of Europe (1952).
11. *Amendment to the Statute of the Council of Europe (1953).

relatifs à la vieillesse, à l'invalidité et aux survivants, et Protocole additionnel (1953).

13. Accord intérimaire Européen concernant la sécurité sociale à l'exclusion des régimes relatifs à la vieillesse, à l'invalidité et aux survivants, et Protocole additionnel (1953).
14. Convention européenne d'assistance sociale et médicale, et Protocole additionnel (1953).
15. Convention européenne relative à l'équivalence des diplômes donnant accès aux établissements universitaires (1953).
16. Convention européenne relative aux formalités prescrites pour les demandes de brevets (1953).
17. Convention européenne sur la classification internationale des brevets d'invention (y compris annexe amendée) (1954–1961).
18. Convention culturelle européenne (1954).
19. Convention européenne d'établissement (1955).
20. Accord sur l'échange des mutilés de guerre entre les pays membres du Conseil de l'Europe aux fins de traitement médical (1955).
21. Convention européenne sur l'équivalence des périodes d'études universitaires (1956).
22. Deuxième Protocole additionnel à l'Accord général sur les privilèges et immunités du Conseil de l'Europe (1956).
23. Convention européenne pour le règlement pacifique des différends (1957).
24. Convention européenne d'extradition (1957).
25. Accord européen sur le régime de la circulation des personnes entre les pays membres du Conseil de l'Europe (1957).
26. Accord européen relatif à l'échange de substances thérapeutiques d'origine humaine (1958).
27. Arrangement européen sur l'échange des programmes au moyen de films de télévision (1958).
28. Troisième Protocole additionnel à l'Accord général sur les privilèges et immunités du Conseil de l'Europe (1959).
29. Convention européenne relative à l'assurance obligatoire de la responsabilité civile en matière de véhicules automoteurs (1959).
30. Convention européenne d'entraide judiciaire en matière pénale (1959).
31. Accord européen relatif à la suppression des visas pour les réfugiés (1959).
32. Convention européenne sur la reconnaissance académique des qualifications universitaires (1959).
33. Accord pour l'importation temporaire en franchise de douane, à titre de prêt gratuit et à des fins diagnostiques ou thérapeutiques, de matériel médico-chirurgical et de laboratoire destiné aux établissements sanitaires (1960).
34. Arrangement européen pour la protection des émissions de télévision (1960).
35. Charte sociale européenne (1961).
36. Quatrième Protocole additionnel à l'Accord général sur les privilèges et immunités du Conseil de l'Europe (1961).
37. Accord européen sur la circulation des jeunes sous couvert du passeport collectif entre les pays membres du Conseil de l'Europe (1961).
38. Accord européen concernant l'entraide médicale dans le domaine des traitements spéciaux et des ressources thermo-climatiques (1962).
39. Accord européen relatif à l'échange des réactifs pour la détermination des groupes sanguins (1962).
40. Accord entre les Etats membres du Conseil de l'Europe sur l'attribution

12. European Interim Agreement on Social Security Schemes relating to Old Age, Invalidity and Survivors, and Protocol thereto (1953).
13. European Interim Agreement on Social Security other than Schemes for Old Age, Invalidity and Survivors, and Protocol thereto (1953).
14. European Convention on Social and Medical Assistance, and Protocol thereto (1953).
15. European Convention on the Equivalence of Diplomas leading to Admission to Universities (1953).
16. European Convention relating to the Formalities required for Patent Applications (1953).
17. European Convention on the International Classification of Patents for Invention (including Annex as amended) (1954–1961).
18. European Cultural Convention (1954).
19. European Convention on Establishment (1955).
20. Agreement on the Exchange of War Cripples between Member Countries of the Council of Europe with a view to Medical Treatment (1955).
21. European Convention on the Equivalence of Periods of University Study (1956).
22. Second Protocol to the General Agreement on Privileges and Immunities of the Council of Europe (1956).
23. European Convention for the Peaceful Settlement of Disputes (1957).
24. European Convention on Extradition (1957).
25. European Agreement on Regulations governing the Movement of Persons between Member States of the Council of Europe (1957).
26. European Agreement on the Exchange of Therapeutic Substances of Human Origin (1958).
27. European Agreement concerning Programme Exchanges by means of Television Films (1958).
28. Third Protocol to the General Agreement on Privileges and Immunities of the Council of Europe (1959).
29. European Convention on Compulsory Insurance against Civil Liability in respect of Motor Vehicles (1959).
30. European Convention on Mutual Assistance in Criminal Matters (1959).
31. European Agreement on the Abolition of Visas for Refugees (1959).
32. European Convention on the Academic Recognition of University Qualifications (1959).
33. Agreement on the Temporary Importation, free of duty, of Medical, Surgical and Laboratory Equipment for use on free loan in Hospitals and other Medical Institutions for purposes of Diagnosis or Treatment (1960).
34. European Agreement on the Protection of Television Broadcasts (1960).
35. European Social Charter (1961).
36. Fourth Protocol to the General Agreement on Privileges and Immunities of the Council of Europe (1961).
37. European Agreement on Travel by Young Persons on Collective Passports between the Member Countries of the Council of Europe (1961).
38. European Agreement on Mutual Assistance in the matter of Special Medical Treatments and Climatic Facilities (1962).
39. European Agreement on the Exchanges of Blood-Grouping Reagents (1962).
40. Agreement between the Member States of the Council of Europe on the issue to Military and Civilian War-Disabled of an International Book of Vouchers for the repair of Prosthetic and Orthopaedic Appliances (1962).

aux mutilés de guerre militaires et civils d'un carnet international de bons de réparation d'appareils de prothèse et d'orthopédie (1962).
41. Convention sur la responsabilité des hôteliers quant aux objets apportés par les voyageurs (1962).
42. Arrangement relatif à l'application de la Convention européenne sur l'arbitrage commercial international (1962).
43. Convention sur la réduction des cas de pluralité de nationalités et sur les obligations militaires en cas de pluralité de nationalités (1963).
44. Protocole N° 2 à la Convention de sauvegarde des Droits de l'Homme et des Libertés fondamentales, attribuant à la Cour européenne des Droits de l'Homme la compétence de donner des avis consultatifs (1963).
45. Protocole N° 3 à la Convention de sauvegarde des Droits de l'Homme et des Libertés fondamentales, modifiant les articles 29, 30 et 34 de la Convention (1963).
46. Protocole N° 4 à la Convention de sauvegarde des Droits de l'Homme et des Libertés fondamentales, reconnaissant certains droits et libertés autres que ceux figurant déjà dans la Convention et dans le premier Protocole additionnel à la Convention (1963).
47. Convention sur l'unification de certains éléments du droit des brevets d'invention (1963).
48. Code européen de sécurité sociale, et Protocole au Code européen de sécurité sociale (1964).
49. Protocole additionnel à la Convention européenne relative à l'équivalence des diplômes donnant accès aux établissements universitaires (1964).
50. Convention relative à l'élaboration d'une pharmacopée européenne (1964).
51. Convention européenne pour la surveillance des personnes condamnées ou libérées sous condition (1964).
52. Convention européenne pour la répression des infractions routières (1964).
53. Accord européen pour la répression des émissions de radiodiffusion effectuées par des stations hors des territoires nationaux (1965).
54. Protocole à l'Arrangement européen pour la protection des émissions de télévision (1965).
55. Protocole N° 5 à la Convention de sauvegarde des Droits de l'Homme et des Libertés fondamentales, modifiant les articles 22 et 40 de la Convention (1966).
56. Convention européenne portant loi uniforme en matière d'arbitrage (1966).
57. Convention européenne d'établissement des sociétés (1966).
58. Convention européenne en matière d'adoption des enfants (1967).
59. Accord européen sur l'instruction et la formation des infirmières (1967).
60. Convention européenne relative aux obligations en monnaie étrangère (1967).
61. Convention européenne sur les fonctions consulaires (1967).
    61. (i) Protocole relatif à la protection des réfugiés
    61. (ii) Protocole en matière d'aviation civile
62. Convention européenne dans le domaine de l'information sur le droit étranger (1968).
63. Convention européenne relative à la suppression de la légalisation des actes établis par les agents diplomatiques ou consulaires (1968).
64. Accord européen sur la limitation de l'emploi de certains détergents dans les produits de lavage et de nettoyage (1968).

41. Convention on the Liability of Hotel-keepers concerning the Property of their Guests (1962).
42. Agreement relating to Application of the European Convention on International Commercial Arbitration (1962).
43. Convention on the reduction of cases of Multiple Nationality and on Military Obligations in Cases of Multiple Nationality (1963).
44. Protocol No. 2 to the Convention for the Protection of Human Rights and Fundamental Freedoms, conferring upon the European Court of Human Rights competence to give advisory opinions (1963).
45. Protocol No. 3 to the Convention for the Protection of Human Rights and Fundamental Freedoms, amending Articles 29, 30 and 34 of the Convention (1963).
46. Protocol No. 4 to the Convention for the Protection of Human Rights and Fundamental Freedoms, securing certain rights and freedoms other than those already included in the Convention and in the first Protocol thereto (1963).
47. Convention on the Unification of Certain Points of Substantive Law on Patents for Invention (1963).
48. European Code of Social Security, and Protocol to the European Code of Social Security (1964).
49. Protocol to the European Convention on the Equivalence of Diplomas Leading to Admission to Universities (1964).
50. Convention on the elaboration of a European Pharmacopoeia (1964).
51. European Convention on the Supervision of conditionally sentenced or conditionally released Offenders (1964).
52. European Convention on the Punishment of Road Traffic Offences (1964).
53. European Agreement for the Prevention of Broadcasts transmitted from Stations outside National territories (1965).
54. Protocol to the European Agreement on the Protection of Television Broadcasts (1975).
55. Protocol No. 5 to the Convention for the Protection of Human Rights and Fundamental Freedoms, amending Articles 22 and 40 of the Convention (1966).
56. European Convention providing a uniform Law on arbitration (1966).
57. European Convention on Establishment of Companies (1966).
58. European Convention on the Adoption of Children (1967).
59. European Agreement on the Instruction and Education of Nurses (1967).
60. European Convention on Foreign Money Liabilities (1967).
61. European Convention on Consular Functions (1967)
    61. (i) Protocol concerning the Protection of Refugees
    61. (ii) Protocol in respect of Civil Aircraft
62. European Convention on Information on Foreign Law (1968).
63. European Convention on the Abolition of Legislation of Documents executed by Diplomatic Agents or Consular Officers (1968).
64. European Agreement on the restriction of the use of certain Detergents in washing and cleaning Products (1968).
65. European Convention for the Protection of Animals during International Transport (1968).
66. European Convention on the Protection of the Archaeological Heritage (1969).
67. European Agreement relating to persons participating in proceedings of the European Commission and Court of Human Rights (1969).
68. European Agreement on "au pair" Placement (1969).

65. Convention européenne sur la protection des animaux en transport international (1968).
66. Convention européenne pour la protection du patrimoine archéologique (1969).
67. Accord européen concernant les personnes participant aux procédures devant la Commission et la Cour européennes des Droits de l'Homme (1969).
68. Accord européen sur le placement au pair (1969).
69. Accord européen sur le maintien du paiement des bourses aux étudiants poursuivant leurs études à l'étranger (1969).
70. Convention européenne sur la valeur internationale des jugements répressifs (1970).
71. Convention européenne sur le rapatriement des mineurs (1970).
72. Convention relative à l'opposition sur titres au porteur à circulation internationale (1970).
73. Convention européenne sur la transmission des procédures répressives (1972).
74. Convention européenne sur l'immunité des Etats et Protocole additionnel (1972).
75. Convention européenne relative au lieu de paiement des obligations monétaires (1972).
76. Convention européenne sur la computation des délais (1972).
77. Convention relative à l'établissement d'un système d'inscription des testaments (1972).
78. Convention européenne de sécurité sociale et Accord complémentaire pour l'application de la Convention européenne de sécurité sociale (1972).
79. Convention européenne sur la responsabilité civile en cas de dommages causés par des véhicules automoteurs (1973).
80. Accord sur le transfert des corps des personnes décédées (1973).
81. Protocole additionnel au Protocole à l'Arrangement européen pour la protection des émissions de télévision (1974).
82. Convention européenne sur l'imprescriptibilité des crimes contre l'humanité et des crimes de guerre (1974).
83. Convention européenne relative à la protection sociale des agriculteurs (1974).
84. Accord européen sur l'échange de réactifs pour la détermination des groupes tissulaires (1974).
85. Convention européenne sur le statut juridique des enfants nés hors mariage (1975).
86. Protocole additionnel à la Convention européenne d'extradition (1975).
87. Convention européenne sur la protection des animaux dans les élevages (1976).
88. Convention européenne sur les effets internationaux de la déchéance du droit de conduire un véhicule à moteur (1976).
89. Protocole additionnel à l'Accord européen sur l'échange de réactifs pour la détermination des groupes tissulaires (1976).
90. Convention européenne pour la répression du terrorisme (1977).
91. Convention européenne sur la responsabilité du fait des produits en cas de lésions corporelles ou de décès (1977).
92. Accord européen sur la transmission des demandes d'assistance judiciaire (1977).
93. Convention européenne relative au statut juridique du travailleur migrant (1977).

69. European Agreement on continued Payment of Scholarships to Students studying abroad (1969).
70. European Convention on the International Validity of Criminal Judgments (1970).
71. European Convention on the Repatriation of Minors (1970).
72. Convention relating to stops on bearer securities in international circulation (1970).
73. European Convention on the Transfer of Proceedings in Criminal Matters (1972).
74. European Convention on State Immunity and Additional Protocol (1972).
75. European Convention on State Immunity and Additional Protocol (1972).
75. European Convention on the Place of Payment of Money Liabilities (1972).
76. European Convention on the Calculation of Time-limits (1972).
77. Convention on the Establishment of a Scheme of Registration of Wills (1972).
78. European Convention on Social Security and Supplementary Agreement for the application of the European Convention on Social Security (1972).
79. European Convention on Civil Liability for Damage caused by Motor Vehicles (1973).
80. Agreement on the Transfer of Corpses (1973).
81. Additional Protocol to the Protocol to the European Agreement on the Protection of Television Broadcasts (1974).
82. European Convention on the non-applicability of Statutory Limitation to Crimes against Humanity and War Crimes (1974).
83. European Convention on the Social Protection of Farmers (1974).
84. European Agreement on the Exchange of Tissue-Typing Reagents (1974).
85. European Convention on the Legal Status of Children born out of Wedlock (1975).
86. Additional Protocol to the European Convention on Extradition (1975).
87. European Convention for the Protection of Animals kept for farming purposes (1976).
88. European Convention on the International Effects of Deprivation of the Right to Drive a Motor Vehicle (1976).
89. Additional Protocol to the European Agreement on the Exchange of Tissue-Typing Reagents (1976).
90. European Convention on the Suppression of Terrorism (1977).
91. European Convention on Products Liability in regard to Personal Injury and Death (1977).
92. European Agreement on the Transmission of Applications for Legal Aid (1977).
93. European Convention on the Legal Status of Migrant Workers (1977).
94. European Convention on the Service Abroad of Documents relating to Administrative Matters (1977).
95. Protocol amending the Convention on the Reduction of Cases of Multiple Nationality and Military Obligations in Cases of Multiple Nationality (1977).
96. Additional Protocol to the Convention on the Reduction of Cases of Multiple Nationality and Military Obligations in Cases of Multiple Nationality (1977).
97. Additional Protocol to the European Convention on Information on Foreign Law (1978).

94. Convention européenne sur la notification à l'étranger des documents en matière administrative (1977).
95. Protocole portant modification à la Convention sur la réduction des cas de pluralité de nationalités et sur les obligations militaires en cas de pluralité de nationalités (1977).
96. Protocole additionnel à la Convention sur la réduction des cas de pluralité de nationalités et sur les obligations militaires en cas de pluralité de nationalités (1977).
97. Protocole additionnel à la Convention européenne dans le domaine de l'information sur le droit étranger (1978).
98. Deuxième Protocole additionnel à la Convention européenne d'extradition (1978).
99. Protocole additionnel à la Convention européenne d'entraide judiciaire en matière pénale (1978).
100. Convention européenne sur l'obtention à l'étranger d'informations et de preuves en matière administrative (1978).
101. Convention européenne sur le contrôle de l'acquisition et de la détention d'armes à feu par des particuliers (1978).
102. Convention européenne sur la protection des animaux d'abattage (1979).
103. Protocole additionnel à la Convention européenne sur la protection des animaux en transport international (1979).
104. Convention relative à la conservation de la vie sauvage et du milieu naturel de l'Europe (1979).

98. Second Additional Protocol to the European Convention on Extradition (1978).
99. Additional Protocol on the European Convention on Mutual Assistance in Criminal Matters (1978).
100. European Convention on the obtaining Abroad of Information and Evidence in Administrative Matters (1978).
101. European Convention on the Control of the Acquisition and Possession of Firearms by Individuals (1978).
102. European Convention for the Protection of Animals for Slaughter (1979).
103. Additional Protocol to the European Convention for the Protection of Animals during International Transport (1979).
104. Convention on the Conservation of European Wildlife and Natural Habitats (1979).

Convention No.	Date d'entrée en vigueur *Date of entry into force*	Autriche *Austria*	Belgique *Belgium*	Chypre *Cyprus*	Danemark *Denmark*	France *France*	Rép. Féd. d'Allemagne *Fed. Rep. of Germany*	Grèce *Greece*	Islande *Iceland*	Irlande *Ireland*	Italie *Italy*	Liechtenstein *Liechtenstein*	Luxembourg *Luxembourg*	Malte *Malta*	Pays-Bas *Netherlands*	Norvège *Norway*	Portugal *Portugal*	Espagne *Spain*	Suède *Sweden*	Suisse *Switzerland*	Turquie *Turkey*	Royaume-Uni *United Kingdom*
2	10.9.1952	■	■	■	■	■	■	■	■	■	■	■	■	■	■	■			■	■	■	■
5	3.9.1953	■	■	■	■	■	■	■	■	■	■		■	■	■	■	■	■	■	■	■	■
5(i)	5.7.1955	■	■		■		■		■	■	■		■		■	■	■		■	■		■
5(ii)	3.9.1958	■	■		■	■	■	■	■	■	■		■		■	■	■	■	■	■		■
9	18.5.1954	■	■	■	■	■	■	■	■	■	■		■	■	■	■	■		■		■	■
10	11.7.1956	■	■	■	■		■	■	■	■	■	■	■	■	■	■			■	■	■	■
12(a)	1.7.1954		■	■	■	■	■	■	■	■	■		■		■	■	■		■		■	■
12(b)	1.10.1954		■	■	■	■	■	■	■	■	■		■		■	■	■		■		■	■
13(a)	1.7.1954		■	■	■	■	■	■	■	■	■		■		■	■	■		■		■	■
13(b)	1.10.1954		■	■	■	■	■	■	■	■	■		■		■	■	■		■		■	■
14(a)	1.7.1954		■		■	■	■	■	■	■	■		■	■	■	■	■		■		■	■
14(b)	1.7.1954		■		■	■	■	■	■	■	■		■		■	■	■		■		■	■
15	20.4.1954	■	■	■	■	■	■	■	■	■	■		■	■	■	■		■	■		■	■
16	1.6.1955	■	■		■	■	■	■	■	■	■		■		■	■		■	■	■	■	■
17	1.8.1955		■		■	■	■			■	■				■	■		■	■	■	■	■
18	5.5.1955	■	■	■	■	■	■	■	■	■	■	■	■	■	■	■	■	■	■	■	■	■
19	23.2.1965		■		■		■	■		■	■		■		■	■			■			■
20	1.1.1956	■	■	■	■	■	■	■		■	■		■	■	■	■			■		■	■
21	18.9.1957	■	■		■	■	■		■	■	■		■	■	■	■		■	■		■	■
22	15.12.1956	■	■	■	■	■	■	■	■	■	■	■	■	■	■	■			■	■	■	■
23	30.4.1958	■	■		■		■				■	■	■	■	■	■			■	■		■
24	18.4.1960	■		■	■		■	■		■	■	■	■		■	■			■	■	■	
25	1.1.1958	■	■			■	■	■			■		■	■	■					■	■	
26	1.1.1959		■	■	■	■	■	■		■	■	■	■	■	■	■			■	■	■	■
27	1.7.1961		■	■	■	■		■		■			■		■	■		■	■		■	■

Convention No.	Date d'entrée en vigueur / *Date of entry into force*	Autriche / *Austria*	Belgique / *Belgium*	Chypre / *Cyprus*	Danemark / *Denmark*	France / *France*	Rép. Féd. d'Allemagne / *Fed. Rep. of Germany*	Grèce / *Greece*	Islande / *Iceland*	Irlande / *Ireland*	Italie / *Italy*	Liechtenstein / *Liechtenstein*	Luxembourg / *Luxembourg*	Malte / *Malta*	Pays-Bas / *Netherlands*	Norvège / *Norway*	Portugal / *Portugal*	Espagne / *Spain*	Suède / *Sweden*	Suisse / *Switzerland*	Turquie / *Turkey*	Royaume-Uni / *United Kingdom*
28	15.3.1963		■	■		■	■	■	■		■		■							■		
29	22.9.1969	■			■		■	■								■			■			
30	12.6.1962	■	■		■	■	■	■			■	■	■		■	■			■	■	■	
31	3.9.1960		■		■	■	■		■	■	■	■	■		■	■			■	■		■
32	27.11.1961	■	■		■		■		■	■	■			■	■	■		■	■			■
33	29.7.1960	■	■	■	■	■	■	■	■	■	■		■	■	■	■		■	■	■	■	■
34	1.7.1961		■	■	■	■	■									■		■	■		■	■
35	26.2.1965	■		■	■	■	■		■	■	■					■			■			■
36	16.12.1961	■	■	■	■	■	■	■		■	■		■	■	■	■			■	■	■	■
37	16.1.1962		■		■	■		■	■	■	■		■	■	■	■			■	■	■	■
38	15.6.1962		■		■					■	■					■			■		■	■
39	14.10.1962		■	■	■	■				■	■	■	■	■	■	■		■	■	■	■	■
40	27.12.1963		■			■	■			■	■		■		■							■
41	15.2.1967		■			■	■			■				■								■
42	25.1.1965	■	■		■	■	■				■											
43	28.3.1968	■			■	■	■			■	■		■			■			■			■
44	21.9.1970	■	■	■	■		■	■	■	■	■		■	■	■	■	■		■	■	■	■
45	21.9.1970	■	■	■	■	■	■	■	■	■	■		■	■	■	■	■		■	■	■	■
46	2.5.1968	■	■		■	■	■		■	■			■			■	■		■			
47										■		■	■						■	■		■
48(a)	17.3.1968		■		■		■			■	■		■		■	■			■	■		■
48(b)	17.3.1968		■				■						■		■	■			■			
49	4.7.1964		■		■	■	■				■		■		■	■			■			■
50	8.5.1974	■	■	■	■	■	■		■		■		■		■	■			■	■		■
51	22.8.1975		■			■					■		■									

Convention No.	Date d'entrée en vigueur *Date of entry into force*	Autriche *Austria*	Belgique *Belgium*	Chypre *Cyprus*	Danemark *Denmark*	France *France*	Rép. Féd. d'Allemagne *Fed. Rep. of Germany*	Grèce *Greece*	Islande *Iceland*	Irlande *Ireland*	Italie *Italy*	Liechtenstein *Liechtenstein*	Luxembourg *Luxembourg*	Malte *Malta*	Pays-Bas *Netherlands*	Norvège *Norway*	Portugal *Portugal*	Espagne *Spain*	Suède *Sweden*	Suisse *Switzerland*	Turquie *Turkey*	Royaume-Uni *United Kingdom*
52	18.7.1972																					
53	19.10.1967																					
54	24.3.1965																					
55	20.12.1971																					
56																						
57																						
58	26.4.1968																					
59	7.8.1969																					
60																						
61																						
61(i)																						
61(ii)																						
62	17.12.1969																					
63	14.8.1970																					
64	16.2.1971																					
65	20.2.1971																					
66	20.11.1970																					
67	17.4.1971																					
68	30.5.1971																					
69	2.10.1971																					
70	26.7.1974																					
71																						
72	11.2.1979																					
73	30.3.1978																					
74(a)	11.6.1976																					
74(b)																						
75																						
76																						
77	20.3.1976																					

Convention No.	Date d'entrée en vigueur / *Date of entry into force*	Autriche / *Austria*	Belgique / *Belgium*	Chypre / *Cyprus*	Danemark / *Denmark*	France / *France*	Rép. Féd. d'Allemagne / *Fed. Rep. of Germany*	Grèce / *Greece*	Islande / *Iceland*	Irlande / *Ireland*	Italie / *Italy*	Liechtenstein / *Liechtenstein*	Luxembourg / *Luxembourg*	Malte / *Malta*	Pays-Bas / *Netherlands*	Norvège / *Norway*	Portugal / *Portugal*	Espagne / *Spain*	Suède / *Sweden*	Suisse / *Switzerland*	Turquie / *Turkey*	Royaume-Uni / *United Kingdom*
78(a)	1.3.1977	■											■		■						■	
78(b)	1.3.1977	■											■								■	
79																						
80	11.11.1975	■		■					■						■	■				■	■	
81	31.12.1974		■	■	■	■	■									■		■	■		■	■
82																						
83	17.6.1977		■										■		■					■		■
84	23.4.1977		■	■	■	■							■		■					■		
85	11.8.1978			■	■											■			■	■		
86	20.8.1979			■	■														■			
87	10.9.1978		■	■		■	■						■			■			■			■
88																				■		
89	23.4.1977		■	■	■	■							■		■							■
90	4.8.1978	■		■	■		■					■				■			■			■
91																						
92	28.2.1977		■		■	■		■					■			■			■			■
93																			■			
94																	■					
95	8.9.1978				■								■						■			■
96													■									
97	31.8.1979	■	■	■	■											■						
98																			■			
99																			■			
100																						
101																						
102(b)																						
103					■	■													■	■		
104																						

COMMISSION INTERNATIONALE DE L'ETAT CIVIL

La Commission Internationale de l'Etat Civil a été fondée à Amsterdam en septembre 1948. La Belgique, la France, le Luxembourg, les Pays-Bas et la Suisse l'ont reconnue par échange de lettres. Voulant préciser les modalités de l'échange de documentation effectuée par l'entremise de cette Commission, les Hautes Parties Contractantes ont signé un Protocole à Berne le 25 septembre 1950. Depuis lors, les Etats suivants ont adhéré: l'Allemagne, l'Autriche, l'Espagne, la Grèce, l'Italie, le Portugal et la Turquie.

Les buts de la Commission sont les suivants: de faciliter l'échange entre les différents pays des textes légaux et de toute documentation concernant l'état civil, de rechercher les moyens juridiques et techniques d'améliorer son fonctionnement, de contribuer à l'harmonisation et l'unification de l'état civil et du droit de la famille dans les états-membres par l'élaboration de Conventions internationales et l'adoption de recommendations, de coopérer avec les autres organismes internationaux, en particulier avec le Conseil de l'Europe et la Conférence de la Haye, s'occupant aussi de l'amélioration du droit des personnes et du droit de la famille.

La CIEC a depuis 1948 élaboré 17 Conventions et 2 Recommandations (voire *Annuaire européen* vol. XXIII, pp. 546–551).

A. CHRONOLOGIE, 1979

Réunion de Bureau du 21 au 23 mars 1979 à Francfort
Réunion de l'Assemblée Générale du 4 au 8 septembre 1978 à Cesme

B. TEXTES FONDAMENTAUX

1. Statuts et Conventions
2. Fichier de documentation
3. Conventions et Recommendations

C. ORGANISATION

Les sections nationales et leur président:

Rép. Féd. d'Allemagne	M. Férid
Belgique	M. van Langenaeken
Autriche	M. Schwind
Espagne	M. Espin Canovas
France	M. Deltel
Grèce	M. Koumantos
Italie	M. Monaco
Luxembourg	M. Delvaux
Pays-Bas	M. Breukelaar
Portugal	M. Pinheiro Farinha
Suisse	M. Kupfer
Turquie	M. Esener

CHAPTER VI

INTERNATIONAL COMMISSION ON CIVIL STATUS

The International Commission on Civil Status was founded in Amsterdam in September 1948. Belgium, France, Luxembourg, the Netherlands and Switzerland recognised it by an exchange of letters. In order to clarify the arrangements for the exchange of documentation carried out through the intermediary of the Commission, the High Contracting Parties signed a Protocol in Berne on 25 September 1950. Since then the following States have acceded: Germany, Austria, Spain, Greece, Italy, Portugal and Turkey.

The aims of the Commission are: to facilitate the exchange of legal texts and all documentation concerning civil status between the various countries, to seek legal and technical means of improving its work, to contribute to the harmonisation and unification of civil status and family law in the member states by the drafting of international conventions and the adoption of recommendations and to co-operate with other international organisations (particularly the Council of Europe and the Hague Conference) which are also working to improve personal and family law.

Since 1948, the Commission has prepared 17 Conventions and two Recommendations (see *European Yearbook* Vol. XXIII, pp. 546–551).

A. CHRONOLOGY, 1979

Meeting of the Bureau from 21 to 23 March in Frankfurt.
Meeting of the General Assembly from 4 to 8 September 1978 in Cesme.

B. BASIC TEXTS

1. Statutes and Conventions
2. Documentation index
3. Conventions and Recommendations

C. ORGANISATION

National sections and their presidents:

Fed. Rep. of Germany	Mr. Férid
Belgium	Mr. Van Langenaeken
Austria	Mr. Schwind
Spain	Mr. Espin Canovas
France	Mr. Deltel
Greece	Mr. Koumantos
Italy	Mr. Monaco
Luxembourg	Mr. Delvaux
Netherlands	Mr. Breukelaar
Portugal	Mr. Pinheiro Farinha
Switzerland	Mr. Kupfer
Turkey	Mr. Esener

Président de la CIEC: M. Pinheiro Farinha
Secrétaire Général de la CIEC: M. Simitis
Adresse du Secrétariat Général: Senckenberganlage 31, 6000 Frankfurt-am-Main 1, Rép. Féd. d'Allemagne.
Tél: (0611) 798.2186

President of the ICCS: Mr. Pinheiro Farinha
Secretary-General of the ICCS: Mr. Simitis
Address of the Secretariat: Senckenberganlage 31, 6000 Frankfurt-am-Main 1, Fed. Rep. of Germany.
Tel. (0611) 798.2186

CHAPITRE VII

LES COMMUNAUTES EUROPEENNES

INTRODUCTION

Les Communautés européennes ont été fondées, dans l'époque qui a suivi la Deuxième Guerre Mondiale, sur la nécessité de disposer d'un cadre dans lequel pourraient être éliminées les causes de conflits entre les pays européens et établis entre eux les bases d'une intégration harmonieuse. Le premier pas fut la création en 1952 de la Communauté Européenne du Charbon et de l'Acier à laquelle participaient la France, l'Allemagne, l'Italie et les pays du Benelux. Le système d'intégration fut étendu en 1958 à l'ensemble du domaine économique par la création de la Communauté Economique Européenne, ainsi qu'au développement de l'énergie nucléaire à des fins pacifiques dans le cadre de la Communauté Européenne de l'Energie Atomique (EURATOM). Les trois Communautés possèdent maintenant des institutions communes. En 1973, le Royaume-Uni, le Danemark et l'Irlande se sont joints aux six Etats fondateurs. La Grèce deviendra membre des Communautés le 1er janvier 1981 et des négociations sont en cours pour l'adhésion de l'Espagne et du Portugal.

A. LA COMMUNAUTE EN 1979

INTRODUCTION

Pendant les douze mois écoulés, la Communauté s'est enrichie des résultats d'une série d'événements et de réalisations majeurs, tant dans les domaines interne qu'externe. Ils représentent, pour la plupart, l'aboutissement d'un processus entamé de longue date. Cinq principaux champs d'action ont ainsi été visés: la consécration de la légitimité démocratique du cadre institutionnel communautaire par l'élection du Parlement européen au suffrage universel direct, l'affermissement de la cohésion économique et monétaire de la Communauté et la promotion de sa solidarité dans le domaine énergétique, l'approfondissement de ses relations avec le reste du monde et enfin la préparation de son élargissement.

SITUATION ECONOMIQUE GENERALE DE LA COMMUNAUTE

L'évolution de la situation économique générale de la Communauté a été lourdement hypothéquée par les hausses répétées des prix des produits pétroliers. A cet égard, deux périodes doivent être distinguées:

- au cours du premier semestre, l'évolution de la situation économique est restée relativement favorable et la reprise amorcée en 1978, notamment sous l'effet de l'action concertée, s'est poursuivie;
- au cours du second semestre, le nouveau choc pétrolier a commencé de faire nettement sentir ses effets, et l'activité a progressivement perdu de son dynamisme.

Compte tenu de cette évolution, les résultats de 1979 peuvent être synthétisés comme suit:

- la croissance du produit dans l'ensemble de la Communauté a été sensible-

CHAPTER VII

EUROPEAN COMMUNITIES

INTRODUCTION

The European Communities have their origins in the post World War II period when the need became clear to create a framework in which the elements of conflict between neighbouring European countries could be removed and the basis for harmonious and co-operative development could be established. The first concrete step in this direction was the creation in 1952 of the European Coal and Steel Community which brought together France, Germany, Italy and the Benelux countries. The co-operation they established between them was extended in 1958 to the broader economic sphere in the form of the European Economic Community, as well as the development of nuclear energy for peaceful purposes in the shape of the European Atomic Energy Community, Euratom. The three Communities now share common institutions. Since 1973 the original Six Member States have been joined by the United Kingdom, Denmark and Ireland. Greece is due to join in January, 1981, and negotiations are currently underway for the accession of Spain and Portugal.

A. THE COMMUNITY IN 1979

INTRODUCTION

The last twelve months saw the Community involved in some important events and scoring some major successes both at home and abroad. In most cases they were the culmination of several years' work. The action was on five main fronts: the conferment of democratic legitimacy on the Community's institutional set-up with the election of Parliament by direct universal suffrage, the strengthening of economic and monetary cohesion within the Community, the promotion of solidarity on energy, the development of closer relations with the rest of the world and, last but not least, preparation for enlargement.

GENERAL ECONOMIC SITUATION IN THE COMMUNITY

The development of the general economic situation was seriously compromised by repeated increases in oil prices. Two phases can be distinguished:

- in the first half of the year the economy remained on a fairly favourable course and the recovery that began in 1978, notably as a result of concerted measures, continued;
- in the second half of the year the impact of the new oil-price hike began to be felt, and the recovery gradually lost its momentum.

The results for the year can be summed up as follows:

- growth in the Community as a whole was much the same as in 1978, but domestic demand was the only component of aggregate demand to show any buoyancy;
- the employment position improved throughout the Community, with the

ment égale à celle observée en 1978, la demande intérieure ayant été la seule composante de la demande globale qui y ait contribué;
- l'emploi a augmenté dans l'ensemble de la Communauté et le taux de chômage est demeuré pratiquement stable, cette évolution moyenne ne s'appliquant toutefois pas de manière identique à tous les pays membres;
- une recrudescence de l'inflation, encore avivée au cours des derniers mois, s'est manifestée dans tous les pays membres, la moyenne communautaire à cet égard étant plus élevée qu'en 1978. L'écart entre les taux d'inflation des différents pays membres s'est par ailleurs de nouveau élargi;
- les balances des paiements courants des Etats membres se sont détériorées, surtout au cours du second semestre, et l'excédent important enregistré en 1978 a fait place à un déficit auquel concourent la majorité des États membres.

REALISATIONS COMMUNAUTAIRES

Dans un tel contexte économique, les diverses réunions des instances communautaires, et celles en particulier du Conseil européen, en mars à Paris, en juin à Strasbourg et en novembre à Dublin, ont principalement été marquées par le souci commun de faire face à la crise énergétique et à la détérioration de la situation économique et sociale en instaurant, par des mesures concrètes, une solidarité plus forte et plus effective.

La réunion du Conseil européen de mars a permis de mettre immédiatement en oeuvre le *système monétaire européen.* Cet événement représente une contribution essentielle à la réalisation d'une zone de stabilité monétaire en Europe. C'est aussi un préalable au succès de toute mesure de redressement dans les domaines économique et monétaire. A l'issue des premiers mois de son fonctionnement, le système a été jugé satisfaisant par les participants. Les réajustements techniques des parités montrent, à cet égard, que ce système est apte à s'adapter rapidement aux réalités économiques, tout en évitant les mouvements monétaires désordonnés.

En outre, le même Conseil européen a consacré une large part de ses réflexions à la *situation de l'emploi et à la politique sociale*, qui ont continué, au cours de cette année, à constituer une préoccupation majeure. A cet égard, le Conseil de ministres a adopté à la fin de l'année une résolution visant à favoriser la formation en alternance des jeunes et une résolution concernant une approche communautaire en matière d'aménagement du temps de travail.

Par ailleurs, la Commission a été chargée par le Conseil européen de Dublin de présenter de nouvelles mesures spécifiques destinées à faire face aux problèmes du chômage.

Les questions énergétiques ont été au centre des travaux des chefs d'Etat ou de gouvernement réunis en juin à Strasbourg. L'accord intervenu sur la limitation de la consommation de pétrole en 1980 et la limitation des importations au cours de la période 1980–1985 a marqué la volonté de la Communauté de progresser dans l'établissement d'une *politique énergétique* commune et effective. La Communauté s'est efforcée dans ce domaine d'agir en étroite concertation avec les autres pays industrialisés. Ainsi, peu après la réunion de Strasbourg, les grandes puissances occidentales ont accepté, lors du sommet économique occidental de Tokyo, des objectifs communs de limitation d'importation de pétrole. Les États membres se sont depuis mis d'accord sur une répartition d'un plafond d'importation de pétrole pour la Communauté en 1980, ainsi qu'en 1985.

overall unemployment rate remaining virtually the same, though the situation varied somewhat from one member country to another;

- inflation picked up again in all the member countries, particularly towards the end of the year, the Community average being higher than in 1978; and the spread of inflation rates in the different member countries widened;
- the Member States' balance of payments on current account deteriorated, especially in the second half of the year, and the substantial surplus achieved in 1978 gave way to a deficit in most of the Member States.

COMMUNITY ACHIEVEMENTS

Given this general economic climate, the various meetings held by Community bodies, and particularly the European Councils in Paris (March), Strasbourg (June) and Dublin (November), were occasions for all concerned to express their common resolve to tackle the energy crisis and the worsening economic and social situation by means of practical measures to strengthen Community solidarity and make it more effective.

The European Council in March brought the European Monetary System into operation. This was a substantial contribution to achieving an area of monetary stability in Europe. It is also essential to the success of any measures aimed at restoring balance in the economic and monetary fields. After the first few months, the EMS was judged by the participating countries to be working satisfactorily. The technical adjustments made to exchange rates revealed that the system is capable of adapting quickly to economic reality while averting the risk of disorderly currency movements.

The same European Council paid considerable attention to the employment situation and social policy, a major subject of concern throughout the year. At the end of the year the Council adopted a Resolution on the promotion of measures to link work and training for young people and a Resolution on a Community approach to the reorganization of working time.

The European Council in Dublin asked the Commission to devise new practical measures to deal with unemployment.

Energy was the crucial issue at the Strasbourg meeting of Heads of State or Government in June. The agreement to limit oil consumption in 1980 and to limit imports during the period 1980–85 demonstrated the Community's determination to make progress in the formulation of an effective common policy on energy. In this area the Community has endeavoured to work closely with the other industrialized countries. Shortly after the Strasbourg meeting the major Western powers held an economic summit in Tokyo and agreed on common objectives for limiting oil imports. The Community countries have since then agreed on their shares of an oil import target for the Community for 1980 and for 1985.

Although the Dublin European Council in November also discussed energy, the main item discussed this time was convergence and budgetary questions. The ground was prepared by two Commission communications sent to the Council in September and October and by a batch of proposals subsequently sent to the European Council itself in November. Although the European

Si les problèmes de l'énergie ont été largement discutés au Conseil européen de Dublin, en novembre, c'est toutefois le dossier "*convergence et questions budgétaires*" qui a été au centre des débats. La préparation de cette discussion a été basée sur deux communications de la Commission au Conseil en septembre et octobre, et sur un ensemble ultérieur de propositions envoyé au Conseil européen en novembre. Le Conseil européen, sans toutefois être parvenu à une conclusion sur ces questions, a invité la Commission à soumettre des propositions qui permettraient au Conseil de ministres de poursuivre la recherche de solutions appropriées.

Lors du Conseil européen de Dublin, les chefs d'Etat ou de gouvernement ont réaffirmé la nécessité de poursuivre et d'intensifier les efforts nationaux et communautaires en vue d'améliorer les structures économiques. Une telle action, menée dans l'objectif de renforcer la cohésion économique au profit des États, des régions et des secteurs les moins développés ou plus particulièrement touchés par la crise, a d'ailleurs constitué, en 1979, sur le plan interne, une des actions communautaires importantes et particulièrement riches en progrès concrets.

Le budget communautaire a été caractérisé par une augmentation des dépenses structurelles et le recours aux *instruments financiers* a été intensifié. Trois développements significatifs peuvent être cités en la matière. Pour la première fois, des contrats de prêts ont pu être signés dans le cadre du "nouvel instrument communautaire d'emprunts et de prêts", afin de financer des projets d'investissements dans les domaines de l'infrastructure et de l'énergie. Par ailleurs, le mécanisme de bonification de certains prêts à vocation structurelle a été mis sur pied et utilisé dès cette année au profit des pays considérés comme "moins prospères" participant pleinement et effectivement au système monétaire européen. En outre, dans le cadre de l'utilisation coordonnée des instruments financiers communautaires à finalité structurelle, la Commission a proposé la mise en oeuvre d'opérations intégrées en vu de contribuer à la solution des problèmes de développement économique, sectoriel et social dans des aires géographiques bien délimitées de la Communauté.

En ce qui concerne la *politique régionale*, un développement majeur a été constitué par l'adoption par le Conseil de modifications substantielles au règlement du Fonds européen de développement régional, dont la plus importante concerne la création d'une section dite "hors quota" au titre de laquelle la Commission a déjà proposé de financer cinq actions spécifiques. Cette section permet à la Communauté d'intervenir de façon plus active, notamment dans les régions particulièrement touchées par les actions communautaires de restructuration dans d'autres domaines. La Commission regrette toutefois que les ressources affectées à cette section aient été plafonnées par le Conseil à 5% de la dotation totale du Fonds.

Le Conseil, considérant la persistance de disparités régionales graves entravant les possibilités de convergence entre les économies des Etats membres, a confirmé que la politique régionale doit être une politique globale, couvrant toutes les régions de la Communauté et notamment les régions les plus défavorisées, et tenant compte de toutes les actions et politiques communautaires qui ont un impact sur les régions.

Dans le domaine des *structures industrielles*, le plan anticrise dans le secteur de la sidérurgie a été renouvelé en 1979. En ce qui concerne la construction navale, la Commission a complété ses propositions par une communication visant à promouvoir la démolition et la construction des navires de haute mer. Le Conseil a adopté un programme quadriennal de développement de l'informatique et la Commission a établi, pour le Conseil européen de Dublin, une

Council did not come to any conclusion on the matter, it asked the Commission to make proposals which would enable the Council to press ahead with the search for appropriate solutions.

At the Dublin European Council the Heads of State or Government reaffirmed the need to pursue and intensify the efforts made by the Member States and by the Community to improve economic structures. The objective here is to achieve a greater degree of economic cohesion for the principal benefit of the least-developed countries, regions and industries and those that are hardest hit by the crisis, and indeed some of the Community's most notable achievements of the year concerned action in this area.

There was an increase in Community budget spending on structural measures, and greater use has been made of the Community's financial instruments. Three illustrations of this are particularly eloquent. For the first time loan contracts were signed under the new Community borrowing and lending instrument to finance infrastructure and energy investment projects. The scheme for providing interest subsidies on certain structural loans got under way and was used to help those of the countries fully and effectively participating in the EMS that are regarded as "less prosperous". As a measure for the coordinated application of the Community's structural financial instruments, the Commission proposed a series of integrated operations to help solve industrial, social and economic growth problems in carefully defined geographical areas of the Community.

A major development in regional policy was the adoption by the Council of substantial amendments to the European Regional Development Fund Regulation, the main one being the creation of a "non-quota" section; the Commission has already put forward proposals for financing five specific measures from this section. The Community will thus be able to play a more active role, notably in the regions particularly affected by reorganization in other fields. However, the Commission deplores the Council's decision to limit finance for the "non-quota" section to 5% of the Fund's total allocation.

With serious disparities between regions still persisting and hampering efforts to achieve convergence of the economic performance of the Member States, the Council confirmed that regional policy must be a comprehensive policy covering all the Community regions, especially the poorest, and taking account of all Community actions and policies with a regional impact.

On the industrial front, the steel industry crisis plan was renewed in 1979. The Commission followed up its shipbuilding proposals with a communication concerning measures to promote the scrapping and building of ocean-going vessels. The Council adopted a four-year programme for the development of data processing and the Commission presented to the Dublin European Council a paper on new data technologies, on the basis of which the Heads of State or Government called upon the Council to study a common strategy for the development of these technologies in Europe.

The Commission continued to keep a close watch on the textiles industry; it proposed a Regulation for restructuring and converting the man-made fibres sector which was adopted by the Council just before the end of the year. Consultations took place with representatives of many Community industries, such as man-made fibres and automobiles, notably about ways in which they can adapt to the changing energy situation.

Because transport policy is an essential instrument for removing barriers to trade, it has hitherto been mainly concerned with market problems. However, in view of the inadequacies of international transport networks, the interdependence of the problems encountered by the various Member States and the

communication sur les nouvelles technologies de l'information, à la suite de laquelle les chefs d'Etat ou de gouvernement ont demandé au Conseil d'étudier une stratégie commune de développement de ces technologies en Europe. En matière textile, la Commission a poursuivi son action de surveillance; pour les fibres synthétiques, elle a proposé un règlement en vue de la restructuration et de la reconversion de ce secteur, règlement adopté en fin d'année par le Conseil. Les consultations se sont multipliées avec plusieurs branches de l'industrie communautaire comme par exemple celles des fibres synthétiques et de l'automobile, notamment en vue de leur adaptation aux changements du marché de l'énergie.

La *politique des transports*, qui constitue un moyen indispensable pour éliminer les obstacles aux échanges a, de ce fait, été jusqu'à présent principalement définie en fonction des problèmes de marché. Considérant notamment l'insuffisance des réseaux internationaux de transports, l'interdépendance des problèmes entre les différents États membres et les difficultés de financement par les collectivités publiques nationales, la Commission estime indispensable que l'accent soit mis désormais – en tenant étroitement compte du critère de l'intérêt européen – sur les infrastructures, cadre déterminant de l'activité de transport. En vu d'engager un large débat tendant à mobiliser les moyens d'action nécessaires pour réaliser les objectifs ainsi définis – notamment en ce qui concerne l'adoption par le Conseil de la proposition soumise en 1976 par la Commission à ce sujet concernant le financement des projets communautaires dans le domaine des infrastructures de transport –, elle a remis aux milieux intéressés un mémorandum définissant la conception à laquelle devrait répondre la réalisation progressive d'un réseau de transport pour les prochaines décennies.

La Commission a, par ailleurs, transmis au Conseil un mémorandum ayant pour objectif de définir une approche communautaire du développement des services du transport aérien. Ce document vise notamment au développement d'un réseau de services efficaces et facilement accessibles au moindre coût à toutes les catégories d'usagers et à une meilleure coordination des actions des Etats membres.

Dans le *secteur agricole*, la Communauté a plus particulièrement poursuivi deux objectifs: premièrement, l'établissement d'un meilleur équilibre des marchés et donc d'un meilleur équilibre des dépenses budgétaires et, deuxièmement, l'amélioration de la politique des structures agricoles, notamment dans certaines régions.

Ainsi, en fin d'année, la Commission a présenté ses propositions d'aménagement de la politique agricole commune en vue de parvenir à un meilleur équilibre des marchés et à une rationalisation des dépenses. Son but est de concentrer son action dans les secteurs où existent des excédents structurels qui constituent des charges financières excessives et sont une menace pour la politique agricole commune dans son ensemble. Dans ce contexte, la Commission regrette que les décisions arrêtées par le Conseil en juin 1979 n'aient pas contribué au plein succès de ses initiatives.

En outre, dans le but d'améliorer les structures agricoles en général et d'éliminer les disparités existant entre les différentes régions agricoles, la Commission a présenté au début de 1979 un ensemble de propositions structurelles visant à concentrer les efforts sur les exploitations agricoles qui ont davantage besoin de modernisation et dans les régions agricoles où les conditions structurelles sont très mauvaises.

Concernant la *pêche*, malgré l'impossibilité de parvenir, cette année encore, à un accord relatif à l'établissement d'un régime communautaire de conserva-

financing difficulties faced by their public authorities, the Commission feels that in future the priority area must be infrastructure, the decisive element in transport, with close attention being paid to the criterion of European interest. It circulated in the transport world a memorandum setting out its ideas for the gradual construction of a transport network for the coming decades; the object is to initiate a broad discussion which will help mobilize the necessary means for attaining the objectives set, in particular the adoption by the Council of the Commission's 1976 proposal on financial support for projects of Community interest in transport infrastructure.

The Commission also sent to the Council a memorandum in which it sought to define a Community approach to the development of air transport services. The document is specifically concerned with the development of a network of efficient services accessible at least cost to all categories of users and with promoting closer coordination of measures undertaken in the Member States.

The Community pursued two main aims in agriculture: attaining a better balance on the markets and, by implication, in budget expenditure, and improving agricultural structure policies in certain regions.

Towards the end of the year the Commission therefore presented proposals for adjustments to the common agricultural policy designed to improve the balance on markets and to rationalize expenditure. The aim is to concentrate action on areas with structural surpluses, which are both excessively costly and constitute a threat to the common agricultural policy as a whole. The Commission regrets that the Council's decisions in June prevented its earlier measures from having the desired effects.

At the beginning of the year the Commission also presented a package of proposals aimed at improving agricultural structures in general and evening out the disparities between different agricultural regions in particular. Efforts will in future be concentrated on farms most in need of modernization and on regions with the worst structural problems.

In fisheries, although the Community has still not reached agreement on the introduction of a Community system for the conservation and management of resources, it did succeed in preserving its fishing rights in the waters of certain non-member countries through the implementation of fishing agreements.

The first fishing agreements with developing countries (Senegal and Guinea-Bissau) were signed or initialled last year.

The Community's overriding concern with economic and social matters in 1979 did not block the development of other policies aimed primarily at making the men and women of Europe more conscious of the fact that they belong to the Community.

There were further developments in the field of the environment and consumer protection. Many anti-pollution measures were adopted or put into effect, stress being placed on the need for preventive action. The Community concentrated on devising an all-embracing policy for improving the quality of life, now considered essential to a properly organized society.

In addition to specific measures for the protection of consumers, the Community also endeavoured to assess the impact of the various Community policies on consumer interests; while the second Community action programme lays great emphasis on prices and services, it also seeks to enable consumers to participate effectively in the formulation and application of major economic decisions.

The internal market and the customs union are other areas where each new achievement is immediately evident as a further stone in the edifice of Europe.

Work continued on the creation of a single Community market. With in-

tion et de gestion de ressources, la Communauté est parvenue à préserver les possibilités de pêche dans les eaux de certains pays tiers par l'application d'accords de pêche avec ces pays.

Pour la première fois, des accords de pêche ont pu par ailleurs être signés ou paraphés avec deux pays en voie de développement, le Sénégal et la Guinée-Bissau.

Les préoccupations majeures qui ont animé la Communauté en 1979 dans le domaine économique et social n'ont pas pour autant fait obstacle au développement d'autres politiques visant notamment à rendre plus sensible, pour les hommes et les femmes d'Europe, leur appartenance à la Communauté.

La politique menée en matière d'*environnement* et de *protection des consommateurs* a continué de se développer. De nombreuses actions ont été adoptées ou engagées, destinées à lutter contre les pollutions, et l'accent a notamment été placé sur la nécessité de politiques préventives. En outre, la Communauté s'est attachée à concevoir une politique qui prenne en compte la globalité des questions relatives à la qualité de la vie, considérée comme une donnée indissociable de l'organisation de la société.

En matière de protection des consommateurs, outre les actions spécifiques, la Communauté s'est attachée à évaluer d'une façon horizontale l'impact des différentes politiques communautaires sur les intérêts des consommateurs. Par ailleurs, le deuxième programme d'action de la Communauté, tout en mettant l'accent sur le domaine des prix et des services, vise à créer les conditions nécessaires permettant aux consommateurs de jouer un rôle effectif en tant que partenaires dans l'élaboration et l'application des grandes décisions économiques.

Le *marché intérieur* et l'*Union douanière* ont constitué d'autres domaines dont l'approfondissement a continué à tisser quotidiennement, et d'une façon directement perceptible, la texture même de l'Europe.

Concernant le marché intérieur, les travaux se sont poursuivis en vue de progresser dans l'unification du marché communautaire. En outre, la Commission a multiplié, avec succès, ses interventions pour contenir les tendances protectionnistes que la crise est susceptible de réveiller dans les Etats membres et qui pourraient compromettre la libre circulation des produits dans la Communauté. Dans ce contexte, les tâches entreprises ont consisté dans l'élimination des entraves techniques et réglementaires à la libre circulation des biens, des personnes et des services et dans la mise en place d'un droit européen des sociétés et de règles communautaires en la matière.

Une des tâches importantes réalisées en 1979 dans le secteur de l'Union douanière a été de commencer l'intégration, dans l'ordre juridique communautaire, des résultats des négociations commerciales multilatérales au GATT. La Communauté s'est en outre attachée à consolider ses structures en matière douanière en adoptant un ensemble d'actes dont l'objectif est d'assurer l'application uniforme du tarif douanier commun. Dans le même ordre d'idée, la Commission a transmis au Conseil un programme pluriannuel pour la réalisation de l'Union douanière.

Pour les *institutions financières*, des progrès sensibles ont été enregistrés dans les secteurs des assurances et des bourses de valeurs mobilières par l'adoption de nouvelles directives. En ce qui concerne les banques, deux organismes de consultation ont été mis en place auxquels participent, aux côtés de la Commission et au plus haut niveau, respectivement des représentants des autorités nationales compétentes et des milieux professionnels les plus directement concernés.

Dans le *domaine fiscal*, 1979 a vu l'achèvement de l'application de la base

creasing frequency the Commission has successfully intervened to curb protectionist tendencies which the economic crisis has been arousing in the Member States and which could jeopardize the free movement of goods within the Community. Action taken was for the removal of technical and legal barriers to the free movement of goods, persons and services and the establishment of a corpus of European company law and related Community rules.

One of the year's most significant achievements as regards the customs union was the start made on incorporating the results of the GATT multilateral trade negotiations into Community law. The Community also made progress on consolidating customs structure by adopting a series of instruments designed to ensure uniform application of the Common Customs Tariff. As a further step in the same direction the Commission transmitted to the Council a multiannual programme for the attainment of customs union.

The adoption of new directives on insurance and securities marked a substantial progress in the financial institutions field. With regard to banking, two consultation bodies were set up to promote three-way discussions between the Commission and high-level representatives of the competent national authorities and of the banking profession itself.

The major achievement in taxation was the application of the uniform basis of assessment for value-added tax throughout the Community; substantial amendments were also made to the VAT system.

The Council confirmed the guidelines for a common policy on science and technology set out in the Resolution of 14 January 1974 and established a framework for future work in this field. A number of research programmes were adopted this year, most notably the programme of research into new energy sources for the period 1979–83.

At the end of the year the Community's Euronet network became operational using advanced packet-switching technology; through Euronet the Community now has cheap and reliable access to scientific, technological, economic and legal information supplied by some 20 computers installed in the Member States.

In the difficult economic circumstances which have persisted throughout 1979, it was essential that no trend be allowed to develop which might hinder trade and constrain the Community's outward-looking attitude to the world. The Community therefore stepped up action already taken in earlier years to widen its relations with the rest of the world.

In the negotiations leading up to final agreement in the Tokyo Round it took an active part in securing a result which, despite the recession, acts as a bulwark against protectionist reflexes and provides every safeguard for a liberal trading system. The Community made a vital contribution to the success of the Tokyo Round.

While maintaining regular contacts with its major industrial partners, the Community also developed its relations with certain countries which have only recently emerged on the international stage but which are asserting their presence more strongly year by year. Outstanding events in relations with China were the first meeting, held in Peking, of the joint Committee set up by the 1978 EEC-China Trade Agreement, the conclusion of a Textiles Agreement and the inclusion of China in the generalized preferences scheme. At the end of the year a Co-operation Agreement was concluded between the Community and the member countries of the Association of South East Asian Nations.

One of the important aspects of co-operation policy is the development of contractual relations, on a strictly equal footing, with certain developing countries. An event of far-reaching significance in this connection occurred in 1979:

uniforme du système commun de la TVA dans la Communauté, auquel ont également été apportés des compléments importants.

En matière de *science et technologie*, le Conseil a confirmé les orientations de la politique commune définie par la résolution du 14 janvier 1974 et jeté les bases pour l'orientation future des travaux dans ce domaine. Plusieurs programmes s'inscrivant dans ce cadre ont été adoptés en 1979, en particulier celui relatif à la recherche sur les énergies nouvelles pour la période 1979–1983.

La fin de l'année a vu la mise en service du réseau communautaire Euronet, utilisant la technologie avancée de la commutation électronique de paquets; grâce à Euronet, la Communauté a maintenant accès, dans des conditions efficaces et économiques, à l'*information scientifique, technologique, économique et juridique* fournie par une vingtaine d'ordinateurs installés dans les Etats membres.

Dans le contexte économique difficile que la Communauté a connu en 1979, il convenait d'éviter que ne se développe une tendance à freiner les échanges et l'ouverture sur le monde. La Communauté a donc intensifié l'action déjà entreprise au cours des années précédentes en vue d'élargir ses rapports avec l'extérieur.

C'est ainsi qu'elle a activement participé, dans le cadre des négociations pour l'accord final du Tokyo Round, à l'obtention d'un résultat qui, en dépit de la récession, s'inscrive à l'encontre des réflexes protectionnistes et sauvegarde pleinement une structure libre des échanges. La contribution de la Communauté au succès du Tokyo Round a été essentielle.

La Communauté, tout en poursuivant ses contacts réguliers avec ses grands partenaires industrialisés a également développé ses relations avec certains pays dont l'émergence sur la scène internationale s'affirme chaque année plus fortement. Les relations avec la Chine ont été marquées par la première réunion de la commission mixte à Pékin, prévue par l'accord commercial CEE-Chine de 1978, par la conclusion d'un accord textile et par l'inclusion de la Chine dans le système des préférences généralisées. Par ailleurs, un accord de coopération a été conclu à la fin de l'année entre la Communauté et les pays membres de l'Association des nations de l'Asie du Sud-Est (ASEAN).

Parmi les aspects importants de la *politique de coopération* figure le développement de relations contractuelles, sur une base de stricte égalité, avec certains pays en voie de développement. 1979 a été à cet égard marqué par un événement d'une grande portée: la signature, avec les pays ACP, de la nouvelle convention de Lomé. Cette convention, qui va fonder pour les cinq années à venir les relations entre la Communauté et un nombre très important de pays en voie de développement – 58 à l'heure actuelle –, se caractérise, d'une part, par l'amélioration ou l'approfondissement des mécanismes mis au point dans le cadre de la première convention de Lomé, mais aussi par la définition de nouveaux domaines d'action, telles la coopération minière et énergétique, la pêche et la main-d'oeuvre. Ce sont ainsi tous les secteurs de la vie économique et sociale qui sont désormais concernés.

La Communauté a par ailleurs participé aux travaux de la cinquième conférence des Nations unies sur le commerce et le développement.

En outre, l'accord signé entre la Communauté et l'Association internationale pour le développement (AID) concernant la mise en oeuvre de la contribution de la Communauté à l'action spéciale décidée dans le cadre de la Conférence sur la coopération économique internationale (CCEI) est entré en vigueur le 1er janvier 1979.

Des pas importants ont été franchis en ce qui concerne l'*élargissement* du cadre géographique de la Communauté. Les actes relatifs à l'adhésion de la

the signing, with the ACP countries, of the new Lomé Convention. For the next five years it will be the cornerstone of relations between the Community and a host of developing countries numbering 58 at present. Not only have the mechanisms developed under the first Convention been improved and refined, new fields of action have also been defined, such as co-operation in mining and energy, fisheries and labour. The new Convention thus covers all aspects of economic and social life.

The Community also participated in the fifth session of the United Nations Conference on Trade and Development.

The Agreement between the Community and the International Development Association on the implementation of the Community contribution to the special action programme adopted by the Conference on International Economic Co-operation came into force on 1 January 1979.

Substantial progress was made in regard to the extension of the Community's geographical boundaries. The acts relating to Greece's accession were signed in Athens. When the ratification procedures have been completed, Greece will become the 10th member of the Community on 1 January 1981. The negotiations for the accession of Spain formally opened this year, and the negotiations with Portugal continue to advance.

While pursuing the enlargement process, the Community has endeavoured to reactivate the EEC-Turkey Association and to measure the impact that enlargement will have on the economies of the Mediterranean countries.

République hellénique aux Communautés européennes ont été signés à Athènes. A l'issue des procédures de ratification, la Grèce deviendra, le 1er janvier 1981, le dixième Etat membre de la Communauté. Les négociations en vue de l'adhésion de l'Espagne, formellement ouvertes cette année, et les négociations avec le Portugal ont continué de progresser.

Parallèlement à ce processus d'élargissement, la Communauté s'est attachée à promouvoir une relance de l'association CEE-Turquie et à mesurer les conséquences de l'élargissement sur les économies des pays méditerranéens.

DEVELOPPEMENTS INSTITUTIONNELS ET UNION EUROPEENNE

L'élection du Parlement européen au suffrage universel direct, la perspective du prochain élargissement de la Communauté, puis, à la fin de l'année, le déroulement de la procédure budgétaire, ont constitué la trame de fond des développements institutionnels de l'année 1979.

Ces trois événements, fondamentaux pour l'évolution de la Communauté dans les années à venir, ont notamment été largement pris en compte dans les réflexions, cette année particulièrement nombreuses, consacrées au fonctionnement institutionnel de la Communauté.

Deux rapports ont été consacrés à cette question. Le comité des trois sages, composé de MM. Barend Biesheuvel, Edmund Dell et Robert Marjolin et mandaté en décembre 1978 par le Conseil européen, a remis son rapport en novembre 1979. Ce rapport examine l'ensemble des questions relatives au fonctionnement institutionnel de la Communauté. Un autre rapport, portant plus spécifiquement sur le fonctionnement de la Commission, a été établi par un groupe mandaté par la Commission et présidé par M. Dirk Spierenburg.

Concernant la Commission, les auteurs des deux rapports concluent unanimement sur la nécessité d'en renforcer le rôle et l'importance. Le rapport des trois sages contient en outre des suggestions précises sur le rôle du Conseil européen, le fonctionnement du Conseil et les relations entre la Commission, le Conseil et le Parlement.

Ces deux rapports ont ouvert la voie à un travail de réflexion sur les moyens d'améliorer concrètement le fonctionnement des institutions.

L'année 1979 a été en outre marquée par la volonté du Parlement d'exercer pleinement les pouvoirs qui sont les siens en matière budgétaire, notamment dans le cadre des discussions sur les budgets 1979 et 1980.

La Cour des comptes a poursuivi sa tâche de contrôle de la gestion des finances communautaires et elle a remis son deuxième rapport.

Le Conseil a par ailleurs été saisi d'abord d'une communication de la Commission concernant l'application du chapitre VI du traité instituant la Communauté européenne de l'énergie atomique et ensuite d'un mémorandum français concernant sa modification – mémorandum que la Commission instruit selon l'article 76 du traité.

Les progrès de l'Union européenne ont fait l'objet de rapports présentés par les ministres des affaires étrangères et par la Commission au Conseil européen de Dublin en novembre. Le Conseil a pris acte de l'importance des faits nouveaux survenus en 1979 dans la voie de l'Union européenne et en particulier de la signature des instruments d'adhésion de la République hellénique aux Communautés européennes, de la création du système monétaire européen et de l'élection du Parlement au suffrage universel direct. Le Conseil a décidé que, comme les années précédentes, ces rapports feraient l'objet d'une publication.

INSTITUTIONAL DEVELOPMENTS AND EUROPEAN UNION

The backdrop to the Community's activities in 1979 was formed by the direct election of Parliament, the prospect of the forthcoming enlargement of the Community and, as the year drew to a close, the budgetary procedure.

These items will be of fundamental importance for the development of the Community in the years to come. They prompted much thinking this year about the functioning of the Community institutions.

Two reports were devoted to this question. The "Committee of Three Wise Men", composed of Mr. Robert Marjolin (Chairman), Mr. Barend Biesheuvel and Mr. Edmund Dell, which was appointed in December 1978 by the European Council, reported in November 1979. The report takes a comprehensive look at the Community's institutional arrangements. Another report, dealing specifically with the working of the Commission, was prepared at the Commission's request by an Independent Review Body chaired by Mr. Dirk Spierenburg.

The authors of both reports unanimously agree that the Commission's role must be reinforced and its importance enhanced. The report of the Three Wise Men also contains detailed suggestions concerning the role of the European Council, the functioning of the Council, and relations between Commission, Council and Parliament.

The two reports have laid the groundwork for discussion of ways and means of securing real improvement in the institutional arrangements.

Throughout the year Parliament demonstrated its determination to exercise its budgetary powers to the full, notably when it was debating the 1979 and 1980 budgets.

The Court of Auditors continued its work of controlling the Community's financial management, and it delivered its second report.

The Council received a communication from the Commission on the application of Chapter VI of the Treaty establishing the European Atomic Energy Community, followed by a French memorandum proposing amendments to that Chapter. The Commission is inquiring into the French proposals in accordance with Article 76 of the Treaty.

The Ministers of Foreign Affairs and the Commission both presented their reports on progress towards European Union to the Dublin European Council in November. The European Council noted the importance of the further steps made in 1979 on the path towards European Union, particularly the signature of the instruments of Greece's accession to the Communities, the establishment of the European Monetary System and the direct election of Parliament. It was decided that, as in previous years, these reports would be published.

B. FINANCEMENT DES ACTIVITES COMMUNAUTAIRES

BUDGETS

Exercice 1979

BUDGET GENERAL

Le budget général des Communautés européennes pour l'exercice 1979, arrêté le 15 décembre 1978 à l'issue de la procédure budgétaire, s'est élevé à 14 576 673 920 UCE en crédits pour engagements et à 13 494 353 875 UCE en crédits pour paiements. En outre, trois budgets rectificatifs et supplémentaires ont été arrêtés au cours de l'exercice budgétaire.

Avec la décision du Conseil européen de Bruxelles d'instaurer un système monétaire européen, le budget rectificatif et supplémentaire n° 1 a eu pour objet immédiat de créer la structure budgétaire requise pour la mise en oeuvre des mesures destinées à réduire les disparités économiques au sein de la Communauté. En outre, une certaine compensation entre les moyens mis en oeuvre à cette fin et les crédits inscrits au titre de la politique régionale ayant été jugée opportune, celle-ci s'est traduite par une certaine réduction des crédits du Fonds européen de développement régional inscrits au budget. Globalement, les crédits pour engagements ont été augmentés de 90 373 000 UCE et les crédits pour paiements de 191 373 000 UCE. En arrêtant ce budget rectificatif et supplémentaire, sans modifier les montants décidés par le Conseil, le Parlement a mis un terme aux divergences de vues qui se sont manifestées entre certains Etats membres, la Commission et le Parlement sur le statut du budget arrêté le 15 décembre 1978.

Le deuxième budget supplémentaire a eu pour objet d'augmenter les crédits du Parlement de 29 986 995 UCE, afin de couvir les dépenses supplémentaires jugées nécessaires pour le fonctionnement du Parlement élu au suffrage universel direct.

Les décisions du Conseil du 22 juin 1979 en matière de prix agricoles et l'évolution de la situation sur les marchés agricoles ont conduit la Commission à présenter un troisième budget supplémentaire et rectificatif. Celui-ci a presque exclusivement porté sur les dépenses de la section "garantie" du FEOGA. Les déficits constatés étaient partiellement compensés par un accroissement des recettes douanières et par l'inscription dans le budget 1979 du solde positif de l'exercice 1978. Ce troisième budget a augmenté les crédits de 731 millions d'UCE environ, portant ainsi les crédits de l'exercice à 15 428 millions d'UCE environ en crédits pour engagements et à 14 446 millions d'UCE environ en crédits pour paiements.

Ces budgets ont été arrêtés par le Parlement, respectivement les 25 avril, 11 mai et 13 décembre 1979.

Le tableau 1 retrace l'évolution des crédits autorisés pour l'exercice 1979.

Exercice 1980

APPRECIATION GLOBALE DES PROBLEMES BUDGETAIRES DE LA COMMUNAUTE

La Commission a transmis, le 12 mars 1979, au Conseil, ainsi qu'au Parlement, la communication concernant l' "appréciation globale des problèmes budgétaires de la Communauté". Comme chaque année, la Commission

B. FINANCING COMMUNITY ACTIVITIES

BUDGETS

Financial year 1979

GENERAL BUDGET

The general budget of the Communities for 1979, adopted on 15 December 1978, on completion of the budgetary procedure, amounted to 14 576 673 920 EUA in total appropriations for commitments and 13 494 353 875 EUA in total appropriations for payments. During the year three supplementary and amending budgets were adopted.

Following the decision of the European Council in Brussels to set up a European Monetary System, the immediate aim of the first supplementary and amending budget was to establish the budgetary structure required to implement the measures to reduce economic disparities within the Community. As it was also thought advisable to offset some of the funds used for this purpose against appropriations for regional policy, the budget appropriations of the European Regional Development Fund were slightly reduced. Overall, total appropriations for commitments were increased by 90 373 000 EUA and total appropriations for payments by 191 373 000 EUA.

In approving this supplementary and amending budget without changing the amounts decided upon by the Council, Parliament ended the differences of opinion between some Member States, the Commission and Parliament on the status of the budget approved on 15 December 1978.

The second supplementary budget was to increase Parliament's appropriations by 29 986 995 EUA to cover the extra expenditure deemed necessary for the working of the directly elected Parliament.

In view of the Council Decisions of 22 June 1979 on agricultural prices and of developments on agricultural markets, the Commission presented a third supplementary and amending budget. This related almost entirely to expenditure under the EAGGF Guarantee Section. The shortfalls were partly compensated for by an increase in customs revenue and the entry in the 1979 budget of the balance from 1978. This third budget increased appropriations by around 731 million EUA, thus raising the appropriations for the financial year to around 15 428 million EUA in total appropriations for commitments and around 14 446 million EUA in total appropriations for payments.

These budgets were adopted by Parliament on 25 April, 11 May and 13 December respectively.

Table 1 shows how the appropriations authorised for 1979 evolved.

Financial year 1980

COMPREHENSIVE REVIEW OF THE BUDGETARY PROBLEMS OF THE COMMUNITY

On 12 March the Commission sent to the Council and Parliament a communication containing a comprehensive review of the budgetary problems of the Community. As it does every year, the Commission set out in this document the

Tableau 1. Evolution des crédits de l'exercice 1979

Domaines	Budget initial		Budget rectificatif et supplémentaire no 1/79	
	Crédits pour engagements	Crédits pour paiements	Crédits pour engagements	Crédits pou paiements
COMMISSION				
Crédits d'intervention				
Secteur agricole	10 225 139 000	10 063 129 000		
Secteur social	804 062 000	556 877 000		
Secteur régional	1 100 000 000	553 000 000	+ 45 000 000	+ 146 000 0
Secteur recherche, énergie, industrie, transports	269 273 375	293 048 330		
Secteur coopération au développement	647 435 900	497 535 900		
Divers	p.m.	p.m.		
	13 045 910 275	11 963 590 230	+ 45 000 000	+ 146 000 0
Crédits de fonctionnement				
Personnel	409 563 400	409 563 400		
Fonctionnement	118 955 540	118 955 540		
Informations	9 960 500	9 960 500		
Aides et subventions	46 128 000	46 128 000		
	584 607 440	584 607 440		
Réserve				
Réserve pour imprévus	5 000 000	5 000 000		
Remboursement aux Etats membres	691 850 000	691 850 000	+ 45 373 000	+ 45 373 0
Total Commission	14 327 367 715	13 245 047 670	+ 90 373 000	+ 191 373 0
AUTRES INSTITUTIONS	249 306 205	249 306 205		
Total général	14 576 673 920	13 494 353 875	+ 90 373 000	+ 191 373 0

Table 1. Pattern of appropriations for the financial year 1979

Sectors	Initial budget		1st supplementary and amending budget 1979	
	Total appropriations for commitments	Total appropriations for payments	Total appropriations for commitments	Total appropriati for paymer
COMMISSION				
Intervention appropriations				
Agriculture	10 225 139 000	10 063 129 000		
Social	804 062 000	556 877 000		
Regional	1 100 000 000	553 000 000	+ 45 000 000	+ 146 000 0
Research, energy, industry, transport	269 273 375	293 048 330		
Development cooperation	647 435 900	497 535 900		
Other	token entry	token entry		
	13.045 910 275	11 963 590 230	+ 45 000 000	+ 146 000 0
Administrative appropriations				
Staff	409 563 400	409 563 400		
Administration	118 955 540	118 955 540		
Information	9 960 500	9 960 500		
Aids and subsidies	46 128 000	46 128 000		
	584 607 440	584 607 440		
Contingency reserve	5 000 000	5 000 000		
Repayments to Member States	691 850 000	691 850 000	+ 45 373 000	+ 45 373 00
Commission total	14 327 367 715	13 245 047 670	+ 90 373 000	+ 191 373 00
OTHER INSTITUTIONS	249 306 205	249 306 205		
Grand total	14 576 673 920	13 494 353 875	+ 90 373 000	+ 191 373 0

ɔdget supplémentaire 2/79		Budget rectificatif et supplémentaire no 3/79		Crédits définitifs	
ɛ́dits pour ɔagements	Crédits pour paiements	Crédits pour engagements	Crédits pour paiements	Crédits pour engagements	Crédits pour paiements
		+ 702 000 000	+ 702 000 000	10 927 139 000	10 765 129 000
				804 062 000	556 877 000
				1 145 000 000	699 000 000
				269 273 275	293 048 330
				647 435 900	497 535 900
				p.m.	p.m.
		+ 702 000 000	+ 702 000 000	13 792 910 275	12 811 590 230
				409 563 400	409 563 400
				118 955 540	118 955 540
				9 960 500	9 960 500
				46 128 000	46 128 000
				584 607 440	584 607 440
				5 000 000	5 000 000
		+ 29 280 000	+ 29 280 000	766 503 000	766 503 000
		+ 731 280 000	+ 731 280 000	15 149 020 715	14 167 700 670
+ 29 986 995	+ 29 986 995			279 293 200	279 293 200
+ 29 986 995	+ 29 986 995	+ 731 280 000	+ 731 280 000	15 428 313 915	14 446 993 870

d supplementary dget 1979		3rd supplementary and amending budget 1979		Final total appropriations	
Total appropriations ɔr commitments	Total appropriations for payments	Total appropriations for commitments	Total appropriations for payments	for commitments	for payments
		+ 702 000 000	+ 702 000 000	10 927 139 000	10 765 129 000
				804 062 000	556 877 000
				1 145 000 000	699 000 000
				269 273 275	293 048 330
				647 435 900	497 535 900
				token entry	token entry
		+ 702 000 000	+ 702 000 000	13 792 910 275	12 811 590 230
				409 563 400	409 563 400
				118 955 540	118 955 540
				9 960 500	9 960 500
				46 128 000	46 128 000
				584 607 440	584 607 440
				5 000 000	5 000 000
		+ 29 280 000	+ 29 280 000	766 503 000	766 503 000
		+ 731 280 000	+ 731 280 000	15 149 020 715	14 167 700 670
+ 29 986 995	+ 29 986 995			279 293 200	279 293 200
+ 29 986 995	+ 29 986 995	+ 731 280 000	+ 731 280 000	15 428 313 915	14 446 993 870

présente dans ce document les orientations générales qu'elle souhaite voir suivre par la Communauté en matière budgétaire, en mettant l'accent sur le volume, les axes prioritaires et le rôle du budget dans le processus d'intégration.

Ce document expliquait que ce sont les progrès vers l'approfondissement de la Communauté – notamment la création du système monétaire européen – et vers son élargissement ainsi que les problèmes de l'emploi qui devront déterminer en premier lieu la perspective budgétaire. La Commission considère donc, globalement, comme première priorité budgétaire le renforcement des moyens structurels. Parallèlement, la maîtrise de la dépense agricole constitue un élément décisif qui conditionne en partie le développement souhaitable des autres politiques.

L'accent a été mis par ailleurs sur les problèmes des recettes, car l'accroissement des domaines d'intervention de la Communauté la confronte, dans un proche avenir, au problème de l'épuisement des ressources propres disponibles dans le cadre juridique existant.

La communication de la Commission a été examinée tant par le Parlement que par le Conseil lors de la session conjointe des ministres des affaires étrangères et des finances tenue le 2 avril 1979.

BUDGET GENERAL

Avant-projet de budget

La Commission a transmis à l'autorité budgétaire le 14 juin 1979 l'avant-projet de budget général des Communautés pour l'exercice 1980. Deux lettres rectificatives ont été introduites, en outre, les 6 juillet et 24 septembre 1979 pour tenir compte, d'une part, des incidences des décisions prises le 22 juin 1979 par le Conseil en matière agricole et des évolutions enregistrées sur les marchés agricoles ainsi que des adaptations réglementaires intervenues entre juillet et septembre, d'autre part.

L'avant-projet de budget 1980, compte tenu des lettres rectificatives, s'est élevé à 17 884 250 431 UCE en crédits pour engagements et à 16 255 804 431 UCE en crédits pour paiements. Ceci correspond respectivement à une augmentation de 15,17% et de 11,75% par rapport au budget de l'exercice 1979, y compris les budgets rectificatifs et supplémentaires.

PRESENTATION POLITIQUE DU BUDGET

Dépenses

L'avant-projet de budget 1980 présenté par la Commission à l'autorité budgétaire traduit les orientations définies par elle, en particulier dans la communication sur l' "appréciation globale des problèmes budgétaires de la Communauté".

En présentant ses propositions, la Commission a marqué sa conviction d'interpréter les principales préoccupations qui s'expriment dans la Communauté au sujet de la politique budgétaire.

Dans un contexte de croissance globale des crédits qu'elle considère comme très modérée, la Commission a fondé ses propositions sur les trois axes principaux suivants:

- une maîtrise de la dépense agricole;
- un développement nécessaire et substantiel, mais très fortement différencié, des autres politiques prioritaires;
- un renforcement significatif des moyens mis à la disposition des politiques structurelles susceptibles de favoriser une meilleure convergence des écono-

general lines which it would like the Community to follow in the budgetary field, emphasising the volume, the priority sectors and the role of the budget in the integration process.

This document stated that the budgetary outlook would have to be mainly determined (i) by progress towards Community integration in depth – particularly the creation of the European Monetary System – and towards enlargement, and (ii) by employment problems. The Commission therefore considers that, overall, the main budgetary priority is to increase the funds available for structural purposes. At the same time, containment of agricultural expenditure is a decisive factor and one prerequisite for developing the other policies as desired.

Revenue problems were also emphasised, for the widening areas of Community intervention will, in the near future, raise the problem of own resources available within the existing legal framework running out.

The Commission's communication was examined by Parliament, and by the Council at the joint meeting of Foreign Ministers and Finance Ministers on 2 April.

GENERAL BUDGET

Preliminary draft budget

On 14 June the Commission sent the Budgetary Authority the preliminary draft budget for 1980. Two letters of amendment were also sent, on 6 July and 24 September, to take into account respectively the effects of the decisions on agriculture taken by the Council on 22 June and developments in agricultural markets, and the amendments made to regulations between July and September.

With the letters of amendment taken into account, the preliminary draft budget for 1980 stood at 17 884 250 431 EUA in total appropriations for commitments and 16 255 804 431 EUA in total appropriations for payments, an increase of 15.17% and 11.75% respectively over the 1979 budget, including the supplementary and amending budgets.

POLICY PRESENTATION OF THE BUDGET

Expenditure

The preliminary draft budget for 1980 reflects the guidelines set out by the Commission, notably in its comprehensive review. In putting forward its proposals, the Commission displayed its conviction that it had understood the main preoccupations about budgetary policy being expressed in the Community.

With an overall increase in appropriations which it considered very moderate, the Commission based its proposals on the following three major points:

- containment of agricultural expenditure;
- a necessary and substantial – but widely varying – increase for the other priority policies;
- a considerable increase in the funds made available for structural policies likely to promote greater convergence of the economies. In this connection the Commission, in its dealings with the Budgetary Authority, stressed the importance of the balance which it thought should be maintained between these elements, which are regarded as integral to the logic of the system. In

mies. Dans cette perspective, la Commission a souligné, vis-à-vis de l'autorité budgétaire, l'importance de l'équilibre qu'il importait de maintenir, selon elle, entre ces éléments, considérés comme parties intégrantes de la logique du système. En élaborant ses propositions, la Commission n'a pas manqué de prendre en considération les préoccupations exprimées par les deux institutions constituant l'autorité budgétaire.

Recettes

1980 marquera, avec cinq ans de retard, l'aboutissement du processus de financement du budget des Communautés par des ressources propres. Avec l'entrée en vigueur, pour tous les Etats membres, des ressources provenant de la TVA, les prévisions des ressources propres acquièrent une grande importance. Aussi la Commission a-t-elle été amenée à rectifier ses prévisions par l'introduction de lettres rectificatives.

Opérations d'emprunts et de prêts

La Commission a maintenu sa proposition transmise au Conseil en juin 1978 de créer une deuxième tranche du budget général relevant toutes les opérations d'emprunts et de prêts couvertes par la garantie budgétiare. Dans le cadre de cette proposition, les chiffres globaux des opérations de prêts de 1977 à 1979 sont repris dans le *tableau 2.*

Tableau 2. Prêts contractés annuellement[1]

(en millions d'unités de compte)

	1977	1978	1979
BEI (dans la Communauté)	1 401	1 966	2 281
BEI (hors Communauté)	152	174	421
CECA	742	798	694
Euratom	95	69	152
"Nouvel instrument communautaire (dont la première tranche a été ouverte le 14 mai 1979)"	–	–	277
Total	2 390	3 007	3 825

[1] Les prêts de la BEI dans la Communauté ne sont cités ici que pour mémoire; ils sont, en effet, accordés sur les ressources propres de la Banque, sans garantie de la Communauté. Seulement une partie des prêts sur les ressources propres de la BEI, hors Communauté, sont assortis d'une garantie de la Communauté. Ainsi, au 31 décembre 1979, sur un encours total de ces prêts de 1 026,2 millions d'UC, la Communauté n'avait accordé une garantie qu'à concurrence de 590,4 millions.

Le développement principal pendant 1979 a été la nouvelle autorisation de la Commission par le Conseil d'engager la première tranche d'emprunt de 500 millions d'UCE du nouvel instrument communautaire, dont le produit des emprunts est affecté à des prêts destinés au financement de projets d'investissements structurels conformes aux objectifs prioritaires de la Communauté dans les domaines des infrastructures et de l'énergie.

A la suite de la résolution du Conseil européen du 5 décembre 1978, en vue de la création du système monétaire européen, le Conseil a arrêté, le 3 août 1979 un règlement sur les bonifications d'intérêt destinées à renforcer les économies des Etats membres moins prospères participant entièrement et effectivement aux mécanismes du système monétaire européen. Les bénéficiaires actuels sont l'Irlande et l'Italie. Ces bonifications – qui couvrent des prêts de la BEI et du

formulating its proposals the Commission naturally took into consideration the preoccupations voiced by the two institutions which form the Budgetary Authority.

Revenue

After a delay of five years, 1980 will mark the completion of the process of financing the budget of the Communities from own resources. Once all the Member States are paying over own resources accruing from VAT, the estimates of own resources will assume great importance. The Commission therefore corrected its estimates by means of letters of amendment.

Borrowing and lending operations

The Commission maintained the proposal it had sent to the Council in June 1978 to include in Part II of the general budget all borrowing and lending operations for which a guarantee is provided under the budget.

Table 2 gives the figures for loans contracted from 1977 to 1979.

Table 2. Annual total of loans contracted[1]

(million u.a.)

	1977	1978	1979
EIB (within the Community)	1 401	1 966	2 281
EIB (outside the Community)	152	174	421
ECSC	742	798	694
Euratom	95	69	152
'New Community Instrument (first tranche opened on 14 May 1979)'	–	–	277
Total	2 390	3 007	3 825

[1] EIB loans within the Community are shown for information only; they are given from the Bank's own resources without a Community guarantee. EIB loans outside the Community, from the Bank's own resources, carry a Community guarantee in some cases only; of loans of this kind outstanding on 31 December 1979 (1 026.2 million units of account), only 590.4 million units of account had been given a Community guarantee.

The main new development in 1979 was the Council's authorising the Commission to commit the first 500 million EUA tranche of the New Community Instrument, the funds raised to be on-lent to finance structural investment projects which meet the Community's priority objectives in the infrastructure and energy sectors.

Following the Resolution of the European Council of 5 December 1978 on the establishment of the European Monetary System, the Council adopted on 3 August a Regulation concerning interest subsidies to strengthen the economies of the less-prosperous Member States effectively and fully participating in the European Monetary System. Ireland and Italy are the countries currently qualifying. These subsidies – covering loans from the EIB and the New Community Instrument of up to 1 000 million EUA per year – total 200 million

nouvel instrument communautaire jusqu'à concurrence de 1 000 millions d'UCE par an – ont une valeur de 200 millions d'UCE par an. Les crédits nécessaires sont inscrits dans le budget des Communautés pour l'exercice 1979.

NOVATIONS

Sans comporter d'innovations majeures, l'avant-projet de budget pour 1980 présente un certain nombre d'aménagements par rapport à la structure retenue par l'autorité budgétaire pour l'exercice 1979.

En outre, plusieurs mécanismes budgétaires seront appelés à jouer à l'avenir un rôle important dans le budget. La commission estime en particulier que l'apparition du *Fonds européen de développement* dans le budget est indispensable pour satisfaire au principe général de l'inscription au budget de la Communauté de l'intégralité de ses recettes et de ses dépenses.

Enfin, la Commission a maintenu les novations juridiques et budgétaires déjà introduites par elle dans la structure du budget 1979.

Novations structurelles et budgétaires

Des aménagements dans le classement budgétaire de certaines dépenses figurant aux titres 6 et 7 (FEOGA, section "garantie") ont été introduits cette année: les crédits relatifs aux restitutions afférentes aux fournitures de produits agricoles, au titre de l'aide alimentaire, et à l'exportation supplémentaire de sucre, au titre du protocole avec les Etats ACP et de l'accord avec l'Inde, ont été transférés au titre 9 (coopération au développement). Dans un même souci de transparence, la Commission a proposé, pour la première fois, d'opérer une distinction entre la fourniture des produits eux-mêmes et les mesures complémentaires indispensables à l'exécution des aides, en particulier les frais de transport. En outre, la Commission a proposé la création d'un chapitre 54, destiné à accueillir une contribution exceptionnelle à la CECA, au titre des mesures sociales nouvelles liées à la restructuration de l'industrie sidérurgique. Enfin, l'adoption, par le Conseil, le 8 mai 1979, d'un règlement fixant, pour la période du 1er janvier 1980 au 31 décembre 1984, une enveloppe quinquennale pour les dépenses de la section "orientation" du FEOGA modifie le contexte juridique de base sur lequel repose cette section, le crédit annuel étant désormais déterminé dans le cadre de la procédure budgétaire annuelle.

Problèmes de l'UCE

Le règlement du Conseil du 29 mars 1979 relatif aux conséquences de la politique agricole commune prévoit que les montants fixés en unités de compte (UC) pour l'application de la politique agricole commune ou des régimes spéciaux d'échanges pour les marchandises résultant de la transformation de produits agricoles seront désormais exprimés en Ecus. Le passage à l'Ecu a été réalisé, à compter du 9 avril 1979, d'une façon qui laisse inchangés les prix en monnaies nationales. La dépense en monnaies nationales restant ainsi inchangée, son expression budgétaire en UCE n'est pas affectée par l'adoption de l'Ecu pour la politique agricole commune.

Prévisions financières triennales 1980–1981–1982

Avec l'"introduction générale" de l'avant-projet de budget général pour l'exercice 1980, la Commission a transmis à l'autorité budgétaire les "prévisions financières triennales 1980–1981–1982". Ces prévisions présentent cette année un intérêt politique particulier parce qu'elles confirment la perspective d'un épuisement, dans un proche avenir, des ressources propres disponibles dans le cadre juridique existant. Le document s'efforce de traduire en chiffres les

EUA per year. The necessary appropriations are entered in the budget for 1979.

INNOVATIONS

There are no major innovations in the 1980 preliminary draft budget, but it does include a number of improvements over the form adopted by the Budgetary Authority for 1979.

A number of budgetary mechanisms will be called upon to play an important part in the budget in future. The Commission believes in particular that the inclusion of the European Development Fund in the budget is essential if the general principle that all the Community's revenue and expenditure should be entered in its budget is to be applied.

The Commission also retained the legal and budgetary innovations which it introduced in the structure of the 1979 budget.

Structural and budgeting innovations

This year changes were made in classifying certain items of expenditure in Titles 6 and 7 (EAGGF Guarantee Section). The appropriations for refunds on the supply of agricultural products, food aid and additional exports of sugar, under the Protocol with the ACP countries and the Agreement with India, were transferred to Title 9 (Co-operation with developing countries). Also in the interests of intelligibility, the Commission proposed for the first time that a distinction be drawn between the supply of the products and the additional action needed to implement the aid – notably transport costs. Similarly, the Commission proposed creating a Chapter 54 as a slot for the exceptional contribution to the ECSC in respect of the new social measures in connection with restructuring the steel industry. Finally, the adoption by the Council on 8 May 1979 of a Regulation placing a five-year limit on EAGGF Guidance Section expenditure for the period 1 January 1980 to 31 December 1984 alters the legal basis of the Guidance Section: from now on the annual appropriation will be determined as part of the annual budgetary procedure.

Units of account

The Council Regulation of 29 March 1979 on the impact of the European Monetary System on the common agricultural policy provides that amounts fixed in units of account for the purposes of the common agricultural policy or special trade arrangements for goods resulting from the processing of agricultural products are from now on to be expressed in ECUs. The change to the ECU took place on 9 April, in such a way as to leave prices expressed in national currencies unaltered. As expenditure in national currencies remains unchanged, its entry in the budget in EUA is not affected by the ECU being adopted for the common agricultural policy.

Triennial financial estimates 1980–1981–1982

Along with the general introduction to the preliminary draft budget for 1980, the Commission sent to the Budgetary Authority the triennial financial estimates 1980–1981–1982. This year the estimates are of particular political concern as they deal with the prospect of the Community's own resources running out in the near future if their present legal framework remains unchanged. The document tries to translate into figures the general guidelines and

orientations générales et les axes prioritaires développés dans la communication "appréciation globale des problèmes budgétaires de la Communauté" de mars 1979 et présente, comme l'année dernière, deux hypothèses de travail.

La première montre les conséquences financières d'une poursuite de la croissance tendancielle des coûts des organisations de marchés de la politique agricole commune (FEOGA, section "garantie"). Cette croissance se conjugue avec un effort non négligeable dans les autres domaines. La seconde hypothèse reflète une politique communautaire plus volontariste et plus dynamique: elle escompte, d'une part, une meilleure maîtrise des dépenses du FEOGA, section "garantie" et, d'autre part, un effort accru en faveur des secteurs social, régional, de l'énergie et de la coopération au développement.

Ainsi se trouve tracée une évolution budgétaire qui, dans le cas de la deuxième hypothèse (qui correspond à celle selon laquelle la Commission souhaite fermement que l'activité communautaire soit orientée), reflète un changement assez profond de la structure budgétaire: le poids de la dépense agricole diminuerait (moins de 50% en 1982) en faveur d'un accroissement des mesures structurelles notamment (qui atteindraient plus de 20% en 1982).

Déroulement de la procédure budgétaire et établissement du budget définitif pour l'exercice 1980

Les principales réductions opérées par le Conseil à l'intérieur de la section de la Commission, en crédits pour engagements, concernent l'énergie, l'industrie et les transports, ainsi que le Fonds régional, et en crédits pour paiements, le secteur social. En outre, le Conseil n'a pas donné suite aux propositions de la Commission d'inscrire, notamment au titre 9 du budget (coopération avec les PVD et les pays tiers), les restitutions à l'exportation découlant des programmes d'aide alimentaire, actuellement inscrits aux titres 6 et 7 (FEOGA, section "garantie") et les restitutions relatives aux exportations de sucre blanc communautaire prévues dans le cadre du protocole conclu avec les Etats ACP et de l'accord avec l'Inde; et, en outre, de prévoir une partie II au budget concernant les opérations d'emprunts et de prêts. Il n'a, de même, pas donné suite à la proposition de création d'un chapitre 54 destiné à la contribution exceptionnelle à la CECA dans le cadre des mesures sociales liées à la restructuration de la sidérurgie.

A l'occasion de l'examen du projet de budget en *première lecture*, le *Parlement* a manifesté sa volonté de promouvoir une meilleure maîtrise et un rééquilibrage des dépenses agricoles, en vue notamment d'une certaine réorientation vers des actions structurelles. En compensation, il a proposé de réduire les crédits de soutien du marché laitier et de renforcer la politique de coresponsabilité dans ce secteur. Dans le domaine des dépenses non obligatoires, où il exerce un pouvoir de décision propre, le Parlement a assez largement rétablie les crédits pour engagements inscrits par la Commission dans son avant-projet, en ce qui concerne plus particulièrement le Fonds social et le Fonds régional, l'utilisation du Charbon, les infrastructures de transports et la coopération au développement.

S'en tenant strictement au taux d'augmentation maximum des dépenses non obligatoires (13,3%) fixé conformément au traité, le *Conseil* a augmenté certains crédits lors de la *deuxième lecture*, sur la base des amendements présentés par le Parlement et à concurrence de la "marge de manoeuvre" dont disposait ce dernier (environ 255 millions d'UCE en crédits pour engagements). Bien que partageant très largement quant au fond les préoccupations du Parlement à l'égard des dépenses agricoles, le Conseil a rejeté, néanmoins, les propositions de modifications introduites en particulier dans le secteur laitier.

priority areas set out in the comprehensive review of the budgetary problems of the Community (presented in March) and, like last year, suggests two working hypotheses.

The first hypothesis shows the financial implications of a continued upward trend in the cost of market organisations under the common agricultural policy (EAGGF Guarantee Section) combined with substantial expenditure in the other areas. The second reflects a more active and dynamic Community policy, as a result of which a tighter rein is kept on EAGGF Guarantee Section expenditure and there is an increase in expenditure in the social, regional, energy and development cooperation sectors.

The second hypothesis (which is the one which the Commission hopes will guide Community activity) would entail a different budgetary policy resulting in a fairly radical change in the structure of the budget. The predominance of agricultural spending would decline (to below 50% in 1982) and there would be an increase in expenditure on structural measures (to over 20% in 1982).

Budgetary procedure and drawing-up of the definitive budget for 1980

A comparison of the main stages of the budgetary procedure – taking into account Parliament's rejection of the preliminary draft budget shows that the Council was very reluctant to approve the increases in certain items of expenditure proposed by the Commission in its preliminary draft. The main cuts made by the Council in the total appropriations for commitments within the Commission section affect energy, industry and transport, and the Regional Fund. The main cuts in the total appropriations for payments are in the social sector. In addition, the Council rejected the Commission's proposals to include in Title 9 of the budget (Co-operation with developing countries and other non-member countries) the export refunds arising from food-aid programmes at present included in Titles 6 and 7 (EAGGF Guarantee Section) and the refunds relating to exports of Community refined sugar provided for in the ACP-EEC sugar protocol and in the agreement with India and to include in the budget a Part II for borrowing and lending operations. The Council also rejected the proposal to create a Chapter 54 for the special contribution to the ECSC for temporary social measures in connection with the restructuring of the steel industry.

When examining the draft budget on first reading, Parliament expressed a desire to promote better control over the restoration of balance in agricultural expenditure, in particular in order to shift the emphasis towards structural measures to some extent. To offset this, it proposed a reduction in dairy market support appropriations and a strengthening of the co-responsibility policy in this sector. As regards non-compulsory expenditure, an area in which it has decision-making powers of its own, Parliament largely reinstated the appropriations for commitments which the Commission had included in the preliminary draft, in particular those for the Social Fund and Regional Fund, the use of coal, transport infrastructure and development co-operation.

Keeping strictly to the maximum rate of increase in non-compulsory expenditure (13.3%) set in accordance with the Treaty, the Council increased certain appropriations on second reading on the basis of amendments presented by Parliament within the margin for manoeuvre available to the latter (some 255 million EUA in appropriations for commitment). Although the Council broadly shares Parliament's concern about agriculutural expenditure, it nevertheless

Le *Parlement* a procédé à la *deuxième* lecture du projet de budget modifié par le Conseil, lors de sa session du 10 au 14 décembre 1979. A l'issue d'une très longue concertation entre une délégation du Parlement conduite par son président, Mme Veil, et le Conseil, concertation elle-même préparée par une session du Conseil, le Parlement a rejeté le projet de budget des Communautés pour l'exercice 1980, estimant que les conditions auxquelles il avait subordonné son adoption n'étaient pas remplies.

Le Parlement a invité la Commission à présenter un "nouvel avant-projet de budget pour tenir compte de la teneur (. . .) de sa résolution du 7 novembre 1979, sur la base duquel le Conseil devrait présenter un nouveau projet, conformément à l'article 203, paragraphe 8, du traité CEE". La Commission a assuré le Parlement de son concours en vue de relancer la procédure budgétaire en temps opportun.

Elle a pris les dispositions utiles pour que, conformément aux articles 204 du traité CEE et 178 du traité CEEA, les dépenses puissent être effectuées mensuellement, à compter du 1er janvier 1980, selon le régime des douzièmes provisoires.

En ce qui concerne les ressources propres (droits de douane, prélèvements agricoles et cotisations "sucre"), celles-ci seront normalement versées mensuellement par les Etats membres. Quant aux ressources propres TVA, elles doivent, en vertu de l'article 10 du règlement (CEE) n° 2891/77, être versées mensuellement sur la base du projet amendé par le Conseil.

BUDGET CECA

Après avoir pris connaissance de l'avis du Parlement et des réactions du Comité consultatif CECA, la Commission a décidé le 19 décembre 1979 de fixer le taux des prélèvements pour 1980 à 0,31% contre 0,29% retenu antérieurement. Cette augmentation modérée paraissait nécessaire pour éviter un rétrécissement trop sévère des aides traditionnelles en faveur notamment de la réadaptation ainsi que de la recherche.

Cette décision tient compte des autres ressources ordinaires prévues (revenus d'intérêts de placements et des prêts sur fonds non empruntés, annulations d'engagements qui ne donneront pas lieu à la réalisation, etc.). En outre, en vue de couvrir les besoins au titre des aides à la reconversion, une recette extraordinaire de 43 millions d'UCE est prévue. Des négociations sont en cours au sein des institutions communautaires pour décider dès que possible de la mise à disposition de cette recette qui s'avère indispensable en raison notamment des exigences financières résultant de la crise sidérurgique.

Les prévisions budgétaires ainsi adoptées permettent d'escompter la couverture des besoins, au titre du budget opérationnel de la CECA, s'élevant à 188 millions d'UCE. Ceux-ci se répartissent comme suit (en millions d'UCE):

– dépenses administratives	5
– aides à la réadaptation	67
– aides à la recherche	44
– bonifications d'intérêts pour prêts aux investissements et à la reconversion	66
– aide aux charbons à coke	6

Les crédits pour les aides à la reconversion (43 millions d'UCE) ne pourront être engagés avant que la recette extraordinaire correspondante ne soit obtenue.

Execution des budgets 1978 et 1979

Les chiffres de l'exercice 1979 ne sont pas encore définitifs; en effet, la clôture comptable du FEOGA, section "garantie", et de l'aide alimentaire ne s'effec-

rejected the proposed modifications, in particular those concerning milk and milk products.

Parliament carried out the second reading of the draft budget amended by the Council at its 10–14 December sitting. After a very long conciliation between a Parliament delegation headed by its President, Mrs. Veil, and the Council, the ground for which was prepared by a Council meeting, Parliament rejected the draft budget of the Communities for 1980 as it considered that the conditions which it had set for adoption of the budget had not been satisfied.

Parliament invited the Commission to present a new preliminary draft budget taking into account the substance of its Resolution of 7 November 1979, on the basis of which the Council would present a new draft in accordance with Article 203(8) of the EEC Treaty. The Commission has assured Parliament of its assistance in restarting the budgetary procedure in due course.

The Commission has made arrangements to ensure that, in accordance with Article 204 of the EEC Treaty and Article 178 of the EAEC Treaty, money can be spent on a monthly basis as from 1 January 1980 within the limits of the 'provisional twelfths'.

The own resources arising from customs duties, agricultural levies and sugar levies will be paid over each month by the Member States as usual. VAT own resources, however, must be paid over each month pursuant to Article 10 of Regulation (EEC) No 2891/77 on the basis of the draft budget amended by the Council.

ECSC BUDGET

On 19 December, after taking note of Parliament's opinion and the reactions of the ECSC Consultative Committee, the Commission decided to set the rate of levy for 1980 at 0.31% compared with the rate of 0.29% proposed earlier. This small increase was needed in order to avoid an excessive cut in the aid granted for redeployment and research.

This decision takes account of the other ordinary resources (interest on investments and loans granted out of non-borrowed funds, cancellation of commitments which will not be implemented, etc.). In addition, to cover the requirements arising from conversation aid, provision is made for extraordinary receipts totalling 43 million EUA. Negotiations are under way within the community institutions with a view to an early decision on the provision of these receipts, which are needed chiefly as a result of the financial requirements arising from the crisis in the steel industry.

The budget estimates adopted are intended to cover estimated requirements under the ECSC operational budget totalling 188 million EUA. The breakdown of expenditure is as follows (in million EUA):

– administrative expenditure	5
– aid to redemployment	67
– aid to research	44
– interest rebates on investments and conversion loans	66
– aid to coking coal	6

The appropriations for aid to conversion (43 million EUA) cannot be committed until the corresponding extraordinary receipts have been obtained.

Implementation of the 1978 and 1979 budgets

The figures for 1979 are not yet final: firstly, the accounts of the EAGGF Guarantee Section and of the food-aid sector will not be closed until 31 March

tuera que le 31 mars 1980 et certains reports de crédits non automatiques seront vraisemblablement accordés.

La situation provisoire à la clôture de l'exercice 1979 fait ressortir une exécution de 99,1% en crédits pour engagements et de 99,1% en crédits pour paiements.

La Commission a entrepris une étude des goulets d'étranglement dans les paiements relatifs aux principaux fonds structurels en vue d'en accélérer les procédures de paiement et d'améliorer l'utilisation des crédits d'engagements et de paiements.

RESSOURCES PROPRES

Exercice 1979

Le budget de l'exercice 1979 a été financé pour la première fois par des ressources propres provenant de la TVA, six Etats membres ayant appliqué, à partir du 1er janvier 1979, la sixième directive en matière d'harmonisation des législations des Etats membres relatives aux taxes sur le chiffre d'affaires, système commun de la taxe sur la valeur ajoutée: assiette uniforme. La Commission a pris, vis-à-vis des Etats membres (république fédérale d'Allemagne, Irlande et Luxembourg) qui ne l'avaient pas appliquée, les mesures prévues dans le cadre de l'article 169 du traité CEE. Ces trois Etats membres ont continué à verser des contributions financières calculées sur la base du produit national brut. Le taux de TVA appliqué pour l'exercice 1979 a été de 0,77%. Dans l'hypothèse où tous les Etats membres auraient appliqué la sixième directive, ce taux aurait été de 0,78%. L'Irlande et le Luxembourg ont entre-temps appliqué la sixième directive, mais ils ne versent les ressources provenant de la TVA qu'à partir de 1980. La république fédérale d'Allemagne applique la directive depuis le 1er janvier 1980.

Exercice 1980

MISE EN OEUVRE DU NOUVEAU SYSTEME DE FINANCEMENT BUDGETAIRE

L'application, par tous les Etats membres, en 1980, de la sixième directive conduira à la disparition des contributions financières versées au budget.

Les prévisions des recettes pour l'exercice 1980 résultant du projet de budget amendé le 23 novembre 1979 par rapport aux réalisations de l'exercice 1979 figurent au tableau 3.

La Commission a transmis le 19 mars 1979 au Conseil une proposition de règlement destinée à une information automatique de la Commission sur les cas d'irrégularités dans le domaine des ressources propres, en vue de sauvegarder les droits de la Communauté.

PERSPECTIVES DU FINANCEMENT BUDGETAIRE

Lors de sa réunion du 2 avril 1979, le Conseil conjoint des ministres des affaires étrangères et des finances a examiné la communication de la Commission sur les "perspectives de financement du budget communautaire" – document étroitement lié à l' "appréciation globale des problèmes budgétaires de la

1980; secondly, it is likely that certain non-automatic carry-overs of appropriations will be granted.

The provisional situation at the close of the financial year 1979 points to an actual utilization of 99.1% in total appropriations for commitments and 99.1% in total appropriations for payments.

The Commission has undertaken a study of bottlenecks in payments from the main structural Funds in order to speed up their payment procedures and improve the way in which the appropriations for commitment and for payment are used.

OWN RESOURCES

Financial year 1979

The 1979 budget was the first to be financed by own resources accruing from VAT with six Member States applying from 1 January the Sixth Directive on the harmonization of the laws of the Member States relating to turnover taxes – Community system of value-added tax: uniform basis of assessment. The Commission initiated the measures provided for by Article 169 of the EEC Treaty in respect of the Member States (Federal Republic of Germany, Ireland and Luxembourg) which had not applied the Directive. These three Member States continued to pay financial contributions based on gross national product. The VAT rate applied in 1979 was 0.77%. If all Member States had applied the Sixth Directive it would have been 0.78%. Ireland and Luxembourg have since applied the Sixth Directive but are not paying VAT-based own resources until 1980. The Federal Republic of Germany is applying it from 1 January 1980.

Financial year 1980

IMPLEMENTATION OF THE NEW SYSTEM FOR FINANCING THE BUDGET

Financial contributions to the budget will disappear if all Member States apply the Sixth Directive in 1980.

Estimated revenue for 1980 on the basis of the draft budget amended on 23 November compared with the outturn in 1979 is given in Table 3.

On 19 March the Commission sent to the Council a proposal for a Regulation on the organization of an information system for the Commission on irregularities affecting own resources designed to safeguard the Community's rights.

THE FUTURE OF BUDGETARY FINANCING

On 2 April the joint Council meeting of Foreign Ministers and Finance Ministers examined the Commission Communication on financing the Community budget; this has close links with the comprehensive review of the Community's budgetary problems in that it stresses the need for urgent thinking

Tableau 3. Recettes budgétaires

(en millions d'UCE)

	1979 réalisations	1980 prévisions
Prélèvements agricoles	1 678,6	1 642,1
Cotisations sucre	464,9	467,3
Droit de douane	5 189,1	5 460,5
Contributions financières (PNB)	2 302,1	–
Ressources provenant de la TVA	4 737,7	7 665,8 (P)
Recettes diverses	169,5 (P)	176
Excédent de l'exercice précédent	41,6	non disponible
Total	14 583,5	15 412,7

Communauté" – en ce qu'il souligne la nécessité d'une réflexion urgente sur la création de nouvelles ressources budgétaires, en vue de faire face à leur épuisement prévisible dès l'exercice 1982 voire l'exercice 1981.

Le Parlement ne s'est pas encore prononcé sur cette communication. Néanmoins, le risque d'une insuffisance de ressources propres pouvant se matérialiser en 1981 ou au plus tard en 1982, la Commission adressera au Conseil une proposition de modification de la décision du Conseil du 21 avril 1970 relative au remplacement des contributions financières des Etats membres par des ressources propres aux Communautés, qui prend en considération les éléments d'appréciation fournis lors de la réunion du Conseil précitée.

CONSEQUENCES FINANCIERES DE L'APPLICATION DU SYSTEME BUDGETAIRE SUR LA SITUATION DE CHAQUE ETAT MEMBRE

A la suite de la discussion sur la convergence des économies des Etats membres, lors du Conseil européen de Strasbourg de juin 1979, la Commission a transmis au Conseil, le 7 septembre, un *document de référence* décrivant les conséquences financières de l'application du système budgétaire sur la situation de chaque Etat membre. La Commission a présenté ensuite des propositions à la lumière du débat et des orientations dégagées par l'autorité budgétaire. Ces propositions ont été débattues lors du Conseil européen de Dublin de novembre 1979, qui a demandé à la Commission de faire une proposition permettant au Conseil de poursuivre la recherche d'une solution appropriée.

APPLICATION DE L'ARTICLE 131 DE L'ACTE D'ADHESION

Le Conseil européen s'était prononcé, le 6 décembre 1977, sur l'interprétation à donner aux dispositions de l'article 131 de l'acte d'adhésion relatives à la limitation de l'accroissement de l'effort financier des nouveaux Etats membres pendant les années 1978 et 1979. Le Tableau n° 4 illustre l'état comparatif des "clearings" pour les années 1978 et 1979.

MODIFICATIONS DES REGLEMENTS FINANCIERS

La première modification du règlement financier du 21 décembre 1977,

Table 3. Budgetary revenue

(million EUA)

	1979 outturn	1980 estimates
Agricultural levies	1 678.6	1 642.1
Sugar levies	464.9	467.3
Customs duties	5 189.1	5 460.5
Financial contributions (GNP)	2 302.1	–
VAT own resources	4 737.7	7 665.8 (p)
Miscellaneous revenue	169.5 (p)	176
Surplus from previous financial year	41.6	not available
Total	14 583.5	15 412.7

about the provision of a new budgetary resources in response to the fact that existing ones are likely to be exhausted in 1981 or 1982.

Parliament has not yet given its Opinion on this communication. Nevertheless, since own resources are in danger of becoming insufficient in 1981 or in 1982 at the latest, the Commission will send the Council a proposal to amend the Council Decision of 21 April 1970 on the replacement of financial contributions from Member States by the Communities' own resources; this will take into account the points put forward at the above-mentioned Council meeting.

THE FINANCIAL CONSEQUENCES OF THE BUDGETARY SYSTEM FOR EACH MEMBER STATE

In the wake of the discussion of economic convergence in the Member States by the European Council at Strasbourg in June, the Commission sent to the Council on 7 September a background paper describing how the budgetary system affects each Member State financially. The Commission has since put up proposals based on the results of that discussion and on the budgetary authority's thinking. These proposals were discussed by the European Council at its Dublin meeting in November, when the Commission was requested to make a proposal that would enable the Council to continue looking for an appropriate soulution.

APPLICATION OF ARTICLE 131 OF THE ACT OF ACCESSION

On 6 December 1977 the European Council decided on the interpretation to be given to the provisions of Article 131 of the Act of Accession which limit the increase in the outlay of the new Member States in 1978 and 1979. Table 4 compares Member States' clearing operations for 1978 and 1979.

AMENDMENTS TO THE FINANCIAL REGULATION

Those parts of the first amendment to the Financial Regulation of 21 Decem-

Tableau 4

(en millions d'UCE)

	En 1978		En 1979[1]	
	Débit	Crédit	Débit	Crédit
Belgique	34,1	–	38,2	–
Danemark	–	–	–	–
RF d'Allemagne	210,2	–	157,6	–
France	130,3	–	154,5	–
Irlande	–	18,4	–	3,4
Italie	79,4	–	85,3	–
Luxembourg	0,9	–	0,5	–
Pays-Bas	44,9	–	50,9	–
Royaume-Uni	–	481,4	–	483,6
Total	499,8	499,8	487,0	487,0

[1] Estimation de l'année basée sur neuf mois d'exécution (trois "clearings").

présentée par la Commission le 15 juin 1978, a été adoptée par le Conseil, le 25 juin 1979, en ce qui concerne la présentation des crédits de recherche et les délais pour l'introduction des demandes de reports de crédits. La partie de cette même proposition portant sur la présentation budgétaire des emprunts et des prêts fait toujours l'objet d'une procédure de concertation entre les institutions.

Une autre proposition de modification du règlement financier, concernant l'introduction de l'Ecu dans le budget des Communautés, a été transmise par la Commission au Conseil le 13 décembre 1979.

POUVOIRS BUDGETAIRES

Pour se mettre en mesure d'exercer avec le maximum d'efficacité les pouvoirs de contrôle qui lui ont été dévolus par le traité du 22 juillet 1975, le Parlement directement élu a créé en son sein, à côté de la commission des budgets, une commission du contrôle budgétaire. Cette dernière a consacré une grande partie de ses travaux à la préparation de la décharge sur l'exécution du budget de l'exercice 1977. Conformément à l'article 206 ter du traité CEE, le Parlement a donné décharge à la Commission sur l'exécution de ce budget, le 16 novembre, sur recommandation du Conseil.

La Commission a reçu, le 30 novembre, le rapport de la Cour des comptes sur l'exercice 1978.

UNITE DE COMPTE EUROPEENNE (UCE)

Avec l'entrée en vigueur du système monétaire européen, à compter du 13 mars 1979, l'Ecu/UCE est désormais appliqué sans aucune exception dans tous les secteurs d'activité communautaire. L'introduction de l'Ecu à titre provisoire dans la politique agricole commune, prorogée jusqu'au 31 mars 1980, est intervenue à compter du 29 mars 1979.

La création de l'Ecu a conduit la Commission à transmettre au Conseil, le 13 décembre 1979, un ensemble de propositions de textes réglementaires en vue

Table 4

(million EUA)

	1978		1979[1]	
	Debit	Credit	Debit	Credit
Belgium	34.1	–	38.2	–
Denmark	–	–	–	–
Federal Republic of Germany	210.2	–	157.6	–
France	130.3	–	154.5	–
Ireland	–	18.4	–	3.4
Italy	79.4	–	85.3	–
Luxembourg	0.9	–	0.5	–
Netherlands	44.9	–	50.9	–
United Kingdom	–	481.4	–	483.6
Total	499.8	499.8	487.0	487.0

[1] Estimate for the year based on nine months of implementation (accounts cleared three times).

ber 1977 (presented by the Commission on 15 June 1978) which concern the presentation of research appropriations and time-limits for requests for carry-overs were adopted by the Council on 25 June 1979. The section of the proposal on the budgetary presentation of borrowing and lending operations is still going through inter-institutional conciliation.

Another proposal to amend the Financial Regulation and use the ECU for the budget of the Communities was transmitted by the Commission to the Council on 13 December 1979.

BUDGETARY POWERS

To enable it to exercise its supervisory powers under the Treaty of 22 July 1975 with the greatest effectiveness, the directly elected Parliament set up a Committee on Budgetary Control alongside its Committee on Budgets. This new committee devoted a major portion of its work to preparing the discharge for the implementation of the 1977 budget.

Pursuant to Article 206b of the EEC Treaty, Parliament gave the Commission a discharge in respect of implementation of the budget on 16 November on a recommendation from the Council. On 30 November, the Commission received the report of the Court of Auditors on the 1978 financial year.

EUROPEAN UNIT OF ACCOUNT (EUA)

With the entry into force of the European Monetary System on 13 March 1979, the ECU/EUA is now used in all areas of Community activity without exception. A Regulation adopted on 29 March introduced the ECU into the common agricultural policy for a period ending 30 June, subsequently extended until 31 March 1980.

The creation of the ECU led the Commission to transmit to the Council on 13 December 1979 a number of proposals for regulations to unify the units of account used by the Communities. These proposals should enable the ECU to

de procéder à l'unification des unités de compte utilisées par les Communautés. Ces textes devraient permettre d'introduire en même temps, c'est-à-dire au 1er janvier 1980, l'Ecu dans le budget général des Communautés européennes, le budget opérationnel de la CECA, les opérations du Fonds européen de développement ainsi que dans tous les actes de droit communautaire faisant mention d'une unité de compte. L'adoption de la proposition de la Commission relative à un règlement portant application de l'unité de compte européenne (UCE) – toujours en discussion devant les instances communautaires – reste néanmoins utile pour des raisons techniques, étant entendu qu'il doit s'agir dorénavant dans cette proposition d'Ecus et non plus d'UCE.

CONTROLE FINANCIER INTERNE

Lors de sa réunion du 11 juillet 1979, la Commission a pris de nouvelles mesures tendant à renforcer le contrôle de la gestion des fonds communautaires. Ces mesures constituent un approfondissement et un développement de celles déjà prises en 1973 et définissent une nouvelle orientation du contrôle financier. La Commission a tenu compte à la fois de l'expérience acquise au cours des six dernières années, de l'evolution des théories et des méthodes de contrôle et des perspectives nouvelles ouvertes par la mise en place de la Cour des comptes.

Ces mesures se caractérisent par la volonté de promouvoir une bonne gestion financière. Par ailleurs, compte tenu des limites imposées par les contraintes actuelles en matière d'effectifs, la réorientation du contrôle financier a porté nécessairement sur l'instauration d'une plus grande sélectivité des contrôles suivant le caractère plus ou moins sensible des opérations et la fiabilité des systèmes de gestion et de contrôle tant sur le plan interne (ordonnateurs) qu'externe (administrations des Etats membres). Ces nouvelles mesures comportent également une définition plus systématique des critères de contrôle, une intervention renforcée au stade préparatoire de la législation pour une évaluation critique des problèmes de gestion et de contrôle qui peuvent se poser dans la recherche de l'objectif politique voulu, une concentration des efforts sur les contrôles orientés sur place des dépenses et recettes gérées par les Etats membres. La coordination des contrôles sur place déjà largement réalisée dans les secteurs du FEOGA et des ressources propres sera renforcée et élargie à tous les secteurs. Sa mise en oeuvre à l'intérieur des services de la Commission sera effectuée en stricte liaison avec la Cour des comptes.

Les mesures décidées le 11 juillet par la Commission concernent également la prévention, la détection et la répression des irrégularités, objectif essentiel du contrôle financier. Les services de la Commission étudient actuellement les moyens les plus efficaces pour fournir un support réel à l'assistance mutuelle entre les organes de contrôle nationaux et communautaires dans les formes prévues ou à prévoir par la réglementation.

En outre, le programme de formation spécifique de contrôleurs nationaux déjà entamé dans le secteur agricole devra être étendu aux autres secteurs et à la formation des contrôleurs communautaires.

La mission extraordinaire de contrôle a déposé son rapport sur le secteur des céréales et est ainsi parvenue à la fin de son mandat. Elle a passé en revue divers secteurs du FEOGA, section "garantie", en accomplissant un travail très apprécié par toutes les instances intéressées.

La Commission a approfondi l'examen des mesures à prendre en vue de la mise en place d'un système de contrôle systématique des recettes provenant de la TVA et a pris les contacts appropriés avec les autorités nationales.

be introduced simultaneously on 1 January 1980 in respect of the general budget of the European Communities, the ECSC operational budget, European Development Fund operations and all Community legal instruments which mention a unit of account. Adoption of the Commission proposal for a regulation applying the European unit of account (EUA) – which is still being discussed by the Community institutions – is still relevant for technical reasons, although in future the proposal will refer to ECUs and not EUAs.

INTERNAL FINANCIAL CONTROL

On 11 July the Commission took further measures to strengthen control over the management of Community funds. These measures augment – in depth and extent – those taken in 1973 and lay down a new policy for financial control. In addition to the experience of the last six years, the Commission took into account advances in the theory and methods of financial control and the new situation now that the Court of Auditors has been set up.

The measures are characterised by determination to promote sound financial management. In view of the limits imposed by present manpower constraints, the new policy for financial control necessarily brought in greater selectivity of controls according to the degree of sensitivity of the operation in question and the reliability of management and inspection systems, both internal (authorising officers) and external (Member States' administrations). The new measures also include a more systematic definition of control criteria, greater involvement in the preparation of legislation to ensure the critical assessment of management and control problems which may arise in the pursuit of the relevant policy objective, and the concentration of efforts on selective on-the-spot inspection of expenditure and revenue administered by the Member States. The co-ordination of on-the-spot inspection, already common practice in the EAGGF and own-resources sectors, will be stepped up and extended to all sectors. Within the Commission this will be done in close co-operation with the Court of Auditors.

The measures decided on by the Commission on 11 July also cover the prevention, detection and penalizing of irregularities – a fundamental goal of financial control. The Commission's staff are currently studying the most effective ways of providing genuine support for the mutual assistance rendered by national and Community control agencies in the forms laid down now or in the future by the rules and regulations.

The special programme for training national inspectors now in progress in the agricultural sector is to be extended to cover the other sectors and the training of Community inspectors.

The Special Committee of Inquiry submitted its report on the cereals sector and thus completed its appointed task. It reviewed various sectors of the EAGGF Guarantee Section; the work which it has done is highly appreciated by all the authorities concerned.

The Commission has gone further into the measures required in order to institute arrangements for the systematic inspection of revenue accruing from VAT and has made appropriate contacts with the national authorities.

Selective inspections in the Member States relating to expenditure arising from the application of monetary compensatory amounts are now complete.

Les opérations de contrôle orienté dans les Etats membres portant sur les dépenses découlant de l'application des montants compensatoires monétaires se sont achevées. Ces contrôles ont permis de détecter certaines faiblesses du système. La Commission examine actuellement les mesures à proposer en vue d'une amélioration sensible des procédures à suivre dans ce domaine.

FINANCEMENT DES ACTIVITES CECA

La Commission a poursuivi en 1979 l'activité financière qu'elle exerce conformément aux articles 49, 54 et 56 du traité CECA en faveur des investissements dans les industries du charbon et de l'acier et de projets à caractère social.

Investissements dans les industries du charbon et de l'acier

Selon la dernière enquête sur les investissements, réalisée au 1er janvier 1979, les dépenses d'investissements de l'*industrie sidérurgique* ont continué à décliner en 1978, pour ne plus atteindre que 2,1 milliards d'UCE au lieu de 2,4 milliards d'UCE en 1977 et 3,3 milliards d'UCE en 1976. En prix constants de 1970, ces dépenses sont tombées de 1,2 milliard d'UCE en 1977 à 1 milliard d'UCE en 1978 et ne devraient plus se situer qu'à un peu plus de 900 millions d'UCE en 1979. Il apparaît qu'en dépit de la nécessité d'améliorer la compétitivité des usines, la plupart des entreprises ont été conduites, eu égard notamment au poids de leurs charges financières, à réduire leurs dépenses. La difficulté de trouver des fonds pour les investissements à réaliser reste un obstacle qui s'ajoute aux perspectives médiocres du marché.

Selon l'enquête, les possibilités de production d'acier brut de la Communauté devraient baisser légèrement d'ici à 1982 pour s'établir à environ 202 millions de tonnes. Ce chiffre traduit un ajustement dans le sens préconisé par la Commission. En effet, jusqu'à présent, les prévisions des entreprises faisaient ressortir une tendance persistante à l'augmentation des capacités – 5% entre 1978 et 1981 – alors que les Objectifs généraux de la Communauté soulignaient qu'au niveau de l'acier brut les capacités actuelles – 200 millions de tonnes par an – excédaient de plus de 10% le niveau qui correspondrait à la demande prévisible au milieu des années 80.

La légère diminution prévue des capacités attendue par rapport aux prévisions précédentes est imputable, pour l'essentiel, à l'abandon de projets d'extension et de remplacement des installations de production. Environ 5 millions de tonnes de capacités vétustes ont été arrêtées entre 1978 et 1979 et de nouvelles fermetures, à concurrence d'environ 16 millions de tonnes, devraient intervenir d'ici à 1982. Pendant ces quatre années, des capacités additionnelles du même ordre – 20 millions de tonnes par an – entreraient en service.

L'enquête reflète donc pour la première fois une stabilisation des capacités de production. Toutefois, des mesures allant au-delà de celles qui sont annoncées seront nécessaires pour la réalisation des Objectifs généraux.

Quant aux dépenses de l'*industrie charbonnière*, qui sont passées de 1974 à 1978 de 358 millions d'UCE à 978 millions d'UCE, elles pourraient atteindre en prix courants un milliard d'UCE en 1979. Toutefois, en dépit du niveau élevé de ces dépenses, les possibilités d'extraction de houille ont été ramenées, entre 1976 et 1978, de 260 à 252 millions de tonnes et, selon les estimations des entreprises, elles continueraient à décroître, pour ne plus atteindre que 237 millions de tonnes (t = t) en 1982.

La réalisation des orientations pour le charbon définies par la Commission

Certain weak points in the system were brought to light, and the Commission is now examining proposals for measures which will significantly improve procedures in this field.

FINANCING ECSC ACTIVITIES

In 1979, the Commission continued its financing operations under Articles 49, 54 and 56 of the ECSC Treaty to promote investment in the coal and steel industries and to subsidise social projects.

Investment in the coal and steel industries

According to the latest survey of investments, dated 1 January 1979, capital investment in the steel industry continued to decline in 1978, falling to 2 100 million EUA, from 2 400 million EUA in 1977 and 3 300 million EUA in 1976. At constant 1970 prices, this expenditure fell from 1 200 million EUA in 1977 to 1 000 million EUA in 1978, and is not likely to stand at more than a shade over 900 million EUA in 1979. Despite the need to improve the competitiveness of the steelworks, most firms have been obliged to cut back their expenditure, largely because of the burden of their financial charges. The difficulty of finding funds for the investments needed is a further obstacle over and above the poor market prospects.

According to the survey, the Community's crude-steel production capacity should fall slightly by 1982 to about 202 million tonnes – a trend advocated by the Commission. So far, company forecasts have pointed to a continuing expansion of capacity, by 5% from 1978 to 1981; but in the Community's General Objectives for Steel it is emphasised that, for crude steel, present capacities (200 million tonnes per annum) are more than 10% greater than foreseeable demand in the mid-1980s.

The slight decline forecast in capacities compared with previous projections can largely be attributed to the cancellation of projects to expand and replace production plant. Obsolete plant with a production capacity of about 5 million tonnes was closed down from 1978 to 1979, and further closures, of about 16 million tonnes capacity, should take place by 1982. Over these four years, new production capacities to about the same amount – 20 million tonnes per year – should come into operation.

For the first time, then, the survey shows a levelling-off in production capacities. Nevertheless, measures going beyond those already announced will be needed if the General Objectives are to be achieved.

Capital expenditure in the coal industry, which increased from 358 million EUA in 1974 to 978 million EUA in 1978, should total 1 000 million EUA in 1979 at current prices. However, despite this high level of expenditure, potential coal output fell from 260 million tonnes in 1976 to 252 million tonnes in 1978 and, according to the undertakings' forecasts, will continue to decline to no more than 237 million tonnes (tonne for tonne) in 1982.

Achievement of the production figure laid down in the Commission's guidelines for coal for 1975–85 – the target being 250 million tce – will depend, not only on continued substantial investment in the most profitable coalfields, but above all on improving sales prospects.

pour 1975–1985 – et visant au maintien d'une production de 250 millions de tec – n'est pas seulement conditionnée par la poursuite d'importants efforts d'investissements dans les bassins les plus rentables, mais surtout par une amélioration des perspectives d'écoulement.

Emprunts et prêts

Au cours de l'année 1979, la Commission, soucieuse de répondre aux besoins de financement des entreprises sidérurgiques et charbonnières, a continué à collecter d'importantes ressources d'emprunts. Celles-ci ont atteint 957 millions d'UCE contre 1 069 millions d'UCE en 1978 et 729 millions d'UCE en 1977.

Le montant des prêts consentis, 694 millions d'UCE, sans doute en retrait par rapport au chiffre atteint en 1976 – 1 064 millions d'UCE –, s'inscrit néanmoins parmi les montants les plus élevés réalisés depuis le début de l'activité financière de la CECA.

Au cours de l'année, la Commission a continué à faire application des dispositions de la communication du 22 juillet 1977, en accordant des prêts à taux réduits, afin de faciliter des restructurations propres à contribuer au rétablissement de la compétitivité à long terme de la sidérurgie.

Des prêts à taux d'intérêt réduits ont également été consentis en faveur d'investissements jugés prioritaires du point de vue de la création d'emplois, de la promotion de la recherche et de la formation professionnelle. Enfin, les prêts aux logements sociaux ont bénéficié du taux extrêmement favorable de 1% l'an.

Le montant total des prêts pour 1979 se répartit comme suit:

- 615 millions d'UCE pour les projets industriels (contre 667,1 millions d'UCE en 1978 et 713 millions d'UCE en 1977);
- 59 millions d'UCE pour les programmes de reconversion (contre 113 millions d'UCE en 1978 et 16 millions d'UCE en 1977).
- 20 millions d'UCE pour la construction de logements sociaux (contre 17 millions d'UCE en 1978 et 12 millions d'UCE en 1977).

FINANCEMENT EURATOM

Activités d'emprunts et de prêts

Conformément à sa décision du 29 mars 1977, le Conseil a fixé à 500 millions d'UCE le montant maximal des emprunts que la Commission est habilitée à contracter au nom de la Communauté, étant entendu que la Commission informe le Conseil dès que le montant des opérations effectuées a atteint 300 millions d'UCE, ceci en vue de permettre à ce dernier de se prononcer, à la lumière de l'expérience acquise, au sujet de la fixation d'un nouveau montant.

Au 31 décembre 1979, le montant des opérations avait atteint 316,29 millions d'UCE.

Le total se présente comme suit:

Société luxembourgeoise de centrales nucléaires pour Kernkraftwerk Mülheim-Karlich (D)	110,95 millions d'UCE
Centrale nucléaire européenne à neutrons rapides NERSA pour Centrale nucléaire de Creys-Malville (F)	87,34 millions d'UCE
Ente Nazionale per l'Energia Elettrica ENEL, pour Centrale nucléaire dell'Alto Lazio (I)	68,39 millions d'UCE
Sociétés réunies d'énergie du bassin de l'Escaut EBES, pour Centrale nucléaire de Doel (B)	49,61 millions d'UCE
Total	316,29 millions d'UCE

Borrowing and lending operations

In its efforts to meet the financing requirements of the steel and coal undertakings, the Commission continued to raise substantial resources in 1979 by borrowing operations. These amounted to 957 million EUA, against 1 069 million EUA in 1978 and 729 million EUA in 1977.

The total for loans granted (694 million EUA) is lower than the figure for 1976 (1 064 million EUA) but is nevertheless among the highest annual totals achieved since the inception of ECSC financial operations.

During the year the Commission continued to grant loans at reduced rates of interest, under the terms of the Communication of 22 July 1977, to facilitate the reorganization needed to restore the long-term competitiveness of the steel industry.

Reduced-interest loans were also granted for investment projects of paramount importance for job creation, the promotion of research and vocational training. Loans for subsidized housing were granted at the extremely favourable interest rate of 1% per annum.

The total amount of loans for 1979 breaks down as follows:

- 615 million EUA for industrial projects (667.1 million EUA in 1978 and 713 million EUA in 1977);
- 59 million EUA for conversion schemes (113 million EUA in 1978 and 16 million EUA in 1977);
- 20 million EUA for subsidized housing (17 million EUA in 1978 and 12 million EUA in 1977).

EURATOM FINANCING

Borrowing and lending operations

By its decision of 29 March 1977 the Council set at 500 million EUA the maximum amount of the loans which the Commission is empowered to contract on behalf of the Community, subject to the proviso that when the total value of the transactions effected reaches 300 million EUA the Commission must so inform the Council, so that the Council can determine a new amount in the light of experience.

At 31 December 1979, operations had reached a total of 316.29 million EUA, made up of the following transactions:

Société luxembourgeoise de centrales mucléaires, for Kernkraftwerk Mülheim-Karlich, Germany	110.95 million EUA
Centrale nucléaire européenne à neutrons rapides (NERSA), for the nuclear power station at Creys-Malvill, France	87.34 million EUA
Ente Nazionale per l'Energia Elettrica (ENEL), for the nuclear power station in Alto Lazio, Italy	68.39 million EUA
Sociétés Réunies d'Energie du Bassin de l'Escaut (EBES), for the nuclear power station at Doel, Belgium	49.61 million EUA
	316.29 million EUA

La Commission a proposé au Conseil, le 30 juillet, un nouvel encadrement pour un montant supplémentaire de 1 000 millions d'UCE. Le 20 décembre, le Conseil a décidé d'accorder à la Commission une nouvelle tranche de 500 millions d'UCE.
Pendant l'année 1979, la Commission a conclu les neuf emprunts suivants:

Montant		Taux d'intérêt %	Date	Durée
DM	88 million	6,25	30.1.1979	1979–91
FS	20 million	3,00	27 et 28.2.1979	1979–85
LFR	500 million	8,00	5.3.1979	1979–87
FF	20 million	9,75	26.3.1979	1979–89
FS	15 million	3,625	22.3.1979	1979–85
FS	30 million	3,875	5 et 17.4.1979	1979–85
FF	60 million	10,10	6 et 11.4.1979	1979–85
BFR	1 500 million	8,75	11.4.1979	1979–87
FF	150 million	9,75	21.5.1979	1979–87

BANQUE EUROPEENNE D'INVESTISSEMENT

Les *financements accordés en 1979* par la Banque européenne d'investissement (BEI), sur ses ressources propres et sur des ressources fournies par la Communauté, les Etats membres ou le Fonds européen de développement, ont atteint un montant total de 3 071, millions d'UC contre 2 188, 3 millions d'UC en 1978. Le montant total des financements consentis par la BEI depuis sa création en 1958 s'élève ainsi, au 31 décembre 1979, à environ 13,8 milliards d'UC.

L'augmentation substantielle constatée par rapport à 1978 concerne à la fois les opérations intéressant les pays membres (y compris les prêts sur les ressources du nouvel instrument communautaire d'emprunts et de prêts et les prêts bonifiés dans le cadre du système monétaire européen), et les financements accordés au titre de la coopération financière avec des pays extérieurs à la Communauté qui ont plus que doublé.

Les financements accordés par la BEI sur ses ressources propres à l'intérieur de la Communauté ont atteint en 1979 2 281,2 millions d'UC plus 277 millions sur les ressources du nouvel instrument communautaire contre 1 966,5 millions en 1978, soit 83,3% de l'ensemble des financements.

L'exercice a été marqué par le *début de la mise en oeuvre du nouvel instrument communautaire*. En effet, après avoir habilité en 1978 la Commission à contracter des emprunts en vue de promouvoir les investissements dans la Communauté, le Conseil a autorisé en mai 1979 une première tranche d'emprunts de 500 millions d'UC à affecter à des investissements "répondant aux objectifs prioritaires de la Communauté dans les domaines de l'infrastructure et de l'énergie". Ces ressources ont été utilisées à raison de 277 millions d'UC pour des infrastructures dans des régions moins développées (55%) et des investissements contribuant à un meilleur approvisionnement en énergie de la Communauté (45%), dont 105,3 millions d'UC au Royaume-Uni, 86,7 millions d'UC en Irlande et 85 millions d'UC en Italie. La mise en oeuvre de ce mécanisme additionnel de prêt est assurée conjointement par la BEI et la Commission; cette dernière décide de l'éligibilité des projets, en conformité avec les

On 30 July the Commission proposed that the Council adopt a further measure for an additional amount of 1 000 million EUA. On 20 December the Council decided to authorize the Commission to launch a new tranche of 500 million EUA.

In 1979 the Commission contracted the following nine loans:

Amount	Rate of interest %	Date	Duration
DM 88 million	6.25	30.1.1979	1979–91
SFR 20 million	3.00	27 and 28.2.1979	1979–85
LFR 500 million	8.00	5.3.1979	1979–87
FF 20 million	9.75	26.3.1979	1979–89
SFR 15 million	3.625	22.3.1979	1979–85
SFR 30 million	3.875	5 and 17.4.1979	1979–85
FF 60 million	10.10	6 and 11.4.1979	1979–85
BFR 1 500 million	8.75	11.4.1979	1979–87
FF 150 million	9.75	21.5.1979	1979–87

EUROPEAN INVESTMENT BANK

Financing operations by the European Investment Bank from its own resources or from resources supplied by the Community, the Member States or the European Development Fund totalled 3 071.1 million units of account in 1979, compared with 2 188.3 million units of account in 1978. Loans granted by the Bank since its inception in 1958 thus total about 13 800 million units of account.

The considerable increase over 1979 results both from the operations involving Member States (including loans granted from the resources of the new Community borrowing and lending instrument and subsidised loans under the European Monetary System) and from the grants made under financial cooperation arrangements with non-Community countries, which have more than doubled.

The loans granted by the Bank from its own resources within the Community totalled 2 281.2 million units of account (plus 277 million units of account from the resources of the new Community instrument) in 1979, compared with 1 966.5 million units of accounts in 1978, representing 83.3% of all financing operations.

A notable event in the year was the launching of the New Community Instrument. Having empowered the Commission in 1978 to contract loans for the purpose of promoting investment within the Community, the Council in May 1979 authorized a first tranche of borrowings of 500 million units of account, to be on-lent for investment projects "which are consistent with priority Community objectives in the infrastructure and energy sectors". The sum of 277 million units of account from these resources was used for infrastructure in the less-developed regions (55%) and investments to improve energy supplies in the Community (45%), including 105.3 million units of account in the United Kingdom, 86.7 million units of account in Ireland and 85 million units of account in Italy. This new loan facility is administered jointly by the Bank and the Commission: the Commission decides on the eligibility of projects in accordance with the guidelines laid down by the Council and the

lignes directrices fixées par le Conseil: la BEI reçoit les demandes de prêts, les instruit suivant ses critères habituels, décide de leur octroi et de leurs conditions, puis les administre au nom, pour le compte et aux risques de la Communauté.

L'année 1979 a également été marquée par la *mise en oeuvre de la bonification d'intérêt de 3% par an*, à la charge du budget des Communautés, accordée dans le cadre du SME et s'appliquant à certains prêts octroyés par la BEI sur ses ressources propres et sur celles du nouvel instrument communautaire: des prêts bonifiés d'un montant total de 878,4 millions d'UC ont été accordés et signés, après que la Commission ait décidé de leur éligibilité, pour des investissements localisés en Italie (619,1 millions d'UC) et en Irlande (259,3 millions d'UC).

Les financements accordés pour des projets dans la Communauté présentent les principales caractéristiques suivantes:

- l'orientation prioritaire vers des projets d'intérêt régional s'est confirmée; ceux-ci ont obtenu plus des deux tiers des concours dans les pays membres;
- l'essentiel des financements pour des projets d'intérêt commun européen, en forte expansion, a contribué à la réalisation des objectifs énergétiques;
- l'ensemble des prêts a été fortement concentré à raison de plus des quatre cinquièmes sur les trois pays où les problèmes structurels sont les plus aigus, Italie, Royaume-Uni et Irlande. Dans ce dernier pays, l'ensemble des financements a même triplé par rapport à 1978.

Le complément concerne des projets en France, au Danemark, en république fédérale d'Allemagne et en Belgique, et un investissement d'intérêt commun localisé en Autriche.

La répartition sectorielle de l'activité de la Banque a été marquée par une nouvelle et forte progression des concours pour des *investissements énergétiques*, une augmentation des prêts pour l'industrie, dont 36% sous forme de prêts globaux, (au total 137,2 millions d'UC) destinés à de petites et moyennes initiatives dans les régions défavorisées d'Italie, d'Irlande, de Belgique et du Danemark. Le nombre des investissements ayant bénéficié en 1979 de crédits affectés sur des prêts globaux en cours s'élève à 418 contre 155 en 1978, pour un montant de 135,8 millions d'UC contre 72,2 millions d'UC.

Au titre des *opérations Euratom*, la BEI a instruit et formulé des recommandations à la Commission sur différentes demandes de prêts; elle a contribué en tant qu'agent à la conclusion de 9 contrats de prêts pour un montant total de 152,3 millions d'UC (opérations inscrites dans la section spéciale, non incluses dans les montants mentionnés ci-dessus).

Les opérations au titre de la *coopération au développement* hors de la Communauté ont atteint 512,9 millions d'UC contre 221,7 millions en 1978. Plus des quatre cinquièmes de ce total – 420,9 millions d'UC – relèvent de prêts sur les ressources propres de la Banque, les opérations sur ressources spéciales intervenant pour 92 millions d'UC.

Les *opérations dans les ACP*, effectuées en application de la convention de Lomé, comprennent 73,2 millions d'UC de prêts sur les ressources de la Banque et 13,2 millions d'UC de concours sous forme de capitaux à risques, soit au total 16,8% des opérations à l'extérieur de la Communauté.

Dans les *pays du bassin méditerranéen*, le montant total des concours a pratiquement quintuplé par rapport à l'année précédente, du fait de la mise en application rapide des nouveaux protocoles financiers avec la Grèce, le Portugal, la Turquie, Malte, les pays du Maghreb et du Machrek: 347,7 millions d'UC de prêts sur les ressources de la Banque et 78,8 millions d'UC de prêts à conditions spéciales sur ressources budgétaires.

La BEI a pu se procurer les ressources nécessaires à son activité de prêt en

Bank receives the loan applications, examines them in accordance with its customary criteria, decides on the loans to be granted and the terms, and then administers the loans in the name, for the account and at the risk of the Community.

Another outstanding event in 1979 was the inception of the 3% per annum interest subsidy granted under the EMS and paid for out of the budget of the Communities. This interest subsidy applies to certain loans granted by the Bank from its own resources and from those of the New Community Instrument: subsidized loans to a total amount of 878.4 million units of account were granted and the agreements signed (after the Commission had decided that they were eligible) for investment projects in Italy (619 million units of account) and in Ireland (259.3 million units of account).

The main features of the loans granted for projects in the Community are as follows:

- priority continues to be given to regional projects, which obtained more than two-thirds of the aid granted in the Member States;
- most of the loans granted for projects of common European interest, which have substantially increased, are used to serve the energy objectives;
- the bulk of the loans – more than four-fifths – went to the three countries where structural problems are the most acute: Italy, the United Kingdom and Ireland, where the total loans granted have trebled as compared with the 1978 figure.

The balance concerns projects in France, Denmark, the Federal Republic of Germany and Belgium, and an investment project of common interest in Austria.

The sectoral breakdown of the Bank's activity shows a further, considerable increase in lending for energy investment and an increase in loans for industry, including 36% in the form of global loans (totalling 137.2 million units of account) for small and medium-scale operations in the disadvantaged regions of Italy, Ireland, Belgium and Denmark. In 1979 418 investment projects were granted subloans from global loans, to a total amount of 135.8 million units of account, compared with 155 projects in 1978 for a total of 72.2 million units of account.

Under the head of Euratom operations, the Bank processed and made recommendations to the Commission on various loan applications; it contributed, as agent, to the conclusion of nine loan contracts totalling 152.3 million units of account (these operations are entered in the special section and are not included in the amounts given above).

Operations under the development co-operation arrangements with non-Community countries totalled 512.9 million units of account, against 221.7 million in 1978. More than four-fifths of this amount – 420.9 million units of account – took the form of loans from the Bank's own resources; operations financed out of special resources accounted for 92 million units of account.

Operations in the ACP countries under the Lomé Convention amounted to 73.2 million units of account in loans from the Bank's resources and 13.2 million units of account in aid in the form of risk capital, making a total of 16.8% of operations outside the Community.

Total aid to the Mediterranean countries increased nearly fivefold over the previous year, as a result of the rapid implementation of the new Financial Protocols with Greece, Portugal, Turkey, Malta, the Maghreb countries and the Mashreq countries: 347.7 million units of account from the Bank's own resources and 78.8 million units of account on special terms from budget funds.

The Bank succeeded in raising the requisite funds for its lending operations by

collectant un montant total de 2 481 millions d'UC, essentiellement sous forme d'emprunts publics et privés émis principalement sur les *marchés* internationaux *des capitaux* et sur les marchés nationaux de certains pays membres et de pays tiers.

C. LE DROIT COMMUNAUTAIRE

DEVELOPPEMENTS PRINCIPAUX

Dans le domaine institutionnel, l'événement le plus important de 1979 a été l'élection en juin du Parlement européen au suffrage universel direct. Cette élection marque le début d'une nouvelle phase dans le développement de la Communauté. En décembre, le Parlement a très clairement montré qu'il avait l'intention d'utiliser pleinement les pouvoirs qui lui sont attribués par les traités en rejetant le budget de la Communauté.

En publiant son mémorandum concernant l'adhésion des Communautés européennes à la convention de sauvegarde des droits de l'homme et des libertés fondamentales, la Commission a ouvert un large débat sur ce problème. Les droits fondamentaux ont également continué à jouer un rôle important dans la jurisprudence de la Cour de justice.

Comme les années précédentes, la Cour de justice a poursuivi son oeuvre jurisprudentielle dans de nombreux domaines du droit communautaire. Par l'avis 1/78, la Cour a encore précisé certains aspects ayant trait à l'interprétation de la notion de politique commerciale au sens de l'article 113 du traité CEE.

QUESTIONS GENERALES

Structures et compétences

Avec l'élection du *Parlement européen* au suffrage universal direct au mois de juin 1979 et la tenue de sa première session constitutive au mois de juillet suivant, le programme que s'étaient fixé les auteurs des traités en ce qui concerne le mode de recrutement de cette institution s'est enfin réalisé. Une nouvelle phase de l'histoire de la Communauté est entamée qui verra sans nul doute s'accroître l'influence, sinon les pouvoirs, des "représentants des peuples des Etats réunis dans la Communauté".

Le 22 juillet 1978, la *Cour de justice* avait saisi le Conseil d'un mémorandum sur les mesures qu'elle jugeait nécessaires aux fins de son fonctionnement actuel et futur. Ces mesures devaient consister essentiellement, selon elle, en une augmentation du nombre de ses membres (juges et avocats généraux) et en l'aménagement de certaines de ses règles de procédure.

Lors de sa session du 9 octobre 1978, le Conseil des ministres de la justice, réservant l'examen de l'augmentation du nombre des juges et avocats généraux, avait exprimé une opinion favorable à une adaptation des règles de procédure. La Cour, au titre de l'article 188 du traité CEE et des dispositions correspondantes des autres traités, a communiqué ses propositions au Conseil le 31 janvier 1979. Le Conseil a été en mesure d'approuver, le 26 juillet 1979, des *modifications du règlement* de *procédure* que la Cour a arrêtées le 12 septembre suivant.

Les principales de ces modifications concernent les formations de jugement

assembling a total of 2 841 million units of account, largely in the form of public and private loans, most of which were issued on the international capital markets or on the national markets of certain Member States and non-member countries.

C. COMMUNITY LAW

MAIN DEVELOPMENTS

The election in June of the European Parliament by direct universal suffrage was the most significant institutional development in 1979, and marked the beginning of a new stage in the development of the Community. In December Parliament demonstrated clearly its intention of making full use of the powers conferred on it by the Treaties by rejecting the Community budget.

With the publication of its Memorandum on the accession of the European Communities to the Convention for the Protection of Human Rights and Fundamental Freedoms the Commission initiated a wide-ranging debate on this issue. Fundamental rights have also continued to play a major role in the decisions of the Court of Justice.

As in previous years the Court of Justice developed its case-law in many areas of Community law. In Opinion 1/78 the Court further clarified certain aspects of the interpretation of the concepts of commercial policy as defined in Article 113 of the EEC Treaty.

GENERAL MATTERS

Structure and powers

With the election of Parliament by direct universal suffrage in June, followed by its inaugural sittings in July, the wishes of the authors of the Treaties in this respect have at last been satisfied. A new phase in the history of the Community has now begun which without any doubt will see an increase in the influence, if not the powers, of the "representatives of the peoples of the States brought together in the Community".

On 22 July 1978 the Court of Justice had sent the Council a Memorandum on the measures which it considered essential for its present and future functioning. According to the Court, these measures should consist essentially in an increase in the number of its members (Judges and Advocates-General) and changes to certain of its Rules of Procedure.

Meeting on 9 October 1978, the Council (Ministers of Justice), deferred consideration of the question of an increase in the number of Judges and Advocates-General but expressed a favourable opinion with regard to amending the Court's Rules of Procedure. The Court, under Article 188 of the EEC Treaty and the corresponding provisions of the other Treaties, put its proposals to the Council on 31 January 1979. The Council approved amendments to the Rules on 26 July which the Court adopted on 12 September.

The main amendments concern the Chambers of the Court, the rules for assigning cases to the Chambers and the period for intervention.

These reforms will certainly contribute towards an improvement in the

de la Cour, les règles d'attribution des affaires aux chambres et le délai de l'intervention.

Ces réformes contribueront certes à l'amélioration du fonctionnement de la Cour, mais, comme celle-ci le rappelait le 19 septembre 1979 au Conseil, elles ne lui permettront pas de faire face durablement à l'augmentation considérable de sa charge de travail. Pour cela l'augmentation de ses effectifs et, pour commencer, celui de ses avocats généraux, est indispensable.

La phase finale de l'élaboration du budget *1979* a été le cadre de certaines divergences d'interprétation des règles de la *procédure budgétaire* qui ont opposé le Parlement et le Conseil. Celui-ci, saisi en deuxième lecture du projet de budget amendé par le Parlement, n'a pas pu réunir en son sein la majorité qualifiée nécessaire, aux termes de l'article 203, paragraphe 5(a), du traité CEE, pour modifier certains de ces amendements relatifs aux dépenses non obligatoires, et notamment pour les ramener dans les limites de la marge d'augmentation laissée au Parlement en vertu de l'article 203, paragraphe 9, alinéa 4, du traité CEE, par rapport au taux maximal d'augmentation des dépenses non obligatoires préalablement arrêté. Le Parlement, recevant le projet de budget en retour, ne l'a pas amendé, et a dès lors considéré que le budget était réputé définitivement arrêté, conformément à l'article 203, paragraphe 6, du traité CEE; le Parlement a ainsi estimé, malgré les réserves expresses formulées sur ce point dans la lettre de transmission du président du Conseil, que cette institution avait implicitement marqué l'accord prévu à l'article 203, paragraphe 9, alinéa 5, du traité CEE pour un nouveau taux maximal d'augmentation.

Les divergences de conception qui opposaient le Conseil et le Parlement à propos du budget de 1979 ont finalement pu être surmontées, au mois d'avril, par l'adoption d'un budget rectificatif et supplémentaire destiné à permettre le financement des bonifications d'intérêts des activités de prêts liées au système monétaire européen.

L'élaboration du budget de *1980* a de nouveau opposé le Parlement et le Conseil. Ce conflit, qui portait cette fois non plus sur l'interprétation des dispositions de l'article 203 du traité CEE mais sur le fond même de la politique budgétaire de la Communauté, a finalement conduit le Parlement à faire pour la première fois usage des pouvoirs qui lui ont été reconnus par le nouveau paragraphe 8 inséré dans l'article 203 par le traité de Bruxelles du 22 juillet 1975: le Parlement a donc rejeté, le 13 décembre 1979, le projet que lui avait été transmis par le Conseil et demandé qu'un nouveau projet soit établi.

Droits fondamentaux et principes généraux du droit communautaire

Dans l'avis qu'elle a émis le 23 mai 1979 à l'issue des négociations d'adhésion de la Grèce, la Commission, reprenant la déclaration sur la démocratie faite par les chefs d'Etat ou de gouvernement lors de leur rencontre à Copenhague les 7 et 8 avril 1978, a souligné que les *principes de démocratie pluraliste* et de respect des droits de l'homme font partie du patrimoine commun des Etats réunis dans les Communautés. Ces principes et leur respect constituent donc des éléments essentiels de l'appartenance à la Communauté.

Dans cet avis, la Commission reprend ce qu'elle avait déjà exprimé dans sa réponse à la question écrite (n° 802/78) de M. Jahn, concernant le régime d'expropriation prévu par la Constitution du Portugal et le point de vue qu'elle avait soutenu dans ses observations à une demande préjudicielle portant sur les conditions matérielles à remplir par les pays européens candidats à l'adhésion.

Le 3 mai 1979, la Commission a transmis à toutes les institutions communautaires un mémorandum concernant l'*adhésion de Communautés à la Con-*

functioning of the Court, but, as the Court pointed out to the Council again on 19 September, they will not enable it to cope in the long term with the considerable increase in its workload. For that an increase in its members and staff, starting with the number of Advocates-General, is essential.

The final stage in the preparation of the 1979 budget saw certain differences of interpretation of the rules of budgetary procedure between Parliament and the Council. The latter, in the course of the second reading of the draft budget as amended by Parliament, was unable to obtain the qualified majority needed under Article 203(5)(a) of the EEC Treaty to modify certain of these amendments relating to non-compulsory expenditure, and in particular to bring it back within the limits of the margin of increase allowed to Parliament under the fourth subparagraph of Article 203(8) of the Treaty in relation to the maximum rate of increase of non-compulsory expenditure previously adopted. When the draft budget was returned, Parliament did not amend it and therefore considered that the budget was deemed to be finally adopted, in accordance with Article 203(6); Parliament thus considered, in spite of the express reservations entered on this point in the covering letter from the President of the Council, that that institution had implicitly expressed approval, as provided for in the fifth subparagraph of Article 203(9), of a new maximum rate of increase.

The differences in attitude between the Council and Parliament concerning the 1979 budget were finally resolved by the adoption in April of an amending and supplementary budget intended to cover the financing of interest subsidies on loans linked with the EMS.

The preparation of the 1980 budget led to a further dispute between Parliament and the Council, this time not on the interpretation of Article 203 of the EEC Treaty but on the substance of the Community's budgetary policy. The dispute finally led Parliament to make use, for the first time, of the powers conferred on it by the new paragraph 8 inserted into Article 203 by the Treaty of Brussels of 22 July 1975: Parliament thus, on 13 December 1979, rejected the draft transmitted to it by the Council and asked for a new draft to be prepared.

Fundamental rights and general principles of Community law

In the Opinion which it delivered on 23 May 1979 following the negotiations on the accession of Greece, the Commission, referring to the declaration on democracy made by the Heads of State or Government at their meeting in Copenhagen on 7 and 8 April 1978, emphasised that the principles of pluralist democracy and respect for human rights form part of the common heritage of the States which made up the Communities. These principles and respect for them are therefore elements of membership of the Community.

In its Opinion the Commission repeats what it had already stated in its answer to Written Question No 802/78 by Mr. Jahn concerning expropriation measures provided for by the constitution of Portugal and the point of view which it has expressed in its observation on a reference for a preliminary ruling on the substantive conditions to be fulfilled by European States applying for membership of the Community.

On 3 May the Commission sent all the Community institutions a Memoran-

vention de sauvegarde des droits de l'homme et des libertés fondamentales ("CEDH"). La Commission estime que les Communautés devraient d'ores et déjà se lier par un acte formel aux droits fondamentaux inscrits dans la convention.

Elle est, en effet, d'avis que cette initiative constitue la meilleure façon de répondre aux diverses pressions qui s'exercent à l'heure actuelle en vue du renforcement de la protection des droits fondamentaux au niveau communautaire. L'adhésion aboutirait notamment à pourvoir immédiatement la Communauté d'un catalogue écrit de droits fondamentaux.

En prenant position pour une adhésion formelle à la CEDH, la Commission avait certes conscience que les droits inscrits dans cette convention ne peuvent répondre que partiellement aux besoins communautaires. La solution idéale serait sans doute de compléter les traités par un catalogue de droits spécialement adaptés à l'exercice des pouvoirs dont disposent les institutions. Mais compte tenu des divergences entre Etats membres, non sur le fond, mais sur la définition précise et la portée des droits économiques et sociaux, l'adoption d'un tel catalogue ne peut être envisagée qu'à long terme. Ceci étant, la Commission estime que l'adhésion immédiate des Communautés aux mécanismes de contrôle prévus à la CEDH constituerait déjà un premier pas dans la direction envisagée, d'autant plus que les droits inscrits dans la convention et ses protocoles additionnels sont loin d'être sans intérêt pour les activités communautaires.

Le mémorandum pèse le pour et le contre des éléments en présence et aboutit à la conclusion qu'en dépit de certaines difficultés techniques et juridiques, l'adhésion sans réserve à la CEDH apparaît souhaitable. L'envergure et la complexité de l'action à entreprendre ont conduit la Commission à susciter des discussions aussi larges que possible entre les instances intéressées avant même d'entamer les démarches institutionnelles.

Les discussions sur le mémorandum de la Commission se poursuivent activement dans les divers cercles intéressés de la Communauté. Jusqu'ici seulement un gouvernement a pris officiellement position – et ceci dans un sens entièrement favorable. Le Conseil lui-même n'a pas encore entamé l'étude. Quant au Parlement, il s'est exprimé en faveur du principe de l'adhésion dès le 24 avril 1979 et sa commission politique a désigné un de ses membres pour lui faire rapport sur le document de la Commission.

La protection des droits fondamentaux joue toujours un rôle important dans le contentieux communautaire. La question du respect d'un principe général de droit ou d'un droit fondamental a été souvent évoquée devant la Cour. Dans une affaire mettant en cause le prélèvement de coresponsabilité des producteurs de lait, la Cour a constaté dans son arrêt du 21 février 1979 que ce prélèvement n'allait pas à l'encontre du principe de *non-discrimination*.

Dès 1970, la Cour reconnaissait que le principe de la *proportionnalité* fait partie du droit communautaire. Elle a tout récemment déclaré non valides comme contraires à ce principe des dispositions communautaires selon lesquelles la non-présentation dans un certain délai d'un certain document était sanctionnée par la perte intégrale de la caution.

Le respect du principe de la *confiance légitime* face aux changements législatifs a donné lieu à des décisions récentes de la Cour. Jusqu'à présent, la Cour avait laissé ouverte la question de savoir si le droit communautaire permet, dans certaines circonstances, de prendre des mesures rétroactives en défaveur des intéressés. Ses arrêts du 23 janvier 1979, dans les affaires préjudicielles 98/78 (*Racke*) et 99/78 (*Decker*) concernant l'application des montants compensatoires monétaires dans le secteur du vin, admettent, à titre exceptionnel, une

dum on the accession of the Communities to the Convention for the Protection of Human Rights and Fundamental Freedoms (ECHR). In it the Commission takes the view that the Communities should here and now commit themselves by a formal act to the fundamental rights embodied in the Convention. The Commission is of the opinion that this would be the best means of responding to the various current pressures to strengthen the protection of fundamental rights at Community level. Accession would mean in particular that the Community would thereupon possess a written bill of fundamental rights.

In supporting formal accession to the ECHR the Commission was, of course, aware that the rights embodied in that Convention could only partly meet Community needs. The ideal solution would doubtless be to supplement the Treaties by a bill of rights specially adapted to the exercise of the powers of the institutions. In view of the differences between the Member States not on the basic principles but on the precise definition and scope of economic and social rights, however, the adoption of such a bill of rights can be envisaged only in the long term. This being the case, the Commission considers that immediate accession of the Communities to the supervisory machinery provided for in the ECHR would constitute a first step in the proposed direction, the more so as the rights embodied in the Convention and its addtional protocols are not without relevance to Community activities.

The Memorandum weights up the pros and cons of the factors involved and comes to the conclusion that, in spite of certain technical and legal difficulties, accession to the ECHR without any reservation appears desirable. The scale and complexity of the action to be undertaken have led the Commission to encourage as broad a discussion as possible between the interested bodies before setting in motion the appropriate institutional mechanism.

The discussions on the Commission Memorandum are being actively pursued within the various Community circles concerned. So far only one Member State has officially adopted a position, which is entirely favourable. The Council itself has not yet begun its study. Parliament declared itself in favour of the principle of accession on 24 April, and its Political Affairs Committee has appointed one of its members to submit a report on the Commission document.

The protection of fundamental rights continues to play an important role in Community litigation. The question of respect for a general principle of law or a fundamental right has often been raised before the Court. In a case calling into question the co-responsibility levy imposed on milk producers, the Court ruled in its judgment of 21 February that this levy was not incompatible with the principle of non-discrimination.

Since 1970 the Court has recognized that the principle of proportionality forms part of Community law. It has very recently declared to be invalid on grounds of incompatibility with this principle Community provisions according to which failure to produce a particular document within a certain period was penalized by the loss of the entire security given.

Respect for the principle of legitimate expectation where legislation is amended has given rise to recent decisions of the Court. Hitherto, the Court had left open the question whether, in certain circumstances, Community law permits measures with retroactive effect to be taken against those concerned. Its preliminary rulings of 23 January in Cases 98/78 (*Racke*) and 99/78 (*Decker*) concerning the application of monetary compensatory amounts in the wine sector permit, by way of an exception, retroactive application of monetary compensatory amounts provided that the objective to be achieved so requires and the legitimate expectations of those concerned are duly respected. On that occasion the Court also interpreted Article 191 of the EEC Treaty as meaning

application rétroactive de montants compensatoires monétaires dès lors que le but à atteindre l'exige et que la confiance légitime des intéressés est dûment respectée. A cette occasion, la Cour a également interprété l'article 191 du traité CEE dans le sens que, sauf preuve contraire, un règlement doit être considéré comme publié dans l'ensemble de la Communauté à la date que porte le numéro du Journal officiel contenant le texte de ce règlement. Si la date indiquée ne coïncide pas avec la date de publication effective, cette dernière est décisive.

L'arrêt le plus important intervenu en 1979 en matière de *droits fondamentaux* est sans doute celui qui consacre la validité d'une réglementation du Conseil par laquelle toute plantation nouvelle de vigne à raisins de cuve a été interdite pour une période de trois ans. Dans cet arrêt, la Cour a confirmé l'ensemble de sa jurisprudence antérieure en matière de droits fondamentaux et constate que non seulement le protocole N° 1 de la convention européenne des droits de l'homme, mais aussi les ordres juridiques de tous les Etats membres font une nette différence entre, d'une part, les restrictions de l'usage de la propriété qui peuvent s'imposer dans l'intérêt général et, d'autre part, la privation du droit de propriété en tant que tel. Suite à une analyse détaillée de la situation du marché viti-vinicole, la Cour a conclu que la restriction apportée à l'usage de la propriété par l'interdiction temporaire de plantations nouvelles de vignes était justifiée par des objectifs d'intérêt général de la Communauté et ne portait pas atteinte à la substance même de ce droit.

Dans un autre arrêt, la Cour a reconnu que les *droits de la défense* figurent parmi les droits non écrits dont les instances communautaires sont tenues d'assurer le respect.

Rapports entre le droit communautaire et le droit national

Dans l'affaire 148/78, la Cour a déclaré qu'un Etat membre ne saurait appliquer sa loi interne – même assortie de sanctions pénales – lorsque celle-ci n'a pas encore été adaptée à une directive après l'expiration du délai fixé pour la mise en oeuvre de cette dernière, à une personne qui s'est conformée aux dispositions de ladite directive. Cet arrêt de la Cour confirme la position adoptée sur le même point par la Commission dans sa réponse à la question écrite N° 537/73.

Dans la même affaire, la Cour a dit pour droit qu'une directive ne peut pas faire naître, dans le chef du particulier qui s'est conformé aux dispositions de ladite directive avant l'expiration du délai d'adaptation prévu pour l'Etat membre, un effet qui pourrait être pris en considération par les juridictions nationales.

Bien que le *Conseil d'Etat français* eût saisi la Cour dans plusieurs autres affaires, il a manqué lors de sa décision du 12 décembre 1978 (*Cohn Bendit*) à l'obligation de saisine qui lui incombait en vertu de l'article 177, paragraphe 3, du traité CEE. L'affaire concernait en premier lieu l'effet direct de l'article 6 de la directive du Conseil du 25 février 1964 sur la coordination des mesures spéciales aux étrangers en matière de déplacement et de résidence, justifiées par des raisons d'ordre public, de sécurité publique et de santé publique que, dans une autre affaire, la Cour avait déclaré être directement applicable et susceptible d'être invoquée par les particuliers devant les juridictions nationales. Interprétant lui-même l'article 189 du traité CEE, le Conseil d'Etat a ignoré cette jurisprudence sans chercher à en obtenir de la Cour, par renvoi préjudiciel, une confirmation.

La Commission a fait part au gouvernement français de sa profonde préoccupation.

that, in the absence of proof to the contrary, a regulation is to be regarded as published throughout the Community on the date shown on the issue of the Official Journal containing the text of the regulation. If the date shown does not correspond to the date of actual publication, the latter is conclusive.

The most important judgment on fundamental rights in 1979 was undoubtedly the one establishing the validity of a Council Regulation prohibiting the new planting of wine grape varieties for a period of three years. In that judgment the Court confirmed all of its earlier decisions on fundamental rights and observed that not only Protocol No 1 to the European Convention on Human Rights but also the legal systems of all the Member States distinguish clearly between restrictions on the use of property which may be essential in the general interest and the deprivation of the right of ownership as such. Following a detailed examination of the situation on the market in wine, the Court held that the restriction on the use of property imposed by the temporary prohibition on the new planting of vines was justified in the general interest of the Community and did not undermine the substance of that right.

In another judgment the Court recognized that rights of defence are among those unwritten rights which must be respected by the Community authorities.

Relationship between Community law and national law

In Case 148/78 the Court declared that a Member State cannot apply its domestic law – even if it is accompanied by penal sanctions – which has not yet been adapted to comply with a directive, after the expiry of the time-limit fixed for the implementation of the latter, to a person who has acted in conformity with the provisions of the said directive. This judgment of the Court confirms the position taken by the Commission in its reply to Written Question 537/73 on the same point.

In the same case the Court went on to rule that a directive cannot create, for an individual who has complied with the provisions of the directive before the expiry of the time-limit for adaptation provided for the Member State, any effect which could be taken into consideration by national courts.

Although in several other instances the French Conseil d'Etat has made referrals to the Court, with its decision of 12 December 1978 (*Cohn Bendit*) it failed to fulfil its obligation to do so under the third paragraph of Article 177 of the EEC Treaty. The case concerned primarily the direct effect of Article 6 of the Council Directive of 25 February 1964 on coordination of special measures concerning the movement and residence of foreign nationals which are justified on grounds of public policy, public security or public health, which the Court had declared in another case to have direct effect so that individuals could rely on it before national courts. Interpreting itself Article 189 of the EEC Treaty, the Conseil d'Etat disregarded this case-law of the Court without seeking to obtain confirmation of it from the Court by making another referral.

The Commission had informed the French Government of its grave concern on this matter.

In matters of relations between national courts and the Court of Justice, the German Constitutional Court recognized, in its Decision of 25 July 1979, that

En ce qui concerne les relations entre les tribunaux nationaux et la Cour de justice, la *Cour constitutionnelle allemande*, dans une décision du 25 juillet 1979, a, par contre, reconnu qu'il incombe en dernier ressort à la Cour de justice d'interpréter le traité CEE et les décisions arrêtées en vertu de celui-ci. La Cour allemande se considère comme formellement liée par les décisions d'interprétation de la Cour de justice dans la mesure où ces décisions sont intervenues dans la même affaire. Dans la décision, la Cour constitutionnelle a nié catégoriquement sa compétence pour examiner la question de savoir si l'application d'une disposition du traité, dans le sens que celle-ci a reçu par une décision d'interprétation de la Cour de justice, serait ou non contraire à la Constitution de la république fédérale d'Allemagne.

Pour ce qui concerne le droit dérivé, la Cour constitutionnelle a laissé ouverte la question de savoir si, et dans quelle mesure, les principes qu'elle avait développés dans sa décision du 29 mai 1974 doivent rester d'application "compte tenu des développements politiques et juridiques intervenus entretemps sur le plan de la Communauté". Si la Cour ne fait pas expressément référence à un "développement" déterminé, il semble qu'elle envisage par cet obiter dictum, entre autres, la déclaration commune sur les droits fondamentaux des institutions politiques du 5 avril 1977 ainsi que le mémorandum de la Commission concernant l'adhésion des Communautés à la convention européenne des droits de l'homme.

Contrôle juridictionnel et exécution par les Etats membres de leurs obligations

La tendance à l'augmentation, au cours des dernières années, du nombre de procédures d'infraction engagées en vertu de l'*article 169* du traité CEE contre des Etats membres s'est accentuée en 1979, 180 procédures nouvelles ayant été ouvertes. Le nombre d'affaires atteignant les phases ultérieures de la procédure s'est également accru de façon marquée; 79 avis motivés ont été envoyés et 18 nouvelles affaires ont été portées devant la Cour.

La ventilation par matière des infractions est quelque peu différente des années précédentes. Le secteur dominant est resté celui de la libre circulation des marchandises, y compris les produits agricoles, ces infractions constituant la moitié des procédures engagées en 1979. Cependant, l'activité accrue de la Communauté dans certains secteurs a entraîné une plus large ouverture de l'éventail des autres affaires qui couvrent le droit d'établissement, les affaires sociales (en particulier dans le domaine de l'égalité des rémunérations), l'environnement, les transports, la fiscalité et la pêche.

Un étalement similaire s'observe en ce qui concerne les affaires dans lesquelles des avis motivés ont été émis (mais avec un nombre sans doute plus élevé d'affaires concernant la libre circulation de marchandises) et celles dont la Cour a été saisie. Ce qui frappe plus est l'étendue du problème de la mise en oeuvre incorrecte ou de l'absence de mise en oeuvre des directives, qui ont fait l'objet de plus de 75% des procédures nouvelles d'infraction au cours de la période de référence, bien que la moitié seulement des avis motivés concerne de tels cas.

Sur les 18 affaires dont la Cour a été saisie au titre de l'article 169 du traité CEE (manquement à une obligation) cinq étaient relatives à la non-application de directives; quatre concernaient l'harmonisation des législations dans différents domaines industriels (l'Italie dans trois cas et la Belgique dans un cas) et une la sixième directive TVA (république fédérale d'Allemagne).

Des mesures fiscales discriminatoires ont fait l'objet de trois autres affaires. L'une d'entre elles concerne l'Irlande et porte sur des délais différents accordés pour le paiement d'accises sur des boissons alcooliques; elle a été examinée en

ultimate responsibility for interpreting the EEC Treaty and decisions adopted pursuant to it lies with the Court of Justice. The German Court considers itself formally bound by interpretative decisions of the Court of Justice where such decisions are given in the same case. In this particular decision, the Constitutional Court stated categorically that it had no jurisdiction to consider the question whether the application of a provision of the Treaty, as interpreted by a decision of the Court of Justice, was contrary to the Constitution of the Federal Republic of Germany.

As far as secondary legislation was concerned, the Constitutional Court left unresolved the question whether and to what extent the principles outlined by it in its Decision of 29 May 1974 should continue to apply "having regard to the political and legal developments which have occurred meanwhile at Community level'. While the Court does not expressly mention a specific "development", it would appear that it is referring in this *obiter dictum* to, *inter alia*, the Joint Declaration on Fundamental Rights by the political institutions on 5 April 1977 and the Commission Memorandum on the accession of the Communities to the European Convention on Human Rights.

Judicial review and fulfilment by the Member States of their obligations

The upward trend of the past few years in the number of infringement procedures under Article 169 of the EEC Treaty against Member States accelerated during 1979 with 180 new cases being opened. The number of cases reaching the subsequent stages of the procedure also showed a marked increase; 79 reasoned opinions were delivered and 18 new cases were brought before the Court.

The breakdown by subject matter of the infringements presents a slightly different picture from previous years. The dominant sector remained that of the free movement of goods, including agricultural products, these infringements accounting for half of the new procedures in 1979. Increased Community activity in certain sectors, however, has led to a wider spread of the remaining cases, which cover right of establishment, social affairs (particularly equal pay), the environment, transport, taxation and fisheries.

A similar spread occurs in relation to the cases in which reasoned opinions were issued (with rather more free-movement-of-goods cases, however) and those brought before the Court. What is more striking is the extent of the problem of the incorrect implementation, or non-implementation, of directives, which accounted for more than 75% of the new infringement proceedings during the reference period, although only half of the reasoned opinions concern such cases.

Of the 18 cases brought before the Court under Article 169 of the EEC Treaty (failure to fulfil an obligation) five concerned the non-application of directives, four related to the harmonization of legislation in various industrial fields (Italy on three occasions and Belgium once) and one to the Sixth VAT Directive (Federal Republic of Germany).

Discriminatory tax measures were the subject of three further cases. One of these was against Ireland, regarding the differential time-limits allowed for the payment of duty on alcoholic beverages, and was considered along with a series of similar cases introduced in 1978. The remaining two were against Italy in

même temps qu'une série d'affaires similaires introduites en 1978. Les deux autres affaires ont été introduites contre l'Italie à propos de taxes frappant des produits du pétrole régénérés et la production de sucre.

D'autres affaires ont été engagées contre l'Italie en ce qui concerne l'organisation financière de son marché du sucre et l'aide accordée à la production de citrons en Sicile: les poursuites dans cette dernière affaire ont été clôturées après cessation de l'infraction. Ce fut également le cas pour une affaire contre la Belgique parmi les trois concernant des taxes d'effet équivalent; les deux autres ont été introduites contre le Luxembourg et la France.

Deux autres affaires concernaient des mesures unilatérales de conservation prises par le Royaume-Uni dans le secteur de la pêche. Trois affaires ont trait à des mesures discriminatoires fondées sur la nationalité en matière de sécurité sociale et de libre circulation des travailleurs; elles ont été introduites contre la France et la Belgique.

En 1979, la Cour a rendu 8 arrêts dans des affaires dont elle avait été saisie au titre de l'article 169, dont 7 dans lesquelles elle a constaté des infractions par les Etats membres concernés. Ces infractions consistaient dans l'interdiction édictée par le Royaume-Uni d'importer des pommes de terre; dans des restrictions appliquées par la France à l'importation de viande ovine en provenance du Royaume-Uni, et par la république fédérale d'Allemagne à l'importation de certains produits à base de viande; dans la non-application par l'Italie, dans le délai prescrit, de directives relatives aux générateurs aérosols et à des machines à peser totalisatrices, et dans la non-adoption par le Royaume-Uni de "tachygraphes" dans les transports par route.

Dans une autre affaire, la Cour a admis que le système appliqué par la Belgique dans l'importation d'eaux-de-vie en provenance d'États membres autres que le pays d'origine n'était pas incompatible avec l'article 30 du traité CEE. Par ailleurs, dans l'affaire 159/78, la Cour a indiqué que la condition requise par l'Italie, à savoir que les formalités douanières soient accomplies par un agent douanier – fonction réservée aux nationaux italiens –, n'est pas contraire aux articles 30 et 34 du traité CEE, mais enfreint l'article 52.

Le 4 octobre 1979, la Cour a rendu son premier arrêt au titre de l'*article 170* du traité CEE dans l'affaire 141/78 (*France/Royaume-Uni*). La France avait demandé à la Cour de justice de déclarer que le Royaume-Uni, en adoptant l'arrêté intitulé Fishing Nets (North-East Atlantic) Order 1977, avait manqué à ses obligations découlant du traité. La Commission était intervenue pour soutenir les conclusions de la France.

L'arrêt déclare que le Royaume-Uni a manqué aux obligations qui lui incombent en vertu de l'article 5 du traité CEE, de l'annexe VI des résolutions de La Haye et des articles 2 et 3 du règlement du Conseil N° 101/76.

La Cour a précisé la notion de "prise de position" au sens de l'*article 175* du traité CEE dans l'arrêt *Gema*.

Saisie par une juridiction nationale d'une question préjudicielle en vertu de l'*article 177* du traité CEE, en vue de déterminer l'eventuelle responsabilité non contractuelle de la Communauté en vertu de l'article 215 du traité CEE, la Cour a constaté, dans l'arrêt qu'elle a rendu dans l'affaire 101/78 (*Granaria/Hoofdproduktschap voor Akkerbouwprodukten*), qu'une telle responsabilité de la Communauté "ne saurait être tranchée dans le cadre d'une procédure en vertu de l'article 177 du traité".

Plusieurs juridictions britanniques ont déjà saisi la Cour d'une question préjudicielle. Il convient de noter que dans l'affaire 34/79 (*Regina/Henn and Darby*), la Chambre des Lords a présenté pour la première fois une telle demande.

relation to charges on recycled petroleum products and on sugar production. Further cases were brought against Italy concerning the financial organization of its sugar market, and the aid granted to lemon production in Sicily: the proceedings in this case were terminated once the infringement had ceased. This also occurred in a case against Belgium concerning charges having equivalent effect to customs duties; of the three cases of this nature, the other two were against Luxembourg and France.

Two further cases concerned unilateral conservation measures taken by the United Kingdom in the fisheries sector. Three cases concerning discriminatory measures based on nationality in relation to social security and free movement of workers were brought against France and Belgium.

During 1979 the Court delivered eight judgments in cases brought under Article 169, seven of which established infringements by the Member States concerned. These related to the prohibition of potato imports imposed by the United Kingdom, the restrictions applied by France to the importation of sheepmeat from the United Kingdom and those by the Federal Republic of Germany to certain meat products, the failure by Italy to apply in time directives relating to aerosol dispensers and totalising weighing machines, and the non-adoption by the United Kingdom of tachographs in road transport.

In another case the Court ruled that the system applied by Belgium in relation to the importation of potable spirits from Member States other than the country of origin was not incompatible with Article 30 of the EEC Treaty. In case 159/78 the Court held that the requirement imposed by Italy that customs formalities must be performed by a customs agent – an office reserved for Italian nationals – was not contrary to Articles 30 and 34 of the EEC Treaty, but infringed Article 52.

On 4 October the Court gave its first judgment under Article 170 of the EEC Treaty in Case 141/78 (*France v United Kingdom*). France had applied to the Court for a declaration that the United Kingdom, by adopting the Fishing Nets (North-East Atlantic) Order 1977, had failed to fulfil its obligations under the Treaty. The Commission intervened and supported the conclusions of France.

The Court's judgment states that the United Kingdom failed to fulfil its obligations under Article 5 of the EEC Treaty, Annex VI to The Hague Resolutions and Articles 2 and 3 of Council Regulation 101/76.

In the *Gema* judgment, the Court explained the meaning of the words "defined its position" in Article 175 of the EEC Treaty.

Dealing with a reference from a national court for a preliminary ruling under Article 177 of the EEC Treaty inquiring as to a possible non-contractual liability of the Community under Article 215 of the EEC Treaty, The Court stated in a preliminary ruling in Case 101/78 that such a liability of the Community "cannot be determined in proceedings under Article 177 of the Treaty".

Various English courts have already requested a preliminary ruling of the Court. In Case 34/79 (*Regina v Henn and Darby*), the House of Lords made such a request for the first time.

On 4 October the Court gave four important judgments under Article 178 of the EEC Treaty relating to compensation for damage pursuant to Article 215 of the EEC Treaty. For the first time in an action concerning the non-contractual liability of the Community, the latter has been ordered by the Court to pay damages to the applicants.

On the other hand, in two important judgments given on 5 December the Court held that other actions of the same type were not well-founded.

The Court also further clarified the interpretation of Article 184 of the EEC

La Cour a prononcé le 4 octobre 1979, au titre de l'*article 178* du traité CEE, quatre arrêts importants portant sur la réparation des dommages prévue à l'article 215 du traité CEE. Pour la première fois dans une action concernant la responsabilité non contractuelle de la Communauté, la Cour a condamné la Communauté à indemniser les parties requérantes. Par contre, la Cour a rejeté comme non fondés des recours du même type dans deux arrêts importants rendus le 5 décembre 1979.

La Cour a également précisé l'interprétation de l'*article 184* du traité CEE. Suivant la jurisprudence de la Cour, l'exception d'illégalité est l'expression du principe général selon lequel toute partie a le droit de contester la validité d'un acte communautaire constituant la base juridique d'une décision faisant elle-même l'objet d'un recours en annulation.

Dans la ligne de cette jurisprudence libérale, la Cour a reconnu dans l'affaire 92/78 (*Simmenthal*) qu'une partie peut se prévaloir de ce droit, même si elle ne dispose pas du droit d'introduire, en vertu de l'article 173 du traité CEE, un recours direct en annulation contre un tel acte d'une institution communautaire. La Cour a estimé que l'application de l'article 184 doit être étendue aux actes des institutions communautaires qui, même s'ils ne revêtent pas la forme d'un règlement, pourraient produire des effets analogues.

Enfin, il est intéressant de noter que dans plusieurs affaires les Etats membres ont fait usage de la faculté que leur offre l'article 37 du statut de la Cour (CEE) d'intervenir dans des affaires dont cette dernière a été saisie.

INTERPRETATION ET APPLICATION DES REGLES DE FOND DU DROIT COMMUNAUTAIRE

Union douanière

Comme les années précédentes, la Cour a été appelée à se prononcer sur un certain nombre d'affaires concernant le classement tarifaire de marchandises et d'autres questions techniques en matière de douane, ainsi que des taxes d'effet équivalant à des droits de douane. En ce qui concerne ces dernières, la Cour a déclaré "qu'une contribution entrant dans le régime général des taxes intérieures appréhendant aussi bien les produits nationaux que les produits importés, selon les mêmes critères, ne peut constituer une taxe d'effet équivalant à un droit de douane à l'importation qu'à la condition qu'elle soit exclusivement destinée au financement d'activités qui bénéficient de façon spécifique au produit national taxé, qu'il y ait identité entre le produit taxé et le produit national bénéficiaire et que les charges pesant sur le produit national soient intégralement compensées".

La Cour a également statué sur un certain nombre d'affaires dans le cadre de l'*article 30* du traité CEE. Dans l'affaire 153/78, elle a jugé incompatible avec les articles 30 et 36 une disposition allemande interdisant l'importation de produits à base de viande fabriqués dans un Etat membre en utilisant de la viande provenant d'animaux abattus dans un autre Etat membre. Dans l'affaire 2/78, la Cour avait été invitée par la Commission à se prononcer sur la légalité d'un arrêté royal belge fixant les documents requis pour l'authentification des importations de certaines eaux-de-vie. La Cour avait déjà examiné le même arrêté dans l'affaire 8/74, mais elle s'est écartée de ses conclusions antérieures: elle a estimé en effet que la Commission n'avait pas démontré que les différentes circulaires gouvernementales envoyées dans l'intervalle avaient insuffisamment libéralisé le système. Toutefois, le fond du droit reste inchangé en l'espèce.

Treaty. According to the case-law of the Court, the right to question the legality of Community acts is an expression of the general principle entitling any party to contest the validity of a Community act serving as the legal basis for a decision which is itself the object of proceedings for annulment.

Following this liberal line, the Court ruled in Case 92/78 that a party enjoys such a right even if it lacks the right to proceed directly against such an act of a Community institution under Article 173 of the EEC Treaty. According to the Court, the application of Article 184 is to be extended to acts of Community institutions which, even though not in the form of a regulation, could produce analogous effects.

Finally, it is interesting to note that in several cases the Member States have made use of their right under Article 37 of the Statute of the Court (EEC) to intervene in cases before it.

INTERPRETATION AND APPLICATION OF THE SUBSTANTIVE RULES OF COMMUNITY LAW

Customs union

As in previous years, the Court has heard a number of cases on the classification of goods for customs purposes and other technical customs matters and on charges having an effect equivalent to customs duties. With regard to the latter the Court held that a duty falling within a general system of internal taxation applying to both domestic and imported products according to the same criteria can constitute a charge having an effect equivalent to a customs duty on imports only if it has the sole purpose of financing activities for the specific advantage of the taxed domestic product, if the taxed product and the domestic product benefiting from it are the same, and if the charges imposed on the domestic product are made good in full.

The Court has also decided a series of cases under Article 30 of the EEC Treaty. In Case 153/78 the Court held incompatible with Articles 30 and 36 a German provision prohibiting the importation of meat-based products manufactured in one Member State from meat coming from animals slaughtered in another Member State. In Case 2/78 the Court was asked by the Commission to rule on the legality of a Belgian Royal Decree specifying the documents required to authenticate imports of certain spirits. Although the Court had already considered the same decree in Case 8/74, it now departed from its earlier conclusions: in its view the Commission had not shown that various government circulars sent in the meantime had failed to liberalize the system sufficiently. However, the substantive law on the point remains unchanged.

As regards Article 34 of the EEC Treaty, the Court held in Case 15/79 that a national prohibition on having in stock, preparing and processing horsemeat was not incompatible with that Article if it did not involve any difference in

En ce qui concerne l'*article 34* du traité CEE, la Cour a établi dans l'affaire 15/79 qu'une mesure d'interdiction nationale concernant le stockage ou la transformation de viande de cheval par des entreprises de charcuterie n'était pas incompatible avec cette disposition si cela n'entraînait pas de différence de traitement entre les produits destinés à l'exportation et les produits vendus dans l'Etat membre en question.

La Cour a également eu l'occasion de confirmer qu'en vertu de l'article 38, paragraphe 2, du traité CEE, la législation adoptée dans le cadre de la politique agricole commune doit être examinée avant les règles prévues pour l'établissement du marché commun. Les dispositions du traité relatives à la suppression des obstacles tarifaires et commerciaux aux échanges intracommunautaires doivent être considérées comme faisant partie intégrante de l'organisation commune du marché en question, même si le règlement correspondant ne les reprend pas expressément.

Dans les affaires 118/78 et 231/78 et 232/78, la Cour a rendu trois arrêts importants concernant l'interprétation de l'*acte d'adhésion* dans le cadre de la relation entre l'interdiction de restrictions quantitatives et les dispositons du traité CEE relatives à l'agriculture. Ces affaires font l'objet d'un examen plus détaillé ci-après.

Il convient également de souligner l'arrêt de principe rendu par la Cour dans l'affaire 120/78. La Cour était appelée à statuer sur la compatibilité avec l'article 30 du traité CEE d'une disposition nationale qui était censée s'appliquer indistinctement aux marchandises nationales et aux marchandises importées, mais qui en fait restreignait les importations. Les requérants, qui cherchaient à importer du "cassis de Dijon", contestaient la validité d'une disposition légale allemande exigeant que les boissons spiritueuses aient une teneur minimale en alcool que la boisson en question n'avait pas.

La Cour a d'abord fait remarquer qu'il n'y avait pas jusqu'ici de réglementation communautaire en matière de production et de commercialisation de l'alcool. Dans ces conditions, elle a estimé que les obstacles à la circulation intracommunautaire, résultant de disparités des législations nationales relatives à la commercialisation de boissons alcoolisées, devaient être acceptés "dans la mesure où ces prescriptions peuvent être reconnues comme étant nécessaires pour satisfaire à des exigences impératives tenant notamment à l'efficacité des contrôles fiscaux, à la protection de la santé publique, à la loyauté des transactions commerciales et à la défense des consommateurs".

La Cour a déclaré que la disposition allemande en question ne répondait pas à ces critères et donc que l'exigence d'une teneur minimale en alcool était contraire à l'article 30 du traité si elle s'appliquait à des boissons alcoolisées importées qui avaient été légalement produites et commercialisées dans un autre Etat membre.

En ce qui concerne l'article 36 du traité, la Cour a confirmé comme elle l'avait jugé dans une affaire antérieure, que lorsqu'une question de santé publique est régie par une directive d'harmonisation, les Etats membres ne peuvent plus adopter de mesures unilatérales fondées sur cet article, mais doivent appliquer la procédure prévue par la directive.

La Cour a en outre été appelée dans l'affaire 251/58 à examiner la compatibilité, avec les articles 30 et 36 du traité CEE, d'une mesure nationale imposant pour les importations d'aliments pour animaux, certaines conditions auxquelles les autorités pouvaient renoncer. Toutefois, les autorités étaient en droit d'assujettir l'octroi de chaque dispense individuelle à certaines conditions. La Cour a estimé que la possibilité d'accorder une dispense n'empêchait pas que les conditions d'importation devaient être justifiées au regard de l'article 36, bien que les conditions de dispense puissent elles-mêmes dépasser les limites per-

treatment between products intended for export and products sold in the Member State concerned.

The Court has also had occasion to repeat its ruling that, by virtue of Article 38(2) of the EEC Treaty, legislation made under the common agricultural policy must be examined before the rules provided for the establishment of the common market. The Treaty provisions on the removal of tariff and commercial barriers to intra-Community trade must be regarded as an integral part of the common organization of the market in question even when it does not expressly re-enact these provisions.

In Cases 118/78, 231/78 and 232/78 the Court delivered three important judgments concerning the interpretation of the Act of Accession in the context of the relationship between the prohibition on quantitative restrictions and the provisions of the EEC Treaty dealing with agriculture. These cases are dealt with in more detail below.

Emphasis should also be given to the leading judgment of the Court in Case 120/78. The Court was called upon to rule on the compatibility with Article 30 of the EEC Treaty of a national rule which purported to apply indiscriminately to domestic and imported goods but in fact restricted imports. The plaintiffs, who sought to import the French blackcurrant drink known as *cassis de Dijon*, contested the validity of a German provision requiring spirits to have a minimum alcohol content, which this drink did not possess.

The Court first pointed out that there were as yet no Community rules on the production and marketing of alcohol. In these circumstances it found that obstacles to movement within the Community resulting from disparities between the national laws on the marketing of alcoholic beverages must be accepted "in so far as those provisions may be recognized as being necessary in order to satisfy mandatory requirements relating in particular to the effectiveness of fiscal supervision, the protection of public health, the fairness of commercial transactions and the defence of the consumer".

The Court ruled that the German provision at issue did not satisfy this test and therefore that a minimum alcohol requirement was contrary to Article 30 of the Treaty if it applied to imported alcoholic beverages lawfully produced and marketed in another Member State.

As regards Article 36 of the Treaty, the Court repeated its ruling that once a matter of public health is governed by a harmonization directive, Member States can no longer adopt unilateral measures in reliance on that Article but must apply the procedure set out in the directive.

The Court also had occasion, in Case 251/78, to examine the compatibility with Articles 30 and 36 of the EEC Treaty of a national measure imposing certain conditions on imports of animal feedingstuffs, where the authorities had power to derogate from those conditions, but also to make each individual dispensation conditional on certain requirements being fulfilled. The Court held that the possibility of granting a dispensation did not remove the need to show that the conditions imposed on imports were justified under Article 36, although the conditions of a dispensation might themselves go beyond what is permitted by Article 36. It is for the national court to decide this question.

Finally, the Court held that the prohibition on importing pornographic material into a Member State was a quantitative restriction, but was justified on grounds of public morality by virtue of Article 36 of the Treaty, provided there was no lawful trade in the same goods in that Member State.

With respect to the adjustment of State monopolies of a commercial character the Court has rendered three important preliminary rulings which, while building upon its earlier decisions, (*Peureux I and II*), involve interesting

mises par l'article 36. C'est au juge national qu'il appartient de trancher cette question.

Enfin, la Cour a établi que l'interdiction d'importation dans un Etat membre de matériel pornographique était une restriction quantitative mais justifiée par des raisons de moralité publique, en vertu de l'article 36 du traité, si aucun commerce licite n'était permis pour les mêmes marchandises dans cet Etat membre.

En ce qui concerne l'aménagement des *monopoles d'Etat à caractère commercial*, la Cour a rendu, à titre préjudiciel, trois arrêts importants qui, tout en se situant dans la ligne de sa jurisprudence antérieure (affaires Peureux I et II), apportent des développements intéressants dans le domaine des pratiques de prix des organismes relevant de l'article 37, paragraphe 1, du traité CEE (affaire Hansen).

Dans les arrêts *Peureux* et *Hansen*, la Cour a confirmé avant tout que l'article 37 du traité CEE est une "lex specialis" en relation avec les dispositions générales du traité. Contrairement à la thèse soutenue par la Commission, la Cour a jugé que l'article 37 restait applicable même après la suppression des droits exclusifs des monopoles d'Etat en matière de'importation, d'exportation et de commercialisation de produits importés. Considérant que le maintien de certains "droits d'exclusivité" justifiait un examen des mesures controversées en regard de l'article 37, paragraphe 1, la Cour a ainsi donné de la notion de monopole une interprétation de cette disposition qui va au-delà du contenu des droits exclusifs mentionnés ci-dessus. Elle n'aboutit pas pour autant à des solutions différentes de celles auxquelles aurait conduit l'approche de la Commission.

Dans l'affaire *Peureux I*, la Cour a considéré qu'une imposition, dénommée "soulte", payée exclusivement par les producteurs nationaux, n'était pas contraire à l'article 95 du traité CEE, qui interdit uniquement que les impositions frappant les produits importés soient supérieures à celles qui frappent les produits nationaux similaires, et qu'en conséquence ladite "soulte" était également compatible avec l'article 37. La Cour, toutefois, laisse ouverte la question de savoir si l'article 37 laisse aux Etats membres la faculté de discriminer leurs propres ressortissants.

En revanche, dans l'affaire *Peureux II*, la Cour a dit pour droit que "constitue une mesure d'effet équivalant à une restriction quantitative, visée à l'article 30 du traité, et une discrimination dans les conditions d'approvisionnement et de débouchés, visée à l'article 37, paragraphe 1, du traité, une disposition nationale interdisant de distiller, en vue de la fabrication des produits réservés à un monopole national commercial, des matières premières en provenance des autres Etats membres, alors que cette interdiction ne frappe pas les matières premières identiques produites sur le territoire national".

Dans l'affaire *Hansen*, la Cour a estimé que le fait, pour un monopole national, de commercialiser, à l'aide de fonds publics, un produit tel que l'alcool, à un prix anormalement bas par rapport aux prix avant taxation de l'alcool importé de qualité comparable, est contraire à l'article 37, paragraphe 1. Elle a jugé qu'une atteinte serait portée dans ce cas à l'égalité des chances qui doit être assurée pour les produits importés d'autres Etats membres et que le principe de réciprocité qui doit être respecté à l'intérieur d'un marché commun entre les Etats membres et entre leurs résidents serait compromis. Cet arrêt, par son caractère d'arrêt de principe, est susceptible de trouver application à l'égard de pratiques de prix d'organismes relevant de l'article 37, au sens de la jurisprudence de la Cour, notamment dans les domaines de l'alcool et du tabac.

developments concerning the pricing practices of bodies falling under Article 37(1) of the EEC Treaty (*Hansen*).

In the *Peureux* and *Hansen* decisions the Court has confirmed, first of all, that Article 37 of the EEC Treaty is a *lex specialis* in relation to the general provisions of the Treaty. Contrary to the view advanced by the Commission, the Court ruled that Article 37 remained applicable even after the exclusive rights held by the State monopolies in respect of import, export and marketing of imported products had disappeared. Considering that the maintenance of certain "exclusive rights" justified a review of the disputed measures in the light of Article 37(1), the Court gave an interpretation of the concept of monopoly within the meaning of this provision which goes beyond the exclusive rights mentioned above. However, this interpretation does not lead to results differing from those arrived at by the Commission's approach.

In the *Peureux I* case the Court held that a cash adjustment (*soulte*) payable by the national producers alone was not contrary to Article 95 of the EEC Treaty, which merely forbids the imposition of a higher tax on imported products than on similar national products. Consequently the cash adjustment was compatible also with Article 37. However, the Court left open the question whether Article 37 left the Member States free to discriminate against their own nationals.

On the other hand, in *Peureux II* the Court states that "a national provision prohibiting the distillation, for the purpose of manufacturing products reserved to a national commercial monopoly, of raw materials coming from other Member States constitutes a measure having an effect equivalent to a quantitative restriction within the meaning of Article 30 of the Treaty and a discrimination . . . within the meaning of Article 37, paragraph 1, where the prohibition does not apply to identical raw materials produced within the national territory".

In the *Hansen* case the Court ruled that it is contrary to Article 37(1) for a national monopoly to market, with the aid of public funds, a product such a spirits at an abnormally low price compared to the price before tax of imported spirits of comparable quality. In such a situation, according to the Court, the equal opportunities which must be accorded to products imported from other Member States would be jeopardized, and the principle of reciprocity which has to be respected within a common market between between the Member States and between their residents is put at risk. This judgment, as a leading case, can be applied generally to the pricing policies of bodies falling under Article 37, as interpreted by the Court, particularly as regards spirits and tobacco.

Concurrence

Dans deux arrêts importants, *Hoffmann-La Roche & Co. AG/Commission* et *Hugin Kassaregister AB/Commission*, la Cour a précisé les termes de l'article 86 du traité CEE en matière d'abus de position dominante et elle a complété sa jurisprudence relative à cet article.

L'affaire *Hoffmann-La Roche*, en particulier, revêt une grande importance pour un certain nombre de questions fondamentales du droit communautaire de la concurrence:

Droits de la défense: Comme indiqué ci-dessus, la Cour a fixé pour la première fois comme règle générale que les droits de la défense constituent un principe fondamental du droit communautaire dans toutes les procédures qui peuvent conduire à l'imposition d'amendes ou d'astreintes.

La question spécifique de savoir si la Commission peut utiliser des documents contenant des secrets professionnels de sociétés tierces, qu'elle ne peut divulguer à l'entreprise en question, a reçu une réponse négative. Suivant la Cour, des irrégularités de ce type ne doivent cependant pas nécessairement conduire à l'annulation de la décision, s'il a pu être remédié à ces irrégularités au cours de la procédure devant la Cour "pour autant que les droits de la défense ne se trouvent pas affectés par cette régularisation tardive".

Position dominante: Le principal élément d'une position dominante est la part de marché détenue par l'entreprise en question. La Cour considère qu'une part de marché de 80% ou plus crée *ipso facto* une position dominante. En cas de parts de marché moins importantes, des critères supplémentaires doivent être pris en considération.

Dans son arrêt, la Cour précise quelques types de critères supplémentaires qu'elle considère comme importants dans une telle situation, à savoir:

- le rapport entre la part de marché de l'entreprise concernée et celle de ses concurrents, en particulier de ceux qui la suivent immédiatement;
- l'avance technologique qu'une entreprise possède par rapport à ses concurrents et l'existence d'un réseau commercial extrêmement perfectionné;
- l'absence de concurrence potentielle.

La Cour estime donc que les critères relatifs à la structure du marché concerné déterminent fondamentalement l'existence d'une position dominante. Le comportement des entreprises et de leurs concurrents n'est considéré que comme une preuve secondaire. La Cour a toutefois jugé que la baisse des prix sur les marchés de certaines vitamines n'avait pas été provoquée par la pression de la concurrence, mais faisait partie de la politique commerciale de Roche.

Exploitation abusive d'une position dominante: La Cour a confirmé clairement que l'exploitation abusive d'une position dominante ne résulte pas nécessairement de l'utilisation de la puissance économique conférée par une position dominante. La notion d'abus est une "notion objective qui vise les comportements d'une entreprise en position dominante qui sont de nature à influencer la structure d'un marché où, à la suite précisément de la présence de l'entreprise en question, le degré de concurrence est déjà affaibli, et qui ont pour effet de faire obstacle, par le recours à des moyens différents de ceux qui gouvernent une compétition normale des produits ou services sur la base des prestations des opérateurs économiques, au maintien du degré de concurrence existant encore sur le marché ou au développement de cette concurrence".

Le second arrêt important sur l'article 86 du traité, rendu dans l'affaire *Hugin*, concerne une restriction verticale du commerce, à savoir le refus de la société Hugin de vendre des pièces de rechange pour caisses enregistreuses

Competition

In two important judgments, *Hoffmann-La Roche* and *Hugin*, the Court gave greater precision to the terms of Article 86 of the EEC Treaty on the abuse of a dominant position and further developed the case-law relating to this Article.

In particular the *Hoffmann-La Roche* case is of great importance for a number of fundamental issues in Community competition law:

The right to be heard. As already indicated above, for the first time the Court has laid down the general rule that the right to be heard is a basic principle of Community law in all producers that may lead to the imposition of fines or periodic penalty payments.

The specific question whether the Commission can use documents containing business secrets of third companies – which it cannot disclose to the undertaking in question – is answered in the negative. According to the Court, irregularities of this kind, however, need not lead necessarily to the quashing of the decision, if it has been possible to correct them in the proceedings before the Court, "in so far as remedying them at a later stage has not affected the right to be heard".

The dominant position. The main element of a dominant position is the market share of the undertaking in question. A market share of 80% or more is clearly regarded by the Court as *ipso facto* creating a dominant position. If the market share is smaller, additional criteria must be taken into consideration.

In its judgment the Court clearly sets out some kinds of additional criteria which it considers relevant in such a situation, namely:

- the relation between the market shares of the undertaking concerned and of its competitors, in particular its closest competitor;
- the technological lead an undertaking enjoys *vis-à-vis* its competitors and the existence of a highly sophisticated commercial network;
- the absence of potential competition.

In the view of the Court, therefore, criteria relating to the structure of the relevant market basically determine the existence of a dominant position. The behaviour of the enterprises and their competitors is considered only secondary evidence. The Court found, however, that the fall in prices on the markets for certain vitamins was not caused by competitive pressure but was part of Roche's commercial policy.

The abuse. The Court clearly confirmed that the abuse of a dominant position need not be effected by using the economic power bestowed by dominance. Abuse in this – objective – sense is defined as the kind of behaviour of a dominant firm "which is such as to influence the structure of a market where, as a result of the very presence of the undertaking in question, the degree of competition is weakened and which, through recourse to methods different from those which condition normal competition in products or services on the basis of the transactions of commercial operators, has the effect of hindering the maintenance of the degree of competition still existing in the market or the growth of that competition".

The second major judgment on Article 86 of the Treaty, the *Hugin* case, concerned a vertical restraint of trade, namely a refusal by Hugin to sell spare parts for its cash registers to independent repair companies. It is notable mainly for its definition of the relevant market.

With respect to the first problem the Court decided that there existed a separate market for spare parts for Hugin cash registers at the level of independent undertakings which specialize in the maintenance and repair of cash

Hugin à des sociétés de réparation indépendantes. Il est intéressant principalement pour sa définition du marché concerné.

En ce qui concerne le premier problème, la Cour a déclaré qu'il existait un marché distinct de pièces de rechange pour les caisses enregistreuses Hugin au niveau des entreprises indépendantes spécialisées dans l'entretien et la réparation de caisses enregistreuses et que, comme les pièces Hugin ne sont pas interchangeables avec d'autres pièces de rechange, il y a une demande spécifique de pièces de rechange de la marque Hugin.

Après avoir analysé les circonstances de l'affaire, la Cour a déclaré que la société Hugin se trouvait dans une position lui permettant de déterminer son comportement sans tenir compte de sources d'approvisionnement concurrentielles. De même qu'elle avait estimé que General Motors était dans une position dominante sur le marché pour le contrôle de conformité de ses propres voitures Opel en Belgique, elle a jugé que Hugin occupait une position dominante sur le marché pour ses propres pièces de rechange. Cela ne signifie pas que tout producteur de machines occupe une position dominante sur le marché pour ses propres pièces de rechange; les éléments qui ont conduit à cette conclusion dans l'affaire Hugin peuvent ne pas se trouver réunis dans d'autres cas.

En ce qui concerne l'affectation du commerce entre les Etats membres, la Cour s'est prononcée contre la Commission sur les faits de l'espèce. La Cour a déclaré que deux aspects doivent être pris en considération: premièrement, les activités commerciales de la société indépendante d'entretien et de réparation de caisses enregistreuses en cause et, deuxièmement, le commerce de pièces de rechange en général. Sur le premier point, la Cour a déclaré qu'aucun indice ne permettait de supposer que la société en question, ou des sociétés comparables dans d'autres Etats membres, s'était livrée à des activités allant au-delà d'activités commerciales purement locales. Sur le second point, la Cour a conclu que le "comportement de Hugin ne saurait être considéré comme ayant l'effet de faire dévier la circulation des marchandises de la voie normale, compte tenu des particularités économiques et techniques du secteur en cause".

La Cour a été, en outre, dans le cadre d'un litige opposant une société de droits d'auteur à un producteur de films, appelée à se prononcer à titre préjudiciel sur l'interprétation de l'article 86 en ce qui concerne son application à des contrats dont l'exécution a lieu en dehors du territoire de la Communauté européenne.

Après avoir constaté que la question qui lui était posée ne pouvait recevoir de réponse que si l'on supposait par hypothèse que la société de droits d'auteur en cause remplit les conditions prévues à l'article 86 pour que cette disposition lui soit applicable, la Cour a dit pour droit que "l'exécution dans des pays tiers de contrats conclus sur le territoire d'un Etat membre par des parties dépendant de cet Etat, ne fait pas obstacle à l'applicabilité de l'article 86 du traité". La Cour s'est fondée, pour ce faire, sur sa jurisprudence antérieure selon laquelle, pour apprécier si le commerce entre Etats membres est susceptible d'être affecté par l'abus d'une position dominante sur le marché concerné, il faut prendre en considération les conséquences pour la structure de la concurrence effective dans le marché commun. Dans le cas d'espèce, l'arrêt précise que pour examiner si l'article 86 est applicable, l'exécution de certains contrats ne saurait être appréciée isolément, mais doit l'être à la lumière de l'ensemble des activités de l'entreprise concernée.

L'arrêt de la Cour de justice dans l'affaire Gema a trait au droit de porter plainte dans le domaine du droit communautaire des ententes (*article 3 du règlement N° 17 de 1962*).

En ce qui concerne la recevabilité d'un recours en carence, présenté par un

registers. As Hugin parts are not interchangeable with others, there is a market specifically for Hugin spare parts.

After analysing the circumstances of the case, the Court decided that Hugin was in position to determine its conduct without taking account of competing sources of supply. Just as General Motors was considered to be in a dominant position on the market for certifying its own Opel cars in Belgium, Hugin has a dominant position on the market for its own spare parts. This is not to say that every producer of machinery will have a dominant position on the market for his own spare parts; the factors which caused this to be so in the *Hugin* case may not exist in other cases.

As to the question whether trade between the Member States was affected, the Court decided against the Commission on the facts of the case. The Court said that two aspects had to be taken into account: first, the commercial activities of the independent cash register maintenance and repair company involved; secondly, the trade in spare parts in general. On the first point the Court said that there was no evidence that the company involved or comparable companies in other Member States undertook anything beyond purely local commercial activities. On the second point, the Court concluded that "Hugin's conduct cannot be regarded as having the effect of diverting the movement of goods from its normal channels, taking account of the economic and technical factors peculiar to the sector in question".

The Court was also asked to give a preliminary ruling in an action between a copyright company and a film production company on the interpretation of Article 86 in relation to its application to contracts performed outside the European Community. After pointing out that the question that had been put to it could be answered only if it were assumed that the copyright company in question fulfilled the conditions laid down in Article 86 for that provision to be applicable to it, the Court held that the performance in non-member countries of contracts entered into in the territory of a Member State by parties within the jurisdiction of that State is not a bar to the application of Article 86 of the Treaty. The Court based this decision on its previous judgments establishing the principle that, in order to determine whether trade between Member States is likely to be affected by the abuse of a dominant position on the relevant market, it is necessary to take into account the effects on the structure of effective competition in the common market. The judgment in the case in point states that, in order to ascertain whether or not Article 86 is applicable, the performance of certain contracts must be viewed, not in isolation, but in the light of all the activities of the undertaking concerned.

The judgment of the Court of Justice in the *Gema* case concerns the right to bring an action under Community restrictive practices law (Article 3 of Regulation No 17 of 1962).

As regards the admissibility of proceedings for failure to act instituted by an applicant, the judgment specifies the meaning and purpose of the phrase "defined its position" in the second paragraph of Article 175 of the EEC Treaty where the Commission has, upon request, initiated a procedure to determine the existence of a breach of the law on restrictive practices, and notifies the person making the request, within the period of two months after being called upon to act in accordance with Article 175, of the reasons why it cannot comply with the request, it has thus addressed an act to the applicant which constitutes a definition of its position within the meaning of the second paragraph of Article 175 of the Treaty.

As regards the substance of the right to make an application enjoyed by the complainant pursuant to Article 3 of Regulation No 17, the Court held that the

plaignant, l'arrêt précise le sens et le but de la notion de "prise de position" au sens de l'article 175, deuxième alinéa, du traité CEE: lorsque la Commission a, sur demande, engagé une procédure afin de déterminer l'existence d'une infraction du droit des ententes et qu'elle informe le demandeur, dans le délai de deux mois après la mise en demeure conformément à l'article 175, des raisons pour lesquelles elle ne peut donner suite à la demande, elle a ainsi adressé un acte à la requérante, qui constitue une prise de position au sens de l'article 175, deuxième alinéa, du traité.

En ce qui concerne le contenu du droit de porter plainte, que le plaignant détient au titre de l'article 3 du règlement N° 17/62, la Cour affirme qu'il a un droit d'être informé "des raisons qui ont amené la Commission à conclure que les éléments qu'elle a recueillis au cours de l'instruction ne justifient pas de donner une suite favorable à la demande", ceci ne signifie toutefois pas qu'il ait le droit d'exiger de la Commission une décision définitive quant à l'existence ou l'inexistence de l'infraction alléguée. "En effet, la Commission ne peut être obligée de poursuivre en tout état de cause la procédure jusqu'au stade d'une décision finale". D'après l'arrêt, cette constatation vaut également dans le cas d'un recours en annulation, conformément à l'article 173, deuxième alinéa.

Libre circulation des personnes et dispositions sociales

La Cour a eu l'occasion de se prononcer sur le *champ d'application personnel des règles communautaires* régissant la libre circulation des personnes.

Dans deux décisions, la Cour a posé le principe que les dispositions du traité CEE relatives à la *libre circulation des personnes* ne peuvent pas s'appliquer à des situations purement internes à un Etat membre. Dans l'affaire 175/78, la Cour a jugé que, si les droits reconnus aux travailleurs peuvent amener les Etats membres à modifier leur législation même à l'égard de leurs propres ressortissants, l'article 48 du traité ne vise pas à limiter la compétence des Etats membres de prévoir des restrictions sur leur propre territoire à la libre circulation de toute personne relevant de leur juridiction, en exécution des lois pénales nationales. Dans l'affaire 115/78, la Cour a jugé que l'article 52 du traité ne saurait être interprété de manière à exclure du bénéfice du droit communautaire les propres ressortissants d'un État membre déterminé lorsque ceux-ci, par le fait d'avoir résidé régulièrement sur le territoire d'un autre Etat membre et d'y avoir acquis une qualification professionnelle reconnue par les dispositions du droit communautaire, se trouvent, à l'égard de leur Etat d'origine, dans une situation assimilable à celle de tous autres sujets bénéficiant des droits et libertés garantis par le traité. Toutefois, cette décision n'est d'application que s'il existe des mesures communautaires spécifiques visant à assurer la liberté complète d'établissement conformément aux dispositions des articles 54 et 57 du traité CEE. En effet, dans une autre affaire, la Cour a estimé que si de telles mesures n'ont pas été prises, l'article 52 du traité CEE, en tant qu'il vise à assurer le bénéfice du traitement national, ne saurait concerner, dans chaque Etat membre, que les ressortissants des autres Etats membres.

En ce qui concerne les *prestations de services*, la Cour a répondu à une demande de décision préjudicielle relative à la compatibilité avec les dispositions de l'article 59 du traité CEE de l'obligation imposée par un Etat membre aux bureaux de placement payants pour artistes du spectacle d'obtenir une licence ou de recourir à un intermédiaire titulaire d'une licence.

La Cour a confirmé sa jurisprudence antérieure selon laquelle les dispositions essentielles de l'article 59 du traité, qui éliminent toute discrimination à l'encontre du prestataire de service en raison de sa nationalité ou de la circonstance

mere fact that he has a right to be informed of the reasons which induced the Commission to conclude that the facts which it established during the investigation do not constitute sufficient grounds for complying with the application does not entitle him to require the Commission to take a final decision as to the existence or non-existence of the alleged infringement. The Commission cannot be obliged to continue the procedure whatever the circumstances as far as the stage of a final decision. According to the judgment, this also holds true in the case of proceedings for annulment pursuant to the second paragraph of Article 173.

Free movement of persons and social provisions

The Court has had the opportunity to state its views on the range of persons covered by the Community rules governing free movement of persons.

In two decisions the Court laid down the principle that provisions of the EEC Treaty relating to the free movement of persons cannot be applied to situations which are purely internal to a Member State. In Case 175/78 the Court held that, although the rights conferred upon workers may lead the Member States to amend their legislation even with respect to their own nationals, Article 48 of the Treaty does not aim to restrict the power of the Member States to lay down restrictions, within their own territory, on the freedom of movement of all persons subject to their jurisdiction in implementation of domestic criminal law. In Case 115/78 the Court held that Article 52 of the Treaty cannot be interpreted in such a way as to exclude from the benefit of Community law a given Member State's own nationals when the latter, owing to the fact that they have lawfully resided on the territory of another Member State and have there acquired a trade qualification which is recognized by the provisions of Community law, are, with regard to their State of origin, in a situation which may be assimilated to that of any other persons enjoying the rights and liberties guaranteed by the Treaty. This applies, however, only if specific Community measures for securing complete freedom of establishment, according to Articles 54 and 57 of the EEC Treaty, have been adopted. The Court has, for example, held in another case that if no such measure exists, Article 52 of the EEC Treaty, in so far as it is intended to ensure the benefit of national treatment, can only concern, in each Member State, the nationals of other Member States.

With regard to provision of services, the Court has answered a preliminary question as to the compatibility with Article 59 of the EEC Treaty of a rule imposed by a Member State requiring foreign fee-charging employment agencies for entertainers to obtain a licence or to act through an agency holding a licence.

The Court reaffirmed its previous case-law according to which the essential requirements of Article 59 of the Treaty, which abolish all discrimination against a person providing a service by reason of his nationality or the fact that he is established in a Member State other than that in which the service is to be

qu'il réside dans un Etat membre autre que celui où a lieu la prestation, sont devenues d'applicabilité directe et inconditionnelle à l'expiration de la période transitoire. De plus, compte tenu de la nature particulière de certaines prestations de services, telles que le placement d'artistes du spectacle, la Cour a jugé que des exigences spécifiques imposées aux prestataires, qui seraient justifiées par l'intérêt général, ne sauraient être considérées comme incompatible avec le traité, dans la mesure où le prestataire n'est pas déjà soumis à des prescriptions similaires dans l'Etat membre où il est établi.

Dans le domaine de la *sécurité sociale des travailleurs migrants*, l'année a été marquée par le nombre particulièrement élevé d'affaires dans lesquelles la Cour a été appelée à statuer à titre préjudiciel. Comme dans le passé, les questions d'interprétation soulevées ont porté sur diverses dispositions du règlement N° 1408/71, qu'il s'agisse, par exemple, de son champ d'application personnel ou matériel, de la totalisation et du cumul de prestations, des allocations de chômage ou des prestations d'invalidité; dans un cas seulement, la Cour a été appelée à se prononcer sur la validité d'une disposition du règlement. La Cour a, une nouvelle fois, souligné que les règlements en matière de sécurité sociale – qui doivent recevoir une interprétation uniforme dans les différentes versions linguistiques – doivent être interprétés en fonction des objectifs poursuivis par les dispositions du traité CEE (articles 48 à 51) sur la base desquelles ces règlements ont été arrêtés, dispositions qui se bornent à assurer la coordination des différentes législations nationales en matière de sécurité sociale.

L'année a également été marquée par trois affaires dans lesquelles le tribunal ayant saisi la Cour s'est vu dans l'obligation de la saisir à nouveau, malgré les réponses données aux questions initialement posées.

Politique agricole commune

Comme il a déjà été indiqué plus haut, la Cour a apporté des éléments importants en ce qui concerne l'interprétation de l'acte d'adhésion dans le cadre des rapports entre l'interdiction des restrictions quantitatives et la politique agricole commune.

Les arrêts rendus dans les affaires 118/78 et 231/78 et dans l'affaire 232/78 se situent dans la ligne tracée par l'arrêt rendu dans l'affaire 48/74 selon laquelle le fonctionnement d'une organisation nationale de marché ne saurait pas faire obstacle à l'élimination des restrictions quantitatives et de toutes mesures d'effet équivalent. Au regard du système général de l'acte d'adhésion et de ses liens avec les dispositions du traité CEE, pour éviter une nouvelle inégalité persistante entre les Etats membres originaires et les nouveaux Etats membres, la Cour a jugé qu'une dérogation aux règles du traité sur la libre circulation prévue dans l'acte d'adhésion pour certains produits agricoles devrait prendre fin au plus tard le 31 décembre 1977. S'il était encore nécessaire, pour répondre aux difficultés de certaines régions, de recourir à des mesures particulières, celles-ci devraient être adoptées dans le cadre de l'ordre communautaire, destiné à garantir la sauvegarde de l'intérêt général de la Communauté.

Dans une affaire préjudicielle, la Cour a été amenée à se prononcer sur la validité des règlements N° 1079/77 du Conseil et 1822/77 de la Commission relatifs au prélèvement de coresponsabilité dans le secteur du lait et des produits laitiers.

Dans son arrêt, la Cour a reconnu la validité des deux règlements. Elle arrive à la conclusion que le Conseil pouvait se baser sur l'article 43 du traité CEE, étant donné que le règlement du Conseil "concourt à promouvoir la réalisation de l'objectif d'une stabilisation des marchés" en cause, et se maintient donc dans le

provided, became directly and unconditionally applicable on the expiry of the transitional period. Moreover, taking into account the particular nature of certain services to be provided, such as the placing of entertainers in employment, the Court held that specific requirements imposed on persons providing services and justified by the general good cannot be considered incompatible with the Treaty, in so far as the person providing the service is not already subject to similar requirements in the Member State in which he is established.

In the field of social security for migrant workers, the year has been marked by a particularly large number of decisions given on requests for preliminary rulings. As in the past, the questions of interpretation raised have been concerned with a variety of provisions of Regulation No 1408/71 – for instance, the range of persons or matters covered, aggregation and the overlapping of benefits, unemployment or invalidity benefit: in only one case has the validity of a provision of the Regulation been questioned. The Court has again emphasized that the social security regulations – to be interpreted in a uniform manner in the various language versions – are to be considered in the light of the aims pursued by the provisions of the EEC Treaty (Articles 48 to 51) under which they are made, provisions which are limited to ensuring the co-ordination of the different national social security laws.

This year has also been marked by three cases in which the referring court has felt itself obliged to refer again to the Court of Justice, notwithstanding the replies given to the questions originally raised.

Common agricultural policy

As has been stated above, the Court made an important contribution to the interpretation of the Act of Accession in the context of the relationship between the prohibition on quantitative restrictions and the common agricultural policy.

The judgments in Cases 118/78 and 231/78 and in Case 232/78 follow the line taken in that in Case 48/74, in which it was held that the operation of a national market organization cannot prevent the elimination of quantitative restrictions and all measures having equivalent effect. In the light of the general system of the Act of Accession and of its relationship with the provisions of the EEC Treaty, in order to prevent any persisting inequality betwen the original Member States and the new Member States, the Court held that a derogation provided for in the Act of Accession from the rules of the Treaty on freedom of movement for certain agricultural products should terminate on 31 December 1977 at the latest. If it were still necessary to have recourse to special measures in order to meet difficulties in certain regions, these should be adopted under Community arrangements designed to secure the protection of the general interest of the Community.

On a reference for a preliminary ruling the Court was required to pronounce on the validity of Council Regulation No 1079/77 and Commission Regulation No 1822/77 on the co-responsibility levy in the milk and milk-products sector.

The Court held that both regulations were valid. It concluded that the Council was entitled to base itself on Article 43 of the EEC Treaty since the Council Regulation is intended "to contribute to the stabilization of the markets in question", and therefore remains within the limits laid down by Articles 39 and 40 of the Treaty. The Court laid particular emphasis on the discretion-

cadre tracé par les articles 39 et 40 du traité. La Cour souligne expressément le pouvoir discrétionnaire du Conseil en cette matière, qui correspond aux responsabilités politiques que les articles 40 et 43 du traité CEE lui imposent. Elle affirme que ce n'est que "l'inadéquation manifeste d'une mesure à l'objectif" poursuivi qui peut en affecter la légalité.

La Cour a été appelée encore une fois à se prononcer sur la compatibilité des opérations d'un office de commercialisation avec le droit communautaire. Rappelant sa jurisprudence antérieure, notamment dans l'affaire 83/78, la Cour a jugé qu'est incompatible avec l'organisation commune de marché dans le secteur de la viande porcine un système national ayant pour objet de permettre à un organisme central de commercialisation de verser des subsides à certains produits destinés à être exportés et d'infliger un désavantage financier au producteur qui exporte sans recourir aux services de l'organisme.

De plus, le recours par un Etat membre aux dispositions des articles 92 à 94 du traité CEE sur les aides, dont l'appréciation relève en premier lieu de la Commission, ne saurait avoir priorité sur les dispositions de l'organisation commune de marché. Une taxe exigée dans le cadre d'un tel régime de commercialisation n'était donc pas due, dans la mesure où elle était affectée à des fins considérées comme incompatibles.

Dans quatre arrêts du 4 octobre 1979, la Cour a condamné la Communauté à payer à plusieurs entreprises allemandes, françaises, belges et néerlandaises, producteurs de quellmehl ou de gritz de maïs destiné à la brasserie, les restitutions que ces entreprises auraient eu le droit de percevoir si, pendant la période du 1.8.1974 (respectivement du 1.8.1975) au 19.10.1977, l'utilisation de maïs pour la production de quellmehl ou de gritz avait ouvert un droit aux mêmes restitutions que l'utilisation de maïs pour la fabrication d'amidon. La Cour, qui auparavant avait déjà déclaré discriminatoire la suppression d'une partie des restitutions pour les produits amylacés, a constaté que la mesure arrêtée par le Conseil comportait une méconnaissance grave et manifeste des limites qui s'imposent à l'exercice de ses pouvoirs dans le cadre de la politique agricole commune. Il est cependant à noter qu'aucune indemnisation n'est due pour le quellmehl destiné à d'autres buts que la panification et dans la mesure où les entreprises ont répercuté la suppression de la restitution sur leurs clients par une augmentation de prix.

Dans deux importants arrêts rendus le 5 décembre 1979, la Cour a rejeté comme non fondés les recours en indemnité présentés par les principaux fabricants d'isoglucose contre le Conseil et la Commission. Un des aspects essentiels de ces arrêts réside dans l'affirmation de la Cour, selon laquelle, le comportement des institutions n'ayant pas, en l'espèce, "confiné" à l'arbitraire, les erreurs commises par elles et qui avaient motivé une déclaration d'invalidité de l'acte à l'origine des affaires ne suffisaient pas à engager la responsabilité non contractuelle de la Communauté.

En application du protocole relatif au commerce intérieur allemand, aucune restitution n'est accordée pour des exportations de produits agricoles effectuées de la république fédérale d'Allemagne (RFA) à destination de la République démocratique allemande (RDA). La question de savoir si ceci valait aussi pour des marchandises qui ont été exportées de la RFA en RDA en transitant par un autre pays tiers a été posée à la Cour par la Cour fédérale des finances. Dans son arrêt du 27 septembre 1979, la Cour, en complétant sa jurisprudence sur le protocole, a déclaré que la notion d'exportation, dans le contexte des dispositions communautaires relatives aux restitutions à l'exportation de produits agricoles, doit être interprétée dans le sens qu'elle ne vise pas les échanges relevant du commerce intérieur allemand au sens du protocole en question;

ary power enjoyed by the Council in this area, which corresponds to the political responsibilities which Articles 40 and 43 impose upon it. It stated that the legality of a measure could be affected only if it is "patently unsuited to the objective" pursued.

The Court was called upon once again to give a ruling on the compatibility with Community law of the activities of a marketing agency. Referring to its earlier decisions, notably in Case 83/78, the Court held that a national system is incompatible with the common organization of the market in pigmeat where the object of that system is to permit a central marketing agency to pay bonuses for certain products intended to be exported and to penalize financially producers who export without availing themselves of the services of the agency.

Recourse, moreover, by a Member State to the provisions of Articles 92 to 94 of the EEC Treaty on aids, the appraisal of which is primarily a matter for the Commission, cannot take precedence over the provisions for the common organization of the market. A levy imposed under such marketing arrangements was not therefore payable in so far as it was to be used for purposes considered to be incompatible with the requirements of the Treaty.

In four judgments given on 4 October, the Court ordered the Community to pay to various German, French, Belgian and Netherlands producers of quellmehl or maize groats for brewing the refunds which they would have been entitled to receive if, during the period from 1 August 1974 (or 1 August 1975, as the case may be) to 19 October 1977, the use of maize for the production of quellmehl or groats had conferred entitlement to the same refunds as the use of maize for the production of starch. The Court, which had previously stated that the abolition of part of the refunds for starch products was discriminatory, held that the measure adopted by the Council involved a serious and manifest disregard of the limits imposed upon the exercise of its powers under the common agricultural policy. It should be noted, however, that no compensation is payable in respect of quellmehl intended for purposes other than breadmaking where the producers have passed on the abolition of the refund to their customers by increasing prices.

In two important judgments delivered on 5 December the Court dismissed as unfounded the actions for damages brought by the major isoglucose manufacturers against the Council and the Commission. An outstanding feature of these judgments is the statement by the Court that, since in the case in point, the conduct of the institutions did not amount to arbitrary action, the mistakes made by them, which had given rise to a declaration that the measure forming the subject-matter of the cases was invalid, were not sufficient to render the Community liable on a non-contractual basis.

Under the Protocol on German Internal Trade, no refunds are granted for agricultural products exported from the Federal Republic of Germany (FRG) to the German Democratic Republic (GDR). The Federal Finance Court asked the Court whether this applied also to goods exported from the FRG to the GDR via the territory of another non-member country. In its judgment of 27 September the Court, adding to its earlier decisions on the Protocol, held that the concept of exports in the context of Community provisions relating to refunds on exports of agricultural products must be interpreted in such a way as not to include German internal trade within the meaning of the Protocol. To constitute German internal trade, it is necessary and sufficient that the goods should be placed in free circulation in the GDR without having previously been in free circulation in another non-member country.

Following the first Commission Decision on the discharge of the accounts in respect of expenditure financed by the EAGGF Guarantee Section, the Court

pour relever de ce commerce, il est une condition nécessaire et suffisante que la marchandise soit mise en libre pratique en RDA sans avoir été préalablement en libre pratique dans un autre pays tiers.

A la suite de la première décision de la Commission portant sur l'apurement des comptes au titre de dépenses financées par le FEOGA (section "garantie"), la Cour a examiné la légalité du refus opposé par la Commission de reconnaître à la charge du budget communautaire certaines dépenses. Dans ce contexte, la Cour a tranché une question de principe liée à l'interprétation du règlement N° 729/70: pour elle, seules les dépenses effectuées en conformité stricte avec le droit communautaire peuvent être prises en charge par la Communauté, et ceci même dans le cas où l'application objectivement incorrecte d'une disposition communautaire ne peut être reprochée à l'administration nationale; toutefois, en vertu des principes généraux du droit, la Communauté doit supporter les conséquences financières d'une telle application erronée, lorsque celle-ci est imputable pour une raison spécifique à une institution de la Communauté. Cette décision met en relief les responsabilités particulières incombant aux Etats membres lors de l'application des règles de droit communautaire en matière agricole et est susceptible de contribuer à l'application correcte et uniforme de ces règles de la Communauté.

En matière de réglementations nationales de prix concernant des produits agricoles soumis à organisation commune de marché, la Cour a rendu quatre arrêts qui confirment sa jurisprudence passée. Dans le cadre d'une organisation de marché fondée sur des prix communs au stade de la production et du commerce de gros, toute réglementation nationale de prix relative à ces mêmes stades est incompatible avec elle. En ce qui concerne, par contre, les stades ultérieurs de commercialisation, qui ne sont pas couverts par l'organisation commune, les mesures nationales de prix seraient incompatibles dans la mesure où, selon l'appréciation du juge national, elles mettent en danger les objectifs ou le fonctionnement de l'organisation commune.

Transports

Dans l'affaire 128/78 *(Commission/Royaume-Uni)*, la Cour a constaté qu'en n'ayant pas adopté en temps utile les mesures qui restaient à prendre en vue de l'application du règlement N° 1463/70 du Conseil du 20 juillet 1970 concernant l'introduction d'un appareil de contrôle dans le domaine des transports par route (règlement "tachygraphe"), le Royaume-Uni a manqué aux obligations qui lui incombent en vertu du traité CEE. Cet arrêt est conforme à la jurisprudence.

Dans les affaires 145/78 et 146/78, la Cour a interprété certaines dispositions de la directive 74/561 du Conseil concernant l'accès à la profession de transporteur de marchandises par route dans le domaine des transports nationaux et internationaux. Les personnes qui désirent exercer cette profession doivent satisfaire aux conditions d'honorabilité, de capacité financière appropriée et de capacité professionnelle. En ce qui concerne cette dernière condition, la Cour a conclu, dans l'affaire 145/78 que l'article 4, paragraphe 2, de la directive n'empêche pas les autorités compétentes d'un Etat membre d'accorder une exemption de la condition de capacité professionnelle dans le cas où deux associés ayant acquis l'un et l'autre trois ans au moins d'expérience pratique dans la gestion de la même entreprise décident de poursuivre leurs activités professionnelles séparément sous la forme de deux entreprises nouvelles; et, dans l'affaire 146/78, que l'article 3, paragraphe 4, laisse les Etats membres libres de choisir, pour s'assurer que la condition de capacité professionnelle est

considered the lawfulness of the Commission's refusal to charge certain expenditure to the Community budget. In this context, the Court decided a question of principle linked with the interpretation of Regulation No 729/70: it held that only expenditure incurred in strict conformity with Community law can be borne by the Community, even where the objectively incorrect application of a Community provision by a national administration cannot be attributed to the national administration. According to general principles of law, however, the Community must bear the financial consequences of an incorrect application of Community law where that application is attributable for a specific reason to a Community institution. This decision emphasizes the particular responsibilities incumbent on the Member States when they apply the rules of Community law concerning agriculture and is likely to contribute towards the correct and uniform application of those Community rules.

The Court delivered four judgments which confirm its previous case-law on national pricing measures concerning agricultural products subject to a common organization of the market. In a market organization based on common prices at the production and wholesale stage, any national pricing measures relating to those stages are incompatible with it. As regards the subsequent marketing stages, however, which are not covered by the common organization, national price measures would be incompatible in so far as, in the opinion of the national courts, they jeopardize the objectives or functioning of the common organization.

Transport

In Case 128/78, the Court found that by failing to adopt in good time the measures which remained to be taken to implement Council Regulation (EEC) No 1463/70 of 20 July 1970 on the introduction of recording equipment in road transport (tachograph regulation), the United Kingdom had failed to fulfil its obligations under the EEC Treaty. The judgment is in conformity with existing case-law.

In Cases 145/78 and 146/78 the Court interpreted certain provisions of Council Directive 74/561 on admission to the occupation of road haulage operator in national and international transport operations. Aspirants to the occupation must fulfil the requirements of good repute, appropriate financial standing and professional competence. In connection with the last requirement, the Court concluded: in Case 145/78, that Article 4(2) did not prevent the competent authorities of a Member State from granting an exemption from the requirement of professional competence in the case of two partners who, having both acquired at least three years' practical experience in the management of the same firm, decided to pursue their professional activities separately in the form of two new undertakings; in Case 146/78, that Article 3(4) leaves it to Member States to decide whether the condition as to professional competence is fulfilled by the possession of a diploma attesting attendance at appropriate courses, practical experience or a combination of both.

In the judgment given in Case 47/79 the Court interpreted the phrase

satisfaite, entre les moyens de constatation suivants: obtention d'un diplôme attestant que l'intéressé a suivi des cours appropriés, expérience pratique ou combinaison des deux systèmes.

La Cour a interprété, dans l'arrêt rendu dans l'affaire 47/79, la notion de "véhicules utilisés par d'autres autorités publiques pour des services publics qui ne concurrencent pas les transporteurs professionnels", reprise à l'article 4, paragraphe 4, du règlement (CEE) N° 543/69 du Conseil relatif aux dispositions sociales dans le domaine des transports par route. Elle a ainsi jugé que seuls les véhicules dont l'autorité publique est propriétaire ou dont elle a le pouvoir de disposer sont visés par cette disposition et sont donc exclus du champ d'application du règlement.

Convention du 27 septembre 1968 concernant la compétence judiciaire et l'exécution des décisions en matière civile et commerciale

Dans l'arrêt rendu dans l'affaire 133/78, la Cour a interprété les dispositions de l'article 1, alinéa 2, chiffre 2, de la convention, lesquelles excluent du champ d'application de celle-ci les "faillites, concordats et autres procédures analogues" qui font l'objet d'une convention en cours de négociation entre les Etats membres en application de l'article 220 du traité CEE. La Cour a établi qu'une décision telle que celle d'une juridiction civile française, fondée sur l'article 99 de la loi française 67/563 du 13 juillet 1967 et condamnant le dirigeant de fait d'une personne morale à verser une certaine somme à la masse, doit être considérée comme rendue dans le cadre des domaines exclus du champ d'application de la convention.

Dans l'arrêt rendu dans l'affaire 143/78, la Cour a interprété les dispositions de l'article 1, alinéa 2, chiffre 1, lesquelles excluent du champ d'application de la convention "l'état et la capacité des personnes physiques, les régimes matrimoniaux, les testaments et les successions". La Cour a établi que les décisions judiciaires autorisant des mesures de sauvegarde provisoires – telles que des appositions de scellés ou des saisies sur les biens des époux – au cours d'une procédure de divorce, ne relèvent pas du champ d'application de la convention dès lors que ces mesures concernent ou sont étroitement liées soit à des questions d'état des personnes impliquées dans l'instance de divorce, soit à des rapports juridiques patrimoniaux résultant directement du lien conjugal ou de la dissolution de celui-ci.

Dans l'arrêt rendu dans l'affaire 25/79, la Cour a interprété les dispositions de l'article 54 qui prévoit que la convention s'applique à tous les litiges introduits après la date d'entrée en vigueur de la convention. La Cour a établi que les articles 17 et 54 doivent être interprétés dans ce sens que, dans les actions judiciaires introduites après l'entrée en vigueur de la convention, les clauses attributives de juridiction (article 17) stipulées dans les contrats de travail conclus antérieurement à cette entrée en vigueur, doivent être tenues pour valables, même dans le cas où elles auraient été considérées comme nulles selon les règles nationales en vigueur au moment de la conclusion du contrat.

Politique commerciale

La Cour de justice a eu, pour la première fois, l'occasion de se prononcer sur des recours formés en application de l'article 173 du traité CEE contre un règlement du Conseil en matière anti-dumping. Ces recours avaient été introduits par quatre fabricants japonais de roulements à billes ainsi que par un

"vehicles which are used by other public authorities for public services and which are not in competition with professional road haulers" in Article 6(4) of Council Regulation (EEC) No 543/69 on the harmonization of certain social legislation relating to road transport. It held that only vehicles owned by the public authority or placed at its disposal are within this provision and hence excluded from the scope of the regulation.

Convention of 27 September 1968 on Jurisdiction and the Enforcement of Judgments in Civil and Commercial Matters

In its judgment in Case 133/78 the Court interpreted subparagraph 2 of the second paragraph of Article 1 of the Convention, which excludes from the scope of the Convention "bankruptcy, proceedings relating to the winding-up of insolvent companies or other legal persons, judicial arrangements, compositions and analogous proceedings," which are the subject of a convention under negotiation between the Member States in implementation of Article 220 of the EEC Treaty. The Court ruled that a decision such as that of a French civil court, based on Article 99 of the French Act No 67-563 of 13 July 1967 ordering the *de facto* manager of a legal person to pay a certain sum into its assets must be considered as given in the context of the matters excluded from the scope of the Convention.

In its judgment in Case 143/78 the Court interpreted subparagraph 1 of the second paragraph of Article 1, which excludes from the scope of the Convention "the status or legal capacity of natural persons, rights in property arising out of a matrimonial relationship, wills and succession'. The Court ruled that judicial decisions authorising provisional protective measures – such as the placing under seal or the freezing of the assets of the spouses – in the course of proceedings for divorce are excluded from the scope of the Convention if those measures concern, or are closely connected with, either questions of the status of the persons involved in the divorce proceedings or proprietary legal relationships resulting directly from the matrimonial relationship or the dissolution thereof.

In Case 25/79 the Court of Justice interpreted the provisions of Article 54, which lays down that the Convention applies to all proceedings instituted after the date of entry into force of the Convention. The Court decided that Articles 17 and 54 must be interpreted as meaning that, in actions brought after the entry into force of the Convention, clauses conferring jurisdiction (Article 17) incorporated in contracts of employment concluded before such entry into force must be considered valid even in cases where they would have been regarded as null and void under the national rules in force when the contract was concluded.

Commercial policy

For the first time the Court had the opportunity to express its opinion on proceedings instituted pursuant to Article 173 of the EEC Treaty against a Council Regulation concerning anti-dumping measures. This action had been initiated by four Japanese ballbearing manufacturers and by a number of

certain nombre d'importateurs de leurs produits dans la Communauté. Par les arrêts qu'elle a rendus le 29 mars 1979 dans ces affaires, la Cour a déclaré les recours recevables et fondés et a annulé le règlement en question.

L'annulation du règlement a été prononcée par la Cour au motif que le règlement communautaire de base en matière anti-dumping interdisait qu'une procédure anti-dumping se termine à la fois par l'acceptation d'un engagement des exportateurs et par l'institution d'un droit anti-dumping définitif, même suspendu. Il est à noter que, par la suite, certaines modifications ont été apportées au règlement de base.

La Commission, à la suite d'une divergence de vues qui s'était manifestée entre elle-même et le Conseil sur la question de l'*étendue des compétences* de la Communauté pour négocier et conclure l'accord international sur le caoutchouc naturel, alors en cours d'élaboration dans le cadre de la CNUCED, avait demandé à la Cour de justice de se prononcer sur cette question en recourant, une nouvelle fois, à la procédure consultative prévue par l'article 228, paragraphe 1, alinéa 2, du traité CEE.

Dans l'avis (1/78) qu'elle a rendu le 4 octobre 1979, la Cour de justice a dégagé à l'occasion de cette affaire, comme l'y avait invitée la Commission, un certain nombre d'éléments généraux d'interprétation de la notion de politique commerciale au sens de l'article 113 du traité CEE:

- la politique commerciale commune ne saurait être limitée à l'utilisation des instruments destinés à avoir une prise sur les seuls aspects traditionnels du commerce extérieur (douanes, restrictions quantitatives). Des mécanismes plus évolués, tels que l'organisation de marché à l'échelle mondiale, prévue par l'accord international sur le caoutchouc naturel, relèvent aussi de la politique commerciale commune, malgré les particularités qui la distinguent des accords commerciaux et tarifaires classiques;
- les compétences de la Communauté en matière de politique commerciale ne doivent pas être interprétées restrictivement à la lumière de dispositions plus générales du traité relatives à la politique économique et fondées sur la conception d'une simple coordination (articles 6 et 145). Lorsque l'organisation des rapports économiques de la Communauté avec des pays tiers est susceptible d'avoir des répercussions sur certains secteurs de la politique économique, tels que l'approvisionnement de la Communauté en matières premières et la politique des prix, ceci ne doit pas être une raison d'exclure de tels objets du domaine de la politique commerciale;
- la qualification d'un accord international au regard de l'article 113 doit être faite en considération de l'objet essentiel de cet accord et non de clauses particulières, de caractère accessoire ou auxiliaire qui, prises isolément, pourraient ne pas relever des dispositions de cet article.

Sur la base de ces principes, la Cour de justice a estimé que la Communauté avait une compétence exclusive pour conclure l'accord qui lui était soumis. Elle a toutefois réservé la possibilité d'une participation conjointe de la Communauté et des Etats membres dans le cas où le financement des opérations du mécanisme régulateur prévu par l'accord serait pris en charge non par le budget de la Communauté, mais directement par les Etats membres.

INFORMATION SUR L'EVOLUTION DU DROIT COMMUNAUTAIRE

En ce qui concerne la documentation relative au droit communautaire, l'alimentation du système Celex a été poursuivie selon le plan interinstitutionnel

Community importers of their products. In the judgments delivered on 29 March 1979 in these cases the Court held that the actions were admissable and well founded and annulled the Regulation in question.

The Court annulled the Regulation on the grounds that the basic Community Regulation on protection against dumping provided that an anti-dumping procedure could not result both in the acceptance of an undertaking from exporters and the imposition of a definitive anti-dumping duty, even though it may be suspended. It should be noted that some amendments were subsequently made to the basic Regulation.

Following the emergence of a difference of opinion between itself and the Council on the question of the extent of the Community's powers to negotiate and conclude the International Agreement on Natural Rubber which was then being drawn up within UNCTAD, the Commission had asked the Court of Justice for a ruling on this question by resorting once again to the consultative procedure provided for in the second subparagraph of Article 228(1) of the EEC Treaty.

In its Opinion (1/78) of 4 October 1979, the Court of Justice singled out in connection with this case, as requested by the Commission, a number of general criteria for interpreting the concept of commercial policy within the meaning of Article 113 of the EEC Treaty:

- the common commercial policy cannot be confined to the employment of instruments intended to have an effect only on the traditional aspects of foreign trade (customs, quantitative restrictions). More sophisticated mechanisms, such as the organization of the market on a worldwide scale, as provided for in the International Agreement on Natural Rubber, also come within the scope of common commercial policy despite the particular features that distinguish it from typical commercial and tariff agreements;
- the Community's powers in the field of commercial policy must not be given a restrictive interpretation in the light of the more general provisions of the Treaty relating to economic policy and based on the concept of straightforward coordination (Articles 6 and 145). Where the organization of the Community's economic relations with third countries may have repercussions on certain sectors of economic policy such as supplies of raw materials to the Community and prices policy, this must not be a ground for excluding such matters from the field of commercial policy;
- an international agreement must be classified having regard to Article 113 by taking account of the fundamental objective of that agreement and not of specific clauses of a subsidiary or auxiliary nature which, taken in isolation, might fall outside the scope of the provisions of that Article.

On the basis of these principles, the Court of Justice took the view that the Community had exclusive competence to conclude the Agreement submitted to the Court. However, it left open the possibility of joint participation by the Community and the Member States if the cost of financing the operation of the adjusting mechanism provided for in the Agreement would be borne not by the Community budget but directly by the Member States.

INFORMATION ON THE DEVELOPMENT OF COMMUNITY LAW

As regards documentation relating to Community law, the CELEX system continued to be fed in accordance with the interinstitutional plan for 1978/79

pour les années 1978–1979 et le plan de développement à moyen terme pour l'accès extérieur multilingue.

Environ 55 000 "unités documentaires" sont maintenant stockées dans le système Celex et peuvent être directement interrogées par console. Le système couvre actuellement les textes qui instituent les Communautés européennes, le droit dérivé et le droit complémentaire. La couverture d'autres secteurs (jurisprudence de la Cour de justice, travaux préparatoires, questions parlementaires) est en voie d'achèvement.

L'alimentation complémentaire pour rendre multilingue le système Celex continue. Le système contient plusieurs milliers d'actes de droit dérivé et arrêts en texte intégral dans les six langues communautaires. Tous les titres des actes de droit dérivé en vigueur sont "saisis" dans les six langues.

Le raccordement expérimental par télécommunication est effectif pour plusieurs organismes extérieurs situés dans différents Etats membres et de nouvelles demandes de raccordement expérimental ont été acceptées. L'ouverture de Celex à un plus grand nombre d'utilisateurs grâce au réseau public européen Euronet[1] est prévue pour 1980.

Les travaux relatifs à l'édition d'un répertoire des actes de droit communautaire en vigueur au 1er avril 1979 sont en cours.

D. MEMBRES DE LA COMMISSION
(et leurs attributions)

Président	Roy Jenkins	Secrétariat général Service juridique Information Groupe du porte-parole Bureau de sécurité
Vice-président	François-Xavier Ortoli	Affaires économiques et financières Crédit et investissements Office statistique
Vice-président	Wilhelm Haferkamp	Relations extérieures
Vice-président	Finn Olav Gundelach	Agriculture et pêche
Vice-président	Lorenzo Natali	Questions d'élargissement Service de l'environnement Questions de sécurité nucléaire Relations avec le Parlement européen
Vice-président	Henk Vredeling	Emploi et affaires sociales Conférence tripartite
Membre de la Commission	Claude Cheysson	Développement

and the medium-term development plan covering multilingual outside access.

Some 55 000 documentary units have so far been stored in the CELEX system and may be questioned directly by console. The system currently covers the instruments establishing the European Communities, secondary legislation and supplementary law. Other sectors (case-law of the Court, preparatory acts, parliamentary questions) have been almost completely dealt with.

The feeding of additional information into the CELEX system in order to make it multilingual continues. The system contains the full text of several thousand instruments of secondary legislation and judgments in the six Community languages. All the titles of instruments of secondary legislation in force have been stored in the six languages.

Experimental link-up by means of telecommunication is operative for several outside bodies situated in various Member States, and further requests for experimental link-up have been accepted. The opening-up of CELEX to a greater number of users through the European public network, "Euronet", is planned for 1980.

Work is proceeding on the publication of a catalogue of Community legal instruments in force on 1 April 1979.

D. MEMBERS OF THE COMMISSION
(indicating their special responsibilities)

President	Roy JENKINS	Secretariat-General Legal Service Information Spokesman's Group Security Office
Vice-President	François-Xavier ORTOLI	Economic and financial affairs Credit and investments Statistical Office
Vice-President	Wilhelm HAFERKAMP	External relations
Vice-President	Finn Olav GUNDELACH	Agriculture and fisheries
Vice-President	Lorenzo NATALI	Enlargement Protection of the environment Nuclear safety Relations with the European Parliament
Vice-President	Henk VREDELING	Employment and social affairs Tripartite Conference
Member of the Commission	Claude CHEYSSON	Development

Membre de la Commission	Guido BRUNNER	Energie Recherche, science et éducation Agence d'approvisionnement d'Euratom Information scientifique et technique et gestion de l'information Centre commun de recherche
Membre de la Commission	Raymond VOUEL	Concurrence
Membre de la Commission	Antonio GIOLITTI	Coordination des Fonds communautaires Politique régionale
Membre de la Commission	Richard BURKE	Fiscalité Protection des consommateurs Transports
Membre de la Commission	Etienne DAVIGNON	Marché intérieur et affaires industrielles Union douanière
Membre de la Commission	Christopher TUGENDHAT	Budget et contrôle financier Institutions financières Personnel et administration Office des publications officielles des Communautés européennes

E. SECRETARIAT GENERAL DE LA COMMISSION ET ADRESSE

Rue de la Loi 200, 1049 Bruxelles — Tél. 735 00 40/735 80 40/736 60 00
Westraat 200, 1049 Brussel — Télex 21877 COMEU B

Secrétaire général	Emile NOEL
Secrétaire général adjoint	Christopher AUDLAND
Directeur	Rodolphe GACHOT
Conseiller principal (chargé de coordonner les unités 4 et 5)	Henri ETIENNE
Conseiller principal (chargé de coordonner les unités 6 et 7)	Umberto STEFANI
Conseiller principal (chargé de l'unité 8)	John PETERS

Member of the Commission	Guido BRUNNER	Energy Research, science and education Euratom Supply Agency Scientific and technical information and information management Joint Research Centre
Member of the Commission	Raymond VOUEL	Competition
Member of the Commission	Antonio GIOLITTI	Coordination of Community funds Regional policy
Member of the Commission	Richard BURKE	Taxation Consumer affairs Transport
Member of the Commission	Étienne DAVIGNON	Internal market and industrial affairs Customs union
Member of the Commission	Christopher TUGENDHAT	Budget and financial control Financial institutions Personnel and administration Office for Official Publications of the European Communities

E. SECRETARIAT-GENERAL OF THE COMMISSION AND ADDRESS

Rue de la Loi 200, 1049 Bruxelles
Wetstraat 200, 1049 Brussel

Tel. 735 00 40/735 80 40/736 60 00
Telex 21877 COMEU B

Secretary-General	Émile NOEL
Deputy Secretary-General	Christopher AUDLAND
Director	Rodolphe GACHOT
Chief Adviser (with special responsibility for co-ordination of Units 4 and 5)	Henri ETIENNE
Chief Adviser (with special responsibility for co-ordination of Units 6 and 7)	Umberto STEFANI
Chief Adviser (with special responsibility for Unit 8)	John PETERS

Conseiller principal (chef du Groupe de conseillers) — Michael JENKINS

F. PUBLICATIONS

Rapport général sur l'activité des Communautés européennes
(en abrégé: Rapport général), annuel, publié par la Commission
- *Rapport sur la situation de l'agriculture dans la Communauté*
(publié en relation avec le Rapport général sur l'activité des Communautés européennes)
(en abrégé: Rapport agriculture), annuel
- *Exposé sur l'évolution de la situation sociale dans la Communauté*
(publié en relation avec le Rapport général sur l'activité des Communautés européennes)
(en abrégé: Exposé social), annuel
- *Rapport sur la politique de concurrence*
(publié en relation avec le Rapport général sur l'activité des Communautés européennes)
(en abrégé: Rapport concurrence), annuel

Bulletin des Communautés européennes
(en abrégé: Bull. CE), mensuel, publié par la Commission

Supplément au Bulletin des Communautés européennes
(en abrégé: Supplément – Bull. CE), parution irrégulière, publié par la Commission
- *1/79 Union européenne – Rapports annuels 1978*
- *2/79 Adhésion des Communautés à la Convention européenne des droits de l'homme – Mémorandum de la Commission*
- *3/79 Politique forestière dans la Communauté*
- *4/79 Deuxième programme communautaire à l'égard des consommateurs*
- *5/79 Transports aériens: une approche communautaire – Mémorandum de la Commission*
- *6/79 La participation des salariés à la formation des patrimoines – Mémorandum de la Commission au Conseil*
- *7/79 Construction navale – Bilan et action anticrise (paraîtra prochainement)*
- *8/79 Un réseau de transport pour l'Europe – Esquisse d'une politique*
- *9/79 Union européenne – Rapports annuels 1979 (paraîtra prochainement)*

Journal officiel des Communautés européennes
Série Législation (en abrégé: JO L)
Série Communications et informations (en abrégé: JO C)

Recueil de la Jurisprudence de la Cour
(en abrégé: Recueil), séries annuelles irrégulières, publié par la Cour de justice

Les investissements dans les industries du charbon et de l'acier de la Communauté
(situation au . . .)
annuel, publié par la Commission

Chief Adviser (Head of Central Advisory Group) — Michael JENKINS

F. PUBLICATIONS

General Report on the Activities of the European Communities
(abbr: General Report), published annually by the Commission
- *Report on the Agricultural Situation in the Community*
(Published in conjunction with the General Report)
(abbr: Agricultural Report), published annually
- *Report on the Development of the Social Situation in the Community*
(Published in conjunction with the General Report)
(abbr: Social Report), published annually
- *Report on Competition Policy*
(Published in conjunction with the General Report)
(abr: Competition Report), published annually

Bulletin of the European Communities
(abbrs Bull. EC), published monthly by the commission
Supplement to the Bulletin of the European Communities
(abbr: Supplement . . . – Bull. EC), published at irregular intervals by the Commission
1/79 *European Union – Annual reports for 1978*
2/79 *Accession of the Communities to the European Convention on Human Rights – Commission memorandum*
3/79 *Forestry policy in the European Community*
4/79 *Second Community programme for consumers*
5/79 *Air Transport: A Community approach – Memorandum of the Commission*
6/79 *Employee participation in asset formation – Memorandum of the Commission*
8/79 *A transport network for Europe – Outline of a policy (in preparation)*

Official Journal of the European Communities
Legislation series (abbr: OJL)
Information and Notices series (abbr: OJC)

Reports of Cases before the Court
(abbr: ECR), published by the Court of Justice in annual series, parts appearing at irregular intervals throughout the year

Investments in the Community's Coal and Steel Industries – Situation at . . .
published annually by the Commission

Economie européenne
trois numéros par an

Ces publications sont imprimées et diffusées par les soins de l'Office des publications Officielles des Communautés européennes, Boîte postale 1003 – Luxembourg

Rapport annuel de la Banque européenne d'investissement
publié et diffusé par la BEI – 2, place de Metz – Luxembourg

European Economy
3 issues per year

All the above publications are printed and distributed through the Official Publications Office of the European Communities, Boîte postale 1003, Luxembourg

Annual Report of the European Investment Bank
published and distributed by the EIB – 2 place de Metz, Luxembourg

CHAPITRE VIII

CONSEIL NORDIQUE ET CONSEIL MINISTERIEL NORDIQUE

Le Conseil Nordique est un forum qui réunit les Parlements (les assemblées élues) et les Gouvernements Nordiques. Les Parlements choisissent parmi leurs membres 78 délégués au Conseil nordique. Les Gouvernements peuvent envoyer autant de représentants qu'ils veulent à la session plénière. En général, une quarantaine de ministres prennent part aux travaux du Conseil, mais ils n'ont pas le droit de vote. Les organes autonomes des îles Féroé et Åland choisissent eux-mêmes leurs représentants qui figurent dans les délégations danoise et finlandaise.

Le Conseil Ministériel nordique est un organe de coopération entre les Gouvernements nordiques. La composition du Conseil Ministériel varie selon la nature des questions à examiner. Les premiers ministres, les ministres des affaires étrangères et de la défense se réunissent régulièrement, mais sans former un Conseil Ministériel. Chaque Gouvernement comporte un ministre de la coopération chargé de coordonner les questions nordiques.

A. LE CONSEIL NORDIQUE

La coopération nordique a une tradition ancienne. Sous sa forme actuelle, elle a pour origine un mouvement universitaire datant de la première moitié du 19 ème siècle. Jusqu'à la première guerre mondiale, cette coopération a trouvé ses principaux points d'appui dans les milieux universitaires, dans le mouvement ouvrier et dans les milieux d'enseignants. Dans les années 1920, il s'est créé des associations nordiques qui ont réalisé la collaboration avec une assise démographique plus large.

Au niveau gouvernemental, la coopération informelle a commencé dans les années 1920 et 1930 par diverses réunions ministérielles. Au début des années 1950, il s'est créé un pendant parlamentaire, le *Conseil nordique*, qui a tenu sa première réunion en 1953.

Aujourd'hui, la coopération repose sur un traité conclu entre les pays nordiques (le traité d'Helsinki) qui est entré en vigueur en 1962. Aux termes de ce traité, les pays doivent s'efforcer de maintenir et de développer la coopération dans les domaines de la législation, des politiques culturelles, sociales et économiques et en matière de transports et de communications. L'accord révisé de 1971 a créé le Conseil Ministériel nordique et en même temps les procédures et les règles de coopération ont été modifiés en conséquence. Pour promouvoir la coopération dans des domaines particuliers, des accords supplémentaires ont été conclus depuis, par exemple l'Accord culturel nordique (1971), l'Accord nordique de transport (1972) et un traité de protection de l'environnement (signé en 1974).

Le Conseil nordique offre le moyen aux Parlements et aux Gouvernements des pays nordiques d'examiner ensemble des questions de coopération. Le Conseil est à la fois un organe consultatif et de contrôle autorisé à faire des recommandations aux Gouvernements. Il comprend 78 élus et des représentants gouvernementaux. Le Parlement danois élit 16 membres, le finlandais 17, l'islandais 6, le norvégien et le suédois 18 chacun. L'assemblée législative des îles Féroé élit deux membres et le Conseil du Comté d'Åland un.

CHAPTER VIII

NORDIC COUNCIL AND NORDIC COUNCIL OF MINISTERS

The Nordic Council is a joint forum for the Nordic Parliaments (elected assemblies) and Governments. The Parliaments choose among their members a total of 78 delegates to the Nordic Council. The Nordic Governments may send as many representatives as they wish to the Plenary Session. Generally some forty ministers take part in the work of the Council; however they are not entitled to vote. The self-governing bodies in the Faroe Islands and Åland choose their own representatives, who are included in the Danish and Finnish delegations respectively.

The Nordic Council of ministers is a body for co-operation between the Nordic Governments. The composition of the Council of Ministers varies according to the nature of the questions to be considered. The Prime Ministers, the Foreign Ministers and the Defence Ministers meet regularly, however, not as a Council of Ministers. In each Government there is a Minister for Co-operation who is responsible for co-ordinating Nordic questions.

A. THE NORDIC COUNCIL

Nordic co-operation has ancient traditions. In its present form it started as an academic movement during the first half of the 19th century. Until the First World War this co-operation found its main points of support in university circles, the labour movement and among those working for general education. In the 1920s the Norden Associations were established, thus providing for collaboration on a larger popular scale.

On the governmental level, informal co-operation started in the 1920s and the 1930s, i.a., through various ministerial meetings. In the early 1950s a parliamentary counterpart, the *Nordic Council*, was established, having its first session in 1953.

The basis of today's co-operation is a treaty between the Nordic countries (the "Helsinki-treaty"), which came into force in 1962. According to the treaty, the countries should try to maintain and further develop the co-operation in the fields of legislation, of cultural, social, and economic policies, and as regards transport and communications. Through the revised agreement of 1971, the Nordic Council of Ministers was established, and at the same time the procedures and rules of co-operation were changed correspondingly. To promote the co-operation in specific fields, additional agreements have since been concluded, such as the Nordic Cultural Agreement (1971), the Nordic Transport Agreement (1972), and a treaty concerning protection of environment (signed 1974).

The Nordic Council provides a means for joint discussions between the Parliaments and Governments of the Nordic countries on questions of co-operation. The Council is an advisory as well as controlling body authorized to make recommendations to the Governments. The Council consists of 78 elected members and of governmental representatives. The Danish parliament elects 16 members, the Finnish 17 members, the Icelandic 6 members, the Norwegian and Swedish parliaments 18 members each. The Legislature of the Faroe Islands elects 2 members and the County Council of Åland 1 member. Normally, about

Normalement, environ 45 ministres participent aux sessions plénières annuelles du Conseil, mais sans avoir le droit de vote. Au total le nombre des délégués est d'environ 125.

Le Présidium du Conseil a un secrétariat permanent à Stockholm depuis 1971 qui, assisté par les secrétariats nationaux du Conseil, expédie les affaires courantes du Conseil. Les cinq comités permanents du Conseil, entre lesquels les élus se répartissent, se réunissent plusieurs fois entre les sessions pour préparer les propositions des membres du Conseil et des Gouvernements. Les recommandations du Conseil sont dans une large mesure appliquées par les Gouvernements et les Parlements.

Depuis 1975, le Conseil nordique a un budget propre et un comité exécutif qui prend part à la discussion annuelle du budget avec le Conseil Ministériel sur les crédits intéressant l'ensemble des pays nordiques et qui en même temps exerce une fonction de contrôle au nom du Conseil nordique vis-à-vis des Gouvernements.

QUELQUES RECOMMANDATIONS ET DECLARATIONS ADOPTEES A LA 28EME SESSION DU CONSEIL NORDIQUE TENUE A REYKJAVIK, ISLANDE DU 3 AU 7 MARS, 1980.

(*27 recommandations en tout*)

Rec N° l: La formation technique et financière pour la construction navale et la navigation

Le Conseil nordique recommande au Conseil Ministériel nordique d'examiner la possibilité et d'arrêter la forme d'une coopération intensifiée pour la formation technique et financière en matière de navigation dans les pays nordiques.

Rec. N° 2: La responsabilité des écoles nordiques à l'étranger

Le Conseil nordique recommande aux Gouvernements nordiques d'engager sans délai des négociations sur l'extension de l'accès aux écoles nordiques à l'étranger, pour que leur coût soit remboursable et qu'elles soient ouvertes aux enfants de tous les pays nordiques.

Rec. N° 3: Langue et culture des gens du "Kven" en Norvège septentrionale

Le Conseil nordique recommande au Conseil Ministériel nordique, en coopération avec les institutions scientifiques concernées, de dresser un plan de collecte et de recherche des traditions culturelles et linguistiques des gens du "Kven" en Norvège septentrionale et d'appliquer ensuite ce plan.

Rec. N° 4: Les vidéocassettes et les nouvelles techniques d'information

Le Conseil nordique recommande aux Gouvernements nordiques:

1. de procéder en étroite coopération à des enquêtes sur les médias dans les différents pays,
2. de procéder sans délai à l'examen technique concerté des divers systèmes vidéo pour créer les conditions de décisions intéressant la distribution nordique commune des standards et des vidéogrammes et

45 Ministers participate in the annual plenary sessions of the Council, but without the right to vote, the total number of delegates amounting to about 125.

The Council's Presidium has since 1971 a permeanent secretariat in Stockholm, which, assisted by the Council's national secretariats, attends to the current matters of the Council. The Council's five permanent committees, among which the elected members are distributed, meet several times between the sessions to prepare motions that have been proposed by members of the Council and by the Governments. The Council's recommendations are to a large extent implemented by the Governments and the Parliaments.

Since 1975, the Nordic Council has a special budget and control committee, which takes part in yearly budget discussions with the Council of Ministers about joint Nordic allowances, and which at the same time has been given controlling functions on behalf of the Nordic Council vis-à-vis the governments.

SOME OF THE RECOMMENDATIONS AND STATEMENTS ADOPTED AT THE 28TH SESSION OF THE NORDIC COUNCIL HELD IN REYKJAVIK, ICELAND, 3–7 MARCH 1980

(*27 recommendations in all*)

Rec. No. 1: Training for Shipbuilding and Shipping Finance

The Nordic Council recommends the Nordic Council of Ministers to examine the feasibility of, and to decide the form of, intensified co-operation in the technical and financial training within shipping in the Nordic countries.

Rec. No. 2: Responsibility for Nordic Schools Abroad

The Nordic Council recommends the Nordic Governments to take up negotiation, without delay, on an extension of access to Nordic schools abroad so that they are with reimbursement for the cost, open to children from all the Nordic Countries.

Rec. No. 3: The Language and Cuture of the "Kven People" in Northern Norway

The Nordic Council recommends the Nordic Council of Ministers in co-operation with the scientific institutions concerned, to draw up a plan for collection and research of the cultural and language traditions of the "Kven People" in northern Norway, and then implement this plan.

Rec. No. 4: Video Cassettes and the New Information Technology

The Nordic Council recommends the Nordic governments,

1. in close co-operation, to carry out inquiries into the mass media in the respective countries and,
2. without delay, to carry out a concerted technical examination of the various video systems with a view to obtaining a basis for decisions on a joint Nordic standard and videogram distribution, and

3. de façon générale, de promouvoir la coopération et la coordination en ce qui concerne la politique des médias, par exemple à l'égard des droits d'auteur, de la standardisation, de la production commune des vidéogrammes pour les petits groupes, de la diffusion des vidéogrammes entre les pays nordiques et aux citoyens nordiques en dehors des pays nordiques, y compris la diffusion aux marins par les réseaux ordinaires et la recherche relative aux nouvelles techniques et à leur application.

Rec. N° 5: Un marché commun nordique du livre

Le Conseil nordique recommande au Conseil Ministériel nordique d'examiner la possibilité de créer un marché commun nordique du livre, d'une part pour augmenter la production d'ouvrages nordiques dans les langues originales de tous les pays nordiques et, d'autre part, pour donner aux gens la possibilité d'acheter des livres nordiques dans leur pays au même prix que dans le pays d'origine.

Rec. N° 8: Facilités de voyage pour les retraités

Le Conseil nordique recommande au Conseil Ministériel nordique, pour faciliter les voyages aux retraités dans la région nordique,

1. de promouvoir l'harmonisation du système des réductions aux retraités déjà en vigueur dans les pays nordiques et
2. de faciliter l'élaboration de voyages organisés à bas prix à l'intention des retraités.

Rec. N° 10: Une année nordique de la sécurité de la route en 1982

Le Conseil nordique recommande au Conseil Ministériel nordique de proclamer 1982 l'Année nordique de la sécurité de la route et de veiller à ce que les préparatifs nécessaires aient lieu en étroite collaboration avec les organes concernés au conseil nordique et qu'ils soient engagés sans délai au niveau national et nordique.

Rec. N° 11: Amélioration des statistiques de transport

Le Conseil nordique recommande au Conseil Ministériel nordique

1. de faire procéder à une étude pour savoir dans un premier temps quelles sont les statistiques du rapport NORDTRANS qui doivent être mises à jour,
2. de rendre possible la production régulière de statistiques nordiques sur les transports.

Rec. N° 13: Recherche et enseignement sur les droits de l'homme

Le Conseil nordique recommande au Conseil Ministériel nordique

1. d'examiner la possibilité au niveau nordique et autant que possible avec l'aide des organisations et des commissions nationales et internationales de coordonner et d'intensifier la recherche et l'enseignement, de mieux faire connaître les droits de l'homme et de les étendre.
2. d'examiner la nécessité d'un organe nordique conjoint.

3. on the whole, to work for co-operation and co-ordination in the field of media policy, for instance in regard to copyright, standardisation, the common production of videograms to smaller groups, the spreading of videograms between the Nordic countries and to Nordic citizens outside the Nordic countries including distribution to seamen via common networks, and research concerning new techniques and their application.

Rec. No. 5: A Common Nordic Book Market

The Nordic Council recommends the Nordic Council of Ministers to examine the feasibility of establishing a common Nordic book market, partly so as to increase to supply of Nordic literature in the original languages in all the Nordic countries, and partly to give people a possibility to buy Nordic books in their own country at the same prices as in the country of origin.

Rec. No. 8: Travel Facilities for Pensioners

The Nordic Council recommends the Nordic Council of Ministers, in order to offer Pensioners in the Nordic region better travel facilities,

1. to work for a harmonisation of the system of reductions for pensioners already existing in the Nordic countries, and
2. to assist in the working out of systems of package tours for pensioners based on low prices.

Rec. No. 10: A Nordic Traffic Safety Year 1982

The Nordic Council recommends the Nordic Council of Ministers to promulgate 1982 as a Nordic Traffic Safety Year and to see that the necessary preparations are carried out in close collaboration with the bodies concerned in the Nordic Council and that they are commenced, without delay, on a national and Nordic level.

Rec. No. 11: Improved Transport Statistics

The Nordic Council recommends the Nordic Council of Ministers

1. to have an evaluation made to ascertain which statistical data in the NORDTRANS report should be updated in the first instance,
2. to make possible the production of regular Nordic transport statistics.

Rec. No. 13: Research and Teaching about Human Rights

The Nordic Council recommends the Nordic Council of Ministers

1. to examine the feasibility, on a joint Nordic basis and with the aid as far as possible of existing national and international organisations and committees, of co-ordinating and intensifying research and teaching as well as spreading knowledge about rights and expanding them.
2. to examine the need for a joint Nordic body.

Rec. N° 15: Les conséquences de l'informatique

Le Conseil nordique recommande au Conseil Ministériel nordique d'engager sans délai, en étroite collaboration avec les organisations d'employeurs et de travailleurs, des recherches et des enquêtes communes concernant les effets de l'informatique sur l'emploi, le milieu de travail, l'industrie et le commerce.

Rec. N° 16: La coopération internationale relative aux conséquences de l'informatique

Le Conseil nordique recommande aux Gouvernements nordiques de collaborer à un niveau international pour veiller à ce que les effets de l'informatique sur l'emploi, le milieu de travail, l'industrie et le commerce soient étudiés.

Rec. N° 17: Conventions nordiques sur les prestations professionnelles

Le Conseil nordique recommande au Conseil Ministériel nordique, en consultation avec les parties prenantes sur le marché du travail, d'examiner les conditions nécessaires à la conclusion d'une convention nordique garantissant aux citoyens nordiques qui émigrent le droit de faire entrer dans le calcul de leur salaire et d'autres prestations professionnelles leurs travaux accomplis dans un autre pays nordique.

Rec. N° 18: Les risques du milieu de travail en cas de grossesse

Le Conseil nordique recommande au Conseil Ministériel nordique, pour uniformiser les directives nordiques relatives aux risques courus dans la vie du travail par les femmes et les hommes en âge de procréer et notamment aux risques en cas de grossesse, de commanditer sans délai une étude globale des données disponibles en cette matière et d'engager des recherches conjointes pour recueillir des faits nouveaux à ce sujet.

Rec. N° 21: Institut médical de recherche sur le sport

Le Conseil nordique recommande au Conseil Ministériel nordique, sans aucune condition, de commanditer une enquête sur les moyens d'augmenter la coopération interdisciplinaire en matière de médecine sportive, compte tenu des besoins inhérents au sport d'élite et sport d'élite et à l'éducation physique.

Rec. N° 22: Acupuncture

Le Conseil nordique recommande au Conseil Ministériel nordique de charger une commission de faire le point des expériences acquises en matière de traitement par l'acupuncture.

Rec. N° 23: Projets industriels

Le Conseil nordique recommande au Conseil Ministériel nordique d'engager une révision de la législation des pays nordiques en vue de promouvoir des projets conjoints en matière industrielle.

Rec. No. 15: The Consequences of Computer Technology

The Nordic Council recommends the Nordic Council of Ministers to in close collaboration with the employer and employee organisations, without delay embark on joint research and inquiries relating to the effects of computer technology on employment, the working environment, and industry and commerce.

Rec. No. 16: International Co-operation on the Consequences of Computer Technology

The Nordic Council recommends the Nordic Governments to work together on an international level with a view to seeing that the effects of computer technology on employment, the working environment, and industry and commerce will be examined.

Rec. No. 17: Nordic Convention on Employment Benefits

The Nordic Council recommends the Nordic Council of Ministers in consultation with the parties on the labour market, to examine the pre-conditions for the conclusion of an overall Nordic Convention which assures Nordic citizens who migrate the right to include their work in another Nordic country, when pay and other employment benefits are being determined.

Rec. No. 18: Working Environment Hazard in Pregnancy

The Nordic Council recommends that the Nordic Council of Ministers with a view to obtaining uniform Nordic guidelines concerning the hazards occurring in working life for women and men of fertile age with special regard to hazards in pregnancy should, without delay, commission an overall survey of the existing information in this field and also initiate joint research in order to obtain fresh facts about the matter.

Rec. No. 21: A Medical Research Institute for Sport

The Nordic Council recommends the Nordic Council of Ministers, without any conditions, to commission an inquiry into the forms for a greater measure of inter-disciplinary co-operation in the field of the medicine of sport, with due regard to the needs both of sport for the elite and of physical training.

Rec. No. 22: Acupuncture

The Nordic Council recommends the Nordic Council of Ministers to appoint a committee to review the experience gained so far of the method of treatment by acupuncture.

Rec. No. 23: Industrial Projects

The Nordic Council recommends the Nordic Council of Ministers to undertake a review of the legislation in the Nordic countries aimed at promoting joint projects in the industrial field.

Rec. Nº 24: Industrie nordique du verre

Le Conseil nordique recommande au Conseil Ministériel nordique d'étudier les problèmes de l'industrie du verre dans la région nordique afin de contrecarrer les tendances au monopole et d'examiner la possibilité de maintenir une industrie nordique du verre.

Rec. Nº 27: Recherche nordique conjointe sur les problèmes d'urbanisme

Le Conseil nordique recommande au Conseil Ministériel nordique de commencer par élaborer un rapport sur la situation de la recherche en matière d'urbanisme en prenant comme point de départ les travaux du groupe ad hoc de l'OCDE, puis sur la base de ce rapport et de l'expérience procurée par le projet d'urbanisme du Conseil Ministériel nordique, d'examiner la nécessité d'un programme de recherche orienté sur les problèmes de développement des villes.

B. LE CONSEIL MINISTERIEL NORDIQUE

Le *Conseil Ministériel nordique* a été créé en 1971. Il constituait un instrument efficace pour la prise des décisions au niveau nordique et un organe capable de mettre en application les recommandations du Conseil nordique.

La base de la coopération nordique officielle est le traité d'Helsinki conclu entre les pays nordiques en 1962. Il existe en outre toute une série de conventions et d'accords réglant la coopération nordique, notamment l'Accord culturel, l'Accord des transports, la Convention sociale, l'Accord pour le marché du travail et la Convention de protection de l'environnement.

La composition du Conseil Ministériel varie selon les questions à examiner. Par exemple, en matière industrielle, le Conseil Ministériel comprend les ministres de l'industrie.

Le Gouvernement de chaque pays a chargé l'un de ses ministres (le ministre de la coopération) de coordonner la coopération nordique et de préparer les questions nordiques générales dans son pays. La plupart des réunions du Conseil Ministériel comprennent les ministres de la coopération.

Les décisions du Conseil Ministériel lient les Gouvernements, dans certains cas sous réserve de l'approbation de ces décisions par les Parlements.

DOMAINES DE COOPERATION

Les travaux du Conseil Ministériel touchent à tous les domaines des collectivités nordiques, sauf toutefois aux questions de sécurité et de politique étrangère. Les principaux domaines de la coopération sont la culture, l'enseignement, la recherche, la législation, le commerce, l'industrie, l'énergie, la protection de l'environnement, le marché du travail, le milieu de travail, les transports, le tourisme, la politique sociale, la politique régionale et les questions de consommation.

La coopération nordique a pour but de jeter les fondements d'une politique qui ait d'heureux effets culturels, sociaux et économiques sur le bien-être des habitants de la région nordique.

Rec. No. 24: The Nordic Glass Industry

The Nordic Council recommends the Nordic Council of Ministers to inquire into the problems of the glass-industry in the Nordic region with a view to counteracting the monopolistic tendencies and of examining the feasibility of retaining a Nordic glass industry.

Rec. No. 27: Joint Nordic Research into Urban Problems

The Nordic Council recommends the Nordic Council of Ministers, in the first instance, to compile a report on the present situation in urban research, the point of departure being the work of the OECD ad hoc Group, and then, on the basis of this report and the experience gained in the Nordic Council of Ministers' cities project, to consider the need for a problem oriented research programme for the development of cities.

B. THE NORDIC COUNCIL OF MINISTERS

The *Nordic Council of Ministers* was established in 1971. By creation, an effective decision-making instrument was obtained at a Nordic level and also an organ which could follow up the recommendations of the Nordic Council.

The basis of official Nordic co-operation is the Helsinki Treaty, which was concluded between the Nordic countries in 1962. In addition, there are a whole series of conventions and agreements to regulate Nordic co-operation. They include the Cultural Agreement, the Transport Agreement, the Social Convention, the Labour-Market Agreement and the Environmental Protection Convention.

The composition of the Council of Ministers, varies in accordance with the questions to be considered. For instance when industrial matters are to be discussed, the Council of Ministers is composed of the Ministers of Industry.

The Government of each country has appointed one of its Ministers (the *Minister for Co-operation*) to be responsible for co-ordinating Nordic co-operation and for the preparation of general Nordic questions in his country. Most of the Council of Ministers' meetings are held between the Ministers for Co-operation.

Decisions by the Council of Ministers are binding on the Governments, in some cases not until the decisions have been approved by the Parliaments.

FIELDS OF COOPERATION

The work of the Council of Ministers extends over all fields in the Nordic communities; however questions concerning security policy and foreign policy are not taken up by the Council of Ministers. Some of the main fields of co-operation are culture, education, research, legislation, trade, industry, energy, environmental protection, the labour-market, the working environment, transportation, tourism, social policy, regional policy and consumer questions.

The goal of the Nordic co-operation is to lay the foundation for a policy which is of cultural, social and economic benefit for the welfare of the inhabitants of the Nordic region.

LES COMITES MIXTES DE HAUTS FONCTIONNAIRES

Pour les principaux domaines de coopération, le Conseil Ministériel a des Comités mixtes de hauts fonctionnaires qui préparent les réunions du Conseil Ministériel et dirigent les enquêtes sur lesquelles les décisions du Conseil Ministériel se fondent. Ces Comités comprennent des fonctionnaires des pays nordiques agissant sur instruction de leur ministre dans le domaine qui les concerne. Les Comités permanents et les groupes de travail sont placés sous la direction des Comités de hauts fonctionnaires.

Le Comité mixte de hauts fonctionnaires des ministres de la coopération (le Comité des délégués) a été chargé de coordonner la coopération nordique au niveau des hauts fonctionnaires.

LES SECRETARIATS

Le Conseil Ministériel et les Comités mixtes de hauts fonctionnaires sont assistés dans leurs travaux par le *Secrétariat du Comité des Ministres* à Oslo et par le *Secrétariat culturel* à Copenhague.

FINANCEMENT

La coopération nordique dans le cadre du Conseil Ministériel est financée par les pays nordiques dont les contributions sont fixées par un barème tenant compte du produit national brut de chaque pays.

Le Conseil Ministériel nordique présente un rapport sur la coopération nordique à la session annuelle du Conseil nordique. Ce rapport rend également compte des projets de coopération.

RESUME DES PRINCIPAUX EVENEMENTS DE 1979

Les principales questions examinées en 1979 ont été la coopération économique à venir, la coopération en matière de recherche, la politique industrielle, la politique de consommation, le rôle des sociétés multinationales dans l'économie des pays nordiques, la recherche, notamment sur les conséquences de l'informatique pour l'économie, le marché du travail et le milieu du travail, la proposition d'une Année nordique de la sécurité de la route en 1982 et la coopération dans l'emploi des nouvelles techniques d'information. (A leur réunion annuelle avec le Conseil Ministériel nordique à Reykjavik en octobre 1979, les Premiers Ministres nordiques ont décidé que, à partir de 1980, ils se réuniraient plusieurs fois par an. Cette décision, qui renforcera considérablement la coopération nordique, encouragera probablement les progrès dans tous les secteurs de la coopération nordique.)

COOPERATION ECONOMIQUE

Les aspects de la coopération économique examinés par le Conseil Ministériel en 1979 ont porté sur la politique financière et la politique monétaire internationale, la politique industrielle, la politique régionale et l'emploi. Deux

THE JOINT COMMITTEES OF SENIOR OFFICIALS

For the most important fields of co-operation the Council of Ministers has *Joint Committees of Senior Officials,* who prepare the Council of Ministers' meetings and direct the inquiries on which the Council of Ministers' decisions are based. These Committees are made up of officials from the Nordic countries who act on instruction from the respective Minister for the special field concerned. Standing Committees and Working-Groups are set up to work under the Committees of Senior Officials.

The Joint Committee of Senior Officials of the Ministers for Co-operation (the *Committee of Deputies*) has been set up to co-ordinate Nordic co-operation at official level.

THE SECRETARIATS

The Council of Ministers and the Joint Committees of Senior Officials are assisted in their work by the *Council of Ministers' Secretariat* in Oslo and the *Cultural Secretariat* in Copenhagen.

FINANCING

Nordic co-operation within the framework of the Council of Ministers is financed by the Nordic countries, their contributions being determined by a key based on the respective gross national products of the different countries.

The Nordic Council of Ministers presents a Report on Nordic co-operation at the annual session of the Nordic Council. This Report also gives an account of the plans for co-operation in the future.

SUMMARY OF PRINCIPAL EVENTS IN 1979

The main questions discussed in 1979 were: future economic co-operation, co-operation in the field of research, industrial policy, consumers' policy, the role of multinational companies in the economy of the Nordic countries, research etc. into the consequences of data technology for economy, labour market and work environment, a proposal of a Nordic year of traffic-safety in 1982 and co-operation in the use of new information technology. (At their annual meeting with the Nordic Council of Ministers in Reykjavik in October 1979, the Nordic Prime Ministers decided that, starting in 1980, they should meet several times a year. This step, which will enhance Nordic co-operation very considerably, is expected to encourage progress in all sectors of Nordic co-operation.)

ECONOMIC CO-OPERATION

The aspects of economic co-operation considered by the Council of Ministers in 1979 included financial and international monetary policy, industrial policy, regional policy and employment. Two other key fields discussed in 1979 were

autres domaines essentiels examinés en 1979 ont été la recherche commune et la coopération en matière de radio et de télévision par satellite. Le renforcement de la coopération active exigerait des consultations plus étroites sur les questions monétaires internationales et financières. Dans cet esprit, un Comité nordique de hauts fonctionnaires pour les questions monétaires internationales et financières a été créé en 1979.

Pour obtenir de nouvelles données qui permettent de fonder une coopération plus étroite en matière de politique économique, les Premiers Ministres ont décidé à leur réunion de février de créer un Conseil de Recherche économique.

COOPERATION INDUSTRIELLE

Le renforcement de la coopération industrielle est considéré comme un moyen possible d'améliorer la compétitivité internationale de l'industrie nordique. Cette coopération comprend par exemple les fusions, la création de filiales dans un autre pays nordique, le sous-traitement et la collaboration sur les marchés non nordiques. La politique régionale et la politique de l'énergie intéressent aussi par certains aspects la politique industrielle.

Un intérêt s'est manifesté pour l'ouverture d'une coopération industrielle dans certains secteurs comme l'industrie pétrochimique et l'industrie électronique. Néanmoins, les négociations dans ces domaines n'ont pas abouti. Toutefois un groupe industriel nordique a été constitué avec sept sociétés en vue d'une collaboration possible en matière de technologie spatiale et plus particulièrement, parmi d'autres projets, pour le lancement possible d'un satellite nordique de radio et de télévision.

Les perspectives devraient être favorables à un élargissement de la coopération nordique pour ce qu'on appelle "l'exportation des projets", c'est-à-dire la livraison d'installations complètes, essentiellement aux pays en développement et aux pays à commerce d'Etat. Il arrive en effet que les affaires de ce genre aient une ampleur telle qu'un pays nordique isolé n'ait pas la surface nécessaire pour les traiter. La difficulté mais aussi la croissance de ce marché sont autant de motifs supplémentaires justifiant la collaboration nordique.

Au début de 1980, un groupe de travail créé par le Conseil Ministériel nordique présentera les conclusions d'une étude qui recommande notamment des mesures propres à incliner davantage les sociétés nordiques à coopérer pour l'exportation des projets. Cette étude examinera en particulier la possibilité d'intéresser la Banque nordique d'investissement à ces exportations.

Il est certain que la Banque nordique d'investissement a joué un rôle important dans la coopération industrielle nordique et son rôle ne fera sans doute que s'accroître à l'avenir. La Banque donne une impulsion à la coopération en matière de politique industrielle. En finançant les projets d'investissement et d'exportation entre les pays nordiques, elle peut contribuer à orienter les changements structuraux dans l'industrie et le commerce dans le sens de solutions internordiques.

La coopération industrielle nordique est également stimulée par le Fonds industriel nordique, institution centrale dans la coopération en matière de recherche et de développement technique.

COOPERATION EN MATIERE D'ENERGIE

La coopération en matière d'énergie est un élément de la coopération indus-

joint research, and radio and television co-operation via satellite. More active co-operation would call for closer consultations on financial and international monetary questions. With this in view a Nordic Committee of Senior Officials for Financial and International Monetary Questions was set up in 1979.

So as to obtain additional material on which to base closer co-operation in the field of economic policy, the Prime Ministers decided at their February meeting to found an Economic Research Council.

INDUSTRIAL CO-OPERATION

Increased industrial co-operation is regarded as one possible way of strengthening the international competitiveness of Nordic industry. This co-operation includes, for instance, mergers, the founding of subsidiaries in another Nordic country, sub-contracting and collaboration in non-Nordic markets. Regional policy and energy policy, too, have industrial-policy aspects.

There has been interest in openings for industrial co-operation in certain sectors such as the petrochemical industry and the electronics industry. Notwithstanding, negotiations in these areas have not led to results. On the other hand, a Nordic industrial group has been formed by seven companies with the view to possible collaboration in the space technology field, more specifically in respect of a possible Nordic radio and television satellite among other projects.

There should be good openings for a greater degree of Nordic co-operation in regard to what is called the "export of projects". By the export of projects is meant the delivery of complete installations, primarily to the less developed countries and the state-trading countries. Sometimes deals of this kind are of such a size that it may be hard for individual Nordic countries to cope with them alone. The fact that this market is a hard, but growing one is an additional reason for Nordic collaboration.

At the beginning of 1980 a Working-Group set up by the Nordic Council of Ministers is to present the findings of a study which contains, among other things, recommendations for the measures which may be needed to make Nordic companies more inclined to co-operate in regard to the export of projects. The study is also to take up the feasibility of including the Nordic Investment Bank in such exports.

There is no doubt that the Nordic Investment Bank has been of importance for Nordic industrial co-operation; its role can be expected to become increasingly significant in the future. The Bank gives an impetus to industrial-policy co-operation. By financing inter-Nordic investment and export projects, it can help to steer the structural changes in industry and commerce that are now in progress in the direction of inter-Nordic solutions.

Nordic industrial co-operation is stimulated, too, by the Nordic Industrial Fund, which is a central institution in the technical R and D co-operation.

ENERGY CO-OPERATION

Energy co-operation is one element in industrial-policy co-operation. Here,

trielle. Comme dans la politique industrielle, chaque pays nordique prend pour point de départ sa propre politique nationale et il est tout naturel que cette politique soit complétée par des consultations nordiques et par un début de coopération.

Le Parlement norvégien ayant résolu au printemps de 1979 de commencer les forages de pétrole au large de la Norvège septentrionale, le Conseil Ministériel a décidé de faire procéder à une enquête pour savoir comment les découvertes de pétrole pourraient bénéficier à la vie économique de toute la calotte arctique, qui est l'essentiel de la partie septentrionale de la région nordique.

Le Conseil Ministériel est en train d'examiner la possibilité d'une coopération pour l'importation de charbon, source d'énergie dont l'importance augmentera probablement dans les pays nordiques. L'augmentation des importations exigera un agrandissement des installations portuaires et une amélioration des circuits de distribution.

Il est prévu de poursuivre et d'approfondir le projet ambitieux de sécurité nucléaire qui sera exécuté en 1980. En outre, un nouveau projet global de recherche énergétique sur les conséquences des différentes formes d'énergie pour la sécurité est également à l'étude.

LE MARCHE DU TRAVAIL ET LA POLITIQUE REGIONALE

L'amélioration de l'équilibre du développement économique des nations nordiques prend une importance croissante. Les études faites par le Conseil des Ministres montrent que les mesures cycliques prises dans un pays nordique ont des répercussions sur l'économie et sur l'emploi dans les autres.

Dans le cadre d'un nouveau programme commun de politique régionale, un grand nombre de projets concrets intéressant l'emploi dans les régions nordiques faiblement peuplées sont à l'essai. Si ces projets donnent satisfaction, on pourra s'en inspirer dans d'autres régions. L'extension continue des projets de coopération régionale transfrontalière diminue les formalités administratives parce que les contacts directs par-dessus les frontières nationales nordiques sont désormais possibles. Ce schéma de coopération n'a probablement pas d'équivalent dans le reste du monde.

Pour la coopération sur le marché du travail, le deuxième stade de réalisation du programme nordique commun a commencé. Après l'examen des priorités, la décision a été prise de renoncer aux petits projets et de concentrer les efforts sur un petit nombre de projets plus importants.

LA COOPERATION NORDIQUE EN MATIERE DE RADIO ET DE TELEVISION

Les possibilités de coopération nordique en matière de radio et de télévision par satellite retiennent l'attention du public en ce qui concerne la coopération culturelle dans la région nordique. Le Conseil Ministériel a décidé en mars 1978 que l'étude d'émissions de radio et de télévision par satellite se poursuivrait. Cette recherche d'une plus grande coopération nordique en matière de radio et de télévision fait suite à une longue série de propositions et de recommandations des membres du Conseil nordique, dont les premières remontent au milieu des années 1950.

A bien des égards, ce projet est unique. C'est le plus grand et, du point du citoyen nordique, le plus ambitieux qui ait été envisagé dans le cadre de la

as in the industrial-policy sector, the starting-point for each Nordic nation is its own national policy. It is a natural course for this policy to be supplemented by Nordic consultations and an emerging co-operation.

After the Norwegian Parliament had resolved in the spring of 1979 to begin the drilling for oil off the coast of northern Norway, the Council of Ministers decided to commission an inquiry into how any oil discovered could benefit the economic life of the Nordkalotten area (the most northerly parts of the Nordic region).

At present the Council of Ministers is discussing the feasibility of co-operation in the importation of coal, an energy feedstock whose importance will probably increase in the Nordic countries in the future. Increased imports will call for larger port facilities and better channels of distribution.

It is planned that the far-reaching nuclear safety project which is to be completed in 1980 will be continued and made more profound. In addition, a new comprehensive energy-research project to study the safety consequences of different forms of energy is now under review.

THE LABOUR MARKET AND REGIONAL POLICY

The creation of a better balance in the economic development of the Nordic nations has become a more and more central issue. Studies made by the Council of Ministers show that trade-cycle measures taken in one Nordic nation also have an effect on the economy of the others, and thus on their employment situation.

Within the frame of the new Joint Regional-Policy Programme, a large number of concrete schemes that are of importance for employment in sparsely populated Nordic areas are now being tried out. If these schemes turn out satisfactorily, their results can also be used in other regions. With the continual extension of schemes involving regional co-operation over the borders, administrative procedures are being cut down because direct contacts over the Nordic national borders are now possible. This pattern of co-operation is probably not to be found anywhere else in the world.

Where labour-market co-operation is concerned, the second stage in the realisation of the joint Nordic Programme has now been begun. After a discussion of priorities, smaller projects have been rejected and fewer but more substantial projects are to be concentrated on in the future.

NORDIC RADIO AND TELEVISION CO-OPERATION

The feasibility of Nordic radio and television co-operation via satellite has been the focus of much of the public interest in cultural co-operation in the Nordic region. It was decided by the Council of Ministers in March 1978 that the review of the transmission of radio and television programmes by satellite should be continued. This review of a greater measure of Nordic radio and television co-operation, was a sequel to a long series of Member's Proposals and Recommendations in the Nordic Council, the first dating from the middle of the 1950s.

In many respects this project is unique. It is the largest – and for the individual in the Nordic region – the most radical project that has been considered within

coopération nordique. Nulle part ailleurs dans le monde, une telle action interétatique n'a été envisagée pour rendre les émissions de radio et de télévision accessibles aux pays voisins. Une décision sera prise par le Conseil nordique à sa 29e session de 1981.

RENFORCEMENT DE LA RECHERCHE NORDIQUE COMMUNE

En novembre 1978, les Premiers Ministres ont demandé au Conseil Ministériel nordique de prendre l'initiative d'une co-opération nordique élargie en matière de recherche fondamentale et appliquée.

En 1979, une étude a été faite sur les priorités et les investissements en matière de recherche dans la région nordique, tant du point de vue des Etats que des industries. On estime que les pays nordiques ont investi au total 25 milliards de couronnes danoises pour la recherche et le développement en 1979, dont la moitié en subventions de l'Etat. Environ 120 millions de couronnes danoises au total sont actuellement utilisées pour la recherche nordique commune, soit 1% des subventions de recherche des pouvoirs publics.

Tous les pays accordent la priorité à la recherche sur les ressources en matières premières, sur la recherche et le développement industriel, sur l'énergie, sur l'environnement, sur le secteur social et de la santé et sur l'emploi. La majorité des pays nordiques ont engagé des sommes considérables dans plusieurs de ces domaines. Les subventions d'Etat à la recherche énergétique, qui dans la région nordique se sont élevées au total à 1,2 milliards de couronnes danoises en 1979, sont particulièrement importantes.

Un travail en commun a également été envisagé dans des domaines où les ressources d'un pays sont trop faibles pour dégager des possibilités suffisantes de recherche. Ces domaines pourraient être l'achat et l'utilisation d'un matériel scientifique coûteux, la formation conjointe des chercheurs, la création d'une banque commune de données sur la culture et les conditions sociales du tiers monde et la surveillance nordique conjointe des tendances techniques et scientifiques dans certains pays non nordiques. Des études spécialisées dans ces domaines, qui seront sans doute achevées en 1980, ont été engagées.

Voici maintenant quelques-uns des nombreux résultats de la coopération en 1979 dans divers secteurs des collectivités nordiques.

En créant un Comité mixte de hauts fonctionnaires pour l'agriculture et la sylviculture, le Conseil Ministériel a approfondi sa coopération dans ce domaine. Pour que l'approvisionnement des industries sylvicoles nordiques en matières premières soit assuré à l'avenir et pour que la production agricole soit rendue plus efficace, il faut pousser la recherche et le développement. Les possibilités sont bonnes dans ces domaines pour les projets nordiques.

La consommation d'alcool et de stupéfiants est un problème grave dans tous les pays nordiques. Une nouvelle institution nordique, le Conseil nordique de la recherche en matière d'alcool et de drogue, a été créé et implanté à Helsinki.

Les conclusions d'une étude sur la formation nécessaire pour combattre le chômage des jeunes dans la région nordique ont été présentées. Les mesures proposées visent par exemple à faciliter l'entrée dans la vie active des jeunes de 16 à 19 ans, à leur montrer quelles sont les normes à respecter sur les lieux de travail et à leur donner de meilleures qualifications pour l'acceptation d'un emploi.

L'Année internationale de l'Enfant a focalisé l'attention dans de nombreux domaines de la coopération. Les questions retenues sont notamment la commercialisation visant les enfants et les jeunes, les relations des enfants avec leurs

the framework of Nordic co-operation. Nowhere else in the world are there plans for a similar inter-state, active initiative to make the radio and television programmes of neighbouring countries accessible. A decision will be taken during the Nordic Council's 29th session in 1981.

MORE JOINT NORDIC RESEARCH

In November 1978 the Prime Ministers urged the Nordic Council of Ministers to take an initiative for greater Nordic co-operation in research, both basic and applied.

During 1979 a survey has been made of research priorities and investment in the Nordic region, both governmental and industrial. It is estimated that the Nordic nations have invested a total of Dkr. 25 000 million in research and development in 1979, about half of this sum being made up of governmental grants. A total of some Dkr. 120 million is being used for joint Nordic research, that is 1% of the governmental research grants.

All the countries give priority to research in raw material resources, industrial R & D, energy, the environment, the social and health sector, and employment. The majority of the Nordic countries have staked considerable sums on several of these fields. The governmental grants to energy research, which in the Nordic region amounted to a total of Dkr. 1 200 million in 1979, are especially important.

There has also been a discussion of joint work in areas where the resources of a particular country are too small to be able to offer an adequate research potential. Such areas could be the purchase and use of costly scientific equipment, the joint training of researchers, the creation of a joint bank of knowledge of the culture and social conditions of the Third World and the joint Nordic surveillance of technical and scientific trends in certain non-Nordic countries. Special studies of these fields, which are expected to be completed in 1980, have now been commenced.

The following are some of the many results of co-operation in 1979 in various sectors of the Nordic communities:

By setting up a special Joint Committee of Senior Officials for Agriculture and Forestry, the Council of Ministers has made its co-operation in this area more profound. If the supply of raw materials for the Nordic forestry industries is to be assured in the future and if production in farming is to be made more effective, research and development on a large scale are required. There are good openings for Nordic projects in these fields.

The consumption of alcohol and narcotic drugs is a pressing problem in all of the Nordic countries. A new Nordic institution, the Nordic Council for Alcohol and Drug Research, has been set up and located in Helsinki.

The findings have been presented of a study concerning training measures to combat youth unemployment in the Nordic region. The measures proposed aim, for instance, to facilitate the entry into working life of 16–19-year-olds and to teach them what are the norms to be followed at a workplace, as well as to make them better qualified to take a job.

The International Year of the Child has been the centre of attention in many fields of co-operation. Matters taken up have included marketing with children and young people as its special target, the relationship of children to their fathers, the safety of children in road-traffic as well as the situation of handicapped and chronically sick children.

In the sphere of the working environment, there is a far-reaching Nordic

parents, la sécurité des enfants dans la circulation et la situation des enfants frappés d'un handicap ou d'une maladie chronique.

En ce qui concerne le milieu de travail, il existe une division nordique du travail qui procède à des travaux ambitieux sur la découverte des substances dangereuses. Une tentative est en cours pour harmoniser autant que possible les règlements nordiques concernant la santé et la sécurité au travail.

En matière d'environnement, il existe une collaboration nordique dans le cadre du programme européen de lutte contre la pollution de l'air.

A l'été de 1979, une nouvelle liaison aérienne passera par la calotte arctique, c'est-à-dire la partie septentrionale de la région nordique.

Un échange de fonctionnaires nordiques a commencé en 1979 en vue d'un renforcement mutuel des connaissances dans les administrations des pays nordiques.

C. PRESIDIUM ET SECRETARIAT

CONSEIL NORDIQUE

Présidium en 1979:

Président	Olof PALME, Suède
Vice-Présidents	Paul SCHLÜTER, Danemark
	Elsi HETEMÄKI-OLANDER, Finlande
	Eidur GUDNASON, Islande
	Lars KORVALD, Norvège

Secrétariat du Présidium

Tyrgatan 7, Boîte Postale 19506, S-104 32 Stockholm
Téléphone: 08/14 34 20 Télex: 12867 nordpr S.

Secrétaire du Présidium	Gudmund SAXRUD (Norvège)
Secrétaire adjoint	Jan O. KARLSSON (Suède)
Secrétaire adjoint	Gunnar NÆSSELUND (Danemark)
Chef de l'information	Harry GRANBERG (Finlande)

Présidium en 1980:

Président	Matthias A. MATHIESEN, Islande
Vice-Présidents	Knud ENGGAARD, Danemark
	Elsi HETEMÄKI-OLANDER, Finlande
	Lars KORVALD, Norvège
	Olof PALME, Suède

Pour les hauts fonctionnaires du secrétariat, voir ci-dessus. Un changement a été apporté: le chef de l'information est maintenant Mme *Inger Jägerhorn* (Finlande).

Secrétariat du Conseil Nordique des Ministres à Oslo

Boîte Postale 6753, St Olavs plass, N-Oslo 1, Téléphone: 02/11 10 52, Télex 19646 nords N.

Secrétaire Général	Hans Kühne (Danemark)
Chef de l'information	Ralf Friberg (Finlande)

division of labour in the work of discovering hazardous substances. An attempt is being made to harmonise the Nordic regulations concerning health and safety at work as far as this is possible.

In the environmental field there is Nordic collaboration within the frame of the European air-pollution programme.

In the summer of 1979 a new air link was opened over the Nordkalotten area, that is the northern parts of the Nordic region.

An exchange of Nordic civil servants was commenced in 1979 with a view to increasing their knowledge of the administrations of the other countries.

C. PRESIDIUM AND SECRETARIAT

NORDIC COUNCIL

The Presidium 1979:

President	Olof PALME, Sweden
Vice-Presidents	Poul SCHLÜTER, Denmark
	Elsi HETEMÄKI-OLANDER, Finland
	Eidur GUDNASON, Iceland
	Lars KORVALD, Norway

The Secretariat of the Presidium

Tyrgatan 7, Box 19506, S-104 32 Stockholm
Phone: 08/14 34 20. Telex: 12867 nordpr S.

The Secretary to the Presidium	Gudmund SAXRUD (Norway)
Deputy Secretary	Jan O. KARLSSON (Sweden)
Deputy Secretary	Gunnar NÆSSELUND (Denmark)
Head of Information	Harry GRANBERG (Finland)

The Presidium 1980:

President	Matthias A. MATHIESEN, Iceland
Vice-Presidents	Knud ENGGAARD, Denmark
	Elsi HETEMÄKI-OLANDER, Finland
	Lars KORVALD, Norway
	Olof PALME, Sweden

For the senior officials of the Secretariat, see above. One change is made: Head of Information is now Ms *Inger Jägerhorn* (Finland).

Secretariat of the Nordic Council of Ministers in Oslo:

Postboks 6753, St. Olavs plass, N – Oslo 1. Phone: 02/11 10 52, Telex 19646 nords N.

Secretary-General	Hans Kühne (Denmark)
Head of Information	Ralf Friberg (Finland)

Secrétariat de la Coopération culturelle nordique à Copenhague

Snaregade 10, Dk-1205 Copenhague. Téléphone: 01/11 47 11.

Directeur — Klas Olofsson
Chef de l'information — Jerker Persson

D. PUBLICATIONS EN 1979

Rapports de la "NU-serien"
Le livre "Nordisk Råd 1952 – 1978" de Frantz Wendt, Danemark. Il paraîtra en anglais en 1980.
Le rapport annuel de la session du Conseil Nordique.
Le rapport annuel de 1979, Conseil Ministériel Nordique.
Quelques documents d'information: brochures en différentes langues, bulletins, etc.

Secretariat for Nordic Cultural Co-operation in Copenhagen:

Snaregade 10, DK-1205 Copenhagen. Phone: 01/11 47 11.

Director	Klas Olofsson
Head of Information	Jerker Persson

D. PUBLICATIONS ISSUED IN 1979

Reports of the "NU-serien"
The book "Nordisk Råd 1952 – 1978" by Frantz Wendt, Denmark. The book will be published in English in 1980.
The annual report from the Session of the Nordic Council.
The annual report for 1979, the Nordic Council of Ministers.
Some information material; brochures in different languages, news letters etc.

CHAPITRE IX

CONFERENCE EUROPEENNE DES MINISTRES DES TRANSPORTS

La Conférence européenne des Ministres des Transports (CEMT) a été créée par un Protocole signé à Bruxelles le 17 octobre 1953.

Elle groupe les Ministres des Transports des 19 pays européens suivants: Autriche, Belgique, Danemark, Espagne, Finlande, France, Grèce, Irlande, Italie, Luxembourg, Norvège, Pays-Bas, Portugal, République Fédérale d'Allemagne, Royaume-Uni, Suède, Suisse, Turquie et Yougoslavie ainsi que quatre pays associés: Australie, Canada, Etats-Unis, Japon.

La CEMT a pour objectifs:

- de prendre toutes mesures destinées à réaliser, dans un cadre général ou régional, la meilleure utilisation et le développement le plus rationnel des transports intérieurs européens d'importance internationale;
- de coordonner et de promouvoir les travaux des Organisations internationales s'intéressant aux transports intérieurs européens (rail, route, voies navigables), compte tenu de l'activité des autorités supra-nationales dans ce domaine.

A. STRUCTURE

Le Conseil des Ministres des Transports est l'organe le plus élevé. Il se réunit deux fois par an. Ses délibérations sont préparées par un Comité des Suppléants qui se réunit quatre fois par an. Des Comités spécialisés et des Groupes de travail formés de hauts fonctionnaires des pays membres préparent les rapports à soumettre au Conseil des Ministres et qui serviront de base aux décisions politiques. La Conférence fait également porter son action dans le domaine de la recherche en matière d'économie des transports. Elle dispose en outre d'un service de documentation concernant ce secteur.

Les différents organes de la CEMT sont assistés par un Secrétariat Général.

La CEMT publie un certain nombre d'ouvrages dont la diffusion est assurée par le Service de Vente des Publications de l'OCDE, 2, rue André-Pascal, 75775 Paris Cedex 16, France.

Adresses des délégations: voir délégations de l'OCDE.

B. ORGANISATION

Conseil des Ministres

Président (1980): M. K. Gscheidle (Ministre Fédéral des Transports, Bonn, RFA)

1er Vice-Président: M. V. Saarto (Ministre des Communications, Helsinki, Finlande)

2ème Vice-Président: M. A. Reynolds, T. D. (Ministre des Transports, Dublin, Irlande)

CHAPTER IX

EUROPEAN CONFERENCE OF MINISTERS OF TRANSPORT

The European Conference of Ministers of Transport (ECMT) was instituted by a Protocol signed at Brussels on 17 October 1953.

It comprises the Ministers of Transport of the following 19 countries: Austria, Belgium, Denmark, Finland, France, Germany, Greece, Ireland, Italy, Luxembourg, Netherlands, Norway, Portugal, Spain, Sweden, Switzerland, Turkey, United Kingdom and Yugoslavia (associated countries: Australia, Canada, Japan, United States).

The purposes of the ECMT are:

- to take whatever measures may be necessary to achieve, at general or regional level, the maximum use and most rational development of European inland transport of international importance;
- to co-ordinate and promote the activities of International Organisations concerned wtih European inland transport (rail, road, navigable ways), taking into account the work of supranational authorities in this field.

A. STRUCTURE

The Council of Ministers of Transport is the governing body and meets twice a year. Its discussions are prepared by the Committee of Deputies which meets four times a year. Specialist committees and working groups composed of member countries' senior officials prepare reports which are submitted to the Council of Ministers and provide the basis for policy decisions. The Conference is also involved in transport economics research and is equipped with a documentation department for this sector.

The various ECMT bodies are assisted by a General Secretariat.

The ECMT produces various publications which issued by the OECD Publications Office, 2 rue André-Pascal, 75775 Paris Cedex 16, France.

Delegations' addresses: see OECD Delegations.

B. ORGANISATION

Council of Ministers

Chairman (1980): Mr K. Gscheidle, Federal Minister of Transport, Bonn, Fed. Rep. of Germany

1st Vice-Chairman: Mr V. Saarto, Minister of Communications, Helsinki, Finland

2nd Vice-Chairman: Mr A. Reynolds, T.D., Minister of Transport, Dublin, Ireland

Comité des Suppléants

Président (1980): M. le Dr. Ch. WOELKER (Ministerialdirektor, Ministère Fédéral des Transports, Bonn, RFA)

Secrétariat

Secrétaire Général: M. Georges BILLET

C. ACTIVITES EN 1979

Parmi les grands problèmes qui ont fait l'objet, au cours de l'année 1979, des travaux essentiels de la CEMT, on peut citer:
- La facilitation du transport des marchandises en transit, compte tenu des nécessités de financement des infrastructures nécessaires et des problèmes de protection de l'environnement et de l'aménagement du territoire.
- Le développement des transports combinés abordés sous l'angle des économies d'énergie et de l'utilisation optimale des capacités de transport.
- La recherche des économies d'énergie: adaptation technologique des véhicules ou recherche des énergies de substitution applicables aux transports.
- Recherche de critères en matière d'investissement dans les infrastructures d'intérêt européen: identification des points sensibles d'une part et des limitations d'ordre socio-économique d'autre part.

Parmi les problèmes plus spécifiques, notons:
- les transports urbains et régionaux
- la circulation, la signalisation et la sécurité routière
- les activités de la Société EUROFIMA.

L'ensemble de ces questions a été abordé sous l'angle de l'interpénétration des problèmes et des solutions envisageables.

D. ADRESSE

19 rue de Franqueville
75775 Paris Cedex 16
Tél. 524.82.00
Telex: COMITRANS PARIS 611040

Committee of Deputies

Chairman (1980): Dr Ch. Woelker, Director, Federal Ministry of Transport, Bonn, Fed. Rep. of Germany

Secretariat

Secretary-General: Mr Georges Billet

C. ACTIVITIES IN 1979

The major problems to which the ECMT has been giving its attention in the course of 1979 include:

- Measures to facilitate the movement of goods in transit, with particular reference to the need to finance the necessary infrastructures, and to problems of environmental protection and regional planning.
- The development of combined transport systems from the standpoint of energy savings and the optimum utilisation of carrying capacity.
- Research into energy savings: conversion of vehicles or search for appropriate alternative energy sources.
- Research into criteria for investing in infrastructures in the European interest; identification of sensitive areas and socio-economic limitations.

Specific problems include:

- urban and regional transport
- traffic flows, signals and road safety
- activities of EUROFIMA.

These activities are marked by a constant concern to establish an interrelationship between problems and possible solutions.

D. ADDRESS

19 rue de Franqueville
75775 Paris Cedex 16
Tel. 524.82.00
Telex: COMITRANS PARIS 611040

CHAPITRE X

ORGANISATION EUROPEENNE POUR LA RECHERCHE NUCLEAIRE (CERN)

Officiellement créée en 1954 pour permettre aux Etats européens de collaborer dans une recherche nucléaire de caractère purement scientifique et fondamental, l'Organisation, comme l'établit sa Convention, ne travaille que dans un but pacifique. Les résultats de ses travaux expérimentaux et théoriques sont publiés sans restriction. Le domaine des recherches, plus connu sous l'appellation de physique des hautes énergies ou physique des particules, n'a rien à voir avec la mise au point de réacteurs nucléaires ou de systèmes de fusion. Le laboratoire, doté de très grands accélérateurs et autres machines, est situé de part et d'autre de la frontière franco-suisse, près de Genève. L'Organisation entretient des relations à l'échelle mondiale avec d'autres laboratoires chargés de recherches analogues et elle a conclu des accords officiels de collaboration avec des instituts d'Union soviétique, tels que l'Institut unifié des recherches nucléaires de Doubna et l'Institut de physique des hautes énergies de Serpoukhov.

ETATS MEMBRES

Allemagne fédérale	France	Pays-Bas
Autriche	Grèce	Royaume-Uni
Belgique	Italie	Suède
Danemark	Norvège	Suisse

Observateurs
- Pologne
- Turquie
- Yougoslavie

L'Organisation a son siège à Genève, Suisse. Son domaine couvre quelque 560 hectares de part et d'autre de la frontière franco-suisse. Le CERN exploite un ensemble d'accélérateurs et d'appareils associés: un synchro-cyclotron de 0,6 GeV (SC), un synchroton à protons (PS) de 28 GeV, des anneaux de collisions (ISR), un synchroton à protons (SPS) de 400 GeV. Il exploite dès 1981 l'anneau de collision proton-antiproton ($p\bar{p}$) de 270+270 GeV qui fonctionnera dans le tunnel du SPS. De grands détecteurs de particules sont également utilisés avec les accélérateurs, de même que des équipements de dépouillement des données acquises. Les travaux du CERN étudient les caractéristiques et le comportement de particules fondamentales de la matière. Le CERN est financé par 12 Etats européens. Son personnel est de quelque 3.500 personnes tandis qu'environ 2.000 attachés scientifiques se trouvent au laboratoire pour des périodes variables.

A. ACTIVITES EN 1979

Les progrès dans notre compréhension des interactions de particules fondamentales ne peuvent être attribués à une seule expérience, ni même à une seule

CHAPTER X

EUROPEAN ORGANISATION FOR NUCLEAR RESEARCH (CERN)

Formally established in 1954 to provide for collaboration among European states in nuclear research of pure scientific fundamental character, the work of the Organisation as defined by its Convention is for peaceful purposes only. Experimental and theoretical results are freely published or otherwise made generally available. The field of research, now usually referred to as subnuclear, high-energy or elementary particle physics, is not concerned with the development of nuclear reactors or fusion devices. The site of the laboratory on which large accelerators and other machines are installed straddles the Franco-Swiss border near Geneva. Relations with other laboratories in the field are worldwide and formal agreements cover the collaboration with USSR institutes such as the Joint Institute for Nuclear Research at Dubna and the Institute for High-Energy Physics at Serpukhov.

MEMBER STATES

Austria	Germany (Federal Republic)	Norway
Belgium	Greece	Sweden
Denmark	Italy	Switzerland
France	The Netherlands	United Kingdom

Observers:
- Poland
- Turkey
- Yugoslavia

The Organisation has its seat at Geneva, Switzerland. The site extends over an area of 560 hectares on both sides of the Franco-Swiss border. CERN operates a complex of accelerators: a 600 MeV synchrotron-cyclotron (SC), a 28 GeV proton synchroton (PS), the Intersecting Storage Rings (ISR), and a 400 GeV proton synchroton (SPS), for a programme of sub-nuclear physics research. From 1981, CERN is scheduled to use a 270+270 GeV proton-antiproton collider in the SPS tunnel. This research investigates the behaviour of the basic particles of matter. It involves the use of large particle detectors and extensive data processing facilities. CERN is funded by twelve countries in Europe. There is a staff of about 3 500 and there are, in addition, some 2 500 fellows and scientific associates based at the laboratory for varying periods of time.

A. ACTIVITIES IN 1979

Progress in our understanding of fundamental particle interactions cannot be attributed to a single experiment or even to a single year, but is the result of a

année, car ils résultent de travaux de recherche diversifiés et continues. Néanmoins, l'année 1979 s'est avérée très enrichissante aussi bien pour les expériences faites au CERN que pour la physique des particules en général. L'existence de particules à l'intérieur du proton (les quarks) se confirme; ces entités correspondent à un niveau supplémentaire dans la structure de la matière.

Quelques chiffres approximatifs concernant le programme d'expériences

Nombre d'expériences en cours en janvier 1980 (à l'exclusion de celles achevées, même non publiées):

– au SC:	13 (plus "ISOLDE")
– au PS:	8 (expériences électroniques)
– aux ISR:	10
– au SPS:	35 (28 expériences électroniques, 7 expériences avec chambres à bulles)
– à l'anneau pp̄ du SPS:	5 (en préparation)

Nombre d'universités et d'instituts participant au programme d'expériences ci-dessus: environ 110.

C'est au SPS que se poursuit l'effort majeur en matière d'expériences. Parallèlement au programme neutrino entre autres, qui a commencé par le SPS en 1977 dans la zone Ouest, des expériences ont également démarré en 1978 dans la zone Nord; elles s'y sont poursuivies en 1979.

En outre, des résultats importants ont été obtenus aux anneaux de stockage à intersections (ISR) avec la production de "dileptons" (paires d'électrons et paires de muons) et l'étude des "jets" (le jet est caractérisé par l'émission d'un groupe de particules, principalement des mésons pi, produite dans une direction déterminée).

Depuis la mise en service du SPS, l'Europe dispose d'installations de niveau mondial pour la recherche en physique fondamentale. Le CERN possède en effet non seulement la plus grande machine mais aussi la plus forte concentration d'installations de recherche.

Le CERN est un centre à la fois européen et mondial de recherche en physique des particules. Cette recherche est appelée physique des particules car elle étudie les particules fondamentales, éléments constitutifs de toute matière; elle est également connue sous le nom de physique des hautes énergies car les particules sont étudiées à l'aide des hautes énergies fournies par les accélérateurs.

Le rôle du CERN est de promouvoir la coopération scientifique en permettant à des équipes de chercheurs de nationalités très diverses de travailler ensemble à la réalisation d'objectifs communs. Au cours de son premier quart de siècle (il s'est achevé en 1979), le CERN a accueilli des scientifiques venus de plus de 700 universités et laboratoires.

L'effectif du personnel du CERN est constitué par des physiciens bien sûr mais également par des ingénieurs, des techniciens, des administrateurs, etc., dont le travail est indispensable à son programme de recherche.

La découverte des particules charmées a clairement fait apparaître que le nombre des éléments fondamentaux différents (les quarks) qui constituent la matière n'est pas de trois, comme on le croyait précédemment, mais de plus de quatre. La matière présente ainsi plus de trois qualités fondamentales. Secondement, la confirmation expérimentale des prévisions théoriques assez détaillées signifie que l'on se trouverait sur la bonne voie vers la réalisation de nouveaux progrès.

Pour les années 90, le CERN étudie un projet de machine de collisions

broad and sustained research effort. Nevertheless, 1979 proved to be very fruitful as regards both the experiments performed at CERN and particle physics in general. A great deal of evidence was accumulated on the existence of particles (quarks) inside the proton, indicating a new level in the structure of matter.

Some approximate figures on the experimental programme

Number of active experiments in January 1980 (excluding those completed even if yet unpublished):

– at SC:	13 (plus "ISOLDE")
– at PS:	8 (all electronics experiments)
– at ISR:	10
– at SPS:	35 (28 electronics experiments; 7 bubble chamber experiments)
– at SPS $p\bar{p}$ collider:	5 (in preparation)

About 110 Universities/Institutes are participating in the above programme.

Most of the experimental work continues to be centred around the SPS. As well as the neutrino programme, which began along with other experiments in the West Area of the SPS in 1977, more experiments began in 1978 with the commissioning of the North Area. This growth continued in 1979.

Further significant results were obtained at the intersecting storage rings (ISR) with the production of dileptons (electron and muon pairs) and the investigation of jets (groups of particles, mainly pi mesons, emitted in certain directions).

With the commissioning of the SPS, Europe gained a first-rate tool for fundamental physics research. CERN has not only the largest accelerator, but also the greatest concentration of research facilities in this field.

CERN is both a European and a world centre for particle physics research. The research carried out is known as particle physics because it is concerned with the basic particles of which all matter is composed. Since the particles are studied with accelerators operating at high energies, it is also known as high-energy physics.

CERN's purpose is to further scientific co-operation by enabling research teams of many different nationalities to collaborate in the pursuit of common aims. By 1979, after a quarter of century's existence, CERN has welcomed scientists from more than 700 universities and laboratories.

Of CERN's total staff numbers, only a small proportion are in fact physicists; the majority of them are engineers, technicians, administrative and other personnel necessary to support a research programme requiring the use of powerful accelerators and other large items of experimental apparatus.

The discovery of charmed particles made it clear that the number of different fundamental building blocks of matter (quarks) is not three, as was previously believed, but four or more. Thus there are more than three fundamental qualities that matter can have. In addition, the fact that fairly detailed theoretical predictions have been confirmed experimentally is encouraging.

For the 'nineties, CERN is examining a project to build an electron-positron (positive electron or "anti-electron") colliding beam machine. This is the LEP project (large electron positron machine) on which a 250-page internal publication (the "pink book") was issued in 1979, describing the technical features of such an installation. This project involves an underground ring, 30 km in circumference, in which beams of electrons and positrons will circulate in

électron-positon (ou électron-anti électron). Il s'agit du projet LEP (Large Electron-Positron machine) qui a fait l'objet en 1979 d'une publication interne (le "livre rose") décrivant sur 250 pages les aspects techniques d'une telle installation. Ce serait un anneau souterrain de 30 km de circonférence dans lequel circuleraient, dans des directions opposées, des faisceaux d'électrons et des faisceaux de positons qui seraient amenés en collisions frontales. L'exploitation de LEP, si le projet est admis par les Etats membres, est programmée selon plusieurs étapes s'échelonnant entre des énergies allant de 50 à 130 GeV. La mise en service pourrait démarrer vers la fin des années 80.

Avant de terminer ce rapide tour d'horizon des activités du CERN, nous nous arrêtons un instant sur le projet de collision proton-antiproton dans l'anneau du SPS. Les antiprotons seront produits par bombardement d'une cible avec un faisceau de protons de 26 GeV fourni par le PS. Les antiprotons issus de la cible seront sélectionnés, focalisés et injectés dans un anneau accumulateur de quelque 50 mètres de diamètre.

Ce projet est le résultat de l'expérience ICE (initial cooling experiment) qui a étudié les techniques de "refroidissement" des faisceaux (concentration des faisceaux). Ces techniques ont une importance essentielle pour la production de faisceaux denses d'antiprotons, tels que ceux requis pour obtenir des collisions d'antiprotons dans le SPS. Par refroidissement, on entend la diminution des composants non désirés dans le mouvement d'un ensemble de particules, ce qui conduit à des faisceaux moins "flous". Des faisceaux compacts entraînent des taux d'interaction, donc des luminosités, plus élevés dans des machines à collision de faisceaux.

Le démarrage des expériences de collision proton-antiproton est prévu pour 1981. Les nouvelles installations dans le SPS et les ISR permettront d'amener des protons en collision avec leurs homologues d'antimatière, ce qui est avantageux du point de vue de la recherche en raison du contenu en quarks de signe opposé de ces deux types de particules. Elle ouvrira une nouvelle fenêtre sur la région de la physique totalement inexplorée où l'on peut étudier des phénomènes importants, tels que les interactions quark-quark et la production de bosons lourds intermédiaires des interactions faibles. Cette installation proton-antiproton du SPS et l'installation ICE font appel, d'une manière ingénieuse et économique, à des équipements existant déjà au CERN.

B. STRUCTURES
(janvier 1980)

SIEGE Genève, Suisse
TELEPHONE Genève (022) 83 61 11
TELEX Suisse 2 36 98

ADRESSES POSTALES
Suisse: CH – 1211 GENEVE 23
France: Prévessin, F – 01631 CERN Cedex

ETATS MEMBRES (12)

Allemagne fédérale	Belgique
Autriche	Danemark
France	Pays-Bas
Grèce	Royaume-Uni
Italie	Suède
Norvège	Suisse

opposite directions and collide head-on. The project is foreseen as being carried out in several stages, bringing collision energies of 50 to 130 GeV. The first stages could be brought into operation before 1990.

This brief survey of CERN's activities should also include the project to set up proton-antiproton colliding beams in the SPS ring. The antiprotons will be produced by bombarding a target with a 26 GeV proton beam supplied by the PS. The antiprotons from the target will be selected, focused and injected into an accumulator ring some 50 metres in diameter.

This project is the result of the ICE (initial cooling experiment) in which beam cooling techniques (beam concentration) were studied. These techniques are vital for the production of dense antiproton beams like those needed in order to obtain antiproton collisions in the SPS. "Beam cooling" means the reduction of unwanted components of motion from a distribution of particles so as to provide a less "fuzzy" beam. Compact beams mean higher interaction rates and thus better luminosities in colliding beam machines.

Proton-antiproton collision experiments are scheduled to start in 1981. The new facility at the SPS (and the ISR) will enable protons to be collided with their anti-matter counterparts which, from the research point of view, is advantageous because of their opposite quark content, and it will open up a new window on a completely unexplored region of physics where important phenomena, such as quark-quark interactions, can be investigated. This SPS proton-antiproton facility makes ingenious and economic use of equipment already existing at CERN.

B. STRUCTURES
(January 1980)

HEADQUARTERS Geneva, Switzerland
TELEPHONE Geneva (022) 83 61 11
TELEX Switzerland 2 36 98

POSTAL ADDRESSES
Switzerland: CH – 1211 GENEVA 23
France: Prévessin, F – 01631 CERN Cedex

MEMBER STATES (12)

Austria	Denmark
Belgium	France
Germany (Federal Republic)	Norway
Greece	Sweden
Italy	Switzerland
Netherlands	United Kingdom

PRESIDENT DU CONSEIL DU CERN
J. Teillac (France)

PRESIDENT DU COMITE DES FINANCES
K. O. Nielsen (Danemark)

PRESIDENT DU COMITE DES DIRECTIVES SCIENTIFIQUES
G. H. Stafford (Royaume-Uni)

COMITE D'EXPERIENCES

Comité du Synchrotron à protons et du Synchro-cyclotron
Président: R. Klapisch (Orsay, France)
Secrétaire exécutif: Mme M. Fidecaro (CERN-EP)

Comité des Anneaux de stockage à intersections
Président: G. Bellettini (Pise, Italie)
Secrétaire exécutif: K. Potter (CERN-ISR)

Comité du Super synchrotron à protons
Président: B. Wiik (DESY, Allemagne fédérale)
Secrétaire exécutif: R. Budde (CERN-EF)

C. ORGANISATION INTERNE

DIRECTEURS GENERAUX
Directeur général exécutif: J. B. Adams
Directeur général de la recherche: L. Van Hove

MEMBRES DU DIRECTOIRE
M. C. Crowley-Milling
S. Fubini
R. Lévy-Mandel
I. Mannelli
V. Soergel
G. Ullmann

COMMISSION EXECUTIVE
Président: le directeur général exécutif
Membres:
les membres du Directoire
les chefs de toutes les Divisions
Secrétaire: W. O. Lock

COMMISSION DE LA RECHERCHE
Président: le directeur général de la recherche
Membres:
les présidents des Comités d'expériences
les membres du Directoire
les chefs des Divisions de la recherche
les chefs des Divisions chargées des accélérateurs
Membres extérieurs:
I. Butterworth (Imperial College, Londres)
B. Povh (Max-Planck Institut, Heidelberg)
Secrétaire: Y. Goldschmidt-Clermont

PRESIDENT OF THE COUNCIL OF CERN
J. Teillac (France)

CHAIRMAN OF THE FINANCE COMMITTEE (FC)
K. O. Nielsen (Denmark)

CHAIRMAN OF THE SCIENTIFIC POLICY COMMITTEE (SPC)
G. H. Stafford (United Kingdom)

EXPERIMENTS COMMITTEES

Proton Synchrotron and Synchro-Cyclotron Committee (PSCC)
Chairman: R. Klapisch/Orsay
Executive Secretary: Mrs M. Fidecaro/CERN-EP

Intersecting Storage Rings Committee (ISRC)
Chairman: G. Bellettini/Pisa
Executive Secretary: K. Potter/CERN-ISR

Super Proton Synchrotron Committee (SPSC)
Chairman: B. Wiik/Desy
Executive Secretary: R. Budde/CERN-EF

C. INTERNAL ORGANISATION

DIRECTORS-GENERAL
Executive Director-General: J. B. Adams
Research Director-General: L. Van Hove

DIRECTORATE MEMBERS

M. C. Crowley-Milling	I. Mannelli
S. Fubini	V. Soergel
R. Lévy-Mandel	G. Ullmann

EXECUTIVE BOARD
Chairman: Executive Director-General
Members:
Members of the Directorate
Leaders of Divisions
Secretary: W. O. Lock

RESEARCH BOARD
Chairman: Research Director-General
Members:
Chairmen of Experiments Committees
Members of the Directorate
Leaders of Research Divisions
Leaders of Accelerator Divisions
Outside Members:
I. Butterworth (Imperial College, London)
B. Povh (Max-Planck Institute, Heidelberg)
Secretary: Y. Goldschmidt-Clermont

CHEFS DES DIVISIONS DE LA RECHERCHE

Physique théorique (TH): J. Prentki
Physique expérimentale (EP): E. Gabathuler
Installations de physique expérimentale (EF): A. Minten
Données et documents (DD): P. Zanella

CHEFS DES DIVISIONS CHARGEES DES ACCELERATEURS

Synchrotron à protons (PS): G. L. Munday
Anneaux de stockage à intersections (ISR): F. Ferger
Super synchrotron à protons (SPS): G. Brianti

CHEFS DES DIVISIONS CHARGEES DES SERVICES COMMUNS

Services techniques et bâtiments (SB): H. Laporte
Finances (FI): C. Tièche
Personnel (PE): G. Ullmann
Santé et sécurité (HS): A. J. Herz

D. FINANCEMENT

CONTRIBUTIONS

Les ressources financières du CERN proviennent des Gouvernements des douze Etats membres dont les contributions sont calculées sur la base de leur revenu national net et selon les statistiques fournies par les Nations Unies. Les trois pays au statut d'observateurs, soit la Pologne, la Turquie et la Yougoslavie n'ont pas de contribution financière à verser.

CONTRIBUTIONS DES ETATS MEMBRES

	%
Allemagne fédérale	25,00
Autriche	2,39
Belgique	4,33
Danemark	2,32
France	21,43
Grèce	0,36
Italie	12,55
Norvège	1,69
Pays-Bas	5,62
Royaume-Uni	15,79
Suède	4,45
Suisse	4,07

Budget 1980: 593 millions de francs suisses.

E. PUBLICATIONS

Rapports scientifiques, rapports annuels, Courrier CERN (10 numéros par an), brochures d'information.

LEADERS OF RESEARCH DIVISIONS

Theoretical Physics (TH): J. Prentki
Experimental Physics (EP): E. Gabathuler
Experimental Physics Facilities (EF): A. Minten
Data Handling (DD): P. Zanella

LEADERS OF ACCELERATOR DIVISIONS

Proton Synchrotron (PS): G. Munday
Intersecting Storage Rings (ISR): F. Ferger
Super Proton Synchrotron (SPS): G. Brianti

LEADERS OF COMMON SERVICES DIVISIONS

Site and Buildings (SB): H. Laporte
Finances (FI): C. Tièche
Personnel (PE): G. Ullmann
Health and Safety (HS): A. Herz

D. FINANCE

CONTRIBUTIONS

CERN is funded entirely by the Governments of the twelve Member States whose individual contributions are calculated on the basis of their net national revenues according to statistics supplied by the UN. The three Observer States, Poland, Turkey and Yugoslavia are not required to contribute.

CONTRIBUTIONS OF MEMBER STATES

	%
Austria	2.39
Belgium	4.33
Denmark	2.32
France	21.43
German (Fed. Rep.)	25.00
Greece	0.36
Italy	12.55
Netherlands	5.62
Norway	1.69
Sweden	4.45
Switzerland	4.07
United Kingdom	15.79

Budget 1980: 593 million Swiss francs.

E. PUBLICATIONS

Scientific reports, annual reports, CERN Courrier (monthly), information booklets.

CHAPITRE XI

COMMISSION EUROPEENNE DE L'AVIATION CIVILE

Comme suite à une recommandation de l'Assemblée consultative du Conseil de l'Europe, une Conférence de co-ordination des transports aériens européens (CATE) se tint à Strasbourg, en avril 1954, après la réunion d'un comité préparatoire en novembre 1953 à Paris. Cette Conférence recommanda la création d'un organe permanent, appelé Commission européenne de l'Aviation civile (CEAC), dont la première session eut lieu du 29 novembre au 10 décembre 1955 à Strasbourg. Dix-neuf Etats européens (Autriche, Belgique, Danemark, Finlande, France, Rép. féd. d'Allemagne, Grèce, Islande, Irlande, Italie, Luxembourg, Pays-Bas, Norvège, Portugal, Espagne, Suède, Suisse, Turquie et Royaume-Uni) y étaient représentés. Chypre est devenue membre en 1969, la Yougoslavie en 1977 et Malte en 1979. Aux termes de la Constitution adoptée lors de la première Session en 1955, ainsi que des révisions ultérieures de cette Constitution, la CEAC a pour objet de suivre d'une façon générale l'évolution des transports aériens européens afin de favoriser leur coordination, leur meilleure utilisation et leur développement ordonné et d'examiner tout problème particulier qui pourrait se poser dans ce domaine.

A. ORGANISATION ET ACTIVITES

Etats membres de la CEAC:

Allemagne (Rép. féd.)	Italie
Autriche	Luxembourg
Belgique	Malte
Chypre	Norvège
Danemark	Pays-Bas
Espagne	Portugal
Finlande	Royaume-Uni
France	Suède
Grèce	Suisse
Irlande	Turquie
Islande	Yougoslavie

Depuis sa création, la CEAC jouit d'un statut autonome, c'est-à-dire qu'elle n'est ni une institution totalement indépendante, ni un organe subordonné à l'OACI et intégré à cette organisation. La Commission établit son propre programme de travail, convoque ses propres réunions et prépare leur ordre du jour, tout en travaillant en étroite liaison avec l'OACI et en utilisant les services du Secrétariat de l'OACI en vertu de dispositions administratives et financières particulières.

La Commission, qui se réunissait en session plénière tous les deux ans jusqu'en 1961, tient une telle session tous les trois ans depuis cette date. Toutes ces sessions se sont tenues à Strasbourg, dans les locaux du Conseil de l'Europe, à l'exception de la deuxième qui s'est tenue en 1957 à Madrid. La Commission se réunit également en session intermédiaire chacune des années où il n'y a pas de session triennale, et des sessions intermédiaires spéciales peuvent être convoquées en cas de nécessité ou d'urgence. Les principales décisions de la Commission sont prises en session plénière et, depuis 1979, par les réunions des

CHAPTER XI

EUROPEAN CIVIL AVIATION CONFERENCE

Following a recommendation of the Consultative Assembly of the Council of Europe, a Conference on Co-ordination of Air Transport in Europe (CATE) took place in Strasbourg in April 1954, after a preparatory committee had met in Paris in November 1953. This Conference recommended the establishment of a permanent body called the European Civil Aviation Conference (ECAC), the inaugural session of which was held in Strasbourg from 29 November – 10 December 1955 and attended by representatives from 19 European States: Austria, Belgium, Denmark, Finland, France, Federal Republic of Germany, Greece, Iceland, Ireland, Italy, Luxembourg, Netherlands, Norway, Portugal, Spain, Sweden, Switzerland, Turkey and the United Kingdom. Cyprus joined the Conference in 1969, Yugoslavia in 1977, and Malta in 1979. Under the terms of the Constitution adopted in 1955 and of the subsequent revisions of that Constitution, the objectives of ECAC are to review generally the development of European air transport in order to promote the co-ordination, the better utilization and the orderly development of such air transport, and consider any special problem that may arise in this field.

A. ORGANISATION AND ACTIVITIES

Member States:

Austria	Luxembourg
Belgium	Malta
Cyprus	Netherlands
Denmark	Norway
Finland	Portugal
France	Spain
Germany (Fed. Rep.)	Sweden
Greece	Switzerland
Iceland	Turkey
Ireland	United Kingdom
Italy	Yugoslavia

Since its inception, ECAC has been given an autonomous status, i.e. it is neither a completely independent agency nor a body subordinate to ICAO and integrated with that organisation. The Conference formulates its own work programme, calls its own meetings and establishes their agenda, while working in close liaison with ICAO and using the services of the ICAO Secretariat under special administrative and financial arrangements.

The Conference which used to hold a Plenary Session every second year has been holding since 1961 such sessions every third year. All were convened in Strasbourg in the premises of the Council of Europe, with the exception of the Second Session which was held in Madrid in 1957. The Conference also holds an Intermediate Session in those years in which no Triennial Session takes place, and special Intermediate Sessions can be convened if it appears urgent or necessary to do so. The major decisions of the Conference are taken in Plenary Session and, since 1979, by meetings of Directors General of civil aviation of its Member States. A special procedure is resorted to, in cases of emergency, to

Directeurs généraux de l'aviation civile des Etats membres. En cas d'urgence, une procédure particulière permet l'adoption de décisions après un vote par correspondance. Entre les sessions, un Comité de coordination composé du Président, des vice-présidents et des présidents des quatre Comités permanents est habilité à prendre différentes mesures telles que l'établissement du calendrier des réunions et de l'ordre du jour provisoire des sessions, l'examen de la situation financière et la coordination des activités des quatre Comités permanents, à savoir:

- Comité économique I
- Comité économique II
- Comité technique
- Comité de facilitation

Pour l'éxécution de la partie du programme de travail qui leur est assignée, les Comités permanents créent habituellement des groupes de travail ou des groupes d'experts.

Il convient de noter que les fonctions remplies par la CEAC selon ces mécanismes sont consultatives et que ses résolutions, recommandations et autres conclusions sont adoptées sous réserve de l'approbation des Etats membres.

Le domaine d'intérêt de la CEAC étant aussi large et aussi varié que celui de l'aviation internationale elle-même, les recommandations et mesures adoptées par la Commission visent à aider les Etats dans la préparation de leurs règlements nationaux en même temps qu'elles fournissent des éléments d'orientation aux autorités aéronautiques pour la pratique quotidienne. Cette coopération, ainsi que la mise en commun des expériences acquises, se sont révélées être de l'intérêt de la communauté aéronautique tout entière et à l'avantage de l'ensemble du public qui voyage.

Aux termes de sa Constitution, adoptée lors de la première Session en 1955 et révisée en 1958, 1976 et 1979, la CEAC a pour objectifs de suivre d'une façon générale l'évolution des transports aériens européens afin de favoriser la coordination, une meilleure utilisation et le développement ordonné de ces transports et d'examiner tout problème particulier qui pourrait se poser dans ce domaine.

La Commission, en choisissant les problèmes à inscrire à son programme de travail, accorde une attention particulière à l'importance et à l'intérêt qu'ils présentent pour grand nombre d'Etats membres, à leur caractère spécifiquement européen et à la possbilité d'apporter une contribution réelle aux travaux permanents de l'OACI.

Dans le domaine ECONOMIQUE, la CEAC suit en permanence le développement des transports aériens réguliers et non réguliers effectués tant en provenance et à destination de l'Europe qu'à l'intérieur de l'Europe. Elle recueille, analyse et diffuse des données sur ces transports et publie en outre des études et des rapports sur des questions particulières. La CEAC adopte des recommandations visant à l'harmonisation des politiques de ses Etats membres, notamment en ce qui concerne la coopération entre compagnies aériennes (par exemple en facilitant la banalisation des aéronefs), les vols affrétés, les tarifs, etc. Sous l'égide de la Commission, des accords multilatéraux sur les droits commerciaux pour les transports aériens non réguliers en Europe et sur la procédure applicable à l'établissement des tarifs aériens réguliers ont été signés en 1956 et en 1967 respectivement.

Dès sa création, la CEAC a ressenti la nécessité d'une action dans le domaine de la FACILITATION et adopté des recommandations tendant à la suppression des obstacles à la libre circulation des aéronefs, des passagers, des marchandises

have such decisions also adopted by mail vote. Between the sessions a Co-ordinating Committee, composed of the President, the Vice-Presidents and the Chairmen of the four Standing Committees, is empowered to take action such as the establishment of the calendar of meetings and provisional agenda for the sessions, review of the financial situation and co-ordination of the activity of the four Standing Committees which are:

- Economic Committee I
- Economic Committee II
- Technical Committee
- Facilitation Committee

In order to carry out the part of the work programme assigned to them, the Standing Committees usually establish working groups or groups of experts.

It should be noted that the functions performed by ECAC through this machinery are consultative and its resolutions, recommendations or other conclusions are subject to the approval of Member States.

The range of interest in ECAC being as wide and as varied as the field of international aviation itself, recommendations and measures adopted by the Conference are intended to assist States in the preparation of their national regulations and give guidance to the everyday practical work of the aeronautical authorities. This co-operation and the exchange of experiences have proved to be in the interest of the whole air transport community and to the benefit of the travelling public at large.

Under the terms of its Constitution, which was adopted at its First Session in 1955 and revised in 1968, 1976 and 1979, the objectives of ECAC are to review generally the development of European air transport in order to promote the co-ordination, the better utilization and the orderly development of such air transport, and consider any special problem that may arise in this field.

In selecting the problems to be included in the work programme, the Conference pays particular attention to their importance and interest to a large number of Member States, their peculiarity to Europe or the possibility of making an effective contribution to the continuing work of ICAO.

In the ECONOMIC field ECAC keeps under constant review the development of scheduled and non-scheduled air transport within, to and from Europe. In addition to collecting, analysing and disseminating data on such air transport, it publishes studies and reports on specific subjects. Recommendations are adopted by ECAC aiming at the harmonisation of policies of its Member States, particularly concerning co-operation between their airlines (e.g. facilitating interchange of aircraft), charter operations, fares and rates, etc. Under the auspices of the Conference, Multilateral Agreements on commercial rights of non-scheduled air services in Europe and on the procedure for the establishment of tariffs for scheduled air services were signed in 1956 and 1967 respectively.

From the beginning ECAC has also seen the need for action in the FACILITATION field and adopted recommendations for the removal of obstacles in the path of free passage of aircraft, passengers, cargo and mail across national boundaries. The implementation by ECAC Member States of the simplified documentary requirements or even their complete abolition as well as the standardisation of customs, immigration and ground handling procedures have not merely ensured the smooth and unimpeded flow of air traffic in Europe, but have also contributed to the worldwide efforts made by ICAO in the facilitation sector. Within the framework of the Facilitation Committee, a working group on security problems reviews the security situation in Member States and develops recommendations on practical measures for its improvement.

et de la poste à travers les frontières nationales. La simplification ou même la suppression pure et simple des exigences documentaires par les Etats membres de la CEAC, ainsi que la normalisation des procédures douanières, d'immigration et d'acheminement au sol, non seulement assurent l'écoulement sans entraves du trafic aérien en Europe, mais contribuent également aux efforts déployés par l'OACI sur le plan mondial dans le secteur de la facilitation. Dans le cadre du Comité de Facilitation, un groupe de travail sur les problèmes de sûreté examine la situation en matière de sûreté dans les Etats membres et élabore des recommandations sur les measures pratiques à prendre pour son amélioration.

Dans le domaine TECHNIQUE, la CEAC traite une variété de questions, par exemple:

- En matière de navigabilité, la CEAC a examiné les problèmes soulevés par la certification des aéronefs et pièces de rechange importés (un Accord multilatéral sur ce sujet a été signé en 1960)
- En ce qui concerne les télécommunications, la CEAC a traité des caractéristiques de performance des équipements embarqués de navigation et de communication
- A propos des nuisances du transport aérien, la CEAC s'occupe très activement de coordonner, entre ses Etats membres, les mesures visant à réduire ces nuisances et a, en particulier, recommandé des mesures tendant à la disparition progressive des aéronefs non conformes aux normes acoustiques de l'OACI
- Dans le domaine de l'exploitation tous temps, la Commission élabore des procédures communes en complément de celles recommandées par l'OACI, pour l'autorisation de l'exploitation de catégorie II et de catégorie III.

Les rapports étroits que la CEAC entretient avec plus de vingt organisations internationales gouvernementales et non gouvernementales – notamment le Conseil de l'Europe et l'OACI avec lesquels elle a des liens particuliers – ont été aussi fructueux que la coordination internationale existant parmi ses Etats membres.

La CEAC est un exemple de coopération internationale réussie et aucun effort n'est épargné pour la rendre encore plus efficace dans l'avenir afin d'assurer que l'aviation civile en Europe et dans le monde pourra poursuivre son développement de façon sûre et ordonnée.

B. DIXIEME SESSION TRIENNALE
Strasbourg, 12–15 juin 1979

La dixième Session triennale de la Commission européenne de l'aviation civile a été ouverte par son Président, M. H. Raben, le mardi 12 juin 1979 à 11.00 heures au Conseil de l'Europe à Strasbourg, en présence de M. G. Adinolfi, Secrétaire général adjoint du Conseil de l'Europe et de M. A. Kotaite, Président du Conseil de l'OACI.

La Commission a adopté l'ordre du jour provisoire présenté dans la note WP/1.

Les vingt-et-un Etats membres de la Commission (ainsi que Malte, qui a été admise comme Etat membre peu après l'ouverture de la Session) étaient représentés par des délégations dûment accréditées.

En outre, les six Etats contractants ci-après de l'OACI étaient représentés par des observateurs: Canada, Côte d'Ivoire, Etats-Unis d'Amérique, Pérou, République Populaire de Chine et Tchécoslovaquie.

In the technical field, ECAC has covered various subjects, for instance:

- In the field of airworthiness, ECAC examined problems arising from certification of imported aircraft and spare parts (a Multilateral Agreement was signed in this connection in 1960)
- With respect to communications, ECAC dealt with performance characteristics of airborne navigation and communications equipment
- Regarding nuisances caused by air transport, ECAC is very active in co-ordinating measures by its Member States to abate such nuisances and has, in particular, recommended steps to phase out aircraft not complying with ICAO acoustical standards
- In the field of all weather operations, the Conference is developing common procedures, additional to those recommended by ICAO, for the authorisation of Category II and III operations.

The close liaison that ECAC maintains with more than 20 international governmental and non-governmental organisations – in particular with the Council of Europe and ICAO with which it has special ties – has been as successful as the internal co-ordination between its Member States.

ECAC is another example of fruitful international co-operation and no effort is spared to make it even more effective in the future to ensure that civil aviation in Europe and throughout the world may continue to develop in a safe, sound and orderly manner.

B. TENTH TRIENNIAL SESSION
Strasbourg, 12–15 June 1979

The Tenth Triennial Session of the European Civil Aviation Conference was convened by its President, Mr H. Raben, at the Council of Europe in Strasbourg, at 11.00 hours on Tuesday, 12 June 1979, in the presence of Mr G. Adinolfi, Deputy Secretary General of the Council of Europe, and Dr A. Kotaite, President of the ICAO Council.

The Conference adopted the provisional agenda as presented in WP/1.

The twenty-one Member States of the Conference (as well as Malta which was admitted as a Member State shortly after the opening of the Session) were represented by duly authorized delegations.

In addition, the following six Contracting States of ICAO were represented by observers: Canada, the People's Republic of China, Czechoslovakia, Ivory Coast, Peru and the United States of America.

M. R.A. Bickley, Directeur du Bureau du transport aérien de l'OACI, et M. V. Veres, Directeur du Bureau Europe de l'OACI, ont participé à la Session.

Des observateurs des quatorze organisations internationales suivantes ont assisté à la Session: Association of European Airlines (AEA), Commission africaine de l'aviation civile (CAFAC), Commission des communautés européennes (CEE), Conférence européenne des Ministres des transports (CEMT), Conseil de l'Europe, Organisation européenne pour l'équipement électronique de l'aviation civile (EUROCAE), Institut du transport aérien (ITA), Conseil international des associations de propriétaires et pilotes d'aéronefs (IAOPA), Association internationale des aéroports civils (ICAA), Fédération internationale des associations de pilotes de ligne (IFALPA), Fédération internationale des travailleurs du transport (ITF), Association du transport aérien international (IATA), Association des aéroports de l'Europe de l'Ouest (WEAA), Organisation météorologique mondiale (OMM).

M. M. Doz, Secrétaire de la CEAC, a rempli les fonctions de secrétaire de la Session, Assisté par MM. L. Ropars, Secrétaire adjoint de la CEAC, E. Hudson, Expert du transport aérien, G. Capsey, Consultant technique et B. Aubreton, procès-verbaliste. Les services administratifs étaient dirigés par Melle H. Kemp, du Secrétariat de la CEAC, et les services linguistiques par M.R.G. Laissy, du service des langues de l'OACI.

La Commission, ayant pris connaissance du rapport du Président de la CEAC sur les mesures prises depuis la Session triennale précédente, a exprimé sa profonde satisfaction de la compétence et de la sagesse dont le Président a fait preuve dans la conduite des travaux de la CEAC au cours des trois années écoulées.

Elle a ensuite examiné les rapports présentés par les présidents des quatre Comités permanents, M. C. Abraham (ECO-I), M. E. Willoch (ECO-II), M. K.J. Temmes (Technique) et M. D. Collini (Facilitation), et exprimé sa satisfaction du travail accompli et des résultats obtenus par leurs Comités respectifs.

La Commission a institué un Comité exécutif chargé d'examiner, sous la présidence de M. H. Raben, les points 5, 9, 10 et 13 de l'ordre du jour, et un groupe de travail du programme et des méthodes de travail chargé d'examiner, sous la présidence de M. E. Willoch, les points 11 et 12. Les points 1 à 4 et 6 à 8 de l'ordre du jour ont été traités en séance plénière.

Point 5 de l'ordre du jour: *Questions constitutionnelles*

La Commission a examiné deux amendements à la Constitution et un amendement au Règlement intérieur proposés par le Président dans la note WP/7 sur la base des travaux du groupe spécial de Directeurs généraux qui avait été chargé, en juin 1978, de réexaminer le rôle, les structures et les mécanismes de fonctionnement de la CEAC à la lumière de la récente évolution du transport aérien international. Un rapport sur les conclusions auxquelles est parvenu ce groupe sera discuté à la prochaine réunion des Directeurs généraux, mais il était déja manifeste que certains principes fondamentaux dégagés par le groupe appelaient une révision de certains aspects du fonctionnement de la Commission.

PRINCIPES REGISSANT LE CHOIX DES POINTS A INSCRIRE AU PROGRAMME DE TRAVAIL (ARTICLE 1 (2) DE LA CONSTITUTION)

Afin de refléter l'importance croissante de la co-opération entre la Commission et d'autres organisations européennes, et la nécessité qui en résulte d'en

The Director of the Air Transport Bureau of ICAO, Mr R.A. Bickley, and the ICAO Representative Europe, Mr V. Veres, attended the Session.

Observers from the following fourteen international organizations attended the Session: Association of European Airlines (AEA), African Civil Aviation Commission (AFCAC), Commission of the European Communities (EEC), Council of Europe, European Conference of Ministers of Transport (ECMT), European Organization for Civil Aviation Electronics (EUROCAE), Institut du Transport Aérien (ITA), International Council of Aircraft Owner and Pilot Associations (IAOPA), International Civil Airports Association (ICAA), International Federation of Airline Pilots' Associations (IFALPA), International Transport Workers' Federation (ITF), International Air Transport Association (IATA), Western European Airports Association (WEAA), World Meteorological Organization (WMO).

The Secretary of the Session was Mr M. Doz, Secretary of ECAC, assisted by Mr L. Ropars, Deputy Secretary of ECAC, Mr E. Hudson, Air Transport Officer, Mr G. Capsey, Technical Consultant and Mr B. Aubreton, Précis-Writer. Administrative services were supervised by Miss H. Kemp of the ECAC Secretariat and Language services by Mr R.G. Laissy of the ICAO Language Section.

The Conference received the report of the President of ECAC on action taken since the previous Triennial Session and expressed its deep appreciation for the President's ability and wisdom in conducting the work of ECAC during the last three years.

The Conference then reviewed the reports presented by the four Chairmen of the Standing Committees, Mr C. Abraham (ECO-I), Mr E. Willoch (ECO-II), Mr K.J. Temmes (Technical), and Mr D. Collini (Facilitation), and expressed its appreciation for the work and achievements of their respective Committees.

The Conference established an Executive Committee under the chairmanship of Mr H. Raben to consider agenda items 5, 9, 10 and 13, and a Work Programme and Methods Working Group, under the chairmanship of Mr E. Willoch, to examine agenda items 11 and 12. Agenda items 1 to 4 and 6 to 8 were dealt with in plenary.

Agenda item 5: *Constitutional matters*

The Conference considered two amendments to the Constitution, and one amendment to the Rules of Procedure, proposed by the President in WP/7 on the basis of the work carried out by the special group of Directors General which in June 1978 had been given the task of reviewing ECAC's role, structure and methods of operation in the light of recent developments in international air transport. While a report on that group's findings would be discussed at the next meeting of Directors General, it was already clear that certain fundamental principles which it had identified called for a revision of some aspects of the functioning of the Conference.

PRINCIPLES REGARDING THE SELECTION OF ITEMS FOR THE WORK PROGRAMME (ARTICLE 1 (2) OF THE CONSTITUTION)

In order to reflect the growing importance of the Conference's co-operation with other European organizations, and the corresponding need to take this

tenir compte en fixant la portée du programme de travail, il a été décidé à l'unanimité, la proposition du Président ayant été appuyée par la Norvège, que l'Article 1 (2) (a) de la Constitution devait être amendé pour se lire comme suit:

"(*a*) importance et intérêt de la question pour un grand nombre d'Etats membres ou pour d'autres organisations européennes;"

DEFINITION DU ROLE DES DEUX COMITES ECONOMIQUES PERMANENTS (ARTICLE 15 (1) DE LA CONSTITUTION)

La proposition du Président visant à supprimer, dans l'Article 15 (1), la définition actuelle du rôle des deux Comités économiques permanents était fondée sur le fait que la répartition actuelle des tâches entre le Comité ECO-I (transport aérien régulier) et le Comité ECO-II (transport aérien non régulier) n'était plus considérée comme réaliste. En même temps qu'il semblait nécessaire de maintenir deux Comités économiques, il était souhaitable de donner toute latitude au Comité de coordination pour régler la question de la répartition du travail entre eux. Un Comité pourrait, par exemple, se concentrer sur les problèmes intra-européens, et l'autre pourrait traiter principalement des questions concernant le transport aérien entre l'Europe et d'autres continents. Cette proposition ayant été appuyée par l'Allemagne, la Commission a décidé, à l'unanimité, que l'Article 15 (1) de la Constitution devait être amendé pour se lire comme suit:

"(1) quatre Comités permanents sont établis:
deux Comités économiques,
un Comité technique, et
un Comité de facilitation."

LETTRES DE CREANCE (REGLE 2 (1) DU REGLEMENT INTERIEUR)

La Commission a adopté également à l'unanimité la proposition du Président, appuyée par les Pays-Bas que, pour refléter la souplesse actuelle des méthodes de travail de la CEAC, il convenait d'amender la Règle 2 (1) du Règlement intérieur afin de préciser que des lettres de créance officielles ne sont requises que pour les Sessions plénières. La Règle 2 (1) ainsi amendée se lit comme suit:

"(1) chaque membre d'une délégation à une Session plénière de la Commission doit être muni d'une lettre de créance de l'Etat ou organisation qu'il représente, dûment authentifiée, et indiquant son nom et sa fonction. Les lettres de créance sont remises au Secrétaire de la Commission ou à son représentant."

Point 6 de l'ordre du jour: *Demande d'adhésion de Malte*

La Commission a examiné la demande d'adhésion présentée par la République de Malte. Les vingt-et-un Etats membres présents ayant appuyé cette demande, Malte a été admise à l'unanimité comme membre de la CEAC, conformément à l'Article 2 (1) de la Constitution.

Point 7 de l'ordre du jour: *Election du Président et des vice-présidents*

Lors de la troisième séance plénière M. E. Willoch (Directeur général de l'aviation civile, Norvège) a été élu à l'unanimité Président de la CEAC pour la prochaine période triennale. MM. C. Abraham (Directeur général de l'aviation civile, France), G.W. Rehm (Directeur général de l'aviation civile, Allemagne) et

into account when setting the scope of the work programme, it was unanimously agreed, after the President's proposal had been seconded by Norway, that Article 1 (2) (a) of the Constitution should be amended to read as follows:

"(*a*) importance and interest of the subject to a large number of Member States or to other European organizations;"

DEFINITION OF THE ROLES OF THE TWO ECONOMIC STANDING COMMITTEES (ARTICLE 15 (1) OF THE CONSTITUTION)

The President's proposal to delete from article 15(1) the existing definition of the roles of the two Economic Standing Committees was based on the consideration that the present division of tasks between the ECO-I Committee (scheduled air transport) and the ECO-II Committee (non-scheduled air transport) was no longer felt to be realistic. While a need was seen to maintain two Economic Committees, it was desired to allow the Co-ordinating Committee full latitude to settle the division of work between them. One Committee, for example, might concentrate on intra-European matters and the other might deal mainly with questions concerning air transport between Europe and other continents. After this proposal had been seconded by Germany, the Conference unanimously agreed that Article 15(1) of the Constitution should be amended to read as follows:

"(1) Four Standing Committees shall be established:
two Economic Committees,
a Technical Committee and
a Facilitation Committee."

CREDENTIALS (RULE 2(1) OF THE RULES OF PROCEDURE)

The Conference also agreed unanimously, on the proposal of the President, seconded by the Netherlands, that, in order to reflect the existing flexibility in ECAC working methods, Rule 2(1) of the Rules of Procedure should be amended to make it clear that formal credentials were required only in the case of plenary sessions. Rule 2(1) as amended reads as follows:

"(1) Every member of a delegation to a plenary session of the Conference shall be provided with credentials from the State or organization concerned, duly authenticated and specifying his name and status. The credentials shall be deposited with the Secretary of the Conference or his representative."

Agenda item 6: *Application by Malta for membership*

The Conference considered the application for membership submitted by the Republic of Malta. The twenty-one Member States present having supported this application, Malta was unanimously admitted as a member of ECAC in accordance with Article 2(1) of the Constitution.

Agenda item 7: *Election of President and Vice-Presidents*

At the third plenary meeting, Mr E. Willoch (Director General of Civil Aviation, Norway), was unanimously elected President of ECAC for the next three-year period. Messrs C. Abraham (Director General of Civil Aviation, France), G. W. Rehm (Director General of Civil Aviation, Germany) and

H. Vogl (Directeur général de l'aviation civile, Autriche) ont été élus à l'unanimité premier, deuxième et troisième vice-président respectivement.

Point 8 de l'ordre du jour: *Election des présidents des Comités*

Ont été élus à l'unanimité à la présidence des Comités permanents: Comité économique/I – M. C. Abraham (Directeur général de l'aviation civile, France); Comité économique/II – M. J.R. Steele (Deputy Secretary of Department of Trade, Royaume-Uni); Comité technique – M. K.J. Temmes (Directeur général de l'aviation civile, Finlande); Comité de facilitation – M. D. Collini (Directeur général de l'aviation civile, Italie).

RECOMMANDATIONS

La Conférence a adopté les Recommandations suivantes:

Recommandation N° 1: Dispositions révisées pour la conduite des conférences de trafic de l'IATA.

Recommandation N° 2: Recommandations de la CEAC relatives aux transports aériens non réguliers qui ne sont plus en vigueur.

Recommandation N° 3: Codes communs de navigabilité.

Recommandation N° 4: Communication au BSCE de statistiques de heurts d'oiseaux et participation financière à l'analyse de ces statistiques.

Recommandation N° 5: Annulation et regroupement de certaines recommandations de la CEAC relatives à la facilitation.

Recommandation N° 6: Mise en application de la septième édition de l'Annexe 9.

Recommandation N° 7: Comités de facilitation nationaux et d'aéroports.

Recommandation N° 8: Suppression de la déclaration générale.

Recommandation N° 9: Exigences statistiques affectant le congé des aéronefs.

Recommandation N° 10: Système du double circuit (rouge/vert) de contrôle douanier.

Recommandation N° 11: Suppression des cartes d'embarquement/débarquement.

Recommandation N° 12: Réacheminement des bagages mal dirigés.

Recommandation N° 13: Acheminement et congé des marchandises transportées par air.

Recommandation N° 14: Aménagements pour les handicapés physiques aux aéroports.

Recommandation N° 15: Utilisation efficace des installations et services aéroportuaires existants.

Recommandation N° 16: Coordination des exigences de facilitation et de sûreté.

Recommandation N° 17: Procédures européennes communes d'autorisation des vols de Catégories II et III.

Recommandation N° 18: Réforme accélérée des avions à réaction subsoniques d'une masse maximale de plus de 20 tonnes non conformes à l'Annexe 16.

Recommandation N° 19: Fouille des passagers et de leurs bagages à main au départ.

Recommandation N° 20: Commissions d'agence.

Recommandation N° 21: Indemnisation du refus d'embarquement.

Recommandation N° 22: Redevances liées au bruit.

H. Vogl (Director General of Civil Aviation, Austria) were unanimously elected first, second and third Vice-President respectively

Agenda item 8: *Election of Chairmen of Committees*
The following offices were unanimously elected Chairmen of the Standing Committees: Economic Committee/I – Mr C. Abraham (Director General of Civil Aviation, France); Economic Committee/II – Mr J.R. Steele (Deputy Secretary of the Department of Trade, United Kingdom); Technical Committee – Mr K.J. Temmes (Director General of Civil Aviation, Finland); Facilitation Committee – Mr D. Collini (Director General of Civil Aviation, Italy).

RECOMMENDATIONS

The Conference adopted Recommendations on the following subjects:

Recommendation No. 1: Revised provisions for the conduct of IATA traffic conferences.
Recommendation No. 2: ECAC non-scheduled air transport recommendations no longer in force.
Recommendation No. 3: Joint airworthiness requirements.
Recommendation No. 4: Provision of statistics of bird strikes to BSCE and financial participation in their analysis.
Recommendation No. 5: Cancellation and consolidation of certain ECAC recommendations on facilitation.
Recommendation No. 6: Implementation of Annex 9, Seventh edition.
Recommendation No. 7: National and airport facilitation committees.
Recommendation No. 8: Elimination of the general declaration.
Recommendation No. 9: Statistical requirements affecting aircraft clearance.
Recommendation No. 10: Dual channel (red/green) system of customs clearance.
Recommendation No. 11: Elimination of embarkation/disembarkation cards.
Recommendation No. 12: Clearance of mishandled baggage.
Recommendation No. 13: Handling and clearance of air cargo.
Recommendation No. 14: Facilities for physically handicapped persons at airports.
Recommendation No. 15: Efficient use of existing airport facilities.
Recommendation No. 16: Co-ordination between facilitation and security requirements.
Recommendation No. 17: Common European procedures for the authorization of Category II and Category III operations.
Recommendation No. 18: Early retirement of subsonic jet aircraft with a maximum weight in excess of 20 tonnes not complying with Annex 16.
Recommendation No. 19: Searching of departing passengers and their hand baggage.
Recommendation No. 20: Agency commissions.
Recommendation No. 21: Denied boarding compensation.
Recommendation No. 22: Noise-related charges.
Recommendation No. 23: Joint requirements for emergency and safety airborne equipments.
Recommendation No. 24: Prohibition of the use of light propeller-driven aircraft not complying with Annex 16.

Recommandation N° 23: Communauté des prescriptions relatives aux équipements de bord de secours et de sécurité.

Recommandation N° 24: Interdiction d'utilisation des avions légers à hèlices non conformes au chapitre 6 de l'Annexe 16.

C. BUREAU DE LA COMMISSION ELU A LA DIXIEME SESSION TRIENNALE (CEAC/10: STRASBOURG, JUIN 1979)

Président de la CEAC: E. WILLOCH (Norvège)
Premier vice-Président: C. ABRAHAM (France)
Deuxième vice-Président: G.W. REHM (Rép. féd. d'Allemagne)
Troisième vice-Président: H. VOGL (Autriche)
Président Comité ECO-I: C. ABRAHAM (France)
Président Comité ECO-II: J.R. STEELE (Royaume-Uni)
Président Comité technique: K.J. TEMMES (Finlande)
Président Comité de facilitation: D. COLLINI (Italie)
Secrétaire de la CEAC: Maurice DOZ

D. ADRESSE: COMMISSION EUROPEENNE DE L'AVIATION CIVILE

3 bis, villa Emile Bergerat
92522 Neuilly sur Seine
CEDEX, France

E. CONSTITUTION REVISEE DE LA COMMISSION EUROPEENNE DE L'AVIATION CIVILE

Article 1
Objectifs et fonctions

1. La Commission européenne de l'Aviation civile, ci-après dénommée "la Commission", a pour objet:
(*a*) de suivre d'une façon générale l'évolution des transports aériens européens afin de favoriser la coordination, une meilleure utilisation et le développement ordonné de ces transports,
(*b*) d'examiner tout problème particulier qui pourrait se poser dans ce domaine.

2. La Commission fait entrer dans le cadre de ses activités toutes les questions ayant trait aux objets précités, sous réserve des principes suivants, qui régissent le choix des questions à inscrire au programme de travail:
(*a*) importance et intérêt de la question pour un grand nombre d'Etats membres ou pour d'autres organisations européennes;
(*b*) possibilité de dégager une solution acceptable aux problèmes posés;
(*c*) caractère spécifiquement européen du problème ou possibilité d'apporter une contribution réelle au travail normal de l'OACI.

3. Les fonctions de la Commission ont un caractère consultatif, et ses résolutions, recommandations ou autres conclusions sont subordonnées à l'approbation des gouvernements.

C. OFFICERS OF THE CONFERENCE ELECTED AT THE TENTH TRIENNIAL SESSION OF ECAC (ECAC/10: STRASBOURG, JUNE 1979)

President of ECAC: E. WILLOCH (Norway).
First Vice-President: C. ABRAHAM (France).
Second Vice-President: G.W. REHM (Fed. Rep. Germany).
Third Vice-President: H. VOGL (Austria).
Chairman ECO-I Committee: C. ABRAHAM (France).
Chairman ECO-II Committee: J.R. STEELE (United Kingdom).
Chairman Technical Committee: K.J. TEMMES (Finland).
Chairman Facilitation Committee: D. COLLINI (Italy).
Secretary of ECAC: Maurice DOZ.

D. ADDRESS: EUROPEAN CIVIL AVIATION CONFERENCE

3 bis, villa Emile Bergerat
92522 Neuilly sur Seine
CEDEX France

E. REVISED CONSTITUTION OF THE EUROPEAN CIVIL AVIATION CONFERENCE

Article 1
Objectives and functions

1. The objects of the European Civil Aviation Conference, hereinafter called the "Conference", shall be to:

(*a*) review generally the development of European air transport in order to promote the co-ordination, the better utilization and the orderly development of such air transport,

(*b*) consider any special problem that may arise in this field.

2. The Conference shall bring within its scope all matters relevant to these objects, taking into account the following principles regarding the selection of items for the work programme:

(*a*) importance and interest of the subject to a large number of Member States or to other European organisations;

(*b*) possibility of an acceptable solution to the problems involved;

(*c*) peculiarity of the problem to Europe or possibility of making an effective contribution to the normal work of ICAO.

3. The functions of the Conference shall be consultative and its resolutions, recommendations or other conclusions shall be subject to the approval of governments.

Article 2
Membres de la Commission

1. La Commission est composée des Etats invités à participer comme membres de la Conférence de coordination des transports aériens européens tenue à Strasbourg en 1954, et des autres Etats européens que la Commission admettrait à l'unanimité comme membres.
2. Les Etats membres ont un droit égal d'être représentés aux Sessions et réunions de la Commission. Aucun délégué ne peut représenter plus d'un Etat.

Article 3
Relations avec l'OACI et autres organisations

La Commission maintient une liaison étroite avec l'OACI afin de favoriser, par une co-opération régionale, la réalisation des buts et objectifs de celle-ci. Elle a recours, dans la mesure du possible, aux services du Secrétariat de l'OACI. Elle établit des relations avec toute autre organisation internationale, gouvernementale ou non gouvernementale, dont les activités intéressent le transport aérien européen.

Article 4
Organes de la Commission

1. Les organes de la Commission sont:
(*a*) la Commission plénière, qui se réunit en Sessions triennales et en Sessions intermédiaires;
(*b*) les réunions des Directeurs généraux de l'Aviation civile;
(*c*) le Comité de coordination;
(*d*) les Comités permanents.
2. Ces organes sont assistés par le Secrétaire de la Commission.

Article 5
Sessions triennales

1. La Commission plénière tient tous les trois ans une session dite Session triennale.
2. Les pouvoirs et les fonctions de la Session triennale sont les suivants:
(*a*) elle élit le Président et les trois vice-présidents,
(*b*) elle élit les présidents des Comités permanents,
(*c*) elle établit le programme général de travail pour les trois années à venir et définit les méthodes d'exécution de ce programme,
(*d*) elle approuve les estimations des dépenses pour les trois années à venir,
(*e*) elle adopte des recommandations, des résolutions ou autres conclusions.
3. La composition des délégations aux Sessions triennales est adaptée, par le nombre et le rang de leurs membres, aux problèmes à débattre, étant entendu que les chefs de délégation sont normalement les Directeurs généraux de l'Aviation civile des Etats membres ou des fonctionnaires de rang élevé.

Article 6
Sessions intermédiaires

1. En principe, la Commission plénière tient une Session intermédiaire au cours de chacune des années qui ne comportent pas de Session triennale.

Article 2
Membership of the Conference

1. The Conference shall be composed of the States invited to be members of the 1954 Strasbourg Conference on Co-ordination of Air Transport in Europe, together with such other European States as the Conference may unanimously admit as members.

2. All Member States shall have an equal right to be represented at the Sessions and meetings of the Conference. No person shall represent more than one State.

Article 3
Relations with ICAO and other organizations

The Conference shall maintain close liaison with ICAO in order, through regional co-operation, to help achieve the aims and objectives of that Organization. It shall as much as possible avail itself of the services of the ICAO Secretariat. It shall establish relations with any other governmental or non-governmental international organisation concerned with European air transport.

Article 4
Bodies of the Conference

1. The bodies of the Conference shall be:
(*a*) the Plenary Conference in the form of Triennial Sessions and Intermediate Sessions,
(*b*) the meetings of Directors General of Civil Aviation,
(*c*) the Co-ordinating Committee, and
(*d*) the Standing Committees.

2. These bodies are assisted by the Secretary of the Conference.

Article 5
Triennial Sessions

1. The Plenary Conference shall hold every third year a session called a Triennial Session.

2. The powers and duties of the Triennial Session shall be to:
(*a*) elect the President and the Vice-Presidents,
(*b*) elect the chairmen of the Standing Committees,
(*c*) establish the general work programme for the next three years and methods for fulfilling this programme,
(*d*) approve estimates of expenditures for the next three years,
(*e*) adopt recommendations, resolutions or other conclusions.

3. The Triennial Sessions shall be attended by delegations in number and rank suitable for handling the problems to be discussed, it being understood that chief delegates will normally be Directors General of Civil Aviation in Member States or officials of high level.

Article 6
Intermediate Sessions

1. In principle, the Plenary Conference shall hold an Intermediate Session in those years in which no Triennial Session takes place.

2. La Session intermédiaire a pour fonctions principales:
(*a*) d'adopter des recommandations, résolutions ou autres conclusions;
(*b*) de donner son approbation, prendre des décisions et définir des orientations concernant les travaux de la Commission dans le cadre général du programme de travail établi par la Session triennale;
(*c*) d'ajouter de nouvelles questions au programme de travail lorsque leur caractère d'urgence empêche d'en référer à la prochaine Session triennale, et
(*d*) de réviser les estimations approuvées par la dernière Session triennale.

3. En principe, la Session intermédiaire est composée exclusivement des Directeurs généraux de l'Aviation civile ou de fonctionnaires de rang élévé; ils peuvent être accompagnés d'experts en nombre limité.

Article 7
Sessions intermédiaires spéciales

Si la convocation d'une Session intermédiaire spéciale paraît nécessaire ou urgente, le Président y procède à la demande expresse d'au moins trois Etats membres; il peut également procéder à cette convocation de sa propre initiative.

Article 8
Réunions des Directeurs généraux de l'aviation civile

1. Si la convocation d'une Session intermédiaire spéciale n'apparaît pas appropriée ou n'est pas possible, le Président de la CEAC peut, à son initiative ou à la demande d'un ou plusieurs des Etats membres, convoquer une réunion des Directeurs généraux de l'Aviation civile en vue d'une délibération et/ou d'une action d'urgence dans le cadre des fonctions définies dans les alinéas 2 (a) et (b) de l'Article 6.

2. Toute décision pouvant être convenue à une réunion conformément au paragraphe (1) du présent article ne pourra être prise qu'avec l'accord d'un nombre de Directeurs généraux, présents ou représentés, au moins égal à la majorité absolue de l'ensemble des Etats membres.

3. Une décision ayant obtenu l'accord de la majorité des Directeurs généraux présents ou représentés sera, si cette majorité n'est pas au moins égale à la majorité absolue de l'ensemble des Etats membres, soumise à un vote par correspondance dans les conditions prévues à l'Article 17(2) de la Constitution.

Article 9
Président, vice-présidents, présidents des Comités

1. Dès que possible après l'ouverture de chaque Session triennale, la Commission élit le Président et jusqu'à trois vice-présidents, ainsi que les présidents des Comités permanents.

2. Les nouveaux élus assument leurs fonctions dès la clôture de la Session triennale et jusqu'à la fin de la Session triennale suivante.

Article 10
Candidatures à la présidence et aux vice-présidences

1. Le dépôt des candidatures à la présidence et aux vice-présidences a lieu au moins 90 jours avant l'ouverture de la Session triennale.

2. Le Secrétaire communique immédiatement les noms des candidats à tous les Etats membres.

2. The main functions of the Intermediate Session shall be to:
(*a*) adopt recommendations, resolutions or other conclusions,
(*b*) give approval, decisions and directions for the work of the Conference within the general frame of the work programme established by the Triennial Session,
(*c*) add new items to the work programme, when their state of urgency precludes referring them to the next Triennial Session, and
(*d*) revise the estimates approved by the last Triennial Session.
3. In principle, Intermediate Sessions shall comprise Directors General of Civil Aviation or officials of high level only; they may be accompanied by a limited number of experts.

Article 7
Special Intermediate Sessions

If it appears necessary or urgent to convene a Special Intermediate Session, the President shall do so at the express request of at least three Member States or he may do so on his own initiative.

Article 8
Meetings of Directors General of Civil Aviation

1. Should the convening of a Special Intermediate Session appear either inappropriate or impossible, the President of ECAC may, on his own initiative or at the request of one or more Member States, convene a meeting of Directors General of Civil Aviation for deliberation and/or urgent action within the framework of the functions specified in paragraphs 2(a) and (b) of Article 6.
2. Any action which may be agreed at a meeting in accordance with paragraph (1) of this Article shall only be taken if it is adopted by a number of Directors General present or represented at least equal to the absolute majority of all Member States.
3. Action which is agreed by the majority of Directors General present or represented but which fails to obtain an absolute majority of all Member States shall be submitted to a mail vote as provided for under Article 17(2) of the Constitution.

Article 9
Officers of the Conference

1. The Conference, as soon as possible after the commencement of any Triennial Session, shall elect the President, not more than three Vice-Presidents, and the chairmen of the Standing Committees.
2. The newly elected officers shall assume office at the closing of the Triennial Session and shall continue until the end of the next Triennial Session.

Article 10
Candidatures for the offices of President and Vice-Presidents

1. Candidatures for the offices of the President and the Vice-Presidents shall be put forward at least 90 days before the opening date of the Triennial Session.
2. The Secretary shall notify the names of the candidates immediately to all Member States.

Article 11
Election du Président

1. L'élection du Président a lieu au scrutin secret et à la majorité absolue des Etats membres représentés.
2. Le Président ne peut être réélu que pour une seule nouvelle période triennale consécutive et, sous réserve des dispositions du paragraphe (3) ci-dessous, à la majorité des deux tiers des Etats membres.
3. Si, lors du premier scrutin, le Président, candidat à la réélection, n'obtient pas la majorité des deux tiers des Etats membres, ou si aucun autre candidat n'obtient la majorité absolue des Etats membres représentés, un deuxième scrutin a lieu.
4. Si, lors de ce second scrutin, le Président candidat à la réélection n'obtient pas la majorité des deux tiers des Etats membres, ou si aucun autre candidat n'obtient la majorité absolue des Etats membres représentés, les deux candidatures ayant recueilli le plus de suffrages sont mises aux voix et l'élection a lieu à la majorité simple.

Article 12
Election des vice-présidents et des présidents des Comités permanents

Les vice-présidents et les présidents des Comités permanents sont élus à la majorité relative.

Article 13
Pouvoirs du Président

1. Le Président préside les Sessions de la Commission ainsi que les réunions des Directeurs généraux de l'Aviation civile et celles du Comité de coordination.
2. Il représente la Commission entre les Sessions de cette dernière; à cet effet, il peut déléguer des pouvoirs aux vice-présidents.
3. Il convoque les Sessions de la Commission ainsi que les réunions des Directeurs généraux de l'Aviation civile, du Comité de coordination et des Comités permanents.
4. Il prépare l'ordre du jour provisoire des réunions des Directeurs généraux de l'Aviation civile et du Comité de coordination.
5. Il apprécie l'opportunité d'inviter toute personne ou organisation à assister, en qualité d'expert ou d'observateur, aux réunions des Directeurs généraux de l'Aviation civile.
6. Il peut entrer en consultation avec les représentants des Etats membres ou avec toute autre personne ou organisation en vue d'accomplir les tâches qui lui sont assignées.
7. Lorsque le Président n'est pas disponible, les vice-présidents assument ses fonctions par ordre de préséance.

Article 14
Comité de coordination

1. Entre les Sessions de la Commission, un Comité de coordination composé des vice-présidents et des présidents des Comités permanents, sous la présidence du Président de la Commission, assume les fonctions définies au paragraphe (2) ci-dessous.

Article 11
Election of President

1. The election of the President shall be by secret ballot and determined by an absolute majority of Member States represented.
2. The President can be re-elected for only one further consecutive three years' period and, subject to the provisions of (3) below, only by a two-thirds majority of Member States.
3. If, at the first ballot, the President seeking re-election does not obtain a two-thirds majority of Member States or if no other candidate obtains an absolute majority of the Member States represented, there shall be a second ballot.
4. If, in this second ballot, the President seeking re-election does not obtain a two-thirds majority of Member States or if no other candidate obtains an absolute majority of the Member States represented, there shall be an election by simple majority between the two candidates who have polled the largest number of votes.

Article 12
Election of the other officers

The Vice-Presidents and the chairman of the Standing Committees shall be elected by a simple majority.

Article 13
Powers of the President

1. The President shall preside over the Sessions of the Conference and the meetings of Directors General of Civil Aviation and of the Co-ordinating Committee.
2. He shall represent the Conference between its Sessions; he can to this end delegate authority to the Vice-Presidents.
3. He shall convene the Sessions of the Conference and the meetings of the Directors General of Civil Aviation, the Co-ordinating Committee and the Standing Committees.
4. He shall establish provisional agenda for the meetings of Directors General of Civil Aviation and of the Co-ordinating Committee.
5. He shall decide upon the advisability of inviting to the meetings of Directors General of Civil Aviation any person or organization as expert or observer.
6. He may consult with representatives of Member States or with any other person or organization, with a view to carrying out the tasks assigned to him.
7. If the President is not available, the Vice-Presidents shall assume his functions in order of seniority.

Article 14
Co-ordinating Committee

1. Between the Sessions of the Conference, a Co-ordinating Committee, composed of the Vice-Presidents and the chairmen of the Standing Committees, under the chairmanship of the President of the Conference, shall assume the functions set forth in paragraph (2) below.

2. Le Comité de coordination a qualité pour:
(*a*) établir le calendrier général des réunions (Sessions, réunions des Directeurs généraux de l'aviation civile, Comités, groupes de travail et groupes d'experts);
(*b*) établir l'ordre du jour provisoire des Sessions triennales, en consultation avec les Etats membres et le Conseil de l'OACI, et celui des Sessions intermédiaires;
(*c*) coordonner l'activité des Comités permanents et prendre les dispositions nécessaires pour mener à bonne fin les travaux engagés;
(*d*) apprécier l'opportunité d'inviter aux Sessions de la Commission et aux réunions des Comités permanents toute personne ou organisation en qualité d'observateur ou d'expert;
(*e*) s'assurer que les dépenses restent dans les limites d'une économie raisonnable compatible avec l'exécution du programme de travail et les estimations établies lors des Sessions triennales.

3. Le Comité de coordination se réunit au moins une fois par an, sur convocation du Président de la Commission.

Article 15
Comités permanents

1. Quatre Comités permanents sont établis:
deux Comités économiques,
un Comité technique, et
un Comité de facilitation.

2. La composition de ces Comités doit permettre la plus large participation des Etats membres au niveau le plus approprié à l'examen des questions qui les intéressent.

3. Dans la mesure du possible, les présidents des Comités permanents sont choisis parmi les plus hauts fonctionnaires responsables de l'aviation civile dans les Etats membres, compte tenu de leur expérience dans le domaine d'activité envisagée.

4. Pour l'exécution de la partie du programme de travail qui leur est assignée, les Comités permanents peuvent constituer des groupes de travail ou des groupes d'experts à participation ouverte à tous les Etats membres ou restreinte.

5. Les présidents des Comités permanents, lorsqu'ils ne peuvent présider eux-mêmes les réunions des groupes de travail ou des groupes d'experts, désignent la personne qui présidera ces réunions. Faute de cette désignation, les groupes de travail ou d'experts choisissent eux-mêmes leurs présidents.

6. Les présidents des Comités permanents apprécient l'opportunité d'inviter aux réunions des groupes de travail ou d'experts toute personne ou organisation en qualité d'expert ou d'observateur.

7. Les présidents des Comités permanents rendent compte des travaux de leurs Comités aux Sessions intermédiaires et triennales.

Article 16
Décision à la majorité des Etats représentés

Sauf dans les cas prévus aux Articles 8, 11, 17 et 20, les décisions de la Commission et des Comités permanents sont prises à la majorité des voix

2. The Co-ordinating Committee shall be empowered to:
(*a*) establish the general calendar of meetings (Sessions, meetings of Directors General of Civil Aviation, Committees, working groups and groups of experts),
(*b*) establish provisional agenda for the Triennial Sessions in consultation with the Member States and the Council of ICAO, and for Intermediate Sessions,
(*c*) co-ordinate the activity of the Standing Committees and take the necessary action to complete the work undertaken,
(*d*) decide on the advisability of inviting to the Sessions of the Conference and to meetings of the Standing Committees any person or organization as observer or expert,
(*e*) ensure that expenses remain within the bounds of reasonable economy compatible with performance of the work programme and the estimates drawn up at Triennial Sessions.

3. The Co-ordinating Committee shall meet as necessary and at least once a year, when it is convened by the President of the Conference.

Article 15
Standing Committees

1. Four Standing Committees shall be established:
two Economic Committees,
a Technical Committee, and
a Facilitation Committee.

2. These Committees shall be so composed as to permit the widest participation of Member States at the level most appropriate to consideration of the problems they are concerned with.

3. If possible, the chairmen of the Standing Committees shall come from among the highest officials in charge of civil aviation in the Member States, account being taken of their experience in the field of activity involved.

4. In order to carry out the part of the work programme assigned to them, Standing Committees may establish working groups or groups of experts open to all Member States or limited membership.

5. The chairmen of the Standing Committees, when unable to preside themselves over the meetings of working groups or groups of experts, shall appoint the person who will preside over such meetings. Failing such appointment, the working groups or groups of experts shall choose their own chairmen.

6. The chairmen of the Standing Committees shall decide upon the advisability of inviting to meetings of working groups or groups of experts any person or organization as expert or observer.

7. The chairmen of the Standing Committees shall report to the Intermediate and Triennial Sessions on the work of their Committees.

Article 16
Decisions by majority of States represented

Except as provided in Articles 8, 11, 17 and 20 the decisions of the Conference and of the Standing Committees shall be taken by a majority of

exprimées par les Etats représentés. Une abstention n'est pas considérée comme une voix exprimée.

Article 17
Vote par correspondance sur les résolutions et recommandations

1. Sur proposition d'un Comité permanent adoptée à la majorité des deux tiers des Etats représentés à la réunion de ce Comité, le Président peut inviter les Etats membres à procéder à un vote par correspondance sur les projets de résolutions ou de recommandations présentés par ce Comité permanent. Ces projets de résolutions ou de recommandations seront considérés comme adoptés si, dans les 60 jours suivant leur notification aux Etats membres, le Président n'a pas reçu les avis contraires d'un tiers au moins des Etats membres.
2. En cas d'urgence, s'il n'est pas possible de réunir immédiatement une Session plénière ou une réunion des Directeurs généraux de l'Aviation civile, le Président peut solliciter de sa propre initiative un vote par correspondance sur un projet de résolution ou de recommandation. En pareil cas, un vote favorable de la majorité absolue de l'ensemble des Etats membres sera nécessaire.

Article 18
Estimations et dépenses

1. Conformément aux arrangements intervenus avec l'OACI, les dépenses indirectes imputables à l'activité de la Commission sont à la charge de l'OACI et les dépenses directes imputables à l'activité de la Commission sont à la charge des Etats membres de celle-ci.
2. Les dépenses directes exposées par l'OACI et imputables à l'activité de la Commission sont réparties entre les Etats membres de la Commission au prorata du nombre d'unités de leur contribution à l'OACI pour l'exercice auquel les dépenses se rattachent.

Article 19
Langues

1. Les langues de travail de la Commission sont le français et l'anglais.
2. L'interprétation à partir de l'espagnol et d'autres langues est assurée dans la mesure où les moyens le permettent.
3. Les textes français et anglais de la présente Constitution font également foi.

Article 20
Amendement de la Constitution

La présente Constitution peut être amendée à la majorité absolue de l'ensemble des Etats membres.

F. PUBLICATIONS EDITEES EN 1979

- ECAC.CEAC Doc nº 17: Procédures européennes communes d'autorisation des vols de Catégories II et III (1979).
- ECAC.CEAC Doc nº 18: Communauté des prescriptions relatives aux équipements embarqués de secours et de sécurité (1979).

the votes cast by the States represented. An abstention shall not be considered as a vote.

Article 17
Mail vote on resolutions and recommendations

1. On a proposal from one of the Standing Committees adopted by a two-thirds majority of the States represented at the meeting of the Committee, the President may call upon Member States to proceed to a mail vote on the draft resolutions or recommendations formulated by that Standing Committee. Such draft resolutions or recommendations shall be considered adopted if, within 60 days of the notification of them to Member States, the President has not received the negative votes of at least one-third of the Member States.

2. In cases of urgency, when it is not possible to convene a Plenary Session or a meeting of Directors General of Civil Aviation immediately, the President may on his own initiative call for a mail vote on a draft resolution or recommendation. In such case, affirmative votes by an absolute majority of all Member States shall be necessary.

Article 18
Cost estimates and expenditures

1. In accordance with the arrangements with ICAO, the indirect costs attributable to the activity of the Conference shall be borne by ICAO, and the direct cost attributable to the activity of the Conference shall be the responsibility of the Member States of the Conference.

2. The direct costs incurred by ICAO which are attributable to the activity of the Conference shall be apportioned among the Member States of the Conference in proportion to the number of units of their contribution to ICAO for the year in which any payment is to be made.

Article 19
Languages

1. English and French shall be the working languages of the Conference.

2. Interpretation from Spanish and from other languages will be supplied in so far as resources permit.

3. The English and the French texts of this Constitution shall be regarded as equally authentic.

Article 20
Amendment of the Constitution

This Constitution may be amended by an absolute majority of all Member States.

F. ECAC PUBLICATIONS WHICH APPEARED IN 1979

- Doc ECAC/10: Report of the Tenth Triennial Session.
- ECAC.CEAC Doc No. 17: Common European procedures for the authorisation of Categories II and III operations

- ECAC.CEAC Doc n° 19: Rapport provisoire sur les tarifs aériens réguliers intra-européens (1979).
- ECAC.CEAC Doc n° 20: Constitution et règlement intérieur (1979).
- ECAC.CEAC Doc n° 21: Statistiques du trafic non régulier enregistré dans les Etats de la CEAC.
  Année se terminant le 31/10/78.

- ECAC.CEAC Doc No. 18: Joint requirements for emergency and safety airborne equipments
- ECAC.CEAC Doc No. 19: Interim report on intra-European scheduled air fares
- ECAC.CEAC Doc No. 20: Constitution and Rules of procedure
- ECAC.CEAC Doc No. 21: Statistics on non-scheduled traffic reported in ECAC States.
  Year ending 31/10/78.

CONFERENCE EUROPEENNE DES ADMINISTRATIONS DES POSTES ET DES TELECOMMUNICATIONS

La Conférence Européenne des Administrations des Postes et des Télécommunications (CEPT) est une organisation indépendante de tout organe politique ou économique regroupant les administrations des postes et des télécommunications des vingt-six pays suivants: Allemagne (Rép. Féd. d'), Autriche, Belgique, Chypre, Danemark, Espagne, Finlande, France, Grèce, Irlande, Islande, Italie, Liechtenstein, Luxembourg, Monaco, Norvège, Pays-Bas, Portugal, Royaume-Uni de Grande-Bretagne et d'Irlande du Nord, Suède, Suisse, Turquie et Yougoslavie.

Elle a été à Montreux (Suisse) le 26 juin 1959. Depuis sa fondation, elle a tenu neuf sessions ordinaires et deux sessions extraordinaires; de même les deux Commissions "Postes" et "Télécommunications" se sont réunies à diverses reprises pour traiter des questions de leur compétence.

La Conférence a pour objectifs essentiels le resserrement des relations entre les Administrations membres ainsi que l'harmonisation et l'amélioration pratique de leurs services administratifs et techniques. Les deux Commissions coordonnent les points de vues des Administrations européennes en préparation des Congrès et Conférences de l'Union postale universelle et de l'Union internationale des Télécommunications.

A. LISTE DES REUNIONS EN 1979

24 janvier–2 février: Réunion extraordinaire de la Commission "Postes" à Liège (Préparation du XVIIIe Congrès de l'UPU)
19–23 mars: Symposium à Munich sur le thème: "Incidences des mesures de rationalisation sur le personnel des Administrations des postes et des télécommunications"
7–11 mai: Stage européen de fonctionnaires à Munich sur le thème: "L'entretien des voies de transmission à fréquence porteuse sur câbles et liaisons hertziennes"
6–15 juin: Réunion extraordinaire de la Commission "Télécommunications" à Ostende
18–27 juin: Réunion extraordinaire de la Commission "Postes" à Ostende (2e réunion pour la préparation du XVIIIe Congrès de l'UPU)
entre le 12 septembre et le 26 octobre: Réunions spéciales de la Commission "Postes" durant le XVIIIe Congrès de l'UPU à Rio de Janeiro
5–7 novembre: Réunion extraordinaire de la Commission "Télécommunications" à Bruxelles

B. RESUME DE L'ACTIVITE DE LA CEPT EN 1979

La CEPT ne s'est pas réunie en Assemblée plénière en 1979. En revanche, les deux Commissions "Postes" et "Télécommunications" ont connu une activité intense qui s'est concrétisée principalement par la tenue de deux réunions extraordinaires de chacun de ces organes spécialisés. La Commission "Postes" a consacré l'essentiel de ses activités à la préparation du XVIIIe Congrès de

CHAPTER XII

EUROPEAN CONFERENCE OF POSTAL AND TELECOMMUNICATIONS ADMINISTRATIONS

The European Conference of Postal and Telecommunications Administrations (ECPT) is an organisation independent of all political and economic bodies and comprising the postal and telecommunications administrations of the following 26 Member States: Austria, Belgium, Cyprus, Denmark, Finland, France, Germany (Federal Republic), Greece, Iceland, Ireland, Italy, Liechtenstein, Luxembourg, Monaco, Netherlands, Norway, Portugal, Spain, Sweden, Switzerland, Turkey, United Kingdom, and Yugoslavia.

It was founded in Montreux (Switzerland) on 26 June 1959, since when it has held nine ordinary and two extraordinary sessions. Similarly, both the Postal and the Telecommunications Committees have met on several occasions to deal with questions in their respective fields.

The basic aims of the Conference are the strengthening of links between the member administrations, together with the harmonisation and practical improvement of their administrative and technical services. The two Committees co-ordinate the views of the European administrations in preparation for congresses and conferences of the Universal Postal Union and the International Telecommunication Union.

A. LIST OF MEETINGS IN 1979

24 January–2 February: Extraordinary meeting of the Committee on Posts in Liège (Preparation of the 18th Congress of the UPU)

19–23 March: Symposium at Munich on the subject: "Effect of rationalisation on the staff of Posts and Telecommunications Administrations"

7–11 May: European training course in Munich on the subject: "Maintenance of transmission systems on cables and hertzian links"

6–15 June: Extraordinary meeting of the Committee on Telecommunications at Ostende

19–27 June: Extraordinary meeting of the Committee on Posts at Ostende (second meeting in preparation of the 18th Congress of the UPU)

12 September–25 October: Special meetings of the Committee on Posts during the 18th Congress of the UPU in Rio de Janeiro

5–7 November: Extraordinary meeting of the Committee on Telecommunications in Brussels

B. SUMMARY OF THE ACTIVITIES OF THE ECPT IN 1979

There was no meeting of the plenary Assembly in 1979. On the other hand, the two committees on Posts and Telecommunications were very busy and each of these specialised bodies held two extraordinary meetings. The Committee on Posts was principally concerned with the preparation of the 18th Congress of the Universal Postal Union, which was held in Rio de Janeiro from 13 Septem-

l'Union postale universelle qui s'est déroulé à Rio de Janeiro du 13 septembre au 26 octobre 1979, poursuivant ainsi l'un des objectifs principaux énoncés à l'article 4 de l'Arrangement de Montreux (1959) instituant la CEPT.

La Commission "Postes" et ses groupes de travail se sont penchés sur plus de 600 propositions soumises au Congrès de Rio de Janeiro et émises, la plupart, par des pays non membres de la CEPT. Pour le plus grand nombre d'entre elles, il a été possible de fixer une attitude commune des membres de la CEPT. Enfin, la Commission a tenu un certain nombre de séances à Rio de Janeiro même pour examiner les propositions introduites après la réunion d'Ostende et pour maintenir les contacts entre ses membres et coordonner leurs points de vue dans toute la mesure du possible. Grâce à une préparation consciencieuse, la CEPT a pu apporter une contribution très efficace aux travaux du Congrès de l'UPU.

De son côté, la Commission "Télécommunications" a tenu une réunion extraordinaire à Ostende, consacrée principalement à l'examen du rapport d'un groupe d'experts chargé de mettre sur pied une politique de la CEPT en matière de télécommunications. La Commission a également passé en revue et approuvé les rapports d'activité de ses 4 Comités et de ses 10 Groupes de travail. Elle s'est attachée à approfondir tous les problèmes de l'exploitation des télécommunications allant de la télégraphie à la transmission de données à grande vitesse, des systèmes de câbles transatlantiques aux satellites de télécommunications. Son attention s'est particulièrement attachée au système satellite destiné à des services spécialisés de télécommunications pour couvrir les besoins d'infrastructure des grandes entreprises européennes.

Au cours de la seconde réunion extraordinaire à Bruxelles, du 5 au 7 novembre 1979, la Commission "Télécommunications" a poursuivi les travaux de la session d'Ostende et pris les mesures nécessaires pour la mise en application de son plan d'action. Elle s'est également penchée sur les rapports de la CEPT avec des organismes extérieurs s'occupant de télécommunications.

C. TEXTES FONDAMENTAUX

La Commission "Télécommunications" a émis des nouvelles Recommandations de nature technique et revisé plusieurs Recommandations existantes.

D. PUBLICATIONS

En 1979, deux numéros du Bulletin d'information de la CEPT ont été diffusés, dont un spécialement consacré au 20e anniversaire de la Conférence.

E. ORGANISATION

Pendant l'année 1979, la gérance de la CEPT a été assumée conjointement par la Régie des postes et la Régie des télégraphes et des téléphones de Belgique.

Le Président de la CEPT était M. Robert EECKHOUDT, Administrateur général de la Régie des postes de Belgique.

La Commission "Postes" a été dirigée par M. Jules MARIEN, Directeur général à la Régie des postes de Belgique.

La Commission "Télécommunication" a été présidée par M. Richard GRAIN-

ber to 26 October 1979, thus discharging one of the objectives set out in Article 4 of the Montreux Arrangement (1959) which set up the ECPT.

The Committe on Posts and its Working Parties examined more than 600 proposals submitted to the Rio Congress, tabled for the most part by countries not members of the ECPT. With regard to most of them, it was possible to establish a common attitude of the ECPT countries. Finally, the Committee held a certain number of meetings in Rio de Janeiro to examine the proposals tabled after the Ostende meeting and to maintain contact between its members and establish common positions as far as possible. Thanks to careful preparation, the ECPT was able to make a very effective contribution to the work of the UPU Congress.

The Committee on Telecommunications, for its part, held an extraordinary meeting in Ostende which was principally devoted to the examination of a report by a group of experts concerned with the establishment of a common ECPT policy on telecommunications. The Committee also examined and approved the reports on their work of its 4 sub-committees and 10 working parties. It examined in depth all the problems of the use of telecommunications, from telegraphy to highspeed transmission, from transatlantic cables to telecommunications satellites. It devoted particular attention to the satellite system designed to afford specialised services required for the infrastructure of large European enterprises.

At its second extraordinary meeting in Brussels from 5 to 7 November 1979 the Committee on Telecommunications continued the work of the Ostende session and decided on the measures necessary for the implementation of its plan of action. It also considered the question of relations between the ECPT and other bodies concerned with telecommunications.

C. BASIC TEXTS

The Committee on Telecommunications adopted a number of new Recommendations of a technical character and revised several existing Recommendations.

D. PUBLICATIONS

Two numbers of the Information Bulletin of the ECPT were distributed in 1979, one of which was specially devoted to the 20th anniversary of the Conference.

E. ORGANISATION

In 1979 the management of the ECPT was ensured jointly by the Belgian Postal Administration and the Belgian Administration of Telegraphs and Telephones.

The President of the ECPT was M. Robert Eeckhoudt, Administrator of the Belgian Postal Administration.

The Committee on Posts was directed by M. Jules Marien, Director General of the Belgian Postal Administration.

son, Conseiller général à la Régie des télégraphes et des téléphones de Belgique.

Le Secrétariat de la CEPT était placé sous la conduite de M.A. Bruggeman, Inspecteur général à la Régie des postes de Belgique.

L'Office de liaison de la CEPT à Berne a continué à traiter les affaires courantes.

L'adresse actuelle de l'organisation est:

Administration gérante de la CEPT
Direction générale des postes et des télégraphes
A–1011 WIEN
Austriche

The Committee on Telecommunications was under the chairmanship of M. Richard GRAINSON, General Counsel of the Belgian Administration of Telegraphs and Telephones.

The Secretariat of the ECPT was placed under the direction of M. A. BRUGGEMAN, Inspector General of the Belgian Postal Administration.

The Liaison Office of the ECPT in Berne continued to deal with current business.

The present address of the organisation is:

Administration of the ECPT
Directorate-General of Posts and Telegraphs
A – 1011 VIENNA
Austria

ASSOCIATION EUROPEENNE DE LIBRE-ECHANGE

A. HISTORIQUE

L'Association européenne de libre-échange, qui a été constituée le 3 mai 1960 sur la base de la Convention de Stockholm, comprend six pays membres: l'Autriche, l'Islande (depuis le 1er mars 1970), la Norvège, le Portugal, la Suède et la Suisse et (dès le 26 juin 1961) un membre associé, la Finlande.

Le premier objectif que s'était assigné l'AELE, la réalisation du libre-échange des produits industriels entre ses membres, a été réalisé le 31 décembre 1966, bien que le Portugal ait été mis au bénéfice d'une période de démantèlement tarifaire plus longue.

L'objectif suivant de l'Association, réaliser le libre-échange dans l'ensemble de la zone de l'OECE, organisation qui a précédé l'OCDE sur le plan européen, s'est concrétisé en fait le 1er juillet 1977 lors de la suppression définitive des droits de douane à l'importation sur la quasi-totalité des produits industriels faisant l'objet d'échanges entre les pays de l'AELE et la Communauté européenne. Ce système de libre-échange englobant 16 nations est fondé sur les accords de libre-échange bilatéraux (dont la plupart sont en vigueur depuis le 1er janvier 1973) existant entre chacun des pays de l'AELE et la Communauté économique européenne, ainsi que la Communauté européenne du charbon et de l'acier.

L'Association a principalement pour tâche d'assurer le fonctionnement efficace du libre-échange existant entre ses membres, de servir de cadre en matière de consultation ou de coordination sur des questions en relation avec les accords de libre-échange conclus avec la CEE, lesquels sont identiques dans une large mesure, et de servir de forum de consultations sur une gamme étendue de questions économiques.

L'organe directeur de l'Association est le Conseil de l'AELE. Le Conseil mixte AELE-Finlande joue un rôle identique dans le cadre de l'association AELE-Finlande. Les Deux Conseils ont presque toujours tenu leurs réunions simultanément.

B. L'AELE EN 1979

La gestion et le renforcement du libre-échange entre les pays de l'AELE est une tâche constante de l'Association. Les efforts se sont poursuivis en vue de maintenir le libre-échange et de le compléter, grâce aux nouveaux progrès réalisés dans la suppression des obstacles non tarifaires aux échanges. Ces efforts ont abouti avec succès à un arrangement qui supprimera les obstacles inutiles aux échanges des produits pharmaceutiques en réduisant les coûts et le temps nécessaires à l'obtention de l'enregistrement des produits pharmaceutiques dans plus d'un pays.

Le libre-échange au sein de l'AELE a continué de fonctionner de manière satisfaisante, nonobstant les incertitudes au plan économique.

Les possibilités d'étendre la coopération entre les sept pays de l'AELE et la Communauté européenne, sur la base des principes définis par l'AELE à sa conférence au sommet de 1977, ont été les sujets de discussion majeurs au sein de l'Association durant l'année sous revue. Les deux groupes sont les princi-

CHAPTER XIII

EUROPEAN FREE TRADE ASSOCIATION

A. HISTORICAL NOTE

The European Free Trade Association, which was established on 3 May 1960 on the basis of the Stockholm Convention, has six member countries, Austria, Iceland (since 1 March 1970), Norway, Portugal, Sweden and Switzerland, and (since 26 June 1961) one associate member, Finland.

EFTA's first aim, of achieving free trade in industrial goods between its members, was accomplished by 31 December 1966 although Portugal was granted a longer period for removing its tariffs. The Association's further aim, of bringing about free trade throughout the area of OEEC, the European predecessor of OECD, was in effect realised on 1 July 1977 with the final removal of import duties on almost all industrial goods traded between the EFTA countries and the European Community. The bases for this 16-nation free trade system are the bilateral free trade agreements (most of them in force since 1 January 1973) between each of the EFTA countries and the European Economic Community and the European Coal and Steel Community.

The principal tasks of the Association are: to ensure the efficient working of the free trade existing between its members; to provide a framework for consultations or coordination on matters connected with the free trade agreements with the EC, which to a large extent are identical; and to serve as a forum for consultations on a wide range of economic questions.

The governing body of the Association is the EFTA Council. The Joint Council of EFTA and Finland has a similar role within the framework of the EFTA-Finland Association. The two Councils now almost invariably meet simultaneously.

B. EFTA IN 1979

The administration and strengthening of the free trade between the EFTA countries remained the constant task of the Association. Efforts continued to maintain the free trade and to complement it by making further progress towards the removal of non-tariff barriers to trade. This endeavour led successfully to an agreement which will remove unnecessary obstacles to the trade in pharmaceutical products by reducing the cost and time involved in obtaining registration of the products in more than one country. Despite the economic uncertainties the free trade within EFTA continued to work satisfactorily.

The possibilities of expanding the co-operation between the seven EFTA countries and the European Community, on the basis of the principles defined at the EFTA summit meeting in 1977, were among the main themes of discussion within the Association during the year. The two groups are each other's largest trading partners. And the trade between the two groups in industrial goods – the category of goods which account for all but about 3 per cent of the

paux partenaires commerciaux l'un de l'autre. Et les échanges entre eux de produits industriels – la catégorie de biens qui représente tout sauf 3% environ des exportations totales des pays de l'AELE – sont régis par des accords de libre-échange bilatéraux qui sont similaires dans une large mesure.

Par l'intermédiaire des comités mixtes bilatéraux institués en application des accords de libre-échange, chaque pays de l'AELE a poursuivi l'examen du fonctionnement des accords durant les douze mois examinés. Divers pays ont engagé des consultations ou sont parvenus à des accords avec la CE dans des domaines particuliers, ou ont encore examiné avec celle-ci la possibilité de procéder de la sorte; les réunions des comités mixtes ont permis de suivre les progrès accomplis dans ce sens. Dans certains cas, les pays de l'AELE et la CE ont procédé également à des échanges de vues en matière de politiques économique et monétaire. Les sept pays de l'AELE se sont tenus au courant de ces développements dans le cadre de l'Association.

Les pays de l'AELE ont salué avec satisfaction la manifestation au sein de la CE d'une recherche parallèle de nouveaux domaines où les pays de l'AELE et la CE pourraient oeuvrer utilement de concert. Ils ont informé individuellement la Communauté de leur intérêt national à rechercher les possibilités de coopérer dans des domaines particuliers. Et tous ont déclaré, dans le communiqué publié après la réunion des Conseils au niveau ministériel, en mai 1979, qu'ils sont prêts à étudier avec la Communauté, sur une base multilatérale lorsque cela sera approprié, les moyens de renforcer et de développer encore le système du libre-échange qui englobe les seize pays. D'une manière plus spécifique, ils sont convenus qu'il serait indiqué, au stade actuel, que les pays de l'AELE et la CE adoptent une approche commune dans des domaines tels que les règles d'origine, la suppression des obstacles techniques aux échanges et le droit des marques.

Les ministres ont rappelé que certains pays de l'AELE ont déjà commencé à échanger des informations et à discuter de manière informelle avec la Communauté de questions de politique économique et de questions monétaires. Ils ont réaffirmé le grand intérêt des pays de l'AELE à poursuivre et à développer ces contacts, afin d'éviter que d'importantes disparités économiques ne viennent compromettre la réalisation de leurs objectifs économiques et les avantages découlant du libre-échange. A cette fin, les pays de l'AELE ont l'intention d'étudier les possibilités de mettre au point des procédures appropriées de consultation avec la Communauté européenne.

Un accord de libre-échange multilatéral a été signé à Madrid, le 26 juin 1979, entre les pays de l'AELE et l'Espagne. Le succès des négociations, dont l'objectif était la suppression de tous les droits de douane et autres obstacles à la quasi-totalité des échanges entre les huit pays, est une réalisation remarquable à une époque caractérisée par de fortes pressions protectionnistes. L'accord lui-même doit représenter une étape essentielle vers l'inclusion de l'Espagne – candidate à l'adhésion à la CE – dans le système de libre-échange européen qui englobe à l'heure actuelle les seize pays de l'AELE et de la CE.

Entré en vigueur le 1er mai 1980, l'accord aura pour effet immédiat de mettre sur pied d'égalité, sur le marché espagnol, les exportateurs de l'AELE et les exportateurs de la CE, cela conformément à l'accord de 1970. L'objectif final du libre-échange complet sera atteint au plus tard lors de l'adhésion de l'Espagne à la CE; cela aura pour effet que les accords de libre-échange conclus entre les pays de l'AELE et la CE s'appliqueront également au commerce entre les pays de l'AELE et l'Espagne.

total exports of the EFTA countries – is governed by bilateral Free Trade Agreements which are to a very large extent identical.

Through the bilateral Joint Committees established under the Free Trade Agreements the individual EFTA countries kept the working of the agreements under review during the twelve months. Individual countries engaged in consultations or reached agreements with the EC in particular fields, or examined with the EC the possibilities of doing so; and the meetings of the joint committees provided occasions for surveying the progress made in this respect. In some instances there were also exchanges of views between particular EFTA countries and the EC on economic and monetary policies. The seven countries kept each other informed, within the framework of EFTA, on all these matters.

The evidence of a corresponding search within the EC for new areas in which the EFTA countries and the EC might usefully work together was welcome to the EFTA countries. Individually, they informed the Community of their national interests in pursuing the possibilities of co-operating in particular fields. Together, in the communiqué issued after the meeting of the Councils at Ministerial level in May 1979, they stated their readiness to explore with the EC, on a multilateral basis wherever suitable, ways of strengthening, and developing further, the free trade system which embraces all sixteen countries. More specifically they agreed that a common approach by the EFTA countries and the EC would now be appropriate in such fields as the rules of origin in the Free Trade Agreements, the removal of technical barriers to trade, and trade mark law.

The Ministers recalled that individual EFTA countries had already begun to take part in exchanges of information and informal discussions with the EC on economic policy and monetary matters. They went on to reaffirm the great interest of EFTA countries in continuing and developing these contacts so as to avoid important economic disparities which could jeopardize their economic goals and the benefits deriving from free trade. To this end the EFTA countries intend to explore possibilities for developing appropriate procedures for consultations with the European Community.

A multilateral Free Trade Agreement between the EFTA countries and Spain was signed in Madrid on 26 June 1979. The success of the negotiations which had as their objective the removal of all tariffs and other obstacles to substantially all the trade between the eight countries was a signal achievement at a time of strong protectionist pressures. The agreement itself is intended to be an important step towards the inclusion of Spain – a candidate for EC membership – in the European free trade system which at present consists of the sixteen countries of EFTA and the EC.

The immediate effect of the agreement, which entered into force in the following year (1 May 1980), will be to put EFTA exporters on the same footing in the Spanish market as, on the basis of an agreement of 1970, exporters in the EC. The ultimate aim of full free trade will be achieved at the latest on Spain's accession to the EC which will have the consequence that the Free Trade Agreements between the EFTA countries and the EC will also apply to trade between the EFTA countries and Spain.

C. REUNIONS DE L'AELE EN 1979

LE CONSEIL DE L'AELE ET LE CONSEIL MIXTE AELE – FINLANDE

Les réunions des deux Conseils au niveau officiel – celui des chefs des délégations permanentes nationales auprès de l'AELE – ont lieu une fois par semaine, à l'exception des périodes de vacances, et normalement deux fois par an au niveau des ministres. La première réunion ministérielle de 1979 s'est tenue en mai et la seconde en novembre. Les communiqués suivants ont été publiés à l'issue de ces réunions.

REUNION MINISTERIELLE DU CONSEIL DE L'AELE ET DU CONSEIL MIXTE AELE-FINLANDE

Bodö (Norvège), les 21 et 22 mai 1979

Mai 1979

Le Conseil de l'AELE et le Conseil mixte AELE-Finlande se sont réunis au niveau ministériel à Bodö, les 21 et 22 mai 1979, sous la présidence de M. Hallvard Bakke, ministre du Commerce et de la Marine marchande de Norvège.

PROGRES DANS LA COOPERATION AU SEIN DE L'AELE

l'importance du maintien du libre-échange

Les ministres ont noté que, malgré les difficultés et les incertitudes de la situation économique mondiale, le libre-échange au sein de l'AELE a continué de fonctionner de manière satisfaisante. A leur avis, il importe de veiller au maintien du libre-échange qui devrait être complété par de nouveaux progrès dans l'élimination des obstacles non tarifaires au commerce. A cet égard, ils ont relevé la valeur du travail accompli par le comité des experts commerciaux en vue de la suppression de ces obstacles. Ils se sont réjouis de la décision prise par les pays de l'AELE d'établir un nouvel arrangement visant à faciliter le commerce des produits pharmaceutiques qui constituera une nouvelle étape franchie sur cette voie.

Comité consultatif

Les ministres ont exprimé leur appréciation de la participation active du Comité consultatif à la coopération dans l'AELE. A sa réunion du 21 mai, à laquelle les ministres ont pris part, le Comité a examiné un certain nombre de propositions tendant à renforcer l'AELE et à intensifier la coopération avec la Communauté européenne.

Les ministres ont reconnu l'importance de ces questions et ont invité les conseils des délégués permanents à étudier les propositions faites au Comité consultatif et à présenter un rapport aux ministres à l'occasion de leur prochaine réunion.

Soutien continu de l'économie portugaise

Les ministres se sont engagés à continuer de soutenir le Portugal par l'intermédiaire du Fonds AELE de développement industriel et par diverses autres formes d'assistance à l'industrie portugaise. Ils ont envisagé de nouvelles me-

C. EFTA MEETINGS IN 1979

THE EFTA COUNCIL AND THE JOINT COUNCIL OF EFTA AND FINLAND

The meetings of the two Councils at official level – the heads of the permanent national delegations to EFTA – take place once a week, except during the holiday recess periods, and usually twice a year at ministerial level. The first ministerial meeting in 1979 was held in May and the second in November. The following press communiqués were issued:

MINISTERIAL MEETING OF THE EFTA COUNCILS
Bodø, Norway 21 and 22 May 1979

May 1979

The EFTA Council and the Joint Council of EFTA and Finland met at Ministerial level in Bodø on 21 and 22 May 1979. Mr Hallvard Bakke, the Minister of Commerce and Shipping of Norway, was in the Chair.

PROGRESS IN EFTA CO-OPERATION
Importance of maintaining free trade

Ministers noted that despite the world-wide economic difficulties and uncertainties the free trade within EFTA had continued to work satisfactorily. They stressed the importance of ensuring that the free trade is maintained and that it is complemented by further progress towards the removal of non-tariff barriers to trade. In this connection they emphasised the value of the work done in the Committee of Trade Experts on the elimination of non-tariff barriers to trade. They welcomed the agreement of the EFTA countries to create a new arrangement to facilitate trade in pharmaceutical products as another useful step to that end.

Consultative Committee

Ministers expressed their appreciation of the active participation of the Consultative Committee in the co-operation in EFTA. At the Consultative Committee meeting on 21 May, in which the Ministers participated, a number of proposals to strengthen EFTA and to intensify co-operation with the European Community were discussed. Ministers agreed on the importance of these questions and requested the Councils at official level to examine the proposals made in the Committee and to report back to Ministers at their next meeting.

Continued support to the Portuguese economy

Ministers pledged their continuing support to Portugal through the activities of the EFTA Industrial Development Fund and through various other forms of assistance to Portuguese industry. Ministers considered new steps to assist the

sures susceptibles de contribuer au développement économique du Portugal et ont chargé les conseils des délégués permanents, qui siègent à Genève, de poursuivre l'examen de cette question dans un esprit positif.

Prochaine signature de l'accord avec l'Espagne

Les ministres espèrent que l'accord multilatéral de libre-échange entre les pays de l'AELE et l'Espagne sera signé dans un très proche avenir et qu'il entrera en vigueur aussi rapidement que possible. Ce sera là une étape essentielle vers l'extension du système européen de libre-échange.

LA COOPERATION AVEC LA COMMUNAUTE EUROPEENNE

Les pays de l'AELE sont les plus importants partenaires commerciaux de la Communauté européenne, et réciproquement. Ils absorbent un quart environ des exportations de la CE qui est aussi, et de loin, le plus grand débouché pour les exportations de l'AELE.

Les ministres ont exprimé leur satisfaction devant les réactions positives et constructives de la Communauté européenne à la déclaration faite par les gouvernements de l'AELE lors de leur réunion au sommet, à Vienne, dans laquelle ils estimaient souhaitable que la coopération entre leurs pays et la Communauté européenne continue de se développer à la faveur d'un échange accru d'informations, de consultations plus étroites sur les questions commerciales et économiques et, le cas échéant, d'efforts coordonnés tendant à assurer le libre-échange, à étendre la coopération à des domaines économiques qui le complètent et à améliorer le climat général de l'économie.

Les ministres ont constaté que le travail concret et constructif qu'accomplissent toutes les parties intéressées montre que les pays de l'AELE et la Communauté sont largement d'accord sur l'utilité d'améliorer et de perfectionner encore l'application des accords de libre-échange entre eux et ils ont souligné l'importance d'un fonctionnement sans heurt de ces accords.

Les ministres sont convaincus des avantages que tous les pays de l'AELE et la Communauté pourraient retirer du développement de leur coopération. Les pays de l'AELE sont prêts à étudier avec la Communauté, sur une base multilatérale lorsque cela sera approprié, les moyens de renforcer et de développer encore le système du libre échange. Pour compléter les mesures bilatérales prises entre eux et la Communauté, les pays de l'AELE sont convenus qu'il serait indiqué, au stade actuel, d'adopter une approche commune dans des domaines tels que les règles d'origine, la suppression des obstacles techniques aux échanges et le droit des marques.

Certains pays de l'AELE ont déjà commencé à échanger des informations et à discuter de manière informelle avec la Communauté de questions de politique économique et de questions monétaires. Ils sont vivement intéressés à poursuivre et à développer ces contacts afin d'éviter que d'importantes disparités économiques ne viennent compromettre la réalisation de leurs objectifs économiques et les avantages découlant du libre-échange. A cette fin, les pays de l'AELE ont l'intention d'étudier les possibilités de mettre au point des procédures appropriées de consultation avec la Communauté européenne.

Les ministres ont salué l'entrée en vigueur du Système monétaire européen qui s'insère dans l'effort international visant à restaurer la stabilité monétaire.

Les ministres escomptent que l'élargissement de la Communauté européenne conduira à une nouvelle libéralisation du commerce et ils constatent que les accords de libre échange seront applicables aux nouveaux membres dès l'entrée

development of the Portuguese economy and instructed the Councils at official level in Geneva to consider this matter further in a positive spirit.

Forthcoming signature of agreement with Spain

Ministers expected that the signature of the multilateral free trade agreement between the EFTA countries and Spain would take place in the very near future and that the agreement would be put into force as early as possible. This would constitute an essential step towards the extension of the European free trade system.

CO-OPERATION WITH THE EUROPEAN COMMUNITY

The EFTA countries and the European Community are each other's biggest trading partners. The EFTA countries are the market for about a quarter of the external exports of the EC. The European Community is also by far the largest market for EFTA exports.

Ministers expressed their satisfaction at the positive and constructive reactions on the part of the European Community to the declaration of the EFTA Governments, at the summit meeting in Vienna, of the desirability of further developing the co-operation between the EFTA countries and the European Community by means of an increased exchange of information and closer consultations on trade and economic questions and, where appropriate, co-ordinated efforts in order to secure free trade, to extend co-operation in economic fields complementary to free trade, and to improve the general economic environment.

Ministers observed that the concrete and constructive work being done by all parties concerned showed that there was wide agreement among the countries of EFTA and the Community on the advantages of still further improving and perfecting the operation of the Free Trade Agreements between the EFTA countries and the European Community and they emphasised the importance of the smooth functioning of the Agreements.

Ministers were convinced that all EFTA countries and the Community would benefit from the development of their co-operation. The EFTA countries are prepared to explore with the European Community, on a multilateral basis wherever suitable, ways of strengthening and developing further the free trade system. To supplement actions undertaken on a bilateral basis between the EFTA countries and the Community, the EFTA countries agreed that already at this stage a common approach would be appropriate in fields such as the origin rules, the removal of technical barriers to trade and trade mark law.

Exchanges of information and informal discussions on economic policy and monetary matters have already been initiated between individual EFTA countries and the European Community. EFTA countries and the European Community. EFTA countries are greatly interested in continuing and developing these contacts so as to avoid important economic disparities which could jeopardize their economic goals and the benefits deriving from free trade. To this end the EFTA countries intend to explore possibilities for developing appropriate procedures for consultations with the European Community.

Ministers welcomed the coming into force of the European monetary system as part of the international effort to restore monetary stability.

Ministers expected that the enlargement of the European Community would lead to further liberalisation of trade and observed that the Free Trade Agreements would be applicable to the new members from the entry into force of the

en vigueur des traités d'adhésion. Tous les participants au système de libre-échange seront ainsi assurés de l'égalité de traitement.

LES RELATIONS ECONOMIQUES INTERNATIONALES

Le programme d'action concertée doit être poursuivi

Examinant la situation économique générale, les ministres ont noté la reprise de l'activité économique en Europe occidentale qui a connu un taux de croissance proche de 4% au cours des douze derniers mois. Ils ont toutefois exprimé leur préoccupation devant les dernières augmentations des prix du pétrole et d'importantes matières premières qui renforcent les pressions inflationnistes, devant les déséquilibres des balances des paiements qui subsistent et devant la persistance de taux de chômage élevés dans certains pays industriels. Ces faits récents imposent absolument l'adoption par les pays de l'OCDE de nouvelles mesures afin de poursuivre le programme d'action concertée et, en particulier, de réduire le taux de chômage. Les ministres ont également souligné combien il est important de réaliser des économies dans la consommation de pétrole. Une reconduction de la Déclaration commerciale de l'OCDE ("trade pledge") contribuerait à renforcer le système libéral du commerce mondial.

Satisfaction devant les résultats des négociations commerciales multilatérales

Les ministres ont exprimé leur satisfaction devant les résultats positifs obtenus jusqu'à présent dans les négociations commerciales multilatérales. Ils espèrent que tous les pays qui ont participé aux négociations n'épargneront aucun effort pour régler les questions en suspens et pour appliquer le contenu des accords intégralement et sans délai. Ce serait la meilleure façon de conjurer les dangers de pressions renouvelées en faveur du protectionnisme, de donner un cadre solide aux échanges et de réaliser une nouvelle libéralisation du commerce international au bénéfice de pays développés comme de pays en développement.

VEME SESSION DE LA CNUCED

Les ministres ont salué l'accord réalisé en mars à la CNUCED sur les éléments fondamentaux d'un fonds commun de stabilisation des prix des matières premières. Ils ont également souligné l'importance de la Vème Session de la CNUCED qui se déroule à Manille et qui examine les questions relatives à l'ensemble des relations économiques. Ils ont exprimé l'espoir que les travaux en cours à cette conférence serviraient de base à un renforcement de l'économie mondiale grâce à la reconnaissance des avantages mutuels qui découlent d'une coopération fondée sur l'association et sur l'équité dans le commerce international.

Les ministres ont souligné qu'un système libéral et efficace de transports maritimes internationaux est indispensable au commerce mondial.

La prochaine réunion des Conseils au niveau ministériel aura lieu à Genève, les 22 et 23 novembre 1979.

* * *

Novembre 1979

Le Conseil de l'AELE et le Conseil mixte AELE-Finlande se sont réunis au niveau ministériel à Genève, les 22 et 23 novembre 1979, sous la présidence de M. Staffan Burenstam-Linder, Ministre du Commerce de Suède.

treaties of accession. This would ensure an equal treatment for all the participants in the free trade system.

INTERNATIONAL ECONOMIC RELATIONS

Concerted action programme to be pursued

Reviewing the general economic situation Ministers noted that there had been a revival in economic activity in Western Europe, with a growth rate close to 4% in the past twelve months. They expressed concern, however, at the recent rises in the prices of oil and important raw materials adding to the inflationary pressures the remaining payments imbalances and the persistence of high rates of unemployment in industrialised countries. These developments made it essential that the OECD countries should take further measures to pursue their concerted action programme and in particular to bring down the rate of unemployment. Ministers also stressed the importance of making economies in the consumption of oil. A renewal of the OECD Trade Pledge would be an additional reinforcement of the liberal world trading system.

Satisfaction at results of Multilateral Trade Negotiations

Ministers expressed their satisfaction at the positive results so far achieved in the Multilateral Trade Negotiations. They expected that all the countries which had participated in the negotiations would make every effort to settle the remaining questions and to implement the whole of the contents of the agreements without delay. This would be the best way of reducing the dangers of renewed protectionist pressures, providing a sound framework for the conduct of international trade and bringing about a further liberalisation of world trade to the benefit of developed and developing countries alike.

UNCTAD V

Ministers welcomed the agreement reached in March in UNCTAD on the fundamental elements of a common fund to be established in order to stabilize commodity prices. Ministers also stressed the importance of the ongoing UNCTAD V in Manila, where the issues of global economic relations were being discussed. They expressed the hope that the work being done at that conference would provide a basis for a further strengthening of the world economy by a recognition of the mutual benefits that are to be derived from co-operation based on partnership and equity in international trade.

Ministers underlined that a liberal and efficient international shipping system was necessary for world trade.

Next meeting

The next meeting of the Councils at Ministerial level will be held in Geneva on 22 and 23 November 1979.

* * *

November 1979

The EFTA Council and the Joint Council of EFTA and Finland met in Geneva on 22 and 23 November under the chairmanship of Mr. Staffan Burenstam Linder, the Minister of Commerce of Sweden.

Une grande partie de la réunion était consacrée à l'examen des perspectives économiques. L'activité économique dans l'ensemble des pays de l'AELE a progressé de près de 4% cette année. L'année prochaine, la demande ainsi que la production dans l'ensemble des pays de l'AELE devraient augmenter de 3% environ. Ces taux de croissance sont supérieurs à ceux attendus dans d'autres pays d'Europe occidentale et dans la zone de l'OCDE. Les pays de l'AELE, qui s'attribuent ensemble une part substantielle du commerce à l'intérieur de l'Europe occidentale, apportent ainsi une contribution positive au maintien de la croissance et de l'emploi.

Les ministres se sont déclarés vivement préoccupés par les effets qu'entraîne pour les pays de l'AELE le ralentissement de la croissance économique attendu dans des pays de l'OCDE, dans une période marquée par un relèvement du prix de l'énergie, des incertitudes concernant l'approvisionnement en énergie, une augmentation des pressions inflationnistes et une détérioration de la position des balances de paiement. Il demeure indispensable que les pays industrialisés développent et mènent leurs politiques économiques de façon concertée dans les années à venir, afin de rétablir la croissance, combattre l'inflation et réaliser les ajustements structurels qui s'imposent dans leurs économies. Ce sont là des facteurs importants de l'effort qu'il convient d'entreprendre avec détermination pour réduire le niveau du chômage, aussi bien à court terme qu'à long terme. Les ministres ont en outre souligné leur détermination de résister aux pressions en faveur de mesures protectionnistes qui, à longue échéance, compromettent l'emploi davantage qu'elles ne l'assurent.

L'interdépendance économique des pays industrialisés est évidente surtout en Europe occidentale où les pays de l'AELE sont les principaux partenaires commerciaux de la CE, et réciproquement: les pays de l'AELE absorbent un quart environ des exportations extérieures de la CE qui est aussi, et de loin, le plus grand débouché pour les exportations de l'AELE. Les ministres ont, par conséquent, chargé les Conseils au niveau des représentants permanents de poursuivre leurs efforts en vue de renforcer le système du libre-échange en Europe occidentale et ils ont accueilli favorablement l'étude de nouveaux moyens possibles d'étendre et de développer les contacts avec la CE, afin d'éviter que des disparités économiques ne viennent compromettre la réalisation de leurs objectifs économiques et les avantages découlant du libre-échange.

Les ministres ont insisté une fois encore sur le fait que la simplification et l'amélioration des règles d'origine des accords de libre-échange seraient à l'avantage de toutes les parties concernées. Ils estiment indispensable que des négociations entre la Communauté et les pays de l'AELE sur la formulation des changements apportés s'engagent dès que possible.

Passant en revue d'autres activités de l'AELE, les ministres ont salué le soutien que le comité consultatif et le comité de parlementaires ont exprimé en faveur de l'attachement de l'AELE à des politiques commerciales libérales et au rejet du protectionnisme. Les ministres ont exprimé l'espoir que les travaux qu'effectue actuellement l'AELE sur les causes du protectionnisme et les obstacles non tarifaires aux échanges fourniront des suggestions précieuses pour le maintien et le perfectionnement du libre-échange.

Les ministres ont salué l'initiative du Conseil de l'Europe de réunir une conférence tripartite sur l'emploi, à Oslo, en automne 1980.

Les ministres se sont déclarés satisfaits qu'il est désormais pratiquement certain que dans un proche avenir les nations industrialisées pourront mettre en oeuvre les accords conclus dans le cadre du Tokyo Round des Négociations commerciales multilatérales du GATT. Les premières réductions tarifaires et les autres résultats des négociations qui doivent entrer en vigueur dès le 1er janvier

A major part of the meeting was devoted to a review of the economic prospects. Economic activity in the EFTA countries as as a whole has been growing by almost 4% this year. Next year both demand and production in the EFTA countries combined are expected to increase by about 3%. These growth rates are higher than is expected in other Western European countries and the OECD area. The EFTA countries, which together account for a substantial part of the trade within Western Europe, are thus making a positive contribution to the maintenance of growth and employment.

Ministers expressed serious concern at the effects on the EFTA countries of the forecast slowing down of economic growth in OECD countries at a time of rising energy prices, energy supply uncertainties, increasing inflationary pressures, and deteriorating balance of payments positions. It remains essential for the industrialised countries to develop and pursue their economic policies in a concerted manner in the years ahead in order to restore growth, combat inflation and achieve the necessary structural adjustments in their economies. These are important elements in the determined effort to reduce the level of unemployment, both in the short term and in the long term. Ministers furthermore stressed their determination to resist pressures for protectionist measures which in the long run endanger rather than secure employment.

The economic interdependence of the industrialised countries is particularly evident in Western Europe where the EFTA countries and the EC are each other's principal trading partners: the EFTA countries are the market for about a quarter of the external exports of the EC, and the EC is by far the largest market for EFTA exports. Ministers therefore instructed the Councils at official level to continue their efforts to strengthen the free trade system in Western Europe and welcomed the further exploration of possible ways of expanding and developing the contacts with the EC with the aim of avoiding economic disparities which could jeopardise their economic goals and the benefits deriving from free trade.

Ministers once again stressed that the simplification and improvement of the rules of origin in the Free Trade Agreements would be of benefit to all parties concerned. They found it essential that negotiations between the Community and the EFTA countries on the formulation of amended rules should be initiated as soon as possible.

In the course of a review of other activities of EFTA, Ministers welcomed the support expressed by the Consultative Committee and the Committee of Members of Parliament for EFTA's commitment to liberal trade policies and their rejection of protectionism. Ministers expressed the hope that the work which EFTA is now undertaking on the sources of protectionism and on non-tariff barriers to trade would yield valuable suggestions for the maintenance and perfection of free trade.

Ministers welcomed the initiative by the Council of Europe to convene a tripartite conference on employment in Oslo in the autumn of 1980.

Ministers expressed satisfaction that it is now virtually certain that in the near future industrialised nations will be able to implement the agreements reached in the Tokyo Round of Multilateral Trade Negotiations in the GATT. The first tariff cuts and the other results of the negotiations that are due to come into force from 1 January 1980 will mean a further liberalization of world trade to the benefit of both industrialised and developing countries.

To mark the twentieth anniversary of the establishment of EFTA the next meeting of the Councils at Ministerial level will be held, at the invitation of the Swedish Government, from 11 to 13 June 1980 in Saltsjöbaden, near Stockholm, where the EFTA Convention was negotiated.

1980 entraîneront une nouvelle libéralisation du commerce mondial à l'avantage tant des pays industrialisés que des pays en développement.

Pour marquer le 20e anniversaire de la création de l'Association, la prochaine réunion des Conseils de l'AELE au niveau ministériel aura lieu, à l'invitation du gouvernement suédois, du 11 au 13 juin 1980, à Saltsjöbaden, près de Stockholm, là où a été négociée la Convention instituant l'AELE.

* * *

Le comité consultatif

Le comité consultatif qui est formé des représentants de la vie économique, du commerce, des syndicats et d'autres secteurs de la vie économique des pays de l'AELE, s'est réuni deux fois durant 1979. La première réunion a eu lieu en deux parties, la première à Genève, en avril et la seconde à Bodø en Norvège. A cette dernière, qui a eu lieu en mai, assistèrent également des membres des gouvernements des pays de l'AELE.

A sa session de Genève, le comité a fait porter l'essentiel de son examen des tendances qui se dessinent dans l'économie sur les principaux points suivants: la situation de l'emploi, le protectionnisme, le "Tokyo Round" des négociations commerciales multilatérales, les relations entre les pays de l'AELE et la Communauté, et l'importance des pays nouvellement industrialisés du tiers monde pour l'avenir du commerce international.

En ce qui concerne la situation économique, les membres du comité ont reconnu qu'en Europe occidentale la croissance avait repris depuis le milieu de l'année dernière grâce, en partie, à la politique d'action concertée menée par les pays de l'OCDE; ils ont cependant exprimé leur préoccupation devant les taux élevés de chômage qui persistent dans les pays industriels et devant l'absence de signes indiquant une régression spontanée du chômage qui dispenserait de prendre des mesures visant à activer la croissance. Les syndicalistes ont attiré l'attention sur les difficultés auxquelles se heurtent les petits pays qui cherchent à atteindre un taux de croissance supérieur à la moyenne et ils ont rappelé qu'à sa réunion de mai, à Munich, le Congrès des syndicats européens reprendra l'examen des possibilités qu'offrent le partage du travail et la semaine de 35 heures.

De l'avis général, le protectionnisme ne permet pas de surmonter les difficultés que connaît aujourd'hui l'économie. Les milieux industriels et les employeurs, en particulier, ont souligné que les revendications de protectionnisme, souvent présentées de manière indirecte, ne s'atténuaient pas et que les hausses récentes des prix du pétrole et des matières premières étaient des facteurs de déstabilisation comportant un risque accru d'appels à l'aide contre la concurrence internationale. Le protectionnisme rendrait impossible la reprise non inflationniste et interdirait aux industries de croissance de trouver les ressources dont elles ont besoin. Pour leur part, les syndicalistes ont adopté une attitude positive à l'égard des mesures nécessaires pour ajuster les structures, tout en insistant sur le fait qu'elles doivent être complétées par des dispositions générales et sélectives visant à relancer la demande.

Le comité a salué le succès des négociations commerciales multilatérales qui se sont déroulées au GATT; il y voit l'accomplissement, par la communauté internationale, d'une étape qui l'éloigne du protectionnisme et qui contribue de manière importante à la libéralisation des échanges. L'attention a porté essentiellement sur les premiers progrès réalisés dans les séries de négociations du GATT en vue de l'élimination des entraves techniques aux échanges et, en particulier, sur les codes concernant les marchés publics et les normes. Le comité a regretté qu'il ait été impossible de parvenir à un accord sur les mesures de

* * *

The Consultative Committee

The Consultative Committee, which consists of representatives of industry, commerce, trade unions and other economic interests in the EFTA countries, met twice during 1979. The first meeting was held in two parts, the first part in Geneva in April and the second in Bodø, Norway, in May. The latter was attended by members of the governments of the EFTA countries.

At the Geneva part of the meeting the Committee concentrated its survey on economic trends on certain main features: the employment situation, protectionism, the Tokyo Round of Multilateral Trade Negotiations, relations between the EFTA countries and the European Community, and the significance of the newly industrialising countries in the third world for the future of international trade.

On the economic outlook the members of the Committee recognised that there had been an improvement in the rate of economic growth in Western Europe since about the middle of last year, partly because of the policy of concerted action in the OECD countries, but they were preoccupied by the persistence of high rates of unemployment in the industrialised countries and by the absence of any indication that the rates would fall without more active measures to stimulate further growth. Trade union speakers drew attention to the difficulties that face small countries which aim at an above average rate of economic growth, and recalled that the European Trade Union Congress would again be discussing the possibilities of work sharing and a 35-hour working week as an alternative approach at their meeting in Munich in May.

That protectionism does not provide a way out of the current economic difficulties was common ground. Particularly on the side of industry and the employers it was pointed out that the demand for protectionism, often in the new indirect forms, remained strong, and that the recent rises in oil and commodity prices were destabilising factors that carried a further risk of appeals for assistance against international competition. Protectionism, it was argued, would make new non-inflationary growth impossible and deny growth industries the resources they need. Trade union speakers expressed a positive attitude to the necessary structural adjustment policies but insisted that they must be backed by measures, both general and selective, to increase demand.

The successful completion of the Multilateral Trade Negotiations in the framework of GATT was welcomed by the Committee both as an international step away from protectionism and as an important contribution to the further liberalisation of world trade. Attention was focussed on the valuable progress made – for the first time in the successive rounds of GATT negotiations – in dealing with technical obstacles to trade, and in particular on the codes relating to the rules for public purchasing and to standards. The failure, however, to reach an agreement on the question of safeguard measures, which is still under discussion, was described as a "big, gaping hole" in the agreements.

On the subject of the relations between in EFTA countries and the European Community it was generally agreed that, as a result of the positive reaction by

sauvegarde, question qui est toujours ouverte; c'est là, dans les accords, une grave lacune qui reste à combler.

En ce qui concerne les relations entre les pays de l'AELE et la Communauté européenne, il a été reconnu de manière générale que, puisque la CE avait répondu positivement à l'invitation des pays de l'AELE d'examiner les possibilités d'élargir leur coopération, ces relations étaient entrées dans une phase nouvelle et importante. Le comité a exprimé le souhait d'être informé des faits nouveaux qui se produiront dans ce domaine et de pouvoir donner son avis aux Conseils.

La cinquième question touchant la situation générale de l'économie – les conséquences de l'importance croissante du commerce des pays nouvellement industrialisés – a été traitée assez rapidement; il a pourtant été souligné que la production industrielle de ces pays avait passé de 5,6% en 1963 à 9,8% de celle du monde en 1977 et que, pendant la même période, leurs exportations s'étaient élevées de 2,6 à 7,2% du total pour le monde.

Le président du sous-comité économique et social a présenté un rapport sur les aides gouvernementales à l'industrie qui traite uniquement des mesures directes visant à soutenir telle ou telle industrie, ou encore des groupes d'entreprises, notamment celles qui se trouvent en face de nouvelles structures de la demande et de la concurrence internationales. Le sous-comité a pris acte de la reconnaissance, par les gouvernements, de la nécessité de renover les structures et il a constaté que, dans la plupart des cas, les aides gouvernementales n'avaient été accordées que contre l'engagement de réduire les capacités. Il a également admis qu'à cet égard, une aide temporaire peut contribuer à rendre socialement acceptable la rapidité de l'ajustement, mais il a rejeté l'idée d'un recours permanent à une aide gouvernementale pour préserver l'emploi dans des secteurs de l'activité économique où, selon les indicateurs, les ressources sont mal utilisées. Un délégué islandais au Comité consultatif a déploré le manque de vigueur des conclusions du sous-comité économique et social; il faut relever à ce propos que le sous-comité économique et social a établi un rapport qui représente un consensus et que le comité l'a examiné comme tel.

Au cours des débats qui eurent lieu en octobre 1979, le comité se fit l'écho d'un pessimisme général concernant les perspectives économiques internationales étant donné que l'on pouvait prévoir un sérieux ralentissement de la croissance dans les pays industrialisés. Cela pourrait signifier le début d'une nouvelle récession de longue durée. De nombreux orateurs examinèrent les moyens d'eviter une répétition des développements qui suivirent la crise pétrolière de 1974 lorsque les pays s'entraînèrent mutuellement dans la récession en poursuivant des politiques économiques restrictives. Le Comité fut en grande partie de l'avis qu'une politique d'action concertée était nécessaire, spécialement au niveau européen. Il serait ainsi important de faire confiance aux politiques de revenus ainsi qu'aux politiques monétaires et fiscales conventionnelles, pour combattre l'inflation grandissante en Europe. Certains orateurs se déclarèrent en faveur d'une politique mixte en mettant l'accent sur la protection de l'emploi.

D'autres orateurs attirèrent l'attention sur les indices croissants de protectionnisme dans le monde et sur la prédominance des barrières non-tarifaires aux échanges. Il fut ainsi soutenu qu'il fallait résister aux pressions protectionnistes étant donné qu'elles pourraient porter un coup sérieux à tous les pays et plus particulièrement aux petits pays industrialisés.

L'accent fut aussi mis sur la nécessité d'une coopération internationale afin de créer un environnement économique pour mieux résister au protectionnisme.

Un certain nombre de propositions plus précises furent faites au cours des

the EC to the invitation from the EFTA countries to examine the possibilities of further co-operation between them, the relationship had now entered into a new and important phase. The Committee expressed the wish to be informed on future developments and to be able to give advice to the Councils.

The fifth aspect of the general economic situation – the implications of the growing trade significance of the newly industrialising countries – was less prominent in the debate but it was pointed that their share in world industrial production had risen from 5.6 % in 1963 to 9.8% in 1977 and that during the same period their share of world exports had increased from 2.6% to 7.2%.

The chairman of the Economic and Social Sub-Committee introduced a Sub-Committee report on government aids to industry. The report dealt solely with direct state measures to support specific industries and groups of companies, particularly those which had been faced with new patterns of international demand and competitiveness. The Sub-Committee acknowledged that governments had recognised the need for structural changes and that in most cases government aid for this purpose had been linked to commitments to reduce capacity eventually. It also accepted that in this context temporary aid might be an appropriate device for making the speed of adjustment socially acceptable. But it could not accept the use of permanent government aid to preserve employment in sectors of industry where economic indicators pointed to inefficient use of resources. In the Consultative Committee an Icelandic delegate regretted that the conclusions had not been stronger but the report was considered by the Committee, and had been presented by the Sub-Committee, as representing a consensus.

In its debate in October 1979 the Committee expressed a general pessimism about the international economic outlook since a sharp slowdown in growth in the industrialised countries was expected. This could mean the beginning of a new and prolonged recession. Many speakers considered how to avoid a repetition of the developments that followed the oil crisis of 1974 when countries had pulled each other into recession by pursuing restrictive economic policies. It was widely felt in the Committee that a policy of concerted action was necessary, especially at the European level. It was thought important to place reliance on incomes policies, together with conventional monetary and fiscal policies, to counter the growing inflation in Europe. Some speakers advocated a policy mix with a special emphasis on preserving employment.

Others drew attention to the growing evidence of protectionism in the world and the prevalence of non-tariff barriers to trade. Protectionist pressures must be resisted, it was argued, since they would do great harm to all countries and especially to small industrialised countries. Some stressed that international co-operation was necessary to create an economic environment in which protectionism could be better resisted.

A number of more specific proposals were made in the course of the debate. Among them was the idea that the co-operation in EFTA, if reinforced by common thinking and action on trade policy matters of common interest, could help to counterbalance the weight of larger countries or groups. It was also suggested that the governments of the EFTA countries should discuss the question of a concerted action with the EC with the object of promoting growth, employment and the expansion of trade. A number of economic proposals were also advanced from the side of the trade union members who advocated a dialogue on them at national and European level, possibly at the tripartite conference of unions, employers and governments in Western Europe which was then being planned. The Committee also recommended that the EFTA Governments should continue to participate actively in the follow-up to

débats. Parmi elles l'idée fut avancée que la coopération au sein de l'AELE, pour autant qu'elle soit renforcée par une pensée et action commune dans les questions de politique commerciale d'intérêt commun, pourrait aider à contrebalancer le poids des plus grands pays ou groupes de pays. Il fut également suggéré que les gouvernements de l'AELE devraient discuter la question d'une action concertée avec les CE dans le but de promouvoir la croissance, l'emploi et l'expansion des échanges. Plusieurs propositions économiques furent également avancées par des membres des syndicats qui préconisèrent un dialogue à ce sujet au niveau national et européen, éventuellement à la conférence tripartite prévue entre syndicats, employeurs et gouvernements des pays de l'Ouest. Le Comité recommenda également que les gouvernements de l'AELE continuent à participer activement à la poursuite des négociations commerciales multilatérales au GATT et qu'ils coopèrent dans les questions concernant leurs relations avec les pays nouvellement industrialisés.

Le Comité de parlementaires des pays de l'AELE

Le comité de parlementaires des pays de l'AELE s'est réuni en Octobre 1979. Les causes et les effets du protectionnisme furent le sujet d'un rapport de M. Svenn Stray, un conservateur norvégien, ainsi que d'une opinion supplémentaire présentée par M. Wolfgang Blenk, du parti du peuple autrichien, et donnèrent lieu à des débats fournis.

On a reconnu que les mesures protectionnistes ne sauraient apporter une véritable solution aux problèmes actuels de l'économie mondiale; qu'elles entraînent à la longue une utilisation des ressources qui constitue un gaspillage, qu'elles attisent l'inflation, arrêtent ou ralentissent le processus de restructuration et d'ajustement nécessaire et compromettent plutôt qu'elles ne maintiennent le niveau de l'emploi.

De plus, les mesures protectionnistes comportent toujours le risque de rétorsion et le Comité a rappelé qu'un protectionnisme largement répandu avait contribué de manière significative à prolonger et à étendre la dépression des années 1930.

Les pressions actuelles en faveur du protectionnisme doivent être considérées dans le contexte d'un chômage largement répandu dans les pays industrialisés. Pour rétablir le plein emploi, le Comité est persuadé qu'une action positive s'impose afin d'assurer les changements structurels nécessaires et un niveau de croissance économique acceptable. Une meilleure coopération internationale est indispensable à cet effet, en particulier entre les pays du système de libre-échange européen qui sont économiquement interdépendants.

Le Comité a pris note avec un vif intérêt du rapport du Secrétaire général sur les travaux entrepris par l'AELE, depuis sa dernière réunion, concernant l'intensification et l'expansion pragmatiques des contacts avec la Communauté européenne. Le Comité a accueilli favorablement l'intention exprimée par les ministres des pays de l'AELE, à la réunion de Bodø en mai 1979, de développer encore le dialogue avec la CE lancé à la réunion au sommet de Vienne en 1977, et espère que des consultations s'engageront entre tous les pays du système de libre-échange européen sur des questions concrètes en vue de consolider le libre-échange.

Le Comité a accueilli avec satisfaction la signature d'un accord de libre-échange multilatéral entre les pays de l'AELE et l'Espagne, qui témoigne à la fois de la détermination des gouvernements intéressés à continuer de libéraliser les échanges et marque un pas en avant important vers l'extension du système de libre-échange européen à une autre nation démocratique d'Europe.

Le Comité a débattu des conséquences de l'élection des membres du Parle-

the multilateral trade negotiations in the GATT and that they should co-operate in matters concerning their relations with the newly industrializing countries.

The Committee of Members of Parliament of the EFTA countries

The Committee of Members of Parliament of the EFTA countries met in October 1979. There was a substantial debate on the causes and effects of protectionism on the basis of a report by Mr. Svenn Stray, a Norwegian Conservative, and a supplementary opinion presented by Mr. Wolfgang Blenk, of the Austrian People's Party.

It was agreed that protectionist measures provide no real solution to the present problems in the world economy; that in the long run they result in a waste of resources, increase inflation, stop or slow down the necessary process of restructuring and adjustment and endanger rather than maintain the level of employment. Moreover, protectionist measures always carry the risk of retaliation, and the Committee recalled that widespread protectionism contributed significantly to the lengthening and deepening of the depression of the 1930s.

The present protectionist pressures must be viewed against the background of the widespread unemployment in industrialised countries. To restore full employment, the Committee is convinced that positive action is needed to ensure the necessary structural changes and an acceptable level of economic growth. Greater international co-operation is essential for this purpose, particularly among the economically interdependent countries of the European free trade system.

The Committee noted with great interest the report by the Secretary-General concerning the work undertaken in EFTA since its last meeting on the pragmatic intensification and expansion of contacts with the European Community. The Committee welcomed the intention expressed by EFTA Ministers at their meeting in Bodø in May 1979 to further develop the dialogue with the EC initiated by the Vienna summit meeting in 1977, and looked forward to seeing consultations among all countries in the European free trade system on concrete issues in order to consolidate free trade.

The Committee welcomed the signing of the multilateral free trade agreement between the EFTA countries and Spain, both as evidence of the determination of the governments concerned to continue to liberalise trade and as an important step towards the extension of the European free trade system to another democratic European nation.

The Committee had a discussion on the consequences of the direct election of Members of the European Parliament. It was considered to be desirable that informal contacts should be established between the Committee and the European Parliament.

The Committee reviewed current EFTA activities and noted with interest that

ment européen au suffrage universel direct. On a jugé souhaitable d'établir des contacts non formels entre le Comité et le Parlement européen.

Le Comité a passé en revue les activités de l'AELE et a pris acte avec intérêt que le comité mixte AELE-Yougoslavie recherche actuellement les moyens de développer la coopération industrielle entre entreprises des pays de l'AELE et de la Yougoslavie. Le Comité a apprécié les nouveaux progrès réalisés par l'Association dans ses travaux sur la suppression des obstacles non tarifaires aux échanges.

Le Comité économique

Le comité économique, formé de fonctionnaires des banques centrales et des ministères des finances dans chacun des pays de l'AELE, s'est réuni deux fois en 1979. Lors de sa réunion du 2 au 4 mai à Vienne, le comité a constaté que l'Europe occidentale a connu une nette reprise de son activité économique, avec un taux de croissance de près de 4% pendant les douze derniers mois. La croissance s'est accompagnée d'une baisse des taux d'inflation dans plusieurs pays et d'une amélioration prononcée de la position de la balance des paiements pour un certain nombre de petits pays, mais le chômage n'a pas diminué de manière sensible. Les mesures prises par les gouvernements dans le cadre de la politique d'action concertée des pays occidentaux industrialisés ont contribué de manière considérable à cette reprise qui, en se conjuguant avec l'amélioration de la balance des paiements, pourrait marquer le début d'une période prolongée de croissance modérée, laquelle entraînerait une réduction du chômage.

Le comité a conclu, néanmoins, que les perspectives économiques internationales restent incertaines. Les récentes hausses des prix de l'énergie et des produits de base pourraient conduire à des taux de croissance inférieurs dans maints pays européens. Il n'est donc pas exclu que la croissance économique de l'Europe occidentale subira un ralentissement marqué vers la fin de 1979 et au début de l'année 1980. Pour cette raison, le comité est d'avis que la continuation d'actions concertées est appropriée.

Le comité s'est félicité de l'établissement du Système monétaire européen en lequel il voit l'un des éléments qui devraient contribuer à une meilleure stabilité monétaire internationale. Le comité continuera à échanger ses vues sur le SME.

Comme à l'ordinaire, le comité a examiné l'évolution et les perspectives économiques de quelques pays de l'AELE et s'est penché ainsi sur la situation de l'Autriche, de la Finlande et de la Norvège. Ces trois pays sont parvenus à augmenter substantiellement leurs exportations au cours des derniers mois, en partie à cause de la reprise économique en Europe et en partie grâce à une amélioration de leur compétitivité. Les taux de chômage de l'Autriche et de la Norvège figurent parmi les plus bas de la zone de l'OCDE, tandis que celui de la Finlande demeure assez élevé pour exiger une attention soutenue dans le cadre de sa politique économique. Depuis plusieurs années, l'Autriche a l'un des plus faibles taux d'inflation de la zone de l'OCDE. En Norvège, le blocage des prix et des salaires semble aboutir aux effets souhaités et, ces derniers mois, il a ramené l'inflation à l'un des niveaux les plus bas en Europe. La Finlande a aussi réduit notablement son taux d'inflation l'année passée au-dessous de la moyenne de l'OCDE. Chacun des trois pays a sensiblement amélioré la position de sa balance des paiements.

Lors de sa deuxième réunion, qui a eu lieu du 5 au 7 novembre, le comité économique est parvenu à la conclusion que, sur la base des politiques suivies à l'heure actuelle, la croissance économique en Europe occidentale régressera probablement de 3% en 1979 à moins de 2% en 1980. Ce recul est dû principalement aux effets du relèvement des prix du pétrole et à la préoccupa-

the Joint EFTA-Yugoslavia Committee was now looking for ways to develop industrial co-operation between enterprises in the EFTA countries and Yugoslavia. The new progress in EFTA's work on the removal of non-tariff barriers was considered valuable by the Committee.

The Economic Committee

The Economic Committee, the members of which are senior officials from the central banks and the finance ministries in each of the EFTA countries, met twice during 1979. At its meeting in Vienna from 2 to 4 May, the Committee found that there had been a substantial revival in economic activity in Western Europe, with a growth rate close to 4 per cent in the past twelve months. The growth had been accompanied by lower rates of inflation in many countries and by considerably improved balances of payments in a number of small countries, but not by any significant reduction in unemployment. The measures taken by governments as part of the policy of concerted action in the Western industrial countries had made a significant contribution to this revival which, together with the balance of payments improvement, could open up the possibilities for a prolonged period of moderate growth, leading in time to less unemployment.

The Committee nevertheless concluded that the international economic outlook was uncertain. Recent increases in energy and commodity prices might lead to lower growth rates in many European countries. Therefore it could not be excluded that there would be a significant slowdown in economic growth in Western Europe towards the end of 1979 and early in 1980. The Committee took the view that for this reason a continuation of concerted action was appropriate.

The Committee welcomed the establishment of the European Monetary System as part of the endeavours to create greater international monetary stability. The Committee will continue to exchange views on the EMS.

As is customary, the Committee discussed economic developments and prospects in several EFTA countries, reviewing on this occasion the situation in Austria, Finland and Norway. All three countries had been able to increase their exports substantially in recent months partly because of the revival of economic activity in Europe and partly through improved competitivity. Unemployment rates in Austria and Norway were among the lowest in the OECD area while the high level of unemployment was a major concern for economic policy in Finland. Austria had for several years maintained one of the lowest inflation rates in the OECD area. In Norway the freeze of wages and prices seemed to be working as intended and had in recent months reduced inflation to one of the lowest in Europe. Finland had also reduced inflation noticeably in the past year to below the OECD average. All three countries had improved their balance of payments situation substantially.

At its second meeting on 5 to 7 November, the Economic Committee concluded that on present policies economic growth in Western Europe was likely to fall from 3% in 1979 to less than 2% in 1980. The reduction was mainly due to the effects of higher oil prices and the preoccupation that inflationary tendencies will increase. The lower growth would lead to increased unemployment in many European countries.

The Committee found the present inflationary tendencies to be the most

tion de voir s'accentuer les tendances inflationnistes. Une plus faible croissance entraînera une aggravation du chômage dans plusieurs pays européens.

Le comité a estimé que les tendances inflationnistes actuelles constituent les principaux obstacles à la croissance à court terme, alors que les problèmes de l'énergie constituent les contraintes majeures à la croissance à moyen terme.

Le comité a par conséquent souligné l'importance d'une orientation des politiques économiques visant à surmonter ces obstacles. La persistance de l'accalmie observée actuellement sur les marchés monétaires d'Europe serait utile à cet égard.

En 1979, les pays de l'AELE ont connu un taux de croissance du PNB relativement élevé – voisin de 4% en moyenne. Les pays de l'AELE pourront maintenir un taux de croissance moyen voisin de 3% en 1980, tant en ce qui concerne la demande intérieure que le PNB. Cela signifie qu'ils contribueront largement et de manière positive à maintenir le niveau de la croissance et de l'emploi en Europe occidentale, en 1980.

Le comité a passé en revue l'évolution économique en Islande, au Portugal et en Suisse. Le plein emploi a pu être maintenu en Islande et en Suisse, alors qu'au Portugal le niveau de chômage élevé est une cause de préoccupation majeure en politique économique. Le relèvement des prix du pétrole a aggravé encore les problèmes particuliers que posent l'inflation en Islande, où une politique prudente de régulation de la demande s'impose actuellement en vue d'un retournement de l'évolution inflationniste. L'amélioration notable de la position déficitaire de la balance des paiements du Portugal, qui devrait passer de 800 millions de dollars en 1978 à quelque 350 millions en 1979, lui permet maintenant de pratiquer une politique plus expansionniste susceptible de stimuler la croissance et l'emploi en 1980. La diminution de l'excédent du compte des opérations courantes de la Suisse a été saluée comme une contribution à un meilleur équilibre des balances de paiement sur le plan international.

Le comité a débattu également de l'évolution des échanges des pays de l'AELE. Après avoir observé une progression pendant plusieurs années, les échanges à l'intérieur de l'AELE ont quelque peu régressé ces dernières années en tant que part afférente au commerce total des pays de l'AELE. Toutefois, en 1979, le commerce intrarégional semble progresser à la même cadence que les exportations totales. Durant les neuf premiers mois de l'année, la valeur des exportations des pays de l'AELE a dépassé de 24% celle de la période correspondante de 1978.

D. ACCORD DE LIBRE-ECHANGE MULTILATERAL ENTRE LES PAYS DE L'AELE ET L'ESPAGNE

Un accord de libre-échange multilatéral entre les sept pays de l'AELE et l'Espagne a été signé en juin 1979.

L'accord vise à supprimer tous les droits de douane et autres restrictions au commerce sur la quasi-totalité des échanges entre les pays de l'AELE – Autriche, Finlande, Islande, Norvège, Portugal, Suède et Suisse – et l'Espagne.

Dans un premier temps, le nouvel accord prévoit des réductions tarifaires sur les produits industriels correspondant, d'une manière générale, à celles figurant dans l'accord de 1970 entre la CEE et l'Espagne. C'est ainsi que les pays de l'AELE réduiront de 60%, en une seule étape, leurs droits de douane à l'importation sur la quasi-totalité des produits industriels, ceci à l'exception du Portugal qui bénéficie de dispositions spéciales. Sur quelques produits sensibles,

important obstacles to growth in the short term, while the energy problems were the main constraints on growth in the medium term.

The Committee therefore stressed the importance of having economic policies geared to overcoming these obstacles. A continuation of the present calm in the monetary markets in Europe would help in this respect.

In 1979 the EFTA countries had experienced a relatively high rate of growth in GNP – close to 4% on average. EFTA countries would be able to maintain an average growth of around 3% in 1980 both in domestic demand and in GNP. This meant that the EFTA countries would be making a significant, positive contribution to maintaining growth and employment in Western Europe in 1980.

The Committee reviewed economic developments in Iceland, Portugal and Switzerland. Full employment had been maintained in Iceland and Switzerland but in Portugal the high level of unemployment was a major concern for economic policy. Higher oil prices had added to the special inflation problems of Iceland where a cautious demand management policy was necessary in order to reverse the inflationary development. The substantial improvement in the Portuguese balance of payments deficit, which was likely to be cut from 800 million dollars in 1978 to about 350 million dollars in 1979, now gave scope for a more expansionary policy which could stimulate growth and employment in 1980. The reduction of the surplus on the Swiss current account was welcomed as a contribution to a better international pattern of balance of payments.

The Committee also discussed the development of the trade of the EFTA countries. After having increased for many years, the intra-EFTA trade had declined somewhat as a share of the total trade of the EFTA countries in recent years. However, in 1979 intra-EFTA trade seemed to be growing at the same pace as total EFTA exports. In the first nine months the value of EFTA countries' exports was 24 per cent higher than in the same period in 1978.

D. MULTILATERAL FREE TRADE AGREEMENT BETWEEN THE EFTA COUNTRIES AND SPAIN

A multilateral Free Trade Agreement between the seven EFTA countries and Spain was signed in June 1979. The objective of the agreement is to eliminate all tariffs and other trade restrictions on substantially all the trade between the EFTA countries – Austria, Finland, Iceland, Norway, Portugal, Sweden and Switzerland – and Spain.

As a first step towards this objective the new Agreement provides for tariff cuts on industrial products generally equal to those contained in the 1970 Agreement EEC-Spain. The EFTA countries will thus reduce their import duties on almost all industrial products by 60% in one step, except for Portugal for which there are special provisions. On a few sensitive products the reduction will be either 30 or 40%. At the same time Spain will reduce its duties on some

la réduction sera de 30 ou 40%. Simultanément, l'Espagne réduira ses droits de douane de 60% sur certains produits industriels en provenance des pays de l'AELE, à l'exception du Portugal, et de 25% sur un grand nombre de ceux-ci.

L'accord traduit un net attachement des Etats signataires à l'objectif du libre-échange et prévoit que toute concession future que l'Espagne accordera à la CE sur les produits industriels sera accordée également aux pays de l'AELE et que toute concession consentie par la CE à l'Espagne sera aussi accordée par les pays de l'AELE. En outre, on examinera chaque année les possibilités d'adopter de nouvelles mesures de libéralisation des échanges, et, avant la fin de 1982, on étudiera en détail la possibilité de réaliser des progrès substantiels vers la suppression des obstacles aux échanges qui subsisteront.

Les droits de base à partir desquels les pays de l'AELE effectueront les réductions tarifaires qui ont été négociées sont les droits de la nation la plus favorisée appliqués dans chacun des pays de l'AELE, au 1er janvier 1978, sur les importations en provenance de pays tiers. Mais pour les produits bénéficiant de réductions tarifaires résultant du Tokyo Round des négociations commerciales multilatérales, les taux de droits réduits serviront de base à partir de laquelle les pays de l'AELE procéderont aux réductions en application de l'accord AELE-Espagne. Pour sa part, l'Espagne prendra pour base de ses réductions tarifaires les droits de douane alors en application.

L'accord contient une interdiction générale d'appliquer des restrictions quantitatives à l'importation. Les exceptions à cette règle générale se limitent, du côté de l'AELE, à quelques produits auxquels les pays de l'AELE sont autorisés à appliquer ces restrictions conformément aux accords de libre-échange qu'ils ont conclus avec les CE. Du côté de l'Espagne, les exceptions impliquent que celle-ci peut maintenir d'emblée les restrictions appliquées actuellement à la CEE. L'accord prévoit cependant la suppression progressive de ces restrictions et stipule une augmentation annuelle des contingents accordés aux pays de l'AELE. L'introduction de nouvelles restrictions sera possible uniquement dans des circonstances exceptionnelles et après consultations.

L'accord contient des dispositions destinées à assurer des conditions de concurrence loyale. En ce qui concerne les ententes, (cartels) et les entreprises occupant une position dominante sur le marché, les dispositions reflètent le concept adopté dans les accords de libre-échange conclus entre les pays de l'AELE et les CE. Quant aux aides publiques, et en particulier les aides à l'exportation, il a été convenu de ne négliger aucun effort pour éviter les mesures qui peuvent fausser le jeu de la concurrence. Si tel devait néanmoins être le cas, l'autre partie est autorisée à prendre des mesures de sauvegarde.

Un comité mixte, composé d'un représentant de chaque pays partie à l'accord, veillera à la bonne application de l'accord et prendra les dispositions nécessaires pour une nouvelle suppression des obstacles aux échanges. Le comité mixte servira aussi de forum de consultations.

L'accord AELE-Espagne s'applique également au Liechtenstein, aussi longtemps que la présente union douanière entre le Liechtenstein et la Suisse reste en vigueur.

E. LE COMITE MIXTE AELE-YOUGOSLAVIE

Le comité mixte AELE-Yougoslavie a été créé en 1978 pour l'exploration, sur une base multilatérale, des possibilités d'élargissement de la coopération entre les pays de l'AELE et la Yougoslavie. Le Comité a organisé une réunion spéciale à Belgrade, en mars 1979, dans le but de promouvoir les échanges entre la

industrial products imported from these EFTA countries by 60% and on a large number of industrial products by 25%.

The Agreement spells out a clear commitment of the signatory states to the goal of free trade and provides that any future concessions on industrial products given by Spain to the EC would also be granted to the EFTA countries, and that any such concessions given by the EC to Spain would likewise be granted by the EFTA countries. In addition there will be an annual review of the possibility of taking further steps to liberalise trade, and before the end of 1982 there will be a comprehensive examination of the possibility of making substantial progress towards the elimination of the remaining obstacles to trade.

The rates from which the negotiated tariff cuts will be made by the EFTA countries are the most favoured nation (m.f.n.) rates in force in the individual EFTA countries on 1 January 1978 on their imports from third countries. But for products on which tariff cuts result from the Tokyo Round of Multilateral Trade Negotiations the lower rates will be the basis from which the EFTA countries will make reductions under the EFTA-Spain Agreement. For its part Spain will base its tariff cuts on the customs duties it applies at any given time.

The Agreement contains a general prohibition against quantitative restrictions on imports. The exceptions to the general rule on the EFTA side are limited to a few products on which the EFTA countries are entitled to apply such restrictions under their Free Trade Agreements with the EC. The exceptions on the Spanish side imply that Spain from the outset may maintain the restrictions at present applied to the EEC. The Agreement envisages, however, the progressive elimination of these restrictions and provides for an annual increase of the quotas open to the EFTA countries. The introduction of new restrictions will be possible only in exceptional circumstances and after consultations.

The Agreement contains provisions intended to secure fair competition. With regard to cartels and enterprises with a dominant position, the provisions reflect the concept in the EFTA countries' Free Trade Agreements with the EC. On public aids, and in particular aids to exports, it was agreed that every effort would be made to avoid measures that may disturb competition. If such measures are introduced, the other side is entitled to take safeguard action.

A Joint Committee, consisting of one representative of each country party to the Agreement, will supervise the implementation of the Agreement and take the necessary steps for the further removal of obstacles to trade. It will also serve as a forum for consultations.

The EFTA-Spain Agreement will apply also to Liechtenstein as long as the present customs union between Liechtenstein and Switzerland remains in force.

E. JOINT EFTA-YUGOSLAVIA COMMITTEE

The Joint EFTA-Yugoslavia Committee was set up in 1978 to explore on a multilateral basis the possibilities of increasing co-operation between the EFTA countries and Yugoslavia. The Committee organised a special meeting in Belgrade in March 1979 with the aim of promoting trade between Yugoslavia

Yougoslavie et les pays de l'AELE. Une deuxième réunion a eu lieu en septembre à laquelle le Comité prit note des tendances positives dans le développement des échanges et de la coopération industrielle entre les entreprises et les organisations des pays de l'AELE, d'une part, et de la Yougoslavie, d'autre part. Le Comité décida de créer un groupe de travail ad hoc, formé de représentants de l'industrie ainsi que d'autres experts dans le domaine de la coopération industrielle dans les pays de l'AELE et en Yougoslavie, afin d'examiner ce qui pourrait être fait en vue de promouvoir la coopération industrielle.

Il a également été décidé qu'un groupe de travail ad hoc d'experts fournira des services de consultant pour la reconstruction des installations touristiques du Montenegro qui furent endommagées lors du tremblement de terre d'avril 1979 ainsi que pour le développement en général du tourisme dans cette région.

F. LE FONDS AELE DE DEVELOPPEMENT INDUSTRIEL EN FAVEUR DU PORTUGAL

Durant sa troisième année d'application (du 1er février 1979 au 31 janvier 1980), le Fonds AELE de développement industriel en faveur du Portugal a continué à poursuivre son but consistant à contribuer au renforcement de l'économie portugaise, principalement au moyen du financement de projets d'investissement établis par de petites et moyennes entreprises. Avec l'aide du Fonds, il fut possible pour de nombreuses entreprises portugaises d'améliorer ou de développer leur production et, grâce à l'accroissement des exportations et à la diminution des importations, de contribuer à l'amélioration de la balance portugaise des paiements. De plus, les investissements financés par le Fonds ont contribué à aider à créer de nouveaux emplois.

Le Fonds a de nouveau reçu un grand nombre de demandes justifiées de financement. Le nombre total de prêts autorisés a en fait dépassé la tranche annuelle de 16. 920. 903 droits de tirage spéciaux versée par les sept pays de l'AELE – Autriche, Finlande, Islande, Norvège, Portugal, Suède et Suisse. Durant les 12 mois qui ont pris fin en janvier 1980, trente-sept prêts ont été autorisés pour des projets concernant plusieurs secteurs d'activité différents (le plus souvent industriels) et dans plusieurs parties différentes du pays. Pour ces projets, le Fonds a accepté de prêter un montant de 1.209 millions d'escudos, soit l'équivalent d'environ 24.1 millions de dollars.[1] En escudos, cette somme représente une augmentation de 13% par rapport à l'année précédente. La valeur totale de l'investissement dans ces projets, qui ne peuvent être financés intégralement par le Fonds, s'est montée à 2.78 millions d'escudos dont 2.200 millions sont utilisés pour des achats de biens et de services effectués dans des pays de l'AELE dont le Portugal.

Bien que la croissance de l'économie portugaise ait ralenti en 1979 il y avait toujours un grand besoin de modernisation et de développement de sa capacité. Les prêts du Fonds, bien que principalement basés sur des principes de sain investissement, sont aussi destinés à tenir compte, dans leur ensemble, des effets économiques et sociaux des projets proposés. La plus grande partie des prêts octroyés par le Fonds est utilisée à l'achat d'équipement neuf en vue de l'accroissement de la capacité, de l'équipement de nouvelles entreprises et de la modernisation des entreprises existantes afin d'améliorer leur productivité. Quand les projets approuvés au cours de la troisième année d'application auront été réalisés, 603 nouvelles places d'emploi auront été créées. De plus, la reconstruc-

[1] 1 dollar correspondait à 50.237 escudos le 31 janvier 1980.

and the EFTA countries. A second meeting was held in September of that year at which the Committee noted positive trends in the development of trade and industrial co-operation between firms and organisations of EFTA countries and Yugoslavia. The Committee agreed to set up an *ad hoc* working group, consisting of representatives of industry and other experts on industrial co-operation in the EFTA countries and Yugoslavia, to consider what could be done to promote industrial co-operation.

It was also agreed that an *ad hoc* working group of experts would provide consultancy services for the reconstruction of the tourist facilities in Montenegro that were damaged in the earthquake in April 1979, and for the general development of tourism in that region.

F. EFTA INDUSTRIAL DEVELOPMENT FUND FOR PORTUGAL

During its third year of operation (1 February 1979 to 31 January 1980) the EFTA Industrial Development Fund for Portugal continued to fulfil its aim of contributing to the strengthening of the Portuguese economy, mainly by financing investment projects planned by small and medium sized enterprises. With the help of the Fund it was possible for many Portuguese companies to improve or expand their production and, through increased exports and import saving, to contribute to the improvement of the Portuguese balance of payments. Furthermore, the investments financed by the Fund have helped to increase employment.

The Fund again received a large number of sound applications for finance. Total loan approvals in fact somewhat exceeded the annual allocation of 16 920 903 Special Drawing Rights made available by the seven EFTA countries – Austria, Finland, Iceland, Norway, Portugal, Sweden and Switzerland. During the 12 months to the end of January 1980 thirty-seven loans were authorised for projects in many different sectors of activity (mostly industrial) and in many different parts of the country. For these projects the Fund agreed to lend a total of 1 209 million Portuguese escudos, the equivalent of about 24.1 million US dollars.[1] In terms of escudos this was a 13% increase over the loan approvals in the previous year. The Fund cannot finance any project in its entirety and, including other finance, the projects supported by the Fund represent a total investment of Esc. 2 877 million. Of this total Esc. 2 200 million are being used for purchases of goods and services from the EFTA countries, including Portugal.

Although the growth of the Portuguese economy slowed down in 1979 there was still a great need to modernise and expand capacity. The Fund's loans, though they are mainly based on sound investment principles, are intended also to take into consideration the general economic and social effects of the projects proposed. The bulk of the loans from the Fund is used for the purchase of new equipment to increase capacity, equip new plants and modernise existing plants to improve productivity. When the projects approved in the third year of the Fund's operation are completed 603 new jobs will be created. In addition, the reconstruction of plants and the improvement of working conditions will help to provide greater security of employment for 15 636 employees already holding jobs in the companies receiving finance from the Fund.

[1] 1 US dollar was equal to 50.237 escudos on 31 January 1980.

tion d'entreprises et l'amélioration des conditions de travail contribueront à la création d'une plus grande sécurité de l'emploi pour les 15. 636 employés ayant déjà une place de travail dans les entreprises touchées par le Fonds.

Presque tous les prêts octroyés par le Fonds l'ont été au secteur privé. Il y eut cependant quatre prêts destinés au secteur public dont l'un – aux conditions spécialement favorables – contribuera à l'exploitation des ressources minérales dans l'une des régions du pays les moins développées. Le prêt sera utilisé pour financer la recherche de possibilités pour un projet d'extraction et de concentration de minerai de fer près de Moncorvo dans le nord-est du Portugal.

Conformément à une décision de l'année dernière, le Fonds a aussi élargi le champ de ses activités au cours de l'année en contribuant au financement de la formation des chefs d'entreprises portugais et ceci avec la conviction que des améliorations au niveau de la gestion devraient permettre au Portugal de retirer de plus grands bénéfices de ses industries.

G. LES ECHANGES DE L'AELE EN 1979: UNE PROGRESSION PLUS RAPIDE QUE LE COMMERCE MONDIAL

A l'instar du commerce mondial, la progression du commerce de l'AELE s'est accélérée en 1979. En valeur, les importations de l'ensemble des sept pays de l'AELE (exprimées en dollars) ont augmenté de 29,6% comparé à un accroissement de 25% environ de la valeur (en dollars) du commerce mondial. Les exportations, elles aussi, ont progressé plus rapidement en 1979 (24.6%) que l'année précédente (20.8%). Les importations ont totalisé 110.4 milliards de dollars, laissant les pays de l'AELE avec un déficit commercial combiné de 12.1 milliards de dollars en 1979.

La forte progression des importations enregistrée en 1979 par l'AELE s'explique partiellement par la hausse sensible des prix du pétrole, mais elle est attribuable également à des politiques de régulation de la demande moins restrictives adoptées par les pays de l'AELE après l'amélioration de leurs balances extérieures en 1978.

En ce qui concerne le *volume des importations* en 1979, les importations de l'AELE auraient augmenté en général, semble-t-il, à une cadence plus rapide que les 6% d'accroissement en volume du commerce mondial. Les augmentations ont été particulièrement sensibles dans le cas de la Finlande et de la Suède, à raison de 20% environ.

Une évolution semblable est intervenue dans le *volume des exportations*. A l'exception de la Suisse, les exportations des pays de l'AELE, en volume, ont progressé plus rapidement que le commerce mondial. Le Portugal arrive en tête de liste avec plus de 25% d'augmentation de ses exportations.

A l'exception de la Norvège, tous les pays de l'AELE ont observé une détérioration des termes de l'échange de quelque 2%, chiffre qui est inférieur à la détérioration subie par la plupart des nations industrialisées. La Norvège, qui est un exportateur net de pétrole et de gaz, a amélioré ses termes de l'échange de 6%.

Les pays membres de la Communauté sont restés les principaux partenaires commerciaux de l'AELE. Le commerce avec la CE a continué de progresser en

Almost all the Fund's loans went to the private sector. There were, however, four loans to the public sector, one of which – granted on especially favourable terms – will help to exploit the mineral resources in one of the country's less developed regions. The loan will be used to finance a feasibility study for a project for the extraction and concentration of iron ore near Moncorvo, in the North-East of Portugal. A further 750 new jobs will be created.

As was agreed last year, the Fund also extended the range of its activities during the year by helping to finance the training of Portuguese managers, in the conviction that improved management standards will enable Portugal to derive greater benefits from its industries.

As could be expected, in its third year of operation, the Fund was able to finance a greater part of its total expenditure out of its own resources. This is because as time goes on, interest received from outstanding loans and repayment of loans gradually increase and form a larger part of the Fund's cash flow. Thus in its third year of operation the Fund's own resources contributed almost a third of total disbursements. By the end of the third year of operation the Fund had called up 57.5% of the available contributions of SDR 50 762 709 made available by the EFTA countries in the first three years. But total loan approvals represented 89% of the contributions available in these three years.

G. EFTA TRADE IN 1979: A FASTER RISE THAN WORLD TRADE

As with world trade, the rise in EFTA trade accelerated in 1979. The value of the combined imports of the seven EFTA countries (expressed in U.S. dollars) rose by 29.5%. This compares with an increase of some 25% in the dollar value of world trade. Exports, too, rose faster in 1979 – by 24.6% – than in the preceding year, when the rise was 20.8%. Imports totalled 110.4 billion dollars, leaving the EFTA countries with a combined trade deficit of 12.1 billion dollars in 1979.

The fast rise in EFTA imports in 1979 is partly explained by the sharp increase in oil prices, but it is also due to the less restrictive demand management policies pursued by EFTA countries after the improvement in their external balances in 1978.

Turning to the *volume of imports* in 1979 EFTA imports in general grew at a faster pace than the 6% rise in the volume of world trade. Increases were particularly strong in the case of Finland and Sweden, with about 20%.

A similar development took place in exports. Apart from Switzerland, export volumes of the EFTA countries grew faster than world trade. Portugal topped the list with a more than 20% growth in exports.

Except for Norway, all EFTA countries experienced a deterioration in their terms of trade of some 2%, which was less than the deterioration felt by most industrialised nations. Norway, a net exporter of oil and gas, improved her terms of trade by 6%.

The countries belonging to the EC remained the biggest trading partners of EFTA. Trade with the EC continued to grow in 1979, with EFTA exports growing by 30.8% and EFTA imports from the EC by 29%. In 1979 the EFTA countries bought as much from the EC as all other OECD nations combined.

Trade with Eastern Europe also increased rapidly, imports into the EFTA area by 31.3% and exports from EFTA by 9.3%.

Intra-EFTA trade, which for some years had risen at a slower pace than total exports of EFTA countries, grew in 1979 somewhat more (26.6%) than total

1979, les exportations de l'AELE accusant un accroissement de 30,8% et les importations en provenance de la CE une augmentation de 29%. En 1979 les pays de l'AELE ont acheté autant de marchandises dans la Communauté que toutes les autres nations de l'OCDE prises ensemble.

Le commerce avec l'Europe orientale a lui aussi progressé rapidement, les importations de l'AELE accusant une progression de 41,8% et les exportations de 9,3%.

Le commerce à l'intérieur de l'AELE, qui avait augmenté pendant quelques années à une cadence plus lente que les exportations totales des pays de l'AELE, a progressé en 1979 à un rythme un peu plus rapide (26,6%) que les exportations totales (24,6%). En raison partiellement de la hausse des prix du pétrole, qui a contribué à un fort accroissement des importations en provenance de l'Europe orientale et d'autres pays en dehors de l'Europe occidentale, la part du commerce intrarégional de l'AELE dans les importations totales de celle-ci a accusé une nouvelle diminution, de 13,8% en 1978 à 13,5% en 1979 pour les importations.

H. LES CHEFS DES DELEGATIONS PERMANENTES ET LES FONCTIONNAIRES DE L'AELE

CHEFS DES DELEGATIONS PERMANENTES AUPRES DE L'AELE

Autriche:	E. Nettel
Finlande:	P. Kaarlehto
Islande:	H. Kröyer
Norvège:	J. Cappelen
Portugal:	A. de Carvalho
Suède:	H. Ewerlöf
Suisse:	C. Jagmetti

SECRETARIAT DE L'AELE

Secrétaire général: Ch. Müller
Secrétaire général adjoint: M. Vahlquist

Fonctionnaires supérieurs:
Bureau du Secrétaire général – Directeur: C. Querner
Affaires commerciales – Directeur: J. Hagelstam
Affaires juridiques – Directeur: A. Gaeta
Affaires économiques – Directeur: B. Aamo
Service de presse et information – Chef du service: R. Couvreu (du 1.8. 1980 D. Egli)
Secrétaire du Conseil: Mlle S. Baverstock
Section administrative – Directeur: R. Girod

ADRESSE DU SECRETARIAT DE L'AELE

9–11, rue de Varembé, 1211 Genève 20, Suisse
Téléphone: (022) 34 90 00 *Télex*: 22660

EFTA exports (24.6%). Partly due to higher oil prices, which contributed to a steep growth in imports from Eastern Europe and other countries outside Western Europe, the share of intra-EFTA trade in total EFTA imports showed a further decline of 13.5% for imports.

H. HEADS OF DELEGATIONS AND SECRETARIAT OFFICIALS

HEADS OF PERMANENT DELEGATIONS TO EFTA

Austria:	E. Nettel
Finland:	P. Kaarlehto
Iceland:	H. Kröyer
Norway:	J. Cappelen
Portugal:	A. de Carvalho
Sweden:	H. Ewerlöf
Switzerland:	C. Jagmetti

EFTA SECRETARIAT

Secretary-General: C. Müller
Deputy Secretary-General: M. Vahlquist

Principal Secretariat Officers
Secretary-General's Office, – Director: C. Querner
Trade Policy Affairs – Director: J. Hagelstam
Legal Affairs – Director: A. Gaeta
Economic Affairs – Director: B. Aamo
Press and Information Service – Head: R. Couvreu
(from 1.8.1980 D. Egli)
Secretary to the Council: Miss S. Baverstock
Administrative Section – Director: R. Girod

EFTA SECRETARIAT HEADQUARTERS

9–11, rue de Varembé, 1211 Geneva 20, Switzerland
Telephone: (022) 34 90 00 *Telex*: 22660

I. L'ADMINISTRATION ET LES FINANCES

LE SECRETARIAT

A la fin décembre 1979, le personnel du Secrétariat comptait 34 fonctionnaires dans la catégorie des administrateurs et des directeurs et 41 fonctionnaires dans la catégorie des services généraux, dont 8 employés à mi-temps.

LES FINANCES

Le budget net pour l'exercice 1978–1979 s'est élevé à 9.400.918 francs suisses. Celui pour l'année financière 1979–1980, qui commence le 1er juillet 1979, a été fixé à la somme brute de 9.680.124 francs suisses, ce qui, après déduction d'une évaluation des recettes de 371.400 francs laisse une somme nette de 9.308.724 francs suisses à financer par les contributions des Etats de l'AELE.

Le barème des contributions au budget de l'AELE est établi en fonction du produit national brut des pays de l'AELE, au coût des facteurs. Voici les contributions pour 1978–1979 et 1979–1980, exprimées en pourcentage:

	1978–1979	*1979–1980*
Suède	28,653	28,634
Suisse	25,501	25,000
Autriche	15,330	15,698
Norvège	11,748	12,209
Finlande	11,175	11,192
Portugal	6,160	5,814
Islande	1,433	1,453

J. PUBLICATIONS DE L'AELE DISPONIBLES

EFTA BULLETIN PUBLIE 6 FOIS PAR AN. ANGLAIS, FRANÇAIS, ALLEMAND ET SUEDOIS/NORVEGIEN.

EFTA Reporter. Les nouvelles les plus récentes sur les activités de l'AELE. Publiées à intervalles irréguliers, environ dix fois par an. Anglais, français, allemand et suédois/norvégien.

L'AELE, ce qu'elle est, ce qu'elle fait. Ce dépliant donne une description sommaire de l'AELE, son histoire et ses buts. Il est disponible en grandes quantités. Anglais, français, allemand, portugais et norvégien.

EFTA builds free trade. Une brochure de 12 pages sur l'histoire et le fonctionnement de l'AELE. Contient aussi un chapitre consacré aux accords de libre-échange conclus avec les CE. Anglais.

The European Free Trade Association. Donne un compte rendu complet et mis à jour (1980) de l'histoire, des réalisations et des activités courantes de l'AELE. 161 pages. Anglais et suédois.

Le Fonds AELE de développement industriel en faveur du Portugal. Ce dépliant donne des informations générales sur le Fonds, ses statuts et contient quelques données statistiques sur le Portugal. Anglais, allemand et portugais.

I. ADMINISTRATION AND FINANCE

THE SECRETARIAT

At the end of December 1979 there were 34 officials in the Professional category on the staff of the Secretariat and 41 General Service staff members, of whom 8 were employed on a half-time basis.

FINANCE

The net budget for the financial year 1978–1979 was 9 400 918 Swiss francs. For the financial year 1979–1980, beginning on 1 July 1979, the budget was fixed at 9 680 124 Swiss francs gross which, after deduction of estimated income of 371 400 francs, leaves a net sum of 9 308 724 francs to be financed by contributions from the EFTA States.

The scale of contributions to the budget is determined by reference to the gross national products at factor costs of the EFTA countries. The basis for the contributions for the 1978–1979 and 1979–1980 budgets was, in percentages, as follows:

	1978–1979	*1979–1980*
Sweden	28.653	28.634
Switzerland	25.501	25.000
Austria	15.330	15.698
Norway	11.748	12.209
Finland	11.175	11.192
Portugal	6.160	5.814
Iceland	1.433	1.453

J. EFTA PUBLICATIONS AVAILABLE

EFTA BULLETIN, PUBLISHED 6 TIMES A YEAR, ENGLISH, FRENCH, GERMAN AND SCANDINAVIAN EDITIONS.

EFTA Reporter. The most up-to-date news of EFTA's activities. Published at irregular intervals, approximately 10 times a year. English, French, German and Scandinavian versions.

EFTA – what it is, what it does. This brief folder leaflet gives general information about the history and purposes of EFTA. Available in bulk or single orders. English, French, German, Portuguese and Norwegian.

EFTA builds free trade. A 12-page booklet outlining the history and working of EFTA. Also contains a section on the Free Trade Agreements with the EC. English.

The European Free Trade Association. A full up-dated (1980) account of EFTA's history, achievements and current activities. 161 pages. English and Swedish.

The EFTA Industrial Development Fund for Portugal. A short leaflet containing general information about the Fund, the statutes, and some statistical data on Portugal. English, German and Portuguese.

Etudes sur les échanges

Les échanges de l'AELE 1977. Intéresse surtout les économistes. Cette édition, qui comprend un important appendice statistique, donne une description de l'évolution récente des échanges de l'AELE et comporte en particulier une analyse du commerce des pays de l'AELE avec l'Espagne. Anglais, français et allemand.

EFTA Markets for Yugoslav products. Exposés présentés lors d'une réunion d'experts en marketing des pays de l'AELE et d'hommes d'affaires yougoslaves à Belgrade, mars 1979. Anglais et serbo-croate.

Publications officielles

La Convention de Stockholm. Une édition bilingue (anglais-français) et brochée de la Convention instituant l'Association européenne de libre-échange. Cette édition peut être obtenue gratuitement auprès du Secrétariat de l'AELE et auprès des dépositaires indiquées sur la page de couverture de l'EFTA Bulletin. (Editions 1979).

La Convention de Stockholm. Edition à feuilles mobiles, tenue constamment à jour par l'envoi de tous les amendements aux abonnés; elle contient le texte intégral de l'annexe B (sur les règles d'origine). Cette édition bilingue anglais-français peut être obtenue auprès du Secrétariat de l'AELE au prix de Fr.s. 60.–. Les amendements ultérieurs seront envoyés aux abonnés moyennant un versement de Fr.s. 20.–. par année.

Rapports annuels de l'AELE de 1967 à juin 1979. Anglais, français et allemand.

Troisième Rapport annuel du Fonds AELE de développement industriel en faveur du Portugal. Juin 1980. Anglais et portugais. Des exemplaires des deux premiers Rapports annuels sont encore disponibles.

Les accords de libre-échange signés entre les pays de l'AELE et les Communautés européennes. Le Bulletin de l'AELE N° 8 de 1972 présente les accords de libre-échange signés par l'Autriche, l'Islande, le Portugal, la Suède et la Suisse. Les accords conclus par la Finlande et la Norvège ont été examinés dans des éditions ultérieures. Des tirés à part de ces articles sont joints à l'EFTA Bulletin N° 8 de 1972. Anglais, français et allemand. (Voir également Bulletin N° 6 de 1977 sur le fonctionnement des accords de libre-échange et l'entrée en vigueur du libre-échange.)

Accord de libre-échange entre les pays de l'AELE et l'Espagne. Texte de l'accord de libre-échange multilatéral signé en juin 1979. Anglais seulement.

Compulsory technical regulations. Liste des autorités nationales compétentes dans chacun des pays de l'AELE (1969). Anglais seulement. Cette brochure peut être obtenue auprès du ministère du Commerce des pays de l'AELE.

Politique régionale de l'AELE

An examination of the Growth Centre Idea. Etude du rôle des pôles de croissance comme instrument de politique régionale dans les pays de l'AELE (1968). 232 pages. Anglais seulement.

Industrial Estates. Etude sur le système des zones industrielles (1970). 80 pages. Anglais seulement.

Industrial Mobility. Cette étude analyse les expériences des pays de l'AELE en matière d'encouragement à la mobilité dans l'industrie (1971). 160 pages. Anglais seulement.

National Settlement Strategies: a framework for regional development. Etude sur les nouvelles formes d'urbanisation faite par un groupe de travail du comité de développement économique de l'AELE (1973). 200 pages. Anglais seulement.

Trade studies

EFTA Trade 1977. Of interest mainly to economists. Contains an analysis of EFTA trade in 1977 with an analysis of the trade of seven EFTA countries with Spain. English, French and German.

EFTA Markets for Yugoslav products. Papers presented at a meeting of marketing experts from EFTA countries and Yugoslav businessmen in Belgrade, March 1979. English and Serbo-Croat.

Formal publications

The Stockholm Convention. English-French bilingual paperback edition of the Stockholm Convention. This edition is available free of charge from the EFTA Secretariat and from the distributors listed on the back cover of the EFTA Bulletin (1979 edition.)

The Stockholm Convention. Loose-leaf edition, kept constantly up to date by the issue to subscribers of all amendments, includes the full text of Annex B (on origin rules). This bilingual English-French edition is available from the EFTA Secretariat at the price of 60 Swiss francs. Subsequent amendments will be supplied to subscribers at the price of 20 Swiss francs per annum.

EFTA Annual Reports 1967 to June 1979. English, French and German.

Third Annual Report of the EFTA Industrial Development Fund for Portugal. June 1980. English and Portuguese. Copies of the first two Annual Reports are also available.

The Free Trade Agreements of the EFTA countries with the European Communities. EFTA Bulletin No. 8 of 1972, which presented the Free Trade Agreements with the European Communities signed first by five EFTA countries, is now available with offprints of the articles in subsequent editions describing the agreements signed later by the other two EFTA countries. English, French and German. (See also Bulletin No. 6 of 1977 on the operation of the FTAs and the entry into force of free trade.)

Agreement between the EFTA countries and Spain. The text of the multilateral free trade agreement signed in June 1979. English only.

Compulsory Technical Regulations. Lists the competent national authorities in each EFTA country (1969). English only. This brochure can also be obtained from Trade Ministries in the EFTA countries.

Regional policy in EFTA

An Examination of the Growth Centre Idea. A study of the role of growth centres as a means of regional policy in EFTA countries (1968). 232 pages. English only.

Industrial Estates. A study of the industrial estate system (1970). 80 pages. English only.

Industrial Mobility. Analyses the experience of the EFTA countries in encouraging industrial mobility (1971). 160 pages. English only.

National Settlement strategies: a framework for regional development. Report by a working party of the Economic Development Committee. English only. 200 pages. 1973.

CONVENTIONS ET ARRANGEMENTS DE RECONNAISSANCE RECIPROQUE

Convention pour la reconnaissance mutuelle des inspections concernant la fabrication des produits pharmaceutiques (1970). Bilingue anglais-français, allemand, italien.
Convention sur le contrôle et le poinçonnement des ouvrages en métaux précieux (1972). Bilingue anglais-français.

Editions à feuilles mobiles en anglais et éditions ronéotypées en français et allemand:
Arrangement concernant la reconnaissance réciproque des essais et contrôles effectués sur les appareils à pression (1971).
Arrangement concernant la reconnaissance réciproque des essais et contrôles effectués sur les équipements de navires (1971).
Arrangement concernant la reconnaissance réciproque des essais effectués sur les machines et les tracteurs agricoles (1972).
Arrangement concernant la reconnaissance réciproque des essais et contrôles effectués sur les appareils à gaz (1972).
Arrangement concernant la reconnaissance réciproque des essais et contrôles effectués sur les appareils de levage (1978). Edition ronéotypée en anglais.
Arrangement concernant la reconnaissance réciproque des essais et contrôles effectués sur les appareils de chauffage fonctionnant aux combustibles liquides (1978). Edition ronéotypée en anglais.

Brochures publiées sous les auspices de la Convention pharmaceutique:
Normes de base relatives aux règles de bonne pratique applicables à la fabrication des produits pharmaceutiques. Edition trilingue anglais, français, allemand (1972).
Directives pour la fabrication de produits stériles. Edition trilingue anglais, français, allemand (1973).
Directives pour le traitement des matières premières. Edition trilingue anglais, français, allemand (1973).
Directives concernant la fabrication et le contrôle analytique par des tiers. Annexe à la brochure sur les normes de base relatives aux règles de bonne pratique applicables à la fabrication des produits pharmaceutiques. Mai 1976. Edition trilingue anglais, français, allemand.

Séminaires pharmaceutiques
Sampling and analytical control. Edimbourg, septembre 1973. Anglais seulement.
Manufacture and quality control under contract. Berne, juillet 1974.
The Manufacturer's quality control department. Structural and functional aspects. Copenhague, juin 1975. Anglais seulement.
Stability of pharmaceutical products. Salzbourg, juin 1976. Anglais seulement.
Modern methodology for the isolation, identification and quantification of drugs and related substances. Upsal (Suède), juin 1977. Anglais seulement.
Good manufacturing practice in tablet manufacture. Sunningdale, mars 1978. Anglais seulement.
Large volume parenterals. Oslo, juin 1978. Anglais seulement.

CONVENTIONS AND MUTUAL RECOGNITION SCHEMES

Convention for the Mutual Recognition of Inspections in respect of the Manufacture of Pharmaceutical Products. (1970). Bilingual English-French, German, Italian.
Convention on the Control and Marking of Articles of Precious Metals. (1972). Bilingual English-French.
Scheme for the Reciprocal Recognition of Tests and Inspections carried out on Pressure Vessels (1971). Loose-leaf edition in English. In stencilled form in French and German.
Scheme for the Reciprocal Recognition of Tests and Inspections carried out on Ships' Equipment (1971). Loose-leaf edition in English. In stencilled form in French and German.
Scheme for the Reciprocal Recognition of Tests carried out on Agricultural Machines and Tractors (1972) Loose-leaf edition in English. In stencilled form in French and German.
Scheme for the Reciprocal Recognition of Tests and Inspections carried out on Gas Appliances (1972). Loose-leaf edition in English. In stencilled form in French and German.
Scheme for the Reciprocal Recognition of Tests and Inspections carried out on Lifting Appliances (1978). In stencilled form in English.
Scheme for the Reciprocal Recognition of Tests and Inspections carried out on Heating Equipment using Liquid Fuel (1978). In stencilled form in English.

Brochures published under the auspices of the Pharmaceutical Inspection Convention:
Basic Standards of Good Manufacturing Practice for Pharmaceutical Products. Prepared by EFTA Working Party on Pharmaceutical Inspections (1972). Tri-lingual English, French and German.
Guidelines for the Manufacture of Sterile Products. Guidelines for the Handling of Starting Materials. Both of these are annexes to the brochure on basic standards for the manufacture of pharmaceuticals. 1973. Tri-lingual English, French and German.
Guidelines for the Manufacture and Analysis under Contract. Annex to the brochure on basic standards for the manufacture of pharmaceuticals. May 1976. Tri-lingual English, French and German.

Pharmaceutical Seminars
Sampling and analytical control. Edinburgh, September 1973.
Manufacture and quality control under contract. Berne, July 1974.
The Manufacturer's quality control department. Structural and functional aspects. Copenhagen, June 1975.
Stability of pharmaceutical products. Salzburg, June 1976.
Modern methodology for the isolation, identification and quantification of drugs and related substances. Uppsala, June 1977.
Good manufacturing practice in tablet manufacture. Sunningdale, March 1978.
Large volume parenterals. Oslo, June 1978.

CHAPITRE XIV

AGENCE SPATIALE EUROPEENNE

En Europe occidentale, la coopération dans le domaine des activités spatiales a commencé en 1964 avec la création de deux organisations dont l'une (ESRO) était chargée de réaliser des satellites et l'autre (ELDO) de construire des lanceurs.

Créée le 31 mai 1975, l'Agence Spatiale européenne (ASE/ESA) regroupe maintenant la gamme complète des activités spatiales européennes assurées antérieurement par l'ESRO et l'ELDO. En outre, elle assume un mandat de concertation politique et a une compétence générale en matière spatiale.

L'Agence Spatiale européenne regroupe onze membres: ceux de la Communauté européenne à l'exclusion du Luxembourg ainsi que l'Espagne, la Suède et la Suisse.

A. PROGRAMMES EN COURS DE REALISATION

A la fin de 1979, les programmes en cours de réalisation avaient atteint les stades suivants:

EXOSAT: L'objet de la mission EXOSAT est de mesurer la position et les caractéristiques structurelles, spectrales et temporelles de sources de rayons X cosmiques situées dans une gamme d'énergies d'environ 0,1 keV à 50 keV. Pendant l'année 1979, de nombreux matériels ont été réalisés, en particulier pour le modèle d'identification, et des essais fonctionnels ont été effectués sur les sous-systèmes et la charge utile.

Telescope spatial: Il s'agit d'un programme commun ASE/NASA visant à placer dans l'espace un grand télescope optique (diamètre du miroir primaire: 2,4 m) de haute qualité. L'ASE fournit le réseau solaire et la chambre à objets faibles, et elle participera à la phase opérationnelle. Les examens préliminaires de la conception ont été achevés au niveau des sous-systèmes. Des progrès encourageants ont été accomplis en ce qui concerne la chambre à objets faibles et l'ensemble détecteur de photons, mais des modifications importantes se sont malheureusement révélées nécessaires dans la conception du réseau solaire.

Sled: Le traîneau spatial (ou traîneau vestibulaire) est destiné à être utilisé pour l'étude des réactions humaines à des accélérations linéaires contrôlées en impesanteur, les expériences étant exécutées à bord du Spacelab. Des contraintes financières et autres ont imposé l'adoption d'une conception simplifiée qui a été approuvée en mars, et il a été décidé que tous les travaux d'ingénierie au niveau des systèmes seraient effectués dans le cadre de l'Agence. Un certain nombre de modèles sur table et de maquettes ont été essayés avec succès.

ISPM: La Mission internationale d'Etude des régions polaires du Soleil (ISPM) est un projet commun ASE/NASA consistant à lancer deux véhicules spatiaux (l'un vers le nord et l'autre vers le sud par rapport à l'équateur solaire) sur des orbites héliocentriques perpendiculaires au plan de l'écliptique de façon à observer simultanément le Soleil dans deux directions et à explorer les régions situées de part et d'autre de l'écliptique. La majeure partie de l'année a été

CHAPTER XIV

EUROPEAN SPACE AGENCY

In Western Europe, co-operation in space activities began in 1964 with the establishment of two Organisations, one (ESRO) being responsible for the development of satellites and the other (ELDO) for the construction of launcher vehicles.

The European Space Agency (ESA) was established on 31 May 1975 and now covers the whole range of European space activities previously carried out by ESRO and ELDO. In addition, it co-ordinates policy and holds general responsibility in space matters.

The eleven Member States of the European Space Agency are the members of the European Community with the exception of Luxembourg and with the addition of Spain, Sweden and Switzerland.

A. PROGRAMMES UNDER DEVELOPMENT

At the end of 1979 the programmes under development had reached the following stages:

EXOSAT: The aim of the EXOSAT mission is to measure the position, structural features and spectral and temporal characteristics of cosmic X-ray sources in the energy range from about 0.1 keV to 50 keV. During 1979 much hardware was developed, particularly for the engineering model and functional tests were carried out on subsystems and the payload.

Space Telescope: This is a joint ESA/NASA programme which will provide a large (2.4 m diameter primary mirror) high quality optical telescope in space. ESA is providing the solar array, the faint object camera, and will participate in the operational phase. Preliminary design reviews were completed on subsystem level. Progress on the faint object camera and photon detector assembly was encouraging, but unfortunately major design changes were necessary in the solar array.

Sled: The Space Sled (or Vestibular Sled) is designed for use in the investigation of human response to controlled linear accelerations in a weightless environment: the experiments being performed on board Spacelab. Due to financial and other constraints an alternative simpler design was approved in March, and it was agreed that all system-level engineering should be performed within the Agency. Certain breadboard models and mock-ups were successfully tested.

ISPM: The International Solar Polar Mission (ISPM) is a joint ESA/NASA project to inject two spacecraft into solar orbits (one North and one South with respect to the solar equator) perpendicular to the ecliptic plane, to make simultaneous measurements of the sun and investigate the north and south out-of-ecliptic regions. Most of the year was taken up with parallel competitive studies ending with the placing of a contract in September for phase C/D.

consacrée à des études parallèles menées en concurrence qui se sont terminées par la passation en septembre d'un contrat pour la phase C/D. Une étroite liaison a été maintenue toute l'année avec le Jet Propulsion Laboratory, responsable du véhicule spatial de la NASA, et avec la communauté scientifique.

METEOSAT-2: Des modifications ont été apportées à la structure pour lui permettre de résister aux conditions vibratoires qu'elle rencontrera au cours du lancement par Ariane, conditions plus sévères que celles de la fusée Thor Delta pour laquelle METEOSAT avait été conçu. Les préparatifs se poursuivent en vue d'un lancement se situant vers la fin de 1980.

SIRIO-2: Le satellite, dont le lancement est prévu en 1981, est entré dans sa phase de développement. Il assurera la diffusion des données météorologiques aux différents centres météorologiques africains et la synchronisation d'horloges atomiques éloignées avec une précision d'un milliardième de seconde.

ECS: Satellites européens de communications. La phase 3 bis du programme de télécommunications a été approuvée; celui-ci doit conduire l'Agence à mettre à la disposition d'EUTELSAT intérimaire le secteur spatial d'un système régional de satellites de communications pour une période de dix ans commençant en 1983. Les phases de réalisation de la plate-forme et de la charge utile ont progressé régulièrement et de façon satisfaisante.

MARECS: Satellites maritimes européens. La réalisation des satellites s'est poursuivie avec la qualification d'équipements et l'intégration de modèles de développement de la charge utile de télécommunications et de l'ensemble d'antennes; ceux-ci ont été soumis à des essais poussés qui ont confirmé que les impératifs du système complet seraient satisfaits. L'intégration du prototype de vol a démarré.

L-SAT:Grand satellite de communications. Fruit d'études sur le futur programme européen de télécommunications, y compris la radiodiffusion, et de recherches sur la conception d'une grande plate-forme polyvalente destinée à recevoir les charges utiles, le programme L-SAT a été entrepris en juillet dans la perspective du lancement d'un premier satellite au début de 1984.

Spacelab: Les difficultés rencontrées aux Etats-Unis dans la mise au point de la navette et les problèmes d'intégration posés par le Spacelab ont entraîné des glissements de calendrier. Néanmoins, le programme d'essais du modèle d'identification et l'intégration de l'exemplaire de vol se sont poursuivis pendant toute l'année. Un deuxième porte-instruments destiné à des essais en vol orbital et son équipement auxiliaire ont été livrés à la NASA.

Le premier vol du Spacelab a été reporté au premier semestre 1982.

L'IPS (système de pointage d'instruments) a progressé de façon satisfaisante, sauf pour le mécanisme de commande à la conception duquel une importante modification va être apportée.

La préparation des matériels destinés à la première charge utile du Spacelab s'est poursuivie des deux côtés de l'Atlantique.

Les négociations entre la NASA et l'ASE au sujet de la production ultérieure du Spacelab sont sur le point de s'achever.

Ariane: Le premier lancement d'Ariane a eu lieu le 24 décembre 1979. La trajectoire a été "quasi nominale". En dehors de la préparation du lancement, les travaux concernant celle de la phase de production ont également progressé. A la fin de 1979, il était prévu de réaliser quatre modèles de développement et onze exemplaires de vol.

Close liaison with the Jet Propulsion Laboratory, responsible for the NASA spacecraft, and the scientific community was maintained throughout the year.

METEOSAT 2: Modifications were made to the structure to withstand the more severe vibration environment to be met during launch by Ariane than that of the Thor Delta for which METEOSAT was designed. Preparations continued towards a launch date late in 1980.

SIRIO 2: The development stage which was started on the satellite, planned to be launched in 1981, which will serve the distribution of meteorological data amongst various African meteorological centres and the time synchronisation of distant atomic clocks with an accuracy of one billionth of a second.

ECS: European Communications Satellites. Approval was given to Phase 3bis of the telecommunications programme which should lead to ESA putting at the disposal of Interim EUTELSAT the space segment of a regional communications satellite system for a ten-year period from 1983 onwards. The development phases of the platform and payload progressed steadily and well.

MARECS: European Maritime Satellites. The satellite development work continued with units being qualified, and development models of the communication payload and antenna assembly being integrated and subjected to extensive tests which confirmed that the overall system requirements would be met. Protoflight model integration was started.

L-SAT: Large Communications Satellite. Arising from studies of the future European telecommunications programme, broadcasting included, and from investigations into the concept of a large multipurpose platform to accommodate the payloads, the L-Sat programme was started in July with the intention to launch the first satellite early in 1984.

Spacelab: Difficulties with the development of the Shuttle in the USA and integration problems with Spacelab led to schedule slippages. However the test programme on the engineering model and integration of the flight unit continued throughout the year. A second Orbit Flight Test pallet plus associated support equipment was delivered to NASA.

The first Spacelab flight was replanned for the first half of 1982.

The IPS (Instrument Pointing System) was well advanced except for the drive unit for which a major redesign was initiated.

Preparation of the hardware for the first Spacelab payload continued on both sides of the Atlantic.

Negotiations between NASA and ESA for a Follow-on-Production Spacelab were near completion.

Ariane: The first launch of Ariane took place on 24 December 1979. The trajectory was "near-nominal". As well the obvious build-up to the launch, work had also progressed on establishing the production phase. By the end of 1979, plans existed for four development and eleven production flight models.

B. PROGRAMMES OPERATIONNELS

Plusieurs satellites lancés avant 1979 sont demeurés opérationnels:

SATELLITES SCIENTIFIQUES

COS-B: Un progrès considérable a été enregistré dans la valeur des résultats fournis par COS-B, qui constituent maintenant une référence pour l'astronomie des rayons gamma de haute énergie.

GEOS-1 et 2: Cinq des expériences de GEOS-1 sont toujours complètement opérationnelles mais, en raison des limitations relatives aux stations sol, le satellite n'a été activé que pour des campagnes spéciales. GEOS-2 a continué à jouer avec succès son rôle de véhicule spatial de référence pour l'Etude internationale de la Magnétosphère.

ISEE-2: Ce véhicule spatial de construction européenne, qui fait partie d'une mission intégrée comprenant trois véhicules spatiaux et destinée à étudier la magnétosphère et les effets de l'émission solaire sur l'environnement terrestre, a bien fonctionné. Il a fourni des résultats du plus haut intérêt, notamment de nouvelles connaissances sur les systèmes de protection magnétique entourant la Terre et la découverte à de grandes distances de particules émises par la Terre.

IUE: Le satellite "International Ultraviolet Explorer" connaît un tel succès que les demandes de temps d'observation reçues représentent cinq fois le temps disponible. Plus de 250 observateurs appartenant à 16 pays participent à l'acquisition et à l'analyse des données recueillies pendant le temps d'observation alloué à l'ASE, qui correspond à un sixième du temps total.

SATELLITES DE TELECOMMUNICATIONS

OTS-2: 1979 a été une excellente année au cours de laquelle l'ASE et EUTELSAT ont effectué des expériences, des essais et des démonstrations comprenant notamment la transmission de signaux de télévision et une démonstration de ressaisie de données à Rabat (Maroc), la transmission régulière de signaux de télévision de France en Tunisie et de multiples démonstrations de télévision, de vidéoconférence et de ressaisie de données à l'exposition Telecom 79 à Genève.

SATELLITES D'OBSERVATION DE LA TERRE

METEOSAT-1: Jusqu'à l'anomalie survenue fin novembre, le système d'acquisition des images de METEOSAT a bien fonctionné. Plus de 48.000 images ont été archivées sous forme numérique. Les images traitées ont été diffusées aux stations utilisatrices via METEOSAT avec le plus grand succès. Plus de 40 plates-formes (maritimes, terrestres et aériennes) ont alimenté le système de collecte de données de METEOSAT pendant toute l'année.

Télédétection: Les stations européennes d'Earthnet ont acquis plus de 100.000 images provenant des détecteurs multispectraux des satellites américains Landsat et Nimbus, ainsi que des données se présentant sous d'autres formes, et elles ont diffusé les produits à la communauté des utilisateurs.

B. OPERATIONAL PROGRAMMES

Several satellites launched prior to 1979 remained operational:

SCIENTIFIC SATELLITES

COS-B: There was a major advance in the status of the results from COS-B as a standard reference in high-energy gamma-ray astronomy.

GEOS 1 and 2: Five experiments on GEOS 1 were still fully operational, but due to ground station limitations it was only activated for special campaigns. GEOS 2 continued successfully fulfilling its role as reference spacecraft for the International Magnetospheric Study.

ISEE-2: The European built spacecraft which forms part of an integrated three spacecraft mission designed to investigate the magnetosphere and the effects of solar emission upon the earth's environment functioned well. Among the exciting results have been a new insight into the magnetic protection systems surrounding the earth, and the discovery at large distances of particles emitted from the earth.

IUE: The success of the International Ultraviolet Explorer was such that requests were received for five times more observation time than was available. Over 250 observers from 16 countries were involved in the acquisition and analysis of data taken in ESA's one sixth share of the observation time.

TELECOMMUNICATIONS SATELLITES

OTS-2: A very successful year in which experiments, tests and demonstrations were carried out by ESA and EUTELSAT, including transmission of TV signals and a data access and retrieval demonstration in Rabat (Morocco), regular transmission of television signals from France to Tunisia, and multiple demonstrations of television, video conference and data retrieval at the Telecom 79 exhibition in Geneva.

EARTH-OBSERVATION SATELLITES

METEOSAT-1: Until an anomaly occurred late in November, Meteosat image acquisition functioned well. More than 40,000 images were archived in digital form. Dissemination of processed images to user stations via Meteosat was extremely successful. Over 40 platforms (sea, land and air) were operating with the Meteosat data collection system throughout the year.

Remote Sensing: The European Earthnet stations acquired over 100 000 multispectral sensor frames from the USA Landsat and Nimbus satellites as well as other forms of data, and distributed the products to the user community.

C. DEFINITION DE NOUVEAUX PROGRAMMES

1. PROGRAMME SCIENTIFIQUE – DISCIPLINES CLASSIQUES

Des études de phase A ont été effectuées pour préparer la décision qui devait être prise en février 1980 au sujet du prochain projet de satellite scientifique. Les projets envisagés concernaient l'astrométrie (Hipparcos), l'étude de l'extrême ultraviolet et des rayons X mous (EXUV), une mission cométaire internationale (survol de la comète de Halley en 1985 et rendez-vous avec la comète Tempel-2 en 1988), et un satellite d'exploration de la queue de la magnétosphère terrestre (EMTEX). Des études d'évaluation visant à déterminer le projet suivant ont également été effectuées.

2. PROGRAMME SCIENTIFIQUE – DISCIPLINES NOUVELLES

Un certain nombre de recherches ont été effectuées dans le domaine des sciences des matériaux et des sciences de la vie afin de déterminer les utilisations possibles des moyens du Spacelab et d'évaluer l'intérêt de la communauté des utilisateurs.

3. PROGRAMME D'OBSERVATION DE LA TERRE

Un groupe de travail "Recherches orientées vers la connaissance de la Terre" a été créé pour aider à la préparation d'un nouveau programme de recherche appliquée destiné à améliorer les connaissances sur le système Terre-Océan-atmosphère. Le programme préparatoire de télédétection a été entrepris; en permettant d'élaborer par avance des technologies critiques, il peut compléter le programme de développement de satellites.

4. PROGRAMME DE TELECOMMUNICATIONS

L'étendue et la diversité du programme de systèmes et de technologies de pointe (ASTP) ont été accrues. La communauté des utilisateurs a demandé l'exécution d'études sur des services spécialisés de télécommunications faisant appel à de petites stations terriennes. Une étude approfondie des marchés potentiels pour les 10 ou 15 prochaines années a permis de déterminer les types de charges utiles à mettre au point. L'attention s'est portée essentiellement sur les applications nouvelles telles que la transmission des données, le fac-similé à grande vitesse, les transmissions vidéo et les téléconférences, et sur l'amélioration de la polyvalence des services mobiles (tant aéronautiques et terrestres que maritimes).

5. PROGRAMME SPACELAB

Les augmentations de coût et les glissements de calendrier qui affectent le programme en cours ont empêché la prise de décisions au sujet du développement ultérieur des vols spatiaux habités. Certaines études ont été poursuivies, mais à rythme ralenti.

C. DEFINITION OF NEW PROGRAMMES

1. SCIENTIFIC PROGRAMME – CLASSICAL DISCIPLINES

Phase A studies were carried out in preparation for a decision in February 1980 on the next scientific satellite project. These included Astrometry (Hipparcos), Extreme Ultraviolet/Soft X-Ray Survey (EXUV), an international cometry mission (fly-by of comet Halley in 1985 and rendezvous with comet Tempel-2 in 1988), and an Earth's Magnetospheric Tail Explorer (EMTEX). Assessment studies to determine the next-but-one generation were also carried out.

2. SCIENTIFIC PROGRAMME NEW DISCIPLINES

A number of investigations were carried out in Material Sciences and Life Sciences disciplines to determine possible uses of the Spacelab potential and to assess the interest of the user communities.

3. EARTH-OBSERVATION PROGRAMME

An Earth-Oriented Research Working Group was set up to assist in the preparation of a new applied research programme to improve our knowledge of the Earth-Ocean-Atmosphere system. The Remote-Sensing Preparatory Programme was started by which, through predevelopment of critical technologies, the satellite development programme may be supplemented.

4. TELECOMMUNICATIONS PROGRAMME

The scope and diversity of the Advanced Systems and Technology Programme (ASTP) was increased. User communities requested studies on specialised communications services involving small earth stations. A comprehensive survey of potential markets in the next 10/15 years established the type of payloads which need to be developed. Attention was focused on new applications such as data transmissions, high-speed facsimile, video transmissions and teleconferences, and more versatile mobile services (aeronautical and land as well as marine).

5. SPACELAB PROGRAMME

Decisions on possible follow-on development in manned spaceflight were hampered due to the cost and schedule slippages in the current programme. Some studies were continued but at a low-key level.

6. ARIANE

Le marché potentiel a été étudié à fond et un sixième lanceur de série a été commandé ainsi que les approvisionnements à long cycle destinés à la production de cinq autres lanceurs.

Des propositions visant à porter de 1700 à 2400 kg la capacité d'emport d'Ariane ont été élaborées en même temps que s'effectuaient des études sur la récupération du premier étage et l'implantation d'une nouvelle station sol en Afrique. Des études ayant pour but de définir les objectifs et les configurations des versions devant être réalisées après 1983 ont été entreprises.

D. AUTRES ACTIVITES

Un programme très détaillé de recherche technologique destiné à appuyer les projets en cours et futurs a été poursuivi et des propositions ont été préparées en vue de répondre au défi technologique des années 80. Les stations sol de l'ASE ont assuré les opérations de huit satellites, y compris l'acquisition, le traitement et la diffusion des données. L'utilisation coordonnée des installations d'essais de l'ASE et des Etats membres s'est poursuivie.

A l'extérieur, l'intérêt suscité par Ariane, le désir manifesté par les pays africains d'utiliser les données de Meteosat, la conscience de plus en plus vive des possibilités offertes par le Service de Ressaisie de l'Information, tous ces faits attestent la percée accomplie par l'Agence sur le plan international.

E. PRINCIPAUX ACCORDS CONCLUS PAR L'AGENCE

Un mémorandum d'accord entre l'ASE et la NASA relatif à la Mission internationale d'Etude des régions polaires du Soleil a été signé en mars 1979.

Le 15 juin 1979, un accord a été signé avec le gouvernement australien au sujet de l'utilisation des installations de poursuite de télécommande de véhicules spatiaux situées à Carnarvon.

Le 17 octobre 1979, un accord a été signé à Vienne aux termes duquel l'Autriche deviendra membre associé au sens de l'Article XIV.3 de la Convention lorsque la Convention et l'Accord seront entrés en vigueur.

F. ORGANISATION

F. Présidents du Conseil, des Conseils directeurs de programme et des autres organes délibérants

CONSEIL

Président: M. J. STIERNSTEDT (Suède)
Vice-Présidents: Prof. L. BROGLIO (Italie)
M. M. MANAHAN (Irlande)

6. ARIANE

The potential market was explored in depth, and a sixth production launcher was ordered as well as long-lead items for a further five. Proposals to improve Ariane's capacity from 1700 to 2400 kg were made, together with studies on first stage recovery and a new ground station in Africa. Studies to define objectives and configurations of further versions beyond 1983 were started.

D. OTHER ACTIVITIES

A highly detailed technological research programme continued in support of ongoing and future projects and proposals to meet the technological challenge of the 1980s were prepared. Eight satellites were operated from ESA's ground stations including data acquisition, processing and dissemination. The co-ordinated utilisation of ESA and national test facilities continued.

On the international scene, interest in Ariane, the desire by African countries to utilise Meteosat data, increased awareness of the Information Retrieval Services capabilities all pointed to ESA's breakthrough onto the truly international scene.

E. PRINCIPAL AGREEMENTS CONCLUDED BY THE AGENCY

A Memorandum of Understanding between ESA and NASA on the International Solar Polar Mission was signed in March 1979.

On 15 June 1979 an Agreement was signed with the Australian Government relating to the use of spacecraft tracking and telecommand facilities at Carnarvon.

On 17 October 1979 an Agreement was signed in Vienna by which Austria will become an associate member within the meaning of Article XIV.3 of the Convention when both the Convention and the Agreement are in force.

F. ORGANISATION

F. Chairmen of Council, Programme Boards and other Delegate Bodies

COUNCIL

Chairman:	Mr J. STIERNSTEDT (Sweden)
Vice-Chairman:	Prof. L. BROGLIO (Italy)
	Mr M. MANAHAN (Ireland)

CONSEILS DIRECTEURS DE PROGRAMME

	1er janvier – 30 juin	*A partir du 1er juillet*
Conseil dir. commun des progr. de satellites de communications (JCB):	M. E.S. MALLETT (RU)	M. J. HAWKES (RU)
Conseil dir. du progr. de satellite Météorologique (PB-MET):	M. J. LAURENT (Belgique)	
Conseil dir. du progr. de lanceur Ariane (PB-Ariane):	M. P. CREOLA (Suisse)	
Conseil dir. du progr. Spacelab (PB-SL):	M. J.L. FLINTERMAN (Pays-Bas)	
Conseil dir. du progr. de satellite aéronautique (PB-AERO)	Gén. L. AZCARRAGA (Espagne)	
Conseil dir. intér. du progr. de télédétection (IPB-RS):	M. F. ENGSTRÖM (Suède)	M. G. BRACHET (France)

AUTRES ORGANES DELIBERANTS

Comité administratif et financier (AFC):	M. A. de EULATE (Espagne)	
Comité du Programme scientifique (SPC):	Prof. H. CURIEN (France)	Prof. M.E. AMALDI (Italie)
Conité de la Politique industrielle (IPC):	Dr. H. STRUB (Allemagne)	
Groupe consult. Relations internationales (IRAG):	M. H. GRAGE (Danemark)	
Groupe consult. Radiodiffusion par satellites (SBAG):	M. C. TERZANI (Italie)	
Groupe consult. scient. & techniq. (STAG):	M. A. PIAGET (Suisse)	
Comité consult. Programme Esrange (Esrange/PAC):	M. M. OTTERBEIN (Allemagne)	M. J.J. CAHEN (France)
Groupe consultatif de la Documentation (DAG):	M. B. TELL (Suède)	M. K. von CONSBRUCH (Allemagne) (à partir du 9.11)
Comité consultatif scientifique (SAC):	Prof. R. BONNET (France)	

PROGRAMME BOARDS

	1 January – 30 June	*As from 1 July*
Joint Board on Communication Satellite Programmes (JCB):	Mr. E.S. MALLETT (UK)	Mr. J. HAWKES (UK)
Meteorological Satellite Programme Board (PB-MET):	Mr. J. LAURENT (Belgium)	
Ariane Launcher Programme Board (PB-Ariane):	Mr. P. CREOLA (Switzerland)	
Spacelab Programme Board (PB-SL):	Mr. J.L. FLINTERMAN (Netherlands)	
Aeronautical Satellite Programme Board (PB-AERO):	Gen. L. AZCARRAGA (Spain)	
Remote-Sensing Programme Board (PB-RS):	Mr. F. ENGSTROM (Sweden)	Mr. G. BRACHET (France)

OTHER DELEGATE BODIES

Administrative and Finance Committee (AFC):	Mr. A. de EULATE (Spain)	
Scientific Programme Committee (SPC):	Prof. H. CURIEN (France)	Prof. M.E. AMALDI (Italy)
Industrial Policy Committee (IPC):	Dr. H. STRUB (Germany)	
International Relations Advisory Group (IRAG):	Mr. H. GRAGE (Denmark)	
Satellite Broadcasting Advisory Group (SBAG):	Mr. C. TERZANI (Italy)	
Scientific & Technical Advisory Group (STAG):	Mr. A. PIAGET (Switzerland)	
Esrange Programme Advisory Committee (ESRANGE/PAC):	Mr. M. OTTERBEIN (Germany)	Mr. J.J. CAHEN (France)
Documentation Advisory Group (DAG):	Mr. B. TELL (Sweden)	Mr. K. von CONSBRUCH (Germany) (as from 9.11)
Science Advisory Committee (SAC):	Prof. R. BONNET (France)	

G. DIRECTION DE L'AGENCE

Directeur général:	MM. R. Gibson (RU)
Directeur des programmes futurs et des plans:	A. Lebeau (F)
Directeur de l'Administration:	M. van Reeth (B)
Directeur technique:	M. Trella (I)
Directeur de l'ESOC:	R. Steiner (CH)
Directeur des programmes scientifiques:	E. Trendelenburg (D)
Directeur du programme Spacelab:	M. Bignier (F)
Directeur des programmes d'application:	W. Luksch (D)

G. SENIOR OFFICIALS

Director General:	R. GIBSON (UK)
Director of Future Programmes and Planning:	A. LEBEAU (F)
Director of Administration:	G. VAN REETH (B)
Technical Director:	M. TRELLA (I)
Director of ESOC:	R. STEINER (CH)
Director of Scientific Programmes:	E. TRENDELENBURG (D)
Director of SPACELAB Programme:	M. BIGNIER (F)
Director of Application Programmes:	W. LUKSCH (D)

CHAPITRE XV

ORGANISATION EUROPEENNE POUR LA SECURITE DE LA NAVIGATION AERIENNE (EUROCONTROL)

L'Organisation européenne pour la sécurité de la navigation aérienne "EUROCONTROL" a été créée par la Convention internationale de coopération pour la sécurité de la navigation aérienne, signée à Bruxelles le 13 décembre 1960. Les parties contractantes étaient la République fédérale d'Allemagne, la Belgique, la France, le Royaume-Uni, le Luxembourg et les Pays-Bas.

Après sa ratification par les Parties contractantes, la Convention est entrée en vigueur le 1er mars 1963 pour une durée de vingt ans, automatiquement prolongée par périodes de cinq années, à moins qu'une Partie contractante ne manifeste son intention de mettre fin à la Convention deux ans au moins avant l'expiration de la période en cours.

L'Irlande est devenue le septième Membre de l'Organisation lorsqu'elle a adhéré à la Convention, le 1er janvier 1965.

La Convention a pour objet de renforcer la coopération des Parties contractantes dans le domaine de la navigation aérienne, et notamment d'organiser en commun les services de la circulation aérienne dans l'espace aérien supérieur. La Convention a également prévu, pour chaque Partie contractante, la possibilité de confier à l'Organisation la fourniture des services de la circulation aérienne pour tout ou partie de son espace aérien inférieur.

Telle qu'elle a été créée par la Convention, l'Organisation comporte deux organes:

- une Commission permanente pour la sécurité de la navigation aérienne, organe délibératif;
- une Agence des services de la circulation aérienne, organe exécutif administré par un Comité de gestion et un Directeur Général.

Les autres instruments importants signés par les Parties contractantes sont les suivants:

- Protocole de signature de la Convention internationale de coopération pour la Sécurité de la Navigation aérienne (signé le 13 décembre 1960);
- Protocole relatif à la période transitoire précédant l'entrée en vigueur de la Convention sur "EUROCONTROL" (signé le 13 décembre 1960);
- Protocole additionnel à la Convention internationale de coopération pour la sécurité de la navigation aérienne "EUROCONTROL" (signé le 6 juillet 1970); et relatif à l'annulation de l'incidence des impôts, droits et taxes nationales sur l'Organisation;
- Protocole de signature du protocole additionnel à la Convention, relatif aux impôts, droits et taxes (signé le 6 juillet 1970);
- Accord multilatéral relatif à la perception des redevances de route (signé le 8 septembre 1970).

A. EPHEMERIDES

La Commission permanente a tenu, en 1979, trois sessions au Siège de l'Organisation, à Bruxelles:

EUROPEAN ORGANISATION FOR THE SAFETY OF AIR NAVIGATION (EUROCONTROL)

The European Organisation for the Safety of Air Navigation "EUROCONTROL" was established by the International Convention relating to Co-operation for the Safety of Air Navigation, signed in Brussels on 13 December 1960. The Contracting Parties were the Federal Republic of Germany, Belgium, France, the United Kingdom, Luxembourg and the Netherlands.

Following ratification by the Contracting Parties, the Convention came into force on 1 March 1963 for an initial period of twenty years with automatic prolongation for periods of five years providing that no Contracting Party had at least two years before the expiry of the current period, expressed its intention of denouncing the Convention.

Ireland became the seventh Member State on acceding to the Convention on 1 January 1965.

The aim of the Convention is to strengthen the co-operation of Contracting Parties in matters of air navigation and in particular to provide for a common organisation of the air traffic services in the upper airspace. The Convention also provided for any one of the Contracting Parties being able to entrust to the Organisation the provision of air traffic services for the whole or part of its lower airspace.

The Organisation, as created by the Convention, comprises two organs:

- a Permanent Commission for the safety of air navigation, a deliberative body;
- an Air Traffic Services Agency, an executive body administered by a Committee of Management and a Director General.

Further relevant instruments signed by the Contracting Parties:

- Protocol of Signature of the "EUROCONTROL" International Convention relating to the Co-operation for the Safety of Air Navigation (signed 13 December 1960);
- Protocol as to the transitional period preceding the coming into force of the "EUROCONTROL" Convention (signed 13 December 1960);
- Additional Protocol to the "EUROCONTROL" Convention relating to Co-operation for the Safety of Air Navigation (signed 6 July 1970) concerning the offsetting of the effect on the Organisation of duties, taxes and charges;
- Protocol of Signature of the Additional Protocol on duties, taxes and charges (signed 6 July 1970);
- Multilateral Agreement relating to the collection of route charges (signed 8 September 1970).

A. CALENDAR OF EVENTS

The Permanent Commission held three sessions in 1979 at the Organisation's Headquarters in Brussels:

- 53ème session, le 14 mars
- 54ème session, le 21 juin
- 55ème session, le 22 novembre

Le Comité de gestion a tenu, en 1979, les sessions indiquées ci-après, au Siège de l'Organisation, à Bruxelles:

- 109ème session, les 7, 8, 9 et 21 février
- 110ème session, les 21, 22 et 23 mars
- 111ème session, les 2 et 3 mai
- 112ème session, les 27 et 28 juin
- 113ème session, les 3 et 4 octobre
- 114ème session, les 12 et 13 décembre

B. ACCORDS

1. ACCORDS AVEC LES ETATS MEMBRES

Accords bilatéraux

Les Accords bilatéraux entre l'Agence EUROCONTROL et les Etats parties à la Convention, portant sur la fourniture des services de la circulation aérienne dans l'espace confié à l'Agence en vertu de la Convention, ont été, par décision de la Commission permanente, prorogés jusqu'au 31 décembre 1980 par la conclusion de contrats correspondants avec chacun des Etats membres.

Les accords portant sur le financement des frais d'exploitation des services de contrôle fournis à la circulation aérienne générale dans l'espace supérieur de la Belgique, de la République fédérale d'Allemagne, du Luxembourg et des Pays-Bas ont également été prorogés jusqu'à cette date.

Accords administratifs

Un accord a été conclu en décembre avec la République fédérale d'Allemagne au sujet de la contribution spéciale à verser par cet Etat au titre des frais d'exploitation 1979 des éléments de la circulation opérationnelle militaire aux Centres de contrôle de Maastricht et de Karlsruhe.

Accords relatifs aux services fournis

Le Ministère de la Défense de la République fédérale d'Allemagne a confié à l'Agence un projet portant sur la fourniture et l'affichage, après traitement, aux stations radar de la Défense aérienne de ce pays des données radar et des données de plan de vol disponibles aux Centres de contrôle de Maastricht et de Karlsruhe.

En application d'un accord conclu avec le Ministère français des Transports, une équipe mixte a été constituée au Centre expérimental pour mettre au point le logiciel d'un nouveau système central de traitement des données de plan de vol à mettre en oeuvre au Centre de contrôle de Paris. Un autre accord a été conclu, en application duquel les installations de simulation en temps réel du Centre expérimental ont été mises à la disposition des autorités françaises afin de familiariser les contrôleurs actuellement affectés à Paris aux procédures qui seront appliquées au nouveau centre de contrôle de Reims, et de permettre à ces contrôleurs de se qualifier pour exercer à Reims.

- 53rd Session on 14 March
- 54th Session on 21 June
- 55th Session on 22 November

The Committee of Management held the following sessions in 1979 at the Organisation's Headquarters in Brussels:

- 109th Session on 7, 8, 9 and 21 February
- 110th Session on 21, 22 and 23 March
- 111th Session on 2 and 3 May
- 112th Session on 27 and 28 June
- 113th Session on 3 and 4 October
- 114th Session on 12 and 13 December

B. AGREEMENTS

1. AGREEMENTS WITH MEMBER STATES

Bilateral Agreements

The Bilateral Agreements, between the EUROCONTROL Agency and the States party to the Convention, relating to the provision of air traffic services in the airspace entrusted to the Agency by virtue of the Convention, were by decision of the Permanent Commission extended until 31 December 1980 by concluding appropriate contracts with each of the Member States.

The agreements relating to the financing of operating costs in respect of control services provided to general air traffic in the upper airspace of Belgium, the Federal Republic of Germany, Luxembourg and the Netherlands were similarly extended to the same date.

Administrative Agreements

An agreement was signed in December in respect of the special contribution to be paid by the Federal Republic of Germany regarding the 1979 operating costs incurred by the operational air traffic units at the Maastricht and Karlsruhe control centres.

Agreements related to services rendered

The Federal German Ministry of Defence entrusted the Agency with a project to provide and display at air defence radar stations in the Federal Republic, processed radar and flight plan data which were available at the Maastricht and Karlsruhe control centres.

In application of an agreement concluded with the French Ministry of Transport, a joint team was set-up at the Experimental Centre to develop the software for a new centralised flight data processing system to be introduced at the Paris control centre. A further agreement was signed whereby the Experimental Centre's real-time simulation facilities were put at the disposal of the French authorities in order to familiarise and validate controllers, at present working at Paris, in the procedures to be used at the new Rheims control centre.

2. RELATIONS AVEC LES ETATS TIERS

Espagne

En vertu d'un accord passé avec l'administration espagnole, la mise au point du système de traitement des données radar du centre de Madrid (Paracuellos) s'est poursuivie avec la recette définitive d'un mini-calculateur et de ses périphériques. La production du logiciel des sous-systèmes d'allocation des codes SSR et de corrélation codes/indicatifs d'appel est en cours. Simultanément, une étude a été effectuée en vue de la soumission d'un plan d'intégration des divers sous-systèmes (impression des bandes de progression de vol et traitement des données radar) et de mise au point de fonctions automatiques supplémentaires.

Quelques travaux préliminaires ont été entrepris dans le cadre du projet d'assistance technique relatif à l'extension du système de contrôle en-route du centre de Barcelone, en application d'un accord conclu avec les autorités espagnoles.

Portugal

Aux termes de l'accord d'association conclu en 1976 avec le Portugal, l'assistance technique que l'Agence pouvait offrir à ce pays prenait fin avec la procédure d'appel d'offres pour un projet donné. Dans le courant de l'année, un amendement a été apporté à cet accord pour étendre cette assistance à toutes les phases d'exécution d'un marché jusqu'à la réception définitive de tout équipement ou système.

Dans le cadre du projet de construction et d'équipement du nouveau centre de contrôle de Lisbonne et des installations annexes, les autorités portugaises ont lancé à la fin de l'année un appel d'offres sur la base de spécifications techniques détaillées portant sur les radars, les systèmes de transmission et de traitement des données radar, ainsi que le système de traitement des plans de vol. Des spécifications techniques générales ont été approuvées pour tous les équipements de télécommunications et matériel connexe, pour lesquels des spécifications détaillées sont en préparation. On étudie l'éventualité d'une assistance de l'Agence à l'administration portugaise pour la production du logiciel.

Autriche

En application d'un accord signé et exécuté au cours de l'année, l'Agence a fourni quelques modules de logiciel supplémentaires et un certain nombre d'éléments d'appui.

Un nouvel accord éventuel est à l'étude, qui pourrait porter sur l'évaluation des stations radar autrichiennes et du système de traitement des données radar du centre de contrôle de Vienne.

Suisse

Le projet d'évaluation de la capacité des secteurs de contrôle de la circulation aérienne des centres de Genève et Zurich a été mené à bien. Il a été convenu que les résultats pourraient en être communiqués à d'autres parties intéressées.

Grèce

Dans le passé, la Grèce avait exprimé le souhait d'établir des liens aussi étroits

2. RELATIONS WITH NON-MEMBER STATES

Spain

Under the terms of an agreement with the Spanish administration, the development of the radar data processing system at the Madrid (Paracuellos) control centre continued with the final acceptance of a mini-computer and associated peripheral equipment. Software was being produced for the secondary radar code management and the code/callsign correlation sub-systems. At the same time, a study was made into how the various sub-systems (strip-printing and radar data processing) could be integrated as well as for the development of additional automatic functions.

Some preliminary work was undertaken on the project to provide technical assistance in the extension of the en-route control system at the Barcelona control centre in application of an agreement concluded with the Spanish authorities.

Portugal

The association agreement, concluded in 1976, limited the technical assistance which the Agency could offer to Portugal, ending with tender action for a particular project. An amendment to the association agreement was agreed during the year which extends that assistance to include all phases of contract execution up to final acceptance of any equipment or system.

The project to construct and equip the new Lisbon control centre and its associated facilities reached the stage where a call for tenders was issued by the Portuguese authorities at the end of the year on the basis of detailed technical specifications for the radars, the radar data transmission and processing systems and the flight plan processing system. A general technical specification was agreed for all the telecommunications and ancillary equipment, while detailed specifications were in preparation.

Austria

The Agency supplied some additional software modules and system support services under an agreement signed and executed during the year.

A possible further agreement was under discussion which could involve the evaluation of Austrian radar stations and the radar data processing system at the Vienna control centre.

Switzerland

The project to assess the capacity of air traffic control sectors at the Geneva and Zurich control centres was completed. It was agreed that the results could be made available to other interested parties.

Greece

Previously, the Hellenic Republic had expressed the desire to establish the

que possible avec l'Organisation. Les négociations en vue de la conclusion d'un accord de coopération ou d'association avaient été suspendues dans l'attente des amendements qui seraient apportés à la Convention actuellement en vigueur. Au cours de l'année, cette idée a été reprise et s'est traduite par l'approbation d'un accord de coopération. Le texte de cet accord est analogue à celui des autres accords de coopération dans la mesure où il prévoit l'échange d'informations sur les questions opérationnelles et techniques et autorise la Grèce à utiliser les services de l'Agence, sous réserve de modalités financières à préciser. Le préambule de l'accord fait toutefois état de l'intention du Gouvernement grec d'adhérer à la Convention EUROCONTROL après modification de celle-ci par les Etats membres actuels.

Arabie saoudite

Un accord a été conclu avec l'administration saoudienne de l'aviation civile, en application duquel l'Agence a été chargée d'étudier, au moyen d'une simulation en temps réel, la possibilité pratique d'exploiter simultanément l'actuel et le nouvel aéroport international de Djeddah, ainsi que d'assurer la familiarisation des contrôleurs saoudiens avec les nouvelles procédures établies pour la région terminale de contrôle de Djeddah. Les simulations ont été préparées et devaient démarrer à la mi-février 1980.

3. RELATIONS AVEC LES ORGANISATIONS INTERNATIONALES

Commission des Communautés européennes

L'Agence a été autorisée à entamer des négociations avec la Commission des Communautés européennes sur la façon d'officialiser les relations qui se sont établies entre les deux organisations. Ces négociations ont été jugées souhaitables afin de souligner la nécessité d'une collaboration étroite tout en évitant les doubles emplois. Il était également indispensable de disposer du cadre voulu pour assurer la poursuite efficace, pour le compte des Communautés européennes, d'études susceptibles d'exiger de l'Agence des ressources et des dépenses importantes.

C. ACTIVITES FUTURES DE L'ORGANISATION

Dans le contexte des études sur les activités de l'Organisation régie par une nouvelle Convention, le Groupe d'étude des membres suppléants civils et militaires de la Commission permanente a présenté à celle-ci des propositions relatives à la contribution financière des Etats membres après 1983, à la pondération des voix et aux mesures financières transitoires. La Commission a examiné ces propositions de manière approfondie, mais n'a pas été en mesure de tirer de conclusion définitive sur ces trois importantes questions, qui se tiennent. Le Groupe d'étude a été invité à revoir ses propositions de toute urgence et à faire le nécessaire pour que des solutions concertées soient soumises à l'approbation de la Commission en 1980. Il a été admis que l'absence d'accord sur les mesures financières transitoires en particulier compliquerait l'établissement du budget annuel d'investissement de l'Agence et l'approbation de nouvelles installations opérationnelles pendant les dernières années de validité de l'actuelle Convention.

closest possible links with the Organisation. Negotiations on a co-operation or association agreement were adjourned pending progress in amending the present Convention. This idea was revived during the year resulting in the approval of the conclusion of a co-operation agreement. The agreement is similar to other such agreements in that it provides for the reciprocal exchange of information on operational and technical matters and offers the Greek authorities the opportunity of using the Agency's services subject to specific financial arrangements. The preamble to the agreement, however, mentions the intention of the Greek Government to accede to the EUROCONTROL Convention once this has been modified by the present Member States.

Saudi Arabia

An agreement was concluded with the Saudi Arabian Civil Aviation Authority by which the Agency was contracted to conduct a real-time simulation study of the feasibility of operating the existing and new Jeddah international airports simultaneously, and be responsible for the consequential familiarisation training of the Saudi controllers concerned in the new procedures for the Jeddah terminal control area. The simulations were prepared and scheduled to start in mid-February 1980.

3. RELATIONS WITH INTERNATIONAL ORGANISATIONS

Commission of the European Communities

The Agency was authorised to begin discussions with the European Commission on how the relations which had developed between both Organisations could be formalised. This was considered desirable in order to stress the need for close co-operation while avoiding duplication of work by the two Organisations. It was also essential to provide a proper context which would permit the effective pursuit of studies on behalf of the European Communities which was liable to involve the Agency in considerable effort and expense.

C. FUTURE ACTIVITIES OF THE ORGANISATION

In the context of the studies into the Organisation's activities under an amended Convention, the Permanent Commission was presented by the Study Group of its alternate members, with proposals on the financial contributions of the Member States after 1983, the weighting of votes and transitional financial measures. The Commission discussed these proposals at length but was unable to reach any final conclusions on these three important and related subjects. The Study Group was invited to urgently reconsider their proposals and to ensure that agreed solutions were submitted to it in 1980 for approval. It was recognised that the absence of agreement on the transitional financial measures in particular, rendered the settlement of the Agency's annual investment budget and the approval of new operational facilities more difficult during the remaining years of the present Convention.

A report was submitted to the Permanent Commission by the four States of Benelux/Federal Republic of Germany region, on the future role of the Maas-

Les quatre Etats de la région Benelux/République fédérale d'Allemagne ont présenté à la Commission permanente un rapport sur le rôle future de l'UAC de Maastricht dans le cadre de la nouvelle Convention. Ce rapport envisage l'institution à Maastricht d'un organisme international de régulation du début et propose que l'avenir de Maastricht comme centre de contrôle de la circulation aérienne soit étudié dans le contexte des activités futures de l'Organisation, compte tenu des incidences sociales et financières de différentes solutions possibles. Ces questions étant liées aux mesures financières transitoires susvisées, et appelant une étude approfondie, la Commission permanente a demandé au Groupe d'étude de s'occuper du problème de la manière la plus rapide, la plus constructive et la plus efficace, et de lui faire rapport à sa première session de 1980.

S'agissant de la rédaction du nouvel instrument juridique portant amendement de la Convention actuellement en vigueur, le travail de base a été réalisé par un groupe de juristes des Etats membres. Ce groupe a rendu régulièrement compte de ses activités au groupe d'étude qui a lui-même fait rapport à la Commission permanente. Pour mener plus rapidement à bien sa tâche, le groupe de juristes s'est fait conseiller par un groupe ad-hoc composé de hauts fonctionnaires des Etats membres et chargé de lever toutes les ambiguïtés qui subsistaient et de fournir aux juristes les éléments nécessaires pour que les textes juridiques puissent être soumis à l'approbation dans le délai requis.

Le groupe de travail a entamé la rédaction des textes juridiques destinés à remplacer l'accord multilatéral sur les redevances de route. Les Etats qui participent au système de redevances de route mais qui ne sont pas membres de l'Organisation ont été invités à prendre part aux délibérations du groupe sur les questions ayant trait aux redevances de route.

D. ORGANISATION

rue de la Loi 72
1040 Bruxelles
Belgique

COMMISSION PERMANENTE POUR LA SECURITE DE LA NAVIGATION AERIENNE

Président:
J. CHABERT, Ministre des Communications du Royaume de Belgique (jusqu'au 30 juin 1979)
J. LE THEULE, Ministre des Transports de la République Française (à compter du 1er juillet 1979)
Vice-Président:
J. LE THEULE, Ministre des Transports, France (jusqu'au 30 juin 1979)
N. TEBBIT, M.P. Sous-Secrétaire d'Etat au Department of Trade du Royaume-Uni de Grande Bretagne et d'Irlande du Nord (à compter du 1er juillet 1979)

AGENCES DES SERVICES DE LA CIRCULATION AERIENNE

Président du Comité de gestion:
J. VERSTAPPEN, Belgique
Vice-Président du Comité de gestion:
R. MACHENAUD, France

tricht UAC under an amended Convention. This report advances the idea of introducing an international flow control unit at Maastricht and also suggested that the future of Maastricht as an air traffic control centre be studied in the context of the Organisation's future activities, taking into account the social and financial implications of different alternatives. As these matters were related to the transitional financial measures mentioned above, and required to be studied in some detail, the Permanent Commission requested the Study Group to do so in the most rapid, constructive and efficient manner and report its findings to the first session in 1980 of the Permanent Commission.

In respect of the drafting of the new legal instrument amending the present Convention, the basic task was being carried out by a working group of legal experts from the Member States. The group regularly reported its progress to the Study Group, which in turn informed the Permanent Commission. In order to accelerate the completion of its work, the legal group was being advised by an ad-hoc group of high-level representatives of the Member States so as to remove any prevailing ambiguities and provide the legal experts with the necessary guidance to ensure that the legal texts were available for approval in sufficient time.

The working group began drafting the legal texts which were intended to replace the multilateral agreement on route charges. Those States participating in the route charges system, but who were not Members of the Organisation, were invited to join the group's deliberations related to route charges matters.

D. ORGANISATION

rue de la Loi 72
1040 Brussels
Belgium

PERMANENT COMMISSION FOR THE SAFETY OF AIR NAVIGATION

President:
J. CHABERT, Minister of Communications of the Kingdom of Belgium (until 30 June, 1979)
J. LE THEULE, Minister of Transport of the French Republic (from 1 July, 1979)
Vice-President:
J. LE THEULE, Minister of Transport France (until 30 June 1979)
N. TEBBIT, M.P., Parliamentary Under Secretary of State, Department of Trade of the United Kingdom of Great Britain and Northern Ireland (from 1 July, 1979)

Air Traffic Services Agency

President of the Committee of Management:
J. VERSTAPPEN, Kingdom of Belgium
Vice-President of the Committee of Management:
R. MACHENAUD, France

Directeur Général:
J. Leveque, France
Directeur Technique:
H. Flentje
Directeur Opérations:
J. van Elst
Directeur Personnel et Administration:
K. de Waij
Directeur Finances et Affaires Generales:
D.W. Ward
Directeur du Centre Expérimental:
D.D. Lipman
Directeur de l'Institut de la Navigation Aérienne:
G.E. Krug
Directeur du Centre de Contrôle de Maastricht:
H.J. von Villiez
Directeur du Centre de Contrôle de Karlsruhe:
A. Mieth
Directeur du Service Central des Redevances de Route:
C. Silvain
Chef du Service Régional France:
J.F. Sapin
Chef du Service Régional Irlande/Royaume-Uni:
D.W. Davies

E. PUBLICATIONS

Brochure: Formation et développement d'Eurocontrol
Rapport annuel de l'Organisation EUROCONTROL (1978)

Director General:
J. Leveque, France
Director Engineering:
H. Flentje
Director Operations:
J. van Elst
Director Personnel & Administration:
K. de Waij
Director Finance and General Affairs:
D.W. Ward
Director Experimental Centre:
D.D. Lipman
Director Institute of Air Navigation Services:
G.E. Krug
Director Upper Area Control Centre Maastricht:
H.J. von Villiez
Director Upper Area Control Centre Karlsruhe:
A. Mieth
Director Central Route Charges Office:
C. Silvain
Head of Regional Service France:
J.F. Sapin
Head of Regional Service Ireland/United Kingdom:
D.W. Davies

E. PUBLICATIONS

Brochure: Formation and Development of Eurocontrol
EUROCONTROL Annual Report 1978

SECTION BIBLIOGRAPHIQUE
BIBLIOGRAPHICAL SECTION

I. LIVRES SUR LA COOPERATION EUROPEENNE

I. BOOKS ON EUROPEAN CO-OPERATION

BÖRNER (Bodo): Studien zum deutschen und europäischen Wirtschaftsrecht. 3. Band. Volume 30 of Kölner Schriften zum Europarecht. Cologne, Carl Heymanns Verlag, 1980, 632 pp.

In the present volume Börner, a leading German authority on European Community law, has collected articles and essays which he had previously published in various periodicals and Festschriften. They all show the sober realism of the author which sometimes has led him to adopt attitudes at variance with the optimism shown by many of his colleagues. Börner rightly stresses that it is counter-productive to describe the present status of European unification as if the ideals of the founding fathers of the European Communities could become a reality within a very short time. This over-optimism which finds hardly any support in actual practice of the Member States will merely lead to discouragement and disappointments. The course of European unity does not progress satisfactorily merely because many writers wishfully interpret the realities as if they would lead towards the achievement of this aim.

On the strength of this basic outlook Börner approves the decision of the German Federal Constitutional Court of 29 May 1974 reserving to that Court the right to examine, whether Community measures are compatible with basic human rights protected by the Basic Law (the Constitution) of the Federal Republic of Germany. His sceptical and realistic attitude leads Börner to raise a warning voice against the optimistic view that the approximation of domestic law of the Member States necessarily should lead to a European economic and currency union. The approximation of laws has certainly produced some very welcome results. However, one cannot expect too much from this institutional machinery where vital egoistic interests of the several Member States are at stake. In spite of verbal assurances the governments of the Member States are unwilling to accept the sacrifices which the establishment of an economic and currency union would necessarily entail. Börner then examines the authority of the Community and of Member States to adopt protective measures, if trade developments caused by non-Member States require counter-action. Börner then proceeds to examine Article 36 EEC which enables Member States to restrict imports and exports from other Member States where this becomes inevitable for reasons of public policy. According to Börner such public policy reasons may well be also economic difficulties. The Member States dispose of a certain freedom of action in defining their public policy in this respect. However, their actions in this field, too, remain subject to the control of the Court of the European Communities. Börner then examines the attitude of the European Community in respect to the energy crisis. He analyses the present instrumentarium of the Communities as to its capabilities to cope with the oil shortage. Regretfully Börner arrives at the conclusion that the vital interests of the several Member States are too divergent, especially the position of those Member States disposing of own energy sources and those lacking any such resource, that at present there exists no common political will to use the European Communities and their structures in a way which would enable all EEC States to overcome the effects of this crisis by collective action. Börner then analyses the applicability of the rules of the EEC and ECSC Treaty concerning competition on joint undertakings. Another very interesting problem discussed by Börner are the limits imposed on the presentation of proofs before the Court of the European Communities. What would be the attitude of the Court, if the Commission would present before the Court evidence which the Commission had obtained illegally? Börner solves this problem by invoking unwritten rules of Community law which he rightly deduces from principles common to the domestic law of the Member States. In the law of the several Member States the courts would not admit evidence illegally procured. Hence, such evidence should be inadmissible also before the Court of the Communities.

The other articles and essays in this volume deal with various problems of German

economic and civil law which, however, should also be interesting for the development of European law as some of the problems discussed, e.g. price controls or restrictions on competition might influence the development and interpretation of European Community law.

I. SEIDL-HOHENVELDERN
Cologne

CONSTANTINESCO (Léontin-Jean): Das Recht der Europäischen Gemeinschaften I. Das Institutionelle Recht. Baden-Baden, Nomos Verlagsgesellschaft, 1977, 922 pp.

The law of the European Communities has become so complicated that most recent commentaries have been the result of collective efforts. We, therefore, welcome all the more the first volume of this treatise which is due entirely to the vast experience and ceaseless energy of Léontin-Jean Constantinesco and to his faith and devotion to the cause of European unity. We had delayed reviewing the present volume in order to review this treatise as a whole, however, as the second volume is not going to appear until next year we would already now like to draw the attention of the readers to this remarkable work.

All through the volume the author stresses the need of a closer union amongst the European States which should lead to federalist constitutional ties. As a realist the author is well aware of the vast distance between this ideal and the realities of European Community life. He sets out the law as it stands in a most clear and precise manner basing himself mainly on the case law of the European Community Court. For every problem discussed the author presents fairly and summarily the various conflicting views. His bibliography refers to works in all the European Community languages. The author deserves praise for having selected the most pertinent titles in the ever growing mass of literature on the Communities. The author clarifies his views by numerous tables and organising charts which are very instructive.

It is impossible to discuss in detail the views of the author on the institutional law of the European Communities within the framework of a short book review. The author clearly underlines the ambivalent character of the European Communities. Their structures include elements tending towards a constitutional integration as well as other elements which are content with promoting an international co-operation between the Member States like that practised in ordinary international organisations. Thus, according to the author, the European Communities are neither a federal State nor an ordinary international organisation governed by public international law. Another ambivalent feature of European Community law is that parts of it are static, whereas other parts are dynamic. Thus, European Community law offers a possibility for various developments. The outcome will depend on the political will of the Member States. As far as the institutions of the Communities are concerned they might just as well develop towards a federalist integration as well as to a stage whereby the Communities would be reduced to the level of co-operation existing in classical international organisations.

Amongst the problems discussed by the author let us single out his research on the competence and practice of the Communities concerning the conclusion of treaties, the reduction of the importance of the role of the Commission due to the growing powers acquired in practice by the Committee of Permanent Representatives and by the several Management Committees as well as the ambivalent role of the European Council which aims to be something more than simply a council of ministers on a higher level. On the one hand, this Council has intensified the use of Article 235 in order to extend the powers of the Communities, e.g. towards the protection of the environment, however, on the other hand, this Council tends to reduce the role of the Commission towards that of a simple international secretariat, in spite of the recommendations in the Vedel and Tindemans Reports stressing the necessity of increasing the importance of the Commission. According to the author the "programs approved by the Council of Ministers" and the decisions of the Representatives of the Member States convened at the occasion of a session of the Council can deal merely with matters infra conventionem and praeter conventionem. Thus, according to the author, the Luxemburg Agreement of January 1966 was an illegal

act. The author, furthermore, analyses the rank given to Community law in the domestic law of the several Member States. This research leads him to the conclusion that as long as the superiority thus won by Community law is based merely on the case law of the highest national courts this superiority remains precarious. Even the constitutional amendments adopted by several member countries in order to ensure the superiority of Community law might not always produce the desired effect. This effect, in reality, will only be obtained within the framework of a much stronger integration of the Member States than one could hope for at the present moment.

I. SEIDL-HOHENVELDERN
Cologne

DUMON, (F.), La Cour de Justice Benelux. Bruxelles, 1980, 450 pp.

Ce n'est qu'en 1965, bien après la constitution de l'Union économique, que le Traité relatif à l'institution et au statut de la Cour de Justice Benelux a été conclu. Il est entré en vigueur en 1974. Le livre de F. Dumon, ancien chef du parquet de la Cour de Justice Benelux, a le mérite de ne pas être seulement un manuel très complet mais de fournir également des commentaires très intéressants, tant théoriques que pratiques, par exemple sur l'interprétation (pp. 98 et 131 et suivantes) et sur la primauté du droit international (pp. 111 et suivantes).

La question de savoir si le droit des Communautés européennes prime le droit du Benelux pourrait se poser si un avocat, inscrit au barreau de l'un des Etats membres des Communautés mais en dehors du Benelux, désirait plaider devant la Cour, sans avoir obtenu l'agrément de celle-ci. Un conflit pourrait ainsi surgir entre la Directive N° 77/249 du Conseil des Ministres des Communautés européennes tendant à faciliter l'exercice effectif de la libre prestation de services par les avocats (Journal Officiel L 78/17) et l'article 12, alinéa 5, du Traité de la Cour Benelux qui dispose que "sont admis à plaider devant la Cour les membres des barreaux des trois pays ainsi que toutes autres personnes agréées par la Cour dans chaque cause" (voir pp. 172 et suivantes).

Dans de nombreux aspects la Cour de Justice Benelux peut être considérée comme la soeur cadette de la Cour de Justice des Communautés européennes. Pourtant son organisation est beaucoup plus modeste. Ses juges sont conseillers à la Cour de Cassation (Belgique), au Hoge Raad (Pays-Bas), à la Cour Supérieure de Justice et au Comité du Contentieux du Conseil d'Etat du Luxembourg. Il en est de même pour ses avocats généraux tandis que ses greffiers sont désignés parmi les membres du Secrétariat Général de l'Union économique Benelux.

Les fonctionnaires du Benelux sont certainement très privilégiés de pouvoir soumettre leurs litiges avec l'administration devant une juridiction composée des magistrats les plus éminents des trois Etats membres. Le contentieux des fonctionnaires est examiné dans le titre IV du livre de M. Dumon. Il paraît que la Cour a été saisie d'une dizaine de recours introduits par des fonctionnaires tandis que la Commission consultative "compétente en matière de protection juridictionnelle" qui doit statuer préalablement sur certains de ces recours, a rendu de nombreuses décisions.

Sans vouloir sousestimer l'importance des recours des fonctionnaires, il me semble néanmoins que l'interprétation de règles juridiques communes constitue la principale mission de la Cour. Celle-ci peut être chargée d'interpréter de telles règles à la demande soit d'une juridiction nationale, auquel cas la décision lie le juge national, soit d'un ou de plusieurs gouvernements des Etats du Benelux. Dans le dernier cas la Cour ne rend qu'un avis consultatif. Le système de demandes de décisions préjudicielles est semblable à celui devant la Cour de Justice des Communautés. Jusqu'à maintenant une douzaine de demandes de ce genre ont été formulées par les juridictions nationales. Beaucoup concernent les marques de produits.

Ainsi le Benelux a créé, avec des moyens pourtant simples, un système complet d'interprétation des règles communes à ses trois Etats membres. Constituée d'après l'exemple de la Cour de Justice des Communautés européennes, la Cour Benelux fournira-t-elle, une fois, un exemple au Conseil de l'Europe? Avec plus de cent conventions et

protocoles élaborés en son sein le Conseil est encore en quête de moyens efficaces pour assurer l'interprétation uniforme de ses textes conventionnels (voir les Recommandations 231 (1960), 372 (1963) et 454 (1966) de l'Assemblée parlementaire et les Résolutions (69) 27 et 28 du Comité des Ministres du Conseil de l'Europe).

Il est prévu de publier ultérieurement l'ouvrage en néerlandais. Toutefois, les textes législatifs qui ont été reproduits en annexe figurent en français et en néerlandais. Ce n'est pas uniquement un hommage aux juristes néerlandophones appelés à s'en servir. La consultation des deux versions peut s'avérer nécessaire, le français et le néerlandais étant des langues officielles des institutions du Benelux et les textes dans les deux langues faisant également foi (voir artt. 96 et 100 du Traité).

KIPPELS (Kurt, Wilhelm): Der völkerrechtliche Status des zukünftigen Europa-Kanals und seine Auswirkungen auf das Rhein- und Donau-Regime. Volume 62 of Schriften zum Völkerrecht. (West-)Berlin, Duncker & Humblot, 1978, 271 pp.

The present book deals with the public international law status of the Canal which will link the Rhine to the Danube. Projects of such a canal go back to Charlemagne. Provisions dealing with the status of such a future canal were included in the Versailles Treaty of 1919. Work on the construction of this canal is now nearing completion. The author rightly concludes that the dispositions in the Treaty of Versailles have become obsolete and that the Federal Republic of Germany should be entitled to consider this new waterway as a national waterway in view of the fact that it is constructed exclusively on German territory. However, the Federal Republic of Germany would have to respect commitments which she assumed under the Mannheim Convention concerning the navigation on the Rhine in respect to Switzerland as well as the obligations resulting from the EEC Treaty. The problem is further complicated by the fact that the partners of the Mannheim Convention are afraid of ruinous competition by socialist State shipping lines whose transport rates might be influenced also by other than purely commercial considerations. The situation becomes more complicated due to the intention of the EEC Member States not to exclude Austria from the advantages to be gained by the opening of the waterway on the one hand, and from the operation of most favoured nation clauses on the other hand. The author thoroughly discusses the various alternatives from the point of view of general international law as well as from the EEC point of view. His work was published before the latest amendment of the Mannheim Convention, likewise prompted by the expectation that the waterway will soon be ready for use.

I. SEIDL-HOHENVELDERN
Cologne

KÖCK (Heribert-Franz): Der Gesamtakt in der deutschen Integrationslehre. Eine Untersuchung aus dem Grenzbereich von staatlichem Recht und Völkerrecht, Volume 344 of Schriften zum öffentlichen Recht. (West-)Berlin, Duncker & Humblot, 1978, 184 pp.

In this well documented book Köck rejects the dominant theory concerning the legal nature of the European Communities. In a long line of cases the Court of the European Communities has always maintained that the law of the Communities has a quality different both from public international law and from the domestic law of the Member States. As far as legal thinking in the Federal Republic of Germany is concerned the arguments of the Court have been given additional support by a theory which H. P. Ipsen has borrowed from German constitutional history. Just as the German Empire of 1871 the European Communities have been established by the consent of their Member States. On the one hand such consent appears to have been given in a treaty, however, on the

other hand, this agreement likewise represents an act of the collective will of the Member States which thereby have created a special entity. As far as the European Communities are concerned the creation of such a special entity and the transfer of parts of German sovereign power to such entity can be based on Article 24 of the Constitution of the Federal Republic of Germany. Basing itself on the alleged special quality of European Community law the dominant doctrine assumes that the EC Member States are unable to alter the existence of the Community in any other way than by respecting the modalities for amendment figuring in the EC-treaties. The Member States are said to lack authority to dispense with these provisions, even if all Member States would agree to act in such a way by a subsequent treaty concluded between all of them. Moreover, it is deduced from this special quality of community law that this law should be unconditionally superior to all subsequent domestic law.

Köck opposes this doctrine. According to him the European Communities are nothing else, but international organisations, albeit with a specially high degree of integration. Yet, the basis of primary as well as of secondary Community law is the treaty establishing the Community concerned. Now, this treaty is and remains an ordinary public international law treaty, already for the very good reason that the constitutions of the other EC Member States in general do not contain provisions similar to Article 24 of the German Federal Constitution which could be used as lever to achieve the special type of integration postulated by the dominant doctrine. Just like any other public international law treaty the treaties establishing the European Communities may be amended or abrogated by all the partners acting in common agreement, even if they would disregard the amendment procedures of the treaty concerned. Thus, the Member States continue to remain the masters of the treaty. If we accept this view, then we can also easily explain the attitude of the German Federal Constitutional Court claiming a right to examine, whether European Community law will guarantee an effective protection of human rights. According to Köck we do not even need to have recourse to the theory of a collective act of the Member States in order to justify the superiority of Community law over domestic law – with or without the above mentioned restriction concerning the protection of human rights. As far as public international law is concerned any public international law rule must enjoy such a superiority already in virtue of the principle pacta sunt servanda. Whether domestic law will be ready to respect this superior rank will depend on political as well as on legal considerations.

The results of Köck's investigations may appear shocking to persons believing in the ultimate triumph of European integration. Yet, his book is a sobre analysis of the real state of affairs.

I. SEIDL-HOHENVELDERN
Cologne

MADL (F.): The Law of the European Economic Community. Akadémiai Kiadó. Budapest, 1978, pp. 328; incl. Bibliography but without Index, $20.00.

This book is a challenge to one's perception of the clarity of expression and the cogency of argument. Written in a quaint English it purports, according to the note on the cover, "to provide a theoretical and critical synthesis, a set of philosophic value judgments with regard to the place of the Community law in the general history of law, more specifically in the development of recent capitalist legal 'engineering' – philosophy and practice". Quite an ambitious but unfulfilled undertaking. Though full of general but rather repetitious comments on the nature of the Community and its law the analysis is in reality confined to the law of competition and enterprise, both private and public. However these general comments appear more interesting than the discussion of the technical rules of the law because they project an image of the Community as seen through critical eyes of an observer from another world.

Neither the historical nor the jurisprudential perspective has come out clearly from the synthesis. As for criticism, there is plenty of it but only from the base of stereotyped

marxist assumptions about capitalism and its contradictions, the rigorous "scientific" test being furnished by Marx, Lenin and even Stalin. Thus the Community is portrayed as the offspring of dying capitalism or how ... "the sick ... can ... put up a good show ..." (p. 271). The author sees ... "workers, peasants and employees outside the constitutional ramparts of the EEC" ... (p. 304), the system serving merely capitalist interests. In that sense legal integration is what suits the capitalist objective but in a case of vital interest ... "the EEC will take action it deems necessary, be it pre-channelled or not and consequently lawful or not" ... (p. 46). Clearly the author takes an individualistic view of legality in the EEC.

In his view the legal mechanism of the EEC is highly protective of the "capitalist social formation" (p. 302). Whilst the achievement of capitalist industry is recognised as ... "coming up to world standard" ... he nevertheless sees in it ... "a violation of human dignity" ... and, with reference to the computer industry ... "a devaluation of human brain" ... (p. 302). He has equally strong strictures on the workers' participation in the management which he regards as ... "a very sophisticated reaction to the social contradictions and class struggle" ... (p. 61). The concern for harmful social consequences of automation he construes as ... "a timid and inconsistent cry for socialism" ... (p. 302).

No wonder that in the system he perceives companies serve to protect the "owner interest" (p. 90) whilst the recognition of companies established in fellow Member States furthers the interests of "sensitive American masters" (p. 75). In consequence of this kind of reasoning "the system has not invented anti-trust law against the big ones" (p. 307) whilst in the application of the competition rules "in the majority of cases the monopolies have been acquitted" (p. 306). There is of course no source reference to these statements.

The author devotes a great deal of space to state involvement in the economy. He quite rightly deplores the lack of theory in the formation of the capitalist public enterprise but attributes this to "capitalist contradictions" (p. 237). An interesting discussion follows on the theme of state immunity and the impact upon state sovereignty of the unconditional submission of the Member States to the jurisdiction of the Community Court but even there the author sees a spectre of contradictions (p. 282). Moreover his reading of cases leads him to say that the Court "is not an autonomous authority" (p. 284) suggesting presumably, that the Court is a tool of interests other than justice.

In the epilogue with the aid of Schumpeter and Galbraith the inevitable follows: the demise of capitalism and the triumph of socialism. A prophecy or self-delusion?

The book is difficult to read but there is the reward of learning what a distinguished Marxist scholar thinks of the European Community and what students might be taught about it. Equally on the positive side is the criticism which, though marred by prejudice, contains many a shrewd observation. As for the value of value judgments the reader will make up his own mind.

D. Lasok

Meng (Werner): Das Recht der internationalen Organisationen – Eine Entwicklungsstufe des Völkerrechts. Zugleich eine Untersuchung zur Rechtsnatur des Rechtes der Europäischen Gemeinschaften. Volume 31 of Völkerrecht und Außenpolitik. Baden-Baden, Nomos Verlagsgesellschaft, 1979. 232 pp.

The author discusses the relation between the law of international organisations on the one hand, and the domestic law of States and general public international law on the other hand. While the author does not deny the existence of special features of the European Communities he nonetheless counts the Communities among the international organisations. He objects to the theory of a special nature of the European Communities as this theory would cut off any chance of more intensive integration within other international organisations. Moreover, according to the author, integration is no one-way-street. Integration even within the Communities has suffered setbacks and may suffer such setbacks also in future.

According to the author the law of international organisations is part of public international law as its very existence is due to an international treaty. The author produces convincing arguments to refute the opposite view held especially by the Italian doctrine of a special order and by Hauriou. The author likewise rejects the long line of case law whereby the Court of the European Communities has held that at least the law of the European Communities is a law sui generis between public international law and domestic law. The author even doubts, whether this view is indeed capable of promoting thereby the aim of an ever closer integration.

If the statute of an international organisation draws its validity from a treaty, i.e. from a rule of international law, then the secondary law of such an organisation also forms part of international law. The enumeration of the sources of law figuring in Article 38 of the Statute of the International Court of Justice is not exhaustive. Of course, the law of international organisations is not so strongly based on the ideal of co-ordination as is the case with other rules of public international law. Any interpretation of such secondary law of international organisations should take this factor into account. Yet, in spite of these peculiarities the law of international organisations still forms part of public international law. Until now, no international organisation has developed along the lines familiar to the constitutional history of some States where a treaty which originally had been nothing else but a treaty of alliance gradually became the constitution of the new-born State.

In the second part of his work the author discusses the relation between public international law including the law of international organisations in general and of the European Communities in particular to domestic law. The author is an adherent of the doctrine of moderate dualism. The author, therefore, approves the decisions of the German Federal Constitutional Court and of the Italian Constitutional Court which want to maintain basic constitutional guaranties of human rights even at the risk of having one day to violate the treaty establishing the European Communities in order to do so. However, the author is quite right in stating that the danger of such a conflict is very remote. As far as the insertion of the secondary law of international organisations into domestic law is concerned the doctrine of the adoption of such law should be preferred to the doctrine of transformation.

Insofar as international organisations are entitled to conclude public international law treaties binding on their Member States these institutions must transform the content of such treaties by legislative acts of their own, if the material content of such treaties should be binding on the individual persons in the Member States. The author illustrates this by reference to the practice of the European Communities in respect to the secondary law emanating from GATT.

The views of the author are in conflict with the dominant theory on the nature of European law, however, the author indicates a good number of situations where his theory affords a better explanation of the actual practice than does the dominant doctrine.

I. Seidl-Hohenveldern
Cologne

Mosconi (Franco): La banca europea per gli investimenti (Aspetti giuridici), CEDAM. Padova, 1976, XI, 331 pp.

The author deals with legal problems of the European Investment Bank on a comparative law basis. His work contains ample references to Italian, Anglo-American, French and German literature concerning the Bank and development banks established in other regions of the world as well as concerning the World Bank. According to the author the link between the European Investment Bank and EEC is much closer than the relevant links between the World Bank and the United Nations or between the regional development banks and the Economic Commissions of the United Nations established for the regions concerned. According to the author the Bank in the field of domestic law possesses a legal personality separate of that of EEC. In support of his view he points to the fact that EEC uses the European Investment Bank as its agent concerning the handling of a part of

the development aid granted by EEC to States having concluded a treaty of association with EEC. In each of the Member States the Bank enjoys the same capacity as a domestic juridical person under public law. In the Member States such personality results by operation of the statute of the Bank. However, the Bank enjoys such personality also in non-Member States on the basis of the conflict of law rules of the States concerned. This view of the author corresponds to dominant doctrine. We would, however, hesitate to subscribe to another view of Mosconi. According to him the Bank also in the field of public international law would enjoy a personality distinct of that of EEC. As far as public international law is concerned we consider the Bank to be a mere institution of EEC, as was established by a decision of the Court of the European Communities.

The author then discusses the structure of the Bank, especially the weighted voting procedure adopted in the Council of Governors. The author rightly rejects the idea to apply the Luxemburg Agreement of 1966 also to voting in the Council of Governors. Although a State cannot become a member of the Bank without being a member of EEC and vice versa, Mosconi rightly holds that the Bank could be disssolved by a unanimous decision of the Council of Governors, even if EEC should continue to exist.

The author then discusses the ways whereby the Bank procures itself the means necessary for the fulfilment of its tasks. In this chapter he explains in detail the working methods of international loan consortiums and approves the idea to make such loans subject only to general principles of law.

The author regrets that in recent years the Bank has somewhat neglected its original task of helping less developed areas within the EEC, while increasing its activities in the relations with associated States. In this connection the author explains the limits of the respective tasks of the Bank and of the European Regional Development Fund established in 1975.

As far as access to courts is concerned the author believes that the rules of Article 180 EEC concerning the jurisdiction of the Court of the European Communities in respect to the Bank and of Article 29 of the Statute of the Bank concerning the jurisdiction of national courts are not mutually exclusive. Conceivably, decisions of organs of the Bank might also form the object of preliminary rulings under Article 177 EEC. In order to facilitate the obtainment of credits the Bank enjoys privileges and immunities only to a relatively small extent.

The book gives a complete analysis of the manifold important task carried out by the Bank within the framework of the European Communities.

I. Seidl-Hohenveldern
Cologne

Moynihan (Daniel Patrick): Einspruch. Berlin, Verlag Ullstein, 1980, 320 S.

During the years 1975 and 1976 Daniel Patrick Moynihan filled the office of representative of the United States to the United Nations for less than eight months. Despite this short time and only a few speeches delivered to the General Assembly of the United Nations, his activities became known to most of the public and are kept in good memory. The reason for this certainly may be found in Moynihan's open manner – some called it eccentric – of speaking as well as in the fact that he represented the United States at a stage of development when a complete change in their foreign policy was occurring.

In his book with the original American title "A Dangerous Place" and now translated into German under the title "Einspruch" ("Objection"), Moynihan mainly describes the early history and the time of his activities within the United Nations with much engagement and in an ironic way. Sometimes it is a pleasure to read his book, although one cannot always agree with his political ideas. But it is not the bulk of well-formulated sentences which makes this book valuable, more important is that Moynihan gives an inside understanding of the process of changing the American foreign policy. In this connection it should be remembered that Moynihan's entering into his office met with a phase of the American policy which was determined by the Vietnam shock on the one hand and on the

other hand by the situation that the United States found itself in opposition with the United Nations. President Ford and Henry Kissinger placed their hope on Pat Moynihan as the right man at the right time in the right place. Doubtless, Moynihan succeeded in this situation by using a self-confident diction which did emphasise the advantages of the western democratic order. In reality the forum of the United Nations was not at all a dangerous place to him, but the battlefield where he could demonstrate that the political theory of neo-conservatism possesses the effective weapons for fighting against the wide-spreading virus of left-minded intellectualism which calumniates a free society, a free market economy, etc. During Moynihan's time of office the culmination was reached when the dictator Idi Amin addressed the General Assembly of the United Nations as well as when this Assembly passed the resolution of Zionism being racism, which both confirmed Moynihan's thesis that, within the United Nations, dictatorships and governments denying even basic human rights to their own peoples sit in judgment upon democratic states teaching what freedom is like. For this reason the UN would have lost their moral qualification to attack the western states. Moynihan proposed to combine the conduct of foreign policy with principles of obeying human rights all over the world. It was the Carter administration which took up this conception, acknowledging Moynihan's activities within the UN afterwards. In this respect this book is a contemporary historic document of the struggle for the realisation of human rights all over the world. The reader will find much background information – though the German translation seems to be not always correct. Two critical remarks may be added. One gets the impression that international relations are dominated by three superpowers, i.e. Moynihan, Kissinger and the Soviet Union. And: the style of presenting the arguments is characterised by leaps and bounds. A reader not very familiar with the concrete political situations mentioned in this book will be distracted from the valuable substance of this book by the lively formulations and will look upon it as just tittle-tattle.

MANFRED MOSSNER
Hamburg

PERNICE (Ingolf): Grundrechtsgehalte im Europäischen Gemeinschaftsrecht. Ein Beitrag zum gemeinschaftsimmanenten Grundrechtsschutz durch den Europäischen Gerichtshof. Baden-Baden, Nomos Verlagsgesellschaft, 1979, (Schriftenreihe Europäische Wirtschaft; Bd. 96).

The protection of the human rights within the European Community (EC), especially by the European Court of Justice (ECJ), has often been subject of theoretical or judicial disputes – mostly in West Germany. Particularly the question of a guarantee of those rights within the three treaties was discussed at large. Now, Pernice tries to prove the existence of such a guarantee as an immanent part of Community law, and he wants to show how the ECJ works on that matter.

Therefore, Pernice goes into the case law of the ECJ, going back even to the very beginnings in 1954, searching for manifestations of the intention of the Court to protect basic human rights. His analysis of these numerous decisions is very detailed and ample. After having worked out the method of the Court (pp. 25 ff.) and the contents of the protection of basic human rights within the Community (pp. 51 ff.), Pernice describes how the Court guaranteed several rights enlisted in the treaty of Rome:

- free trade (pp. 68 ff.)
- free competition (pp. 97 ff.)
- free movement of persons (pp. 125 ff.)
- free movement of capital (pp. 175 ff.)
- private property (pp. 177 ff.)
- equality (pp. 196 ff.)

According to Pernice, there is no need to search for common traditions or convictions within the constitutions of the nine member states of the EC, and this would not be useful,

too. On the contrary, the guarantees were to be found within the treaties, especially within the aims of the treaties as an expression and a summary of the common traditions of the member states. In realising these aims, essential rights as free trade and free movement would be effectively secured. All rights not mentioned within the treaties were thus kept out of the legislative competence of the Community and left to determination by the Court – which had to take into consideration the systems for the protection of human rights within the Community (pp. 209 ff.).

Nevertheless, human rights are regarded as an objective guideline for any activity of the state so that every legal order actually implied these rights (p. 211).

Pernice's way of arguing and deducting is very often, though not always, convincing, and his interesting book gives a lot of material and a lot of ideas on the question dealt with. Worthwhile to be read, worthwhile to be thought about.

HANS ARNO PETZOLD

SASSE (Christoph), (Jacques) GEORGEL, (Geoffrey) J. HAND (Hrsg.): Das Wahlrecht der Neun. Baden-Baden, Nomos Verlagsgesellschaft, 1979. (Schriftreihe Europäische Wirschaft; Bd. 101).

The first direct elections to the European Parliament, held in June 1979, were regarded as an important step towards a United Europe. For the first time, this Parliament received direct democratic legitimation, and it is hoped that it will thus be able to widen its competences and to make its control of the Council and the Commission more effective rather than only remain an Advisory Assembly. Nevertheless there is still a lot of problems to be solved in connection with this Parliament, and one of not too little importance is that of a unitarian electoral system. This problem can only be solved on the background of the knowledge of the national electoral systems and their historical development.

The editors of this book, Jacques Georgel, Geoffrey J. Hand, and the late Christoph Sasse, did not intend to discuss the advantages or disadvantages of the different electoral systems. Their aim was to describe in one volume all the systems actually applied in the nine member states of the European Communities for their respective national elections. This description is not meant to be a great piece of scientific art but shall enable the reader, be he politician, professor, or simply a politically interested citizen, to inform himself on how the nine vote and why – historically – they do so.

This goal has been reached. The nine chapters dealing with the national electoral systems are structured identically so one can easily compare the different regulations, e.g. concerning eligibility, forming of constituencies etc. Furthermore, the book is written in all its parts in a way almost everybody will easily understand, though without being imprecise. Here it is proven that so-called popular science need not be unscientific. No question related to electoral systems and their history is left out, but the authors – all well-acquainted with their national system – knew where to put stress and where to practise self-restraint. This is also valid for the tenth part, describing the different national systems applied in June 1979, and trying to foresee how these systems could affect the system for national elections in the respective country.

Comparative tables, results of national elections, and reprints of national ballot papers add the cream to a book which is a must for – and which will be a pleasure to – everybody interested in the process of European Unification, and it is an essential help to all those working on electoral systems in Western Europe.

HANS ARNO PETZOLD

SCHNEIDER (Ludwig), Anwaltsrecht im E.G.-Raum. Köln/Berlin/Bonn/München, Carl Heymanns Verlag K.G., 1979.

This is one of the most recent and undoubtedly most complete books about the law of

advocates within the European Community with special reference to the free exercise of the legal profession by advocates in the European Community countries.

The author describes first of all in an almost poetic way the history of the free exercise of the advocates profession in the various international and national courts in the E.E.C. countries. In the framework of free movement of persons, services and capital as laid down in the E.E.C. Treaty the Community Council has finally given its Directive of 22-03-1977 to liberate the advocates profession.

The enactment of this Directive has been speeded up thanks to the advisory opinions of the European Court in the three cases of Reyners, Binsbergen and Thieffry. These cases dealt with respectively the nondiscrimination as to nationality and residence as well as reciprocal recognition of diplomas from the various countries. The European Court determined at the same time that the E.E.C. Treaty provisions on free establishment in another country of the E.E.C. are binding. The Directive contains among others the requirements for free exercise and some ethical rules of profession to which the advocates are bound. These rules are compared to the international Codes of Ethics of Oslo and Perugia. Within two years after the Directive the E.E.C. Member States should change their national laws to waive any discrimination and restriction for a free exercise of profession by advocates.

This publication enunciates the legal activities of the various Member States in this respect, and the text of E.E.C. Treaty, the Directive International Codes of Ethics, etc., are appended.

The free exercise has not yet been completely founded and the real European advocate does not yet exist. The most retarding problems in this respect are the reciprocal recognition of national diplomas and submission of the advocate to ethical rules and disciplinary courts of the foreign Member State in which he wants to practise either occasionally or continuously.

Mr. A.L.C.M. Oomen
The Hague

Seidl-Hohenveldern (Ignaz), Das Recht der Internationalen Organisationen einschließlich der Supranationalen Gemeinschaften, 3. Aufl., Köln u.a., Heymann, 1979 (Academia iuris).

Today, with the problems of armament limitation, energy shortage, and the discovering of mineral resources on the seabed growing into larger scale, International Organisations are more than ever involved in solving problems the single state can no longer handle. At the same time, the legal questions of these International Organisations, their legal basis, and their functioning, become more and more important as well as interesting for more and more people: students no less than high-ranking government officials. Here, the book of Ignaz Seidl-Hohenveldern, now already in 3rd edition, helpfully gives answers to many questions.

Seidl-Hohenveldern does not aim at detailedly describing the system of every single organisation, but to show the basic structures these organisations have in common. In the first main part (pp. 1 ff.), Seidl-Hohenveldern lines out the fundaments of an International Organisation. Giving a general and very clear and precise definition of what can be regarded as an International Organisation, in the sense of his subject, he argues that only organisations are taken into consideration that are subjects of public international law ("Völkerrechtssubjekt"), i.e. especially International Government Organisations.

Special attention – in the definition chapter as well as later on in the book – is drawn to the so-called Supranational Communities, e.g. the EEC, and others. Seidl-Hohenveldern defines them as International Organisations to which the members have transferred a greater amount of sovereign competences than to organisations like e.g. the WHO or the IEA.

Having thus lined out the subject of his book, Seidl-Hohenveldern goes on by a historical review on forms of inter-state-organisations as early as in ancient Hellas. Then

he characterises legal personality, developing, and foreign relations of International Organisations.

Part two (pp. 107 ff.) describes the interna of International Organisations, especially their different organs, the status of the officials working with these organisations, and the tasks of the respective organs. Seidl-Hohenvledern divides them into organs for the protection of common interests (of the member states), organs to protect the interests of single member states, those to protect particular interests of citizens of the member states, and those of judicial control. These last two are naturally of increased importance in a Supranational Community having direct legislative power. Also, some parallels between these organs of an International Organisation and the relation organs of a "classic" state are shown.

Part three (pp. 217 ff.) is devoted to the working of International Organisations, namely their way of creating law and the interpretation of this law as well as the enforcement of it and its relation to national law. In this context, Seidl-Hohenveldern also lines out the implied-powers theory and stresses its applicability in international law.

The final part (pp. 313 ff.), dealing with the tasks of International Organisations, is divided into four chapters: peace-keeping-, human welfare-, economic-, and traffic and transport-organisations. In this part, Seidl-Hohenveldern lines out the special fields of work of a large number of specified organisations. Though the pieces of information given are – understandably – generally short, they do give a hint at the aim of the respective, often rather unknown organisation.

In brief, a thoroughly divided, easy-to-read book indispensable for all those who are concerned with theory and practice of International Organisations. Its only disadvantage is that it is so far only available in German.

HANS ARNO PETZOLD

DE ZAYAS, (Alfred): Die Wehrmachtsuntersuchungsstelle. München, Verlag Universitas/Langen-Müller, 2. Auflage 1980, 477 S.

Alfred M. de Zayas, a young American international lawyer and historian has presented in co-operation with Walter Rabus, his young Dutch colleague, a thorough examination of a really delicate subject: the documentation and analysis of breaches of international law committed by the Allied Forces during World War II, as they have been recorded by the German Armed Forces. Such a book could easily be misunderstood as to be a counterclaim to the breaches of the international laws of war as well as the barbarian violations against humanity committed by the Germans. But such an objection would neither take into consideration the aim nor the approach nor the contents of de Zayas' inquiries. De Zayas mainly describes the work of the Wehrmachtsuntersuchungsstelle (army examination board) which has been founded by the German Army. This board had the task to investigate all breaches of international law of war committed by allied military and civil persons against all persons belonging to the German armed forces. But the board was also obliged to examine all alleged violations of the law of war committed by the Germans as far as such complaints had been lodged by the allies. The first part of the book is concerned with the activities of the board. To this end de Zayas analyses the existing documents and records of the board. He gives an account of the history and of the procedure and he also thoroughly discusses the intention of the board and the use made of the results which the board achieved. After carefully considering all aspects de Zayas takes the view that the files of the examination board could be classified as highly reliable.

In the second part the author proves from a number of cases the working method of the army examination board. It need not be mentioned that reading of all these cruelties is not fun at all and puts the reader to a severe test. These descriptions of the atrocities do not give in any way the idea of a counterclaim, but that war in its real nature is not the father of all things, but a danger to all cultural values, even if the Allies in the name of their struggle for humanity and against barbarism of the Third Empire became guilty of such cruelties. Such descriptions of the real face of war encourage the political mission of peace

and détente, searching for arrangements of peaceful living even beyond ideological border-lines. So the conclusion to be drawn from this investigation is an admonition.

J. H. KESSNER

II. BIBLIOGRAPHIE SELECTIVE DES ARTICLES DE PERIODIQUES ET DES BROCHURES 1979

II. SELECTIVE BIBLIOGRAPHY OF PERIODICAL AND PAMPHLET MATERIAL 1979

A. LA COOPERATION EUROPEENNE EN GENERAL

A. EUROPEAN CO-OPERATION IN GENERAL

ADOMEIT, (Hannes), Soviet perceptions of Western European integration: Ideological distortion of realistic assessment? Millennium journal of international studies, vol. 8, no. 1, Spring 1979, p. 1–24.

ARNDT (Claus), The effects of détente on the two German States. West European politics, (London), vol. 2, no. 2, May 1979, p. 237–245. Bibl.

BEISSNER (Boris), Spezifische Wandlungen im Ostpakt-System. Aussenpolitik (Hamburg), Jahrg. 30, Nr. 3, 1979, S. 279–300.

BAUMANN, (L.); GREBENNIKOV, (B.), Les pays du CAEM: solidarité, coopération, intégration (vers le 30e anniversaire de CAEM). La vie internationale (Moscou), N° 9, septembre 1979, p. 80–90.

BIRNBAUM (Karl E.), Vers un modus vivendi dans les communications est-ouest? Politique internationale (Paris), 1979, N° 3, p. 137 à 150.

CHEYSSON (Claude), Une nouvelle approche de la coopération. Etudes et expansion (Bruxelles), année 78, N° 280, avril-mai-juin 1979, p. 223–232.

EFTA countries and Spain. Multilateral free trade agreement signed. EFTA bulletin (Genève), vol. 20, no. 6, August-October 1979, p. 2–5.

Die EFTA–Länder und Spanien. Das multilaterale Freihandelsabkommen unterzeichnet. EFTA bulletin (Genève), Jahrg. 20, August, September-Oktober 1979, S. 2–5.

EISERMANN (Sieglinde); GÖLDNER (Peter), Einheit von Wirtschafts- und Sozialpolitik in den europäischen RGW-Staaten. Deutsche Aussenpolitik (Berlin-Ost), 1979, H. 5, S. 5 bis 17.

L'Europe, la politique européenne et la détente. La vie internationale (Moscou), N° 7, juillet 1979, p. 79–136.

L'Europe unie: notre seule chance. Bulletin du centre d'informations internationales (Paris), (no. spécial "Europe"), mai 1979, p. 1–17.

European Co-operation: The Story so Far. European Trends, 1979, annual supplement, 49 p.)

GROLL (Götz von), Ost-West-Zusammenarbeit als Programm. Die Genfer Wirtschaftskommission (ECE) vor neuen Aufgaben. Vereinte Nationen (Bonn), Jahrg. 27, August 1979, S. 120–124.

HAUPT (Hans-Georg); MORGENSTERN (Winfried), Der weitere Zusammenschluss der sozialistischen Staaten und die Angleichung ihres ökonomischen Entwicklungsniveaus. Deutsche Aussenpolitik (Berlin-Ost), 1979, H. 2, S. 48 bis 60.

IZIK HENDRI (Gabriella), Gedanken über mögliche Beziehungen zwischen RGW und EG. Europa-Archiv (Bonn), 1979, Folge 10, S. 291–298.

KRISTIANSEN (Jan), The Arabs and Europe. Meed Arab report (London), no. 1, 11 January 1979, p. 7–9. Tabl.

LAPRAT (G.), Institutions communautaires, instruments de la supranationalité ou expressions de la démocratie. Cahiers du communisme (Paris), 1979, N° 2, p. 92 à 101.

LINK (Werner), Entspannungspolitik – Bewährungsprobe westlicher Zusammenarbeit. Aus Politik und Zeitgeschichte (Bonn), Nr. B. 37/79, 15. September 1979, S. 3–18.

MATTHES (Helmut), Die Volkswirtschaften der RWG-Länder in den siebziger Jahren. Deutsche Aussenpolitik (Berlin-Ost), 1979, H. 3, S. 40 bis 49.

MÜLLER (Friedemann), Gesamteuropäische Zusammenarbeit im Energiebereich. Ein neuer Ansatzpunkt für die Ost-West-Kooperation. Europa-Archiv (Bonn), 1979, 11. Folge, S. 313–322.

MUTZ (Reinhard), Europäische Identität und nationales Interesse. Zur aussenpolitischen Programmatik des Eurosozialismus. In: Eurosozialismus. Die demokratische Alternative, S. 95–104. Köln, Frankfurt, Europäische Verlagsanstalt, 1979.

NEKRASSOV (V), L'Occident en proie à des contradictions insolubles. La vie internationale (Moscou), N° 9, septembre 1979, p. 24–35.

NÖTZOLD (Jürgen), Die RGW-Staaten und der Nord-Süd-Dialog. Aussenpolitik (Hamburg), 1979, 2. Quartal, S. 192 bis 209.

ORFILA (Alejandro), Regional integration: Latin America and Europe. Economic impact (Washington), 1979, no. 1, p. 37 to 40.

PALUMBO, (Marcello), I trent'anni della NATO. Occidente (Roma), I bimestre 1979, p. I–XII.

Les pays de l'AELE et l'Espagne. Signature de l'accord de libre-échange multilatéral. EFTA bulletin (Genève), vol. 20, août-septembre 1979, p. 2–5.

PEACOCK (Andrew), Australia and Europe – a Give-and-Take Relationship. (West-Ost-Journal (Wien), Jahrg. 1979, Nr. 4/5, Oktober 1979, S. 7.

QUENTIN (J.P.) PETERS (P.), L'Europe entre nos mains nationales et communautaires. (enquête). L'Européen (Bruxelles), N° 184, mai 1979, p. 4–47.

RAJSKI (Jerzy), Les relations extérieures du Conseil d'aide économique mutuelle. Journal du droit international (Paris), 1978, N° 3, p. 534–552.

SANAKOJEW, (Schalwa), Europa nach Helsinki. Deutsche Aussenpolitik (Berlin-Ost), 1979, H. 6, S. 5 bis 14.

SCARASCIA-MUGNOZZA (Carlo), L'Europe des Hommes. Bulletin du centre d'informations internationales. Paris (No. spécial "Europe"), mai 1979, p. 1–3.

SCHREIBER (Thomas), L'URSS et l'Europe de l'Est en 1978. I. Notes et études documentaires (Paris), N° 4515–4516, 13 juin 1979, 155 p. Tabl.

SCHULZ (Eberhard), Unklarheiten im Verhältnis EG-RGW. Deutschland-Archiv (Köln), 1979, H. 3, S. 271–277.

Tendenzen und Widersprüche der ökonomischen Integration in Westeuropa 1979. Autorenkollektiv. IPW-Berichte (Institut für internationale Politik und Wirtschaft der DDR) (Berlin-Ost), 1979, H. 5, S. 1–9.

THORN (Gaston), L'avenir de l'Europe. La nouvelle revue des deux mondes (Paris), N° 8, août 1979, p. 257–262.

TURACK (Daniel C.), Freedom of Transnational Movement: The Helsinki Accord and Beyond. Vanderbilt journal of transnational law (Nashville/Tennessee), vol. 11, no. 4, Fall 1978, p. 585–608.

Van Unie van Utrecht tot Europese Unie, de stand van de Unie van Utrecht in 1779 en van de Europese Unie in 1979 en SEW 1979. (Sociaaleconomische wetgeving. Tijdschrift voor Europees en economisch recht (Zwolle, Gent), 1979, no. 1, blz. 1–8.

VOIGT (Karsten, D.), Zusammenarbeit der KSZE-Länder im Bereich der Ener-

gie. Ein Ansatz für neue Impulse in der Entspannungspolitik. Europa-Archiv (Bonn), Jahrg. 34, Nr. 21, 10. November 1979, S. 645–652.

WIKLUND (Claes), SUNDELIUS (Bengt), Nordic cooperation in the Seventies: trends and patterns. Scandinavian political studies (Oslo), vol. 2, no. 2, 1979, p. 99–120.

B. COOPERATION ECONOMIQUE

B. ECONOMIC CO-OPERATION

AGLIETTA (Michel), La notion de Monnaie Internationale et les Problèmes Monétaires Européens dans une Perspective historique. Revue économique (Paris), Vol. 30, N° 5, septembre 1979, p. 808–844.

ANDROSCH (Hannes), Die Gestaltung des Währungssystems als politische Aufgabe. West-Ost-Journal, Wien, Jahrg. 1979, Nr. 4/5, S. 5–6.

ASKANSAS (Benedykt), ASKANSAS (Halina), LEVCIK (Friedrich), The economy of the CMEA countries in the second half of the seventies. (followed by . . . "The foreign trade of the CMEA countries in the second half of the seventies") (COMECON). Eastern European economics, White Plains/N.Y., Vol. 17, no. 3, Spring 1979, p. 62–87. Tabl.

ASZKENAZY, (Henri), Remise en question du rôle du dollar comme monnaie de réserve. Eurepargne (Luxembourg), année 9, N° 10, 1979, p. 2–6.

BAÏBAKOV (N.), La réforme économique soviétique présentée par N. Baïbakov, président du GOSPLAN (Extrait de "Pravda", 22 août 79). Problèmes économiques (Paris), N° 1642, 10 octobre 1979, p. 29–32.

BEAUDEUX (Pierre), Percée de la banque rouge. Avec la Banque de l'Europe du Nord, Moscou joue en virtuose sa partie dans la finance internationale. L'expansion (Paris), N° 134, 5–18 octobre 1979, p. 97–99.

CASADIO (Gian Pacio), Neoprotezionismo e libero scambio. Il ruolo dell'Europa. Rivista di politica economica (Roma), anno 69, no. 6, giugno 1979, p. 712–752.

CASU (Antonio), Gli accordi di compensazione nel commercio Est-Ouest. Politica ed economia (Roma), anno 6, N° 4, luglio–agosto 1979, p. 60–64.

CLERC (Denis), Marché commun et division internationale du travail (extrait de "Critique socialiste", N° 34, mars 1979.) Problèmes économiques (Paris), no. 1643, 17 octobre 1979, p. 8–17.

COHEN (Benjamin J.), Europe's money, America's problem. Foreign policy (Washington/New York), no. 35, Summer 1979, p. 31–47.

THE EAST-EUROPEAN economic growth, and recent changes in Europe's trade. Monthly report, (Brussels), East-West, Vol. 6, N° 71, 30 November 1979, p. 1–7.

DE ECONOMISCHE CRISIS. Waar zal het huidige beleid ons naartoe voeren? Economisch en sociaal tijdschrift (Antwerpen), jaarg. 33, N° 5, Forum-nummer, Oktober 1979, p. 530–623.

Energie et économie: que coûtera l'énergie demain? = Energy and economy: what will be the price for energy tomorrow? Revue de l'énergie (Paris), Année 30, no. 317, (numéro spécial), août-septembre 1979, p. 649–674. Tabl. (texte en français et en anglais).

FALCIGLIA (Antonio), Moneta, informazione ed equilibrio economico generale. Ricerche economiche (Venezia), anno 32, N° 1, gennaio–marzo 1978, p. 26–64. Tav. Gra.

FEIWEL (George R.), Economic development of eastern Europe: Current prob-

lems and perspectives, I. – Sviluppo economico dell'Europa orientale: problemi correnti e prospettive. Rivista internazionale di scienze economiche e commerciali (Padova), anno 26, no. 8, agosto 1979, p. 773–790.

THE FINANCING AND INSURANCE OF EAST-WEST TRADE. International currency review (London), vol. 11, no. 3, p. 33–40.

FODELLA (Gianni), La cooperazione economica tra la Comunità europea e l'Associazione fra le Nazioni del Sud-Est asiatico: problemi e prospettive. Il risparmio (Milano), anno 27, no. 3, marzo 1979, p. 352–385. Tav. Gra.

FREIBERG (Paul), NITZ (Jürgen), Die KSZE und die Wirtschaftsbeziehungen in Europa. Deutsche Aussenpolitik (Berlin-Ost), 1979, H. 8, S. 54 bis 69.

GRAHAM (Thomas R.), Revolution in trade politics. Foreign policy (Washington/New York), no. 36, 1979, p. 49–63.

HÖLMANN (H. H.), SEIDENSTECHER (G.), Vor dem Ende des 10. Planjahrfünfts: sowjetische Wirtschaft im Produktivitätsdilemma. Osteuropa (Stuttgart), Jahrg. 29, Nr. 7, Juli 1979, S. 535–551. Taf.

HOUTHAKKER (Hendrik S.), Growth and inflation: analysis by industry (EU). Brookings papers on economic activity (Washington D.C.), no. 1, 1979, p. 241–257.

IVANOV (Y.), Le CAEM et les rapports économiques internationaux. La vie internationale (Moscou), N° 10, octobre 1979, p. 28–37. Tabl.

KOLKO (Joyce), Vers un renouveau de la planification capitaliste en Europe (pendant que s'approfondit et s'étend la crise mondiale). Le monde diplomatique (Paris), année 26, N° 309, décembre 1979, p. 6.

LELART (Michel), L'Ecu au secours du dollar? L'économie (Paris), N° 1400, 12 novembre 1979, p. 23–27.

LELART (Michel), Plus d'espoir pour le système monétaire international. L'économie (Paris), N° 1398, 29 octobre 1979, p. 19–22.

MACMILLAN (Carl H.), Growth of external investments by the COMECON Countries. The world economy (London), vol. 2. no. 3, September 1979, p. 363–386. Tabl. Notes.

MATTHÖFER (Hans), Die Entstehung neuer Finanzzentren. West-Ost-Journal (Wien), Jahrg. 1979, r. 4–5, S. 9–10.

MAYRZEDT (Hans), Unstable Exchange Rates and Trade Policy. An Impetus for Reforming GATT? Inter economics (Hamburg), no. 5, September/October 1979, p. 226–229.

MAYRZEDT (Hans), Veränderte Handelspolitik bei instabilen Wechselkursen. Ein Anstoss zur Reform des GATT? Wirtschaftsdienst (Hamburg), Jahrg. 59, Nr. 8, August 1979, S. 405–408.

NEKRASSOV (V.), L'Occident en proie à des contradictions insolubles. La vie internationale (Moscou), N° 9, septembre 1979, p. 24–35.

ORTIZ (René G.), Probleme der Weltwirtschaft und der Energieversorgung aus der Sicht der OPEC. Glückauf (Essen), Jahrg. 115, Nr. 15, 9. August 1979, S. 776–778.

Ost-West-Handel. Erfahrungen mit Kompensationsgeschäften. Wirtschaftsdienst (Hamburg), Jahrg. 59, Nr. 10, Oktober 1979, S. 519–522.

PITCHOUGUINE, URSS-Occident: relations économiques à l'étape contemporaine. La vie internationale (Moscou). N° 8, août 1979, p. 11–22. Tabl. Graph.

Politica, mercato e inflazione. Il mulino (Bologna), anno 28. N° 264, luglio-agosto 1979, p. 485–584. Tav.

PORTES (Richard), Effets de la crise sur les pays de l'Est. Revue économique (Paris), vol. 30, N° 6, novembre 1979, p. 1067–1114.

The Prospects for an International Monetary System: the Henry Thompson lecture, given by the Governor at the City University, London on 14 June 1979. Bank of England quarterly bulletin (London), vol. 19, no. 3, September 1979, p. 290–297.
SCHMITT (Matthias), Kompensationsgeschäfte im Ost-West-Handel. – Notbehelf oder neue Strategie? Wirtschaftspolitische Chronik (Köln), Jahrg. 28, Nr. 2, 1979, S. 77–117.
VERNON (Raymond), The Fragile Foundations of East-West Trade. Foreign affairs (New York, N.Y.), vol. 57. no. 5, Summer 1979. p. 1035–1051.
Vor einer Ost-West-Wirtschaftskonferenz? Stand und Tendenzen der Beziehungen zwischen EG und Comecon. Deutschland-Archiv (Köln), 1979, Nr. 5, S. 482–484.
Vorübergehende Belebung des Ost-West-Handels. Wochenbericht: Deutsches Institut für Wirtschaftsforschung (Berlin), Jahrg. 46, Nr. 42, 18. Oktober 1979, S. 425–43.
WORLD ECONOMIC OUTLOOK: A narrow escape from recession. Business week (New York), N° 2595, 23 July 1979, p. 84–101. Graph.
ZIEBURA (Gilbert), Neue internationale Wirtschaftsordnung und neue internationale Arbeitsteilung – ein unaufhebbarer Widerspruch? Vereinte Nationen (Bonn), Jahrg. 27, Nr. 5, Oktober 1979, S. 167–172.

1. UNION DE L'EUROPE OCCIDENTALE

WESTERN EUROPEAN UNION

BEBR (Gerhard), The European Defence Community and the Western European Union: an agonizing dilemma. Stanford law review, March 1955.
FISCHER (Per), Dreijährige Bilanz der WEU. Europa-Archiv, 2–3/1959.
BADINI (Confalonieri V.), L'U.E.O. et l'unification européenne. Politique étrangère, N° 6, 1959.
FREY (Sylvain), Aspects de l'organisation de la défense collective en Europe occidentale. Travaux et Conférence, vol. X, 1962. Université Libre de Bruxelles.
COIGNARD (Marcel), Rüstungskontrolle als Instrument zur Durchsetzung eines Rüstungsbeschränkungsabkommens: die Tätigkeit des Rüstungskontrollamtes der WEU. Europa-Archiv, Folge 16/1963.
COIGNARD (Marcel), Le contrôle des armements effectué par l'Agence de Contrôle des Armements de l'Union de l'Europe occidentale. Désarmement, Fédération mondiale des Anciens Combattants, Paris, juin 1965. (revised version of the article in Europa-Archiv mentioned above).
SALTER (Noel), Western European Union: the role of the Assembly 1954–1963. International Affairs, January 1964.
WESTHOF (Jacques), L'Union de l'Europe occidentale. Synthèses, décembre 1968, which also contains articles by Vittorio Badini Confalonieri, Erik Blumenfeld, Sir Geoffrey de Freitas, Etienne de la Vallée Poussin, Lucien Radoux, Lambert Schaus and Jacques Van Offelen.
VON PLEHWE (F.-K.), Die Westeuropäische Union im Jahre 1969. Aussenpolitik, August, 1969.
VON PLEHWE (F.-K.), Die WEU in der Einigung Europas. Aussenpolitik, May 1970.
VON PLEHWE (F.-K.), Die WEU und die europäischen Institutionen. Aussenpolitik, August 1971.

HAUCK (Henry), La Collaboration britannique à l'O.T.B. et à l'U.E.O. Nouvelles de l'Europe – Bulletin du Mouvement Européen, Mars 1956.

BONNEFOUS (Edouard), Les Accords de Paris – Sens et Portée des Accords de Londres et de Paris. Revue politique et Parlementaire, N° 642, novembre 1954.

VIRALLY, (M.), La condition internationale de la République Fédérale Allemande après les Accords de Paris. Annuaire français de Droit International 1955.

MERLE, (M.), L'Accord franco-allemand du 23 octobre 1954, sur le statut de la Sarre. Annuaire français de Droit International 1955.

VIGNES, (D. H.), Le Référendum Sarrois. Annuaire français de Droit International 1955.

COCATRE-ZILGEN (A.), Les Accords de Paris devant le Parlement français. Annuaire français de Droit International 1955.

VIGNES (D. H.), L'Union de l'Europe occidentale. Actualité française de Droit international 1955.

VIGNES (D. H.), Le principe de l'unanimité dans les organisations européennes. Annuaire français de Droit international 1955.

BENOIST (G.), L'U.E.O. Revue Générale de Droit International Public, octobre-décembre 1955.

HERAUD (G.), La Supranationalité à l'U.E.O. Revue du Droit Public et de la Science Politique, avril-juin 1955.

CONAC (G.), La Jurisprudence du Tribunal de Composition Internationale de Sarre. Annuaire français de Droit International 1956.

WIEBRINGHAUS (H.), A propos du transfert de compétences entre Organisations Internationales: le transfert de certaines activités de l'U.E.O. au Conseil de l'Europe. Annuaire français de Droit International 1961.

LASORGUE (B.), Du Traité de Paris (27 mai 1952) au Traité de Paris (23 octobre 1954). Revue de la Défense Nationale, décembre 1954.

LASORGUE (B.), Heurs et Malheurs de l'U.E.O. Revue de la Défense Nationale, mai 1956.

VERNANT (J.), L'avenir de l'U.E.O. Revue de la Défense Nationale, juillet 1956.

PARLAVANTZAS (P. V.), Les Rapports juridiques entre le Conseil de l'Europe, l'U.E.O. et l'O.T.A.N. Revue Hellénique de Droit International, janvier-juin 1964.

PARLAVANTZAS (P. V.), Designs for Europe. Political and Economic Planning, Sept. 1957.

PARLAVANTZAS (P. V.), Le Comité des Armements de l'U.E.O. Perspectives, 15 mai 1955.

PERNOT (G.), Après la ratification des Accords de Paris. Revue Politique des Idées et des Institutions, avril 1955.

ULRICH (M.), Les accords de Paris devant l'Assemblée Consultative du Conseil de l'Europe. Etudes, janvier 1955.

ULRICH (M.), Accords de Paris d'octobre 1954 et l'U.E.O. Chronique de Politique Etrangère, janvier-mars 1955.

ERVEN (L.), La Conférence de Londres et le nouveau rôle du Traité de Bruxelles. Revue Politique Mondiale, octobre 1954.

ERVEN (L.), La Conférence des "Neuf" sur la souveraineté et le réarmement allemand (Conférence de Londres 28 septembre-30 Octobre 1954), Document 1165.

ERVEN (L.), Les Accords de Paris: la souveraineté allemande, l'admission de la R.F.A. à l'O.T.A.N., la création de l'U.E.O., Document 1171. Archives Internationales "Pharos" 1954, Série B.

HASS (E.B.) and MERKL (P.H.), Parliamentarians against ministers: the case of the Western European Union. International Organisation 1960.
PEARSON (L.B.), Western European Union: implications for Canada and NATO. International Journal (Toronto), 1954–1955.
PEARSON (L.B.), What W.E.U. is? The Economist, May 1955.
DE LA VALLE POUSSIN (P.), Erfahrungen der Europäischen Union. Europa-Archiv 1961.
VON MERKATZ (H.J.), Die Westeuropäische Union. Europe, mars 1955.
VON MERKATZ (H.J.), Gli accordi di Parigi del 23 Ottobre 1954. Rivista di studi politici internazionali 1955.
VON BRENTANO, L'U.E.O. e la Comunità Europea. Relazioni Internazionali 1955.
VON BRENTANO, L'attività sociale del U.E.O. Rassegna del Lavoro 1956.
SERENI (E.), Un nuovo aperto attentato contro la sovranità nazionale et contro la pace. Rinascita 1954.
KIRK (Peter), Keystone of European Unity. European-Atlantic Review, winter 1959–60.
KIRK (Peter), Western European Union. NATO Letter, Vol. 9, No. 1, January 1961.
HEISER (H.J.), Die Tätigkeit des Rüstungsausschusses und des Rüstungskontrollamtes der WEU. Europa-Archiv, Oktober 1956.
LEITES (Nathan) and DE LA MALENE (C.), Paris from EDC to WEU. World Politics, Vol. IX, No. 2, 1957.
MASON (Harry), The Assembly of WEU and European Defence. International Spectator 1960, no. 19.
MENZEL (Eberhard), Die Rüstungskontrolle der Westeuropäischen Union und das NATO-System. Europa-Archiv, 8/1957.
PALMER (M.) and LAMBERT (J.), European Unity – A survey of the European Organisations (London), 1968.
PALMER (M.) and LAMBERT (J.), Europäische Politik vor der WEU-Versammlung. Bulletin Nr. 103, 15 June 1963. Presse- und Informationsamt der Bundesregierung.
PALMER (M.) and LAMBERT (J.), Britain in Western Europe – WEU and the Atlantic Alliance. Royal Institute of International Affairs, 1956.
VOLLE (Hermann), Die Sozialarbeit der Brüsseler Paktmächte im Rahmen der europäischen Sozialpolitik. Europa-Archiv, 21/1953.
WAGNER (Hellmut), Fünfzehn Jahre Westeuropäische Union. Wehrkunde, Nr. 18, 1969.
BUCHAN (Alastair), Europe after Britain joins – NATO and the Common Market. Time and Tide, 22 February 1962.
Général BEAUFRE, L'Union de l'Europe Occidentale noyau d'un système de sécurité. Le Figaro du 15 décembre 1972.
SAVOIE (Rémy), L'avenir de l'U.E.O. Extraits de "Les Problèmes de l'Europe", N° 57, Paris-Rome, 1972, XVème Année.
GORDON (Colin), The W.E.U. and European Defence Cooperation. ORBIS, vol. XVII, no. 1, Sept./Oct. 1973.
CHARLES-ANTOINE, L'U.E.O., la Belle au Bois Dormant des Pactes? Défense nationale (Paris), mars 1974.
WESTHOF (Jacques), Réflexion sur une Politique de Défense européenne. Revue "Le Monde Atlantique", no. 13, 1974.
WESTHOF, (Jacques), L'Assemblée de l'U.E.O. – une volonté politique. Revue "Le Monde Atlantique" 1977.

ZORGBIBE, (Charles), Quelles Institutions pour une défense européenne de l'Europe? Revue Politique et Parlementaire, octobre 1979.

2. OCDE
OECD

GENERALITES

ACTIVITÉS de l'OCDE en 1978 ... 1979. Rapport du Secrétaire Général. – Paris, 1978, 1979 (OCDE).

From Marshall Plan to global interdependence. New challenges for the industrialized nations. – Paris 1978, 246 p. (OECD).

OCDE (L'). Organisation de Coopération et de Développement Economiques. – Paris, 1978, 30 p. (OCDE).

OECD Council at ministerial level (13th–14th June 1979): Communiqué. – In: OECD Observer, no. 99, July 1979, p. 4–9.

RÉUNION ministérielle à l'OCDE (14–15 juin 1978): accord sur une action concertée et une coopération pour le développement intensifiée. – In: Observateur de l'OCDE, N° 93, juillet 1978, p. 4–9.

DIFFERENTS DOMAINES D'ACTIVITE

Politique économique

BORNER (Silvio), Who has the right policy perspectives, the OECD or its monetarist critics? In: Kyklos, N° 1–2, 1979, p. 285–306.

BRUNNER (Karl), MELTZER (Allan H.), Policies for employment, prices and exchange rates. New York, North-Holland, 1979, VIII-252 p. Carnegie Rochester conference series on public policy, vol. 11.

CORNWALL (John), Towards full employment and price stability: a review of the OECD report. In: Kyklos, N° 4, 1978, p. 662–678.

KORTEWEG (Pieter), Overhauling the OECD strategy for stabilizing the international economy. Rotterdam, 1978. 35 p. Erasmus University. Institute for economic research. Discussion paper series 7801/M.

KORTEWEG (Pieter), Towards full employment and price stability. An assessment and appraisal of the OECD's McCracken report. Rotterdam, 1979, 39 p. Erasmus University. Institute for economic research. Discussion paper series 7904/M.

LEIBFRITZ (W.), Auf dem Weg zur Vollbeschäftigung und Preisstabilität. Die Thesen der "McCracken" Gruppe. In: IFO Studien, N° 1–2, 1978, S. 207–224.

LENNEP (Emile van), La stratégie économique de l'OCDE reconsidérée. In: Observateur de l'OCDE, N° 93, juillet 1978, p. 3–4.

SAVONA (P.), Il ruolo della moneta nelle politiche di gestione della domanda globale: nota allo studio dell'OCSE. In: Giornale degli economisti e annali di economia, N° 11–12, novembre–décembre 1978, p. 733–744.

Interfuturs

INTERFUTURS, projet de recherche sur l'évolution future des sociétés industrielles avancées en harmonie avec celle des pays en développement. In: Observateur de l'OCDE, N° 100, septembre 1979, p. 1–37.

Entreprises multinationales

BLANPAIN (R.), OECD (The) guidelines for multinational enterprises and labour relations, 1976–1979. Experience and review. Deventer, Kluwer, 1979, 309 p.

DAVIDOW (Joel), CHILES (Lisa), The United States and the issues of the binding or voluntary nature of international codes of conduct regarding restrictive business practices. In: American journal of international law, no. 2, April 1978, p. 247–271.

NISSER (Carl), WALLACE (Don), National treatment for multinational enterprises: will the OECD governments meet the challenge? In: Columbia journal of world business, no. 3, Fall 1978, p. 13–24.

ROBINSON (John), Multinationals in the 1980s. Trends in European regulation and international control. Bruxelles, 1979, VI–244p. Agence européenne d'information.

Energie

AUSTRALIE (L') adhère à l'Agence internationale de l'énergie. In: Observateur de l'OCDE, N° 97, mars 1979, p. 5–6.

KEOHANE (Robert O.), The international energy Agency: State influence and transgovernmental politics. In: International organization, N° 4, Autumn 1978, p. 929–952.

LANTZKE (Ulf), L'Agence internationale de l'énergie: de l'avant. Revue de l'énergie, N° 317, août-septembre 1979, p. 767–777.

MINISTRES (Les), conviennent d'intensifier les efforts en matière d'énergie. Réunion au niveau ministériel du Conseil de direction de l'Agence internationale de l'énergie, 21–22 mai 1979. In: Observateur de l'OCDE, N° 98, mai 1979, p. 4–8.

Environnement

COÛTE (Il), moins cher de prévenir que de guérir. Thème principal de la Réunion des Ministres de l'environnement de l'OCDE, 7–8 mai 1979. In: Observateur de l'OCDE, N° 98, mai 1979, p. 9–13.

OCDE (L'), et l'environnement. Paris, 1979, 180 p. (OCDE).

Emploi des jeunes

CHÔMAGE des jeunes. Les Ministres de l'OCDE discutent des solutions possibles, 15–16 décembre 1977. In: Observateur de l'OCDE, N° 90, janvier 1978, p. 3–15.

POUR un sommet de l'OCDE sur l'emploi des jeunes. In: Futuribles, N° 14, mars–avril 1978, p. 173–188.

Développement

1979, Année de décisions pour le développement (Compte rendu sommaire des questions traitées lors d'un Symposium Conseil de l'Europe-OCDE, décembre 1978). In: Observateur de l'OCDE, N° 96, janvier 1979, p. 3–13.

CAD (Le), réuni à haut niveau approuve les principes directeurs pour l'amélioration de la mise en oeuvre de l'aide, 19–20 novembre 1979. In: Observateur de l'OCDE, N° 101, novembre 1979, p. 10–11.

Divers

COMMENT articuler négociations collectives et politiques gouvernementales? Une réunion de l'OCDE à Washington, 1978. In: Observateur de l'OCDE, N° 94, septembre 1978, p. 3–8.

CONNELL (D.C.), The national economic development Office's data bank of OECD trade data and the industrial strategy. In: Statistical news, N° 43, November 1978, p. 43. 4–43. 8.

DALIMIER (G.), L'évolution des conventions internationales sur les doubles impositions (Réflexions sur le nouveau modèle de l'OCDE). In: Journal du droit international, N° 3, juillet–août 1978, p. 491–519.

EDUCATION MINISTERS discuss (19th–20th October, 1978): the economic and social context of education and its relation to working life. In: OECD Observer, no. 95, November 1978, p. 3–7.

LE GALL (Michel), Le modèle mathématique sous-jacent à la méthode OCDE. In:Cahiers du séminaire d'économétrie, N° 20, 1979, p. 115–152.

PROBLÈMES de l'industrie de l'acier . . . et la recherche de solutions. Le nouveau Comité de l'Acier. In: Observateur de l'OCDE, N° 95, novembre 1978, p. 27–29.

THREE problems for Agriculture Ministers (9th–10th February, 1978). In: OECD Observer, no. 91, March 1978, p. 3–11.

WEISS (Dieter), Economic evaluation of projects. A critical comparison of a new world bank methodology with the UNIDO and the revised OECD approach. In: Socio-economic planning sciences, no. 6, 1978, p. 347–363.

C. CONSEIL DE L'EUROPE
C. COUNCIL OF EUROPE

ALKEMA (E.A.), Noot bij Europees Hof voor de Rechten van de mens, 7 december 1976. Nederlandse Jurisprudentie, 1978, 809.

ALKEMA (E.A.), Studies over Europese grondrechten – De invloed van de Europese Conventie op Het Nederlands Recht. Deventer, Kluwer, 1978.

ALKEMA (E.A.), European Commission of Human Rights, Application N° 8030/77, decision of 10 July 1978 on the admissibility. Common Market Law Review, vol. 16, 1979, no. 3, p. 498–508.

ALKEMA (E.A.), De Zaak W v. Nederland. 3 NJCM Bulletin, 1978, no. 9/10, p. 42–46.

ALVES PEREIRA DE CARVALHO (O.), Les droits de l'homme dans le droit civil portugais. Bulletin de la Faculté de Droit de Coimbra, vol. 49, 1973.

ANDREWS (K.), The northern Ireland case before the Court. European Law Review, 1978, vol. 3, no. 3, p. 250.

AYBAY (R.), The right to leave and the right to return: The international aspect of freedom of movement, Comparative Law Yearbook, vol. 1, 1977, p. 121–136.

AYBAY (R.), The international human rights instruments and the Turkish Law. Turkish Yearbook of Human Rights, 1979, p. 17–25.

BARTSCH (H. J.), Entscheidungen: Europäischer Gerichtshof für Menschenrechte, Strassburg, Urteil vom 26. April 1979 – Times Newspaper Ltd, v.a. gegen Vereinigtes Königreich. Europäische Grundrechte Zeitschrift (EuGRZ), 1979, S. 386.

BINDSCHEDLER-ROBERT (D.), Der Europäische Gerichtshof für Menschenrechte. Neue Zürcher Zeitung, 30. November 1979.

BLECKMANN (A.), Anmerkungen zum Nordirland-Fall des Europäischen Gerichtshofs für Menschenrechte. Grundrechte, 7/8, 22. März 1979, S. 188–191.

BOSLY (H.), Note sur la Cour européenne des droits de l'homme. Journal des Tribunaux, 1977, p. 485.

BRAIBANT (G.) Le contrôle de l'administration et la protection des citoyens. Paris, Cujas, 1973, 335 p.

BRÄNDLE (D.), Vorbehalte und auslegende Erklärungen zur europäischen Menschenrechtskonvention. These Zürich, 1978.

BUNDESGERICHT (Das), zur Personalunion zwischen Richterfunktion und Untersuchungsbeamtung. Neue Zürcher Zeitung, 6. April 1979, Nr. 81, S. 33 (Annex 10).

CANÇADO TRINDADE, (A.A.), Exhaustion of local remedies in inter-state cases: The practice under the European convention. Österreichische Zeitschrift für Öff. Recht und Völkerrecht, 1978, Vol. 29, S. 211–231.

CATTELEIN (J.P.), L'objection de conscience. Paris, PUF., 2ème éd., 1975, 128 p.

CHAMBON (P.), Observations sur l'arrêt Simeoni. JCP, 1976, 18416.

CHAPPEZ (J.), La règle de l'épuisement des voies de recours internes. Paris, Pédone, 1972, XII–264 p.

CHEVALIER, Au sujet de l'application de la jurisprudence française de la convention de sauvegarde. JCP, 1977, 2832.

COHEN-JONATHAN (G.), Les rapports entre la convention européenne des droits de l'homme et le pacte des Nations Unies sur les droits civils et politiques. In: Régionalisme et universalisme dans le droit international contemporain, Paris, Pédone, 1977, p. 221–242.

CONSEIL de l'Europe. Actes du 5ème colloque sur la convention européenne des droits de l'homme par rapport à d'autres instruments internationaux pour la protection des droits de l'homme. Strasbourg, C. E., 1979.

CREMONA (J.J.), International human rights and the non-retroactivity of penal laws. Studi in onore di Giorgio Balladore Pallieri, vol. 2, 1978, p. 194–209.

CREMONA (J.J.), Mass communication media and the right of the accused to a fair trial with special reference to Malta. Studi in onore di Manlio Udina, T. 2, 1975, p. 1503–1511.

CROMBEACH (E.), Die öffentliche Versammlung unter freiem Himmel. Garantie u. Schranken der Versammlungsfreiheit im Recht Englands u. der Bundesrepublik Deutschland. Berlin, Duncker & Humblot, 1976.

DE SALVIA (M.), La notion de proportionnalité dans la jurisprudence de la Commission et de la Cour européenne des droits de l'homme. Diritto comunitario e degli scambi internazionali, 1978, 17, p. 463.

DIMENSIONS (Les) internationales des droits de l'homme, UNESCO. Publié sous la direction de K. Vasak, Paris, UNESCO, 1978.

DIRSCHMIED (K.), Die Datenschutzdiskussion in Österreich. Recht der Arbeit, 1978, S. 290–306.

DOEHRING (K.), Die zwei Freiheitsbegriffe des Völkerrechts. Archiv des Völkerrechts, Bd. 18, 1, 1978, S. 1–16.

DOSWALD-BECK, (L.), What does the prohibition of "Torture or inhuman or degrading treatment or punishment" mean? The interpretation of the European commission and court of human rights, Netherlands International Law Review, vol. 25, 1978, p. 24–50.

DROIT (Le) de réponse en Europe. Possibilités d'harmonisation. Publié sous les auspices de . . . et le Secrétariat général du Conseil de l'Europe, München, Beck, 1974.

DROITS (Les) de l'homme en droit international, textes de base, Conseil de l'Europe, Strasbourg, 1979, Doc. H (79) 4.

DROITS (Les) de l'homme en France, actes du VIIème colloque de Besançon, faculté de droit et des sciences économiques et politiques de l'université de Franche-Comté. Besançon, 1978.

DROITS spéciaux et la charte des droits des citoyens de la communauté européenne, actes de la table ronde d'octobre 1978 à Florence, Parlement européen. Luxembourg, 1979.

DRZEMCZEWSKI (A.), The European commission of human rights inadmissible applications against the United Kingdom, European Law Review, vol. 3, N° 1, 1978, p. 14–26.

DRZEMCZEWSKI (A.), The implementation of the United Kingdom's obligations under the European convention on human rights: recent developments, Revue des droits de l'homme, vol. XII, 1979, p. 95–133.

DRZEMCZEWSKI (A.), The authority of the findings of the organs of the European human rights convention in domestic courts, Legal issues of European Integration, 1979, N° 1, p. V–VII,1–50.

DRZEMCZEWSKI (A.), British courts and the European human rights convention: An unsatisfactory situation. Topical Law, 1979, October, p. 38–54.

DRZEMCZEWSKI (A.), The European human rights convention and relations between private parties. Netherlands International Law Review, vol. 26, 1979, p. 163–181.

DRZEMCZEWSKI (A.), The European human rights convention and French law: recent developments. Rivista di diritto europeo, XVII, N° 3, 1978, p. 299–311.

EIDE (A.), Det internasjonale menneskerrettighetsvern. Universitetsforlaget, Norges Offentlige Utredninger, 1977, 23.

EISSEN, (M.A.), Surinam and the European convention on human rights. The British Yearbook of International Law, 1978, p. 200–201.

ENTSCHEIDUNG der Kommission für Menschenrechte. Juli 1978, Bonn, Bundesminister der Justiz, 1978, 32 S.

ENTSCHEIDUNGEN des Europäischen Gerichtshofes für Menschenrechte, Bd. 3. Hrsg. H. Golsong, H. Petzold und H. P. Furrer, Köln–Berlin–Bonn–München, C. Heymanns Verlag, K. G., 1976.

ERFAHRUNGEN mit der europäischen Menschenrechtskonvention/Einfluss auf Rechtspflege und Gesetzgebung. Neue Zürcher Zeitung, 14/15 Oktober 1978, Nr. 239, S. 35 (Annex 9).

ERMACORA (F.), Krönung der internationalen Menschenrechtskodifikation. Der Staatsbürger, Jg. 31, 1978, Nr. 17, S. 65–66.

FARSON (R.), Menschenrechte für Kinder. Die letzte Minderheit. "Birthrights", München, Desch, 1975.

FENET (A.), Les libertés publiques en France. Documents pour une théorie générale. Paris, P.U.F., 1976.

Freedom of information. Published by "Justice", 1978.

FRISCH (W.), Menschenrechte heute. Österr. Anwaltsblatt, 1978, S. 3–9.

FUNDAMENTAL guarantees of the parties in civil litigation, Studies in national, international and comparative law. Prep. at the request of UNESCO, Ed. M. Cappelleti & D. Tallon, Milano, 1973.

GARCIA DE ENTERRIA (E.), LINDE (E.), ORTEGA (L.I.), SANCHEZ MORON (M.), El sistema europeo de proteccion de los derechos humanos. Civitas, 1979.

GLENN MOWER (A.), Organising to implement the UN civil/political rights covenant: First steps by the committee. Human Rights Review, vol. 3, N° a, 1978, pp. 122–131.

GORMLEY (W.P.), Human rights and environment: The need for international co-operation. Leyden, Sijhoff, 1976.
GROSZ (S.), MCNULTY (A. B.), DUFFY (P.J.), Pre-trial detention in western Europe. International Commission of Jurists Review, N° 23, December 1979, p. 35–61.
GRUNDRECHTE (Die) in der Europäischen Gemeinschaft. Baden–Baden, Nomos, 1978.
GUINAND (K.), La juridiction européenne des droits de l'homme. In: Conférences universitaires 1976, Faculté de droit et des sciences économiques de l'université de Neuchâtel, 1977, p. 87–98.
HAUSER (R.), Die Untersuchungshaft im Lichte des Verfassungsrechts und der Menschenrechtskonvention, Schweizerische Zeitschrift für Strafrecht, 1978, Vol. 95, Nr. 3, S. 225–273.
HUMAN rights international law and the Helsinki accord. Ed. T. Buergenthal . . . , Montclair, New-York, Allanheld, Osmum, 1977.
HUMAN Rights, factors in preparing a case for the commission. Journal of the Law Society of Scotland, vol. 23, N° 7, 1978, p. 256.
HUMAN Rights. Ed. E. Kamenka and A. Erh-Soon Tay, London, E. Arnold, 1978.
HUMAN rights, problems, perspectives and texts. Ed. F.E. Dowrick, Saxon House, Teakfield Ltd, 1979.
JACOBS (F. G.), The extension of the European convention on human rights to include economic, social and cultural rights. The Human Rights Review, vol. 3, N° 3, 1978, p. 166.
JAHRBUCH des öffentlichen Rechts der Gegenwart. Bd. 25, Hrsg. von G. Leibholz, Tübingen, J. C. B. Mohr, 1976.
JAYME (E.), Europäische Menschenrechtskonvention und deutsches Nichtehelichenrecht, Neue Juristische Wochenschrift, Jg. 32, 1979, Heft 48, S. 2425–2429.
JOINET (L.), La France et l'Europe des droits de l'homme. Monde diplomatique, juillet 1979, p. 32.
KEHRIG (S.), Le principe de la contradiction et son application en matière pénale à la lumière de la Convention de sauvegarde. Dalloz, 1979, 50.
KRUGER (K.C.), Die europäische Kommission für Menschenrechte. Europäische Grundrechte-Zeitschrift (EUGRZ), 5, 19/22, 1978, S. 499.
KUNDOCH (H.G.), Human rights in prison with special reference to the Baader-Meinhof case. In: Grundrechte, Lund, Juridiska Föreningen, 1976, p. 54–67.
LEBLANC (L.J.), The OAS and the promotion of human rights. The Hague, Nijhoff, 1977.
LEENEN (H.J.J.) Rechten van Mensen in de Gezondheidszorg. Alphen aan den Rijn: Samsom, 1978.
LEROY (G.), Vie privée et droit de la presse. Journal des tribunaux, N° 5062, 16 décembre 1978, p. 717–721.
MACBRIDE (J.), Civil liberties and a bill of rights: incorporating the European Convention. Topical Law, 1979, October, p. 28–37.
MACDERMOT (n.), The Ombudsman Institution. International Commission of Jurists Review, N° 21, December 1978, p. 37–42.
MCNULTY (A.B.), Practice of the European Commission of Human Rights regarding friendly settlement under the European Convention on Human Rights. Hommage au Prof. Dr. Tahsin Bekir Balta, Ankara, S. Matbaasi, 1974, p. 423–430.
MANN (F.A.), Britain's bill of rights. The Law Quarterly Review, October 1978.
MANN (F.A.), Contempt of Court in the House of Lords and the European

Court of Human Rights, The Law Quarterly Review, vol. 95, July 1979, p. 348–354.
MARCUS HELMONS (S.), La protection juridictionnelle des droits fondamentaux en Belgique, Bruxelles, FIDE, 1975.
MASON (D.), Thalidomide – My Fight. London, Allen & Unwin, 1976.
MENSCHENRECHTE- Föderalismus- Demokratie. Mélanges Kägi, Zürich, Schulthess 1979.
MEESSEN (K.M.), Grundrechte für Europa; vor einer EG-Charta der Bürgerrechte. Europa-Archiv, 1978, 33, S. 641.
MOURGEON (J.), Les droits de l'homme, Paris, P.U.F., 1978.
MUCHLINSKI (P.T.), The freedom of speech and the European Human Rights Convention: The Sunday Times case. Topical Law, October 1979, p. 1–27.
MÜNGER (K.) Bürgerliche und politische Rechte im Weltpakt der Vereinten Nationen und im Schweizerischen Recht. These Zürich, 1973.
MYJER (E.), De zaak Schiessen. 3 NJCM Bulletin, 1978, N° 12.
NEUMANN (J.), Menschenrechte auch in der Kirche? Zürich, Einsiedeln; Köln, Benziger, 1976.
OPSAHL (T.), Organisasjonsfriheten som Menneskerett. Festkrift til Kristen Andersen, 1977, p. 293–316.
OPSAHL (T.), Kommunikasjon som Menneskerett, juss og jord, Festkrift Til Olav Lid, 1977, p. 154–167.
OWEN (D.), Human Rights. London, J. Cape, 1978.
PERNICE (I.), Grundrechtsgehalte im europäischen Gemeinschaftsrecht. Baden-Baden, Nomos, 1979.
PETERS (J.A.), De zaak Kalma en de vrijheid van meningsuiting. Nederlands Juristenblad, 1978, p. 369–377.
PINHEIRO FARINHA (J.), Hospitais psiquiatricos. E liberda de individual. Tarde, 20 novembre 1979.
PINHEIRO FARINHA (J.), Caso Airey. Diario do Sul, 7 et 19 novembre 1979.
PINHEIRO FARINHA (J.), Caso Marckx. Diario do Sul, 24 et 30 juillet, 13 et 21 août 1979.
PINHEIRO FARINHA (J.), Propriedade e herança face à convençao europeia dos Direitos do Homen. Jornal Novo, 31 juillet 1979.
PINHEIRO FARINHA (J.), O respeito da vida familiar e a Convençao Europeia dos Direitos do Homen. Jornal Novo, 26 juillet 1979.
PINHEIRO FARINHA (J.), Caso Sunday Times. Diario do Sul, 11 et 18 mai 1979.
PINHEIRO FARINHA (J.), O direito de livre informaçao e o Tribunal Europeu dos Direitos do Homen, Jornal Novo, 7 mai 1979.
PINHEIRO FARINHA (J.), A Commissao Europeia dos Direitos do Homen. Jornal Novo, 6, 13, 19 et 27 mars 1979.
PINHEIRO FARINHA (J.), A lei eleitoral, Jornal Novo, 30 janvier 1979.
PLUTONIUM and Liberty. Published by Justice, 1978.
POLAK (N.J.), Inbewaarstelling krachtens de faillissementswet en het Verdrag tot bescherming van de rechten van de mens en de fundamentele vrijheden, Nederlands Juristenblad, 1978, p. 810–815.
POWLES (Sir Guy), Ombudsmen and human rights commissions. International Commission of Jurists Review, N° 21, December 1978, p. 31–36.
PRE-TRIAL Criminal Procedure. Published by Justice, 1979.
RAYMOND (J.), La Suisse devant les organes de la Convention européenne des droits de l'homme: quatre années d'expérience. Revue de droit suisse, 98 II, 1979, H, l., p. 1–108.
RECOURS (Les) des individus devant les instances nationales en cas de violation

du droit européen. Communautés européennes et Convention européenne des droits de l'homme. Colloque organisé par l'Institut d'études européennes, Université libre de Bruxelles. Bruxelles, 1978.
RIGAUX (F.), La loi condamnée. A propos de l'arrêt du 13 juin 1979 de la Cour européenne des droits de l'homme. Journal des Tribunaux, 1979, N° 5093, p. 513–524.
ROLE (The) of domestic courts in promoting international human rights norms. New York Law School, Law Review, vol. 24, N° 1, 1978, p. 153.
SCHAVER (F.F.), Article 10 and freedom of expression. Poly Law Review, 1978, vol. 3, N° 2, p. 25.
SCHINDLER (D.), Le comité international de la Croix-Rouge et les droits de l'homme. Revue internationale de la Croix-Rouge, vol. 61, N° 715, p. 3–15.
SCHMID (W.), Die Wirkungen der Entscheidungen der Europäischen Menschenrechtsorgane. These Zürich, 1974.
SCHNYDER (B.), Tutelle et droits de l'homme. Revue du droit de tutelle, vol. 28, 1973, p. 3–16.
SCHUTZ (Der) der Menschenrechte in der Bundesrepublik. Ein Bericht der Bundesregierung. Bonn, Bad Godesberg, Bundesminister der Justiz, 1977, 64 S.
SCHWEIZER (P.), Der Schutz der Rechtsverwirklichung im angelsächsischen Rechtskreis. Die Lehre vom Contempt of Court. Zürich, Schulthess Polygraphischer Verlag, 1974.
SHARPE (R.J.), The law of habeas corpus. Oxford, Clarendon Press, 1976.
SINE (B.), Droits de l'homme et droits des sous-hommes, Le Monde, 2 janvier 1979, p. 2.
STUDY of the advisability of empowering the European Court of Human Rights to give preliminary rulings at the request of a national court. Report of the steering committee for human rights, Conseil de l'Europe, doc. H (79) 3.
STÜRNER (R.), "Fair trial" und öffentliche Meinung. Zugleich eine Besprechung der Sunday Times. Entscheidung des EGMR. Juristenzeitung, 1980, Nr. 1, S. 1–7.
TARDU (M.E.), Human rights. The international petition system. Dobbs Ferry, New-York, Oceana publ., 1979.
TORQUATO DA LUZ, Direitos do Homen. Jornal Novo, 23 février 1979.
TRECHSEL (S.), L'homme en uniforme et les droits de l'homme en droit comparé. Annuaire Français des Droits de l'Homme, vol. 1, 1974, p. 466–497.
TRECHSEL (S.), Die Verteidigungsrechte in der Praxis zur europäischen Menschenrechtskonvention. Schweizerische Zeitschrift für Strafrecht, 96, 1979, H. 4, S. 337–392.
VAN DIJK (P.) et al., Rechten van de mens in mundiaal en Europees perspectief. Ars Aequi Libri, 1978, Human Rights Series, N° 1.
VAN DIJK (P.), en VAN HOOF (F.), De Europese Conventie in Theorie en Praktijk. Ars Aequi Libri, 1979, Human Rights Series, N° 2.
VAN HOOF (F.), Europese Commissie voor de Rechten van de Mens: de zaken Donelly and six others v. United Kingdom. Ars Aequi, vol. 27, 1978, p. 156–166.
VON BONSDORFF (G.), Les droits de l'homme changent. L'examen et le réexamen de nos vues sont une question d'importance internationale. Revue polit. int., 690, 5 janvier 1979, p. 15–18.
VRABAYEN (M.), Vida privada e informacion: un conflicto permanente. Pamplona, Ed. Universidad de Navarra, 1977.

WOSCHNACH (K.), Formelle Publizität und EDV-gestütztes Grundbuch. Österr. Notariats-Zeitung, 1978, S. 217–222.
ZILGIEN-COCATRE (A.), De quelques effets actuels et éventuels de la ratification de la Convention européenne des droits de l'homme sur la politique et le droit français. Rev. Dr. Publ. Sc. Polit., 1978, p. 645–678.
ZUM THEMA Menschenrechte. Theologische Versuche und Entwürfe. Stuttgart, Calwer Verlag, 1977.

D. COMMUNAUTES EUROPEENNES
D. EUROPEAN COMMUNITIES

1. GENERAL

AUDRETSCH (H.A.H.), De externe betrekkingen van de EEG. Sociaal-economische wetgeving. Tijdschrift voor Europees en economisch recht (Zwolle, Antwerpen), 1979, No. 7/8, blz. 478–498.
BOUCHARD (Roger), Die Gemeinschaft und die Einfuhr von Industrieerzeugnissen der Dritten Welt. Projekt Europa (Strassburg), 1979, Nr. 6, S. 36–41.
BRISSAUD (Jean-Marc), La grande Europe. (Dossier). Confidentiel (Paris), N° 3, eté 1979, p. 29–52.
BYWATER (Marion), L'adhésion grecque. Revue du Marché commun (Paris), N° 227, juin 1979, p. 237–239.
BYWATER (Marion), Lomé II. Revue du Marché commun (Paris), N° 228, juillet-août 1979, p. 295–298.
CAPORASO (James A.), The European Community in the World system: Prolegomena to a political economy of the European Community. Revue d'intégration européenne. (Montréal), vol. 2, N° 3, mai 1979, p. 415–440.
CARATTERISTICHE prevalenti della nuova convenzione CEE-ACP. Informazioni per il commercio estero (Roma), N° 31/35, 1–29 agosto 1979, p. 995–998. Tav.
LE DOSSIER du Mois. Le défi grec. 30 jours d'Europe. CCE (Paris), N° 253–254, août-septembre 1979, p. 9–36, B.V.
DOSSIER Lomé II. Télex afrique (Bruxelles), N° 132, (Suppl.) 23 octobre 1979, p. I–XII, Tabl.
DUCHÊNE (François), Aussenpolitik in einer erweiterten Europäischen Gemeinschaft. Europa-Archiv (Bonn), 1979, Folge 5, S. 125–136.
THE EEC and ASEAN, European trends (London), no. 60, August 1979, p. 13–25. Graph. Tabl.
EUROPEAN Communities (ECSC; EEC; EURATOM). (European Trends, 1979. Annual Supplement, London, p. 15–46.)
COMMUNITY (The European) after twenty years. Spec. ed.: Pierre-Henri Laurent. In: The Annals of the American Academy of Political and Social Science (Philadelphia), November 1978, p. 1–167.
FERRANDI (Jacques), De Lomé I à Lomé II. Marchés tropicaux et méditerranéens (Paris), année 35, N° 1768, 28 septembre 1979, p. 2612–2614.
FONTAINE (Pascal), La communauté européenne en 1978 – Histoire de la pré-relance. 30 jours d'Europe. Service de presse et d'information de la Commission des Communautés européennes (Paris), N° 247, février 1979, p. 25–32.
GARNICH (Laura), COSGROVE-TWITCKETT (Carol), Human rights and a succes-

sor to the Lomé Convention. International relations (London), vol. 6, no. 3, May 1979, p. 540–557.

GOLSONG (Heribert), Nochmals: zur Frage des Beitritts der Europäischen Gemeinschaften zur Europäischen Menschenrechtskonvention. Europäische Grundrechte-Zeitschrift (Strassburg), Kehl, 1979, H. 2/3, S. 70–74.

GRANELL (Francisco), Les circonstances économiques du second élargissement de la communauté européenne. Revue du Marché commun (Paris), N° 227, juin 1979, p. 263–269.

GRÈCE (La) dans la Communauté. L'Européen (Bruxelles), N° 183, avril 1979, p. 4–31.

GRÈCE (La) dans la Communauté européenne. L'Europe en formation (Nice), N° 233, août-septembre 1979, p. 3–140.

HEDTKAMP (Günter), Die protektionistische Versuchung der EG und die Beziehung zu den Staatshandelsländern. Mit Diskussion zum Referat. In: Dokumentation. 5. Vorstandsseminar der Versicherungswirtschaft 30. 1.–1. 2, 1979 in Bonn, S. 41 bis 58, (München), Deutsche Versicherungs-Akademie 1979.

L'HISTOIRE des relations des Communautés européennes avec la Grèce (1959–1979). Europe sud-est (Athènes), N° 3, 1979, p. 10–12.

JACKSON (John H.), United States – EEC trade relations: constitutional problems of economic interdependence. Common market law review, Alphen aan den Rijn, vol. 16, no. 3, August 1979, p. 453–478.

JENKINS (Roy), Actual problems of the European Communities. Studia diplomatica (Bruxelles), vol. 32, no. 2, 1979, p. 117–122.

KRÄMER (Hans R.), Die Stellung der EWG im Bereich der Ostsee. Europa-Archiv (Bonn), 1979, Folge 8, S. 221–230.

KRÄMER (Hans R.), Die Süderweiterung der Europäischen Gemeinschaft und ihre Zusammenarbeit mit Entwicklungsländern. Europa-Archiv (Bonn), 1979, Folge 18, S. 547–554.

KROHN (Hans-Broder), Les relations commerciales entre la Communauté européenne et les pays en développement. Revue du Marché commun (Paris), N° 222, décembre 1979, p. 550–560.

LAURENT (Philippe), Lomé II: un accord de raison. Projet (Paris), N° 138, septembre-octobre 1979, p. 1027–1030.

MANISALI (Erol), Foreign economic relations of Turkey – a general appraisal of Turkey's foreign economic relations, relations with the EEC and other economic regions. Istanbul, University of Istanbul, Faculty of Economics, 1979, 108 pages. = Europe and the Middle East Institute Publication.

MEI (D. F. Van der), Les relations extérieures de la Communauté européenne. Studia diplomatica (Bruxelles), vol. 32, N° 3, 1979, p. 217–228.

MEIER (Gert), Zur Kompetenz der EG-Mitgliedstaaten zur Durchführung von Sanktionsbeschlüssen des Sicherheitsrats der Vereinten Nationen. Recht der internationalen Wirtschaft (Heidelberg), 1979, H. 4, S. 247–250.

MERLINI (Cesare), BONVICINI (Gianni), The Institutional problems arising from enlargement of the European Community. Lo spettatore internazionale (Bologna), vol. 14, no. 2, April–June 1979, p. 103–120.

MORGENROTH (Gerhard), EG – ASEAN: Engere Kontakte im Visier. Die Bank (Köln), 1979, Nr. 3, S. 139–142.

PAINS and strains in the development of the European Community. Introductory speech by William Wallace. Report by Franz Froschmaier. In: 29. Deutsch-englisches Gespräch Königswinter 30. März – 1. April 1979. Veranstaltet durch die Deutsch-Englische Gesellschaft. S. 6–15.

REAY (Hugh), The European Community and the developing world. A conservative view. Luxembourg: European Parliament. European Conservative Group 1979, 22 p.
RELATIONS between the EEC and the Association of South East Asian Nations (ASEAN). Europe documents (Bruxelles/Luxembourg), no. 1066, 2 August 1979, p. 1–6.
RGW – EWG: Möglichkeiten der Zusammenarbeit. (Auszüge aus einem Artikel von W. I. Kusnezow). Deutschland-Archiv, Köln, 1979, Nr. 5, S. 551–556.
RODE (Reinhard), The US Trade Policy towards the EC in the Tokyo Round. Inter economics (Hamburg), no. 5, September/October 1979, p. 230–236.
ROUSSINE (A.), Les tendances de l'évolution politique de la CEE. La vie internationale (Moscou), N° 9, septembre 1979, p. 73–79.
RUMMEL (Reinhardt), EG-Wandel vom Dogmatismus zum Pragmatismus. Aussenpolitik. Zeitschrift für internationale Fragen (Hamburg), 1979, 1. Quartal, S. 24–36.
SARACENO (Pasquale), I divari di sviluppo nella Comunità a "dodici". Nuovo mezzogiorno (Roma), anno 22, N° 5, Maggio 1979, p. 7–9. Tav.
SCHÜTZE (Walter), L'Europe des Neuf: Etat présent et perspectives de la construction européenne. Politique étrangère (Paris), 1979, N° 2, p. 273–291.
SEILER (Daniel L.), Les élections européennes de 1979 entre le nationalisme et l'intégration. Revue d'intégration européenne (Montréal), vol. 2, N° 3, 1979, p. 441–472. Tab.
SIMMONDS (K. R.), The Lomé convention: implementation and renegotiation. Common market law review, Alphen aan den Rijn, vol. 16. no. 3, August 1979, p. 425–452.
STEENBERGEN (J.), De externe betrekkingen van de E. G., een status quaestionis. Sociaal-economische wetgeving. Tijdschrift voor Europees en economisch recht (Zwolle, Gent), 1979, no. 3, blz. 140–153.
TELCHINI (Italo), Sviluppi istituzionali della Comunità. (Rivista di diritto europeo (Roma), 1979, no. 2, p. 146–157.
TEZENAS DU MONTCEL (Henri), L'élargissement de la Communauté européenne: difficultés mais avantages certains. Défense nationale (Paris), année 35, octobre 1979, p. 103–113. Tabl.
VERS un nouvel élargissement de la Communauté. Le courrier. Afrique, Caraïbes, Pacifique – Communauté européenne (Bruxelles), N° 56, juillet-août 1979, p. 69–73.
WALLACE (William), HILL (Christopher), Diplomatic trends in the European Community. International affairs (London), 1979, no. 1.
WELLENSTEIN (E.), Twenty-five years of European Community external relations. Common market law review, Alphen aan den Rijn, vol. 16, no. 3, August 1979, p. 407–423.
WOCKENFOTH (Kurt), Vorläufiges Scheitern der Verhandlungen zwischen den Europäischen Gemeinschaften und dem COMECON. Recht der internationalen Wirtschaft (Heidelberg), 1979, H. 1, S. 49–50.

2. ECONOMIE, MONNAIE, FINANCES

2. ECONOMY, CURRENCY, FINANCES

ABEELE (Michel vanden), L'ECU, une monnaie politique? Conférence inaugurale du cours de "Structures financières européennes". Bruxelles, 30

janvier 1979. Bruxelles: Université libre de Bruxelles. Institut d'études européennes, 1979, 24 p.
ALLSOPP (Christopher), The Political Economy of EMS. Revue économique (Paris), vol. 30, N° 5, September 1979, p. 866–894.
ANDERSEN (Uwe), Das Europäische Währungssystem. Eine neue Initiative zur europäischen Integration. Aus Politik und Zeitgeschichte (Bonn), 1979, Nr. 16, S. 3–21.
BALLEY (Pierre), A propos du système monétaire européen. (SME). L'Européen. Der Europäer, Bruxelles, N° 185–186, juillet-septembre 1979, p. 16–20.
BOUQUIN (Jean-Paul), De l'unité de compte à l'écu. Revue du Marché commun (Paris) N° 227, juin 1979, p. 270–282.
BOUREL (François), Les montants compensatoires et le système monétaire européen. Documents. Revue des questions allemandes (Paris), septembre 1979, p. 30–38.
CONTROVERSE sur le système monétaire européen. (Chronique d'actualité de la SEDEIS (Paris), 1979, N° 13, p. 384–406.
COSTERG (Philippe), Une nouvelle donnée pour l'Europe des monnaies. Revue du Marché commun (Paris), no. 223, 1979, p. 2–8.
EISTERT (Ekkehard), Zur Beurteilung des Europäischen Währungssystems. Zeitschrift für das gesamte Kreditwesen (Frankfurt a.M., Jahrg. 32, Nr. 16, 15. August 1979, S. 792–796.
EUROPÄISCHE (Das), Währungssystem. Aufbau und Arbeitsweise. Monatsberichte der Deutschen Bundesbank (Frankfurt), 1979, Nr. 3, S. 11–18.
FRANZMEYER (Fritz), Wie chancenreich ist das Europäische Währungssystem? Deutsches Institut für Wirtschaftsforschung. Wochenbericht 32–33/1979 (Berlin), S. 337–342.
FRANZMEYER (Fritz), SEIDEL (Bernhard), Zum Investitions- und Finanzierungsbedarf eines beschäftigungsorientierten europäischen Finanzausgleichs. Budgetäre Redistributionswirkungen und Integrationsimpulse in einer präföderativen Phase der Europäischen Gemeinschaft. Vierteljahreshefte zur Wirtschaftsforschung (Berlin), 1979, H. 2, S. 122–151.
GALLI (Renato), Dopo Brema, dopo Bonn . . . (II) Giornali degli economisti e annali di economia (Milano), anno 38, N° 5/6, maggio-giugno 1979, p. 303–328.
HANKEL (Wilhelm), Europäisches Währungssystem. Bald am Ende oder neuer Anfang? Wirtschaftswoche (Frankfurt a.M.), Jahrg. 33, Nr. 39, 24. September 1979, S. 62, 65.
LELART (Michel), L'ECU n'est-il qu'un DTS européen? Eurepargne (Luxembourg), année 9, N°. 9, septembre 1979, p. 2–11.
LOUIS (Jean-Victor), Het Europees monetair stelsel. Sociaal-economische wetgeving. Tijdschrift voor Europees en economisch recht (Zwolle, Antwerpen), 1979, no. 7/8, blz. 441–465.
MARSH (David), Sterling and the European Monetary System. The banker (London), vol. 129, no. 643, September 1979, p. 41–43, Graph.
MATERIALIEN zur Europapolitik. Hrsg. vom Institut für Europäische Politik. Bd 3. Wirtschafts- und Währungsunion. Realismus oder Utopie? Vorschläge, Argumente und Meinungen zur Schaffung einer Wirtschafts- und Währungsunion in Europa. Zusammengestellt und eingeleitet von Barbara Erhard. Bonn, Europa Union Verlag, 1979, 348 S.
MORGAN (Christine), Will the EEC change its monetary system? Accountancy (London), vol. 90, no. 1031, July 1979, p. 34–35, Tabl.
PROBLEME der europäischen Einigung (II). Die Tagung des Europäischen Rates

im März 1979 und die Einführung des Europäischen Währungssystems. Europa-Archiv (Bonn), 1979, Folge 7, S. D169–D176.

ROLLET (Philippe), Intégration économique et spécialisation internationale dans les pays de la CEE. Revue d'économie politique, (Paris), 1979, p. 199–217.

SCATENA (Luciano), Analisi dell'impatto degli importi compensativi monetari sui prezzi all'importazione nel settore agricolo-alimentare. Rivista internazionale di scienze economiche e commerciali (Milano), anno 26, N° 8, agosto 1979, p. 741–753.

SEIDEL (Martin), Das Europäische Währungssystem. Rechtliche Grundlage und Ausgestaltung. Europarecht (Baden-Baden), 1979, H. 1, S. 13–29.

SITUATION (La), économique dans les Etats Membres de la CEE. Europolitique (Bruxelles), no. 614, 21 juillet 1979, p. 1–22. Tab.

SMITS (René), Het Europees Monetair Stelsel. Ars aequi (Amsterdam), no. 6, juli 1979, p. 303–311.

SYSTÈME (Le), monétaire européen. Banque de France. Note d'information (Paris), N° 40, mai 1979, p. 1–15.

SYSTÈME (Le), Monétaire Européen. Bulletin de la banque nationale de Belgique (Bruxelles), année 54, T. II, nos. 1–2, juillet–août 1979, p. 3–41.

SYSTÈME monétaire européen. Economie européenne, CCE, no. 3, 1979, p. 69–112.

SYSTÈME (Le), monétaire européen. Fiches documentaires européennes (Paris), nos. 278/279, 1er trimestre 1979, p. 1–6.

VAUBEL (Roland), Choice in European monetary union. Ninth Wincott Memorial Lecture (London), Institute of Economic Affairs, 1979, 32 p. Bibliogr. = Occasional paper, 55.

VAUBEL (Roland), Währungspolitik. Die Rückkehr zum neuen Europäischen Währungssystem. Wirtschaftsdienst (Hamburg), Nr. 1, S. 25–30.

VILA (Gérard), Que peut-on attendre du Système Monétaire Européen? Revue économique (Paris), vol. 30, N° 5, septembre 1979, p. 845–865.

WEGNER (Manfred), Das Europäische Währungssystem und die Folgen. Europa-Archiv, (Bonn), 1979, Folge 7, S. 189–198.

CHANCENREICH (Wie), ist das Europäische Währungssystem? Wochenbericht. DIW. Deutsches Institut für Wirtschaftsforschung (Berlin), Jahrg. 46, Nr. 32–33, 16. August 1979, S. 337–342.

3. ENERGIE

3. ENERGY

BRANDT (Eberhard), Energiepolitik, Schlüssel für Europas Zukunft. In: Eurosozialismus. Die demokratische Alternative. S. 75–85 (Köln, Frankfurt), Europäische Verlagsanstalt, 1979.

BRÜCKNER (Christian), Die Kernmaterialüberwachung in der Bundesrepublik Deutschland durch die Kommission der Europäischen Gemeinschaften (Euratom) und die Internationale Atomenergie-Organisation. (IAEO). (Atom und Strom. Frankfurt a.M., Jahrg. 25, Nr. 4, Juli/Aug. 1979, S. 160–164.

BRUNNER (G.), De Europese energiepolitiek en de wereldeconomie. Internationale spectator, (Den Haag), jaarg. 33, no. 11, November 1979, p. 682–687.

BRUNNER (Guido), Europäische Energiepolitik unter weltwirtschaftlichen

Aspekten. Europa-Archiv (Bonn), Jahrg. 34, Nr. 19, 10. Oktober 1979, S. 583–590.

CHOIX critiques pour une transition dans le secteur de l'énergie (CE). Les annales du marché commun (Bruxelles), année 22, N° 4, septembre-octobre 1979, p. 23–26.

DOSSIER (Le), du Mois, Les Economies d'Energie. Pourquoi? Comment? Elles mettent en cause nos modes de vie de demain. 30 jours d'Europe. CCE (Paris), N° 255, octobre 1979, p. 15–32. Pl.

ENERGIEDISKUSSION in Europa. Berichte und Dokumente über die Haltung der Regierungen und Parteien in der Europäischen Gemeinschaft zur Kernenergie. Im Auftrag des Bundesministeriums für Forschung und Technologie erarb. vom Institut für Zukunftsforschung. Wissenschaftl. Bearb.: Lutz Mez u.a. (Villingen), Neckar-Verl., 1979, Loseblattsammlung. = Argumente in der Energiediskussion, Bd 7.

ENERGIEVERSORGUNG (Die), als zentrales Problem internationaler Wirtschaftskonferenzen. Die Tagungen der IEA, der OPEC, des Europäischen Rates und das Wirtschafts-Gipfeltreffen in Tokio. Europa-Archiv (Bonn), Jahrg. 34, Nr. 14, 25.7.1979, S. D341–D358.

L'EUROPE et le pétrole. Perspectives (Paris), année 35, N° 1578, 6 septembre 1979, études, p. 19–31. Tabl. Ann.

GALLI (Renato), Dopo Brema, dopo Bonn . . . (I). Giornale degli economisti e annali di economia (Milano), anno 38, N° 3/4, marzo–aprile 1979, p. 147–185. Tav.

GALLI (Renato), Dopo Brema, dopo Bonn . . . (II) Giornali degli economisti e annali di economia (Milano), anno 38, N° 5/6, maggio-giugno 1979, p. 303–328.

GATSKA (Wolfgang), Die Kokskohlenregelungen der Europäischen Gemeinschaft. Glückauf (Essen), Jahrg. 115, Nr. 21, 6. November 1979, S. 1060–1064. Bibl.

GIHEL (François), Du pain sur la planche pour l'Europe légitimée. Revue de l'énergie (Paris), année 30, N° 316, juin-juillet 1979, p. 447–454.

KEISER (Günter), Die Energiekrise und die Strategien der Energiesicherung. München, Vahlen, 1979, 257 S. Bibliogr. S. 251–254.

LABORDE (Françoise), SZARF (Michael), Les mesures d'économie d'énergie retenues dans les états membres de la Communauté européenne. Europolitique (Bruxelles), 1979, 19 pages (Dossier).

LEGROS (Henri), L'Europe dans la crise pétrolière? France-pays arabes (Paris), N° 82, juin–juillet 1979, p. 7–11.

LIEBER (Robert J.), Les malentendus transatlantiques et la seconde crise de l'énergie. Politique étrangère (Paris), année 44, N° 1, (nouvelle version) 1979, p. 91–107, Bibl.

MICHAELIS (Hans), Energiepolitik im weltwirtschaftlichen Zusammenhang. Energiewirtschaftliche Tagesfragen. Gräfelfing, 1979, H. 4, S. 187–199.

MICHAELIS (Hans), Europapolitik und Energiepolitik. Zeitschrift für Energiewirtschaft (Wiesbaden), 1979, H. 1, S. 16–24.

REICHERT (Karlheinz), Les problèmes de la politique énergétique dans la CEE. Rivista di studi politici internazionali (Firenze), no. 3 (183), luglio-settembre 1979, p. 396–412.

SCELTE critiche per il passaggio alle nuove fonti di energia (CE). Euroinformazioni (Milano), anno 17, N° 37, 10 ottobre 1979, p. I-VI.

UNGERER (Werner), Die Energieprobleme und ihre Perspektiven. Außenpolitik (Hamburg), 1979, 2. Quartal, S. 149 bis 160.

VINCK (W.), ESSLER (W), Harmonization of nuclear regulations in Europe.

Nuclear engineering international (London), no. 24, (291), October 1979, p. 43–47.
VOLKMANN (Dietrich Johannes), 40.000 Mrd. Dollar für die Energiezukunft. Folgerungen für Europa. Wirtschaftsdienst (Hamburg), Jahrg. 59, Nr. 11, November 1979, S. 565–572.
WEISS (Isabelle), CONSTANS (Robert), La politique de la Communauté économique européenne en matière de gaz naturel, de charbon et d'énergies nouvelles. Revue de l'énergie (Paris), année 30, N° 318, octobre 1979, p. 837–843. Tabl.

4. AGRICULTURE

AGRARMARKT-KOSTEN und Währungsausgleich in der EG. Commerzbank, Bericht der Abteilung Volkswirtschaft, Nr. 64, 14. November 1979, S. 1–12.
ALAURA (Giovanni D'), Politica agricola e sistema agro-monetario della CEE: alcune considerazioni generali. Economia internazionale (Genova), vol. 32, N° 1, febbraio 1979, p. 3–27. Tav. Gra.
BAUDIN (Pierre), La fixation des prix agricoles pour 1979–1980. Revue du marché commun (Paris), N° 229, septembre 1979, p. 366–382. Tabl. Ann.
BLOHM (G.), Der betriebswirtschaftliche Entwicklungsstand der Landwirtschaft in der EG im Vergleich zu anderen Ländern. Berichte über die Landwirtschaft (Hamburg), 1979, H. 1, S. 1–14.
CHEYSSON (Claude), L'Europe face au désordre alimentaire mondial. Politique internationale (Paris), 1979, N° 3, p. 55–66.
DELORME (Hélène), European elections and the common agricultural policy: Stabilization through evolution. Journal of Common Market studies, 1979, no. 4, p. 297–312.
EEC faces up to the realities of its tropical regions. Agra Europe (London), no. 836, 27 July 1979, p. E/1 – E/3. Tabl.
EUROPÄISCHE Agrarpolitik, Streit um den Grenzausgleich. Bourel, François: Die Argumente der Franzosen. Schnieders, Rudolf: Die Position der deutschen Landwirtschaft. Dokumente. Zeitschrift für übernationale Zusammenarbeit. Bonn, 1979. H. 2, S. 141–148.
FELD (Werner J.), Implementation of the European Community's Common Agricultural Policy: expectations, fears, failures. International organization (Madison), vol. 33, no. 3, Summer 1979, p. 335–363. Tabl. Graph.
GALIZZI (Giovanni), PIERI (Renato), L'agricoltura nel biennio 1976–1977 ed i problemi della Politica mediterranea della CEE. Rivista internazionale di scienze sociali (Milano), anno 87, N° 1/2, gennaio-giugno 1979, p. 3–29. Tav.
JOLLANS (J.L.), Milk production in the European Community – its implications for breeding policy. World animal review, FAO (Rome), no. 30, 1979, p. 11–17.
JOLLANS (J.L.), La production laitière dans la Communauté européenne. Revue mondiale de zootechnie, FAO (Rome), no. 30, 1979, p. 11–17. Tabl.
JOSLING (T.E.), Questions for Farm policy in an Enlarged European Community. The world economy (London), vol. 2, no. 3, September 1979, p. 343–362.
KOESTER (Ulrich), Gli effetti redistributivi del sistema comunitario di finanziamento della politica agraria (CE). Rivista di economia agraria (Bologna), anno 34, N° 2, giugno 1979, p. 265–289. Tav.

LE NÉVÉ (Alain), Le FEOGA: structures et fonctionnement. I. Revue de droit rural (Paris), N° 78, juillet–août 1979, p. 171–190 et 195–201. Tabl.

LE NÉVÉ (Alain), Le FEOGA: structures et fonctionnement. II. Revue de droit rural (Paris), N° 79, septembre 1979, p. 223–241. Tabl.

MEGRET (Colette), La politique agricole commune et le principe de non-discrimination dans la jurisprudence de la Cour de justice des Communautés européennes. Revue trimestrielle de droit européen, (Paris), année 15, N° 3, juillet–septembre 1979, p. 480–487.

PEYROUX (Evelyne), Les difficultés actuelles de la politique commune des pêches. Revue trimestrielle de droit européen (Paris), 1979, N° 2, p. 269–289.

POLITICA (La), agricola comun (CE). IN-CIDE (Madrid), no. 201, 5 noviembre 1979, p. 1–5.

TIRASPOLSKY (Anita), Vers une autosuffisance agro-alimentaire de l'Europe orientale. Le courrier des pays de l'est (Paris), N° 232, septembre 1979, p. 3–17, Tabl.

USHER (John A.), Agricultural markets: Their price-systems and financial mechanisms. European law review (London), vol. 4, no. 3, June 1979, p. 147–165.

VAIDA (Christopher), Some aspects of judicial review within the Common Agricultural Policy (Part I). European law review (London), vol. 4, no. 4, August 1979, p. 244–261.

VAIDA (Christopher), Some aspects of judicial review within the Common Agricultural Policy (Part II). European law review (London), vol. 4, no. 5, October 1979, p. 341–355.

WORMSER (Olivier), Politique agricole commune d'hier et d'aujourd'hui. Politique étrangère (Paris), année 44, N° 1, (Nouvelle formule) 1979, p. 73–89.

YANDAIS (Dimitri), La communauté et la pêche. Cahiers de droit européen (Bruxelles), 1979, nos. 2 à 3, p. 185–244.

5. PARLEMENT

AMBRIS (M. de), Elections à l'Assemblée des Communautés européennes. Modes de scrutin et systèmes électoraux chez les Neuf. Revue des parlementaires de langue française (Paris), N° 34, 1979, p. 36–46. Tabl.

BERGHE (Guido van den), Direct elections in accordance with a uniform procedure. European law review (London), vol. 4, no. 5, October 1979, p. 331–340.

BRUNETTA (Giuseppe), Le elezioni europee del 7 e 10 giugno 1979. Aggiornamenti sociali (Milano), anno 30, N° 9/10, settembre-ottobre 1979, p. 657–667. Tav.

BURBAN (J.L.), Le Parlement européen: Mythes et réalités. (1re partie; 2e partie). Revue du Marché commun, (Paris), N° 223, janvier 1979, p. 16–26; N° 224, février 1979, p. 70–83.

CLAEYS (Paul H.), LOEB-MAYER (Nicole), Trans-European Groupings: Emergence of new and alignment of old parties in the light of the direct elections to the European parliament. Government and opposition (London), vol. 14, no. 4, Autumn 1979, p. 455–478. Tabl.

COHEN (Lionel H.), The development of question time in the European Parliament, with special reference to the role of British members. Common Market law review (Leyden), 1979, no. 1, p. 41–59.

DREYFUS (François G.), Notes towards a sociology of the June 1979 European

elections. Government and opposition (London), vol. 14, no. 4, Autumn 1979, p. 444–454. Tabl.

EDWARDS (Geoffrey), FITZMAURICE (John), STEVENS (Anne), WALTON (Ann-Margaret), European Elections: Direct elections to the European Parliament and their aftermath. London: The Federal Trust for Education and Research, 1979, 39 pages.

ELEZIONI europee. L'ampliamento della Comunità, le istituzioni e l'Est europeo. La documentazione Italiana, "Studi Ricerche e Documentazione" (Roma), anno 18, N° 26, 28 giugno 1978.

GAZZO (Emanuele), Politische Aspekte der ersten europäischen Direktwahl. Rückschau und Ausblick. Europa-Archiv (Bonn), Jahrg. 34, Nr. 16, 25.8.1979, S. 493–500.

HAGGER (Mark), WING (Martin), Legislative roles and clientele orientations in the European Parliament. Legislative studies quarterly, University of Iowa, no. 4, 2 May 1979, p. 165–196. Tabl. Graph.

HERMAN (Valentine), Direct elections to the European Parliament: Comparative perspectives. Common Market law review, (Alphen aan den Rijn), 1979, no. 2, p. 209–226.

HRBEK (Rudolf), Die EG nach den Direktwahlen; Bilanz und Perspektiven. Integration. Institut für Europäische Politik (Bonn), 1979, H. 3.

LÄUFER (Thomas), Das Europäische Parlament nach der Direktwahl: Positionsstärkung durch intrakonstitutionellen Wandel? Europarecht (Baden-Baden), Nr. 3, Juli–September 1979, S. 261–276.

LAURENT (Pierre-Henri), European elections and the making of Europe. World affairs (Washington D.C.), Spring 1979, p. 273–283.

LODGE (Juliet), The 1979 direct election of the European Parliament surveyed in retrospect. Contemporary review (London), Year 114, September 1979, p. 126–131.

LODGE (Juliet), The significance of direct elections for the European Parliament's role in the European Community and the drafting of a Common Electoral Law. Common Market law review, Alphen aan den Rijn, 1979, no. 2, p. 195–208.

MORGAN (Roger), New tasks for the European Parliament. The world today (London), vol. 35, no. 10, October 1979, p. 400–408.

NORD (Hans), TAYLOR (John), The European Parliament before and after direct elections. Government and opposition (London), vol. 14, no. 4, Autumn 1979, p. 411–432. Tabl.

OPITZ (Reinhard), Die EG-Wahlen und demokratischen Kräfte. Blätter für deutsche und internationale Politik (Köln), Nr. 5, Mai 1979, S. 516–521.

PARLAMENTO (Il) europeo. L'Italia e L'Europa (Roma), anno 6, N° 10/11, giugno 1979, p. 83–198.

THE POLICY IMPLICATIONS OF DIRECT ELECTIONS. Journal of Common Market studies (Oxford), vol. 17, no. 4, June 1979, p. 279–349.

PRIDHAM (Geoffrey), PRIDHAM (Pippa), The new European party federations and direct elections. The world today (London), 1979, no. 2, p. 62–70.

PRLJA (Aleksandar), Les élections européennes et les perspectives d'avenir. Revue de politique internationale (Belgrade), no. 701, 20 juin 1979, p. 11–14.

REICHEL (Peter), Politisierung und Demokratisierung der EG? Zur ersten Direktwahl des Europäischen Parlaments. Aus Politik und Zeitgeschichte (Bonn), B 21/79, 26. Mai 1979, S. 3–22.

SCHWARZ (Siegfried), HÜTTEL (Claudia), Rolle und Funktion der Direktwahlen

zum Parlament der EG-Staaten. Deutsche Außenpolitik (Berlin-Ost), 1979, H. 6, S. 63 bis 83.
SEILER (Daniel L.), Les élections européennes de 1979 entre le nationalisme et l'intégration. Revue d'intégration européenne (Montréal), vol. 2, N° 3, 1979, p. 441–472. Tab.
TUGENDHAT (Christopher), The directly elected Parliament: a programme for action. Studia diplomatica (Bruxelles), vol. 32, N° 2, 1979, p. 123–131.
WALLACE (Helen), The European Parliament: the Challenge of political responsibility. Government and opposition (London), vol. 14, no. 4, Autumn 1979, p. 433–443.
WESSELS (Wolfgang), Zur Strategie des direkt gewählten Parlaments. Auf der Suche nach einer Rolle für das Europäische Parlament. Integration. Institut für Europäische Politik (Bonn), 1979, H. 3, S. 110–124.

6. QUESTIONS BUDGETAIRES, FINANCES

6. BUDGETARY QUESTIONS, FINANCES

BANGEMANN (Martin), La procédure budgétaire de 1979: l'équilibre nécessaire de la répartition des pouvoirs entre le Conseil et le Parlement. Revue du Marché commun (Paris), N° 226, avril–mai 1979, p. 169–184.
BYWATER (Marion), Le conflit budgétaire. (Revue du Marché commun (Paris), N° 225, mars 1979, p. 101–103.
DALE (Reginald), Pressures for reform of the EEC budget. The Banker (London), vol. 129, no. 643, September 1979, p. 51–55. Tabl.
DENTON (Geoffrey), Der Beitrag Grossbritanniens zum EG-Haushalt – eine Untersuchung aus britischer Sicht. Integration (Bonn), r. 4, 1979, S. 149–165.
FRANZMEYER (Fritz), SEIDEL (Bernhard), Zum Investitions-und Finanzierungsbedarf eines beschäftigungsorientierten europäischen Finanzausgleichs. Budgetäre Redistributionswirkungen und Integrationsimpulse in einer präföderativen Phase der Europäischen Gemeinschaft. Vierteljahrsheft. DIW (Berlin), Nr. 2, 1979, S.122–151. Taf.
FRIEDEL (Gero), Der EG-Haushalt 1979. Die neue Gesellschaft (Bonn), Nr. 4, April 1979, S. 275–280. Taf.
MAMBERTO (Giorgio), Le risorse proprie delle Comunità europee. I. Rassegna di diritto e tecnica doganale e delle imposte di fabbricazione (Roma), anno 28, N° 3, marzo 1979, p. 169–190.
STRASSER (Daniel), Le budget 1979. Bilan d'une procédure. Difficultés politiques et juridiques. Perspectives pour une nouvelle année. Revue du Marché commun (Paris), N° 227, juin 1979, p. 240–262.

7. DROIT

7. LAW

BARTSCH (Hans-Jürgen), 25 Jahre europäischer Menschenrechtsschutz – Eine Bilanz. Europarecht (Baden-Baden), Nr. 2, April–Juni 1979, S. 105–123.
BADEN FULLER (C. W. F.), Price variations – the Distillers case and Article 85 EEC. (The Scotch whiskey case). The international and comparative law quarterly (London), vol. 28, part 1, January 1979, p. 128–132.

BELLSTEDT (Christoph), Antidumpingverfahren der Kommission der Europäischen Gemeinschaften. Recht der internationalen Wirtschaft (Heidelberg), 1979, H. 8, S. 520–537.

BERAUD (René-Christian), Fondements juridiques du droit de l'environnement dans le traité de Rome. Revue du Marché commun (Paris), N° 223, janvier 1979, p. 35–38.

BIEBER (Roland), Bemerkungen zum "Memorandum der Kommission betreffend den Beitritt der EG zur Konvention über den Schutz der Menschenrechte und Grundfreiheiten" vom 10. April 1979. Europäische Grundrechte-Zeitschrift (Kehl, Straßburg), 1979, H. 14, S. 338–341.

BLECKMANN (Albert), Der Beurteilungsspielraum im Europa- und im Völkerrecht. Europäische Grundrechte-Zeitschrift (Kehl, Straßburg), 1979, H. 17/18, S. 485–495.

BLECKMANN (Albert), Teleologie und dynamische Auslegung des Europäischen Gemeinschaftsrechts. Europarecht (Baden-Baden), Jahrg. 16, Nr. 3, Juli–September 1979, S. 239–260.

BOECK (Andreas), Zum Gebietsschutz des Entwurfs einer Gruppenfreistellungsverordnung für Patentlizenzverträge der EG-Kommission. Recht der internationalen Wirtschaft (Heidelberg), 1979, H. 9, S. 603–607.

BOULOUIS (Jean), L'applicabilité directe des directives. A propos d'un arrêt Cohn-Bendit du Conseil d'Etat. Revue du Marché commun (Paris), N° 225, mars 1979, p. 104–110.

BYRNE (N. J.), Exhaustion of patent rights in EEC competition law. European intellectual property review (Oxford), June 1979, p. 150–153.

CARTOU (Louis), Chronique de législation communautaire (juillet–septembre 1978; octobre–décembre 1978; janvier à mars 1979). Revue trimestrielle de droit européen (Paris), 1978, N° 4, p. 736–745; 1979, N° 1, p. 118–127; 1979, N° 2, p. 305–319.

CAUWE (Raymond), Lomé-Abkommen und Menschenrechte. Projekt Europa (Straßburg), 1979, Nr. 5, S. 55–56.

CHEYSSON (Claude), Menschenrechte, Europa, Dritte Welt. Projekt Europa (Straßburg), 1979, Nr. 5, S. 42–49.

DAILLIER (Patrick), La libre circulation intracommunautaire des marchandises dans la jurisprudence de la CJCE (1975–1978). Revue du marché commun (Paris), N° 228, juillet–août 1979, p. 321–340, tabl. ann.

DAUSES (Manfred A.), Die Beteiligung der Europäischen Gemeinschaften an multilateralen Völkerrechtsübereinkommen. Europarecht (Baden-Baden), Nr. 2, April–Juni 1979, S. 138–170.

DURAND (Andrew), European citizenship. European law review (London), 1979, no. 1, p. 3–14.

DUTHEIL DE LA ROCHÈRE (Jacqueline), SYNGELLAKI (Anna), L'application du droit communautaire par les juridictions britanniques au cours de l'année 1978. Revue trimestrielle de droit européen (Paris), 1979, N° 2, p. 290–304.

EASSON (Alex), Approximation and unification of laws in the EEC. Revue d'intégration européenne (Montréal), vol. 2, N° 3, mai 1979, p. 375–390.

EASSON (A.J.), Can directives impose obligations on individuals? European law review (London), 1979, no. 2, p. 67–79.

ECONOMIDES (Kim), WEILER (Joseph, H. H.), Accession of the Communities to the European Convention of Human Rights: Commission Memorandum. The modern law review (London), vol. 42, no. 6, November 1979, p. 683–695.

EGH. – Unmittelbare Geltung und Vorrang des Gemeinschaftsrechts, kein

Prüfungs- und Verwerfungsmonopol eines mitgliedstaatlichen Verfassungsgerichts hinsichtlich gemeinschaftswidrigen innerstaatlichen Rechts (Art. 177, 189 EWGV, Art. 11. Ital. Verfassung.) Europarecht (Baden-Baden), Jahrg. 16, Nr. 3, Juli–September 1979, S. 277–281.

ENGLER (Berthold), Die Schadenersatzklage gegen die EG. Geringe Erfolgschancen für den einzelnen. Anmerkung zum EuGH-Urteil vom 25. Mai 1978. Europäische Grundrechte-Zeitschrift (Kehl, Straßburg), 1979, H. 14, S. 377–382.

ESPION (F.), Evolution récente en ce qui concerne l'application des articles 85 et 86 aux accords de distribution et d'approvisionnement. Cahiers de droit européen (Bruxelles), année 15, N° 2/3, 1979, p. 177–184.

FRANÇON (André), Le droit d'auteur et le Traité de Rome instituant la Communauté Economique Européenne. Revue internationale du droit d'auteur (Neuilly S/Seine), N° 100, avril 1979, p. 127–197.

FROMONT (Michel), Die französische Rechtsprechung zum Gemeinschaftsrecht Januar 1975–Dezember 1977. Europarecht (Baden-Baden), 1979, H. 1, S. 59–78.

GAVALDA (Christian), La première directive de coordination des législations bancaires de la CEE (12 décembre 1977). Revue trimestrielle de droit européen (Paris), 1979, N° 2, p. 9–244.

GAZANO (Antoine-Marie), L'action communautaire en matière de pollution de la mer par le transport d'hydrocarbures. Revue du marché commun (Paris), N° 228, juillet–août 1979, p. 304–312.

GRAY (Christine), Interim measures of protection in the European Court. European law review (London), 1979, no. 2, p. 80 to 102.

GREMENTIERI (Valerio), Il ruolo della Corte di giustizia delle Comunità europee per la protezione dei diritti fondamentali in Europa. Diritto comunitario e degli scambi internazionali (Milano), anno 18, N° 1, gennaio–marzo 1979, p. 1–7.

GULMANN (Claus), CLAUSON-KAAS (J. A.), Control by the Danish Parliament of Community legislation. Common Market law review, Alphen aan den Rijn, 1979, no. 2, p. 227–234.

HARDING (C.), The choice of court problem in cases of non-contractual liability under EEC law. Common Market law review, Alphen aan den Rijn, vol. 16. N° 3, August 1979, p. 389–406.

HARRIS (Bryan), Copyright in the EEC: The Dietz report. European intellectual property review (Oxford), November 1978, p. 2–7. Bibl.

KARPENSTEIN (Peter), Die Entwicklung des Gemeinschaftsrechts. Europarecht (Baden-Baden), Jahrg. 16, Nr. 3, Juli-September 1979, S. 300–312.

KEUTGEN (Guy), La directive européenne sur les fusions nationales. Revue pratique des sociétés (Bruxelles), année 78, 2me trim. 1979, p. 98–120.

KOERS (Albert W.), Participation of the European Economic Community in a new law of the sea convention. American journal of international law (Washington D.C.), vol. 73, no. 3, July 1979, p. 426–443.

KOHLSTRUCK (Joachim-Friedrich), Der Entwurf einer Richtlinie zur Harmonisierung der Rechnungsvorlegung für Versicherungsunternehmen. Die Wirtschaftsprüfung (Düsseldorf), Jahrg. 32, Nr. 20, 15. Oktober 1979, S. 545–552.

LAURENT (Philippe), La légitimation de l'entente par l'article 85, paragraphe 3, du Traité de Rome. Recueil Dalloz Sirey (Paris), cahier 31, 26 septembre 1979, Chronique, p. 197–204.

LAURENT (Philippe), Note sous Cour de justice des Communautés européennes, 13 mars 1979. – Politique de la Communauté. Liberté de la concurrence.

Monopoles nationaux à caractère commercial. Légalité. Limites. Interprétation de l'art. 37 du Traité CEE. Gazette du palais (Paris), année 99, N° 329–331, 5–27 novembre 1979, p. 8 et 17–21.

LIND (Henrik), Joint ventures under US and EEC antitrust laws. Nordisk tidsskrift for international ret (Copenhagen), vol. 48, no. 1–2, 1979, p. 58–81, Bibl.

LITERATUURKRONIEK Europees recht. Sociaal-economische wetgeving. Tijdschrift voor Europees en economisch recht (Zwolle, Gent), 1979, no. 2, blz. 93–125.

LOUIS (Jean-Victor), Delegatie van bevoegdheid in de Europese Gemeenschappen. Sociaal-economische wetgeving. Tijdschrift voor Europees en economisch recht (Zwolle, Gent), 1978, no. 12, blz. 802–814.

LOUIS (Jean-Victor), Quelques réflexions sur la répartition des compétences entre la Communauté Européenne et ses Etats Membres. Revue d'intégration européenne (Montréal), vol. 2, N° 3, mai 1979, p. 355–374.

MCCARTHY (John), Protectionism and product harmonization in the EEC. The economic and social review (Dublin), vol 10, no. 3, April 1979, p. 187–208. Tabl. Bibl.

MCLOUGHLIN (J.), The law and practice relation to pollution control in the Member States of the European Communities: a comparative survey (Luxembourg), CEC. 1976, 52 p.

MAK (W.), The advantages and disadvantages of the Community Trade Mark as seen by industry and the consumer. The European intellectual property review (Oxford), vol. 1, ISSN 0142–0461, November 1979, p. 312–315.

MARRIOTT (T.W.), Products liability in Europe – what of the future? Journal of products liability (New York), vol. 3, No. 1–2, 1979, p. 15–20.

MORTELMANS (K.J.M.), De rechtsbescherming bij pseudo-wetgeving in het Europees economisch recht. Sociaal-economische wetgeving. Tijdschrift voor Europees en economisch recht (Zwolle, Gent), 1979, no 1, blz. 16–30.

NYBORG (K.), EC: Harmonization of company taxation and of withholding taxes on dividends. Intertax (Deventer), no. 10, October 1979, p. 378–387.

OLIVER (Peter), La legislation Communautaire et sa conformité avec la libre circulation des marchandises. Cahiers de droit européen (Bruxelles), année 15, N° 2/3, 1979, p. 245–264.

PESCATORE (Pierre), Bestand und Bedeutung der Grundrechte im Recht der Europäischen Gemeinschaften. Europarecht (Baden-Baden), 1979, H. 1, S. 1–12.

POUR une coordination du droit maritime dans la CEE. Transport echo, N° 9, 1 mai 1979, p. 563–568.

RAUX (Jean), La mobilité des personnes et des entreprises dans le cadre des accords externes de la CEE. Revue trimestrielle de droit européen (Paris), année 15, N° 3, juillet-septembre 1979, p. 466–479. Tabl.

RENGELING (Hans-Werner), Grundrechtsschutz in den Europäischen Gemeinschaften: Beitritt der Gemeinschaften zur Europäischen Menschenrechtskonvention? Europarecht (Baden-Baden), Nr. 2, April-Juni 1979, S. 124–137.

ROBINSON (Mary T.), Irish parliamentary scrutiny of European Community legislation. Common Market law review (Leyden), 1979, no. 1, p. 9–40.

RUSINAK (M.), BEYTOUT (N), René Monory: L'an 1 de la concurrence. L'économie (Paris), N° 1389, 27 août 1979, p. 11–13.

SCHAFFER (Eugène), Le droit communautaire face au droit national. Gazette du

palais (Paris), année 99, N° 241–242, 29–30 août 1979, p. 2–6 et 15–18. Bibl.

SCHRÖDER (Meinhard), Plangewährleistung im europäischen Gemeinschaftsrecht? Neue juristische Wochenschrift (München/Frankfurt a/M), Nr. 35, Jahrg. 32, 29. Aug. 1979, S. 1729–1733.

SEIDEL (Martin), Ziele und Ausmass der Rechtsangleichung in der EWG. – Zur britischen Auffassung. Europarecht (Baden-Baden), Nr. 2, April-Juni 1979, S. 171–185.

STERN (Andrew), Divergent liability rules and economic integration (EC). The economic journal (Cambridge/UK), vol. 89, no. 354, p. 385–391.

STEUP (Elisabeth), GOEBEL (Frank Peter), Stand der Technik und eigene Vorverlautbarung im internationalen, europäischen und nationalen Patentrecht. (Eine Erwiderung zu dem Aufsatz von Bossung "Stand der Technik und eigene Vorverlautbarung im internationalen, europäischen und nationalen Patentrecht"). Gewerblicher Rechtsschutz und Urheberrecht, Intern. Teil. Weinheim, Nr. 7, Juli 1979, S. 336–338.

TEMPLE LANG (John), Monopolisation and the definition of "Abuse" of a Dominant position under article 86 EEC Treaty. Common Market law review (Alphen aan den Rijn), vol. 16, N° 3, August 1979, p. 345–364.

TUGENDHAT (Christopher), L'harmonisation des législations bancaires au sein de la CEE. L'Echo de la bourse, (Bruxelles), N° spécial 1979, p. 15 et 17–18.

VERS l'harmonisation des législations fiscales en matière de T.V.A. et de droits d'accise dans la CEE. Un bilan à la veille du Conseil fiscal du 16 octobre. Europolitique (Bruxelles), N° 629, 13 octobre 1979, 12 p.

WEISS (F.), Self-executing treaties and directly applicable EEC law in French courts. Legal issues of European integration (Deventer), N° 1, 1979, p. 51–84.

WIEDERMANN (Gerhard), Die Freistellung von Gemeinschaftsunternehmen nach Art. 85 Abs. 3 EWG-Vertrag. Betriebsberater (Heidelberg), Jahrg. 34, Nr. 31, 10. November 1979, S. 1565–1573.

WOOLDRIDGE (F.), Some recent decisions concerning the ambit of article 37 of the EEC Treaty. Legal issues of European integration (Deventer), no.1, 1979, p. 105–121.

ZUM ZEITPUNKT des Inkrafttretens von EWG-Verordnungen. Gerichtshof der Europäischen Gemeinschaften, Urteil vom 25.1.1979. Rechtssache 99/78. Anmerkung von H. G. Rahn. Recht der internationalen Wirtschaft (Heidelberg), 1979, H. 4, S. 262–264.

E. QUESTIONS DE DEFENSE

E. DEFENCE QUESTIONS

DAS ABKOMMEN über SALT II und die weiteren Ergebnisse des Wiener Gipfeltreffens. Europa-Archiv (Bonn), Jahrg. 34, Nr. 15, 10. August 1979, S. D367–D412.

L'AVENIR de l'OTAN et la Défense de l'Europe dans un discours de Henry Kissinger. Europe documents (Bruxelles/Luxembourg), N° 1067, 11 septembre 1979, p. 1–7.

BERTRAM (Christoph), La sécurité européenne et le problème allemand. Politique étrangère (Paris), année 44, N° 1, (Nouvelle version) 1979, p. 21–31.

BOMSDORF (Falk), Zur Senatsdebatte über SALT II in den USA. Aus Politik und Zeitgeschichte (Bonn), Nr. B.37/39, 15. September 1979, S. 19–33.

CORNFORD (Clifford), Europäische Zusammenarbeit in der Rüstung. Aussenpolitik (Hamburg), Jahrg. 30, Nr. 3.1979, S.323–330.

BARATOUX (Pierre), La défense de l'Europe est possible. La revue de l'Europe (Paris), N° 6, juin 1979, p. 57–64.

DR. HENRY KISSINGER'S Speech on Nato's Future and Europe's Defence. Europe documents (Bruxelles/Luxembourg), N° 1067, 11 September 1979, 7 pages.

EAST–WEST, (The), Global Equilibrium. The atlantic community quarterly (Washington D.C.), vol. 17, no. 2, Summer 1979, p. 138–170.

FREEDMAN (Lawrence), SALT II and the strategic balance. The world today (London), vol. 35, no. 8, August 1979, p. 31–323.

FRYE (Alton), ROGERS (William D.), Linkage begins at home. SALT and beyond. I. Foreign policy (Washington), no. 35, Summer 1979, p. 49–67.

GALLOIS (Pierre M.), Les SALT, inutiles et dangereuses négociations. Politique étrangère (Paris), année 44, N° 1, (Nouvelle formule) 1979, p. 51–71.

JACKSON (William D.), The Soviets and strategic arms: toward an evaluation of the record. Political science quarterly (New York), vol. 95, no. 2, Summer 1979, p. 243–261.

KADE (Gerhard), Abrüstung. Eine Übersicht der laufenden Verhandlungen, ihrer Vorgeschichte und Zukunftsaussichten aus Anlass des 40. Jahrestages des 1. September 1939. Blätter für Deutsche und internationale Politik (Köln), Nr. 8, August 1979, S.922–941.

KAISER (Karl), Die Europäische Gemeinschaft als Instrument europäischer Sicherheitspolitik. Die Neue Gesellschaft, 1979 (Bonn-Bad Godesberg), H. 2, S. 129–133.

KRAUSE (Joachim), Amerikanisch-sowjetische Gespräche über Begrenzung und Kontrolle des internationalen Rüstungstransfers. Europa-Archiv (Bonn), Jahrg. 34, 10. August 1979, S.473–482.

MAKINGS (Christopher J.), Bringing in the allies. SALT and beyond. IV. Foreign policy (Washington), no. 35, Summer 1979, p. 91–108.

MENAUL (Steward), Salt 2: déséquilibre des armements stratégiques européens. Le monde des conflits (Paris), N° 6, avril–mai 1979.

MOORE (David W.), The public is uncertain. SALT and beyond. II. Foreign policy (Washington), no. 35, Summer 1979, p. 68–73.

MOSETTIG (Michael D.), Defense. Europe's Salt debate. In which gray areas, de-coupling, theater forces are issues. Europe. CEC (Washington D.C.), no. 214, July–August 1979, p. 17–20.

MÜLLER (Friedemann), Ost-West-Handel und Sicherheitspolitik. Aussenpolitik (Hamburg), 1979, 2. Quartal, S. 171 bis 181.

ROSE (François de), The future of SALT and Western Security in Europe. Foreign affairs (New York, N.Y.), vol. 57, no. 5, Summer 1979, p. 1065–1074.

ROSEN (Stephen P.), Safeguarding deterrence. SALT and beyond. V (The end). Foreign policy (Washington), no. 35, Summer 1979, p. 109–123.

RUEHL (Lothar), Das Salt-II-Abkommen und die europäischen Interessen. Europa-Archiv (Bonn), Jahrg. 34, Nr. 15, 10. August 1979, S. 461–472.

SCHNEPPEN (Heinz), Die weltweiten multilateralen Abrüstungsbemühungen. Zum Stand der Verhandlungen vor Beginn der 34. Generalversammlung der Vereinten Nationen. Europa-Archiv (Bonn), Jahrg. 34, Nr. 18, 25. September 1979, S. 571–578.

SCHÜTZE (Walter), Bilan R.F.A. Les Relations Est-Ouest et les Problèmes de

Défense. Revue d'Allemagne (Strasbourg), t. 11, no. 2, avril-juin 1979, p. 267–284.
TAPLEY BENNETT (W. Jr.), The second age of NATO. Studia diplomatica (Bruxelles), vol.32, (3) 1979, p. 231–239.
TAVIANI (Paolo Emilio), La Comunità europea di difesa: una occasione perduta. Civitas (Roma), no. 3–4, marzo-aprile 1979, p. 21–50.
THEE (Marck), Some remarks on the SALT agreements: concerns of the Peace and Disarmament Community. Current research on peace and violence, Tampere peace research institute (Finland), no. 1, 1979, p. 12–19.
TREVERTON (Gregory F.), Nuclear Weapons and the "Gray Area". Foreign affairs (New York, N.Y.), vol. 57, no 5, Summer 1979, p. 1075–1089.
TREVERTON (Gregory F.), Das SALT-II-Abkommen: Inhalt, Bedeutung und einige Probleme. Europa-Archiv (Bonn), Jahrg. 34, Nr. 15, 10. August 1979, S.451–460.
ZORGBIBE (Charles), Quelles institutions pour une défense européenne de l'Europe? Revue politique et parlementaire (Paris), année 81, N° 882, septembre–octobre 1979, p. 21–30.

TABLE DES NOMS*

LIST OF NAMES*

* Les noms de la Section Bibliographique ne sont pas inclus.

* The Names of the Bibliographic Section are not included.

INDEX ALPHABETIQUE

GENERAL INDEX

MIX
Papier aus verantwortungsvollen Quellen
Paper from responsible sources
FSC® C105338

If you have any concerns about our products,
you can contact us on
ProductSafety@springernature.com

In case Publisher is established outside the EU,
the EU authorized representative is:
Springer Nature Customer Service Center GmbH
Europaplatz 3, 69115 Heidelberg, Germany

Printed by Libri Plureos GmbH
in Hamburg, Germany